Le Voltaire Du 17 janvier 1884 (n° 2022)

LE PATRIOTISME

DES ROYALISTES

Le *Figaro* annonçait, il y a quelque temps, la prochaine publication — qui a peut-être eu lieu depuis — d'un livre curieux : les *Mémoires* de M. de Vitrolles, royaliste militant, dit le *Figaro*, qui a joué un rôle si mystérieux et si considérable dans la Restauration de 1814.

On croit rêver lorsqu'on lit les citations que le journal de la rue Drouot a données de cet ouvrage, et pour si bien que l'on connaisse le concours continuel que les royalistes ont apporté aux ennemis de la France pendant toute cette période qui s'étend de 1792 à 1815, on ne peut pas être étonné des aberrations dans lesquelles la haine de la Révolution et de l'Empire avait jeté les partisans de la royauté.

Certes ! l'heure est passée où un parti français se coaliserait avec l'étranger, et malgré quelques rares et regrettables boutades que nous voyons de loin en loin se produire dans la presse, nous avons la conviction que si une guerre éclatait, les royalistes défendraient la France au risque de défendre la République avec elle, de même que les républicains ne regarderaient pas à la forme du gouvernement, si la République devait un jour succomber, pour apporter à leur pays l'appui de leurs bras, de leur force, de leur volonté.

Ce sont aujourd'hui idées courantes qu'avant de savoir si l'on aura une Royauté, un Empire ou une République, il faut d'abord avoir une patrie indépendante, et que, dès lors, la défense de la patrie prime tout. Comment donc cette idée si claire a-t-elle pu, pendant aussi longtemps, être assez obscurcie pour que des hommes politiques en soient arrivés au point de commettre le crime le plus grand de tous à mes yeux, l'alliance avec l'ennemi ? Et comment surtout, à cette heure où le crime n'est plus possible, où ceux-là mêmes qui analysent sans un mot de blâme les *Mémoires* de M. de Vitrolles, se feraient tuer mille fois plutôt que d'entrer, au cours d'une guerre, en négociations anti-françaises avec ceux qui porteraient les armes contre nous, comment donc se trouve-t-il des écrivains qui, dans le domaine historique contemporain, racontent sans les flétrir des actes dont ils demanderaient certainement réparation si on leur en imputait la seule intention à eux-mêmes ?

C'est qu'apparemment les passions politiques ont une telle action sur l'intelligence que ceux qui sont sous leur empire ne jugent plus sainement ; c'est que la haine de l'adversaire et l'admiration de l'ami prennent de telles proportions que l'on en arrive à blâmer chez les premiers les actions les plus dignes d'éloge, et à raconter les crimes des seconds sans trouver même matière à la moindre critique.

Je ne voudrais pas dire que nous soyons, nous républicains, étrangers plus que d'autres à cette espèce d'aveuglement, et qu'il ne nous soit pas arrivé quelquefois d'excuser des actes révolutionnaires qui, aux yeux de la raison impartiale, devraient être condamnés. Du moins n'avons-nous jamais accepté la conspiration avec l'étranger, et si une école anarchiste ose déclarer aujourd'hui qu'elle n'a pas de patrie, cette école là n'a jamais été et ne sera jamais celle de la France républicaine.

En était-il de même de cette école royaliste qui conspirait contre son pays avec les rois alliés et qui acceptait ainsi d'avance, pourvu que son roi revînt, la mutilation et le démembrement de la France ? Il suffit de lire l'article du *Figaro* qui m'a mis la plume à la main pour se convaincre du contraire.

Nous sommes en 1814, en mars, à la veille des plus grands événements. Que fait M. de Vitrolles ? Il se fait accréditer par M. de Talleyrand auprès des rois et des diplomates étrangers. Il aborde successivement le comte de Stadion, le prince de Metternich, le comte de Nesselrode, l'empereur Alexandre, et quel langage leur tient-il ? Quelle conviction, avec une éloquence entraînante, s'efforce-t-il de faire entrer dans leurs esprits ? Que leur dit-il ? Qu'il faut rompre toute négociation avec Bonaparte, qu'il faut reconnaître les Bourbons, seuls capables de relever la France (comme si les alliés cherchaient le relèvement de la France!)

« Voulez-vous, par une action à la fois » hardie et généreuse, dit-il à Alexandre, » mettre un terme aux maux affreux de » la guerre? *Marchez droit* sur Paris, et » je laisse ma tête entre les mains de » Votre Majesté pour qu'elle tombe sur » un billot, si l'opinion (l'opinion d'une » capitale prise, d'un pays envahi!) ne » se prononce pas hautement pour le ré» tablissement de la monarchie. »

« Voilà ce que j'ai répété cent fois, » sans qu'on ait voulu me croire, s'écrie » à son tour l'empereur Alexandre, » et dès le lendemain l'empereur de Russie, adoptant le programme de M. de Vitrolles, faisait décider la marche immédiate sur Paris.

Qu'aurait fait un patriote véritable à la place de M. de Vitrolles? Il aurait tout mis en œuvre pour éloigner l'ennemi de Paris, sachant très bien que la chute de Paris était la fin de la résistance française; il aurait agi de tous les moyens pour prolonger cette résistance, pour épuiser les armées coalisées par l'opiniâtreté de la lutte, et pour sauver la France du démembrement, au risque de relever du même coup Bonaparte, et sauf à le combattre ensuite après la victoire.

Mais non! pour M. de Vitrolles, l'ennemi ce n'est pas le roi de Prusse, l'empereur de Russie ou l'empereur d'Autriche, c'est l'empereur des Français, et peu lui importe si des provinces devenues françaises nous échappent, pourvu que Bonaparte soit renversé. C'est ce qu'il appelle relever son pays. C'est ainsi qu'il comprend l'amour de la France.

Et il n'est pas seul à le comprendre de la sorte. Le comte d'Artois, ce prince *si Français*, ce prince d'une maison dont, au dire des royalistes, le patriotisme est l'apanage, reçoit M. de Vitrolles. Comment le reçoit-il? Sans doute il va lui adresser de violents reproches? Comme Carnot oubliant la République devant la France envahie, il va lui dire qu'il faut oublier la Royauté tant que l'ennemi n'a pas évacué le sol national; qu'il faut jusque-là se grouper autour de Bonaparte, seul capable à ce moment de prolonger la résistance, et qu'il a commis, lui Vitrolles, un crime de lèse-nation, en conseillant aux alliés de venir assiéger Paris?

Nullement! le comte d'Artois, qui se souvient probablement de Quiberon, trouve la conduite de M. de Vitrolles admirable. Il le reçoit avec ces paroles: « Non, mon ami, ce n'est pas vous qui » avez fait cela: c'est la Providence qui » vous a envoyé. »

— « Et après être convenu avec lui de » tout ce qui restait à faire, il l'embrassa » de nouveau, et ils se séparèrent en se » donnant rendez-vous aux portes de » Paris, pour l'entrée solennelle du prince » en qualité de lieutenant général du » royaume. »

Rendez-vous sous Paris assiégé, au milieu de l'armée assiégeante, dans les *fourgons de l'ennemi*, pour répéter une locution qui n'a cessé d'avoir cours pendant toute la durée de la Restauration!

Voilà ce qu'était alors le patriotisme des royalistes. Nous reconnaissons avec plaisir qu'ils n'en sont plus là, mais nous aimerions bien, lorsqu'ils racontent des faits qui se rapportent à cette triste histoire, les voir se joindre à nous pour stigmatiser les crimes que la passion politique a engendrés chez leurs prédécesseurs.

Nous aimerions aussi voir les bonapartistes se souvenir un peu de ce passé, et nous aurions peine à nous défendre d'un certain étonnement — si l'étonnement était de mise en politique — en voyant des défenseurs ardents de cette cause, répéter qu'entre les républicains, qui se sont tous ralliés au chef de leur dynastie en 1814 devant le péril national, et les royalistes qui préféraient à Napoléon Ier les souverains alliés, ils choisissent eux, de nos jours, les royalistes en haine de la République.

Naquet.

Le Voltaire du 23 janvier 1884 (n° 2028)

LE RESPECT DE LA FAMILLE

ET DE LA VÉRITÉ

Je ne sache pas que ni à la Chambre, *ni au Palais, ni dans la chaire*, ni dans la presse, ni où que ce soit, nous ayons jamais, mon frère ou moi, outragé personne dans sa foi ou dans ses affections. Libres-penseurs, nous avons toujours respecté les convictions religieuses des catholiques, des protestants et des israélites, n'étant intolérants que pour l'hypocrisie. Nous avons même, en 1878, donné une preuve non récusable de notre manière de sentir à cet égard, lorsque, à la mort de notre mère, sans qu'aucune pièce écrite nous y contraignît, et malgré notre éloignement pour des cérémonies religieuses qui, aux yeux de quiconque ne croit pas, ont pour effet de gêner et de troubler la douleur au lieu de la sanctifier, nous fîmes un enterrement religieux. Nous savions que telle était la volonté de la mourante, et à nos yeux, en cette matière, lorsqu'elle est connue, la volonté du mourant fait loi.

Mais les cléricaux — je me garde bien de dire les catholiques — entendent tout autrement le respect de la liberté, de la conscience, de la douleur. Tout leur est bon qui leur offre matière à scandale, à incriminations, à insultes. Déjà, en 1868, M. le cardinal de Bonnechose m'avait donné un avant-goût de la manière de procéder de son parti : il m'avait violemment attaqué au Sénat de l'Empire à propos de l'enterrement civil de ma fille, ne craignant pas de rouvrir la profonde blessure que m'avait faite ce deuil alors encore récent.

A propos de l'enterrement civil de notre père bien-aimé, deux feuilles de sacristie, la *Provence*, de Marseille, et le *Tirailleur* de je ne sais où, trouvent le moyen de renchérir sur ce triste exemple. Voici les quelques lignes odieuses qui s'étalent dans la *Provence* :

Carpentras. — Sous ce titre : *Le Scandale Naquet*, le *Tirailleur* publie les lignes suivantes :

Les frères Naquet, Alfred, le sénateur, et Eliacin, le procureur général, viennent d'offrir à leur ville de Carpentras, en guise d'étrennes, un de ces scandales que les gens de leur sorte affectionnent.

Leur père venait de mourir à Nice ; ils l'ont fait transporter à Carpentras pour jouer du cadavre et se faire une réclame en le faisant enfouir civilement.

Ces messieurs sont israélites : ils ont reçu la visite de leurs coreligionnaires, qui sont venus les supplier de ne pas donner suite à leur dessein. Les Naquet ont, poliment ou non, plutôt impoliment, renvoyé les délégués à leur synagogue.

Toute la communauté israélite de Carpentras est indignée de ce scandale et froissée des procédés de ses auteurs.

Au reste, MM. Naquet en ont été quittes pour la honte.

Leur entreprise a fait un « fiasco » énorme.

La population carpentrassienne entière, catholiques, protestants et israélites, leur a montré, par ses protestations, le mépris qu'on a partout et quelle que soit leur religion, pour les misérables qui outragent la leur.

Nous lisons souvent dans les journaux de cette nuance de longues homélies sur la sainteté de la famille. Il serait peut-être plus convenable de la glorifier un peu moins en théorie et de la respecter un peu plus dans la pratique.

Au surplus, venant de certains milieux, où l'on forge la calomnie et l'insulte comme d'autres forgent les métaux, des attaques sans nom comme celles de la *Provence* ne nous troubleraient point, et nous les pousserions du pied sans y répondre, si nous n'avions à cœur de rétablir la vérité des faits sur notre attitude et sur l'attitude de nos concitoyens.

En ce qui nous concerne, notre conduite a été toute correcte et toute simple. Avant de mourir, notre père m'avait dit : « Je veux être enterré à Carpentras, au milieu des miens ; mais je ne veux pas que l'on prononce de discours sur ma tombe, parce que je ne veux pas que mon cadavre soit un prétexte à manifestation. »

Ce double désir a été fidèlement obéi : l'inhumation a eu lieu à Carpentras, et aucun discours n'a été prononcé. L'honorable maire de cette ville nous avait manifesté l'intention d'en prononcer un. Certes ! c'eût été pour nous une douloureuse satisfaction que d'entendre notre compatriote rendre publiquement hommage à un homme qui n'était pas seulement un père admirable, qui était en outre, malgré l'obscurité dans laquelle, par modestie, il s'était volontairement relégué, un grand cœur, un grand patriote et une intelligence d'élite. Mais la volonté du défunt était formelle. Nous avons refusé.

Quant à ce qui est de l'enterrement civil ou religieux, notre père n'avait absolument rien dit à cet égard. Il connaissait nos convictions; ces convictions étaient d'ailleurs les siennes, car s'il avait toute sa vie défendu les israélites contre des préjugés d'un autre âge,—notamment, en 1843, contre le sous-préfet de Carpentras, qui excluait les juifs de ses salons par une lettre, vraie merveille de style et de sens droit,— c'est toujours en se plaçant au point de vue de l'égalité et de la liberté des croyances qu'il le faisait, jamais en acquiesçant à un dogme. Il a été libre-penseur toute sa vie, et il est mort en libre-penseur, sans prononcer une parole qui puisse laisser supposer qu'il eût modifié sa manière de voir dans ses derniers moments, quoiqu'il ait conservé l'intégrité de son intelligence jusqu'à la suprême minute, et peut-être parce qu'il l'avait conservée.

Quelle devait être notre conduite? Obéir aux volontés manifestées, et à la volonté tacite qui se dégageait de toute la vie, et de la mort même de celui que nous pleurions : le transporter de Nice à Carpentras, écarter toute cérémonie religieuse de sa tombe, mais éviter en même temps de faire une manifestation anti-religieuse qui nous aurait paru messéante — et dont il ne voulait pas.

Nos concitoyens l'ont compris, et ils sont venus aux obsèques, sans distinction de parti, rendre hommage à celui que, quels que pussent être ses croyances, ils savaient avoir été un homme de bien. On nous a signalé notamment dans le cortège des personnes qu'on ne soupçonnera d'aucun compromis avec la libre-pensée, des chefs du parti légitimiste, que je tiens à remercier ici publiquement d'avoir, par l'hommage qu'ils ont ainsi rendu à la mémoire de celui qui me fut si cher, vengé par anticipation le mort et sa famille des attaques de la *Provence*.

Quant aux israélites, ils sont généralement républicains et respectueux de la liberté. Aucun d'eux n'a fait entendre la moindre protestation, aucun ne s'est cru en droit de donner un conseil. Ils sont venus nous témoigner la part qu'ils prenaient à notre chagrin, part réelle et profonde, dont nous avons été très touchés, et rien de plus. Le rabbin lui-même est venu nous manifester sa sympathie, sans nous parler d'autre chose. Ce n'est pas parmi les israélites que l'on se dispute un cadavre : ils laissent ce triste honneur aux amis de la *Provence*.

Et puisque j'en suis à relever les quelques lignes de la *Provence*, pourquoi ne dirais-je pas aussi un mot de l'article, qu'au lendemain du décès de notre père, a publié le *Figaro*, sous la signature *Parisis*. Ce journal m'avait toujours traité jusque-là avec courtoisie, et ce n'est pas sans surprise et sans peine que j'y ai lu les lignes émanées, je le sais, d'un écrivain qui avait été mon condisciple d'abord, plus tard mon collaborateur dans la presse, et que je croyais mon ami.

Traiter légèrement, sans l'avoir connu, un homme qui fut supérieur dans son isolement à bien des illustrations modernes; appeler mon père « modeste courtier en garance » alors que, d'ailleurs, il n'a jamais vendu un centigramme de cette racine; profiter de cette occasion pour attaquer violemment un autre homme de bien, mon beau-père, M. Combemale, pour lequel tous ceux qui l'ont connu ont un véritable culte; outrager en passant une femme honorable en brodant sur son compte je ne sais quelle histoire d'enlèvement qui n'a jamais existé que dans l'imagination de l'auteur, — et que d'ailleurs, sur la demande de mon ami Saint-Martin, toujours présent lorsqu'il s'agit de sauvegarder mon honneur, le *Figaro* a dû démentir le lendemain, — tout cela n'est pas digne de gens qui ont quelque souci des bienséances, et j'en ai été d'autant plus étonné et blessé, que j'en étais en même temps surpris. Le *Figaro*, lui aussi, se dit le défenseur du grand principe de la famille. Qu'il croie bien que ce n'est pas en essayant de déverser le ridicule sur les familles honorables que la mort déchire, qu'il le sanctifiera.

Naquet.

Le Voltaire du 29 janvier 1884 n° 2034

L'OBSTRUCTION

DANS LES CHAMBRES

Il y a quelques jours, le directeur du *Voltaire* recevait une lettre dans laquelle on dénonçait la commission du divorce, et notamment son rapporteur et son président, comme faisant de l'obstruction volontaire, et comme ajournant systématiquement le dépôt du rapport pour éloigner ainsi la discussion.

Certes, en l'espèce, l'accusation était mal fondée. L'honorable M. Labiche, aussi partisan du divorce que moi-même, désire ardemment que la loi puisse être bientôt votée, et M. Allou, qui en est l'adversaire, ne demande le triomphe de ses idées qu'à une victoire en séance publique et nullement à des procédés déloyaux consistant dans l'abus de son rôle de président. Si le rapport n'est pas encore déposé, c'est que la majorité s'est déplacée à un moment donné dans la commission, et que le rapporteur premièrement désigné a dû résigner ses fonctions. Nous n'avons pas, d'ailleurs, à regretter les lenteurs qui se sont produites. Si quelqu'un en avait le droit c'est, à coup sûr, les adversaires de la réforme que nous préconisons. La discussion venant dès le début, il y a deux ans, alors que la commission comptait six commissaires hostiles contre trois seulement favorables, nous eussions été incontestablement battus à une forte majorité. Aujourd'hui, grâce à un mouvement lent mais continu qui s'est produit, la situation s'est beaucoup améliorée, et sans pouvoir rien affirmer encore, nous pouvons cependant légitimement espérer un succès. Le temps perdu en apparence a donc été en somme du temps gagné.

Mais pour peu applicable que soit à la commission du divorce l'accusation d'obstructionisme, nous concevons que les délais qui s'écoulent entre la présentation et le vote de certaines lois impressionnent ceux-là surtout qui ne se rendent pas un compte exact du travail parlementaire, et, alors que la revision du pacte constitutionnel paraît proche, c'est une question qui mérite d'être traitée.

Elle se présente sous deux aspects : l'obstructionisme pratiqué par les commissions dans la Chambre à laquelle elles appartiennent, et l'obstructionisme pratiqué par l'une des Chambres vis-à-vis de l'autre.

L'abus que les commissions peuvent faire de leur pouvoir n'est pas grand et ne vaut pas qu'on s'y arrête. Lorsqu'un projet dort, comme l'on dit, pendant longtemps dans les cartons, c'est en somme que la Chambre n'a aucune hâte de le discuter, soit qu'elle le trouve sans intérêt, soit qu'elle le trouve inopportun, soit qu'elle ait simplement le désir d'inscrire d'abord à son ordre du jour d'autres projets auxquels elle attribue, à tort ou à raison, une importance plus grande. La preuve en est dans le nombre considérable de projets qui non seulement sont rapportés, mais encore votés en première délibération et que la Chambre des députés refuse à cette heure d'inscrire à son ordre du jour. — Je citerai comme exemple celui dont j'ai été le rapporteur, sur les marchés à terme. — Jamais, d'ailleurs, on n'a vu de commissions éterniser leurs travaux contre le gré des Chambres qui les avaient élues, et si cela se produisait les Chambres ne seraient pas désarmées contre elles. Elles ont, en effet, le droit, dont il est arrivé qu'on usât, de discuter directement les propositions originales sans attendre le rapport des commissions chargées de les examiner, voire même sans les renvoyer à l'étude d'aucune commission.

D'autre part, serait-il possible d'avoir raison du mauvais vouloir de la Chambre elle-même, et de l'obliger de se prononcer dans un délai donné sur toutes les questions soumises à ses délibérations ? Il suffit de jeter un coup d'œil sur les travaux de la Chambre actuelle, et de voir le nombre de projets dont elle est saisie, pour reconnaître que la chose est radicalement impossible. L'initiative parlementaire et gouvernementale étant libre, on ne peut pas prévoir combien de propositions sefont faites au cours d'une législature, ni quel temps exigeront les solutions qu'elles soulèvent. Au surplus, la chose fût-elle possible, à quel résultat conduirait-elle? Une assemblée serait, je suppose, obligée d'émettre son vote dans l'année; mais elle resterait maîtresse de ce vote, et il est à croire que dans les cas où elle éloigne la discussion d'une question systématiquement, c'est qu'elle y est peu favorable. Elle voterait dans un sens opposé aux désirs de ses promoteurs, et dès lors qu'auraient gagné ceux-ci à lui faire violence?

Donc il n'y a rien, absolument rien à faire de ce côté, si ce n'est — mais ceci va plus haut — une réforme constitutionnelle qui, en séparant nettement le pouvoir législatif du pouvoir exécutif, éviterait les interpellations, et p cela même le gaspillage du temps.

Mais s'il n'y a rien à faire dans cette direction, il n'en est plus de même quand il s'agit de l'obstruction pratiquée par une des deux Chambres à l'égard de l'autre. Et si, ce que je regretterais pour ma part, mais ce qui est malheureusement à prévoir, le système de la division des pouvoirs législatifs entre deux assemblées prévaut encore après la revision, il y aura lieu de chercher un remède à ce danger.

Il est clair, en effet, que si une Chambre est toujours maîtresse de faire venir une discussion quand elle le veut, quelles que soient les tendances de ses commissions, elle n'a aucune action sur l'autre Chambre qui, elle, peut très bien enterrer congrûment tout projet qui lui déplaît, et sur lequel cependant, par des considérations d'un ordre quelconque, d'ordre électoral quelquefois, il lui répugne de se prononcer ouvertement.

Ceci ne devrait évidemment pas être, et l'assemblée qui procédera à la revision de nos lois constitutionnelles agira sagement en cherchant un moyen de faire disparaître cet abus.

Ce moyen, d'ailleurs, serait simple. Il ne consisterait point dans une de ces dispositions impératives dont le sort naturel est de ne jamais être, de ne jamais pouvoir être obéies. Non! il consisterait dans un article de la Constitution portant que tout projet voté par une Chambre prend force de loi et doit être promulgué lorsque dans l'année qui a suivi le vote, l'autre Chambre ne s'est pas définitivement prononcée. Le fait de ne pas s'être prononcée équivaudrait alors à une adhésion tacite de cette seconde branche du Parlement.

L'avantage d'une disposition pareille serait double. D'abord elle rendrait impossible l'obstruction, ensuite elle permettrait, dans un grand nombre de cas, où les majorités des deux Chambres sont parfaitement d'accord, d'éviter les doubles discussions et les pertes de temps qui en résultent. Lorsqu'une loi votée par la Chambre des députés aurait l'adhésion pleine et entière du Sénat, que la commission sénatoriale ne conclurait à aucune modification, et que la majorité de la Chambre haute partagerait l'opinion de ses commissaires, on ne ferait pas venir le projet en discussion, et l'on se bornerait à laisser écouler le délai après lequel le vote de la première Chambre acquerrait force et vigueur.

A cette disposition, que nous jugerions utile d'introduire dans nos lois constitutionnelles, si l'on conserve deux Chambres, s'en ajouterait une autre, sans laquelle l'initiative parlementaire devient un leurre bon à encombrer les travaux du Parlement et incapable de donner des résultats. Il faudrait que l'auteur et le rapporteur d'une proposition devant l'une des deux Chambres, ou bien un commissaire spécial que la Chambre aurait désigné à cet effet, eût le droit d'entrer dans l'autre Chambre, et d'y défendre le projet. Ce commissaire spécial bénéficierait, dans ce cas, d'une faveur analogue à celle qui accorde aujourd'hui l'entrée du Parlement aux commissaires spéciaux que désigne, quand il lui convient de le faire, le pouvoir exécutif.

Voilà les quelques idées que m'a suggérées la lettre reçue par le directeur du *Voltaire* à propos de la loi du divorce, et dont j'ai parlé en commençant. Je les soumets sans parti pris à tous ceux que la question de la revision préoccupe. Je crois qu'il y a quelque chose à faire dans ce sens.

Naquet.

Le Voltaire du 6 février 1884 (n° 2042)

LES SYNDICATS
PROFESSIONNELS

Le Sénat avait montré de l'esprit politique en consentant à l'abrogation de l'article 416 du Code pénal; il vient, au contraire, de faire un acte absolument impolitique en repoussant l'union des syndicats, malgré les remarquables discours prononcés sur cette matière par M. le rapporteur Tolain et par M. le ministre de l'intérieur. C'est de cette manière que l'on perd le bénéfice des meilleures mesures. L'excès de timidité aide souvent au développement du mal dont on redoute l'extension.

Mon ancien collègue M. Léon Renault me le disait fort judicieusement un jour dans les couloirs de la Chambre des députés. Il s'agissait alors du droit de réunion, que les ministres combattaient. M. Léon Renault faisait cette remarque que les réunions étaient absolument libres, qu'aucun gouvernement républicain n'oserait les interdire ni les poursuivre, et il ajoutait que dès l'instant où nous avions la liberté avec tous les inconvénients qui l'accompagnent, il était au moins sage d'en avoir aussi tous les avantages, c'est-à-dire la popularité qui s'attache à un gouvernement libéral. Le gouvernement ne se rendit pas à ces bonnes raisons, qui lui furent cependant plusieurs fois données du haut de la tribune, et c'est contre lui et malgré lui que la loi de 1881 sur les réunions publiques fut votée.

Aujourd'hui, le ministère a été plus intelligent, plus prévoyant, plus démocrate ; il n'a point eu peur de son ombre, et se faisant, au Luxembourg, l'interprète des idées qui avaient prévalu au Palais-Bourbon, il a livré un bon et salutaire combat. Malheureusement, la Chambre haute a refusé de le suivre et a perdu là une excellente occasion de fermer la bouche à ses adversaires, en montrant que les réformes sociales trouvent chez elle tout autant d'écho qu'à la Chambre des députés.

Je considère cela comme un malheur. Je le disais dans un récent article : si je suis partisan de l'unité de la représentation nationale, je ne chercherai jamais le triomphe de cette idée dans l'impopularité dont pourrait être frappée l'une des branches du Parlement. Le Sénat renferme de vieux et loyaux serviteurs de la République, des hommes qui ont rendu et peuvent rendre encore à notre cause d'éminents services, et tout ce qui tendrait à leur enlever l'influence légitime qu'ils ont acquise par leurs luttes passées, par leur dévouement constant, affaiblirait le parti républicain tout entier.

Le vote de samedi dernier sur l'article 5 de la loi des syndicats professionnels est d'autant plus fâcheux qu'il est impossible de le justifier.

Je conçois au besoin une politique de résistance. D'excellents républicains peuvent de très bonne foi redouter les effets de certaines libertés ; ils peuvent craindre les conséquences du droit d'association, et quoique je sois à cent lieues de partager ces craintes, quoique je sois convaincu au contraire que le droit d'association est la meilleure et la plus sûre garantie des libertés publiques, je comprends l'ordre d'idées dans lequel ils se meuvent.

Mais alors il faut avoir le courage d'aller jusqu'au bout de sa pensée ; il faut déclarer bien haut qu'au-dessous de l'État, et au risque de déchaîner une concurrence vitale dans laquelle les faibles seront toujours sacrifiés, on ne veut — suivant la belle expression de Louis Veuillot — que de la poussière d'hommes. Cette opinion qui, je le répète, n'est pas la mienne, peut se défendre, à la condition que ceux qui s'en font les défenseurs la pratiquent sans faiblesse et sans hésitation. Mais si on avait voulu la suivre, elle aurait conduit non point à repousser les fédérations de syndicats, non point à livrer bataille pour le maintien de l'article 416, elle aurait conduit à repousser la loi tout entière ; elle aurait consisté à dire qu'on refusait aux ouvriers le droit de se concerter et de se réunir pour la défense de leurs intérêts; elle aurait pu même aller jusqu'à l'abrogation de la loi de 1864 et au rétablissement du régime qui interdisait toute coalition.

Voter tout ce que le Sénat a voté et s'arrêter à mi-chemin comme il vient de le faire, c'est faire trop ou pas assez : trop si l'on manque de confiance dans les instincts honnêtes et dans l'intelligence des classes laborieuses, pas assez si l'on ne se défie pas des ouvriers.

M. Waldeck-Rousseau a présenté cette démonstration d'une manière magistrale; il a montré qu'on avait peur d'une association entre plusieurs syndicats de profession non similaire qui ne renfermeraient peut-être pas 1,000 membres, et qu'on ouvrait la porte à des syndicats qui pourraient renfermer jusqu'à 430,000 associés, comme celui dans lequel se grouperaient les ouvriers des industries textiles.

Rien n'y a fait, et la haute assemblée, hantée par je ne sais quelle vision de fédération ouvrière universelle qui mettrait en interdit le travail national et viserait au renversement de la société, s'est prononcée contre l'article 5.

Crainte chimérique s'il en fut! Malheureusement, dirais-je presque, car si une pareille hypothèse pouvait se réaliser, c'est que les hommes seraient plus faciles à discipliner qu'ils ne le sont et que leur gouvernement ne présenterait aucune des difficultés qu'il rencontre.

Eh quoi! le Parlement, constitué par les élus réguliers du peuple français, voit ses décisions contestées; celles-ci demeureraient même bien souvent lettres mortes s'il n'existait un pouvoir chargé d'en assurer l'exécution, et l'on redoute l'obéissance passive de trois millions d'hommes à un comité central qui ne se formera jamais, et qui, se formât-il, n'aurait aucune force coërcitive pour rendre ses résolutions exécutoires!

Si d'ailleurs cette possibilité existait, le rejet de l'article 5 serait pour la société une maigre garantie. M. Béronger, qui repousse l'association permanente des syndicats de professions non similaires, admet leur groupement passager pour des cas déterminés. Ce groupement passager suffirait largement le jour où les trois millions d'hommes dont on voit se dresser le fantôme seraient résolus à s'armer contre l'ordre social actuel; et le gouvernement allât-il alors moins loin que M. Béronger et voulût-il s'opposer à cette union momentanée, devant un tel courant d'opinion la force lui ferait défaut.

Si donc, aussi peu respectueux de la vérité scientifique que les socialistes révolutionnaires, quoique en sens inverse, on croit que la société peut être détruite et que les syndicats professionnels menacent de devenir l'instrument de cette subversion, il fallait maintenir avec un soin jaloux la loi Chapelier. Si au contraire on pensait comme nous que la société, dans ses bases fondamentales, repose sur des lois qu'il n'est au pouvoir d'aucun homme, d'aucun groupe d'hommes, de modifier, il fallait sans hésitation accepter la loi que défendait le gouvernement, et la voter telle qu'elle était sortie des délibérations de la Chambre des députés.

En agissant comme on vient de le faire, quel résultat a-t-on produit? On a donné la liberté, une liberté assez complète pour que tout le mal qu'on redoute pût en être la conséquence, si les craintes que l'on nourrit étaient fondées.

Mais en même temps on donne une arme aux collectivistes et aux anarchistes qui excitent le peuple contre la bourgeoisie et les pouvoirs publics, en lui disant que les législateurs se défient de lui, tandis qu'on retire la leur aux ouvriers sensés qui ne demandent qu'à la liberté et à l'observation des lois l'amélioration de leur situation matérielle. Comme d'autre part le groupement des ouvriers ne pourrait devenir fatal, sinon à la société, du moins au gouvernement, que si parmi eux les sentiments de revendications révolutionnaires l'emportaient sur l'esprit de prévoyance, d'ordre, de respect des pouvoirs établis, des votes comme le dernier que le Sénat vient d'émettre, ne peuvent que faciliter l'œuvre de ceux qui se proposent d'abuser de notre loi, en diminuant l'autorité de ceux qui nourrissent l'espérance d'en user légitimement.

Heureusement que le Sénat dans une première séance s'est refusé à la déclaration d'urgence qui lui était demandée en faveur du projet de loi. Il y aura une seconde délibération et c'est en elle que nous plaçons notre espoir.

Entre la première discussion, qui eut lieu il y a un an et demi environ, et la discussion d'hier, un grand pas a été fait : nous l'avons emporté sur l'article 410, et notre minorité sur l'article 5 a considérablement diminué.

Que d'ici à la seconde délibération chacun fasse ses efforts pour dissiper les erreurs et les équivoques, et dans un mois peut-être la majorité de 19 voix qui a repoussé les unions pourra se trouver remplacée par une majorité inverse. C'est ce qu'il faut désirer dans l'intérêt de la consolidation du gouvernement républicain et de la paix sociale.

Naquet.

Journal officiel de la République française du 9 février 1884
seizième année n° 39
Séance du Sénat du 8 février 1884

Discours sur un article de la loi municipale

M. le président. « Art. 69. — Les délibérations des conseils municipaux sur les objets énoncés à l'article précédent sont exécutoires, sur l'approbation du préfet, sauf les cas où l'approbation par le ministre compétent, par le conseil général, par la commission départementale, par un décret ou par une loi est prescrite par les lois et règlements.

« Le préfet statue en conseil de préfecture dans les cas prévus aux numéros 1, 2, 4, 6 de l'article précédent.

« Lorsque le préfet refuse son approbation ou qu'il n'a pas fait connaître sa décision dans un délai d'un mois à partir de la date du récépissé, le conseil municipal peut se pourvoir devant le ministre de l'intérieur. »

Sur cet article, il y a un amendement de M. Naquet, qui consiste à ajouter au troisième alinéa une disposition additionnelle ainsi conçue :

« Toutes les autres délibérations du conseil municipal autres que celles prévues à l'article 68, seront exécutoires si, dans le délai d'un mois, elles ne sont pas annulées par l'administration supérieure.

« Celle-ci pourra toujours faire précéder sa décision d'une enquête. »

La parole est à M. Naquet pour le développement de son amendement.

M. Alfred Naquet. Messieurs, tout à l'heure, l'honorable M. Lizot rappelait à cette tribune, en parlant de l'économie générale de la loi, qu'antérieurement à la loi que nous préparons aujourd'hui, les conseils municipaux réglaient certaines matières par leurs délibérations et que, par contre, ils délibéraient, sauf à ce que leurs délibérations ne fussent exécutoires qu'après approbation de l'autorité supérieure, sur certaines autres matières.

Cette distinction qui existait dans la loi de 1837 et dans la loi de 1867 est maintenue par le projet actuel ; seulement le projet actuel fait une interversion. Ainsi la loi du 18 juillet 1837, dans son article 17, s'exprimait ainsi : « Les conseils municipaux règlent par leurs délibérations les objets suivants :

« 1° ....;

« 2° ....;

« 3° ....;

« 4° .... »

En un mot, la désignation des quatre objets qui étaient réglés directement par les délibérations des conseils municipaux ; et, ensuite, à l'article 19, on examinait les objets sur lesquels les conseils municipaux délibéraient, sauf approbation de l'autorité supérieure. Le projet actuel agit d'une tout autre façon ; au lieu de déterminer limitativement quels sont les objets que le conseil municipal règle par ses délibérations, sans avoir besoin d'approbation ultérieure de l'autorité, il considère que tout ce qui n'est pas dans l'exception sera dans la règle générale ; et il pose comme règle générale que le conseil municipal règle par ses délibérations toutes les affaires de la commune, sauf celles qui seront exceptées par l'article 68 que vous venez de renvoyer à la commission et qui spécifie quelles sont les matières pour pour lesquelles l'approbation de l'autorité sera nécessaire.

Je ne me plaindrais pas de cette latitude plus grande laissée aux conseils municipaux. Je veux bien qu'on fasse de la règle l'exception, de l'exception la règle, et qu'on décide que d'une manière générale le conseil municipal règle les affaires de la commune. Mais la loi de 1837 — et cette disposition n'a point été abrogée par la loi de 1867 quoiqu'elle ait élargi les attributions des conseils municipaux, — la loi de 1837, à côté de l'article 17 que je viens de lire en partie et qui déterminait les points sur lesquels les conseils municipaux pouvaient prendre des décisions exécutoires sans l'approbation de l'autorité supérieure, pourvu qu'elles ne fussent pas annulées par elle, avait un article 18 que je vous demande la permission de vous lire intégralement.

Il était ainsi conçu :

« Expédition de toute délibération sur un des objets énoncés en l'article précédent est immédiatement adressée par le maire au sous-préfet qui en délivre ou fait délivrer récépissé. La délibération est exécutoire si, dans les trente jours qui suivent la date du récépissé, le préfet ne l'a pas annulé, soit d'office, pour violation d'une disposition de loi ou d'un règlement d'administration publique, soit sur la réclamation de toute partie intéressée. Toutefois, le préfet peut suspendre l'exécution de la délibération pendant un autre délai de trente jours. »

Les articles 63 et 64 dont la commission a bien voulu accepter le renvoi, prévoient bien aussi aujourd'hui dans le nouveau projet des cas d'annulation possible de certaines délibérations des conseils municipaux ; mais ils les limitent d'une manière précise et étroite. Ils disent que les cas d'annulation seront la violation d'une loi ou d'un règlement, ou la participation de conseillers intéressés à l'objet de la délibération.

Mais en dehors de ces cas si des parties lésées réclament, si un conseil municipal règle les affaires de la commune d'une manière telle, que des individus, ou une minorité soient frappés, non point dans leur droit proprement dit — ils auraient un recours contentieux — mais en équité ; si les règles de la justice sont violées sans que la loi le soit et sans que les tribunaux puissent intervenir, le nouveau projet enlève toute faculté d'appel aux parties intéressées ; la décision est irrévocable. Qu'il y ait oppression d'une minorité par la majorité de la commune, ou même, d'une majorité par une minorité, s'il advient que le conseil municipal, au moment où il délibère, ne représente plus la majorité des électeurs — ce qui est possible — peu importe ! il n'y aura aucun recours.

Dès l'instant que la loi n'est pas violée, et qu'il n'y a pas eu d'intéressés dans le conseil municipal, vous ne pouvez pas annuler la délibération du conseil. Quoique puissent dire ou faire les parties lésées, la délibération est valable, définitive, exécutoire ; et si la justice est méconnue, si les intérêts des citoyens ne sont pas respectés, tant pis pour la justice ! Tant pis pour les intérêts des citoyens.

Voilà contre quoi je m'élève. Je tiens à conserver cette disposition salutaire qui se trouve dans la loi de 1837 et qui est maintenue dans la loi de 1867, en vertu de laquelle, sur la demande d'une partie intéressée, le préfet ou l'autorité supérieure, s'il s'agit de délibérations qui peuvent remonter jusqu'au ministre, peuvent annuler la délibération d'un conseil municipal. (Très bien ! sur divers bancs.)

Messieurs, on parle beaucoup de liberté lorsqu'il s'agit d'étendre les attributions des conseils municipaux et des conseils généraux ; je suis moi aussi un libéral, mais je crois qu'on s'abuse souvent sur l'emploi des mots, et que la liberté fondamentale, celle que nous devons avant tout garantir, c'est la liberté individuelle (Très bien ! très bien ! à droite et au centre) et non pas la liberté de certaines collectivités fragmentaires qui peuvent quelquefois se mettre, sinon au-dessus, — vous vous y opposeriez, — mais du moins à côté de la loi et devenir oppressives des individus. (Approbation sur les mêmes bancs.)

Dans une de nos précédentes séances, l'honorable M. Lenoël, dans un discours dont je n'approuve pas les conclusions, car je ne crois pas que ce qu'il disait des corps élus puisse s'appliquer à des associations individuelles et libres, rappelait cet article de la déclaration des droits portant que la souveraineté existe dans l'universalité des citoyens, qu'aucun individu, qu'aucune fraction du peuple ne peut s'en attribuer l'exercice.

C'est là un point que nous devons toujours avoir présent à l'esprit toutes les fois que nous faisons des lois d'organisation municipale ou des lois d'organisation départementale.

Il faut savoir où réside la souveraineté. On me répondra peut-être, tout à l'heure, que ce qui est laissé en dehors de l'article 68 est très peu de chose ; que les décisions que les conseils municipaux pourront prendre dans l'ordre qui leur est laissé facultatif sont assez peu importantes pour qu'aucune lésion grave des droits individuels ou collectifs ne devienne possible ; je répondrai que vous ouvrez une porte, en consacrant un principe que je considère, pour ma part, comme faux, et que lorsqu'on ouvre la porte à un principe faux, on ne sait pas où l'on s'arrêtera un jour. En somme, messieurs, il s'agit de savoir où réside la souveraineté.

Par votre projet de loi, vous faites des souverainetés municipales. Eh bien, à mon sens, il n'existe pas de souveraineté municipale. La souveraineté existe, comme je le disais tout à l'heure, dans la nation, elle existe dans l'universalité des citoyens français ; elle ne saurait exister dans aucune collectivité fragmentaire. (Très bien ! très bien ! à droite.) En dehors de la nation, en dehors de l'unité et de l'indivisibilité de la République, unité à laquelle je suis, pour ma part, indissolublement attaché, j'estime qu'il n'y a pas d'autre souveraineté. Il n'y a que des délégations. La souveraineté réside dans le Sénat, dans la Chambre des députés et dans le pouvoir exécutif, qui est l'émanation du pouvoir législatif; mais, au-dessous, il n'y a absolument que des délégations, soit que le Gouvernement nomme directement ses délégués, soit que, pour s'exonérer lui-même de charges très difficiles et très lourdes, il en abandonne la nomination à certaines collectivités fragmentaires.

Mais qu'il abandonne ou non la nomination de ses délégués, qu'il les nomme lui-même ou qu'il les laisse élire, ses délégués n'agissent que sous son autorité directe; ils n'ont pas de souveraineté propre.

Et si vous veniez consacrer la souveraineté, même partielle, même restreinte de la commune, je dis que vous porteriez atteinte à ce grand principe de l'unité, de l'indivisibilité de la République et des lois.

J'ajoute, en me maintenant sur le principe que j'abordais il y a un instant, que ce que nous devons défendre surtout, c'est la liberté individuelle.

Je considère la souveraineté comme toujours dangereuse, où qu'elle réside, parce que nulle part elle ne représente l'unanimité, parce que toujours elle est la représentation d'une majorité, et qu'une majorité peut toujours être oppressive pour les minorités. (Approbation à droite.)

Mais il est évident que lorsque nous considérons la nation dans son ensemble, nous sommes bien obligés d'accepter cette souveraineté : nous ne pouvons rien placer au-dessus de la nation; seulement, même dans ce cas-là, nous la limitons; car aucun de nous ne voudrait du régime permanent d'une constituante, aucun de nous ne voudrait confier les affaires générales du pays à une convention qui ne serait limitée dans sa puissance par aucune loi, par aucune constitution. Nous limitons donc la souveraineté, même en haut. Mais, messieurs, la souveraineté en bas est bien autrement dangereuse que la souveraineté en haut. En haut, elle est éclairée, elle est grande, elle est à l'abri d'une foule de petites questions mesquines et personnelles; en bas, au contraire, elle se complique de toutes les questions mesquines et personnelles, et je ne connais rien au monde de plus abusif, de plus étroit, de plus oppresseur que le pouvoir des petites localités, que le pouvoir municipal. (Très bien! très bien! sur divers bancs.)

Le pouvoir municipal peut commettre des injustices, exclusivement dans le but d'ennuyer, de vexer les ennemis des hommes qui composent la municipalité. C'est donc au nom de la liberté individuelle que je ne puis permettre sans protestation qu'un pareil pouvoir soit consacré par la loi d'une manière absolue.

Et, en considérant combien la loi de 1837 a eu raison de constituer ce grand tribunal, la tutelle administrative, et de permettre à l'administration supérieure d'annuler dans tous les cas les délibérations des conseils municipaux sur la réclamation des intéressés, quand la justice ou la liberté individuelle ont été lésées, je crois que je fais un acte éminemment libéral et plus libéral que celui de la commission qui, tout en élargissant les attributions des conseils municipaux, menace la liberté individuelle des citoyens. (Très bien! très bien! à droite et sur divers bancs.)

M. le président. La parole est à M. le rapporteur.

M. le rapporteur. Messieurs, au moment où vous venez de voter l'article 61, qui dispose d'une manière générale que les conseils municipaux règlent les affaires de la commune, au moment où vous venez de voter l'article 68 qui fait une nomenclature étudiée, préméditée des objets qu'il a semblé imprudent de laisser à la décision souveraine des assemblées municipales, au moment, dis-je, où vous venez de voter ces deux dispositions qui donnent à la loi, d'après nous, son véritable caractère de libéralisme et de protection de l'ordre public, l'honorable M. Naquet, à la suite de l'article 69, vous propose une modification qui constitue la négation complète de ce système.

M. Naquet, remontant plus haut que la loi de 1867, qui est la dernière de nos lois municipales, veut qu'à l'avenir, à partir de cette année 1884, toute décision des conseils municipaux soit subordonnée à l'approbation de l'autorité préfectorale; quel que soit le sujet, quel que soit l'intérêt, qu'il s'agisse du bail d'un édifice communal pendant deux ans, qu'il s'agisse de l'établissement d'un petit monument sur la voie publique, rien ne trouve grâce devant lui. Il professe une théorie en vertu de laquelle tout acte de cette nature qu'on permet aux conseils municipaux constitue un empiétement sur le domaine de la souveraineté indivisible de la nation. Il faut, par conséquent, suivant lui, qu'en toute matière l'action de la commune soit subordonnée à l'approbation de l'autorité préfectorale. (Dénégations sur plusieurs bancs.)

M. Oudet. C'est la restauration de la dictature !

M. le rapporteur. Voilà ce qu'il veut; c'est clair, il n'y a pas à s'y tromper.

Messieurs, nous avons considéré la loi municipale que nous sommes en train de faire à un autre point de vue. Tout en nous déclarant partisans résolus de la règle qui s'est appelée la tutelle de l'Etat, tout en reconnaissant que, dans les matières municipales, le pouvoir central doit avoir largement la main, que la sécurité publique doit être garantie, la justice et l'impartialité sauvegardées, nous avons essentiellement tenu à faire une œuvre de libéralisme, en étudiant les matières sur lesquelles il nous a paru que les communes elles-mêmes pouvaient prendre une décision. (Très bien ! à gauche.)

Nous croyions rendre hommage au souverain légitime, le suffrage universel; nous ne pensions pas faire un acte d'usurpation; nous croyions, au contraire, être dans le système général de notre législation nouvelle. En donnant aux communes, représentées par leurs conseils municipaux librement élus par le suffrage universel, le droit de traiter directement et souverainement certaines matières où l'ordre public ne peut être intéressé, nous supposions faire un acte de libéralisme et de respect envers la volonté du suffrage universel. (Nouvelles marques d'approbation sur les mêmes bancs.)

Il paraît que nous nous sommes trompés.

L'honorable M. Naquet nous accuse de faire de la dictature par en bas. J'avoue que je suis sensible à ce reproche, et je voudrais bien qu'il me fût permis en quelques mots de démontrer que cette dictature par en bas qu'on nous reproche de vouloir inaugurer en 1884, n'est ni plus ni moins que le régime adopté, tout au moins en principe, par le gouvernement impérial en 1867.

Messieurs, la loi de 1837 était moins libérale.

Dans son article 17, elle énumerait quatre ordres de matières sur lesquelles les conseils municipaux pouvaient délibérer et qu'ils avaient le droit de régler par leurs délibérations. Ces délibérations devenaient exécutoires quand, au bout d'un certain temps, l'autorité préfectorale n'avait pas opposé son veto. Pour toutes les autres matières, il fallait l'approbation implicite de l'autorité préfectorale. Voilà le régime de la loi de 1837.

La loi de 1867 a dit autre chose; elle a recherché soigneusement, autant que les aspirations de l'époque le permettaient, les matières sur lesquelles il lui a paru que les assemblées communales pouvaient se prononcer définitivement; vous trouverez dans cette loi de 1867, à laquelle l'honorable M. Naquet — et pour cause, je pense — n'a fait que de très rares allusions, vous trouverez, dis-je, dans l'article 1er, une disposition ainsi conçue : « Les conseils municipaux règlent, par leurs délibérations, les affaires ci-après désignées, savoir : 1° les acquisitions d'immeubles...; 2° les conditions des baux à loyer...; 3° les projets, plans et devis... » Je passe : il y a, comme cela, neuf numéros. Les décisions prises par les assemblées communales sur ces neuf points ont force d'exécution, elles sont définitives; il n'y a que dans le cas où un désaccord se produit entre l'assemblée municipale et le maire que l'on a recours au préfet pour départager les deux autorités en présence.

Cela n'est plus susceptible d'être fait aujourd'hui, puisque le maire n'a plus d'autorité propre et qu'il ne représente que la volonté du conseil municipal.

Eh bien, messieurs, c'était considérable, c'était un progrès. Ce progrès, nous avons voulu le continuer et, recherchant avec soin, après la Chambre des députés, les matières où l'intérêt public pouvait être compromis, où l'ordre social exigeait que l'autorité supérieure eût la main, nous avons fait et proposé la nomenclature de l'article 68.

Je comprendrais très bien qu'on vînt nous dire : Votre nomenclature est incomplète (Très bien ! c'est cela ! à gauche), je comprendrais que M. Naquet vînt nous dire : Vous oubliez telle ou telle matière; voilà tel sujet de délibération des conseils municipaux où la décision à intervenir peut porter atteinte à l'ordre public, à l'intérêt bien entendu de la commune, à la conservation de son patrimoine, de ce bien de toutes les générations que le passé a acquis et qui appartient à l'avenir. S'il y a un grand intérêt, un intérêt public et général engagé dans cette question particulière, à votre nomenclature en treize numéros de l'article 68, ajoutez telle ou telle affaire nouvelle où le conseil municipal ne pourra pas décider souverainement.

Je comprendrais cela, et j'étudierais soigneusement avec M. Naquet le caractère particulier de l'affaire qu'il voudrait faire comprendre dans l'article 68 de notre proposition de loi; s'il me donnait de bonnes raisons, s'il me démontrait qu'en effet il y a dans cette affaire particulière un intérêt public engagé, je prêterais d'avance les deux mains — vous le sentez bien, — et la commission ferait comme moi, à ce qu'elle figurât dans la nomenclature de l'article 68; mais est-ce là ce qu'on fait ?

La nomenclature de l'article 68, l'honorable M. Naquet n'en veut pas; il ne veut pas de nomenclature d'objets sur lesquels le conseil municipal ne statue qu'avec l'approbation de l'autorité supérieure, parce que les conseils municipaux sont mis, en bloc, en état de suspicion, parce que les assemblées communales sont des mineures jusqu'à la dernière limite de leurs plus minces affaires et qu'elles ne peuvent rien décider, rien absolument, qu'il s'agisse de 10 fr. ou de 1,000 fr., sans l'approbation de l'autorité supérieure. (Très bien ! très bien ! à gauche.)

Cette manière d'apprécier le rôle des conseils municipaux est antilibérale; c'est la défiance du suffrage universel, c'est la négation de la pensée qui a présidé à la confection de la loi. Si vous l'admettiez, j'ose dire qu'il n'y aura plus de loi municipale, et je suis persuadé que le Sénat ne voudra pas consacrer par son vote une semblable théorie. (Très bien ! très bien ! et applaudissements à gauche.)

M. le président. La parole est à M. Naquet.

M. Alfred Naquet. Messieurs, je ne veux pas ajouter grand chose à ce que j'ai dit tout à l'heure ; je veux cependant essayer de mieux faire comprendre ma pensée qui ne me paraît pas avoir été bien saisie par l'honorable rapporteur de la commission.

M. le rapporteur a dit que je voulais soumettre toutes les matières à l'approbation de l'autorité préfectorale. C'est une erreur ! Non seulement je ne veux pas soumettre toutes les matières à l'approbation de l'autorité préfectorale, mais j'ai commencé par féliciter la commission d'avoir, dans son article 61, élargi l'article 17 de la loi de 1837, et même la loi de 1867, et d'avoir déclaré que le conseil municipal règle par ses délibérations toutes les affaires de la commune, sauf celles qui seront plus tard comprises dans l'article 68.

Seulement, je prétends que ce n'est pas en déterminant telle ou telle matière spéciale où il peut paraître dangereux de laisser aux conseils municipaux un droit de décision souveraine, qu'on empêchera le despotisme d'en bas.

Dans toute matière, sans exception, il peut se faire que, par sa délibération, un conseil municipal lèse les intérêts individuels ou collectifs, en dehors même de la violation des lois, et j'ai voulu laisser, par mon amendement, pendant un mois, à ces intérêts lésés, un tribunal d'appel, l'autorité supérieure à laquelle ils pourront avoir recours pour faire annuler, s'il y a lieu, la décision du conseil municipal et pour garantir ainsi la liberté des citoyens.

Ce n'est pas là, comme a bien voulu le dire M. le rapporteur, revenir au delà de la loi de 1867.

Non, messieurs; même si vous adoptiez mon amendement, la loi actuelle serait beaucoup plus large que la loi de 1867.

Qu'a fait, en effet, la loi de 1867? On vient de vous le dire.

Il y avait, dans la loi du 18 juillet 1837, quatre objets sur lesquels les conseils municipaux avaient le droit de prendre des décisions, sauf, bien entendu, l'appel des intéressés à l'autorité supérieure.

Eh bien, la loi de 1867 a porté le nombre de ces objets de quatre à neuf; elle a donc élargi les attributions des conseils municipaux; mais elle n'a rien changé à l'organisme général de la loi; elle n'a pas abrogé, que je sache, l'article 18 de la loi de 1837, qui permet justement cet appel à l'autorité supérieure ; elle l'a si peu abrogé que, dans cette loi de 1867, qu'on me reprochait tout à l'heure de n'avoir pas assez souvent citée à cette tribune, je trouve, à l'article 42, un paragraphe 9 qui dit :

« Sont exécutoires, dans les conditions déterminées par l'article 18 de la loi du 18 juillet 1837, les délibérations, etc... »

Vous voyez donc bien que, non seulement la loi de 1867 n'abrogeait pas l'article 18 de la loi de 1837, mais qu'elle le maintenait expressément et le citait.

Donc, si la loi de 1867 avait élargi les attributions des conseils municipaux en établissant neuf ordres de matières, au lieu de quatre, sur lesquels les conseils municipaux pouvaient prendre des décisions qui devenaient exécutoires, encore bien qu'elles n'eussent pas été approuvées, lorsqu'elles n'avaient pas été implicitement annulées, néanmoins, la loi de 1867 allait bien moins loin que vous n'iriez, même si vous admettiez comme moi un appel possible à l'administration supérieure.

Mais vous, vous ne voulez pas d'appel. Vous voulez, sur tous les objets que vous n'exceptez pas implicitement, donner aux communes une souveraineté absolue, leur permettre des décisions irrévocables, et c'est là le point auquel je fais opposition.

Je ne me refuse pas à élargir la loi de 1867 ; je ne me refuse pas à ce que, au lieu de limiter neuf cas spéciaux dans lesquels le conseil municipal pourra délibérer et prendre des décisions qui ne seront pas soumises à l'approbation de l'autorité supérieure, vous disiez : En toute matière, il pourra délibérer et prendre des décisions qui ne seront pas soumises à l'approbation de l'autorité supérieure. Vous élargissez ainsi sagement, utilement, les lois de 1837 et de 1867, et je vous approuve.

Mais quand vous supprimiez cet article tutélaire qui permet aux simples citoyens ou aux minorités, s'ils sont lésés dans leurs intérêts, de protester, quelle que soit la matière qui ait été traitée par le conseil municipal, quand vous leur enlevez ce tribunal d'appel de l'administration centrale, je crois que c'est dans un esprit libéral qui s'égare, et qu'en fait vous compromettez l'esprit de vraie liberté. C'est à ce point de vue que je proteste contre le projet de la commission. (Marques d'approbation sur quelques bancs.)

M. le président. Personne ne demande plus la parole?...

M. Batbie, *de sa place.* Je demande la permission de faire observer que la commission a déjà accepté le renvoi d'articles antérieurs sur une observation analogue à celle que vient de faire l'honorable M. Naquet. J'ai demandé à la commission d'accepter le renvoi pour fixer un délai pendant lequel le préfet pourrait statuer sur la nullité des délibérations. Si je ne me trompe, l'honorable M. Naquet demande à peu près la même chose. (Dénégations à gauche.)

M. Emile Labiche. C'est un appel que réclame M. Naquet ; c'est une nouvelle délibération.

M. Alfred Naquet. Vous demandez simplement un délai pour les cas de nullité prévus par la commission ; je demande, moi, qu'on étende les cas de nullité à toutes les circonstances où des particuliers, lésés dans leurs intérêts, feraient appel à l'administration centrale.

M. le président. Les trois paragraphes de l'article 69 ne faisant l'objet d'aucune critique, je vais les mettre aux voix. Je soumettrai ensuite au Sénat l'amendement de M. Naquet.

Je donne une nouvelle lecture de l'article 69 :

« Art. 69. — Les délibérations des conseils municipaux sur les objets énoncés à l'article précédent sont exécutoires, sur l'approbation du préfet, sauf les cas où l'approbation par le ministre compétent, par le conseil général, par la commission départementale, par un décret ou par une loi est prescrite par les lois et règlements.

« Le préfet statue en conseil de préfecture dans les cas prévus aux nos 1, 2, 4, 6 de l'article précédent.

« Lorsque le préfet refuse son approbation ou qu'il n'a pas fait connaître sa décision dans un délai d'un mois à partir de la date du récépissé, le conseil municipal peut se pourvoir devant le ministre de l'intérieur. »

(L'article 69, mis aux voix, est adopté.)

M. le président. Je vais mettre maintenant aux voix l'amendement de M. Naquet.

M. Alfred Naquet. Monsieur le président, plusieurs de nos collègues me disent qu'ils n'ont pas entendu la lecture de mon amendement.

M. le président. Je donne de nouveau lecture de l'amendement de M. Naquet :

« Toutes délibérations de conseils municipaux autres que celles prévues à l'article 68 seront exécutoires si, dans le délai d'un mois, elles ne sont pas annulées par l'administration autorité supérieure. Celle-ci pourra toujours faire précéder la décision d'une enquête. »

J'ai reçu une demande de scrutin, signée de MM. Vigarosy, Griffe, Camparan, amiral Jauréguiberry, Ribière, de Freycinet, Garisson, Barne, Magnin, Lamorte.

(Le scrutin est ouvert. — MM. les secrétaires en opèrent le dépouillement.)

M. le président. Voici le résultat du scrutin :

Nombre des votants..........	207
Majorité absolue..............	104
Pour l'adoption.......	7
Contre..............	200

Le Sénat n'a pas adopté.

Le Voltaire du 13 février 1884 (no 2049)

ESTOMAC ET CERVEAU

Mais on revient toujours
A ses premiers amours

dit la chanson; on me permettra de céder à l'entraînement qui a inspiré ce distique, de me souvenir, oubliant pour un jour la politique, que j'ai été un homme de science à mon heure, et d'entretenir pendant quelques instants les lecteurs du *Voltaire* de médecine au lieu de leur parler du ministère, de la crise écono-

(1) *Estomac et Cerveau*, par M. le docteur Leven, chez Victor Masson, éditeur.

mique ou de la guerre du Tonkin. Aussi bien s'occuper des travaux qui ont pour résultat certain et immédiat le soulagement des souffrances humaines, cela vaut les dissertations métaphysiques auxquelles on s'est livré récemment à la Chambre, en quête d'une panacée pour réédifier la société sur les bases de la justice idéale et pour établir la *péréquation universelle.*

J'ai d'autant plus de droits de parler du docteur Leven, de son livre (1), de son œuvre, que je paye, en le faisant, une dette de reconnaissance. J'ai mis à profit depuis deux ans ses excellents conseils, et je lui dois en grande partie, sinon la guérison radicale, du moins la profonde atténuation d'une affection nerveuse dont je souffrais depuis longtemps. Je ne figure pas au nombre des observations qu'il a publiées dans son ouvrage, mais je mériterais d'y figurer.

J'ai parlé d'affection nerveuse. Certes, M. Leven n'est pas le premier qui ait décrit l'*état nerveux.* Sous des noms divers, la plupart des médecins l'ont étudié depuis Galien jusqu'aux modernes, et les travaux sur les névroses abondent. De nos jours particulièrement, la vie de travail et d'excitations que nous menons tous plus ou moins ayant augmenté la fréquence de cet ordre de maladies, les études sur ce sujet se sont multipliées, et il est inutile de citer ici les longues, patientes et belles recherches de M. Charcot.

Mais M. Leven mérite, lui aussi, une place et une place importante parmi les savants qui se sont occupés de cette question.

Certes! pas plus que les autres praticiens qui ont fait porter leurs études sur la névropathie, il n'a découvert la nature de la maladie, parce que découvrir la nature d'une maladie, c'est faire la monographie des altérations de tissus dont elle est la manifestation extérieure, et que, jusqu'ici, les lésions organiques qui produisent l'état névropathique sont inconnues, mais il a mieux précisé peut-être qu'on ne l'avait fait avant lui le mécanisme général et symptômatique de l'affection, et il a réalisé un véritable progrès dans le domaine thérapeutique.

M. Charcot a surtout recours, on le sait, dans le traitement de la névropathie, à l'hydrothérapie, à l'électricité statique dont l'action est en ce moment suivie et étudiée avec tant de talent à la Salpêtrière, sous sa haute direction, par le savant électricien thérapeute, M. Romain Vigouroux, son élève. Il use aussi volontiers des anti-spasmodiques et notamment des bromures alcalins à assez forte dose.

D'autres s'adressent de préférence aux dérivatifs, vésicatoires, cautérisations ponctuées et, lorsqu'ils aperçoivent des troubles gastriques ou croient voir de l'anémie, aux purgatifs, aux vomitifs, aux préparations ferrugineuses.

M. Leven se garde de rejeter ceux de ces moyens dont l'action est certaine et constante. Il prescrit volontiers des vésicatoires, il n'est pas opposé aux pointes de feu, et il admet que le traitement électrique savamment dirigé peut produire d'excellents résultats.

Mais il est très sobre de médicaments, n'ordonne guère que les bromures alcalins et le sous-nitrate de bismuth, et encore ne les ordonne-t-il qu'avec de grands ménagements, à des doses très faibles : 25 centigrammes de bromure, par exemple, au lieu de 4 et 5 grammes qu'on prescrit ordinairement.

C'est surtout sur le régime qu'il insiste, et, lorsqu'il s'agit réellement de l'état nerveux, que le diagnostic est exact, que les troubles morbides ne résultent pas de lésions anatomiques, il soulage considérablement et souvent même, lorsque les sujets ne sont pas absolument épuisés, il obtient une guérison complète.

Son système est des plus simples et s'appuie sur un nombre considérable d'observations cliniques.

Il existe chez les animaux supérieurs et chez l'homme — cela est connu depuis longtemps — deux appareils nerveux : l'appareil cérébrospinal qui, par l'intermédiaire des nerfs moteurs et des nerfs sensitifs, recueille les impressions du dehors, les élabore, les transforme en pensées ou en mouvements, qui est chargé en un mot de la vie de relations, et l'appareil du grand sympathique qui commande aux viscères, est le siège central des mouvements automatiques et des sensations instinctives telles que la faim, la soif, le besoin de respirer... qui préside en un mot aux actes de la vie organique.

M. Leven considère l'ensemble des ganglions connus sous le nom de plexus solaire, qui est placé dans le voisinage de l'estomac, comme étant le centre de l'appareil grand sympathique, de même que le cerveau est le centre de l'appareil nerveux auquel incombe la vie de relations. C'est dans le cerveau que s'élaborent les sentiments, les pensées, les mouvements volontaires ; c'est dans le plexus solaire que se déterminent les mouvements inconscients et les sensations purement organiques qui assurent la nutrition.

Le cerveau et le plexus solaire sont en relations étroites : quand l'un de ces centres est à l'état de santé, il y a de grandes chances pour que l'autre le soit aussi ; mais si l'un d'eux est irrité, malade, il trouble immédiatement l'autre et l'organisme entier se trouve atteint. Or les passions, les émotions vives, les excès de travail intellectuel ou matériel excitent le cerveau, et les abus matériels qui altèrent les viscères abdominaux excitent le plexus solaire. Il en résulte que les maladies des viscères abdominaux manquent rarement de donner, par l'intermédiaire du plexus, tous les phénomènes de l'excitation cérébrale, tout comme l'excitation du cerveau se communique par le plexus aux viscères abdominaux ou même thoraciques, et de préférence à l'estomac. L'estomac est-il malade, on observe bien vite les maux de tête, les fourmillements, les douleurs, les migraines, les vertiges, les pertes totales de connaissance qui accompagnent la souffrance du cerveau ; le cerveau est-il malade, on ne tarde pas à voir apparaître la dyspepsie avec tout son cortège symptomotologique.

Que fait-on alors le plus souvent ? on traite la dyspepsie par des purgatifs, la névrose par des antispasmodiques ; on cherche à combattre l'anémie, qui est un résultat et non une cause par le quinquina et le fer, et comme fer, quinquina, vomitifs, purgatifs, sels minéraux irritent l'estomac, l'estomac irrité entretient et développe l'irritation du plexus, qui, elle-même réagit sur le cerveau, et le résultat que l'on obtient est souvent l'inverse de celui que l'on poursuit : le mal s'aggrave au lieu de s'atténuer.

M. Leven procède tout autrement. Certes, si l'excitation du cerveau ou du plexus est trop forte, il la combat par des dérivatifs externes, il ordonne du bromure de sodium à faible, très faible dose, et combat la diarrhée par le phosphate de chaux et le sous-nitrate de bismuth. Mais ce ne sont là pour lui que des adjuvants, qu'il appelle à son aide pendant un temps très court, et qu'il se hâte d'abandonner dès que l'acuité des symptômes ne lui fait plus une absolue obligation d'y recourir.

Je l'ai dit, le fond de son traitement, ce ne sont pas les drogues, c'est le régime. Il part de cette idée que l'excitation du cerveau et du plexus disparaîtrait d'elle-même avec la cause qui l'a produite, — pourvu que cette cause cessât d'agir — à la condition qu'on ne l'entretînt pas en excitant constamment le tube digestif.

Or les médicaments excitent la muqueuse digestive, et indirectement le plexus solaire ; M. Leven les supprime donc le plus qu'il peut. Ce n'est pas tout : à côté des substances médicamenteuses il y a les aliments, et, tel aliment qui est parfaitement supporté et digéré par un estomac sain, devient une cause de congestion de la muqueuse gastrique dès que l'estomac est malade.

L'observation ayant fait connaître quels sont les aliments qui produisent cet effet, et quels sont ceux qui ne le produisent pas, M. Leven proscrit les premiers comme il proscrit les substances médicamenteuses. Il soumet ses malades à un régime alimentaire inoffensif en même temps qu'il leur prescrit le repos, le calme du corps et d'esprit. Aussitôt les excitations dont le cerveau et le plexus étaient les aboutissants cessent, les centres nerveux et, avec eux, les viscères et les organes périphériques, recouvrent leur santé première, et telle affection qui, traitée par les méthodes ordinaires n'aurait fait qu'empirer chaque jour, cède en quelques mois comme par enchantement.

Voilà dévoilée toute la théorie et toute

la pratique du médecin en chef de l'hôpital Rothschild. Je ne pourrais entrer dans des développements plus considérables qu'en sortant les limites que cet article m'impose. Mais cet aperçu suffira, je l'espère, pour donner aux médecins d'une part, aux malades de l'autre, le désir de lire le livre *in extenso*; je ne doute pas que ceux qui obéiront à ce désir, ne soient convaincus par cette lecture et ne passent bien vite de la théorie à la pratique. Si ces quelques lignes obtiennent ce résultat, je croirai, en les écrivant, avoir fait œuvre utile et je ne regretterai pas d'avoir été, pour une fois, infidèle à la politique.

Naquet.

Le Voltaire du 19 février 1884 (n° 2055)

LE DIVORCE AU SÉNAT

Le rapport de M. Labiche.

Le rapport que M. Emile Labiche vient de présenter au Sénat sur la proposition de rétablissement du divorce, rapport dont j'ai les épreuves sous les yeux et qui sera peut-être distribué lorsque ces lignes paraîtront, est un pas de fait, et un grand pas, dans la voie qu'a ouverte la Chambre des députés, et avant elle le pays, lors des élections générales de 1881.

Lorsque, il y a dix-huit mois, le 4 juillet 1882, fut élue dans les bureaux du Luxembourg la commission si profondément renouvelée depuis, et qui contenait trois partisans du divorce seulement contre six adversaires, il eût été difficile de prévoir qu'à un peu plus d'un an de distance, cette commission aboutirait à un rapport sinon favorable au projet de la Chambre, du moins favorable au principe dont la Chambre s'était inspirée, et concluant à l'abrogation de la loi du 8 mai 1816.

C'est là un premier résultat, un résultat de bon augure qui nous permet de prévoir un succès complet quand viendra — et cela est prochain — la discussion en séance publique.

La commission du divorce a eu un grand mérite, que les impatients lui ont souvent et injustement reproché ; elle a temporisé. Si elle avait voulu hâter ses opérations et amener une discussion rapide sur un rapport qui aurait alors été hostile, nous aurions éprouvé un échec certain. Mais, par cela seul que la commission ne se hâtait pas, que le temps s'écoulait, la réflexion faisait son œuvre, et cette œuvre a été salutaire. Comment ne l'aurait-elle pas été ? La réflexion est mortelle pour tous les projets d'entraînement ou de passion que rien ne justifie ; elle assure, au contraire, le triomphe de toute idée juste et vraie. Maintenir la question pendante devant le Sénat, obliger ainsi nos collègues à y penser, c'était amener des conversions certaines à la cause du divorce.

Ces conversions se sont produites, en effet, et grâce à l'élection de M. Emile Labiche, favorable, qui a bénéficié de ce revirement d'opinion, et qui a été élu dans son bureau en remplacement de M. Testelin démissionnaire; grâce à l'indépendance de caractère et à la bonne foi de l'honorable M. Eymard-Duvernay, adversaire résolu d'abord du divorce, qui s'est ensuite laissé convaincre par la discussion et en est venu à une solution mixte, qui pour n'être pas la nôtre, ne s'en rapproche pas moins beaucoup plus de la nôtre que de son ancienne manière de voir, — l'esprit de la commission a été profondément retourné, et nous en sommes arrivés au rapport que j'ai sous les yeux.

Ce rapport est très remarquable par sa netteté et par sa concision. M. Labiche avait assumé une tâche ingrate. Il y a huit ans, quand je déposai ma première proposition de loi, la question était relativement neuve, s'il est vrai qu'il n'y a de neuf que ce qui est assez vieux pour avoir été oublié. L'orateur, l'écrivain qui voulaient prendre à parti l'indissolubilité du mariage, avaient une besogne facile.

Il n'en est plus de même aujourd'hui. Depuis 1876, livres, discours de tribunes, rapports parlementaires, conférences, articles de journaux se sont entassés les uns sur les autres, et comme le public s'est passionné pour l'importante réforme dont j'ai été l'initiateur, ces conférences et ces discours ont été écoutés, ces livres, ces rapports et ces articles ont été lus et relus, si bien que tout ce qui était à dire en faveur du rétablissement du divorce a été dit et que l'on ne peut plus que le répéter. Le nombre des arguments qui peuvent être invoqués en faveur d'une idée n'est pas indéfini ; lorsqu'on les a donnés tous, il est impossible d'en trouver d'autres, et il faut bien recommencer. La seule ressource qui reste est de modifier la forme, de dire mieux, plus simplement, plus clairement, et surtout de faire ce qui est impossible au début : de résumer la question, de présenter, en un mot, l'argumentation comme dans un tableau synoptique, de manière à ce que la pensée, sinon le regard, puisse l'embrasser dans son ensemble et sans effort.

C'est vers ce but qu'a tendu M. Emile Labiche et je suis heureux de pouvoir ajouter qu'il l'a atteint.

L'honorable sénateur, après un historique complet quoique rapide des vicissitudes qu'a dû subir ma proposition depuis le 6 juin 1876, entre dans le fond même du débat; il se pose les questions :

Le divorce porte-t-il atteinte à la liberté de conscience?

A l'institution du mariage?

A l'intérêt des enfants ?

A l'intérêt des époux ?

A l'intérêt social ?

Enfin est-il justifié par l'expérience qui en a été faite soit en France soit à l'étranger ?

Sur ces divers points, M. Labiche n'apporte et ne peut naturellement rien apporter de bien nouveau; mais, je le répète, il présente les arguments avec tant de concision que sous sa plume ils acquièrent une force nouvelle et qu'ils doivent nécessairement impressionner le Sénat.

Après avoir ainsi résumé, en quelques pages, le résultat de huit années de discussions et de controverses, le rapport examine les divers projets dont la commission était saisie :

Le projet de M. Eymard-Duvernay, que les partisans du divorce ont dû accepter comme minimum, en conservant leur liberté d'action, mais qui, on le voit sans peine, n'a les prédilections ni de l'honorable rapporteur ni des trois commissaires dont il reflète surtout l'opinion;

Le projet de la Chambre, auquel on oppose une fin de non recevoir pure et simple, reconnaissant qu'il a pu réaliser des améliorations, mais ajoutant qu'à cette heure il y a à rétablir et non à modifier le titre VI du Code civil ;

Enfin le rétablissement pur et simple du titre VI du Code civil, ce qu'on a appelé l'amendement des magistrats.

Ce n'est pas sans de certains regrets que je me rallie à cette dernière solution. J'ai toujours difficilement compris que quand on remet à neuf un édifice depuis longtemps abandonné, on n'en profite pas pour y apporter toutes les modifications reconnues utiles. Mais il faut faire la part des nécessités. Le parlementarisme s'éloigne le plus souvent de la logique stricte. Cela est fatal lorsqu'un grand nombre d'hommes est appelé à délibérer, et à peine de n'aboutir pas, il faut tenir compte des nécessités contingentes, et abandonner l'absolu de la raison.

M. Labiche se place, d'ailleurs, sur un terrain — et c'est en cela qu'il fait du neuf — qui ne laisse pas de prise aux partisans des modifications et des amendements.

Le principe du contre-projet, dit-il, est celui-ci : la loi de 1816 n'est pas une loi de réforme civile motivée par les abus auxquels aurait donné lieu la législation de 1803 ; c'est une loi politique motivée par le changement absolu apporté par la Restauration dans la constitution politique de la France.

La religion catholique ayant été proclamée, par l'article 6 de la Charte de 1814, religion de l'État, avait reçu une consécration légale, il était difficile que l'on maintînt dans la législation civile du pays une institution qui était en opposition avec la religion de l'État, c'est-à-dire condamnée par la constitution politique du Royaume.

L'abolition du divorce a donc été la conséquence logique et nécessaire d'un principe proclamé par la Charte de 1814.

Cette conséquence n'a plus aucune raison d'être aujourd'hui que nos Constitutions successives ont substitué, au principe de la religion d'État, le principe de la liberté de conscience et de l'égalité devant la loi de tous les cultes reconnus.

Journal officiel de la République française du 19 février 1884 - 16ème année - n° 49
- Séance du Sénat du 18 février 1884 -
Discours sur la prise en considération de la proposition de loi relative aux décorations -

Si cette thèse est exacte, disent les auteurs du contre-projet, il n'y a pas à établir une législation sur le divorce; il n'y a pas à légiférer sur les nombreuses et graves questions que peut soulever la dissolution de l'union conjugale; il suffit, après avoir constaté que la cause de la mesure politique de 1816 a disparu, d'en faire disparaître les effets; et, puisque notre constitution politique repose de nouveau sur les principes de 1789, il est logique de revenir à la législation qui a été l'expression la plus heureuse de ces principes, c'est-à-dire au Code civil.

C'est, on le voit, se mettre à un point de vue purement politique. La Restauration a porté la main sur le Code, faisant ainsi un premier pas dans la voie qu'elle s'était tracée, et qui, si les journées de Juillet n'étaient venues y mettre obstacle, aurait abouti à la suppression de toutes les conquêtes de la Révolution. La loi de 1816 est pour nous, au point de vue législatif, ce qu'est, dans l'ordre des choses militaires, un ouvrage avancé tombé aux mains de l'ennemi. Avant de faire des plans de reconstruction, il faut le reprendre.

L'argument a de la force. J'aurais préféré, en ce qui me concerne, faire une loi sociale et non politique, une loi de paix et non une loi de guerre; la faire avec l'appui de toutes les opinions un moment unies pour accomplir une œuvre de salubrité, et il y aurait eu dès lors matière à améliorations, à perfectionnements.

Mais il est certain que la droite monarchiste, en se refusant à rien entendre, en se cantonnant dans la loi de 1816 comme dans une citadelle qu[illegible] se qu'elle entend conserver, donn[illegible] que nous le voulions ou non, au projet dont le Sénat est saisi le caractère que le rapporteur de la commission lui attribue; et puisqu'il en est toujours ainsi, puisque tout chez nous, en fin de compte, aboutit à la politique, prenons-en notre parti, quelque révolte qui puisse en résulter chez le philosophe, et félicitons-nous que, cette fois du moins, la politique nous aide à réaliser une réforme indispensable.

Naquet.

DISCUSSION SUR LA PRISE EN CONSIDÉRATION DE LA PROPOSITION DE LOI RELATIVE AUX CROIX DE LA LÉGION D'HONNEUR

M. le président. L'ordre du jour appelle la discussion sur la prise en considération de la proposition de loi de M. Naquet, tendant à étendre aux civils les bénéfices de la loi du 10 juin 1879, relative à la proportion des croix de la Légion d'honneur qui peuvent être accordées par le Gouvernement.

La commission d'initiative conclut à la prise en considération.

Personne ne demande la parole?...

Je mets aux voix les conclusions de la commission.

(Un petit nombre de sénateurs prennent part au vote.)

M. le président. Je prie MM. les sénateurs de vouloir bien voter; il n'est pas admissible que huit ou dix seulement de nos collègues de chaque côté prennent part à l'épreuve.

M. Naquet, messieurs, a déposé une proposition d'après laquelle le Gouvernement serait autorisé à appliquer aux décorations civiles les dispositions de la loi de 1879 relatives aux décorations militaires.

La commission d'initiative conclut, je le répète, à la prise en considération de la proposition de M. Naquet. Ce sont donc les conclusions de votre commission que je me[illegible] aux voix.

M. Naquet. Je demande la parole.

M. le président. Je regrette, monsieur Naquet, de ne pouvoir vous l'accorder; mais il n'est pas permis de parler entre deux épreuves, le règlement est formel.

Plusieurs sénateurs à gauche. Mais non! il y a eu surprise!

M. le président. Le Sénat veut-il considérer la première épreuve comme n'ayant pas eu lieu? (Oui! oui!)

La parole est à M. Naquet.

M. Naquet. Messieurs, on me demande quelques courtes explications sur la proposition de loi que votre commission d'initiative vous demande de prendre en considération.

Voici en quoi cette proposition de loi consiste.

Vous savez tous que, le 10 janvier 1873, l'Assemblée nationale vota une loi par laquelle elle interdisait au pouvoir exécutif de distribuer, soit dans l'ordre civil, soit dans l'ordre militaire, un nombre de décorations, de croix de chevaliers de légion d'honneur, supérieur à la moitié des extinctions ; de telle façon qu'à partir de cette loi, toutes les fois que deux chevaliers mouraient, on ne pouvait en faire qu'un à la place des deux qui avaient disparu.

Plus tard, on s'aperçut que cette loi était excessive, au moins en ce qui concerne les militaires ; qu'il y avait là une espèce de rétrécissement annuel, à ce point qu'on aboutissait presque à la suppression graduelle de la Légion d'honneur, puisque toutes les années on donnait moins de croix qu'il ne s'en éteignait. Aussi, en 1879, la Chambre et le Sénat édictèrent-ils une loi nouvelle qui, laissant subsister toutes les dispositions de la loi de 1873 en ce qui concerne les décorations civiles, portait, au contraire, le nombre des décorations militaires qu'il était permis au Gouvernement de distribuer, non plus à la moitié, mais aux trois quarts des extinctions. Depuis lors, le nombre des décorations civiles a continué à aller singulièrement en diminuant. (Exclamations et rires sur un certain nombre de bancs.)

M. Mayran. Et le Mérite agricole?

M. Naquet. ..., il est allé en diminuant à ce point que vous avez vu, le 1er janvier de l'année courante, les ministres faire grève de décorations.

Voix diverses à gauche. Eh bien? — Où est le mal? — C'est un progrès!

M. Naquet. On me répond, messieurs, que c'est un progrès. Ce n'est peut-être pas moi qui y contredirai, et si le Sénat me paraissait, d'accord avec la Chambre des députés, disposé à revenir à une loi qui avait été édictée par le Gouvernement de la Défense nationale, que l'Assemblée nationale a abolie, loi qui consistait à supprimer purement et simplement les décorations dans l'ordre civil, je vous prie de croire que je n'y contredirais pas. (Interruptions et rires sur quelques bancs.)

Mais ce que je trouve excessivement mauvais, c'est que l'on supprime sans supprimer, c'est que l'on supprime par la voie de l'extinction ; car, il faut bien le reconnaître, dès l'instant que chaque année vous ne pouvez donner qu'un nombre de croix moitié moindre que le nombre des croix qui disparaissent par la voie des extinctions, vous arrivez fatalement, dans un temps donné, à la suppression pure et simple de la décoration dans l'ordre civil ;... (Nouvelles interruptions) et comme, pendant cette période, vous ne la supprimez pas en fait, mais que vous vous contentez de mettre obstacle à l'attribution d'un nombre de croix égal à celui qu'on donnait antérieurement, il en résulte que vous mettez le Gouvernement dans l'impossibilité de récompenser toutes les personnes qui le méritent, vous ne pouvez cependant pas vous prévaloir de l'abolition de la décoration dans l'ordre civil, et vous êtes condamnés à des injustices, à des inégalités.

Il y a là, messieurs, une situation mauvaise, une situation anormale : ou les distinctions honorifiques pour récompenser les services rendus sont une bonne chose, et, dans ce cas, il faut permettre loyalement au Gouvernement de récompenser tous ceux qui le méritent ; ou c'est une mauvaise chose, et alors il faut les supprimer.

Je comprendrais, à la rigueur, que des protestations s'élevassent si je vous demandais d'en revenir à la législation de l'Empire, qui permettait au Gouvernement, sans aucune limitation, de décorer tous ceux qui lui paraissaient dignes de l'être ; je ne vais pas jusque-là ; je ne vais même pas jusqu'à cette proposition, plus rationnelle encore, à mon avis, que celle que j'ai l'honneur de vous présenter, qui consisterait à déterminer un maximum pour le grade de chevalier comme pour les grades supérieurs, et à décider que ce maximum ne pourra être dépassé.

Je vais moins loin, messieurs : je vous propose tout simplement de ne pas établir de différence entre les décorations civiles et les décorations militaires...

Un sénateur à gauche. Il y a une différence énorme!

M. Naquet. ...de ne pas empêcher le Gouvernement de récompenser les civils qui méritent de l'être, comme il récompense les militaires qui sont dans la même situation ; en un mot, de porter, non pas à la totalité des extinctions, mais aux trois quarts des extinctions, dans l'ordre civil, le nombre des croix qui pourront être distribuées, absolument comme c'est aux trois quarts des extinctions que sont portées les croix qui peuvent être distribuées dans l'ordre militaire.

Voilà, messieurs, le sens de ma proposition. Vous m'avez demandé ces quelques explications, je vous les ai données, j'espère qu'elles justifient suffisamment ma proposition pour que le Sénat vote, sans hésiter, les conclusions de sa commission.

M. le président. Personne ne demande la parole?...

Je mets aux voix les conclusions de la commission, qui tendent à la prise en considération.

(Les conclusions de la commission ne sont pas adoptées.)

Le Voltaire du 28 février 1884 (n° 2063)

LE DIVORCE AU SÉNAT

LE PROJET EYMARD-DUVERNAY

Depuis que M. Emile Labiche a déposé son rapport sur la proposition de loi relative au rétablissement du divorce, l'opinion s'est émue, et cette émotion est de bon augure. La presse, qui m'a si puissamment aidé dans la campagne que j'ai entreprise il y a huit ans, et qui m'avait même devancé, a repris en main la question avec une vivacité extrême. Tout cela prouve, quoi que puissent dire nos adversaires, que la réforme est mûre, bien mûre, et qu'il est largement temps de lui donner la consécration finale.

Mais, si la plupart des organes de la presse apprécient sainement les choses quand ils parlent de la nécessité qui s'impose à notre pays, de rétablir le divorce; si même ils critiquent avec une entière justesse de vues le singulier projet de M. Eymard-Duvernay, ce projet dont je n'ai pas à faire la critique si spirituellement faite il y a trois jours, par mon confrère Aurélien Scholl, il n'en est plus de même lorsqu'ils se livrent, contre la commission, à des attaques imméritées, qui ne se seraient certainement pas produites si, au lieu de s'en tenir au dispositif proposé, on avait lu le rapport qui le précède. De toutes les commissions parlementaires que j'ai vu fonctionner, la Commission sénatoriale du divorce est peut-être celle où nos amis aient suivi la tactique la plus raisonnée, la plus profitable, la plus fructueuse. On lui doit les plus grands éloges, et si le divorce n'est pas repoussé depuis un an, si nous avons toute chance de voir triompher nos idées à cette heure, c'est à elle que nous le devons, ou tout au moins aux partisans de la loi qu'elle renferme.

Rappelons les faits. Le 4 juillet 1882, il y a un an et 8 mois, la commission chargée d'étudier le projet de loi que la Chambre des députés avait transmis au Sénat était élue dans les bureaux. Elle se composait de trois membres favorables, MM. Eugène Pelletan, Millaud et Henri Martin, et de six membres hostiles, MM. Eymard-Duvernay, de Saint-Vallier, Marcel Barthe, Michel, Testelin et Victor Lefranc.

Il est clair que si les conclusions avaient été prises rapidement, le rapport aurait été défavorable au principe même de la réforme, et l'esprit qui avait prévalu dans les bureaux du Sénat n'ayant pas eu le temps de se modifier, il est probable que la haute assemblée en séance publique aurait validé les conclusions négatives de ses commissaires.

MM. Pelletan, Millaud et Henri Martin pensèrent que gagner du temps ce serait gagner la bataille. Ils avaient foi dans l'utilité de la loi à l'élaboration de laquelle ils travaillaient, et ils pensaient, comme je le pense, que lorsque des hommes de bonne foi ont le temps de réfléchir à une question et sont obligés de le faire, la vérité finit toujours par s'imposer à eux. Faire traîner en longueur c'était obliger les sénateurs rebelles à réfléchir, et les forcer à réfléchir c'était les convaincre. La temporisation était le meilleur moyen de succès. On l'employa et il n'y a certes pas lieu de le regretter.

M. Michel cependant avait fini par être nommé rapporteur contre le principe du divorce, lorsque l'honorable M. Testelin qui, malgré la sincérité de ses convictions, était ennuyé de se trouver en désaccord sur ce point avec ses amis les plus intimes, se démit de ses fonctions de commissaire et fut remplacé par M. Labiche, le rapporteur actuel. La majorité n'était pas renversée, mais au lieu d'être de six voix contre trois, elle n'était plus que de cinq voix contre quatre.

Depuis lors, de nouveaux changements se sont produits dans la composition de la Commission, par suite de la mort de M. Victor Lefranc et de M. Henri Martin et de leur remplacement par M. Allou et par M. Salneuve; mais les changements de personnes, n'en ont apporté aucun à la majorité, les nouveaux élus appartenant aux mêmes idées que ceux qu'ils remplaçaient. Elle demeurait donc hostie, cette majorité, et M. Michel, n'aurait eu qu'à faire et qu'à déposer son rapport, si une évolution ne s'était produite dans l'esprit de M. Eymard-Duvernay. Celui-ci, après avoir cru longtemps qu'il était possible de remédier aux abus produits par la législation actuelle en étendant les cas de nullité du mariage, se décida à accepter le principe du divorce, sauf à en restreindre beaucoup l'application. C'est alors que la majorité se trouvant modifiée, le rapport passa des mains de M. Michel à celles de M. Labiche. Qu'on me permette ici de citer textuellement ce dernier.

La Commission se trouva alors partagée entre trois opinions :

La première, représentée par quatre membres, persistait à rejeter le principe même du divorce.

La seconde, représentée également par quatre membres, sans adopter le projet voté par la Chambre, proposait d'abroger la loi de 1816, et de revenir purement et simplement au Code civil en facilitant l'application de la réforme par une disposition transitoire.

Enfin, la troisième opinion, défendue par l'honorable M. Eymard-Duvernay, consistait à accepter en principe la dissolution du mariage pour cause postérieure à sa célébration, c'est-à-dire le divorce, en limitant l'application du principe à certains cas déterminés autres que ceux prévus par le Code.

Après de longs débats, les partisans du divorce, tel qu'il était établi par le Code, ont accepté le projet de divorce restreint proposé par M. Eymard-Duvernay.

Si ce projet ne répond qu'en partie à leurs vues, il a au moins pour eux l'avantage d'amener le rétablissement dans notre législation du principe du divorce.

Il a toutefois été entendu que chacun des membres de la nouvelle majorité conservait sa liberté, et que les partisans du rétablissement du Code civil se réservaient de défendre leur programme entier devant le Sénat, sauf, en cas d'échec, à se rallier au système du divorce restreint qui donne satisfaction partielle à leurs idées.

On le voit : le libellé que les journaux ont donné ces jours-ci n'est pas à proprement parler celui de la commission. C'est l'œuvre d'un seul de ses membres, M. Eymard-Duvernay. Les huit autres sont partagés, quatre étant résolument opposés à l'abrogation de la loi de 1816, et quatre étant partisans de l'amendement Griffe, Salneuve, Gayot... etc., c'est-à-dire du rétablissement pur et simple de l'ancien Code civil.

Seulement les quatre commissaires, partisans du divorce, ont fait ce à quoi ont toujours dû se résoudre les parlementaires sous tous les régimes, à peine de ne jamais aboutir. N'ayant pu faire triompher la solution qu'ils croyaient la meilleure, et voulant éviter celle qu'ils considéraient comme la pire, la conclusion négative, ils se sont rabattus sur la transaction Eymard-Duvernay. Il y avait, en effet, un point commun entre cette solution transactionnelle, et celle qu'ils auraient préférée. Dans les deux, l'article premier du projet de loi portait : « la loi du 8 mai 1816 est abrogée », et c'était une force énorme que de se présenter au Sénat avec un avis favorable de la commission sur ce point. MM. Labiche, Pelletan, Millaud, Henri Martin, et plus tard, Salneuve avaient donc tout intérêt, dès qu'ils réservaient leur liberté d'action pour défendre et voter en séance publique l'amendement Griffe, à accepter cette demi-mesure, qui sauvegardait au moins le principe. C'est ce qu'ils ont fait, et il faut leur en savoir gré.

Et maintenant comment les choses vont-elles se passer au Sénat? Ou la majorité est demeurée hostile, malgré les incontestables progrès réalisés — ce que pour ma part je ne crois pas. S'il en était ainsi, l'article premier serait repoussé, il n'y aurait plus ni projet Eymard-Duvernay, ni retour au titre VI du Code civil, la loi serait rejetée tout entière, et il ne nous resterait plus qu'à attendre le renouvellement sénatorial de 1885 pour la reprendre.

Ou bien l'article premier, l'abrogation de la loi de 1816, sera accepté. La discussion s'ouvrira alors sur l'amendement Griffe, Salneuve, Gayot..., etc. Et comme M. Eymard-Duvernay est seul au Luxembourg à admettre les idées qu'il a fait prévaloir dans la commission ; comme tous ceux qui votent le divorce, à part lui, sont pour le retour pur et simple au Code civil, il est certain que c'est le retour pur et simple au Code civil qui sera voté, à moins que le divorce n'ait qu'une majorité d'une seule voix, c'est-à-dire à moins que M. Eymard-Duvernay ne constitue la majorité à lui tout seul.

Dans ce cas, d'ailleurs, le résultat obtenu serait encore relativement favorable. Dans la dernière hypothèse où nous venons de nous placer, il est clair que nous n'aurions le choix qu'entre le projet bizarre qui a si fort étonné la presse et le rejet complet du principe du divorce. Avec le rejet, tout serait à recommencer. Avec la proposition Eymard-Duvernay, la loi reviendrait à la Chambre des députés qui la remanierait et nous la renverrait après notre prochain renouvellement triennal. Il y aurait une perte de temps de quelques mois, mais ce serait tout et la réforme serait sauvée.

La commission a donc sagement agi en adoptant une solution qui n'était pas la sienne, mais qui pouvait lui servir de pont pour atteindre le but poursuivi, et qui, dans tous les cas, si contre toute probabilité elle passait, aurait encore l'immense avantage de sauvegarder le principe et de renvoyer la loi à la Chambre des députés.

La presse peut donc s'égayer tout à son aise des dispositions extraordinaires qu'à imaginées l'honorable sénateur de l'Isère ; mais lorsqu'elle reporte ses attaques sur les membres de l'ancienne minorité devenue aujourd'hui majorité, elle fait fausse route et elle est injuste, car jamais, je le répète, une réforme utile n'a été défendue avec plus de tact, d'habileté et de succès que ne l'a été le divorce dans la commission sénatoriale par MM. Labiche, Pelletan, Henri Martin, Salneuve et Millaud. Combattons un projet qui mérite largement de l'être, mais rendons justice à des hommes qui s'en sont servis parce qu'il pouvait être momentanément utile à leur cause, et qui, en s'en servant, ne s'y sont pas ralliés.

Naquet.

Le Voltaire du 5 mars 1884 (n° 2070)

LA

LOI DES INSTITUTEURS

ET LE BUDGET

Nul ne m'accusera de tiédeur pour les instituteurs. Le développement de l'instruction publique, que le gouvernement républicain a si glorieusement entrepris d'activer, m'a toujours rencontré au nombre de ses plus chauds partisans ; la République n'eût-elle fait que préparer et assurer par cette voie le relèvement intellectuel des populations, j'estime que cela suffirait pour qu'elle eût bien mérité de la patrie.

On ne m'accusera pas davantage de froideur personnelle à l'endroit de M. Paul Bert. L'ancien ministre de l'instruction publique m'a toujours inspiré une extrême sympathie, sans parler de mon admiration bien naturelle pour son grand talent et des liens qui découlent d'une conformité de vues sur la plupart des questions.

Enfin je ne suis pas suspect d'enthousiasme pour la politique que suivent M. J. Ferry et ses collègues, politique que bien souvent ici il m'arriverait de combattre, si je ne craignais, en le faisant, de m'associer à des critiques peu fondées le plus souvent, et presque toujours présentées avec passion et parti pris par certains membres de la Chambre des députés, dont je m'éloigne au moins autant que du Cabinet.

Si donc je suis contraire aux augmentations de dépenses que nécessiterait la loi actuellement en discussion au palais Bourbon, ce n'est ni par le désir immodéré de conserver le ministère : — je me consolerais aisément de sa chute, surtout si je voyais nettement qui le remplacera et quelle politique se substituera à la sienne ; — ni par éloignement pour M. Paul Bert : — personne, je viens de le dire, n'éprouve plus de goût que moi pour sa personne et pour ses idées ; — ni enfin par froideur pour les instituteurs et pour l'instruction populaire. En analysant bien mes sentiments, je crois au contraire que ces diverses raisons me pousseraient à désirer le vote de la loi. Mais il en est une autre qui, à mes yeux, prime tout : c'est l'équilibre de nos finances, et celle-là me décide nettement contre le projet.

Le baron Louis disait : « Faites-moi de bonne politique, et je vous ferai de bonnes finances. » L'inverse est également vrai ; il est facile de faire de bonne politique quand les finances sont prospères, et c'est impossible avec des finances en déficit. Pour des hommes d'Etat, j'estime que la préoccupation première et constante doit être de conserver les finances dans un état florissant lorsqu'elles y sont, et de les y ramener lorsqu'elles n'y sont plus. Tout doit céder, tout doit s'effacer devant cette nécessité, car, avec le déficit dans le budget, aucune réforme n'est possible, et toutes les améliorations que l'on entreprend tournent contre le but que l'on poursuit.

C'est ce que je n'ai cessé de répéter à l'époque des excédents. Comme on avait cru alors devoir entreprendre de grands travaux publics et comme je ne pense pas qu'il soit possible à une nation, pas plus qu'à un particulier, d'accroître ses dépenses et de diminuer en même temps ses recettes, j'ai combattu les dégrèvements des sucres et des vins à la commission du budget de 1880, et, au nom de quelques-uns de mes amis, j'ai présenté sur ce point des réserves à la tribune lors de la discussion publique.

Si à ce moment-là nous avions conservé la situation budgétaire dont à juste droit nous étions si fiers ; si nous ne l'avions pas compromise en appliquant en même temps les deux politiques contradictoires des diminutions d'impôt et des grandes dépenses d'outillage national, nous aurions certainement à cette heure le moyen de réaliser les progrès que rêve M. Paul Bert et que combat à juste titre le gouvernement.

Mais les excédents ont depuis longtemps disparu et ont fait place aux insuffisances. Le crédit de l'Etat s'en est ressenti ; le 3 0/0 est descendu de dix points (de 86 à 76), et le dernier emprunt a dû être contracté à des conditions que l'on aurait jugées impossibles il y a trois ans.

Cette situation, certes, n'est pas encore grave ; elle ne justifie pas les cris de paon que poussent chaque jour les ennemis de la République ; mais elle s'aggraverait certainement si nous n'y prenions garde. Le crédit de l'Etat étant le régulateur du crédit public, elle menacerait les intérêts, et, ce jour-là, la forme du gouvernement elle-même pourrait courir des risques. L'établissement de la République nous a coûté trop d'efforts et de peines pour que nous la compromettions ainsi par des impatiences qui seraient — qu'on me permette ces mots qui n'ont, dans ma pensée, rien de blessant pour personne — à la fois coupables et puériles.

Tout progrès étant nécessairement lié à une dépense, j'ai toujours pensé depuis 1870 qu'il fallait conserver avec un soin jaloux la totalité de nos ressources, afin de pouvoir réaliser sans péril pour nos finances toutes les réformes et toutes les améliorations que comporte une démocratie. Mais puisqu'on a suivi une autre voie, puisqu'on a dégrevé, puisqu'on a diminué les recettes, puisque l'équilibre est rompu entre les débours et les encaissements de l'Etat, l'heure est venue de nous recueillir et de parer au danger qu'une politique imprévoyante ne manquerait pas d'engendrer.

De même qu'il aurait fallu opter il y a quelques années entre les grands travaux et les dégrèvements, de même il faut opter aujourd'hui entre les deux solutions : augmenter les impôts ou enrayer la dépense.

Augmenter les impôts me paraît impossible. Les dégrèvements sont chose que l'on peut ne pas faire, mais sur lesquelles, une fois faites, en dehors des grandes commotions nationales, on ne peut plus revenir. On ne peut songer aujourd'hui à des contributions nouvelles que si elles sont l'exacte représentation d'autres contributions supprimées en même temps, que si elles se présentent non comme une aggravation des charges, mais comme une réforme de l'assiette de l'impôt. Encore de telles réformes, utiles, nécessaires même en présence d'un budget largement équilibré, ne peuvent-elles être entreprises dans la situation où nous sommes sans porter un nouveau coup au crédit et sans accroître des embarras dont nous devons avoir à cœur, si nous aimons la République et la France, de sortir au plus tôt.

Mais s'il est impossible d'accroître les charges qui pèsent sur le pays, il ne reste qu'un moyen de ramener l'ordre dans le budget. Supprimez au budget ordinaire toute augmentation de dépense qui n'est pas démontrée d'une nécessité absolue, et coupez court surtout aux grands travaux qui grèvent le budget extraordinaire.

Lorsque, grâce à quelques années de stricte économie, nous aurons rétabli l'équilibre budgétaire, nous pourrons partir sur nouveaux frais et achever l'œuvre interrompue, en y apportant toutefois plus de calme et de réflexion que nous n'y en avons apporté jusqu'à ce jour.

Il ne sert à rien en effet de répéter sans cesse que les dépenses que l'on fait sont éminemment reproductives. Pour reproductive qu'une dépense soit, il faut avoir les moyens de la faire. Un industriel se ruinerait qui voudrait transformer son outillage quand ses capitaux disponibles ne le lui permettent pas, et qui, obligé dès lors de recourir à l'emprunt, et à l'emprunt à des taux onéreux, s'imposerait ainsi des charges que ne couvrirait pas l'augmentation des produits due au perfectionnement des outils. Comme il en est de même d'une nation, il faut avoir le courage de renvoyer la loi Paul Bert et toutes les lois analogues à une époque plus favorable. Les instituteurs sont assez patriotes et assez républicains pour ne pas exiger de la République ce qu'elle ne peut pas faire à cette heure sans se nuire gravement.

Je ne parle pas de la question électorale; elle s'efface devant les intérêts vitaux du pays, et d'ailleurs ce serait bien mal la comprendre que de lui subordonner ces intérêts : en vue d'un effet immédiat à produire, on compromettrait, à ce point de vue comme aux autres, irrévocablement l'avenir.

Reste la question ministérielle, — car il est bien entendu que, sous le beau régime dont nous a dotés l'Assemblée orléaniste de 1871, tout aboutit à une question de Cabinet. — Je ne fais à aucun de mes anciens collègues l'injure de supposer qu'il puisse, parmi eux, s'en trouver un seul capable de surcharger de 39 millions (c'est le chiffre de M. Bert) le budget de la France dans l'unique but de précipiter du pouvoir le Cabinet actuel. Si le Cabinet actuel n'est plus en harmonie avec les aspirations de la Chambre, qu'on le lui dise dans une interpellation; et, quoi qu'il en soit, qu'on ne sacrifie pas ce qui est essentiellement transitoire, l'existence ou le renversement des ministres, à ce qui est définitif. Que pour enrayer un mal contingent on ne nous fasse pas un mal irréparable!

Naquet.

Le Voltaire du 1. mai 1884 (n° 2077)

LE DIVORCE

A mesure qu'approche, au Sénat, la première délibération de la proposition de loi relative au rétablissement du divorce, les préoccupations de l'opinion publique se manifestent avec plus d'intensité et chacun tient à dire son mot, pour ou contre, dans ce grave débat.

L'abbé Vidieu, l'un des plus acharnés ennemis du divorce, mais aussi l'un de ceux qui ont fait le plus de bien à la cause qu'il voulait combattre, en ce sens que son livre a provoqué la réponse de M. Alexandre Dumas, M. l'abbé Vidieu vient de faire distribuer aux sénateurs la cinquième édition de son ouvrage. Bien qu'il prétende ne défendre l'indissolubilité du mariage que par des motifs d'ordre social, l'esprit clérical s'étale avec une telle évidence dans toute son argumentation que j'espère trouver encore une fois dans le vicaire de Saint-Roch un auxiliaire utile : prouver à la Gauche du Sénat que la loi sur laquelle elle va avoir à se prononcer est une loi politique, la revanche du Code civil et de la révolution sur la réaction forcenée de la Chambre introuvable de 1816, c'est évidemment assurer notre succès, et je serais tenté d'adresser mes remerciements à M. l'abbé.

Je ne veux cependant pas m'en tenir là et je tiens à établir, pour les catholiques sincères surtout, le peu de fondement des objections présentées par lui.

J'ai écrit quelque part que, la loi de 1816 ayant été faite dans l'unique but de mettre la loi civile en harmonie avec la religion de l'État, il en résultait, aujourd'hui qu'il n'existe plus de religion de l'État, une véritable oppression des non-catholiques que rien ne peut plus justifier.

M. Vidieu conteste cette affirmation et cherche à me mettre en contradiction avec moi-même. Il me rappelle que, suivant ma propre doctrine, il n'y a en France que des citoyens égaux en droit, libres d'exercer leur culte dans celles de leurs dispositions qui ne sont pas contraires à l'ordre public, mais ne pouvant exiger rien de plus. Il en conclut que, le divorce étant contraire à l'ordre public, les protestants, les israélites et les philosophes affranchis de tout culte n'ont pas à réclamer contre sa suppression.

A merveille! Il fait la démonstration que le divorce est vraiment contraire à l'ordre public, s'il prouve que son interdiction se justifie par des raisons d'intérêt social indépendantes de toute conception religieuse. Mais, s'il n'établit pas cela, — et nul ne l'établira, parce que c'est le contraire de la vérité, — si la législation qui nous régit n'a d'autre cause réelle que l'obéissance aux principes d'une religion déterminée ; si elle a pour effet d'incliner le droit civil devant le droit canonique, les dissidents peuvent légitimement se dire opprimés et considérer la liberté de conscience comme violée en leur personne. Devant des arguments d'ordre civil, s'il en existait de sérieux, ils n'auraient qu'à obéir et à se taire ; devant une loi appuyée sur la seule autorité de dogmes qui ne sont pas les leurs, ils ont le droit de protester.

Mais je ne me suis pas borné à prétendre que la loi de 1816 opprimait juifs, protestants et libres penseurs. J'ai affirmé qu'elle opprimait les catholiques eux-mêmes ; que le divorce ne saurait les atteindre, puisqu'il est facultatif, et que l'indissolubilité rigide du code, en les empêchant d'user des cas de nullité dont la cour de Rome est si prodigue, les atteint en fait dans leur liberté.

L'abbé Vidieu feint de ne pas comprendre : en quoi la nullité, qui ne peut être prononcée que pour des causes antérieures au mariage, légitimerait-elle le divorce, qui n'est prononcé que pour des causes postérieures à ce contrat?

La réponse serait péremptoire si l'Église, en multipliant les causes de nullité, en les rendant assez vagues pour qu'avec quelque bonne volonté on soit toujours certain d'en trouver une, en admettant des délais illimités qui permettent d'invoquer l'erreur dans les qualités de la personne ou le défaut de consentement valable même vingt ans après que cette erreur a été reconnue ou que la pression qui avait pu peser sur la volonté de l'un des conjoints a cessé ; si, dis-je, par cette élasticité des cas de nullité, l'Église n'avait pas le moyen, dont largement elle use, de prononcer de véritables divorces en en changeant le nom. Demandez à *Ignotus* du *Figaro*. Il est des vôtres et il vous dira qu' « heureusement l'Église établit un grand nombre de cas de nullité du sacrement et que, dans ces cas, le mariage est *réputé* n'avoir jamais eu lieu ». *Réputé*, entendez-vous bien? Il vous dira : « Je vous le crie : querelle de mots! Vous dites «divorce», nous disons « nullité » ; une formule commune peut être adoptée ».

Mais les faits sont là probants plus que toutes les dissertations et que toutes les théories.

J'en ai cité, des faits : le cas de M. de Grollée-Virville, à qui sa femme ferme dès le premier jour la porte de sa chambre à coucher, qui s'adresse alors vainement aux tribunaux civils pour faire annuler son mariage, n'obtient d'eux que la séparation de corps et de biens, mais obtient que la nullité du sacrement soit reconnue à Rome et, ne pouvant se remarier suivant le droit français, se marie suivant le rite catholique.

J'ai cité le cas de Mlle de Maugsbourg, placée dans une situation identique, quoique inverse, qui, elle, ne s'est pas remariée à Rome, mais dont Rome a annulé le mariage, alors que le tribunal de la Seine n'était autorisé par le code qu'à lui accorder le bénéfice de la séparation de corps et de biens.

J'ai cité le prince et la princesse de Monaco, dont le cas est assez présent à toutes les mémoires pour que je n'aie pas à y revenir ici. Je veux en citer trois autres encore qui prouvent l'évidence de ma proposition ; abondance de biens ne saurait nuire.

Le premier est relatif à un baron, Savoisien de naissance, qui s'était marié avant l'annexion de la Savoie à notre pays. La Savoie, en matière d'unions conjugales, était alors régie par le droit ecclésiastique, et il en est résulté que le tribunal de Saint-Julien (Haute-Savoie) a dû appliquer en 1883 à ce mariage les principes de la législation sous laquelle il avait été contracté.

La baronne étant atteinte d'aliénation mentale, le baron a prétendu *qu'avant son union il aurait eu des rapports illicites avec sa belle-mère*, et, sur cette affirmation sans preuve, après un simulacre de procès, le sacrement a été annulé par le sacré collège et le mariage a dû être, par voie de conséquence, considéré par le tribunal de Saint-Julien comme dûment cassé.

A qui présentera-t-on cela comme une nullité ? A qui fera-t-on croire qu'il ne s'agit pas là d'un divorce prononcé pour cause d'aliénation mentale de la femme, sous couleur d'annulation par suite d'un empêchement dirimant antérieur au mariage ?

Le second fait ne s'est déroulé que devant le tribunal civil. Il m'a été raconté par un ancien magistrat qui a eu à le juger en qualité de président du tribunal de Grenoble.

Une jeune fille épouse un nommé Molliet. Le jour des noces, les deux époux partent pour Lyon, où ils arrivent à sept heures du soir. Le mari installe sa femme dans une chambre d'hôtel et sort aussitôt, sous prétexte d'aller faire une commission. Il ne revient plus, et le lendemain la femme s'en retourne seule à Grenoble. Elle apprenait quelques jours plus tard que son mari d'une heure avait fui en Amérique avec une ancienne maîtresse, en emportant sa dot.

Le tribunal n'a pu appliquer que le remède dérisoire de la séparation de corps. M. l'abbé Vidieu ne me démentira pas si j'affirme que Rome aurait cassé le mariage et que, le divorce existant au lieu de notre loi barbare, Mme Molliet pourrait — si elle est catholique, ce que j'ignore — contracter une union nouvelle sans manquer aux préceptes de son culte.

Le troisième cas est relatif à une Anglaise qui, vers 1862, épousa un Italien à Paris. Le mariage eut lieu à la mairie, suivant la loi française. L'Anglaise était protestante et l'Italien catholique de naissance. Au sortir de la mairie, ce dernier, qui avait cessé de croire aux doctrines de sa religion, se refusa à recevoir la bénédiction nuptiale. Devant cette attitude tout à fait imprévue, la femme ne voulut donner aucune suite au mariage, et cette union commença par une séparation.

En fait, les tribunaux anglais déclarèrent le mariage nul, par suite des conditions particulières dans lesquelles il avait été contracté. Mais que les époux eussent été Français, le mariage était valable, sauf aux tribunaux à considérer le refus de la cérémonie religieuse comme une injure grave et à prononcer, en faveur de la femme, une séparation de corps et de biens.

Dans ce cas, dont, en cherchant bien, je trouverais certainement des espèces en France, M. l'abbé Vidieu croit-il que le divorce aurait blessé une conscience catholique ? Considère-t-il que le croyant aurait été indissolublement lié par une simple cérémonie civile, et voit-il dans l'acte de divorce qui aurait dissous ce nœud simplement civil une atteinte à sa foi ?

Mais M. l'abbé Vidieu sait tout cela beaucoup mieux que moi. Seulement, « c'est précisément, dit-il, parce que l'Eglise a prévu et réglé les cas de nullité qu'il n'y a plus rien à faire, et les partisans du divorce arrivent trop tard. *Il n'y a plus qu'à mettre la loi civile en harmonie avec la législation de l'Eglise sur le mariage, à admettre les cas de nullité reconnus par elle.* »

Aïe ! voilà une déclaration risquée. Vous reconnaissez là, un peu imprudemment peut-être, car vous avez essayé de le nier ailleurs, que vous n'acceptez le mariage civil qu'à la condition qu'il soit la copie exacte du mariage religieux, que la loi civile soit calquée sur la loi religieuse, — ce qui revient à revendiquer moins franchement pour l'Eglise la malière du mariage ; — et que c'est là le seul, le vrai motif qui vous fait repousser le divorce.

A vrai dire, nous nous en doutions quelque peu.

Naquet.

Le Voltaire du 19 mars 1884 (n° 2084)

LE DIVORCE

L'ATTITUDE DU GOUVERNEMENT

L'agence Havas nous a donné l'autre jour une singulière nouvelle. Le gouvernement serait décidé à intervenir dans la question du divorce pour demander le retour au titre VI du Code civil, *moins en ce qui touche au consentement mutuel.*

C'est, en somme, se mettre en opposition avec tous les partisans du divorce du Sénat, qui eux veulent non pas légiférer sur la matière, mais se borner à faire un acte politique en abrogeant la loi cléricale et réactionnaire de 1816, et en faisant revivre toutes les dispositions que cette loi avait supprimées. Si l'on s'éloigne de cette conception, si l'on porte la main sur l'ancien titre du Code civil pour le mutiler sur un point, on ouvre la porte aux amendements de ceux qui désirent l'élargir et le compléter sur d'autres, et l'on entre dans la voie que nous avions tracée à la Chambre des députés.

Je ne m'en plaindrais pas, à la rigueur, si le gouvernement, en faisant ses réserves sur le consentement mutuel, proposait, comme nous l'avions fait à la Chambre, d'introduire dans la législation quelques causes de divorce nouvelles, telles que l'absence déclarée et la condamnation des époux à certaines peines correctionnelles déterminées. A nos yeux, à nous qui sommes partisan du divorce large, l'action du gouvernement serait peut-être, dans ce cas, plus utile que nuisible, vu l'usage extraordinairement restreint qu'on a toujours fait, en pratique, de la procédure du consentement mutuel. Mais ce n'est pas l'attitude que prend le ministère ; il veut à la fois ne rien changer et changer quelque chose. Il se refuse à compléter le titre VI du Code civil, mais il entend l'amputer d'un chapitre. Aussi, pour heureux que soient les partisans de la réforme projetée de voir enfin le cabinet sortir de la réserve dédaigneuse dans laquelle il s'était tenu jusque-là sur cette grave question, ils sont cependant péniblement impressionnés et j'ajouterai surpris d'une attitude qu'ils ne comprennent pas.

Pour nous, qui avons eu bien souvent l'occasion de nous entretenir avec M. J. Ferry du problème que le Sénat va être appelé à résoudre, nous n'avons point été étonné. Nous avons reconnu le *dada* que nous avions rencontré dans toutes nos conversations avec lui.

« J'irai jusqu'au divorce pour cause déterminée, nous a souvent dit le président du conseil, mais non jusqu'au consentement mutuel. »

Singulière influence des mots !

M. J. Ferry est un esprit affranchi de dogmatisme ; il s'est marié civilement ; il est sceptique dans le bon sens, dans le sens critique et philosophique de l'expression. Comment donc a-t-il pu s'effrayer d'une simple formule ?

Car ce n'est qu'une formule que le « consentement mutuel » du Code civil. Si cette procédure avait reçu son vrai nom, sans rien changer à la rédaction et au numérotage des articles, on l'aurait intitulée : *Du divorce pour causes graves non divulguées*, et dans ce cas ce mode de divorce, plus lent, plus difficile, plus entouré de garanties encore que le mode ordinaire pour causes déterminées, n'aurait effrayé personne ; M. J. Ferry l'accepterait sans hésiter.

Malheureusement, les auteurs du Code ont mal intitulé leur chapitre. La loi du 20 septembre 1792 avait institué le vrai divorce par consentement mutuel, dans lequel la simple volonté des époux suffisait à rompre un lien que seule leur volonté avait noué. Les législateurs de 1803 réagissaient contre la loi de 1792, et, ne voulant pas paraître trop rétrogrades, supprimant la chose ils laissèrent sister le nom. Ce fut une faute dont s subissons la conséquence à cette re.

ne faut jamais perdre de vue en effet si le consentement des conjoints est des conditions du mode de divorce vu par le chapitre III du titre VI, le sentement est loin d'en être la condi- unique. Il faut l'adhésion trois fois oduite, à trois mois d'intervalle, des ndants vivants de chaque époux : ut, s'il y a des enfants, que tout ce se rapporte à leur garde, à leur en- en, soit réglé, que la succession du et de la mère soit ouverte et que, le seul fait que leur mariage est dis- par la voie dite du « consentement uel », la moitié de leur fortune passe édiatement à leurs enfants; il faut n que trois ans s'écoulent entre le où leur premier mariage est rompu jour où ils en contracteront un se- l.

s exigences sont telles que, dans la ique, presque personne n'a recours, ù elles sont en vigueur, à ces dispo- ns de la loi. A Genève, alors que ce ton suisse était encore régi par la loi çaise, c'est-à-dire jusqu'en 1876, il s'est pas produit, paraît-il, un seul de divorce par consentement mu- . En Belgique, la statistique a démon- qu'il s'en produit en moyenne trois uatre pour cent du nombre total des rces, c'est-à-dire à peu près point.

sont là des faits. En général, les mes qui repoussent les croyances matiques, comme M. J. Ferry, croient faits. Comment donc le chef du ca- t s'effarouche-t-il d'un péril que les démontrent imaginaire? Pousse- -il le scepticisme jusqu'à ne plus re même aux faits? Le scepticisme a on; mais ce serait peut-être, on en viendra, le pousser un peu loin.

a réponse de M. le président du con- est facile à prévoir. « Si l'on use si du divorce par consentement mu- , nous dira-t-il ; si l'on n'utilise cette cédure que si rarement et dans des où l'on pourrait tout aussi bien obte- le divorce en excipant d'une cause rminée devant les tribunaux, pourquoi conserver des dispositions inutiles, des dispositions qui ne sont point, en réalité, pour les époux, un accroissement de liberté? »

Pourquoi?

Parce qu'il ne faut jamais priver l'homme de la faculté de se sacrifier dans un intérêt supérieur, et parce qu'il existe un intérêt supérieur à ce que, lorsqu'ils ont le courage de supporter les sacrifices qu'il comporte, les époux recourent à la procédure du chapitre III du titre VI du Code civil, au lieu de recourir à celle du chapitre II.

Un homme a commis un crime qui ne permettra à sa femme d'obtenir le divorce qu'à la condition de le traîner devant les tribunaux et de déshonorer sa famille tout entière; une femme a commis un adultère qui, publiquement dévoilé, entraînera non seulement une flétrissure pour elle, mais encore — par suite d'un préjugé dont le législateur ne peut pas ne point tenir compte — une flétrissure imméritée pour ses filles.

Afin d'éviter ce scandale, les époux divorcent par consentement mutuel. Il leur en coûte la moitié de leur fortune; il leur en coûte leur liberté enchaînée pendant trois ans; mais malgré leur culpabilité, leurs fautes, ils aiment leurs enfants, ils consentent à leur faire ce sacrifice, et c'est vous, vous législateur, qui voulez les en empêcher, qui voulez les forcer à recourir au procès public, au scandale public! Si l'on ne savait quel empire exercent sur les esprits même les plus affranchis en apparence les mots et les idées dogmatiques qu'ils évoquent, on croirait rêver en voyant des hommes d'Etat aboutir à de telles conclusions.

Voilà, disait M. Léon Renault dans son discours du 13 juin 1882, quelles ont été les préoccupations des auteurs de notre Code. Voilà pourquoi ils ont voulu permettre aux époux d'arriver devant le tribunal non plus avec des témoins, avec des pièces écrites et accusatrices, mais entourés d'un ensemble de présomptions plus concluantes que les témoins, plus démonstratives que les pièces, si démonstratives que le tribunal n'eût plus qu'à s'incliner et dire : « *Je ne connais pas la cause pour* » *laquelle le divorce est demandé, mais je suis sûr* » *qu'elle existe!* »

Voilà la définition du divorce par consentement mutuel tel que le Code l'a admis. Comment croire ou faire croire à cette Chambre que le législateur de 1803 a organisé une sorte de comédie, de rencontre de deux consentements, comme le disait M. Durand ?

C'est cependant cette confusion que fait M. Ferry. Le chapitre III du titre VI du Code civil est intitulé : « *Du divorce par consentement mutuel.* » Peu importe que cet intitulé ne réponde pas à la réalité des choses, que le consentement mutuel ne soit que le moindre des éléments dont se compose la procédure organisée à ce chapitre ; le mot y est, cela suffit pour repousser le chapitre tout entier.

On a deux procédures : l'une relativement facile, le divorce pour cause déterminée; l'autre tellement difficile, le divorce dit « par consentement mutuel », que presque en aucun cas on ne consent à en user. Il semble que les hésitants devraient voir avec moins de terreur la seconde que la première. Point ! Elle porte un nom qui effraye, il faut la rejeter sans examen.

Eh bien ! puisque ici la peur des mots fait tout le fond du débat, nous proposons à M. le président du conseil une transaction. Bornons-nous à changer l'intitulé des chapitres.

Au lieu de : « du divorce pour cause déterminée, » intitulons le chapitre II : *Du divorce facile*, et au lieu de : « du divorce par consentement mutuel, » intitulons le chapitre III : *Du divorce difficile*; la conscience de M. le président du conseil sera sans doute rassurée. Rien ne sera changé au texte du Code, mais le pavillon sera différent qui couvrira la marchandise.

Car, au fond, il n'y a ici qu'une simple question de pavillon, et, toute plaisanterie mise à part, on est affligé lorsqu'on reconnait combien l'atavisme catholique domine nos intelligences et à quel point ceux-là se laissent encore dominer par des conceptions métaphysiques et par de pures questions de langage que l'on se serait cru le plus en droit de classer parmi les esprits scientifiques.

Naquet.

Le Voltaire du 25 mars 1884 (n° 209[illegible])

LE VOTE

DU CONSEIL MUNICIPAL

Mon collaborateur et ami Paul Strauss a parlé ici même en termes excellents du vote regrettable qu'a émis le conseil municipal relativement aux obsèques des victimes de la rue Saint-Denis. Cette tâche lui appartenait tout naturellement, après l'attitude courageuse qu'il avait prise au conseil ; mais la question est assez grave pour me permettre d'en parler à mon tour, non point qu'il reste quoi que ce soit de neuf à en dire après ce qui a été dit, mais parce qu'on ne saurait trop affirmer la liberté de conscience et qu'il importe que cette affirmation, venue de plusieurs points à la fois, puise une force plus grande dans la multiplicité même de ceux dont elle émane.

S'il est un principe supérieur dans lequel puisse presque se résumer la Révolution française, couronnement de la grande croisade philosophique du dix-huitième siècle, c'est l'indépendance absolue de la conscience individuelle, c'est la liberté des croyances religieuses ou philosophiques, c'est enfin la séparation du spirituel et du temporel, qui doit aboutir à la séparation des Eglises et de l'Etat ; c'est cette conception du monde moderne qui fonde la nation sur l'idée de patrie distincte des opinions des citoyens, à l'inverse de la conception antique, qui faisait reposer l'unité de la nation sur l'unité des croyances.

Ce principe, nous lui rendons tous hommage en théorie; les trente-trois votants de la proposition Monteil, tout aussi bien que les vingt-huit conseillers qui ont accordé leurs suffrages à celle de M. Strauss, n'hésiteraient pas à l'encadrer dans un ordre du jour. Mais la respectons-nous toujours aussi bien dans la pratique? C'est au moins ce que l'on pourrait contester en lisant les débats du conseil municipal et en songeant au scrutin qui les a terminés.

Il ne faut pas s'en étonner outre mesuré. Les cerveaux humains s'adaptent aux milieux dans lesquels ils vivent, et il est assez naturel que le catholicisme, qui a dominé notre pays pendant quatorze siècles, ait modelé les intelligences et créé à la longue des habitudes mentales dont quelques années de discussion philosophique ne sauraient avoir eu raison.

On cesse de croire aux dogmes de la religion chrétienne. On met la révélation, la trinité et d'une manière plus générale la croyance au surnaturel au magasin des accessoires. Mais il y a autre chose que des idées et des dogmes dans la religion ; il y a un pli de l'intelligence, et ce pli survit bien longtemps aux hypothèses qui l'ont engendré. Le catholicisme notamment, plus peut-être que les autres cultes, — quoique ce soit là la dominante de tous les cultes,— nous a formés sur un moule dont l'intolérance est la base, le fondement ; et ce moule s'est imposé aussi bien aux croyants qu'aux non-croyants, parce qu'il a fait les mœurs de la France et que les mœurs générales d'un peuple s'imposent par la force des choses aux individus dont ce peuple est composé.

Il résulte de là qu'à de rares exceptions près, qui plus qui moins, malgré que nous en ayons, nous sommes tous catholiques par la forme de notre cerveau, c'est-à-dire intolérants. Impatients du joug qui pourrait nous être imposé, nous prêchons la liberté avec amour, avec passion, avec sincérité ; mais nous ne la comprenons pas et, de la meilleure foi du monde, nous croyons agir en libéraux lorsque, véritables catholiques retournés, nous traitons nos adversaires comme ils nous traiteraient nous-mêmes s'ils étaient au pouvoir, lorsque, sans nous en rendre compte, nous cherchons à mettre au service de la libre pensée les armes que la foi a jadis dirigées contre elle et qui, étant l'opposé de son principe, ne sauraient lui convenir.

J'ai beau regarder à la loupe l'acte du conseil municipal, il m'est impossible de trouver une différence capitale entre l'esprit qui l'a dicté et l'esprit qui inspirait le bureau de l'Assemblée nationale quand, ainsi que le rappelle Strauss, il refusait de rendre les honneurs funèbres au représentant Brousse, dont les funérailles étaient civiles. Là, c'étaient des catholiques qui refusaient de s'associer à une cérémonie d'où la religion était absente ; ici, ce sont des libres penseurs qui refusent de s'associer à une cérémonie où la religion est présente ; notre protestation et notre blâme doivent être les mêmes dans les deux cas.

Non seulement le conseil municipal, en votant comme il vient de le faire, a tourné le dos aux vrais principes recteurs de la Révolution française, mais encore il s'est montré souverainement impolitique.

Depuis cinq ans, le gouvernement républicain poursuit avec ardeur la sécularisation complète de la société. Laïcisation du personnel enseignant, neutralité du programme de l'école, soin des malades confié à des infirmiers et à des infirmières laïques dans les hôpitaux ; ce sont là des réformes capitales par lesquelles, à un siècle de distance, nous tirons définitivement les conséquences des prémisses posées en 1789.

Les cléricaux, qui n'ont jamais renoncé à gouverner les corps comme ils gouvernent les âmes de leurs fidèles, — malheureusement pour eux chaque jour plus rares, — résistent avec la force du désespoir contre toutes ces mesures sur lesquelles s'établit d'une manière inébranlable la société moderne, démocratique et républicaine. Ils luttent, et leur moyen d'action le plus puissant consiste à crier à l'oppression. Ils savent qu'on ne fait pas de prosélytes en revendiquant le droit d'opprimer, mais qu'on est fort lorsqu'on se réclame de la liberté, et c'est ce qu'ils font sans relâche.

A les entendre la laïcisation des hôpitaux et des écoles, la suppression du serment religieux devant les tribunaux sont autant de violations de la liberté de conscience.

Ils se rendent parfaitement compte qu'au fond il n'en est rien, que tous ces actes procèdent au contraire d'un sentiment épuré de la liberté, que c'est parce que les croyances appartiennent au for intérieur de chacun que l'Etat doit se tenir en dehors d'elles et ne s'exposer à en blesser aucune, et que c'est pour cela que nous séparons chaque jour davantage son domaine de celui de la religion. Mais ils feignent de ne pas le comprendre et ils se prétendent opprimés, assurés ainsi de l'appui de tous ceux qui ne saisissent pas avec netteté la pensée du gouvernement républicain.

Cela étant, c'est à dégager cette pensée, à la faire ressortir clairement que nous devons nous employer sans cesse. Il faut qu'on sache que nous défendons la liberté, toute la liberté, rien que la liberté; et, pour que cela ne puisse être l'objet d'aucun doute, il faut que nous soyons toujours sur la brèche pour protester dès qu'une atteinte à la liberté se produit, d'où qu'elle vienne, qu'elle frappe nos adversaires ou nous. J'ajouterais volontiers que les plus efficaces de ces revendications sont celles qui ont pour effet la défense de nos adversaires, puisque nous donnons ainsi la preuve de notre impartialité et qu'en éliminant de la sorte tous les doutes qui pourraient planer sur nos intentions nous attirons à nous l'immense majorité de nos concitoyens.

C'est ce que n'a pas suffisamment compris le conseil municipal. Peut-être a-t-il cru devoir établir une distinction entre le fait d'honneurs funèbres à rendre et celui qui consistait à engager les finances de la ville. Il a même pu croire qu'il sortirait de la neutralité en imposant à la collectivité parisienne des dépenses cultuelles. Il s'est trompé. Ce n'est pas le culte qu'il payait. Il rendait hommage à des actions qui méritent d'être honorées, à des vertus civiques, en mettant à la charge de la Ville les funérailles des agents tombés victimes de leur devoir, et il n'avait pas à intervenir dans la forme de ces funérailles, dont la famille seule des défunts pouvait fixer le caractère.

Le vote du conseil municipal prête le flanc aux attaques des catholiques, qui le dénonceront comme dirigé contre eux. Si même telle n'a pas été la pensée de ses auteurs, — ce que nous espérons, — il suffit qu'il en ait l'apparence, qu'il puisse prêter à la controverse sur un point aussi capital, pour que notre devoir soit de protester énergiquement et de joindre ici notre voix à la voix de ceux que nous sommes habitués à combattre.

Je l'ai dit et répété souvent : la liberté de conscience est, entre toutes les conquêtes de 1789, celle qui m'est la plus chère. J'ai toujours déclaré que, dès qu'elle est mise en cause, nous ne devons laisser à personne le monopole de sa défense, et, quand l'occasion se présente, je suis heureux de conformer ma conduite à ces déclarations.

C'est pourquoi j'ai voulu revenir sur un point que mon ami Strauss avait complètement élucidé, au risque d'imposer à nos lecteurs deux articles sur le même sujet. Au surplus, j'espère que nos lecteurs ne s'en plaindront pas ; ce sont des libéraux, et le sujet en vaut la peine.

Naquet.

Le Voltaire du 2 avril 1884 (n° 2098)

L'OEUVRE

DE

M. BENJAMIN RASPAIL

La presse a beaucoup disserté sur la dernière élection de Castres, et chacun d'y voir la preuve de l'excellence de sa politique et de l'infériorité de celle du gouvernement. Si l'on n'avait pas fait au même degré de la « persécution religieuse », dit le *Temps*, en employant et guillemetant l'expression du candidat victorieux, les électeurs de Castres auraient voté de tout autre manière ; — si on eût agi avec plus de vigueur, plus résolument, disent les feuilles intransigeantes, c'est un candidat républicain qui aurait passé.

La vérité n'est ni avec le *Temps* ni avec les feuilles intransigeantes. La vérité est que la circonscription qui vient d'être appelée à se prononcer est et a toujours été une mauvaise circonscription pour les idées que nous représentons. En 1876, elle avait élu M. Combes, un réactionnaire ; en 1877, elle l'avait élu de nouveau ; je crois même me souvenir que ce dernier, ayant été invalidé, fut réélu contre M. Charles Simon, dans un moment où l'administration n'était certes pas entre les mains de nos ennemis. A ces diverses époques cependant les décrets de 1879 n'avaient pas encore été rendus et la « persécution religieuse » n'avait point encore commencé.

Plus tard, il est vrai, en 1881, M. Thomas, républicain, fut élu. Mais en 1881 les décrets de mars avaient été rendus, la « persécution religieuse » était chose faite; les serrures avaient été « crochetées »; les religieux avaient été « expulsés ». Si donc le *Temps* était dans le vrai, si la politique anticléricale du gouvernement était cause de notre récent échec, comment se ferait-il que nous en ayons subi deux ou trois pareils avant que cette politique fût entreprise et qu'après qu'elle a été pratiquée nous ayons eu un succès?

Il serait peut-être plus exact de dire, si l'on tenait absolument à chercher en haut une cause à ce qui vient de se passer à Castres, que les divisions de notre parti, les embarras financiers momentanés dans lesquels nous nous trouvons, la lenteur avec laquelle se font les réformes ont découragé un certain nombre de nos amis, dont l'abstention a favorisé le triomphe de nos adversaires. Mais cette conclusion même, quoique plus vraisemblable que celle du *Temps*, serait encore exagérée.

La circonscription qui vient d'élire M. Abrial n'a pas de tempérament politique. Il en reste malheureusement un certain nombre en France qui se trouvent dans ces conditions. Elle ne vote pas pour des idées, elle vote pour des hommes, avec une légère inclination dans le sens de la réaction. Ce n'est pas du républicain qu'elle avait fait choix dans la personne de M. Thomas, c'était de M. Thomas, de même que si M. Eugène Péreire avait pu se présenter, il aurait été sûr de battre M. Abrial, bien qu'il eût accepté un programme franchement républicain. Cela était connu. Les députés et les sénateurs républicains du Tarn annonçaient, bien avant le vote, qu'aucun homme politique dans leur département n'était en situation de battre le candidat des Droites, et que ce candidat passerait avec une imposante majorité, si M. Eugène Péreire ne consentait pas à jeter dans la lice, au profit des idées républicaines, auxquelles il est depuis longtemps déjà rallié, son nom et son influence.

Malheureusement, et quelle qu'ait été sa bonne volonté, M. Péreire a été empêché de rendre à notre cause le service pour lequel les représentants républicains du Tarn faisaient appel à lui. Et c'est ici qu'une part de responsabilité considérable incombe à M. Benjamin Raspail, à l'Extrême Gauche et, il faut bien le dire, à l'immense majorité de la Chambre, qui, sur une question de cette gravité, n'a peut-être pas eu complètement le courage de son opinion.

Il y a un an, le Parlement était saisi d'un projet de loi tendant à autoriser le ministre des postes à mettre en adjudication les services postaux maritimes subventionnés. M. Benjamin Raspail, estimant sans doute que nous avions trop de spécialistes dans le Parlement et que le personnel dirigeant républicain était assez nombreux pour qu'il fût bon de le réduire, déposa un amendement pour interdire aux membres du conseil d'administration de la compagnie concessionnaire de faire partie du Parlement.

La commission décida de le repousser, et elle me chargea de le combattre à la tribune, ce que je fis. Mais, au vote public, une partie de ceux-là mêmes qui m'avaient donné le mandat de parler en leur nom m'abandonnèrent, et sept députés seulement (il semble que pour moi ce nombre soit fatidique) osèrent voter avec moi. En dehors d'eux, ceux qui étaient de mon avis se réfugièrent dans l'*abstention*, et l'incompatibilité chère à M. Benjamin Raspail fut acceptée. Au Sénat, la disposition passa presque inaperçue, et voilà comment à cette heure, pour la plus grande gloire des principes, M. Abrial est député de Castres. La République a subi un échec, mais le principe est sauf: M. Eugène Péreire n'est pas membre du Parlement, quoique directeur de la Compagnie générale transatlantique; tout est là.

Ce qui arrive avait été prévu, annoncé; mais cela n'avait pas désarmé M. Raspail, et je ne crois pas trop m'avancer en déclarant que, s'il dépendait de lui de revenir sur l'article 10, qu'on lui doit, de la loi sur les services postaux maritimes, même aujourd'hui, en face du fait brutal qui vient de se produire, il n'y consentirait pas. M. Benjamin Raspail aime certainement beaucoup la République, nul ne saurait le contester. Mais il l'aime comprise d'une certaine manière, agrémentée de certaines conceptions, et, si elle s'écarte des principes qui lui sont chers, tant pis pour elle! Le triomphe électoral d'un monarchiste le blesse moins que la violation de ces principes.

Heureusement que la Chambre n'a pas attendu la leçon que viennent de lui infliger les électeurs de Castres pour revenir à des sentiments plus libéraux, plus républicains, plus démocratiques, malgré que l'Extrême Gauche en ait, que ceux qui avaient dicté l'amendement de M. Benjamin Raspail.

Depuis le vote de la loi sur les services postaux maritimes subventionnés, la Chambre a discuté et adopté une proposition de loi sur le cumul et sur les incompatibilités parlementaires, et elle a refusé de suivre sa commission sur le terrain de l'absolu, sur lequel celle-ci aurait voulu l'entraîner.

Refusant de porter la main sur ce qui est d'ordre tout à fait personnel et professionnel, elle n'a pas voulu édicter une incompatibilité entre les fonctions de député ou de sénateur et celles de membre d'un conseil d'administration ou de surveillance d'une société privée.

Quant aux sociétés qui sont subventionnées par l'Etat ou qui ont des fournitures de l'Etat, la Chambre a décidé qu'on ne pourra pas prendre à l'avenir leurs administrateurs parmi les membres du Parlement au cours de leur mandat, ou tout au moins que, si on les y prend, ceux-ci seront soumis à la réélection. Mais elle a compris qu'elle n'avait pas le droit de lier les mains au suffrage universel, et en effet, si celui-ci élit député ou sénateur l'administrateur d'une compagnie subventionnée par l'Etat, non seulement quoiqu'il soit administrateur de cette compagnie, mais peut-être même parce qu'il remplit ces fonctions et parce qu'en cette qualité il a donné des preuves de capacité qui ont inspiré confiance aux électeurs, il est inadmissible que l'on vienne déclarer au souverain que ce choix lui est interdit.

La nouvelle loi abrogera naturellement, comme toutes les lois, les dispositions antérieures qui lui sont contraires, et l'article 10 de la loi sur les services postaux maritimes, étant dans ce cas, est nécessairement appelé prochainement à disparaître, pour faire place aux dispositions nouvelles que le Parlement aura acceptées.

Malheureusement, la loi générale sur les incompatibilités est encore pendante devant le Sénat, et c'est ce qui fait que les dispositions antérieures demeurent debout. Il importe de sortir de cette situation. Il importe d'en finir le plus tôt possible avec des règles dictées par des considérations mesquines, dont le danger vient d'éclater; il importe surtout, voyant la cause de l'élection de Castres là où elle est, de ne pas tirer de cette élection des conséquences politiques qu'elle ne comporte pas et de ne pas venir dire que la République perd du terrain, alors que c'est seulement une individualité qui triomphe, et qui triomphe parce qu'il a plu à des esprits étroits d'enchaîner, pour rendre hommage à des idées abstraites, la liberté du suffrage universel.

Naquet.

Le Voltaire du 9 avril 1884 (n° 2104)

LE DROIT DE REVISION

ET LA RÉPUBLIQUE[1]

Notre collaborateur J.-J. Weiss a pu-

(1) Nos collaborateurs jouissent au *Voltaire* de toute la liberté que mérite l'autorité de leurs noms et de leur talent. Il nous paraît toutefois utile de faire connaître la doctrine du journal sur la révision de l'article 8.

blié lui-même, il y a quelques jours, un article sur le droit de revision qu'il me permettra certainement de discuter et de contredire. Cet article est écrit avec le talent qui caractérise toujours notre confrère ; mais il ne me paraît pas répondre dans ses conclusions à ce qu'on est en droit d'attendre d'un esprit ordinairement précis et scientifique comme le sien.

M. J.-J. Weiss ne peut pas se consoler de ce que l'article 8, introduit dans la loi constitutionnelle du 25 février 1875 par une Assemblée qui se réservait, j'en conviens, une porte de sortie pour s'évader de la République, permette la revision intégrale, complète de notre constitution, et laisse le champ libre aux agitations monarchiques. Je diffère sur ce point avec lui, et cette large faculté laissée au pays de modifier ses institutions est à mes yeux le plus grand mérite — le seul peut-être — de ces lois hybrides, à demi monarchiques, à demi républicaines, dont l'Assemblée nationale nous a dotés.

M. J.-J. Weiss ne fait point partie comme nous de cette classe de politiques qui tiennent à la République pour elle-même et qui, tant qu'ils ne l'ont pas possédée, ont été irréconciliables avec tous les gouvernements. Il appartient, lui, à cette catégorie de penseurs, dont Girardin a été l'un des types les plus célèbres, qui croient la liberté possible sous toutes les constitutions et qui, n'attachant dès lors à celles-ci qu'une importance secondaire, n'en accordent une réelle qu'à leur durée. M. Weiss n'est pas républicain parce qu'en soi la République lui paraît valoir mieux que la monarchie ; il serait même pour la monarchie constitutionnelle contre nous si celle-ci s'était établie après 1871. Il est pour la République parce qu'elle existe, parce qu'elle lui semble seule possible et parce que d'ailleurs, du moment qu'elle est, il y a intérêt qu'elle dure, la durée des formes politiques établies étant une des conditions de la force et de la puissance des nations. Il est donc tout aussi dévoué que nous à la consolidation de la République à cette heure, mais par des motifs différents des nôtres. Il a fait avec elle un mariage de raison et de réflexion, qui à la rigueur permettrait à un moment donné le divorce ; nous, nous avons fait au contraire avec elle un de ces mariages d'amour et de passion qui ne peuvent supposer que l'indissolubilité.

Et cependant c'est nous qui voulons que la République laisse discuter son principe, et c'est notre confrère qui ne le veut pas. C'est nous qui voulons la laisser entièrement revisable, c'est lui qui veut en proclamer la perpétuité.

Cette divergence est d'autant plus singulière au premier abord qu'en nous plaçant sur le terrain de la métaphysique nous trouverions peut-être encore entre nous et M. J.-J. Weiss un autre point de désaccord qui devrait en renverser les termes.

A nos yeux, la République est de droit absolu ; le suffrage universel ne pourrait pas sans abus de pouvoir rétablir la monarchie, y eût-il en sa faveur l'unanimité des suffrages ; la monarchie affirme, en effet, la perpétuité de la dynastie, et les électeurs d'aujourd'hui n'ont pas le droit d'enchaîner les électeurs de demain. C'est donc nous qui devrions demander que la constitution, déclarant la République perpétuelle, la plaçât au-dessus du suffrage universel ; c'est lui qui devrait réclamer que la porte fût ouverte à la revision totale, et cependant c'est l'inverse qui a lieu.

C'est que nous n'aimons guère la métaphysique, que nous préférons suivre la méthode scientifique, qui tient compte des faits, et que nous n'avons aucun moyen de garantir la République contre la volonté nationale. Sans doute, si la nation rétablissait une monarchie, elle usurperait un pouvoir qu'elle n'a pas. Sans doute, nos descendants conserveraient, sinon de par la loi écrite, du moins de par la loi naturelle, le droit de protester contre cette violation de leur liberté et de s'insurger contre l'œuvre que nous aurions faite. Mais, en atten-

Nous croyons que la rectification de cet article s'imposera au Congrès dès l'instant qu'il se réunira pour reviser la constitution.

N. DE LA R.

dent, il est bien certain que, si la nation voulait rétablir la monarchie avec une énergie pareille à celle qu'elle a déployée en vue d'établir la République, ce ne serait pas une feuille de papier qui pourrait l'en empêcher. La nation, dans ce cas, n'aurait pas pour elle le droit; mais elle aurait la force; et qu'est-ce qu'un droit qui a contre lui la force? un moyen d'appel du présent à l'avenir, mais rien de plus.

C'est pour cela, c'est parce que nous n'aimons pas les déclarations oiseuses et inutiles que nous ne voulons pas commettre l'enfantillage d'inscrire la perpétuité de la République dans le texte de la constitution. Inscrivons-la, cette perpétuité, dans le cœur des populations, en les faisant jouir d'un meilleur gouvernement que celui que leur vaudrait, que leur a valu la monarchie, et en leur enseignant dès l'enfance que tout acte par lequel elles lieraient les générations futures serait nul aux yeux de la conscience. Mais ne prétendons pas à les enchaîner par un article de loi. Ces articles pèsent d'un poids bien faible, notre histoire le prouve, devant la volonté du peuple, et ils ne constituent jamais que des puérilités que nous ne voudrions pas mettre à la charge de la forme politique que nous aimons. D'autres gouvernements ont cru devoir se déclarer éternels. Combien a duré cette éternité? et quel est celui d'entre eux qui a été préservé par cette prétentieuse déclaration?

M. J.-J. Weiss ne se fait d'ailleurs aucune illusion à cet égard; mais il estime qu'en affirmant la perpétuité d'un gouvernement on a l'avantage sinon de mettre un obstacle infranchissable aux révolutions ou aux coups d'État, du moins, pendant tout le temps que ce gouvernement dure, d'empêcher que son principe ne soit discuté et d'assurer ainsi la marche régulière de l'administration. Il pense qu'un droit de revision trop largement compris, « s'il ne trouble pas l'institution républicaine, a troublé, peut troubler encore la sécurité morale que les nations cherchent dans le régime établi »; il croit enfin qu'une telle disposition crée artificiellement l'état révolutionnaire en permanence et qu'une révolution une fois faite, qui arrive au bout de quinze ans, foudroyante et inattendue, destructive comme l'orage et comme lui passagère », est moins désastreuse pour un pays que l'agitation stérile et continue créée par la loi même.

Je serais bien près de m'entendre avec notre collaborateur si un article constitutionnel avait au moins le pouvoir d'empêcher en fait un gouvernement d'être discuté, et s'il faisait régner l'ordre dans les esprits pendant quinze ans à un degré tel que les révolutions, lorsqu'elles éclateraient, vinssent sans préparation appréciable, inattendues comme la maladie ou la mort.

Malheureusement, les lois n'ont pas cette puissance. Il n'y a pas de gouvernements qui aient été plus discutés que ceux qui s'étaient déclarés indiscutables, au moins à partir du jour où ils ont toléré la moindre liberté, — et ce n'est pas M. Weiss qui rêve l'ordre de la nuit et du silence tel qu'il régna en 1852 ou sous le premier empire.

La Restauration ne tolérait certes pas qu'on discutât son principe, et cependant jamais un pouvoir a-t-il été plus attaqué en France? Il suffit de relire les chansons de Béranger pour s'en rendre compte. Et l'empire, à partir de 1859? On met peut-être aujourd'hui un peu moins de formes dans les attaques que l'on dirige contre la République, mais elles ne le cèdent en rien à celles que nous dirigions contre Napoléon III et ses conseillers, et certainement celles ci avaient sur le pays une action que n'ont pas celles-là, et elles entretenaient une agitation que de nos jours les monarchistes ne parviennent pas à faire naître.

Il est vrai que sous la Restauration, sous Louis-Philippe, sous Napoléon III, on traduisait devant les tribunaux les écrivains qui prônaient la République, et qu'on aurait rappelé à l'ordre les députés qui auraient affirmé des principes inconstitutionnels, même sous la forme d'une proposition de revision. Mais à quoi auraient servi ces rappels à l'ordre et à quoi servaient ces procès? A mettre en lumière ceux qui en étaient l'objet, à maintenir l'agitation dans les esprits et à dépopulariser plus encore le régime établi.

Si donc l'outrecuidance — car c'en était une — avec laquelle les gouvernements qui nous ont précédés se sont déclarés éternels n'a pu ni empêcher leur chute, ni même les garantir à quelque degré que ce soit contre l'agitation stérile que notre confrère redoute, à quoi bon l'imiter aujourd'hui ?

L'autruche, dit-on, croit éviter le danger en évitant de le voir. Il est possible que certains hommes politiques en soient également là et qu'ils s'imaginent être perpétuels parce qu'ils ont décrété qu'ils le sont. Mais eux seuls se font cette illusion, et cet avantage est vraiment trop mince pour que nous nous donnions la peine de leur procurer cette tranquillité, au risque peut-être pour nous d'exciter une pointe de rire.

Le moyen de déjouer les attaques n'est pas de les prohiber, c'est de les rendre impossibles en faisant aimer le gouvernement que l'on a. Gouvernons bien, faisons aimer la République, montrons que, mieux que toutes les autres formes politiques, elle concilie l'ordre avec la liberté, et nous aurons plus fait pour sa perpétuité que si nous avions prétentieusement inscrit celle-ci dans un texte constitutionnel.

Mequet.

Le Voltaire du 15 avril 1884 (n° 2110)

LES MARCHÉS A TERME

A la date du 7 février dernier, la chambre de commerce de Paris a adressé aux ministres du commerce et de la justice le vœu que le projet de loi sur les marchés à terme soit promptement mis à l'ordre du jour de la Chambre des députés.

« Un projet de loi en ce sens, dit-elle, a été adopté en première délibération par la Chambre des députés ; mais il n'a pu depuis lors trouver place à l'ordre du jour, sans que cet ajournement indéfini paraisse explicable.

» Vivement ému de cet état de choses, le commerce réclame la prompte solution d'une question *qui touche à ses intérêts les plus graves* ; et, se faisant l'interprète de ses instances, la chambre de commerce vient vous prier de provoquer la deuxième délibération, qui est impatiemment attendue de la part du Parlement. »

Ce vœu a décidé le gouvernement à sortir de son silence et, sur la demande de M. Tirard, la Chambre a mis le projet à son ordre du jour ; mais cette manifestation est un peu platonique, et l'on ne prévoit guère à quel moment s'ouvrira la discussion.

Le Parlement se préoccupe cependant de la crise commerciale et industrielle, des moyens de favoriser le commerce français, et la question *touche aux plus graves intérêts* de ce dernier ; ce sont ses représentants autorisés qui l'affirment, et qui l'ont affirmé à la commission d'enquête elle-même.

J'ajoute que la première délibération du projet de loi n'a duré que quelques heures ; que, si même elle dure davantage, la deuxième délibération ne prendra certainement pas plus d'une séance, le projet n'ayant qu'un article, et tout le débat devant se borner à la discussion générale et à l'examen d'un amendement de M. Sourigues. Les importantes questions dont la Chambre a eu à délibérer pendant ces derniers temps ne sauraient donc être une excuse suffisante pour un ajournement indéfini. On trouve des heures et des jours pour toutes les interpellations oiseuses ; il nous paraît difficile qu'on n'en trouve pas, si l'on y met un peu de bonne volonté, pour faire aboutir une loi qui peut donner un essor aux affaires, en y introduisant un élément de certitude et de moralisation qui leur fait actuellement défaut.

Aussi, quand nous voyons la Chambre opposer presque un quolibet à l'honorable M. Peulevey et, lorsqu'il lui demande la prochaine discussion en deuxième délibération du projet de loi sur les marchés à terme, lui répondre de plusieurs côtés : « A terme ! à terme ! » nous ne pouvons nous empêcher de nous demander s'il n'y a pas là un parti pris de ne rien faire, si des préjugés d'un autre âge ne triomphent pas du bon sens, de la justice, de la vérité; si les leçons de 1881 ne sont pas oubliées et si les théories, déjà surannées à cette époque, que défendait emphatiquement M. Delangle au Sénat de l'empire, ne sont pas plus ou moins invétérées dans l'esprit d'un grand nombre de représentants de la nation.

Ces craintes prennent d'autant plus de corps que, d'après certains renseignements qui nous arrivent, le projet rencontrerait surtout de l'hostilité dans le groupe où l'on se serait le moins attendu à trouver même de l'hésitation, dans le groupe qui, à l'entendre, est réformateur par excellence; dans ce groupe de l'Extrême Gauche en un mot qui, après avoir récemment montré, dans la grande interpellation sur la crise économique, son impuissance à rien formuler de net et de précis, semble devoir s'opposer à cette heure à un projet modeste il est vrai, mais capable cependant, par la sécurité qu'il lui apportera, de venir puissamment en aide au commerce national.

Il est vrai de dire que le projet ne permet pas les déclamations sentencieuses et sentimentales, et qu'il ne peut pas servir de tremplin électoral!

Et pourquoi ces hésitations? Parce qu'on craint de favoriser le jeu!

Vraiment, nous avons honte d'en être réduit à répéter pour la vingtième fois la même chose; mais nous y sommes bien contraint, puisque les adversaires reproduisent toujours les mêmes arguments, comme si on ne leur avait jamais répondu.

Non seulement la loi proposée n'aide pas au développement du jeu, mais elle nuit à ce développement; elle l'entrave, à ce point qu'elle n'est réclamée que par ceux-là qui font de la spéculation honnête et sérieuse, et que ceux au contraire qui vivent du jeu la redoutent comme funeste à leur industrie. Pour ces derniers, l'article 1965, avec l'interprétation que lui a donnée la jurisprudence, est un élément de prospérité. Sans doute il en résulte pour eux de temps à autre quelques pertes; mais il en résulte aussi un surcroît d'opérations, dont les profits dépassent de beaucoup les pertes subies.

La législation actuelle va contre son but : dirigée contre le jeu, elle l'encourage, elle le fait naître; elle est une prime à l'immoralité.

Comment en serait-il autrement? La situation du joueur de Bourse ne ressemble en rien à celle du joueur de baccarat. Ici, les deux adversaires sont assis en face l'un de l'autre; ils se connaissent; s'ils jouent sur parole, c'est personnellement qu'ils se font crédit, sans qu'il existe entre eux aucun intermédiaire responsable. Il est évident que dans ces conditions, pour peu que la parfaite honorabilité de l'un des joueurs ne soit pas établie, l'autre joueur hésitera à engager une partie dans laquelle il n'aura que des risques à courir, étant certain de payer s'il perd et n'étant pas assuré de pouvoir se faire payer s'il gagne. L'article 1965 aura là nécessairement pour effet de mettre des bornes à la fièvre du jeu.

Rien de tel n'a plus lieu dans les négociations de la Bourse et du commerce.

Là les joueurs, si joueurs il y a, ne se connaissent pas. Ils ne connaissent que l'intermédiaire dûment responsable de l'opération à laquelle il a prêté son ministère; toujours certains d'être payés s'ils gagnent, ils ne sont jamais et ne peuvent être jamais arrêtés par la crainte de l'exception de jeu. Par contre, cette exception de jeu, pour peu qu'ils soient malhonnêtes, devient pour eux une puissante incitation. Ils se disent que, si la perte dépasse leurs prévisions, ils en seront quittes pour se retrancher derrière la loi qui régit les paris, et, garantis ainsi contre la mauvaise fortune, ils se lancent avec beaucoup plus d'entrain dans des spéculations que leurs moyens ne justifient pas.

Quant aux intermédiaires, les seuls sur lesquels la loi semblerait à première vue devoir agir, ils subissent un effet également funeste.

Impuissants à discerner l'opération sérieuse de celle qui ne l'est pas, exposés, s'ils sont trop sévères, à perdre non seulement leur clientèle de jeu, mais encore leur clientèle sérieuse, peu portée à subir une espèce d'inquisition journalière, ils sont forcés de tout accepter et, pour se rattraper des pertes que, de par les dispositions du Code, le jeu leur occasionne, ils ne trouvent qu'un moyen : favoriser le jeu et puiser dans le nombre même des opérations de cet ordre une assurance dont les quelques risques auxquels ils sont exposés deviennent la prime. Dès lors, au lieu de mettre un frein aux joueurs, ainsi que le législateur avait pu l'espérer, ils poussent au jeu le plus qu'ils le peuvent.

On pouvait placer le joueur en face de sa propre responsabilité, et limiter ainsi le jeu par un moyen à la fois efficace et honnête. On a suivi une autre voie. Alors que les transactions commerciales et industrielles étaient encore dans l'enfance, confondant les spéculations à la hausse et à la baisse auxquelles elles donnent lieu avec des paris ordinaires, on a supprimé la responsabilité des joueurs, et, loin de les entraver, on les a ainsi favorisés, en portant un coup funeste à la moralité publique.

Nos ancêtres ont pu être excusables en agissant de la sorte : ils n'avaient pas cent ans d'expérience derrière eux. A cette heure, persévérer dans de tels errements, malgré les protestations de tout ce que la finance et le commerce compte de plus honnête, ne saurait plus avoir aucune excuse. La Chambre ne mériterait certainement pas le titre de réformatrice qu'elle aime à se donner si, dans une pareille matière, elle obéissait à des idées définitivement condamnées par la science économique.

En tout état de cause, si de pareils préjugés existent, il faut qu'on ait le courage de les produire et de les défendre, sauf à permettre à la vérité de se faire entendre à son tour. Nous comprendrions difficilement que ceux qui se réclament le plus de la liberté hésitassent devant la discussion et voulussent repousser un projet de loi dont l'importance ne peut échapper à personne, pas même à ceux qui lui sont hostiles, par une fin de non recevoir.

Espérons donc que la Chambre ne tardera pas à se raviser et que sous peu, à la rentrée, elle consentira à discuter le projet de loi sur la négociation des valeurs mobilières et des marchés à terme. Il y a plus d'un an que la première délibération a eu lieu. Le tour de la seconde nous semble venu.

Naquet.

Le Voltaire du 23 avril 1884 (n° 2118)

A PROPOS
DE LA
GRÈVE D'ANZIN

Nous venons d'avoir une révélation, et c'est M. Cornély qui nous l'a faite. La grève d'Anzin, aujourd'hui terminée, a été un bonheur, une aubaine, une fortune pour la compagnie, et les ouvriers seuls en ont souffert. La compagnie ne faisait travailler avant la grève et ne fait travailler depuis sa cessation que par humanité, pour ne pas laisser de malheureux ouvriers sans ouvrage. Quant à elle, elle n'a aucun intérêt vraiment à ce qu'on extraie ou n'extraie pas des tonnes de charbon. Pour un peu, M. Cornély nous dirait que la propriété de la mine est onéreuse aux actionnaires et que les dividendes s'accroîtraient de tous les salaires accumulés si l'on n'exploitait plus les galeries. Je cite ses propres paroles :

> *Elle entretenait l'extraction, pour entretenir les ouvriers*, et si, au lieu d'hommes qui ne peuvent rester oisifs sans mourir de faim, elle n'avait eu à son service que des machines qu'on peut éteindre sans les détériorer, elle aurait éteint le tiers, la moitié peut-être de ses machines.
>
> Elle tirait plus de charbon qu'elle n'en vendait.
>
> Le plus grand service qu'on pouvait lui rendre, c'était de lui permettre de faire des économies sur les salaires, et, sans la grève ces économies eussent été impossibles.

Il est bien vrai que, quand on ne travaille plus dans les mines l'eau s'y accumule au point de nécessiter ensuite des frais considérables lorsqu'on veut reprendre l'exploitation. Dernièrement, des calomniateurs — tous républicains pour sûr — prétendaient même que par le fait de la grève, et bien que celle-ci n'ait jamais été absolue, puisqu'un certain nombre d'ouvriers sont toujours descendus dans les puits, l'eau montait déjà et rendait les administrateurs de la compagnie soucieux. Simple racontar que cela ! Nous savons à quoi nous en tenir maintenant ; M. Cornély nous a ouvert le cœur de M. d'Audiffret-Pasquier et de ses collègues : ils avaient plus de charbon qu'il ne leur en fallait pour la vente et l'eau leur importait peu ; ce sont de bons catholiques et Dieu pourvoyait sans doute à ce que les ouvrages ne fussent pas trop endommagés ; n'est-il pas le maître des éléments ? — Il en résulte que les actionnaires vont mettre purement et simplement dans leurs goussets les sommes que sans la grève, ils auraient dû compter aux mineurs. Quelles bonnes parties de plaisir ils pourront se payer avec ces économies ! C'est encore M. Cornély qui le dit :

Votre compagnie n'en vendra pas une tonne de charbon de moins, et non seulement elle n'a peut-être pas perdu un centime, par suite de votre grève, mais elle a gagné tout juste ce que vous avez perdu : un million deux cent mille francs.

Et plus haut :

C'est donc douze cent mille francs tout net que rapporte Basly à la Compagnie d'Anzin. Basly est le bienfaiteur du duc d'Audiffret-Pasquier et de ses actionnaires. Basly leur a fait un cadeau royal.

Mais alors, ces révélations nous ouvrent des horizons nouveaux ; c'est la compagnie qui a fait la grève, et Basly n'a été que son agent secret. On croyait qu'il agissait pour combattre la noire misère de ses concitoyens, pas du tout. C'était un orléaniste déguisé qui ne recherchait qu'une chose, ne poursuivait qu'un but : enrichir les amis des princes d'Orléans.

Voilà à quelles conclusions il faudrait en venir si l'on prenait au pied de la lettre les affirmations du *Matin*. La compagnie d'Anzin serait simplement une providence pour une foule de malheureux qui mourraient de faim sans elle, et les dividendes encaissés par les actionnaires ne seraient encaissés que par amour du genre humain. Il est vrai que la compagnie s'est constituée, il y a un peu plus d'un siècle au capital de cinq cent mille francs ; que, depuis lors, les dividendes se sont élevés à des chiffres qui, certaines années, ont dépassé quinze millions ; mais, croyez-le bien, là n'ont jamais été les préoccupations des propriétaires de la mine. Ils n'ont eu pour objectif que d'assurer la vie des populations laborieuses, et c'est par pure nécessité, presque avec regret, qu'ils ont empoché les millions.

Voilà ce qu'on raconte dans la presse royaliste. Voilà les sornettes que l'on débite journellement. On se proposerait de surexciter l'opinion des ouvriers au point de les conduire à la guerre civile qu'on ne s'y prendrait pas d'une autre manière.

Ce n'est pas que nous soyons de ceux qui s'élèvent contre le capital. Nous l'avons toujours défendu. Le capital est une force sociale tout comme le travail, dont il émane, et sa disparition, son anéantissement nous conduiraient à la misère générale, nous feraient revenir à la barbarie, à la sauvagerie primitives. Que l'on dise cela aux travailleurs ; qu'on leur démontre que la mise en pratique des doctrines collectivistes et des doctrines anarchistes conduirait directement à la destruction de l'outil de toute production, et par conséquent à la suppression du produit lui-même ; qu'on leur enseigne que le principe de la propriété est un principe fécond non seulement pour les propriétaires, mais encore pour les non-propriétaires eux-mêmes, qui bénéficient eux aussi du bien-être général que ce principe répand sur la société, fort bien ! on leur dira la vérité, on fera un enseignement véritablement scientifique et conservateur dans la bonne acception du mot.

Mais qu'on représente le capital comme n'ayant aucun intérêt propre et comme mis en œuvre par des saint Vincent de Paul uniquement préoccupés des intérêts des classes pauvres, voilà ce qui passe la mesure, voilà ce qu'on ne devrait pas se permettre, à peine d'exciter le rire ou la colère universelle ; il n'est plus personne qui ignore à cette heure que, si capital et travail sont des forces nécessaires, il n'en existe pas moins, malgré leur solidarité, un certain antagonisme entre ceux qui les détiennent, antagonisme dont les grèves sont les tristes et funestes conséquences.

Tout n'est cependant pas faux dans l'article de M. Cornély, et, malgré les pertes réelles que la cessation du travail pendant près de deux mois dans le bassin minier d'Anzin lui a occasionnées, il est peut-être exact que la compagnie n'était pas fâchée de voir se produire une petite coalition. Certes, elle ne la désirait ni aussi générale ni d'aussi longue durée, et de ce côté elle a été certainement déçue dans ses calculs ; mais il ne lui était pas désagréable peut-être, à un point de vue purement politique, qu'un désaccord d'une certaine importance se produisît entre elle et ses ouvriers, et c'est sous ce rapport que M. Basly et ceux qui l'ont suivi ont été les agents inconscients de MM. d'Audiffret-Pasquier et consorts. Les ouvriers sont républicains ; la compagnie voulait pouvoir leur dire que la République ne les avait pas plus protégés que ne l'aurait fait la monarchie, et je ne serais pas étonné que la modification du mode de travail et les conditions nouvelles qui ont provoqué le mouvement n'eussent été en partie dictées par le désir qu'on avait de voir le mouvement se produire. Seulement, les espérances des meneurs réactionnaires ont été par trop dépassées et l'on se dit sans doute aujourd'hui que la leçon politique qu'on a voulu infliger aux ouvriers a coûté un peu trop cher aux capitalistes.

On se le dit, et on a d'autant plus raison de se le dire qu'on s'abuserait étrangement si l'on croyait qu'elle ait produit, cette leçon, les effets que l'on en attendait. Elle a pu rejeter quelques ouvriers dans le camp de l'intransigeance ou du socialisme, mais elle n'en a ramené et ne pouvait en ramener aucun à la monarchie.

Les ouvriers se sont plaints du gouvernement, mais ils ont toujours déclaré qu'ils étaient sincèrement attachés à la République, qu'ils la défendraient énergiquement si elle était attaquée. Et, en effet, même ceux parmi eux qui ont trouvé l'attitude du cabinet trop effacée, et qui auraient désiré et attendu de lui une protection efficace, font la différence entre l'attitude d'un État républicain et l'attitude d'un Etat monarchique. Ils se souviennent de la Ricamarie et d'Aubin, et ils savent que si nous avions été en monarchie, une grève imposante n'aurait pas duré cinquante-six jours sans que des coups de fusil eussent été tirés.

Les directeurs de la compagnie en seront donc pour leurs frais, et la cause monarchique, loin de gagner à ce qui vient de se passer dans le Nord, ne pourra qu'y laisser quelques-unes encore des rares plumes qui lui restent.

Quant à nous, nous regrettons vivement la grève, parce qu'elle entraîne pour les ouvriers des douleurs profondes et surtout parce qu'en arrêtant pour un temps la production nationale, et en forçant le consommateur à s'approvisionner momentanément hors de nos frontières, elle pousse à l'établissement de certains courants qui persistent et qui favorisent la concurrence étrangère au détriment de notre pays.

Mais lorsqu'on nous représente les politiques aigrefins que nous avons connus à Versailles comme des bienfaiteurs de la classe ouvrière, toujours prêts à sacrifier leurs intérêts à ceux des travailleurs, comme des saints méconnus, nous oublions un moment la tristesse que nous causent les guerres de l'industrie et un rire franc éclate sur nos lèvres.

Naquet.

Le Voltaire du 30 avril 1884 (n° 2125)

COMPLOTS MONARCHIQUES

S'il faut en croire la rumeur publique, les orléanistes se remuent ferme. Non contents d'organiser des comités sur toute la surface du territoire, ils auraient, assure-t-on, entrepris une campagne d'embauchage sur les députés et les sénateurs. Il faut qu'un parti soit bien malade pour se réfugier dans de pareils moyens et bien pauvre d'esprit pour les croire efficaces.

Une République peut être renversée par un coup de force, lorsqu'une armée de prétoriens est dirigée contre elle par un général victorieux, comme au 18 Brumaire, ou par son propre gouvernement comme au 2 Décembre. On peut même admettre à la rigueur comme possible qu'elle fût renversée par des élections générales, si le pays en était fatigué, quoique en fait ce phénomène d'un pays poussé par le besoin impérieux de se donner un maître ne se soit jusqu'à ce jour jamais vu dans l'histoire. Mais ce qui est absolument inadmissible, même comme hypothèse invraisemblable, c'est la République renversée par les députés et les sénateurs qui ont reçu le mandat formel de la défendre. On peut bien trouver un parjure, comme en 1851, et ce parjure sans doute en trouvera beaucoup d'autres pour le flatter et le servir lorsqu'il aura réussi. Mais sur un Parlement qui, dans ces deux Chambres, compte plus de 860 membres, dont 660 républicains, espérer que l'on trouvera au moins 250 scélérats capables de manquer à leurs promesses, à leurs engagements solennels, pour des places et de l'argent, et que l'on constituera ainsi dans le Congrès, avec l'appoint des deux cents conservateurs, la majorité qui déposera la couronne sur la tête de M. le comte de Paris, c'est une de ces chimères qui nous amusent. Reconnaissons toutefois que le procédé est à la hauteur de l'intelligence et de la moralité de ceux qui l'emploient.

Bonaparte, couvert par le prestige immense que lui donnaient des victoires sans précédent depuis César et Annibal, se mettait à la tête de l'armée et se ruait sur le Parlement comme il s'était rué sur les canons ennemis. S'il avait échoué, — et il s'en fallut de peu, — sa tête serait tombée sur l'échafaud. C'était un criminel; mais il y avait quelque grandeur dans son crime.

Napoléon III est plus odieux sans doute; il prépare de longue main son guet-apens; il s'embusque; des régiments que la République lui a confiés il se sert pour étrangler cette République qu'il a juré de défendre. Mais au moins fait-il cela avec ses propres créatures, avec les Morny, les Persigny, les Maupas, les Saint-Arnaud, et assume-t-il sur lui la responsabilité entière de l'attentat.

Le crime de Louis Bonaparte est horrible. Il a été flétri par les vers vengeurs du grand poète, qui, ainsi que les satires de Juvénal, traverseront les siècles comme l'expression la plus haute de la conscience publique indignée. Eh bien, ce crime laisserait bien loin derrière lui celui que, si l'on dit vrai, méditent les descendants de Philippe-Egalité et de Louis-Philippe. Napoléon III était encore le brigand qui expose sa personne. Les Orléans ne veulent rien exposer, pas même leur or : ils ne payeront pas comptant, ils promettront pour le lendemain du succès.

Ce qu'ils rêvent, si c'était réalisable, serait un abaissement de la moralité publique mille fois plus effrayant que tout ce que nous avons vu jusqu'ici. S'il existait une nation où de tels projets pussent réussir, elle serait perdue sans rémission.

Sous l'empire, le duc d'Aumale écrivit une brochure, demeurée célèbre, adressée au prince Napoléon. Il y reprochait vertement à l'empereur le parjure du 2 Décembre. Sa famille rêve, paraît-il, sans s'exposer à rien, en se réservant au besoin de tout désavouer, de remplacer ce parjure unique et personnel par deux cent cinquante parjures anonymes. C'est là le progrès des temps. Napoléon III pouvait jouer la comédie du verdict populaire l'amnistiant, et cette comédie était encore un hommage rendu à la conscience universelle ; les Orléans n'auraient même pas de ces délicatesses-là. Un Congrès de revision dans lequel une majorité vendue rétablirait la monarchie en leur faveur, cela leur suffirait ; leur fierté ne s'élève pas plus haut, et ils se garderaient de faire appel à la nation. Ils savent trop bien que leur nom n'a pas le prestige qu'avait en 1851 celui de l'héritier du vainqueur de Marengo et que, même sous la pression administrative la plus violente, la nation leur répondrait, comme elle leur a répondu au 16 Mai, par un soufflet significatif. Ce qu'il leur faut à eux, c'est la confiscation sans bruit des droits du peuple par les mandataires du peuple. Ils comptent ensuite sur la puissance des faits accomplis.

Cette conception donne la mesure de

la valeur morale du parti qui l'emploierait; mais, nous l'avons déjà dit, elle donne aussi la mesure de sa valeur intellectuelle.

Lors des négociations qui ont abouti au concordat, Bonaparte disait à ceux de ses conseillers qui lui conseillaient de faire la France protestante: « on ne peut pas tout... » Bonaparte se trompait peut-être dans la circonstance. Il pouvait plus encore qu'il ne croyait, et il dépendait de lui d'en finir avec le catholicisme en France. Mais il avait raison de dire que l'homme « ne peut pas tout ».

Le Congrès est souverain de par la constitution. Il peut, pourvu qu'il en ait reçu le mandat du pays et qu'il soit en communion d'idées avec lui, changer la forme du gouvernement de la France. Mais ce serait se faire une étrange illusion que de croire que le vote de 260 députés vendus et achetés pût rétablir la monarchie. Un tel vote ne pèserait pas un fétu de paille devant le pays. Il serait emporté dans un de ces mouvements d'indignation dont les peuples ont le secret et dont la France a donné de nombreux exemples.

C'est que, si la nation a pu subir les Bonaparte à deux reprises et les Orléans après 1830, elle les a subis parce qu'elle voyait encore en eux l'affirmation des principes de la Révolution française. Bonaparte lui apparaissait comme le consolidateur des conquêtes civiles de 1789, et Louis-Philippe se donnait pour *la meilleure des Républiques*.

Aujourd'hui, la situation est autre. Elle est mieux tranchée. Philippe VII ne peut se dire ni le continuateur de la Révolution ni la meilleure des Républiques. S'il revenait, ce ne serait pas, comme son grand-père, en profitant des barricades populaires et après avoir trahi son roi légitime. Ce serait en qualité de roi légitime, en successeur de la branche aînée, en restaurateur de la monarchie traditionnelle; et, comme l'origine d'un gouvernement lui impose sa ligne de conduite, le régime qu'il apporterait à notre pays serait celui de la Restauration, quelque peu mitigé par le temps; celui de l'Assemblée de Versailles. Philippe VII, ce ne serait plus un ORLÉANS, ce serait un BOURBON, moins la grandeur. Il n'aurait conservé de sa famille que ce qui en fait la petitesse; il n'aurait pris à Chambord que ce qui le rendait odieux, laissant de côté la noblesse de caractère qui le rendait grand aux yeux de tous. Ce serait le cléricalisme dans toute sa hideur et avec un masque, c'est-à-dire le dernier des régimes que la France puisse accepter et tolérer.

A cette heure, il n'y a plus de confusion comme en 1830. Les partis se sont nettement divisés. D'un côté se placent les Français qui aiment la liberté et qui ont horreur de la domination cléricale. Ceux-là peuvent être plus ou moins avancés, mais sont tous républicains, parce qu'ils savent que la monarchie, sous quelque forme que ce fût, ne pourrait être qu'une espèce de césarisme clérical. De l'autre côté, les cléricaux qui exècrent la République et se rallieraient à une dynastie quelconque. Mais ces derniers, heureusement, sont la minorité infime et ne sont pas près de devenir majorité.

Les Orléans peuvent donc s'agiter, conspirer par des procédés dignes d'eux, s'essayer aux achats de conscience, sans bourse délier cependant. Qu'ils le fassent, si cela les amuse; ce n'est pas nous qui en éprouverons de l'émoi. La République n'a rien à redouter de ce côté. Son seul péril est dans les fautes qu'elle peut commettre. Qu'elle les évite, qu'elle ramène dans nos finances l'ordre et l'équilibre, infiniment moins compromis d'ailleurs que nos détracteurs ne le disent; qu'elle soit résolument progressive, sans cependant se laisser aller jamais à l'intransigeance; qu'elle donne satisfaction aux sentiments de la grande majorité des Français sans les blesser jamais, et elle pourra laisser au comte de Paris et à ses partisans la douce satisfaction de nouer des intrigues à Chantilly : « Cela paraît leur faire tant de plaisir et cela lui coûte si peu de peine. »

Conspirez, princes, si cela peut vous distraire; livrez-vous à l'aise à votre petit travail d'embauchage parlementaire.

Ce n'est pas là ce qui arrêtera la démocratie française dans ses glorieuses

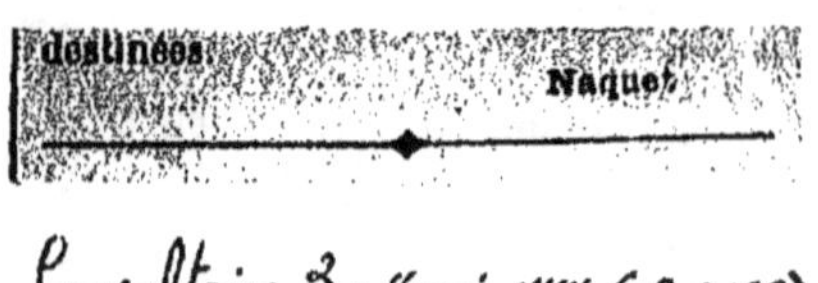

Le voltaire du 8 mai 1884 (n° 2133)

LA LOI
DE
PROTECTION DE L'ENFANCE

Notre collègue au Sénat, l'honorable M. Théophile Roussel, a été, on le sait, le promoteur d'une loi dont le but est de protéger la première enfance jusqu'à l'âge de deux ans. L'industrie nourricière, abandonnée à elle-même, entraînait une mortalité effroyable des nouveau-nés, et il était temps de la soumettre à une inspection et à une réglementation particulières. C'est ce qu'ont admirablement compris M. Roussel et, avec lui, la Chambre et le Sénat.

La population en France a à peu près cessé de s'accroître. Si elle augmente encore dans une faible proportion, c'est grâce à ce que la vie moyenne s'élève, car dès aujourd'hui les naissances diminuent. C'est là un très grand mal pour notre pays, une cause d'infériorité non seulement militaire, mais aussi commerciale et industrielle vis-à-vis des nations qui nous environnent. A ce mal il est malheureusement difficile de porter remède, quoi qu'en pense M. Pieyre, car l'exemple des lois caducaires, des efforts sans nombre faits par les Romains pour arrêter la dépopulation de l'empire, prouve qu'en ces matières la volonté des individus est plus forte que toutes les mesures coercitives et que, lorsque le nombre des naissances chez un peuple va en décroissant, toutes les lois que l'on peut faire en vue d'y remédier sont vaines et ne produisent aucun résultat.

Mais, si les sociétés échouent toutes les fois qu'elles s'efforcent par des peines ou par des récompenses de provoquer des naissances plus nombreuses ; si elles sont en ceci dénuées de toute action, il n'en est plus de même lorsqu'il s'agit de conserver à la vie les enfants qui sont nés en les entourant d'une surveillance féconde.

C'est par ce moyen, et par ce moyen seulement que, parvenant à élever encore la vie moyenne, nous réussirons à arrêter quelque peu le mouvement rétrograde de notre population. La loi Roussel est donc non seulement une loi humanitaire au premier chef, mais encore c'est une loi essentiellement patriotique, à l'exécution de laquelle il faudrait apporter les plus grands soins.

Malheureusement, la plupart de ceux qui sont chargés de l'appliquer doutent de son efficacité, et, n'était le remarquable exemple qu'a donné le département du Calvados, on pourrait se demander si les pouvoirs publics ont vu autre chose dans la nouvelle loi qu'un moyen de distribuer quelques places de plus.

Mais le Calvados, où l'industrie nourricière est si développée, où l'usage du biberon surtout est si répandu, a eu l'heureuse fortune d'avoir un préfet, M. Monod, et un inspecteur départemental, M. Henri Lefort, qui ont compris et qui ont eu à cœur de tirer de la loi Roussel tout ce que l'on pouvait en tirer. Les résultats obtenus sont dès à présent de nature à dépasser toutes les espérances que l'on avait pu concevoir, et, après de tels succès, il serait criminel de la part du gouvernement de ne pas prendre toutes les mesures, de ne pas donner toutes les instructions nécessaires pour amener tous les autres départements de France à suivre l'exemple que leur a tracé celui du Calvados.

Je veux citer, à propos des effets constatés, les paroles qu'a prononcées M. Charles Quentin, directeur de l'Assistance publique dans le département de la Seine, à l'hôtel de ville de Caen, le 25 novembre de l'année dernière.

Après avoir établi que la mortalité, qui n'avait été que de 5 84 0/0, sur 2,069 enfants, en 1881, s'était encore abaissée et n'était plus que de 5 49 0/0, sur 3,367 enfants, en 1882, M. Quentin ajoutait :

Le chiffre de 5 1/2 0/0 qui fixe la proportion des

décès en 1882 s'applique aux enfants de un jour à deux ans, car c'est jusqu'à l'âge de deux ans que s'étend pour eux la protection de la loi Roussel. Nous n'avons pas d'éléments nous permettant d'affirmer avec certitude quelle était, avant l'application de la loi, la mortalité des enfants au-dessous de deux ans. Mais, grâce à M. le docteur Denis-Dumont, nous pouvons le dire pour les enfants élevés au biberon et âgés de moins d'un an. Après une enquête approfondie, M. Denis-Dumont a publié, en 1869, une brochure, bien souvent invoquée depuis, sur la mortalité des enfants dans le Calvados. Il y établissait, et avec des preuves décisives, qu'en 1865 et 1866, années qui n'avaient présenté aucun caractère exceptionnel et pouvaient être prises pour exemple, la mortalité des enfants élevés au biberon était, dans la première année, de 30 77 0/0. En prenant le chiffre de 30 0/0, nous sommes sûrs de rester en deçà de la vérité.

En 1881 et 1882, le nombre des enfants au-dessous d'un an mis en nourrice et élevés au biberon a été de 2,858. Eh bien! si la loi Roussel n'était pas intervenue, si elle n'avait pas été appliquée dans le Calvados, il est permis d'affirmer que les mêmes causes, dans le même milieu, produisant les mêmes effets, aucune raison quelconque ne donnant à croire que les choses se seraient passées en 1881 en 1882 autrement qu'en 1865 et 1866, sur les 2,859 enfants au-dessous d'un an élevés au biberon, il en serait mort environ 857. Or, nous en avons perdu 296. Il est donc établi, je puis dire mathématiquement prouvé, que dans ce département, en deux ans, l'application de la loi Roussel a sauvé la vie à environ 500 enfants. 500 enfants seraient morts sans elle et ont vécu grâce à elle.

Ceci est significatif, et nous ne comprendrions pas qu'après une expérience aussi décisive les pouvoirs publics ne se missent pas résolument à l'œuvre, pour généraliser la surveillance administrative et médicale, qui a donné de si heureux résultats là où on l'a sérieusement pratiquée.

Mais ce serait s'illusionner gravement que de s'imaginer que l'on a raison de la routine avec des démonstrations et des chiffres. En toute chose il faut un homme qui s'impose une grande tâche et qui la fasse sienne. Sans M. Monod, sans M. Lefort, il est probable que la loi de protection serait demeurée lettre morte dans le Calvados et que les efforts de l'honorable sénateur de la Lozère auraient été en partie perdus. Ailleurs, M. Monod et M. Lefort font défaut, et ceux-là mêmes qui devraient suivre avec le plus d'ardeur leur exemple trouvent plus commode de nier les chiffres et d'accuser d'erreur les statistiques.

Le comité départemental de la protection des enfants du premier âge s'est ému à juste titre de ces accusations et, dans sa séance du 21 mars 1884, sur l'avis de M. l'inspecteur départemental, il a émis le vœu que, dans un but d'utilité sociale, M. le ministre de l'intérieur veuille bien ordonner une vérification des statistiques, afin qu'aucun doute ne puisse désormais subsister sur la vérité absolue des résultats obtenus dans le Calvados.

Le comité espère, dit le procès-verbal de cette séance, que, prenant en considération l'intérêt général du pays, M. le ministre voudra bien accueillir sa demande, qui aura pour effet de démontrer les résultats que l'on peut attendre de la loi de protection *quand elle est appliquée avec soin et dans toutes ses parties*. Ce sera le moyen le plus efficace d'obtenir qu'elle soit mise en pratique dans les départements où elle n'est pas encore observée.

Je ne saurais mieux faire que de terminer mon article sur cette citation. M. Waldeck-Rousseau a donné maintes fois la preuve qu'il est favorable à toute réforme réelle, à toute réforme dont les effets utiles sont certains. Ici, la réforme législative est faite; il ne reste plus qu'à la mettre en œuvre, ce qui est entièrement du ressort du pouvoir exécutif. Que M. Waldeck-Rousseau fasse contrôler les statistiques du département du Calvados, qu'il les revête ainsi du caractère absolument officiel qui leur manque, et lorsqu'il sera établi d'une manière non douteuse aux yeux de tous — comme cela l'est déjà aux yeux de quiconque a étudié la question — que l'application rigoureuse de la loi Roussel peut ramener la mortalité du premier âge de 30 à 5 1/2 0/0, il est certain que le ministre prendra des mesures pour que l'observation de la loi soit générale et qu'il trouvera des collaborateurs dévoués parmi ceux-là mêmes qui hésitent parce qu'ils doutent encore.

Naquet.

Le Voltaire du 14 mai 1884 (n° 2139)

LE SUFFRAGE UNIVERSEL
ET
LA RÉPUBLIQUE

Depuis l'élection de Dieppe et l'élection de Castres, la réaction a poussé de nombreux cris de triomphe. A lire ses principaux organes, on aurait dit que l'heure allait sonner où le parti conservateur rentrerait en possession de la faveur populaire. Nous ne nous en sommes jamais beaucoup émus. Nous nous rappelions les heures où, de bonne foi, avec cette tendance naturelle à l'esprit humain qui porte chacun à croire à ce qu'il désire, nous entonnions, nous aussi, des chants de victoire pour le moindre opposant qui entrait au Corps législatif, sans que cela amoindrit alors l'empire d'une manière appréciable, et nous nous disions que la République n'avait pas à s'inquiéter d'un ou de deux faits isolés.

Le renouvellement général des conseils municipaux vient d'avoir lieu et il démontre péremptoirement que nous avions raison de ne pas nous effrayer du péril monarchique. Les feuilles de la monarchie elles-mêmes en sont à le constater tristement : le *Figaro* avouait, il y a quelques jours qu'au train dont vont les choses, il faudrait à la France plus de quatre cents ans pour redevenir conservatrice. Dans quatre cents ans, il y a des chances pour que l'on ait perdu dans toute l'Europe jusqu'au souvenir de la royauté.

La nation, une fois de plus, a affirmé son puissant et inébranlable attachement à la forme républicaine, et il ne reste plus guère aux ennemis déclarés de nos institutions qu'à maudire la base même de notre droit moderne, le suffrage universel. Ils n'ont plus, en effet, comme ils l'ont eu jusqu'ici — et l'on sait s'ils en ont usé — cette fiche de consolation de s'attribuer toutes les abstentions après avoir déserté la lutte et de prétendre que s'ils avaient lutté, ils auraient été vainqueurs.

Ils ont lutté, cette fois. Ils ont cessé de se confiner dans la protestation inactive. Partout où ils ont cru avoir quelques chances de succès, ils ont engagé résolument la bataille. Oubliant pour un instant leurs vieilles haines, ne se souvenant que de leur horreur commune pour la démocratie, ils sont allés au combat avec discipline, avec unité. Ils n'ont même pas craint, franchissant un fossé que l'on aurait pu croire infranchissable, de se coaliser avec les intransigeants, avec les collectivistes, avec les socialistes, de mettre leur main dans celle d'adversaires absolus de leurs opinions. Tout leur a été bon, et ils ont considéré qu'il suffisait de haïr les hommes qui nous gouvernent pour avoir momentanément le droit de faire partie de la coalition. On les a vus, sinon affirmer partout comme à Ajaccio ostensiblement cette union bizarre dans une liste légitimo-bonaparto-intransigeante, du moins voter partout pour les intransigeants là où ils n'avaient pas l'espérance de triompher eux-mêmes, et rechercher les voix intransigeantes là où les probabilités paraissaient être en leur faveur à eux. Ils ont essayé de ressusciter, en sens inverse, mais sans que cela fût, cette fois, justifié par certaines affinités positives entre les combattants, l'*union libérale* de l'Empire. Où cet effort les a-t-il conduits ? A un nouveau désastre électoral pour eux, à une nouvelle victoire pour la République gouvernementale.

A quelques villes près, comme Arles, comme Brignoles, où, grâce à des fautes locales, à des divisions intestines du parti républicain, les monarchistes sont parvenus à s'emparer de la municipalité — triomphe de courte durée, qui ne servira qu'à reconstituer l'union un moment détruite entre républicains et à leur préparer ainsi une déroute prochaine — les amis de la forme républicaine ont conservé les positions conquises et en ont conquis de nouvelles.

Les intransigeants, de leur côté, ont fait beaucoup de bruit, se sont beaucoup agités, sans que leurs succès aient été supérieurs à ceux de leurs nouveaux alliés, les monarchistes. Ils l'ont emporté dans quelques sections de grandes villes où, depuis longtemps, on les savait en force. Encore dans ces villes mêmes, à Lyon, à Marseille, à Paris, les partisans de la violence, collectivistes, anarchistes ou possibilistes, ont-ils été outrageusement battus, et les journaux qui défendent leurs doctrines en sont-ils déjà à se défier des élus, et à demander que le peuple surveille ses délégués.

On essaiera de biaiser, dit M. Vallès, mais les socialistes pousseront le peloton l'épée aux reins. Ils seront trois ou quatre peut-être ; c'est assez de trois de la Montagne pour faire marcher vingt hommes de la Plaine. Les réunions publiques, d'ailleurs, comme le club des Jacobins, monteront la garde devant les délégués, prêtes à les livrer au mépris public s'ils devenaient indignes.

De telles déclamations ne montrent pas que le parti révolutionnaire soit bien satisfait même des élections parisiennes, et cependant, c'est encore à Paris que l'opposition intransigeante compte son plus grand succès relatif. Partout ailleurs, dans les villes comme dans les campagnes, c'est la République, mais la République gouvernementale qui a été acclamée. Le peuple français vient de prouver qu'il a su ce qu'il faisait lorsqu'il s'est donné des institutions républicaines ; qu'il y tient à ces institutions, parce qu'à bon droit il les considère comme l'instrument par excellence de l'ordre et de la liberté ; qu'il n'a pas constitué la République dans un moment d'enthousiasme irréfléchi pour s'en détacher ensuite à la manière d'un enfant qui se passionne pour un jouet qu'il brisera quelques minutes plus tard ; que quand il a établi le gouvernement actuel, fruit d'une lutte longue, patiente, opiniâtre, il l'a fait consciemment, et qu'il persévère dans cette voie dans laquelle il est entré dès le 2 juillet 1871, et dont il ne s'est jamais écarté depuis.

Il vient de prouver aussi qu'il repousse également les conspirateurs monarchistes et cléricaux qui rêvent le retour à un passé irrévocablement disparu, et les fauteurs de désordre et d'anarchie, les adversaires de toute société civilisée, les promoteurs d'insurrections et de violences, les prôneurs de je ne sais quelle liquidation sociale dont une prétendue justice égalitaire serait la base, mais dont la ruine commune et la misère générale seraient les conséquences fatales et inéluctables.

En agissant de la sorte, le suffrage universel a infligé à tous ses ennemis une leçon de nature à leur inspirer de salutaires réflexions. Les conservateurs se seraient réjouis, presque à l'égal de leur propre victoire, de la victoire des violents : ils savent que le jour où la République verserait dans l'abus de la force, ce serait là le prélude d'une cruelle réaction, et à défaut d'une réaction directe et immédiate, ils appellent de leurs vœux cet *excès du mal* qui les ramènerait au pouvoir.

C'est une espérance qu'ils doivent perdre comme l'autre ; les électeurs ne les ramèneront au pouvoir ni directement ni indirectement. Ils n'ont chance d'y revenir personnellement que le jour où, abdiquant à jamais des théories désormais inconciliables avec l'esprit public, ils accepteront les faits accomplis et deviendront les serviteurs sincères et zélés de cette République qui ne repousse personne et qui ne cherche qu'à rendre à la France, par la réconciliation générale des partis, l'unité de vues qui fait la grandeur, la force et la puissance des nations.

Cette unité, la République seule est apte à nous la donner dans un laps de temps qui ne saurait être éloigné. La monarchie, tout comme la révolution socialiste, n'aurait d'autre effet que d'éterniser les divisions, de les aggraver, de les accroître et de nous rendre la proie de l'étranger.

C'est ce que la France a nettement compris, et c'est parce qu'elle l'a compris que la République libérale et pacifique est inébranlable.

Les conservateurs en ont douté. Ils ont voulu lutter, ils ont voulu se présenter dans l'arène. Tant mieux ! le succès des républicains en devient plus éclatant. L'entrée en campagne de nos ennemis n'a fait qu'émousser plus encore entre leurs mains les armes qu'ils dirigeaient contre nous. Ils espéraient entamer la République, et, ainsi qu'il arrive toujours lorsqu'on se heurte aux aspirations presque universelles d'un peuple, ils l'ont au contraire consolidés.

Naquet.

Le Voltaire du 19 mai 1884 (n° 2160)

M. Adolphe Würtz

C'est avec une profonde et douloureuse émotion qu'en ouvrant ce matin les journaux j'ai appris la perte que vient d'éprouver la science française dans la personne de M. Würtz.

M. Würtz a été mon maître vénéré, mon ami, mon initiateur à cette carrière scientifique par laquelle j'ai débuté dans la vie, et sa mort m'a impressionné d'autant plus péniblement que ce coup était absolument inattendu. J'avais, il y a un mois à peine, au Sénat, serré la main du savant dont les élections sénatoriales de 1883 m'avaient fait le collègue dans l'assemblée du Luxembourg, et rien à ce moment-là ne faisait prévoir la terrible catastrophe que déploreront les savants de tous les pays et que doivent ressentir plus encore ceux qui, ayant eu l'honneur d'être de son intimité, ont pu profiter eux-mêmes des brillantes qualités intellectuelles dont il était doué.

J.-B. Dumas, descendu lui aussi il y a quelques jours à peine dans la tombe, avait jeté un vif éclat sur la chimie française et avait joué un rôle considérable dans le développement de cette branche des connaissances humaines. Würtz avait autrefois travaillé sous sa haute direction, et avait continué et agrandi son œuvre. Mais J.-B. Dumas avait quatre-vingt-quatre ans; depuis longtemps et quoique, ainsi que j'ai pu le remarquer, il y a un an à peine, dans cette commission du contrôle monétaire dont j'étais alors membre et où nous avions l'honneur d'être présidés par lui, son intelligence n'eût rien perdu de sa finesse, de sa souplesse et de sa lucidité, on peut dire qu'il ne faisait plus partie du cadre actif de l'armée scientifique; il était entré depuis longtemps dans le cadre de réserve, et son grand âge, auquel si peu d'hommes peuvent aspirer, était une consolation qui venait se mêler aux regrets qu'inspirait son décès et qui en diminuait l'intensité.

Tout autre est le cas pour Adolphe Würtz. Il était encore dans toute la vigueur de l'existence; malgré les nombreux devoirs que lui imposaient son mandat de sénateur et les diverses autres fonctions dont il était investi, il ne passait pas un jour sans aller à son laboratoire, et il continuait à enrichir la chimie par des travaux multipliés.

J'ai quitté le laboratoire de la faculté de médecine en 1867, lorsque le gouvernement impérial me fit l'honneur de me condamner à quinze mois d'emprisonnement et de me rayer de la liste des professeurs agrégés, pour me punir de mon attachement aux idées républicaines. Je n'y étais plus retourné lorsque, il y a dix-huit mois environ, j'y revins pendant quinze jours pour y faire une analyse industrielle dont un ami m'avait chargé. J'y retrouvai mon vieux maître debout, à son poste, continuant, avec sa passion des premiers jours, ses belles recherches sur l'aldol et sur les bases oxygénées qui en dérivent. Je me rappelle même que comme je lui témoignais mon admiration pour cette ardeur au travail qui ne se démentait jamais, il me répondit : « Je suis parvenu à l'âge où l'on doit travailler le plus, où l'on doit même se hâter, parce qu'on n'est pas sûr du lendemain. » Prévision funèbre, mais grande, qui devait se réaliser trop tôt !

Würtz a été l'un de ces hommes qui laissent une trace lumineuse dans l'histoire de l'esprit humain. Il est inscrit et il demeurera sur cette liste de savants qui commence à Lavoisier et où le mouvement de la chimie, dans ses différentes étapes, se confond avec les noms des Cavendish, des Berthollet, des Berzélius, des Williamson, des Chevreul, — encore vivant celui-là comme le doyen des savants de notre époque, — des Gay-Lussac, des Dumas, des Laurent, des Gerhardt, des Kekulé et de cet autre Français qui a été souvent l'adversaire, toujours l'émule de Würtz, et qui heureusement promet encore une longue existence, M. Berthelot.

Je ne veux pas essayer ici de faire l'analyse des découvertes dont l'ancien doyen de la faculté de médecine a enrichi l'humanité, bien que j'en aie suivi le développement fécond; il me serait bien impossible de les retrouver toutes par un simple effort de mémoire, et une étude complète de ces travaux exigerait même de la part de son élève de longues et patientes recherches.

Je me bornerai à rappeler qu'il est entré pour ainsi dire en lumière par la découverte des ammoniaques composées, voie si nouvelle et si féconde que d'autres, en y entrant à sa suite, ont pu s'illustrer sans en sortir pendant toute une carrière des mieux remplies.

Plus tard, Würtz faisait connaître les glycols, qui venaient relier les alcools aux glycérines, dont M. Berthelot avait déterminé la vraie nature, et cette découverte des glycols fixait définitivement la science sur la fonction alcoolique et sur les fonctions des corps si divers et si nombreux qui dérivent des alcools.

Le travail de Würtz sur les glycols, joint aux études de M. Berthelot sur les glycérines et sur les sucres, introduisit dans la chimie un principe fécond, celui de la condensation des radicaux dans les molécules organiques; il jeta un jour nouveau sur une foule de composés minéraux dont la constitution jusque-là n'était pas même soupçonnée, et il permit d'achever le grand œuvre de sériation qu'avaient ébauché avec l'aperception du génie Laurent et Gerhardt, et de créer ainsi l'unité de la chimie organique, c'est-à-dire de la chimie du carbone.

Enfin, malgré les résistances de toute l'école ancienne et de quelques savants modernes, tels que Sainte-Claire Deville et M. Berthelot, lequel me pardonnera de ne point partager ses idées théoriques et de demeurer fidèle aux idées de mon maître, Adolphe Würtz a joué un rôle prépondérant dans l'adoption de la théorie atomique, que pour ma part je considère comme ayant renouvelé la chimie.

Et ici je demande à ouvrir une parenthèse et à m'expliquer. Je ne vois pas — et Würtz ne voyait pas davantage — dans ce système l'expression d'une réalité objective. Je considère — et il considérait — les hypothèses de cet ordre comme des artifices de l'esprit propres à coordonner les phénomènes connus et à guider le savant dans la recherche de l'inconnu, jusqu'au jour où, devenues trop étroites, elles doivent céder le pas à des conceptions nouvelles qui héritent d'elles comme elles ont hérité des conceptions moins vastes et moins compréhensives qui les ont précédées.

Ainsi compris, le système atomique a, suivant moi, rendu et est appelé à rendre encore d'immenses services. C'est un des meilleurs instruments d'étude que l'intelligence humaine ait créés, et je ne me suis jamais expliqué l'hostilité que d'éminents chimistes ont nourrie contre lui.

Quoi qu'il en soit, d'ailleurs, et quelques obstacles qu'il ait rencontrés sur sa route, ce système a vaincu, et Würtz a été l'un des combattants qui ont le plus contribué à son adoption définitive. Il meurt, comme Gerhardt, sur le champ de bataille; mais il a sur Gerhardt cet avantage immense de mourir à un moment où la victoire est certaine. Il s'en va après avoir vu le triomphe des idées pour lesquelles il a travaillé et lutté.

Heureux ceux qui meurent de la sorte! La mort est la condition fatale et nécessaire de la vie. Comme l'a magistralement écrit Proudhon: « elle est la balance par laquelle se liquide notre carrière. Si cette carrière est pleine, il y a bénéfice, c'est l'Euthanasie, la mort dans le Ravissement. Si, au contraire, le parcours s'est fait par le chemin du vice et de l'infortune, il y a déficit: c'est la mort dans le désespoir, la banqueroute à l'existence. »

Pour Würtz, la balance était largement créditrice. Les dons admirables qu'il avait reçus de la nature, il les a répandus à pleines mains; il en a fait profiter la science, l'humanité. Sa mort est bien cette Euthanasie dont parle le philosophe, et il n'est pas à plaindre. Mais, s'il n'est pas à plaindre, nous le sommes. Les hommes comme lui sont rares, et, quand ils disparaissent, la patrie ne les remplace pas de sitôt. Claude Bernard, Dumas, Würtz, voilà des pertes que la France sentira longtemps et pour lesquelles nous avons le devoir de porter un deuil national.

Naquet.

Le Voltaire du 21 mai 1884 (n° 2145)

L'ACCORD

L'accord, tel est le titre d'un premier article, déjà suivi d'un second, par lequel M. Paul de Cassagnac prêche dans le *Matin* la croisade antirépublicaine, dont les premiers effets doivent se faire sentir lors des prochaines élections législatives et qui, dans sa pensée, est appelée à préparer la venue de la main providentielle qui maniera le « balai de Brumaire » ou « l'épée de Décembre ».

M. Paul de Cassagnac pense qu'il ne reste plus que cinq ans à la réaction pour détruire la République; il veut qu'on mette ce temps à profit, et, convaincu qu'on n'arrivera à rien si les conservateurs demeurent divisés comme ils l'ont été depuis 1870, il conseille un rapprochement, un accord, qui sauvegarde toutes les dignités. A l'inverse de la *Gazette de France*, qui ne voudrait d'union conservatrice qu'avec une clause de reconnaissance formelle des droits de Philippe VII, le rédacteur en chef du *Pays* veut éviter toute formule positive et substituer aux affirmations qui divisent les négations qui unissent.

Il est si facile de se grouper dans la haine de la République.

Tout cela n'est ni bien sérieux ni bien redoutable; mais puisque les Chambres rentrent aujourd'hui seulement, que nous n'avons pas encore à nous occuper des grandes questions qui seront bientôt à l'ordre du jour, nous pouvons bien parler du projet de M. de Cassagnac.

Il consisterait, ce projet, à refaire contre les républicains ce que les républicains ont fait avec tant de succès, de 1870 à 1878, contre les monarchistes. Malheureusement, la situation des deux partis n'est pas la même, et ce qui était non seulement possible, mais encore facile et même fatal pour nous, est tout simplement impraticable pour nos ennemis; l'histoire de l'Assemblée nationale et celle des six mois de pouvoir qui ont suivi le 16 Mai sont là pour nous en apporter l'irréfutable démonstration.

L'union conservatrice dans la haine de la République, elle a été essayée le jour où toutes les fractions coalisées de la Droite de l'Assemblée de Versailles, impérialistes, orléanistes et légitimistes, renversèrent M. Thiers. La France républicaine s'émut alors; les négociations pour la restauration de la monarchie agitèrent l'opinion publique, et lorsque, de retour de mon département, je rentrai à Paris, en octobre 1873, je fus naturellement amené, comme l'étaient les députés de toutes les nuances de la Gauche, à me présenter chez l'illustre homme d'Etat, qui habitait l'avenue Gabrielle. M. Thiers n'était pas inquiet. « Ils ont pu s'unir pour me mettre en minorité, me dit-il, mais ils sont impuissants contre la République; pour me renverser, il leur suffisait de trouver un homme qui, vaille que vaille, consentît à me remplacer; pour atteindre la République, il leur faudrait mettre une monarchie à la place; ils ne le peuvent pas. »

Et comme je manifestais des doutes, il ajouta : « Savez-vous pourquoi ? C'est que le trône est un fauteuil sur lequel on s'assied seul, et non un canapé sur lequel on peut s'asseoir à trois. »

L'événement prouva que M. Thiers avait raison. Chacun avait fait aisément preuve d'abnégation aussi longtemps qu'il ne s'était agi que d'évincer l'adversaire commun. Mais, dès qu'il s'agit de s'approprier ses dépouilles, les divisions éclatèrent, et ces divisions devinrent si passionnées, si ardentes, que l'Assemblée monarchique et cléricale qui siégeait dans le théâtre de Louis XIV en arriva à proclamer la République définitive et à élire des sénateurs républicains.

A moins que M. Paul de Cassagnac n'affirme plus ses idées impérialistes que par respect de lui-même et qu'il ne soit prêt à se rallier à cette dynastie orléaniste que les siens ont tant exécrée, quelle chance a-t-il que les choses se passent autrement demain si, par une hypothèse inadmissible, une Chambre réactionnaire venait à succéder à la Chambre que nous avons aujourd'hui? Or, cette abnégation, il serait possible que M. Paul de Cassagnac la puisât dans sa haine profonde des institutions républicaines et dans ses sentiments cléricaux; mais il nous accordera, je pense, qu'il rencontrerait peu d'impérialistes aussi résignés.

Si donc, grâce à l'attitude que conseille M. de Cassagnac et par une savante organisation qui rallierait toutes les voix rétrogrades, en chaque lieu, au candidat réactionnaire dont la réussite serait la plus probable; si donc on obtenait une future Chambre des députés en majorité hostile à notre forme actuelle de gouvernement; si même, après un renouvellement sénatorial, une majorité semblable parvenait à s'établir sur les bancs du Luxembourg, et que les deux Chambres se réunissent en Assemblée nationale pour reviser la constitution, nous assisterions de nouveau au spectacle auquel nous avons assisté de 1870 à 1875 : la République sortirait triomphante de l'épreuve, et le succès passager de ses ennemis ne servirait qu'à la fortifier encore. Il démontrerait que si, à la rigueur, le suffrage universel, oscillant entre deux politiques, peut se fatiguer des hommes qui gouvernent et investir d'autres citoyens de la mission de gouverner d'après d'autres idées, du moins la forme du gouvernement est au-dessus de ses atteintes.

M. de Cassagnac est trop intelligent, trop perspicace pour ne pas comprendre cela. Aussi a-t-il peu d'espoir de s'affranchir de la République par une revision légale. Mais des élections réactionnaires peuvent préparer le pays au coup d'Etat sauveur sur lequel il ne dissimule guère qu'il compte à peu près exclusivement.

Hélas! les perspectives de coup d'Etat sont si agréables à notre ancien collègue que nous ne voudrions pas le troubler dans ces rêves dorés. Il me semble seulement oublier un peu trop l'histoire des coups de force qui ont réussi en France et de ceux qui ont échoué.

Le 18 Brumaire réussit parce qu'un homme de génie existait, qui avait déjà fait la campagne d'Italie et la campagne d'Egypte. Cet homme, on le chercherait vainement à cette heure dans l'armée française; à supposer qu'il y soit, il y est inconnu, et personne heureusement n'a le prestige nécessaire pour conduire les régiments français à l'assaut de nos institutions.

Le 2 Décembre fut organisé par le chef du pouvoir exécutif et par le ministre de la guerre. Ce ne fut pas une insurrection militaire, ce fut un véritable coup d'Etat. Il fallait avoir la puissance suprême et ne rencontrer aucune compétition dans les conseils du gouvernement pour pouvoir le tenter avec succès.

J'entends bien que M. Paul de Cassagnac se berce peut-être de cette illusion qu'une Assemblée réactionnaire amènerait un conseil des ministres réactionnaire, et que ce conseil des ministres exécuterait le coup de force qu'il attend. Cette conception ne pèche que par un point, mais par un point fondamental. Une Assemblée hybride, formée mi-partie de bonapartistes, mi-partie d'orléanistes, constituerait un ministère hybride comme elle. La compétition serait dans le pouvoir. La France ne se trouverait plus en face d'un 2 Décembre, mais en face d'un 16 Mai, et comme il ne saurait se produire de coup de force lorsque ceux qui doivent l'exécuter ne sont pas d'accord sur les conséquences à en tirer, ce second 16 Mai aurait le même dénouement piteux que le premier.

Ainsi, même dans les hypothèses les plus favorables à nos adversaires, même dans le cas d'une Assemblée nationale antirépublicaine réunie pour reviser la constitution ou d'un ministère implicitement chargé de perpétrer et d'exécuter un coup d'État, nos ennemis n'arriveraient pas à d'autres résultats que l'Assemblée de 1871 ou les coalisés de 1877, et les résultats seraient la consolidation de la République.

La République, certes, n'a pas besoin d'être consolidée au prix de telles secousses; elle fait assez bonne figure dans le monde à cette heure pour que le suffrage universel ne lui réserve rien de pareil. Mais il n'en est pas moins bon de constater que de nouvelles luttes de cette nature, si elles devaient jamais se produire, toutes regrettables qu'elles fussent au point de vue de la paix intérieure et de la production nationale, ne pourraient tourner finalement qu'à son profit.

M. le prince Napoléon, lorsqu'il se rallie à la République à la condition d'en être le chef, comprend que la possession incontestée et personnelle du pouvoir est la condition nécessaire de toute révolution par en haut. Quoiqu'il soit tout aussi peu dangereux, ses projets étant trop faciles à deviner pour que la nation s'y laisse prendre, il faut reconnaître qu'il est en ceci plus clairvoyant que son antagoniste, le directeur du *Pays*.

Pour que les réactionnaires eussent quelque chance de revenir aux affaires dans un de ces revirements d'opinion dont toutes les nations ont donné des exemples et pour que, cet événement arrivant, ils pussent espérer d'y demeurer quelque temps, il faudrait que, reliés par ce qui les unit, ils allégeassent leur bagage politique de tout ce qui les divise. Ce qui les unit, ce n'est pas nécessairement, comme le croit M. de Cassagnac, l'horreur de la République; la haine des principes qui prédominent en ce moment pourrait à la rigueur suffire à grouper leurs forces. Ce qui les divise, c'est l'idée monarchique, puisqu'il y a plusieurs dynasties.

Qu'ils renoncent à la monarchie; qu'ils constituent, sur le terrain républicain, un parti conservateur auquel certains membres du Centre gauche se joindraient peut-être, et, si nous commettons des fautes, ils pourront alors reconquérir pour un temps les faveurs électorales.

Mais il leur faut pour cela affirmer nettement, clairement, leur adhésion à la République, et j'ajoute sincèrement, — car s'ils n'étaient pas sincères ils porteraient en eux la cause de dissolution qui les précipiterait du pouvoir à peine y seraient-ils installés.

S'ils le faisaient, et les folies intransigeantes et collectivistes aidant, ils risqueraient, à un moment donné, de devenir un péril non pour nos institutions, mais pour les idées réformatrices et libérales qui ont à cette heure l'assentiment du pays. Heureusement l'intransigeance fait peu de recrues dans le suffrage universel, et les monarchistes ne sont pas près de l'acte de sagesse politique qui les rendrait redoutables. Les cinq ans que M. Granier de Cassagnac se donne pour la lutte seront depuis longtemps passés que le parti progressiste ne sera pas encore entamé, et, puisqu'il reconnaît lui-même qu'après ces cinq années la République sera devenue indestructible, nous pouvons, nous républicains, demeurer sereins et sans inquiétude aucune sur l'avenir du régime que nous avons fondé.

Naquet.

Le matin du 26 mai 1884 (n° 91)

AUTOUR DU DIVORCE

CHEZ M. ALFRED NAQUET RUE DE MOSCOU

Le Garde des Sceaux Interviendra — Une Statistique — Débuts Difficiles — Malédictions — Accommodements avec le Ciel — Le Divorce ne Désunit pas.

C'est aujourd'hui que commence devant le Sénat, la discussion de la loi sur le divorce.

Un rédacteur du *Matin* s'est présenté, hier, chez M. Alfred Naquet, afin d'obtenir de l'auteur même de cette importante proposition de loi, des détails inédits sur la lutte qui va s'engager entre les membres de la Chambre haute.

Rue de Moscou, au cinquième — un appartement très modeste.

— M. Naquet y est-il?

— M. Naquet y est, mais ne reçoit pas.

— Faites passer cette carte, et demandez si l'on peut forcer la consigne?

Quelques instants après, on venait annoncer que M. Naquet consentait à recevoir.

Un étage de plus à monter, par un escalier privé conduisant à un cabinet de travail particulier, sous les toits, où l'honorable sénateur se dérobe et se met à l'abri des visites importunes.

— Le *Matin* voudrait publier, sur l'odyssée de votre proposition quelques détails nouveaux.

— Veuillez m'interroger, je répondrai avec plaisir.

Les Pronostics.

— Quel sera, suivant vous, le résultat de la bataille qui va s'engager?

— La lutte, je crois, sera chaude, bien qu'à cette heure, il n'y ait qu'un seul orateur inscrit pour me répondre.

— Quel est cet orateur?

— C'est M. de Lorgeril, mais j'espère que beaucoup se feront inscrire demain, au début de la séance. Il est probable que M. Allou demandera la parole et interviendra dans le débat ; dans ce cas, la discussion prendrait une très grande ampleur, le garde des sceaux, M. Martin Feuillée, soutiendrait avec moi ma proposition. Il m'a été très difficile, en faisant le recensement des opinions diverses du Sénat, d'établir un pointage exact des voix, cependant je suis convaincu que les résultats seront en ma faveur.

L'Opposition.

— D'où vient l'opposition que vous avez rencontrée à la Chambre et que vous allez trouver au Sénat?

— Elle vient de raisons multiples et pour bien les faire comprendre, il me faut remonter au début même de la campagne.

Lorsque je me présentai aux élections de 1879, l'opinion publique n'était pas encore saisie de la question. On souffrait d'une situation que je considère comme pénible sans songer au remède à y apporter. Dans mon programme électoral et parmi les réformes que je me proposais de demander, j'inscrivis le divorce.

Le *mot* causa une terreur inimaginable, et, parmi mes plus dévoués amis, il s'en trouva un grand nombre qui me déclarèrent formellement qu'après avoir commis une imprudence pareille, il était inutile que je me présentasse au scrutin. Que du reste, quant à eux, ils refuseraient de s'associer à une telle doctrine.

Je jugeai alors qu'il fallait donner de ma personne, et après avoir catéchisé et converti ceux qui m'avaient tenu ce langage, je parcourus villes et campagnes, faisant chaque jour deux ou trois conférences et détruisant peu à peu, en montrant les avantages de la *chose*, l'impression mauvaise que le *mot* avait produite. Ce ne fut pas sans peine, et j'eus souvent à lutter contre les préjugés enracinés. Dans les villes elles-mêmes, j'étais quelquefois considéré comme un être diabolique, et je me souviens que, passant un jour dans une petite rue d'Avignon, une femme du peuple me montrait du doigt et s'écriait dans son patois : « — *Sé foudrié pas l'espoutira!* » (Ne devrait-on pas l'écarteler!)

Voilà quel fut l'accueil peu engageant que je reçus. Je dois dire, cependant, qu'il n'en fut pas de même partout, et que, loin de nuire à mon élection, mon programme me donna une très imposante majorité.

Le Divorce à la Chambre.

Je déposai, comme vous savez, ma première proposition de loi en 1881, à la Chambre des députés.

Je me trouvai alors en présence d'une Chambre aussi peu préparée que possible à une discussion d'une telle importance. Cependant, comme on se trouvait au commencement d'une législature, que les députés ne faisaient pas encore du divorce une question de réélection, et que, somme toute, je ne leur demandais pas de s'engager sur le fond, ils prirent la proposition en considération et me donnèrent même une commission favorable.

Deux Sortes d'Adversaires.

Un an après, lorsque la loi revint, la situation se trouvait complètement modifiée. Je trouvai devant moi une opposition formée de deux parties bien distinctes : la première, irréconciliable, l'opposition purement conservatrice et cléricale formée de toute la droite de l'assemblée, qui savait que ses électeurs lui auraient gardé rancune si elle avait émis un vote favorable ; la seconde, formée d'une partie modérée et républicaine de la Chambre, qui, sans vouloir se l'avouer à elle-même, subit malgré elle l'influence des préjugés cléricaux. Et, chose curieuse, c'est dans cette seconde partie de la majorité que se trouvent les opposition les plus sincères ; car, en interrogeant un jour un partisan de l'appel au peuple, que je ne veux pas nommer, sur la cause de son vote contraire, celui-ci me répondit :

— J'ai voté contre vous et beaucoup de mes amis ont fait comme moi, non pas parce que nous sommes opposés au divorce, que nous trouvons, en résumé, une mesure excellente, et en quelque sorte la régularisation de cette situation fausse qu'on appelle la séparation de corps, mais parce que nos électeurs ne nous auraient pas renommés. Cependant, si vous aviez demandé le scrutin secret, vous auriez eu certainement quarante bulletins bonapartistes dans votre jeu. »

Ma proposition fut donc repoussée.

L'Ere des Difficultés

Cet échec ne me découragea pas, et c'est alors que je fis, dans toute la France, ce que j'avais fait dans mon arrondissement. Je parlai environ cent fois en public, et chaque fois je fis de nouveaux prosélytes.

Présentant une seconde fois la loi devant la Chambre, j'étais assuré du succès, les députés, indécis, ayant connu exactement l'opinion de leurs électeurs et ayant pu constater trois choses :

1° Tous les députés qui avaient voté pour la

divorce ont été réélus ;

2° Tous les candidats qui se présentaient en mettant le divorce dans leur programme étaient élus ;

3° Un grand nombre de ceuxqui avaient voté contre restaient sur le carreau, ou bien, comme M. Brisson, président de la Chambre, étaient publiquement blâmés.

La Question des Enfants.

— Ne pensez-vous point que l'importante question des enfants ne soit une des causes essentielles d'opposition?

— Assurément. Cependant, j'espère vaincre ces derniers scrupules, car je me suis livré à une statistique curieuse, dont je parlerai au Sénat. La situation des enfants dans un ménage divorcé est à peu près la même que dans un ménage désuni. Si l'on me dit que le divorce, une fois admis, aura pour résultat d'amener une recrudescence de désunions et, en conséquence d'augmenter le nombre des enfants victimes de cette situation déplorable et que l'on me prouve le bien fondé de cette théorie, je n'ai rien à répondre et ma proposition devient mauvaise. Que si, au contraire, je prouve, et c'est ce que je ferai, que le divorce, loin d'être une cause nouvelle de désunion, est une raison d'apaisement, je demanderai alors pourquoi, pour quelques-uns, on oblige un nombre beaucoup plus considérable de ménages de subir une situation fausse, car, en réalité, le divorce n'a rien à faire avec les ménages unis; ce ne sont pas ceux-là qui songeront le moins du monde à en profiter.

Divorce et Séparation.

Le divorce n'est bon que pour les ménages désunis, pour les époux vivant en état de séparation de corps. La statistique dont je viens de vous parler me prouve que sur cent veufs, trente-neuf se remarient, et, la plupart du temps, comme le disait fort justement M. Boffington, pour donner une mère à leurs enfants. La proportion est beaucoup plus considérable, quand il s'agit des veuves.

Eh bien, l'époux divorcé est, en quelque sorte, en état de veuvage. On trouve très bien que trente-neuf veufs se remarient pour la raison susdite et on applaudit des deux mains à sa résolution, que l'on appelle morale. Mais, s'il en survient un quarantième qui, pour les mêmes motifs et dans le même but, reprend femme, on crie au scandale, à l'immoralité, et on déclare que la société est perdue.

J'avoue que je ne comprends pas très bien.

Le Nom de la Femme.

— Une autre question importante: c'est celle du nom de la femme.

L'épouse divorcée conservera-t-elle le nom qu'elle tient de son mari, ou reprendra-t-elle son nom de fille?

— A cela, je ne puis vous répondre, qu'en vous donnant mon opinion personnelle. La question ne sera pas traitée et restera en suspens.

— Pourquoi?

— Le Sénat envisage le divorce à un tout autre point de vue que la Chambre des députés; d'après mes conversations avec nombre de mes collègues, il est résulté pour moi cette conviction, c'est que pour remporter la victoire, il ne fallait songer qu'au rétablissement pur et simple du divorce, c'est-à-dire à l'abrogation de la loi de 1816 et au rétablissement du titre 6 du Code civil. Plus tard, sous forme d'amendement, d'addition à la loi, la question du nom de la femme pourra être traitée; pour l'instant, il s'agit de faire consacrer le principe, les détails viendront après.

Opinion Personnelle.

Il me semble, toutefois, que l'épouse divorcée devra reprendre le nom qu'elle portait avant le mariage. Voici pourquoi.

De deux choses l'une : ou le divorce est prononcé en sa faveur, ou il est prononcé contre elle. S'il est prononcé en sa faveur, quel intérêt a-t-elle à conserver un nom flétri? S'il est prononcé contre elle, pourquoi le mari laisserait-il à sa femme le droit de porter un nom qu'elle ne peut que souiller?

Mais, je le répète, ce ne sont là que des appréciations personnelles, et le Sénat n'aura même pas à s'en occuper.

— Combien de temps pensez-vous que durera la discussion au Sénat?

— Si mes calculs sont justes, elle ne durera pas moins de trois jours, car pour ce qui me concerne, le discours que j'ai préparé occupera presque toute la première séance.

Mais qu'importe le temps si, au bout de ce délai, le succès est assuré.

L'entretien étant terminé, le rédacteur du *Matin* se retira en remerciant M. Alfred Naquet de son bienveillant accueil.

Dans l'antichambre, il se croisa avec trois personnes qui désiraient parler à l'honorable sénateur.

— Monsieur n'y est pas et ne reviendra que demain de la campagne, leur fut-il répondu.

Ce résumé ne serait pas trop infidèle n'étaient les dates et les chiffres statistiques; mais les statistiques n'ont pas été comprises, et les dates sont fausses. — A. N.

Le Voltaire du 27 mai 1884 (n° 2152)

LE DIVORCE

C'est aujourd'hui que va commencer la discussion du divorce au Sénat. Nous avons toute confiance dans l'issue de la lutte. On est bien fort lorsqu'on a la vérité pour soi, lorsqu'on n'a pour adversaires que des hommes de parti pris, convaincus sans doute, mais convaincus à la manière dont les croyants le sont d'un dogme religieux, et n'opposant que des lieux communs à des arguments irréfutables. Répondre à la démonstration scientifique par la foi peut être de mise sur le terrain de la religion, mais ne saurait suffire lorsqu'il s'agit d'une question tout humaine, comme celle des lois qui régissent le mariage. Ici, aux raisons, il faudrait opposer des raisons, et comme les ennemis du divorce n'en ont pas, je compte presque autant, pour entraîner les indécis, sur le vague de leur dialectique que sur les efforts que peuvent faire les défenseurs du projet.

Non qu'il n'y ait des hommes d'une grande, d'une fort grande valeur parmi les partisans de l'état actuel. Mais les plus grands avocats sont impuissants à bien plaider un mauvais procès. Ils peuvent déployer, en le plaidant, beaucoup d'éloquence; mais cette éloquence est nécessairement vide. Le génie peut trouver à propos de tout de beaux mouvements oratoires ; il ne peut pas donner des arguments là où il n'y en a pas. Et comme un grand avocat plaide toujours bien à moins que sa cause ne soit mauvaise, s'il se défend mal, le vice de sa cause est démontré. C'est, je l'espère, ce qui va ressortir pour tous les hommes de bonne foi de la discussion pendante. Lorsqu'ils auront entendu les objections que l'on nous oppose, ils seront convaincus que la raison est de notre côté. Ils se diront que la nécessité du divorce est mille fois démontrée, puisqu'on n'a rien de mieux à dire pour le combattre.

Le Sénat, d'ailleurs, tiendra, sur ce point, à donner une satisfaction à l'opinion publique, comme il l'a fait à propos du projet de loi sur les syndicats professionnels. Il ne voudra pas, à la veille des débats sur la revision constitutionnelle, fournir une arme à ceux qui prétendent qu'il s'oppose systématiquement à toute réforme, qu'il est l'ennemi né de tout progrès. Il l'aurait pu il y a un an, il y a deux ans peut-être. Mais, depuis lors, la maturité de la loi est devenue si évidente, que le gouvernement lui-même, longtemps hostile, puis indifférent, se prononce aujourd'hui pour le rétablissement du titre VI du Code civil. Il semble bien difficile, dans de telles conditions, que nous nous heurtions à une opposition irréductible, alors surtout qu'à la base de la législation de 1816 il n'y a que le cléricalisme, l'oppression théocratique, la religion d'Etat.

On ne saurait, en effet, le répéter trop souvent : la domination catholique a seule empêché jusqu'ici que nous jouissions du divorce comme l'Allemagne, comme la Russie, comme la Hollande, comme l'Amérique. Ceux-là mêmes qui nous combattent par de prétendus arguments d'ordre purement civil, purement social, tout libre-penseurs, tout anti-cléricaux qu'ils puissent être, — et beaucoup le sont — n'obéissent en somme, à leur propre insu, qu'à une tradition religieuse qu'ils repousseraient s'ils en avaient conscience, mais qu'ils subissent sans s'en douter.

Rien de plus naturel, du reste. Les religions ont une influence éducatrice considérable. Dans la période de leur puissance, elles créent des idées morales qui finissent bientôt par se dégager des théories où elles ont puisé leur origine, et qui s'implantent si complètement dans les cerveaux humains, qu'on en arrive à les prendre pour des qualités innées.

C'est là un fait généralement heureux. Les doctrines religieuses ont fortement contribué à civiliser les peuples, et si nous pouvons aujourd'hui entrevoir l'heure où l'humanité se débarrassera de ces croyances désormais inutiles, comme l'architecte démolit l'échafaudage quand l'édifice est construit, c'est parce qu'elles ont produit leurs effets moraux et que ceux-ci font désormais assez corps avec notre nature pour n'avoir plus besoin de s'étayer sur des hypothèses mystiques et sur des rites cultuels. La science positive, basée sur l'étude des faits sociaux et des lois qui les régissent, suffit, dans l'âge mûr auquel est parvenue notre espèce, à maintenir, à consolider et à développer ce que les religions ont créé.

Il était toutefois impossible que les croyances surnaturelles dont les hommes n'ont pu se passer tant qu'ils ont manqué des lumières de la science, ne produisissent que des résultats heureux, que des traditions fécondes. A côté du développement moral qu'elles seules pouvaient engendrer au milieu de populations barbares, et qu'elles ont engendré en effet, il était fatal, par cela même qu'elles ne reposaient sur rien de réel, sur rien de précis, sur rien de scientifique, qu'elles engendrassent aussi certaines traditions fâcheuses que la société affranchie devrait plus tard s'attacher à déraciner, — telles ces déductions erronées que l'on tire, dans la science, de certains systèmes imparfaits, et qui, contredites par l'expérience, finissent plus tard par renverser le système qui les avait fait naître.

Dans l'ordre des faits sociaux, la liaison entre le système théorique et les conséquences qui en ont été déduites étant moins manifeste que dans l'ordre des faits scientifiques proprement dits, cette connexité entre les deux termes d'un même ensemble étant moins apparente, l'un de ces termes peut survivre à l'autre pendant un temps. C'est ce qui est arrive pour l'indissolubilité du mariage.

L'enseignement catholique agissant sur les intelligences des peuples latins durant une longue série de siècles, y a implanté cette idée que le divorce est un mal. On l'a cru d'abord, parce que l'Eglise l'enseignait ; puis on l'a cru parce qu'on le croyait, parce qu'on héritait cette croyance des générations précédentes, et sans en rechercher les raisons aussi longtemps qu'elle n'était pas contestée. Chemin faisant, cependant, beaucoup d'esprits s'affranchissaient des idées religieuses, tout en demeurant attachés à ces mœurs, à ces traditions, à ces sentiments que la religion avait créés ; et ils s'efforçaient alors de trouver des arguments purement humains pour les justifier. Toutes les fois que l'état mental pour lequel on recherchait ainsi des assises scientifiques était vraiment conforme aux lois naturelles qui régissent l'humanité, ils y réussissaient ; mais quand la conception cérébrale qu'ils s'efforçaient d'appuyer sur des preuves positives était en opposition avec ces lois, ainsi que c'est le cas pour l'indissolubilité du mariage, ils ne parvenaient à imaginer qu'une argumentation incohérente, incapable de résister au moindre assaut d'une logique serrée.

Que ce soit là le cas pour les objections au divorce, un examen de ce qui se passe dans le monde suffit amplement à l'établir. Si les objections tirées de la corruption des mœurs, de l'intérêt des enfants, de l'intérêt de la femme répondaient à quelque chose de réel, ce ne serait pas dans les seuls pays catholiques qu'elles nous seraient opposées. On les retrouverait sous la plume des auteurs nés dans les pays protestants, dans les pays schismatiques, et dans les pays catholiques où le divorce s'est acclimaté à la suite de la Révolution française. On les y retouverait d'autant plus sûrement que, le divorce fonctionnant chez eux, ils seraient en mesure de présenter non point seulement des objections hypothétiques, mais des faits précis.

Rien de tel cependant ne se produit. On chercherait vainement en Allemagne, en Suisse, en Amérique, en Russie, en Belgique, un auteur combattant le divorce au nom de l'intérêt des mœurs, des garanties à offrir à la femme, ou de la protection à assurer aux enfants. Ces arguments sont le monopole de ceux qui, élevés dans des pays catholiques, habitués par les traditions catholiques à considérer le divorce comme un mal, tenant à cette tradition sans se rendre compte de son origine, et ayant rompu, d'ailleurs, avec le catholicisme, cherchent des raisons bonnes ou mauvaises qui leur permettent de persévérer dans un état d'esprit dont ils ne veulent pas se départir.

En un mot, les prétendus adversaires civils du divorce sont, sur ce point au

57

moins, des catholiques, ou, plus exactement, des cléricaux inconscients.

Il y a tout lieu d'espérer que cette vérité ressortira limpide du débat qui a commencé et qui [illegible] se poursuivre devant la Chambre du Luxembourg; et lorsque les républicains, les hommes de liberté qui y siègent en seront suffisamment imprégnés, la loi du 8 mai 1816 aura vécu.

Naquet.

Journal officiel du 27 mai 1884 (16e année, n° 145)
Séance du sénat du 26 mai 188[illegible]
Discussion du divorce

M. le président. Personne ne demande la parole contre la proposition?...

La parole est à M. Naquet.

M. Naquet. Messieurs, je ne m'attendais pas à prendre la parole immédiatement après mon honorable collègue M. Lafond de Saint-Mür qui vient de parler dans le même sens que moi et de soutenir ma thèse.

Certes, je ne vais pas jusqu'à me flatter de cette illusion qu'il n'y a plus, dans le Sénat, d'adversaires du rétablissement du divorce et qu'il y a, de la sorte, un *consensus* général pour son rétablissement immédiat.

Voix à droite. Non! non! n'y comptez pas.

M. Naquet. Eh bien, messieurs, puisque ce *consensus* général ne s'est pas encore nettement établi, ce dont je me doutais quelque peu, je demande au Sénat la permission de lui exposer les motifs qui, à mon sens, militent en faveur de ma proposition.

Lorsqu'en 1876, j'ai pour la première fois déposé sur le bureau de la Chambre des députés une proposition de loi tendant au rétablissement du divorce, je puis presque dire que ce n'est pas par une hostilité déclarée que cette proposition fut accueillie: ce fut, je l'avouerai, par une sorte d'éclat de rire qu'il me fut répondu. Pour peu, on aurait déclaré volontiers qu'il y avait là comme une sorte d'entreprise d'écervelé, tant cette proposition avait causé de surprise.

Vainement m'efforçais-je alors, de rappeler que la Chambre des députés de 1831, à laquelle on ne pouvait reprocher ni l'irréflexion, ni le défaut de gravité, que cette Chambre, qui n'était certes pas exaltée dans le sens libéral, qui n'était pas même républicaine, mais conservatrice, censitaire et bourgeoise, avait, à quatre reprises différentes, voté le rétablissement du divorce et que, si ce rétablissement n'était pas devenu un fait, c'était uniquement par suite de la résistance irréductible que cette idée avait rencontrée dans la Chambre des pairs.

Vainement rappelais-je aussi qu'à cette époque un président du tribunal civil de la Seine, bien placé pour connaître la nécessité d'une loi de cet ordre, M. Debelleyme avait réclamé avec énergie, non seulement que la Chambre des députés mît la question du divorce à son ordre du jour, mais qu'elle la discutât, toutes autres affaires cessantes, tant cette question lui paraissait comporter d'urgence.

Vainement, insistais-je encore, en démontrant que ce n'était pas le nombre des séparations de corps et de biens, multipliées dans des proportions formidables depuis 1831 jusqu'à nos jours, qui pouvait rendre moins urgent, en 1876, ce qui était déjà considéré comme si urgent en 1831. Vainement démontrais-je la nécessité, toujours plus pressante, d'une législation qu'avaient réclamée des hommes sages, modérés et libéraux, comme M. Odilon-Barrot, par exemple, qui avait fait à ce sujet un si mémorable, un si remarquable rapport.

On me répondait toujours par les mêmes arguments, mais notamment par celui-ci, qui dominait les autres: le divorce, me disait-on, n'est pas demandé. C'était la base de l'argumentation de mes contradicteurs.

Il fallait, cependant, bientôt reconnaître que la proposition était moins intempestive qu'elle ne l'avait paru tout d'abord.

A l'exception de quelques journaux très nettement cléricaux, la presse, dans l'immense majorité de ses organes, et même dans quelques journaux appartenant à l'opinion monarchiste, comme le *Soleil*, comme le *Figaro* qui, ayant laissé, sur ce point, toute liberté à ses rédacteurs, avait publié de remarquables articles pour et contre le divorce, la presse, dis-je, avait pris résolument parti en faveur de ma proposition. Moi-même, une fois la question soulevée, je pus constater l'intérêt profond qu'elle inspirait, dans plus de cent conférences que j'ai faites sur tous les points du territoire, du nord au midi, de l'est à l'ouest, conférences dans lesquelles j'appelais, autant que possible, non pas seulement les partisans du divorce, mais surtout ses adversaires, parce que je tenais à les convaincre. Je puis dire que dans ces conférences j'obtins généralement un succès complet que je n'attribue certes pas au talent de l'orateur qui développait la thèse soutenue aujourd'hui devant vous, mais que je puis, sans hésitation, attribuer à ce fait: que quand on a la vérité pour loi et qui l'on met ses concitoyens en demeure de réfléchir, les préjugés forcément se dissipent et la vérité triomphe. (Très bien ! à gauche.)

Enfin, le 27 mai 1879, malgré les conclusions contraires de la commission d'initiative, la Chambre des députés prenait ma proposition en considération et la renvoyait à l'examen de ses bureaux qui nommèrent une commission dont les membres lui étaient, en grande majorité, favorables.

Toutefois, je dois reconnaître qu'en 1881, la Chambre repoussa, mais à une faible majorité de 30 ou 32 voix, si je ne me trompe, les conclusions de cette commission, qui avaient été, cependant, remarquablement et éloquemment défendues par l'honorable M. Léon Renault.

Mais j'ai le devoir de rechercher, en passant, la cause qui, d'après moi, motiva ce vote défavorable. Nous nous trouvions, à ce moment, à la veille des élections générales de 1881, et un grand nombre de mes honorables collègues jugèrent, dans leur conscience, qu'à un intervalle si rapproché de la grande consultation qui allait agiter le pays, il ne leur appartenait pas d'émettre un vote de cette importance, sur une question pour ainsi dire neuve aux yeux du suffrage universel, alors que sur cette question, leurs électeurs n'avaient jamais été directement ou indirectement consultés.

Telle est, à mon sens, la raison qui fit rejeter le divorce dans cette première délibération. (Interruptions à droite.)

Un sénateur à droite. Ils avaient peur.

M. Naquet. En admettant, pour un moment leur crainte dans ce sens, messieurs, l'événement a prouvé qu'ils se seraient trompés ; car, lorsqu'en 1881, au mois d'août, le suffrage universel fut appelé à renouveler intégralement la Chambre, que se passa-t-il ? Ceci : les députés qui avaient précédemment voté le rétablissement du divorce furent tous réélus, à l'exception d'un des plus éminents, de l'honorable M. Léon Renault, et je puis dire que son insuccès, heureusement réparé depuis, ne pouvait être attribué à son opinion sur le divorce, car son successeur, en effet, avait précisément inscrit le divorce dans sa profession de foi.

Par contre, un grand nombre de membres sortants de la Chambre, qui n'avaient pas voté le divorce, furent blâmés par leurs électeurs dans les réunions électorales, et, parmi les candidats nouveaux qui furent élus, beaucoup avaient fait figurer dans leur profession de foi le rétablissement de la loi abrogée en 1816. Si bien, qu'on peut dire qu'avec la révision constitutionnelle et la réforme de la magistrature, le divorce a été une des trois seules propositions qui aient été acceptées plébiscitairement par l'opinion publique. (Interruption sur divers bancs.)

Oui, messieurs, l'on peut dire que le divorce, dans cette consultation générale, venait d'être voté par la nation. (Exclamations à droite.)

Vous le contestez, messieurs ? La chose me paraît pourtant incontestable ; quelle logique bien saisissante, en effet, que celle du pays dans cette circonstance, et quelle indication plus énergique de sa volonté ! Plus de trois cents députés ont voté le divorce, l'ont inscrit dans leur programme ; ils sont élus ou réélus à des majorités considérables ; et le lendemain, la Chambre saisie d'une nouvelle proposition de loi portant rétablissement du divorce, vote cette proposition à une majorité de plus de deux cents voix ! Pourrait-on, en présence de cet enchaînement de faits, sérieusement contester que la nation se soit prononcée, elle-même, catégoriquement ?

Lors de la discussion, en 1882, quelques adversaires du divorce me disaient : Le mouvement d'opinion dont vous parlez — car je l'évoquais alors comme aujourd'hui, — et qui vient de se produire avec éclat, n'est pas un mouvement sérieux, il est factice. Et l'un des plus brillants orateurs qui me combattaient, l'honorable évêque d'Angers, s'adressant à moi, ajoutait : « Ce mouvement, c'est vous seul qui en êtes la cause, l'auteur ; si vous n'eussiez pas été là, personne n'eût parlé du divorce en France. »

Je me demande d'abord à quels signes on pourra distinguer un mouvement sérieux d'un mouvement factice ; si un premier vote comme celui qu'a émis le suffrage universel en 1881 ; si un vote comme celui que la Chambre a émis en 1882 ; si le fait qu'une commission, nommée par les bureaux du Sénat, se prononce, au moins en principe, en faveur de la proposition ; si tout cela ne caractérise et ne démontre pas un mouvement d'opinion sérieux, à quels signes, je le répète, un mouvement sérieux peut-il se reconnaître ?

Quant à l'action personnelle qu'on veut bien m'attribuer dans la diffusion, dans le développement, dans la vulgarisation, si j'ose ainsi dire, de cette question du divorce, elle prouverait tout simplement une chose : c'est qu'une idée, quelque juste, honnête ou grande qu'elle soit, a toujours besoin qu'un homme s'en empare, la fasse sienne, s'y attache passionnément ; que, par sa persévérance, il attire l'attention sur cette idée et qu'il oblige ses concitoyens à l'étudier, à s'y attacher, à réfléchir, en un mot, sur ce que cette idée porte en elle. (Mouvement.)

Mais, messieurs, cette action personnelle, j'ai hâte de le dire, on l'a, par bienveillance à mon égard, sûrement exagérée; elle n'a valu quelque chose que parce que ma foi était partagée, parce que ma conviction répondait à la conviction de la majorité du pays ; ainsi comprise, ce que j'appelle mon action personnelle, loin de pouvoir être opposée comme un argument contre ma thèse, est l'un des meilleurs arguments que je puisse invoquer en sa faveur, devant vous.

Supposez un instant, en effet, que la cause que je défendais n'eût pas eu des assises profondes dans le sentiment du pays, qu'elle n'eût pas répondu aux besoins d'un nombre considérable d'intéressés, qu'elle n'eût pas été dans la logique du développement démocratique de ce pays ; croyez-vous que je serais parvenu à concourir, à contribuer indirectement à l'élection de députés qui proclamaient la justice de cette cause, et qui, à ce titre et parce qu'ils pensaient ainsi, devenaient les élus du suffrage universel?

Croyez-vous, messieurs, que par ma seule action individuelle, et si je n'avais eu l'opinion publique avec moi, je serais parvenu à obtenir une majorité à la Chambre, à trouver également une majorité dans la commission sénatoriale, et, je l'espère, dans cette haute Assemblée, où siègent des parlementaires consommés, qui se décident peut-être moins que dans l'autre Chambre sous les inspirations de la foule, et qui obéissent plus volontiers aux inspirations de la raison pure?

Eh bien, si le pays, si la presse, si l'opinion publique m'ont donné sur ce point gain de cause, si j'ai pu pousser mon œuvre aussi loin que je l'ai fait, c'est que cette œuvre était nécessaire, c'est qu'elle était mûre, et que, par conséquent, le fait seul que le pays s'est prononcé dans ce sens est une preuve manifeste qu'elle répondait à un besoin réel. Oui, si je n'eusse pas été là, un autre se fût trouvé à ma place qui eût été, par son action et sa parole, l'organe de l'opinion générale comme j'ai simplement essayé de l'être moi-même.

Ah ! tenez, messieurs, oubliez-moi pour un instant; mettez à ma place un tribun d'un grand mérite, doublé d'un jurisconsulte consommé; supposez que cet homme auquel, dans mon hypothèse, j'attribue du génie, fût venu défendre devant le pays, non pas le rétablissement du divorce, mais une théorie comportant la suppression des lois sur lesquelles repose l'égalité civile ou l'égalité des enfants dans le partage successoral ; croyez-vous qu'il aurait suffi de quelques discours et de quelques articles de journaux pour faire passer ses idées dans la masse du pays? Non, messieurs ; et certainement, si le principe de l'indissolubilité du mariage avait eu dans l'esprit de nos populations des racines aussi profondes que les lois de 1789, qui ont fondé la démocratie moderne, ce ne sont ni mes discours, ni ceux, autrement éloquents, de MM. Léon Renault et de Marcère, ni les articles de journaux, ni les pièces de théâtre qui en auraient jamais eu raison ; et, je le répète, si le pays me donne gain de cause en ce moment-ci — je puis le dire après le vote de 1881 — après le vote plus récent de la Chambre — c'est que la réforme est désirée, nécessaire, et que vous accomplirez une œuvre salutaire en la faisant, en la sanctionnant aujourd'hui.

Et, messieurs, n'en doutez pas, c'est une grande pierre de touche qu'une nation qui examine une question importante comme celle-ci et qui la vote, non point dans un mouvement irréfléchi, sous une inspiration trop prompte ou trop vive, mais après huit ans de discussion, de réflexion et de controverses.

Oh ! je sais encore qu'on a l'habitude, dans les débats de cette nature, de mettre en doute, en suspicion les faits qui vont à l'encontre de la thèse qu'on préfère. C'est humain. Nos contradicteurs me disent : « La vérité est que le mouvement qui s'est produit en faveur du rétablissement du divorce est un mouvement d'indifférence. On a réélu les députés qui avaient voté le divorce, on a élu les candidats qui l'avaient inscrit dans leur profession de foi, soit ; mais ce n'est pas parce qu'ils étaient partisans du divorce ; c'est quoiqu'ils fussent partisans du divorce; dans le fond, on n'attachait aucune espèce d'importance à la question. »

Je me garderais bien de prétendre qu'il puisse jamais y avoir dans ce pays, ni dans aucun autre, en faveur d'une loi à faire de la nature de celle qui tend à rétablir le divorce, un de ces mouvements spontanés, violents, généraux, comme il pourrait s'en produire lorsqu'il s'agirait de diminuer les impôts ou de restreindre la durée du service militaire. J'ajoute que je suis heureux qu'en matière de rétablissement du divorce un mouvement de cette nature ne soit pas possible. Car, à l'exception des intelligences cultivées, des natures d'élite qui se passionnent pour tout ce qui est juste, utile et vrai, même quand la réforme qui formulerait leur idéal et en serait la consécration ne doit pas leur être directement profitable ou utile, à l'exception, dis-je, de ces esprits élevés, on ne se passionne, dans les masses, que pour les réformes dont le profit apparaît comme direct et immédiat.

De sorte que, s'il s'était produit dans notre pays, en faveur du divorce, un de ces mouvements généreux et passionnés que d'aucuns voudraient pouvoir constater avant de réclamer l'institution du divorce, il faudrait en conclure que l'immense majorité de la France est mal mariée... (Sourires) que la corruption et la désunion générale se sont introduites dans les familles de notre pays, et ce serait la constatation la plus douloureuse qu'on pût faire.

Mais, si la masse des citoyens français ne se passionne pas pour le rétablissement du divorce, la masse des citoyens français comprend que cette loi est juste, que cette loi est équitable, qu'elle est une loi d'ordre social et qu'il ne faut pas la refuser aux 50 ou 60,000 époux séparés de corps et de biens qui vivent à côté de nous, parmi nous, et qui, eux, la réclament avec toute l'ardeur que l'on apporte à désirer, à solliciter une réforme qui va permettre à tant d'existences brisées de se reconstituer et de renaître. (Marques d'approbation à gauche.)

On m'a objecté quelquefois qu'il n'importait pas de faire des lois pour les exceptions, et que le nombre des victimes du mariage n'était pas tellement considérable que nous dussions prendre la peine de légiférer pour elles. Ce serait, messieurs, une doctrine singulière, et qui ne tendrait à rien moins qu'à abaisser le niveau moral de l'humanité, que celle qui consisterait à faire prévaloir cette idée : que la justice d'une cause est proportionnée au nombre de ceux qui sont intéressés à ce qu'une iniquité soit détruite. (Nouvelles marques d'approbation sur les mêmes bancs.)

Est-ce que, lorsqu'au dix-huitième siècle un grand mouvement d'opinion se produisit contre les traitements inhumains dont les aliénés étaient victimes, on s'est demandé à qui ce mouvement d'opinion pourrait profiter? Non, non ; il y avait là un fait de justice sociale, et l'on se passionna pour ce fait. De nos jours encore, quand des questions comme celle de la peine de mort ou les grandes questions du régime pénal ou pénitentiaire se posent devant vous, ne trouvez-vous pas qu'une question d'humanité s'agite, qu'une solution est réclamée de vos consciences? Si, messieurs ; et cependant, qui cela intéresse-t-il? Quelques criminels que leurs vices ou leurs crimes ont, pour ainsi dire, rejetés hors de la société. Et vous ne voudriez pas porter à ces six mille victimes annuelles du mariage autant d'intérêt que vous en portez à quelques misérables privés de leur raison ou à ces criminels qui peuplent vos prisons et vos bagnes!

Non! messieurs, cela n'est pas soutenable.

Je sais bien qu'en général la rigoureuse argumentation des adversaires du divorce ne va pas aussi loin. Ils reconnaissent que la situation des époux séparés est une situation digne d'intérêt et de pitié. Mais ils redoutent les conséquences du divorce; ils craignent que cette loi, introduite dans notre législation, ne produise plus de maux qu'elle ne contribuera à en faire cesser.

Mais, tenez; je vois à ce banc un de nos honorables collègues qui me permettra de prononcer son nom; je le cite avec d'autant plus de plaisir que, quoique n'étant pas souvent du même avis que lui sur les questions que nous agitons dans nos séances, j'ai pour son esprit un goût particulier, et pour son caractère une estime très grande; j'ai nommé l'honorable M. La Caze.

Il exprimait, dans une récente conversation, cette pensée très juste que l'imperfection de la nature humaine nous oblige bien souvent à accepter un mal, par crainte de produire un mal plus grand. C'est à peu près cette idée qu'a si magistralement exprimée, dans deux admirables vers, notre grand poète Victor Hugo, lorsqu'il dit :

« ... La création est une grande roue
« Qui ne peut se mouvoir sans écraser quelqu'un. »

Eh bien, cette pensée, appliquons-la aux victimes du mariage, de son indissolubilité. Ce n'est point de situations à mépriser, à dédaigner qu'il s'agit ici, croyez-le bien.

Ici est toute la question, c'est là le fond même du débat. Si vous parvenez à établir, à me démontrer que, le jour où nous rétablirons le divorce dans nos lois, nous aurons contribué à corrompre les mœurs sociales ; que, le jour où nous aurons rétabli le titre VI du code civil, nous augmenterons le nombre des familles qui se désunissent ; que, sous prétexte de rendre la liberté à un certain nombre d'époux qui en sont privés, nous allons, au contraire, priver de cette union, qui est le plus grand bienfait de la vie, un grand nombre d'époux qui sont en ce moment unis; si vous me démontrez cela, alors, messieurs, vous serez autorisés à poser la question entre le sort des époux, le sort des enfants, le sort de la femme en particulier dans le mariage uni, et le sort des mêmes individus sous le régime du divorce ; vous serez alors autorisés à conclure contre moi.

Mais si, par contre, je parviens à établir que le divorce ne doit point avoir pour conséquence d'augmenter le nombre des familles qui se désunissent ; que son action, à ce point de vue particulier, sera extrêmement faible ; si je démontre qu'au cas où cette action s'exercerait d'une manière quelconque, ce serait plutôt en diminuant le nombre des désunions de familles qu'en l'augmentant; si j'établis cela, messieurs, alors j'aurai le droit, à mon tour, de venir vous dire :

Le divorce n'est pas fait pour les familles unies; il n'y a pas lieu de les faire entrer au débat; le divorce ne les concerne pas, ne les regarde pas. Le divorce est fait pour les malheureux qui, par suite de certains événements dont parfois ils sont responsables, dont souvent ils ne sont responsables à aucun degré, se trouvent placés dans cette situation terrible que le législateur, dans tous les pays du monde, a été, en face d'elle, obligé d'opter entre ces deux remèdes, la séparation de corps ou le divorce, mais de recourir fatalement à l'un des deux.

Aucune législation n'a osé déclarer qu'elle abolirait la séparation de corps elle-même et que, quand deux époux seraient unis, ils le seraient à perpétuité, dût cette union entraîner la mort de l'un d'eux, dût cette union entraîner des crimes.

C'est là le fond du débat, j'y reviens : si le divorce n'a pas pour effet d'augmenter le nombre des familles qui se désunissent, nous n'aurons qu'à porter la discussion sur ce point : Pour les époux qui sont dans cette situation malheureuse de désunion, de dissentiment, d'incompatibilité, de haine, pour les enfants de ces époux, pour la femme en particulier, le divorce est-il supérieur à la séparation de corps, ou bien la séparation de corps est-elle supérieure au divorce? Je me sers d'un terme inexact; je veux dire : le divorce est-il moins mauvais que la séparation de corps, ou la séparation de corps est-elle moins mauvaise que le divorce? Nous sommes, en effet, ici, dans une matière où il ne s'agit pas de savoir ce qui sera le mieux, mais ce qui sera le moins mal. (Très bien! très bien! à gauche.)

~~Messieurs, je disais tout à l'heure que moi~~ [illegible] les lois qui régissent le mariage et le divorce n'ont qu'une action extrêmement faible sur le nombre des familles qui se forment et sur le nombre des liens qui se dénouent. Certes, une loi qui interdirait le mariage à toute une classe de citoyens aurait bien pour effet de faire apparaître un moins grand nombre de mariages sur les registres de l'état civil; mais ce serait au profit d'unions illicites qui se créeraient à côté des unions légales; sur le fait lui-même, sur le fait naturel, la loi serait sans action.

De même, une loi qui interdira le divorce ou qui le rendra très difficile, ou, comme en Angleterre et en Russie, extrêmement coûteux, pourra bien diminuer, en apparence, les divorces, le nombre des procès, mais ce sera au profit des séparations amiables, suivies d'unions clandestines, adultérines.

En fait, vous n'allez pas plus rétablir le divorce que le législateur de 1816 ne l'a aboli. Le divorce existe en dépit du législateur de 1816, et il continuera d'exister, que vous vouliez ou que vous ne vouliez pas le rétablir.

Mais la question que vous avez à résoudre est celle de savoir s'il vaut mieux laisser se produire des désunions, des ruptures amiables ou judiciaires, suivies de concubinages clandestins ou avoués, ou s'il vaut mieux permettre à ces unions immorales, qui sont un levain de corruption pour la société, de se légitimer, de s'épurer, de se transformer en mariages honorables et au grand jour. Voilà toute la question.

Quant au peu d'action que la législation exerce sur le nombre de familles qui se forment ou qui se désunissent, M. Bertillon, le savant chef de la statistique de la ville de Paris, en a donné la preuve concluante. Cette preuve est à mes yeux tellement concluante, en effet, que si je pouvais faire que tous ceux qui m'écoutent en ce moment et qui n'ont pas, contre le divorce, un parti-pris absolu, tiré de considérations d'un autre ordre sur lesquelles je reviendrai plus tard, si je pouvais faire, dis-je, qu'ils eussent lu les deux petites brochures de M. Bertillon, qu'ils en connussent les développements, qu'ils eussent étudié les diagrammes qui s'y trouvent annexés, je n'aurais qu'à descendre de la tribune : ma cause serait gagnée.

Le peu d'action exercé par la législation sur la fixité, la solidité des mariages, M. Bertillon l'a établi, en effet, par des chiffres, par des déductions incontestables. Et, puisque mariage et divorce appartiennent à un même ordre de faits, et que ce qui est vrai de l'amour qui lie est vrai de la haine qui délie, permettez-moi de vous citer un exemple tiré des lois sur le mariage lui-même. Ce fait, je l'emprunte à la législation de la Bavière, à la statistique qui concerne ce pays.

Avant 1862, le législateur bavarois avait eu la singulière idée, — calquée d'ailleurs sur une idée semblable, qui avait prévalu dans certains cantons suisses, — d'interdire le mariage à quiconque ne justifierait pas de moyens d'existence. On pourrait croire, peut-être, que le législateur fut obéi, et que le nombre des mariages diminua? Oui, le nombre des mariages légaux diminua, mais, à partir du jour où cette loi fut faite, le nombre des enfants naturels s'éleva à 25 p. 100 du nombre des naissances légitimes. Le législateur bavarois fut effrayé de son œuvre et la loi fut rapportée.

Alors, bien que depuis cette époque le divorce, qui n'existait d'abord en Bavière que [illegible] non catholiques, y ait été établi pour toute la population par le nouveau code allemand, le nombre des enfants naturels s'est abaissé à 13 p. 100. Seulement, le mouvement de [illegible] s'est opéré moins rapidement que le mouvement ascensionnel, parce que, quand les mauvaises habitudes sont prises, on les abandonne plus difficilement qu'on ne les a prises. Le législateur bavarois a été sans action sur le nombre des unions, mais il a eu une action néfaste sur laquelle il ne comptait pas, au point de vue de la contemption de la loi : il a habitué la population bavaroise à mépriser la législation de son pays, et il lui a fallu plus de dix ans pour ramener la situation primitive ; encore n'y est-il pas tout à fait parvenu.

Des faits relatifs au mariage, je passe aux faits relatifs au divorce.

M. Bertillon raisonne ainsi : Si, dit-il, la législation avait un empire considérable sur le nombre des unions et des désunions, que devrait-on observer ? On devrait observer, d'abord, que les pays qui ont la même législation ont un nombre de désunions de familles très voisin. On devrait ensuite observer que les pays qui ont des législations dissemblables ont un nombre de désunions de familles très différent. On devrait observer, enfin, que quand un pays change de législation, il se produit immédiatement une modification dans le sens de l'augmentation ou dans le sens de la diminution, en ce qui touche le nombre des familles qui se désunissent.

Eh bien, les chiffres parlent, dans les trois cas, contre les conclusions auxquelles on serait logiquement amené si l'on admettait une action sérieuse et effective de la législation sur les unions et les désunions de familles.

Le premier exemple de M. Bertillon est l'exemple de la Suisse. La Suisse, depuis 1876, est régie, en ce qui concerne le mariage et le divorce, non plus par vingt-deux législations cantonales, mais par une seule et même loi fédérale de 1874, promulguée et mise en pratique depuis 1876. Or, messieurs, cette loi étant absolument la même pour tous les cantons helvétiques, si elle avait une influence considérable, et si c'était à elle qu'il fallût attribuer le nombre plus ou moins considérable des divorces, il est évident qu'on observerait une certaine analogie, un certain rapport entre le nombre de divorces dans les divers cantons.

Eh bien ! voici quelques chiffres que je crois pouvoir vous citer : dans le canton d'Uri, sur 1,000 mariages, pas un seul divorce. Le nombre en est tellement faible qu'il faudrait se rapporter à 10,000 ou à 100,000 mariages pour obtenir une unité de divorce. Dans le canton du Valais, il y en a 4 pour 1,000. Dans le canton d'Unterwalden-le-Haut, il y en a 4,9. Dans le canton d'Unterwalden-le-Bas, 5,2. Mais, par contre, pour le canton de Genève, nous trouvons 70, 5 divorces pour 1,000 mariages ; dans le canton de Neufchâtel, 42, 4 ; dans le canton d'Apenzel, 100, 7 ; dans le canton de Schaffouse, 106,0. Voilà donc, sous la même législation, des cantons qui comptent 106 divorces pour 1,000 mariages....

M. Buffet. Ce sont des cantons protestants.

M. Naquet. ... et d'autres qui n'en comptent pas un seul.

Je reviendrai tout à l'heure sur l'observation de l'honorable M. Buffet ; elle est très juste. Les cantons protestants sont, en effet, ceux où l'on divorce le plus. Mais il y a cependant des différences notables entre les divers cantons catholiques eux-mêmes. Dans celui de Fribourg, le nombre de divorces s'élève à 15,9 p. 1,000 ; dans le canton de Lucerne, à 13 ; dans le canton de Zug, à 14,8 ; dans le canton du Valais, à 4 ; dans le canton d'Uri, à 0. Il y a donc, entre les cantons catholiques des différences, je le répète, assez importantes.

Maintenant, messieurs, de la Suisse, je passe à la France. La France, elle aussi, a l'unité de législation : c'est la séparation de corps et de biens qui est applicable dans toute l'étendue du territoire de la République.

Eh bien, si vous tirez une ligne qui suive le cours de la Loire et qui divise la France en deux parties : une partie méridionale et une partie septentrionale, et si vous laissez de côté, dans ces deux parties, les départements qui comptent de grandes villes, parce qu'elles fausseraient la statistique, attendu qu'on se sépare beaucoup plus dans les grandes villes que dans les petites ; si vous prenez, dis-je, les départements du Midi d'un côté et les départements du Nord de l'autre, vous trouvez que dans ceux du Midi, le nombre des séparations de corps varie de 2 à 5 pour 1000, tandis que dans ceux du Nord, il varie de 5 à 14 p. 1000. La proportion est donc à peu près le triple, dans les départements du Nord, de ce qu'elle est dans ceux du Midi ; et, je le répète, ce n'est pas au département de la Seine que vous pouvez attribuer cette différence, car je l'ai défalqué de la statistique.

Enfin, si de France vous passez à d'autres contrées de l'Europe, vous trouvez deux pays bien intéressants et bien curieux : la Norwège et le Danemark. Les populations de ces deux pays sont de même race et de même religion. Ils ont à peu près la même langue et une législation identique. Or, savez-vous combien il y a de séparations et de divorces en Norwège? Il y en a 0,54 p. 1000, 1 sur 2000. En Danemark, il y en a 38 p. 1000, 76 p. 2000 : 75 de plus en Danemark, et cela avec la même législation et sous d'autres conditions générales qui sont aussi les mêmes.

Ainsi, vous le voyez, la législation joue là, en réalité, un rôle tout à fait secondaire, et ce rôle tout à fait secondaire ressort également quand on se place en présence des modifications subies par une législation déterminée. Par exemple, en 1802, quand la France vivait encore sous l'empire de la loi de 1792, qui rendait le divorce absolument libre, absolument facultatif, sur la demande d'un seul des conjoints et sur la simple allégation d'incompatibilité d'humeur et de caractère, savez-vous combien, sur l'ensemble du territoire, il y a eu de divorces? Un sur 2,000. Savez-vous combien il y a eu de séparations de corps en 1882? 11 sur 1000.

Vous voyez donc que s'il n'y avait eu là qu'une modification correspondant au changement de législation, elle n'aurait pas été du tout à l'avantage des partisans de la séparation de corps et de biens ; mais je me hâte de dire que ce n'est pas au changement de législation que je l'attribue; ce mouvement ascensionnel ne s'est pas produit ainsi; il a commencé pendant que le divorce existait encore et il s'est continué sans interruption depuis son abolition, comme il se continue dans tous les pays, ainsi que nous allons le voir dans un moment.

Donc, messieurs, je le répète, l'action de la législation est faible. Mais quelles sont alors les causes réelles qui produisent les différences que nous venons d'observer?

Je ne veux pas m'étendre trop sur ce point; cependant, les conclusions qu'on peut tirer de ces travaux sont tellement importantes, au point de vue de la cause que je défends, que je vous demande la permission de les analyser brièvement.

Il y a cinq causes principales de désunion pour les familles : Il y a d'abord la religion, c'est ce que disait tout-à-l'heure l'honorable M. Buffet.

La religion parait exercer une influence considérable. Dans les pays catholiques, on divorce ou on se sépare relativement peu; dans les pays protestants, on divorce ou on se sépare relativement beaucoup. Je n'insiste pas, je ne recherche pas pourquoi les traditions et l'éducation catholiques ont ce résultat; je me borne à constater ce fait que les pays catholiques, même quand ils ont cessé d'être foncièrement catholiques, et simplement en vertu de l'éducation générale qui a prévalu chez eux, se servent moins de la séparation ou du divorce que les pays protestants.

J'ajoute immédiatement que la France étant un pays de traditions et d'éducation catholiques, c'est une garantie pour ceux qui veulent rétablir le divorce et qui, partant de ce principe, peuvent être certains qu'on n'en usera jamais chez nous comme on en use dans les pays protestants, en Danemark et en Suède, par exemple.

Après la religion, il y a la race. Les différentes races sont plus ou moins portées à la séparation et au divorce; les races bretonne et flamande sont celles qui divorcent et se séparent le moins.

Puis, il y a l'habitant des grandes villes, et les professions. Dans les grandes villes, il y a plus de désunions que dans les campagnes; de même, dans les professions libérales et ouvrières, on est plus porté à la désunion de famille que parmi les populations agricoles.

Enfin, il y a une dernière cause, ou plutôt un dernier effet, qui est l'action du temps. C'est une loi générale et qui ne s'est jamais démentie nulle part, pas plus dans l'antiquité que dans les temps modernes, que, quel que soit le régime politique, quelle que soit la race, quelle que soit la législation du mariage et du divorce, le nombre des familles qui se désunissent va toujours en augmentant, à mesure que la civilisation se développe... (Mouvements divers.)

Dans les pays qui divorçaient très peu il y a quatre-vingts ans, on divorce encore relativement peu aujourd'hui, mais enfin le divorce est un peu plus fréquent.

Dans les pays qui divorçaient beaucoup, il y a quatre-vingts ans, comme la Suisse, on — M. Kummer, le savant statisticien suisse le reconnaît, — on a toujours divorcé plus que partout ailleurs, le rapport est demeuré le même, en vertu de ce principe mathématique qu'une fraction ne change pas de valeur quand on en multiplie les deux termes par un même nombre.

Mais le mouvement ascensionnel s'est produit uniformément, et partout, dans tous les pays du monde, en dépit des mœurs, en dépit des législations, en dépit des races, en dépit des régimes politiques.

Pourquoi cela? J'avoue qu'il est assez difficile de le savoir. Peut-être la civilisation, qui nous apporte tant et de si grands biens, veut-elle, dans une certaine mesure, nous faire payer ces biens par certains maux compensateurs (Sourires). Mais je dois signaler en passant qu'une observation très curieuse, très bizarre, et surtout très inattendue, jette un certain jour sur la question.

M. Bertillon a remarqué que tous les pays où les familles se désunissent beaucoup, sont également les pays où l'on se suicide beaucoup, et que, dans les pays où l'on se désunit peu, les suicides sont également rares.

Il ne faudrait pas en conclure qu'on se suicide beaucoup dans les pays où existe la séparation de corps ou le divorce, et que ce sont les séparés de corps ou les divorcés qui se suicident ; ce ne serait pas exact. Mais il y a le rapport que j'indique, et qui est tellement net que, si j'avais là les diagrammes de M. Bertillon, ceux qui seraient assez éloignés pour ne pas voir les légendes, pourraient s'y tromper et prendre absolument les diagrammes du suicide pour ceux de la séparation et du divorce et réciproquement.

M. de Gavardie. Ce sont là des calculs de haute fantaisie !

M. Naquet. Monsieur de Gavardie, il peut vous appartenir de considérer les chiffres comme de la haute fantaisie. Mais si vous, qui accusez toujours le Sénat de n'avoir jamais étudié les questions, vous vous étiez donné la peine de lire les travaux de M. Bertillon et d'assister à ses conférences, vous ne diriez pas que ces calculs sont de la haute fantaisie. (Très bien ! très bien ! à gauche.)

M. de Gavardie. J'ai lu ces travaux ; les chiffres qui y figurent ne sont pas sérieux.

M. le président. Monsieur de Gavardie, je vous prie de ne pas interrompre l'orateur, autrement je serai obligé de vous rappeler à l'ordre.

M. de Gavardie. Je disais simplement que l'on prouvera que ces chiffres ne sont pas sérieux.

M. Naquet. Eh bien, monsieur, vous le prouverez.

Je disais donc que la raison la plus simple, la plus naturelle de ce fait bizarre et inattendu, c'est que les causes qui poussent — et ceci est très important — un certain nombre de personnes à se donner la mort, sont les mêmes qui en poussent un grand nombre à devenir insupportables dans leur ménage et à rendre nécessaire une séparation.

Cette cause, c'est ce que M. Bertillon appelle, dans un langage qui n'est peut-être pas tout à fait français, le détraquement intellectuel, la folie ou la demi-folie.

Vous voyez immédiatement le jour que ceci jette sur la question. Pourquoi se sépare-t-on plus dans les grandes villes que dans les campagnes ; plus dans les professions libérales que dans les professions industrielles ou agricoles ? Parce que là où l'activité intellectuelle est plus grande, là se trouvent plus de ces névroses, qui font des progrès si considérables dans nos sociétés modernes.

C'est justement à ces névroses, à ce détraquement intellectuel, à cette demi-folie qu'est due cette aggravation continuelle du nombre des ménages qui se séparent ; c'est pour cela aussi que le divorce devient d'autant plus nécessaire, car s'il y avait un nombre extrêmement faible de désunions dans les ménages, les dangers qui résulteraient de la séparation de corps seraient eux-mêmes faibles. Mais, à mesure que le nombre des désunions augmente, les dangers qui résultent de cette situation bizarre, singulière, mauvaise, qui est faite aux époux séparés de corps, prennent plus de gravité au point de vue de ses conséquences sur la société elle-même.

Ainsi donc, je crois avoir reproduit d'une manière fidèle, en substance du moins, le travail qui est résumé dans les deux brochures de M. Bertillon, et avoir établi, d'une manière aussi solide qu'on peut le faire en pareille matière, que la législation n'a qu'un empire très faible sur le nombre des familles qui s'unissent comme sur celui des familles qui se désunissent. Je n'irai pas jusqu'à prétendre qu'elle n'en a aucun, ce serait être trop absolu ; mais je crois que cet empire, cette influence s'exercent au profit des idées que je défends, c'est-à-dire au profit du moins grand nombre de désunions dans les familles. Telle est ma conviction.

Messieurs, ce n'est pas la première fois que, lorsqu'une idée de liberté est émise dans un pays, cette idée jette, permettez-moi de m'exprimer ainsi, comme un sentiment de crainte et d'effroi autour d'elle. Quand un homme se lève et demande qu'une liberté de plus soit donnée à ses concitoyens, d'autres hommes se lèvent, à leur tour, pour dire : Prenez garde, vous allez introduire dans le pays un élément de désordre ! Cependant l'expérience de tous les temps a démontré que la liberté est le premier et le plus puissant adjuvant de l'homme, au point de vue politique, économique et social.

A mesure que la liberté est plus largement distribuée au milieu d'un peuple, on voit disparaître, non pas d'une manière absolue — rien n'est absolu dans les choses humaines — mais on voit disparaître dans une large mesure les conspirations, les révolutions, les émeutes, qui sont l'apanage fatal des gouvernements despotiques.

Croyez-le, messieurs, une sage liberté, une liberté réglée, introduite dans la famille, aura sur la consolidation, sur la stabilité de celle-

et le même résultat que la liberté introduite dans les lois politiques a eu sur l'ordre matériel.

La raison en est bien simple. L'homme ne tient sérieusement ou plutôt il ne se rend bien compte qu'il tient aux objets moraux ou matériels, que s'il est menacé de les perdre.

Actuellement, la séparation de corps fait aux époux séparés une situation si intolérable que ni le mari, ni la femme ne s'imaginent que jamais la séparation puisse être demandée contre eux. Alors, il résulte pour l'un et pour l'autre des époux une quiétude absolue, qui fait que chacun tient compte de ses droits et ne tient quelquefois pas assez compte de ses devoirs.

Au contraire, quand une plus grande liberté se sera introduite dans la famille, au moyen de l'institution réglée du divorce, lorsque chaque époux saura que, s'il se montre indigne de son conjoint, celui-ci pourra se séparer de lui, non point par la séparation de corps, qui le met dans un état d'infériorité sociale, mais par le divorce, qui lui permettra de se créer une autre famille et se reconstituer une nouvelle existence, alors il s'introduira dans l'esprit et le cœur de chaque époux une certaine somme de ce que vous me permettrez d'appeler une jalousie salutaire, qui fera que chacun des époux mettra à conserver l'amour de son conjoint, le même soin, le même empressement qu'il a mis, avant le mariage, à le conquérir. (Rires à droite.)

M. Duget. C'est bien juste.

M. Naquet. Il en résultera dans les unions conjugales une série de concessions, de ménagements, qui feront régner l'ordre et l'harmonie là où une législation moins efficace, par cela seul qu'on n'en craint pas les effets, laisse s'introduire la discorde, qui est le prélude d'une séparation de corps.

Oh ! je sais bien qu'il y a la contre-partie — il y a une contre-partie à toute chose, — et je n'ai pas l'intention de prétendre ici que lorsque le titre VI du code civil aura été rétabli, l'ordre parfait régnera dans le monde, et qu'on aura supprimé toutes les souffrances conjugales.

Je ne le prétends point. Je dis seulement qu'il y aura moins de ces souffrances et que nous aurons fait une œuvre utile, en remplaçant une loi mauvaise par une loi moins mauvaise, c'est-à-dire, en fait, meilleure, puisque, vu l'imperfection de notre nature humaine, nous sommes toujours condamnés à ne pas chercher le bien absolu, mais à balancer le mal par le bien, et, en matière législative, à nous prononcer pour les lois qui offrent plus d'avantages et moins d'inconvénients.

Il y a donc une contre-[illegible] qui a été éloquemment opposée en 1881 à la Chambre des députés par l'honorable M. Brisson.

Il me disait : Mais, ne craignez-vous pas qu'un mari poussé, soit par des sentiments malhonnêtes, soit par des sentiments de cupidité, ne force sa femme, au moyen de mauvais traitements, de sévices, à réclamer le divorce contre lui ; qu'ainsi, cette loi, que vous réclamez en faveur de la femme, ne devienne pour elle une cause de malheur et ne la prive de cette protection, qui réside, d'après moi, disait M. Brisson, dans l'indissolubilité du mariage ?

D'une manière absolue, il est possible que le fait se produise, mais je prétends que le nombre de séparations que le divorce empêchera, sera plus considérable que le nombre des séparations qu'il fera naître ; car c'est une singulière façon d'envisager le mariage, que de supposer qu'il est toujours un inconvénient pour l'homme, et toujours avantageux pour la femme.

L'homme, d'abord, lorsqu'il est honnête et heureusement je crois que c'est la majorité de la population, — nous ne devons pas calomnier l'espèce humaine, — l'homme tient à sa compagne, il tient à ses enfants.

Vous savez que sur le nombre des séparations ou des divorces qui sont demandés chaque année, bien que les ménages stériles soient de beaucoup l'exception, la majorité sont demandés par des ménages qui n'ont pas d'enfants. Pourquoi ? Parce que les enfants sont la plus grande garantie de la stabilité du mariage. L'homme, s'il obligeait sa femme, par de mauvais traitements, à demander le divorce, perdrait la garde des enfants, ce sera encore là une raison qui, non-seulement l'empêchera de se livrer à ces actes répréhensibles et coupables, mais qui pourra prévenir ces mêmes actes ; il s'y serait [illegible] livré s'il n'avait eu à redouter que la séparation, il hésitera lorsqu'il aura à redouter le divorce.

J'admets qu'il y a bien des maris, et malheureusement c'est là le côté des époux malhonnêtes, qui n'ont vu, dans le mariage, qu'une spéculation, que la poursuite d'un intérêt matériel. Appelés à perdre tous les avantages qui leur ont été reconnus dans le mariage, lorsque le divorce serait prononcé contre eux, ceux-là seraient retenus encore, de ce chef, par une institution salutaire comme celle du divorce ; la séparation de corps, ils ne la craignent pas ; ils savent combien elle est cruelle et lourde à porter, actuellement, pour une honnête femme dans une société où les préjugés sont si tenaces et si injustes.

Mais, messieurs, je reconnais que, jusqu'ici,

le raisonne sur des sentiments, et, lorsqu'on raisonne sur des sentiments, on donne aisément prise à l'objection, permettez-moi donc d'invoquer des faits précis.

Tous les ans, en France, les tribunaux jettent dans la société quelque chose comme 6,000 époux séparés de corps et de biens.

Le dernier chiffre que j'ai sous les yeux est, en effet, de 2870 séparations de corps et de biens, prononcées en 1881.

M. Martin-Feuillée, *ministre de la justice et des cultes.* 2,800 est le chiffre moyen depuis plusieurs années.

M. Naquet. Ainsi donc, c'est près de 6,000, c'est 5,600 époux séparés de corps qu'on jette chaque année dans la circulation, pour me servir du langage d'un de nos auteurs dramatiques à la mode.

Eh bien! quelle est la situation que votre loi fait à ces époux séparés de corps, qui, la plupart, sont jeunes, car c'est surtout dans le jeune âge que les époux se séparent de corps et de biens? Elle leur fait la situation la plus douloureuse, la plus poignante.

Elle leur dit : « Il y a, dans l'humanité, deux sentiments qui sont les plus élevés, les plus nobles parmi les sentiments humains, auxiliaires de toute société comme ils en sont l'honneur et la sauvegarde; ces deux sentiments sont celui de la famille et celui de l'amour. Eh bien, à vous, ces sentiments sont interdits; vous n'aurez plus de famille, vous n'aimerez plus! » Et vous croyez que les époux séparés de corps obéiront à cette loi? Messieurs, peut-être quelques natures supérieures quelques natures d'élite se sacrifieront, et, je hâte d'ajouter qu'elles en seront pas récompensées. Mais la masse des intéressés, la majorité de ces êtres sacrifiés ne lui obéiront pas, car c'est une règle générale, supérieure aux règles écrites, que toutes les fois qu'une loi positive est en contradiction avec une loi naturelle, c'est la loi naturelle qui a raison et la loi écrite qui a tort. (Très bien! très bien! à gauche.) Lorsque vous leur interdisez de se faire une famille légitime, c'est par l'amour illégal, et c'est par la famille illégitime qu'ils se consoleront. Heureuse encore la société, si dans ces liaisons illicites, ils forment des liaisons durables et sérieuses, malgré leur illégalité, et si, poussés par le double désir de rompre la monotonie de leur existence et de de ne pas rompre avec la société, ils ne se jettent pas dans des liaisons temporaires, transitoires, qui échappent à tout contrôle social par leur précarité même.

Or, messieurs, à tout homme et à toute femme qui veut constituer un ménage régulier ou irrégulier, il faut un conjoint, et, comme les époux séparés ne peuvent pas trouver ce conjoint parmi les célibataires des deux sexes, qui, pouvant aspirer aux honneurs du mariage, tiennent à s'en rendre dignes, c'est parmi les époux unis qu'ils cherchent ce complément, qui leur est nécessaire pour cette vie factice et en dehors; ils vont, alors, porter la désunion dans les ménages unis. Au sein des meilleurs ménages, il y a des divergences, des querelles momentanées, des dissentiments passagers; eh bien! croyez-le, les époux séparés seront là, attisant ce feu, soufflant sur cette flamme, et, quand le moment sera venu, ils désuniront, sépareront ces ménages pour reconstituer le leur. C'est ainsi que, bien souvent, un ménage séparé portera la désunion, la séparation dans deux autres.

Ce qui fait que j'ai bien raison de dire théoriquement et pratiquement que les 5,600 époux séparés que vous déversez dans la société chaque année, sont 5,600 ferments de corruption et de désordre moral et social.

Messieurs, j'ai voulu aller plus loin dans ma démonstration; j'ai pensé que peut être quelques chiffres produiraient plus d'effet encore que les arguments que je viens de vous donner jusqu'ici. Seulement les chiffres sont difficiles à trouver. Comme je vous le disais tout à l'heure, la législation exerce une action très faible et il faudrait, au moins, pouvoir porter son examen, pour trouver des éléments de comparaison aussi concluants que possible, sur deux nations où toutes les causes, toutes les influences fussent égales et identiques. Ce n'est pas chose facile. Dans les statistiques, il y a un élément qui nous échappe, un élément considérable.

A côté des ménages qui viennent devant les tribunaux pour y dénouer leurs querelles, il y a ceux qui n'y recourent pas et qui optent pour la séparation amiable. Ceux-là, vous ne les connaissez pas; les statistiques ne les enregistrent pas; et, pour connaître l'état moral d'un pays, il faudrait pouvoir faire l'addition de toutes ces désunions à l'amiable et de toutes ces désunions judiciaires.

Or, il est incontestable que, dans les pays où le divorce existe, le nombre des désunions à l'amiable doit être plus faible relativement aux désunions judiciaires, que dans les pays où le divorce n'existe pas. Cela ressort de l'examen même de la question.

En France, où le divorce n'existe pas, neuf fois sur dix, les époux qui vivent mal ensemble, n'ayant pas la perspective de leur liberté à conquérir, ne jugent pas nécessaire de prendre le public à témoin de leurs discussions intestines et de se salir réciproquement devant les tribunaux; ils se séparent en silence, et la statistique les ignore comme époux séparés.

Dans les pays où le divorce existe, où les conjoints peuvent reprendre leur liberté et se remarier, ils ont un intérêt supérieur à aller devant les tribunaux, et il est à présumer que le plus grand nombre d'entre eux y vont; que, par conséquent, le nombre est moindre de ceux qui ne recourent pas aux juges. De sorte que lorsque je prendrai, pour points d'observation, deux pays dont l'un a le divorce et l'autre la séparation de corps, si je trouve que, dans celui où le divorce existe, il n'y a pas plus de ménages désunis que dans celui où il n'existe pas, je puis affirmer que si j'avais la somme totale des désunions à l'amiable et judiciaires, la statistique serait encore plus favorable à ma thèse qu'elle ne le paraît.

Cela étant, je n'ai guère trouvé que deux nations qu'on puisse rapprocher entre elles pour établir une comparaison aussi concluante qu'on peut le désirer : la Belgique et la France. Même langue, presque mêmes mœurs, même religion, et, j'ajoute, même législation ; car si la législation est différente dans ses effets, elle n'est pas différente dans ses causes, et les causes qui déterminent pour la Belgique, à la volonté du demandeur, la séparation ou le divorce, sont les mêmes qui, chez nous, permettent aux époux d'obtenir la séparation de corps. Les causes sont donc les mêmes ; les effets seuls sont différents.

Que donne donc la comparaison portant sur ces deux pays? Le voici, messieurs :

En Belgique, les époux ont le droit de demander ou la séparation ou le divorce, comme cela serait chez nous demain, si vous rétablissiez le titre VI du code civil. Par conséquent, pour connaître le nombre des familles désunies en Belgique, il faut faire la somme des divorces et des séparations. Les chiffres que je vais vous donner sont, en effet, la somme de tous les cas de divorce et de séparations.

En Belgique, en 1840, on constatait 17 ménages séparés sur 10,000 mariages célébrés. En France, à la même époque, il y avait 27 séparations de corps. Or de 27 à 17, c'est, à peu près, un tiers de différence. Par conséquent, en 1840, le nombre des séparations, des familles désunies, même en ne tenant pas compte des séparations amiables qui probablement forceraient le chiffre en faveur de ma thèse, était à l'avantage de la Belgique dans la proportion d'un tiers en moins que pour la France.

En 1878, en France, 91; en Belgique, 60.02; soit encore un tiers en moins pour la Belgique.

En 1879, 92, pour la France; 55, pour la Belgique; ou un peu plus d'un tiers en moins en faveur de la Belgique.

J'arrive enfin au dernier chiffre, à celui de 1881 qui est de 72 pour la Belgique et de 117 pour la France; soit encore un tiers en moins en faveur de la Belgique.

Ainsi, messieurs, en Belgique, — et vous pourrez vous reporter aux statistiques, je ne veux pas vous fatiguer avec une accumulation de chiffres, — en Belgique, depuis 1840 jusqu'à nos jours, année par année, décade par décade, la proportion reste invariablement la même.

Vous me direz peut-être que je tire des conclusions trop absolues de la comparaison entre ces deux pays, qu'il faut tenir compte de certaines différences, qu'il y a des causes variant d'une nation à l'autre, que les mœurs ne sont pas les mêmes, que la France est un composé de races plus diverses, tandis que la Belgique est un petit peuple plus condensé sur lui-même, enfin, que je ne puis pas raisonnablement comparer les habitants de Bruxelles aux habitants de Marseille.

L'objection a quelque chose de fondé, dans certaine mesure, je le reconnais; mais pour y répondre et pour la réduire à sa valeur, j'ai eu la pensée de porter mon examen sur deux portions de territoire, l'une, de la France, l'autre, de la Belgique, absolument voisines : le département du Nord et la province de la Flandre orientale. Les deux pays confinent l'un à l'autre. C'est la même race, — la race flamande — dans les deux cas, c'est-à-dire des races qui se séparent très peu et qui divorcent également très peu. Eh bien, voici les chiffres :

M. Wallon. Il aurait fallu joindre le Hainaut à la Flandre, car dans le département du Nord, vous avez, dans la partie occidentale, la race flamande et, dans la partie orientale, la race française. Par conséquent, pour avoir la statistique vraie, il aurait fallu prendre en Belgique la Flandre occidentale et le Hainaut...

M. Naquet. Monsieur Wallon, je crois que votre objection est juste, mais qu'elle tournera à mon profit, car les races françaises ayant une tendance à divorcer un peu plus que les races flamandes, il en résulterait que le Hainaut aurait peut être faussé les conséquences. Dans tous les cas, voici le résultat de mes constatations : dans le département du Nord, il y a 1 ménage désuni sur 193 ménages; dans les trois provinces de la Flandre orientale, il y a 1 ménage désuni sur 691 mariages.

Je n'insiste pas; je crois que si vous ne voulez pas me donner cet avantage d'affirmer que le divorce diminue le nombre des désunions, pour la Belgique, vous me permettrez de conclure qu'il est péremptoirement établi que la législation du divorce n'a pas pour

aussi de corrompre les mœurs et d'augmenter le nombre des familles qui se désunissent ; et j'en prends immédiatement acte, car ceci transforme de fond en comble la discussion à laquelle nous allons nous livrer.

Si la conclusion avait été différente, vous seriez en droit de m'opposer les ménages unis et le malheur de ceux que la loi aurait pour influence de désunir ; mais, dès l'instant où la loi du divorce aura pour effet de ne désunir personne ; dès l'instant où elle a une influence, elle s'exercera plutôt dans le sens de la diminution du nombre des désunions ; alors, nous n'avons plus, je le répète, à considérer les familles unies, nous n'avons plus qu'à comparer le sort des époux et des enfants dans les familles séparées de corps à celui des époux et des enfants dans les familles divorcées.

C'est cette comparaison que je vous demande la permission de faire maintenant.

Le premier argument qu'on m'a opposé a été l'intérêt de la femme. On m'a dit : vous allez sacrifier la femme ; l'indissolubilité du mariage est sa garantie suprême !

J'avoue qu'à moins que ce soit l'argument de la corruption des mœurs que je viens de réfuter, qui se produit sous une forme nouvelle, — auquel cas je n'aurais pas à y répondre l'ayant, je crois, suffisamment réfuté, je ne comprends pas l'argument.

Je suis certain que si l'on consultait la grande majorité des femmes séparées de corps, à l'exception de celles qui sont retenues par des considérations d'ordre religieux, toutes préféreraient le divorce à la séparation de corps, et encore celles qui seraient retenues par des liens d'ordre religieux, regretteraient-elles que la religion les empêchât d'user du divorce. En effet, si le divorce est nécessaire pour quelqu'un, il l'est pour la femme plus que pour l'homme.

M. Oudet. C'est évident !

M. Naquet. Et si l'on m'objecte l'intérêt de la femme, c'est uniquement parce que mes contradicteurs sentent très bien qu'on est sur un meilleur terrain, quand on attaque que quand on se défend et qu'ils préfèrent attaquer même sur le terrain où la défense est plus facile pour nous.

Je dis que c'est surtout pour la femme que le divorce est indispensable ; car, enfin, lorsqu'un homme a été engagé dans un ménage malheureux, à l'extrême rigueur, il peut se reconstituer une existence à côté de la loi. Il peut s'engager dans des unions illicites ; il peut même s'engager dans une vie d'aventures. Les salons n'auront pas à se fermer devant lui ; aucune main ne se retirera devant la sienne.

Il souffrira, certainement ; il souffrira de la situation inférieure faite aux enfants qui naîtront de cette nouvelle union. Mais lui, personnellement, il vivra, accepté partout.

Pour la femme, au contraire, supposez qu'après bien des pleurs versés, qu'après bien des sacrifices subis en silence, elle rencontre un homme qui la comprenne !

Supposez que ses sentiments naturels, longtemps comprimés, se réveillent, avec cette force de la vie qui s'impose à ceux qui croient le mieux l'avoir vaincue ! Supposez qu'elle se prenne à aimer à son tour, car nous ne sommes pas maîtres de nos sentiments, si nous sommes maîtres de nos actes. Supposez que ces sentiments débordent chez elle et que, même en restant pure, elle laisse voir le fond de son cœur, je dis que cette femme sera brisée, déshonorée, repoussée !

Elle aura commencée dans la désolation de la solitude, elle finira sa vie dans la désolation du mépris ! Voilà la situation faite à la femme par la séparation de corps, et j'ai le droit de dire que, pour la femme, plus encore que pour l'homme, quoiqu'il soit nécessaire pour les deux, le divorce s'impose comme le seul moyen de reconstituer sa vie brisée. (Très bien ! très bien ! et applaudissements à gauche.)

Ici, on m'oppose un argument invoqué, cependant pour la première fois, par un partisan du divorce, par Montesquieu, lequel était dans une certaine mesure, autorisé à l'invoquer, lui surtout, parce qu'à son époque on n'avait pas, pour se guider, la lumière qui résulte pour nous de l'expérience d'un si long temps, d'une si longue pratique du divorce dans un si grand nombre de nations où l'institution fonctionne et des statistiques accumulées. L'argument, le voici.

Les femmes divorcées ne trouveront pas à se remarier ! Messieurs, c'est de la mauvaise métaphysique sociale. L'expérience de ce qui se passe en Belgique, en Hollande, en Angleterre, en Danemark, en Allemagne, prouve, au contraire, non seulement que les femmes divorcées trouvent à se remarier, mais qu'elles se remarient beaucoup plus facilement que les jeunes filles. (Rires.)

Messieurs, ce que je dis là et ce qui a le don d'exciter les rires du Sénat, c'est un fait réel qui s'applique à la fois à l'homme et à la femme ; il tient probablement à ce que l'état de mariage est un état tellement naturel à l'homme comme à la femme, que ceux qui y ont vécu une première fois, veulent y vivre encore et bénéficier des bienfaits du mariage, qu'ils cherchent plus obstinément à se remarier, que ceux qui ne l'ont jamais été. (Nouveaux rires.)

Dans tous les cas, quelle qu'en soit la cause, les faits sont là ; les statisticiens ont étudié ce qu'on appelle la nuptialité des jeunes gens. L'honorable M. de Marcère, qui a été rapporteur à la Chambre des députés, a cité ces statistiques à la Chambre. On entend par nuptialité le nombre des jeunes gens d'un âge déterminé qui se marient dans l'année, sur cent

Ainsi, par exemple, si je prends cent célibataires, hommes ou femmes, de 25 à 30 ans, et que, sur ces cent célibataires, dans l'année, il s'en marie six — c'est un chiffre que je prends au hasard ; je n'ai pas pris de chiffres — je dirai que la nuptialité des célibataires de 25 à 30 ans est représentée par 6 pour cent. S'il s'en marie 25, je dirai qu'elle est représentée par 25 pour 100. Eh bien, les statisticiens ont établi que la nuptialité la plus faible est pour les célibataires, la plus forte, pour les veufs ; ils ont établi aussi une nuptialité intermédiaire des époux divorcés, laquelle est moins forte que pour les veufs, mais plus forte que pour les célibataires.

Voilà, messieurs, un fait qui me paraît répondre à ceux qui prétendent que les femmes ne se marieront pas quand elles auront été divorcées. Mais, d'ailleurs, je veux bien reconnaître avec vous qu'il y en aura qui ne trouveront pas à se marier ; je vous demande en quoi, dans tous les cas, le divorce, qui leur donne la faculté de secondes noces, et, avec les noces, la consolation qui naît de l'espérance, je demande, dis-je, en quoi le divorce sera inférieur à la séparation de corps et de biens, qui tue chez elle jusqu'à l'espoir. (Très bien ! très bien ! à gauche.)

Je demande même, au point de vue de la moralité, ainsi que le relevait magistralement Treilhard en 1803, si le divorce ne sera pas une meilleure sauvegarde que la séparation de corps : « Car, enfin, lorsqu'on sait qu'on peut encore aspirer au titre honorable d'époux ... — ce sont ses propres paroles que je cite — ... on se garde beaucoup mieux, beaucoup plus sûrement des écarts qui pourraient vous en rendre indigne, que lorsqu'on sait que tout espoir est définitivement perdu. » (Très bien ! très bien ! à gauche.)

Et puis, messieurs, il me semble que c'est réduire la question à un seul de ses aspects que de ne l'envisager qu'au point de vue de secondes noces.

Il y a une autre chose : le nom de jeune fille repris, la liberté reconquise, le droit pour la femme de gérer elle-même ses propres affaires, de vendre, d'acquérir, d'aliéner sans être obligé de demander soit l'autorisation de la justice qui n'intervient que sur une autorisation du misérable dont l'épouse est séparée et qui peut-être profitera de la nécessité de cette autorisation — cela se voit quelquefois, — pour en faire un instrument de chantage. (Nouvelles marques d'approbation sur les mêmes bancs.)

Je trouve que toutes ces considérations sont d'un ordre supérieur et qu'elles justifient ce que je disais tout à l'heure : que l'argument tiré de l'intérêt de la femme se retourne contre ceux qui l'objectent, et que cet argument est, au contraire, une raison des plus fortes, des plus péremptoires en faveur du rétablissement du divorce.

~~En un mot, l'argument serait vrai, que cela ne prouverait que le divorce [illegible] aux femmes qui actuellement jouissent d'un ménage uni.~~

On fait cependant ici une autre objection. On dit : Mais prenez garde, les femmes divorcées seront, pour ainsi dire, frappées d'un discrédit, d'une déconsidération.

D'abord, les femmes ne seront pas obligées de demander le divorce, elles auront le droit de demander la séparation de corps que nous maintenons, si elles préfèrent recourir à cette procédure. Remarquez que je ne parle en ce moment que des femmes qui sont demanderesses, qui sont innocentes, car celles qui sont coupables m'intéressent beaucoup moins.

Remarquez, en outre, qu'il y a des matières dans lesquelles la loi prime les mœurs. Il arrive très souvent qu'une société reconnaît qu'une réforme est juste, elle la fait, et tout en la faisant, elle conserve des mœurs qui ont une apparence hostile à cette réforme.

Ainsi, lorsqu'en 1789, l'Assemblée constituante déclarant l'égalité de tous les citoyens devant la loi, à quelque culte qu'ils appartinssent, affranchit la race juive jusqu'alors opprimée, elle ne fit pas disparaître, du premier coup, les préjugés qui existaient contre cette race, et ces préjugés ont persisté bien longtemps encore après la loi émancipatrice.

Ces préjugés s'en vont graduellement et leur disparition est, elle aussi, le résultat bienfaisant de la loi de 1789.

Lorsqu'en Amérique on a proclamé l'affranchissement des nègres et l'abolition de l'esclavage, on n'a pas fait disparaître, du coup, l'inégalité et les préjugés qui séparent les deux races ; mais ces préjugés s'atténuent chaque année sous l'influence des bienfaits de la loi d'émancipation.

Il en sera de même de la loi que vous allez faire portant rétablissement du divorce. Soyez bien persuadé que, sauf dans un certain monde très limité, plus limité que vous ne pensez, la femme divorcée sera vue partout comme la femme séparée de corps et que la considération personnelle ne lui sera point arrachée par une décision judiciaire où son honneur aura reçu une éclatante démonstration.

Et pour vous donner une preuve que l'objection ne porte pas très loin, je vous demanderai la permission de vous lire quelques passages d'une lettre très remarquable qui a été adressée à notre honorable collègue M. Casot par le procureur général de l'île Maurice et qu'il a bien voulu me communiquer.

L'île Maurice, vous le savez, a une population française et catholique; mais comme elle est sous la domination anglaise, elle a conservé la loi du divorce et elle l'a même élargie depuis 1803.

Voici ce passage :

« L'institution du divorce est tellement passée dans les mœurs par la pratique qui en a été faite, que les femmes divorcées à leur requête restent respectables aux yeux de la société. J'en connais qui sont du meilleur monde et qui sont admises dans les sociétés les plus honorées; il y en a qui ont eu des enfants du mariage dissous; elles ont le droit, en vertu de l'article 302 du code civil, d'en avoir la garde, et elles les ont élevés très honorablement. J'en connais, enfin, qui se sont remariées avec avantage. »

Cette lettre est une réponse tout à fait péremptoire à cette idée que la femme divorcée ne trouverait jamais à se remarier, qu'on ne consentirait pas à la recevoir dans les sociétés honorables...

Voix nombreuses. Reposez-vous! reposez-vous!

M. Naquet. Si le Sénat veut bien y consentir, je lui demanderai volontiers une suspension de séance. (Très bien! très bien! Applaudissements à gauche. L'orateur est félicité en descendant de la tribune par plusieurs de ses collègues.)

M. le président. La séance est suspendue pour un quart d'heure.

(La séance, suspendue à quatre heures quarante minutes, est reprise à cinq heures.)

M. le président. M. Naquet a la parole, pour continuer son discours.

M. Naquet. Messieurs, je me suis efforcé jusqu'ici d'établir, premièrement, que le divorce introduit à nouveau dans nos lois n'aurait pas pour conséquence d'augmenter le nombre des familles qui se désunissent.

Je crois que cette démonstration une fois faite, je n'aurai pas beaucoup de peine à établir que, cela étant, l'intérêt de la femme est dans le divorce et non pas, comme certaines personnes l'ont prétendu, dans l'indissolubilité du mariage.

Il en sera de même, je l'espère, pour ce qui concerne la grosse question des enfants sur laquelle je tiens à insister davantage, parce que c'est peut-être cette considération des enfants qui obscurcit le plus, à mon sens, les intelligences sur la question du divorce et qui lui crée le plus d'adversaires.

Mais ici, messieurs, je tiens à poser de nouveau en principe que c'est toujours l'argument de la corruption des mœurs qui revient sous une autre forme.

On nous montre un enfant aimé, choyé entre un père et une mère profondément unis, puis on nous fait le tableau d'un enfant livré à toutes les aventures, à toutes les tristesses qui résultent pour lui de la séparation de ses parents, et on n'a pas de peine à établir que la situation du premier est de beaucoup plus heureuse que la situation du second.

Il est clair que si la question se posait entre les enfants d'une famille unie et ceux d'une famille divorcée, nous serions tous d'accord, et que personne ne demanderait le divorce. Mais elle se pose autrement, puisque le nombre des familles désunies ne sera pas augmenté par le divorce, et — c'est là un point que je considère comme acquis à la discussion à moins qu'on ne me démontre le contraire, — la question se pose entre les familles divorcées et des familles des époux séparés de corps et de biens. Il ne s'agit pas de savoir si un enfant dans une famille unie est plus heureux qu'un enfant dont les parents sont divorcés; sur ce point, je le répète, nous sommes tous d'accord : il s'agit de savoir si lorsque les parents sont séparés de corps, cela vaut mieux ou pis pour les enfants que si ces parents étaient divorcés.

La question étant ainsi posée sur ce que crois être son vrai terrain, je pense qu'il sera assez facile de la résoudre. Mais, d'abord, permettez-moi de faire deux remarques préjudicielles :

S'il était établi, par hypothèse, — je crois que c'est l'inverse qui sera démontré — mais enfin s'il était établi que les enfants ont plus d'intérêt à la séparation de corps qu'au divorce, et que cet intérêt fût assez considérable pour vous faire hésiter dans le vote que vous allez avoir à émettre, la seule conclusion que vous seriez en droit d'en tirer, c'est qu'il vous faudrait voter la proposition de la commission, c'est-à-dire le projet de l'honorable M. Eymard-Duvernay; mais que vous devriez au moins accorder le divorce aux époux qui n'ont pas d'enfants, puisque, dans l'hypothèse admise, c'est l'intérêt des enfants qui seul vous empêcherait de l'accorder à tout le monde.

La seconde remarque préjudicielle que je tiens à faire, c'est que si les enfants ont des droits, les parents en ont aussi, et que, quand même il serait établi que les enfants ont un peu plus d'intérêt à la séparation de corps qu'au divorce, ce ne serait pas une raison absolue pour interdire le divorce aux parents, d'autant qu'il n'y a pas entre les enfants et les parents d'antagonisme comme celui qui pourrait exister entre des personnalités, entre des catégories d'individus différentes.

Les enfants et les parents, ce sont les mêmes individus considérés à différents âges, à différents moments de leur existence; et, si, sous prétexte de protéger les enfants pendant deux, trois, quatre ou cinq ans, pendant les premières années de leur jeunesse, vous les opprimiez pendant tout le reste de leur vie, ils auraient peut-être un jour le droit de protester contre la singulière protection que vous leur auriez accordée.

Ce sont là, d'ailleurs, comme je l'ai dit, des remarques purement préjudicielles, que je fais pour ceux de mes auditeurs qui ne seraient pas convaincus par ce qui me reste à dire sur ce point. Pour mon compte, en effet, j'estime que l'intérêt des enfants et celui des parents, loin de développer leurs conséquences dans deux séries opposées et contradictoires, les développent, au contraire, dans une seule et même série, et que le divorce, qui est meilleur, ou moins mauvais que la séparation de corps pour les époux, est également moins mauvais pour les enfants.

Messieurs, la question de la situation des enfants dans le divorce et dans la séparation de corps peut être examinée au point de vue légal, au point de vue social, au point de vue moral, et au point de vue de ce que j'appellerai l'intérêt matériel.

Au point de vue légal, les enfants, je puis le dire, sont désintéressés dans la question; leur situation dans le ménage divorcé sera absolument la même que dans un ménage séparé de corps.

Actuellement, comment est réglée la situation des enfants quand un ménage se divise par la séparation? Elle est réglée par les articles 302 et 303 du code civil. Que disent ces articles?

Ils disent que la garde des enfants sera confiée à celui des parents qui aura obtenu en sa faveur le jugement de séparation de corps, à moins que, pour le plus grand avantage des enfants, les tribunaux n'accordent cette garde à l'autre époux, ou ne la partagent entre les deux époux, ou même ne l'attribuent à une tierce personne, si les deux époux sont indignes.

En d'autres termes, c'est l'omnipotence absolue des tribunaux, qui jugent quel est le plus grand avantage des enfants et décident à quelle personne ils doivent être confiés.

Ces mêmes articles disent que les deux parents, aussi bien celui qui a la garde des enfants que celui qui ne l'a pas, sont tenus de subvenir, proportionnellement à leurs moyens, aux frais d'entretien et d'éducation de leurs enfants.

Et, enfin, l'article 303 porte que l'époux qui n'a pas la garde des enfants — et, sur ce point, messieurs, j'appelle toute votre attention, car j'aurai à y revenir tout à l'heure, — conserve néanmoins un droit de surveillance sur la gestion de l'autre époux; de telle façon que si celui qui a obtenu de la confiance des tribunaux la garde de ses enfants se montre indigne de cette confiance, l'autre époux peut faire réviser le jugement. Voilà la situation légale faite aux enfants dont les parents sont séparés de corps et de biens.

Eh bien, mettez le mot divorce à la place du mot séparation de corps, et la situation restera identiquement la même. Les tribunaux décideront à qui sera confiée la garde des enfants; les deux époux seront tenus, proportionnellement à leur fortune, de participer aux frais d'entretien et d'éducation des enfants; et celui des deux qui n'en aura pas la garde, continuera cependant à exercer le droit de surveillance.

Je dirai même, messieurs, que nous ne sommes pas obligés de mettre le mot divorce à la place de celui de séparation; le mot de divorce se trouve dans les textes que je viens de rappeler.

En effet, la loi que nous appliquons aujourd'hui à la séparation de corps avait été votée en vue du divorce, et, lorsqu'en 1816 le divorce a été aboli, on s'est borné, purement et simplement, à décider que tous les principes qui, antérieurement, étaient applicables au divorce, seraient désormais appliqués à la séparation de corps; si bien que M. Léon Renault a pu dire, à la Chambre des députés :

« Le divorce est resté dans le monument de nos lois comme une statue momentanément voilée, mais debout à la place où elle avait été originairement élevée, et qu'il est toujours facile de découvrir et de mettre en lumière. »

On m'a dit quelquefois que la naissance d'enfants d'un second lit, lorsqu'il y aurait mariage après divorce, pourrait rendre difficile le partage des successions. Je ne crois pas, messieurs, devoir m'étendre longuement sur cette objection : le partage d'une succession est un fait purement mathématique. Il est toujours facile pour les enfants de diviser par leur nombre le chiffre de la succession paternelle ou maternelle.

Je ne crois pas qu'il se présente de difficultés de cette nature, en cas de secondes noces ayant succédé au veuvage ; et il n'y a pas de raisons pour qu'il en survienne davantage lorsque ces secondes noces auront lieu à la suite de divorce. Donc, au point de vue légal, il est incontestable qu'il n'y a aucune espèce de différence.

Maintenant, messieurs, plaçons-nous au point de vue social. Les secondes noces seront possibles : c'est en cela qu'au point de vue social la différence apparaîtra. Dans le cas de séparation de corps, en effet, les parents ne peuvent pas se remarier ; dans le cas de divorce, au contraire, ils le pourront. Voilà en quoi les enfants auront une situation différente dans les deux cas.

Je vais m'efforcer, messieurs, de démontrer que la situation est tout à l'avantage des enfants dans le divorce ; mais, auparavant, vous voudrez bien me permettre de vous soumettre quelques citations émanant d'hommes qui ont pu apporter, dans la discussion de cette question, plus d'autorité que moi, citations qui me paraissent devoir jeter un très grand jour sur cette question même ; car en vérité, après ces autorités évoquées, je crois qu'à la rigueur je pourrais m'arrêter, sans entrer dans plus de développements.

Je ne le ferai pas, messieurs, je défendrai ma thèse jusqu'au bout, mais l'invocation de ces autorités me sera d'un précieux secours.

La première est celle d'un grand jurisconsulte, dont on pourra répudier la doctrine, mais dont personne ne contestera le talent : c'est Treilhard.

A cette question : Que deviendront les enfants des époux divorcés ? il répondait :

« Que deviennent-ils après la séparation ? — Sans doute le divorce ou la séparation des parents forme, dans la vie des enfants, une époque bien funeste ; mais ce n'est pas l'acte de divorce ou de séparation qui fait le mal ; c'est le tableau hideux de la guerre intestine qui a rendu cet acte nécessaire.

Au moins les époux divorcés auront encore le droit d'inspirer pour leur personne un respect et des sentiments qu'un nouveau nœud pourra légitimer ; ils ne perdront pas l'espoir d'effacer par le tableau d'une union plus heureuse les fatales impressions de leur union première, et, n'étant pas forcés de renoncer au titre honorable d'époux, ils se préserveront avec soin de tout écart qui pourrait les en rendre indignes.

« C'est peut-être ce qui peut arriver de plus heureux pour les enfants ; l'affection des pères se soutiendra bien plus sûrement dans la sainteté d'un nœud légitime que dans les désordres d'une réunion illicite, auxquels il est si difficile d'échapper quand on n'a plus droit de prétendre aux honneurs du mariage.

« Mais dit-on, les lois ont toujours regardé d'un œil défavorable les secondes noces ; je n'examinerai pas si cette défaveur est fondée sur des raisons sans réplique, ou si, au contraire, dans une foule d'occasions, un second mariage ne fut pas pour les enfants un grand acte de tendresse ; j'observe seulement qu'il ne s'agit point ici d'une épouse à qui la mort a ravi son protecteur et son ami, et dont le cœur, plein de ses premiers sentiments, répugne avec amertume à toute idée d'une affection nouvelle.

« Il s'agit d'époux dont les discordes ont éclaté, dont tous les souvenirs sont amers, qui éprouvant le besoin de fuir, pour ainsi dire, leur vie passée, et de se créer une nouvelle existence, se précipiteront trop souvent dans le vice si les affections légitimes leurs sont interdites.

« Le véritable intérêt des enfants est de voir les auteurs de leurs jours heureux, dignes d'estime et de respect, et non pas de les trouver isolés, tristes, éprouvant un vide insupportable, ou comblant ce vide par des jouissances qui ne sont jamais sans amertume parce qu'elles ne sont jamais sans remords. » (Très bien ! très bien ! à gauche.)

M. Léon Renault exprimait à peu près les mêmes idées dans son rapport du 15 janvier 1880.

« Certes, disait-il, c'est un grand mal pour les consciences encore incertaines, pour les petits êtres dont le développement physique, intellectuel et moral a besoin d'une atmosphère si pure d'ordre, de régularité et de tendresse, que la guerre intestine dans la famille, qu'elle aboutisse à la séparation ou au divorce. Mais comment prétendre que le terme mis à ces discordes par le divorce puisse leur être plus préjudiciable que l'incomplète suspension d'hostilités qui résulte de la séparation de corps ?

« Le divorce, allègue-t-on, éloignera des enfants leurs parents qui s'engageront dans les liens de nouvelles affections, et qui fonderont en dehors d'eux des familles au foyer desquelles ils ne pourront grandir qu'à l'état d'étrangers.

« La nature humaine proteste contre une telle assertion. L'homme ou la femme remariés ne se détachent pas des enfants du premier lit. Pourquoi ce qui est vrai, incontestablement vrai, en cas de dissolution du premier mariage par le décès d'un des conjoints, cesserait-il d'être exact, au cas de divorce ?

« Il faut aller plus loin et reconnaître que le second mariage de celui des époux divorcés auquel la garde des enfants communs aura été remise, loin de nuire à ceux-ci, leur sera souvent profitable. On a remarqué, en effet, et non sans raison, qu'il fallait un homme et une femme pour bien élever un enfant, et que l'influence virile ou fémine isolée était insuffisante pour l'œuvre d'éducation.

« Mais ne sera-ce pas pour les enfants, nous disent les adversaires du divorce, un supplice intolérable que la vue de leur mère dans les bras d'un homme qui est pour eux un étranger, de leur père traitant en épouse une femme à laquelle aucun lien ne les rattache? Il est trop aisé de répondre à un tel argument en faisant appel à la réalité et en montrant que la séparation de corps conduit trop souvent les époux à l'adultère et fait ainsi des enfants les témoins et les juges des fautes de leurs parents.

« En vain objecterait-on que les seconds mariages créent un état public, tandis que les époux séparés, qui se laissent entraîner dans la dissipation et les désordres, s'appliquent à cacher leurs défaillances aux yeux de leurs fils ou de leurs filles. Nous demanderons si de tels voiles ne sont pas bientôt soulevés par l'inquiète curiosité de ceux-ci, les révélations qu'apportent la médisance et les effets du hasard.

« D'ailleurs, dans cette comparaison des effets du divorce et de la séparation de corps, ne convient-il pas de s'attacher surtout aux faits qui se produisent dans ces classes populaires, de beaucoup les plus nombreuses, où l'homme a besoin d'une femme pour subvenir aux nécessités quotidiennes de son humble ménage, et la femme d'un homme pour l'assister, la protéger, l'aider à vivre matériellement?

« N'est-il pas incontestable qu'au sein de ces foules laborieuses, l'interdiction légale d'une nouvelle union légitime amène trop souvent les époux séparés à vivre dans un concubinat auquel il leur est bien difficile d'échapper? Ce concubinat n'est-il pas forcément public, connu de tous, et, en premier lieu, des enfants? Et qui oserait soutenir que les cœurs et les consciences de ces petits êtres n'ont pas plus à souffrir du spectacle de ces liaisons illicites que de la sainteté de nouvelles unions légitimes? »

Et M. de Marcère, dans son rapport de 1882, traite aussi magistralement cette question :

« Pour les enfants, comment choisir entre la séparation et le divorce? Que est là subtilité d'un moraliste à discerner les nuances, à analyser les passions et les sentiments, à énumérer les événements divers qui viennent se jeter à la traverse de la vie à peine commencée de ces malheureux, innocents des erreurs ou des fautes de leurs parents, et qui, dans ces conjectures comme dans bien d'autres, sont exposés à subir des fatalités qui pèsent sur tant d'existences? Parents séparés, parents divorcés, qu'importe?

« Le foyer domestique est dispersé: la tutelle prévoyante et douce que la nature leur avait ménagée n'existe plus, leur tendresse est disputée, leur cœur est déchiré par les tiraillements au milieu desquels l'amour filial, la confiance, le respect même pourront sombrer.

« Qui peut dire ce qui est préférable pour eux de trouver auprès du père ou de la mère remariés une famille nouvelle où ils rencontreront presque toujours les soins dont ils ont besoin, ou de suivre la destinée de l'un des époux séparés, privés qu'ils seront alors des joies et de la protection qu'assure seule la famille complète, exposés à s'associer à des sentiments dont la nature leur fait un devoir de se défendre?

« Certes, le sort des enfants est déplorable, et le législateur, soit qu'il adopte le divorce, soit qu'il s'en tienne à la séparation de corps, ne peut que les plaindre; mais entre ces deux procédés de rupture, il n'y a pas pour eux de préférence, car, dans tous les cas, leur sort est pareil. Encore des moralistes en grand nombre préfèrent-ils pour eux la situation d'enfants d'époux divorcés.

« En effet, il est plus sain pour le cœur et pour l'esprit de l'enfant de vivre dans une famille dont la situation est nette et franchement acceptée, que de se trouver dans un milieu où tout est faux, embarrassé et louche, depuis le prétendu état de mariage de père et mère, lesquels vivent chacun de leur côté, on ne sait comment, jusqu'aux rapports qui lient encore toutes ces personnes, et dans lequel il ne saurait y avoir rien de vrai ni de sincère, si ce n'est peut-être le mépris et la haine.

« La compassion générale qu'inspirent les enfants ne peut donc être une raison de se décider. Qui ne voit d'ailleurs que cette raison, si elle avait une valeur décisive, s'appliquerait avec une force presque égale aux cas de veuvage, et ne tendrait à rien moins qu'à prohiber même les seconds mariages dans l'intérêt des enfants? »

Il est difficile de mieux dire et de réfuter plus complètement l'objection tirée de l'intérêt des enfants contre le divorce. Je veux cependant m'efforcer d'analyser, plus encore l'idée qui domine ces citations, d'entrer plus entièrement dans le détail.

Je viens de vous exposer plus haut la différence sociale qui apparaît entre la situation de divorce et la situation de séparation de corps en ce qui concerne les enfants; elle se résume, en ceci, qu'après le divorce, les époux peuvent se remarier et qu'alors les enfants sont mêlés à une nouvelle famille; que par la séparation de corps les époux ne peuvent pas se remarier, les secondes noces n'existant pas. Les adversaires du divorce redoutent que, dans le cas de secondes noces, un nouveau venu, homme ou femme, ne s'introduise dans la famille à côté de celui des parents primitifs qui avaient la garde des enfants, que l'existence d'enfants d'un second lit n'influence les parents des enfants du premier lit à l'avantage des enfants du second et au désavantage des enfants du premier; il en résulterait des sacrifices et des souffrances pour les enfants du premier lit. Ce qu'on voudrait, en d'autres termes, ce serait d'éviter l'intervention de ce qu'on appelle un parâtre ou une marâtre, qui entraînerait pour les enfants du second lit des préférences dont ceux du premier vont à souffrir.

Voilà l'argumentation. Je ne crois pas qu'elle soit bien fondée, je ne lui crois pas une très grande valeur, et je vous demande la permission de dire pourquoi. De deux choses l'une : ou les époux divorcés se remarient ou ils ne se remarient pas. S'ils ne se remarient pas, la situation sera exactement la même. Prenons le cas où ils se remarient.

Ici, il y a lieu de faire une double division : ou les époux sont riches ou tout au moins appartiennent aux classes aisées, ou ils appartiennent aux classes pauvres et laborieuses. Puis la deuxième subdivision est celle-ci : ou la garde des enfants a été confiée à l'homme, ou elle a été confiée à la femme.

Examinons cette quadruple hypothèse.

L'homme est aisé et c'est à l'homme que la garde des enfants a été confiée. Eh bien, l'homme a une vie extérieure : avocat, il est au barreau; législateur, il est à la Chambre des députés ou au Sénat; médecin, il est auprès de ses malades; en un mot, il est à son travail, il gagne la vie de sa famille, il n'est pas dans sa maison, à l'exception des oisifs dont nous n'avons pas à chercher à accroître le nombre. Mais alors, s'il est hors de sa famille et s'il n'y a pas de femme chez lui, qui surveillera ses enfants pendant son absence?

S'il est riche ou aisé, il prendra une gouvernante pour surveiller ses enfants. Il lui arrivera très souvent de trouver ainsi une personne parfaitement honorable qui s'acquittera très bien de la tâche qui lui sera confiée. Mais je prétends qu'une gouvernante, qu'une femme à gage ne présente pas au point de vue des enfants, la même garantie qu'une nouvelle épouse, qu'une belle-mère qu'on a choisie avec le soin qu'on apporte au choix d'une femme dont on va partager la vie et qui a assumé devant la société des responsabilités légales et morales.

J'ajoute que, pour peu que la gouvernante ne soit pas tellement repoussante, qu'elle éloigne tout soupçon, et, encore, bien qu'elle soit parfaitement honnête, des suspicions fâcheuses ne tarderont pas à se produire dans la société, j'en ai vu plus d'un exemple. Ces suspicions fâcheuses rejailliront défavorablement sur les enfants ; elles les isoleront, et, si ce sont des filles surtout, elles pourront nuire à leur établissement futur.

De ce chef donc, j'estime qu'une nouvelle femme légitime introduite dans le ménage, même dans ce cas, qui est un des plus favorables, d'une famille aisée, qui peut se donner le luxe d'une gouvernante vaut mieux que les soins donnés aux enfants par une personne étrangère, par une personne à gages.

Si c'est la femme qui est aisée, qui est riche, la situation est peut être meilleure, car la femme ne sera pas appelée à une vie extérieure et elle pourra elle-même surveiller l'éducation de ses enfants. Mais j'estime que même, dans ce cas, une influence virile est nécessaire, j'estime que, pour une bonne éducation des enfants, il faut l'action combinée d'un homme et d'une femme, que là où la vraie famille, la famille des parents réels a été brisée par un misérable qui a amené sa femme à demander et à obtenir la séparation de corps ou le divorce, il vaut encore mieux qu'un honnête homme, qui remplira les charges qu'aurait dû remplir ce père indigne, soit dans la famille, plutôt que de laisser les enfants à la femme seule.

Car la femme, surtout lorsqu'elle est seule et abandonnée, aime ses enfants avec une tendresse passionnée, exclusive, violente. Elle ne sait ni les punir à propos, ni maintenir les punitions qu'elle leur a infligées : l'éducation des enfants souffre souvent de cet état de choses.

Au contraire, lorsque la femme est remariée, lorsque tous ses instincts de femme sont satisfaits, son affection pour ses enfants n'est pas diminuée, mais elle devient moins exclusive et moins excessive; sa tendresse ne diminue pas en quantité, mais elle est plus calme et plus réfléchie, et les enfants en bénéficient.

Que de fois n'ai-je pas vu, pour ma part, dans ces secondes noces qui se sont produites après le veuvage, les enfants en éprouver le plus grand bien !

Si, au lieu de nous adresser aux classes aisées ou riches, nous nous adressons aux classes laborieuses, la situation est plus favorable encore au divorce, car ici la femme, aussi bien que l'homme, sera obligée d'avoir une vie extérieure.

L'homme sera peut-être condamné à faire une pension à sa femme, si la femme a la garde des enfants. Mais comme l'homme n'a rien, la loi sera impuissante à lui assurer des moyens d'existence. Alors, ce sera la femme qui sera obligée de gagner la vie de sa famille, et d'aller à l'usine absolument comme y serait allé son mari.

Mais comme ni la femme ni l'homme ne pourrait se donner le luxe d'une femme à gages, pour surveiller les enfants, il n'y aura qu'une alternative dont les deux termes seront les suivants : ou l'homme prendra une concubine, ou la femme introduira un amant dans le ménage à côté de l'enfant ; ou bien, les enfants seront abandonnés dans la rue, à tous les mauvais exemples, à tous les entraînements, qui conduiront peut-être, un jour, devant les tribunaux correctionnels ou devant la cour d'assises tel hameau qui, s'il eût été surveillé par une honnête femme, encore qu'elle ne fût pas sa mère, eût fait un bon citoyen et un homme utile. Ceci me permet de répondre, en passant, à une objection qu'on m'a quelquefois présentée. On m'a dit :

Vous allez faire une loi toute aristocratique, elle ne profitera qu'aux classes élevées, et il est vraiment incompréhensible que des assemblées aussi démocratiques que les vôtres se préoccupent de cette loi du divorce qui était bien placée dans les Chambres censitaires de 1831 ; mais qui est mal à sa place dans des assemblées d'essence populaire.

Il y a là, messieurs, une erreur profonde. La situation d'époux séparés est mauvaise pour les époux, pour les enfants des riches comme pour les enfants des pauvres. Mais il faut bien reconnaître que la fortune atténue tout ; et la situation est encore plus mauvaise pour les enfants des pauvres que pour les enfants des riches.

Lorsqu'un homme riche fait, pour ainsi dire, la solitude qui résulte pour lui de la séparation de corps, dans des unions illicites, au moins a-t-il un double foyer ; et, s'il arrive quelquefois, comme le disait l'honorable M. Léon Renault, que la curiosité inquiète des enfants finisse par découvrir ce mystère, au moins l'immoralité ne se découvre pas à leurs yeux ; tandis que pour le pauvre, qui n'a pas le moyen d'avoir un double foyer, une gouvernante, c'est le concubinage direct, avoué ; c'est le concubinage placé sous les yeux des enfants et apportant la démoralisation dans la famille.

Vous avez craint d'introduire un beau-père, vous avez craint d'introduire une belle-mère dans le ménage, il s'y sont introduits malgré vous, mais, sous une forme illégale, et sans aucune des garanties que vous auriez été en droit d'attendre d'un ménage régulier. (Vive approbation à gauche).

Puis, messieurs, il y a un autre côté de la question, un côté moral. C'est une loi bien humaine que l'homme qui souffre haïsse la personne par qui il souffre, et qu'il soit porté à se venger de la personne qu'il hait. Or, les époux séparés souffrent l'un par l'autre, et, souffrant l'un par l'autre, ils se haïssent réciproquement et cherchent à se venger l'un de l'autre.

Pour cette œuvre abominable, ils n'ont qu'un instrument, leurs enfants, et ces enfants ils les font servir à cette œuvre impie. Quand le père est seul avec l'enfant, il calomnie et vilipende la mère ; quand c'est la mère qui est seule avec l'enfant, c'est elle qui calomnie le père.

L'enfant finit par ne plus savoir à qui entendre ; il finit par croire l'un et l'autre, d'autant plus facilement que M. Legouvé prétend que les quatre cinquièmes des ménages séparés s'organisent en ménages irréguliers.

Alors les enfants perdent le respect de leurs père et mère, respect en dehors duquel il n'y a plus pour l'enfant aucune espèce de moralité possible.

Mais, messieurs, il y a un fait qui me frappe et qui, ce me semble, doit frapper toutes les personnes qui réfléchissent à ce grave débat : c'est que, pour être logique, si, en effet, les secondes noces étaient un mal pour les enfants, il faudrait les interdire aux veufs.

Car de deux choses l'une : ou les secondes noces sont nuisibles pour les enfants, et alors les enfants des veufs sont aussi dignes d'intérêt que les enfants des époux divorcés ; ou les secondes noces ne sont pas nuisibles pour les enfants et alors elles n'offrent pas plus d'inconvénient pour les époux divorcés que pour les veufs.

Certainement, personne d'entre vous ne demande le retour au veuvage perpétuel, aux lois védiques. Je vous demande, alors, d'être logique et de réinscrire le divorce dans nos codes. Je vous le demande d'autant mieux, que s'il y avait, je ne dirai pas une bonne raison — il ne saurait y en avoir ni dans un cas ni dans l'autre — mais s'il y avait l'ombre d'un motif pour interdire les secondes noces à quelqu'un, je prétends, dût ceci être traité de paradoxe, que c'est aux veufs et non aux époux séparés qu'il faudrait les interdire.

La raison en est simple. Lorsqu'un homme meurt qui, pendant toute sa vie, a rempli ses devoirs de père et d'époux, il laisse dans le cœur de ses enfants des sentiments ineffaçbles. Le jour où l'enfant voit s'asseoir au foyer domestique, à la place de ce père qui n'est plus un étranger, quelque honnête, quelque dévoué que cet étranger puisse être, il se produit dans le cœur de l'enfant un déchirement profond ; et, à la rigueur, j'aurais compris que le législateur, pour garantir l'enfant contre cette souffrance, dit au veuf : Tu ne te remarieras pas.

Il aurait eu tort assurément de le faire, car il aurait subordonné des considérations supérieures et importantes à des considérations d'ordre inférieur, d'ordre purement sentimental.

Mais tout autre est la situation dans le cas de divorce. Lorsqu'un homme ne comprend ni ses devoirs de père, ni ses devoirs d'époux, qu'il les a méconnus, qu'il a martyrisé sa femme et ses enfants, et qu'en raison de son inconduite, les tribunaux ont dû lui enlever ses enfants, lui retirer, pour ainsi dire, son titre d'époux, en brisant l'union qu'il avait déconsidérée, oh ! alors, il ne reste, dans le cœur de l'enfant pour ce père, ainsi éloigné de lui, que des sentiments amers.

Et s'il voit s'asseoir au foyer domestique un étranger qui, lui, saura remplir envers ce même enfant les charges auxquelles son propre père s'est soustrait, au lieu du sentiment de déchirement dont je parlais tout à l'heure, il ne se produira dans le cœur de l'enfant qu'un sentiment de quiétude et de repos.

J'ajoute, et ici je vous prie de me laisser revenir encore sur un point que j'ai déjà traité, j'ajoute que l'enfant du veuf est dans une situation moins favorable que celle de l'enfant du divorcé qui se remarie.

Pourquoi ? Parce qu'il lui manque la garantie inscrite dans l'article 303 du code civil, article qui détermine que l'époux séparé ou divorcé, qui n'a pas la garde de son enfant, conserve cependant le droit de surveillance sur la manière dont se conduit l'autre époux, celui auquel la garde de l'enfant ou des enfants reste dévolue.

Je suppose que le fait qu'on redoute se produise. Voilà un époux qui est séparé de corps. Il a la garde de son enfant. Il se remarie avec une mégère qui fait souffrir son enfant.

Lui-même subit l'influence de cette femme et il sacrifie les enfants du premier lit à ceux du second. Mais alors, l'autre époux, celui qui n'a pas obtenu la garde des enfants, mais qui a conservé son droit de surveillance, est là ; il s'adresse aux tribunaux, fait reviser le jugement et retirer à l'époux qui s'en montre indigne la garde de ses enfants.

Mais, dans le cas de veuvage, il n'y a pas eu de tribunal qui a prononcé la séparation ou le divorce ; c'est la nature qui l'a prononcé, l'époux qui n'a pas la garde des enfants, c'est celui qui est décédé ; il n'est plus là pour exercer ce droit de surveillance et de sauvegarde ; si, par conséquent, l'époux remarié devient indigne de cette garde que lui a confiée non pas un tribunal, mais la nature, personne n'est là pour protester pour faire reviser le jugement de la nature : l'enfant est absolument abandonné !

Vous voyez donc, messieurs, que l'enfant du divorce a plus de garanties, je le répète, que l'enfant du veuf, et que, dès lors, s'il y a quelques raisons, et je crois qu'il y en a de très bonnes, pour permettre aux veufs de se remarier, il y en a plus encore pour permettre aux époux divorcés de le faire. (Très bien ! sur divers bancs à gauche.)

Plusieurs sénateurs. A demain !

M. Naquet. Une minute encore.

Je me suis demandé si le nombre des veufs qui ont des enfants et qui sont en voie de se remarier est plus ou moins considérable que le nombre des divorcés ayant enfants et qui seraient en état de se remarier au cas où, demain, vous remplaceriez la séparation de corps par le divorce.

Vous concevez tout de suite que les chiffres que nous allons trouver ici ont une importance considérable. Il est clair que si le nombre des veufs, ayant enfants et en âge de se remarier, est extrêmement faible relativement au nombre des divorcés qui pourraient se trouver dans ce cas-là, vous serez en droit de redouter pour les divorcés ce que vous ne redoutez pas pour les veufs. Mais, si, au contraire, le nombre des veufs était extrêmement considérable par rapport aux divorcés, oh ! alors il serait bien singulier que vous considériez comme destructeur de tout ordre social dans le petit nombre des cas ce que vous considérez comme sans danger, sans inconvénient dans le plus grand nombre.

L'âge des veufs n'est pas donné par les statistiques ; par conséquent, il y avait quelque difficulté pour établir une déduction précise. Mais si l'âge des veufs n'est pas donné, l'âge des défunts est enregistré dans les statistiques, et celles-ci donnent le nombre des personnes qui deviennent veuves par la mort d'un conjoint dont l'âge est compris entre 15 et 50 ans.

Cet âge étant à peu près celui où s'opèrent les divorces, tous ces veufs sont, au point de vue d'un second mariage, dans des conditions identiques à celles dans lesquelles seraient des époux divorcés.

Il y a toutefois cette différence que la moitié des époux divorcés n'ont pas d'enfants ; les statistiques le démontrent ; tandis que les ménages stériles étant de beaucoup l'exception, la presque totalité des veufs ont des enfants.

Eh bien, le nombre des veufs dont le conjoint est mort entre 15 et 50 ans pour l'année 1876, — je n'ai pas les années suivantes, mais comme la mort fait son œuvre d'une manière uniforme à peu près toutes les années, que ce soit l'année 1876 ou une autre, peu importe.

Le chiffre de 1876 était ~~le suivant :~~ 117,959, en moyenne, par conséquent, 118,000 veufs dont le conjoint était mort entre 15 et 50 ans.

Tout à l'heure, l'honorable garde des sceaux confirmait le chiffre que je vous avais donné : 2,800. C'est, depuis plusieurs années, la moyenne des séparations de corps et de bien, c'est-à-dire 5,700 époux séparés ; mais, comme la moitié de ces 5,600 époux, c'est-à-dire environ 3,300 n'ont pas d'enfants, c'est donc environ 3,300 époux avec enfants qui, de par la loi du divorce, seraient en état de contracter de nouvelles noces, mais qui ne peuvent le faire avec la loi qui nous régit actuellement.

Le nombre des veufs qui sont dans le même cas étant de 118,000, si vous divisez ce chiffre par 3,000, vous tombez sur 39 et une fraction.

Vous voyez donc que 39 fois vous permettez ce que vous prohibez la quarantième ; 39 fois vous considérez qu'il n'y a aucune sorte de danger ou d'inconvénient à ce que des époux qui ont des enfants d'un premier lit se remarient, constituent un second ménage et aient des enfants d'un second lit.

Mais vous considérez, en même temps, que si vous aviez le malheur de permettre une quarantième fois ce que vous permettez trente-neuf fois, en laissant les époux divorcés reconstituer un nouveau ménage, alors la société serait menacée, la famille serait dissoute et on ne sait quels malheurs s'abattraient sur notre société. (Très bien ! très bien ! et rires approbatifs à gauche.)

Il me semble que ces chiffres sont concluants et qu'à côté des arguments d'ordre théorique, que je faisais valoir avant de vous les donner, ils tendent à confirmer que la situation des enfants n'est pas plus mauvaise dans les ménages divorcés qu'elle ne l'est dans les ménages séparés, et que même à bien des points de vue que je vous signalais tout à l'heure, elle est supérieure.

Mais jusqu'ici je n'ai parlé que des enfants qui sont nés des époux séparés de corps ou divorcés pendant la durée de leur union première. Malheureusement, il arrive trop souvent que sous le régime de la séparation de corps, les époux séparés s'organisent en ménage adultérin après leur séparation, et qu'il en naît de nouveaux enfants de ces unions adultérines.

J'espère que personne dans le Sénat ne me répondra à propos de ces enfants, ce qu'un de mes collègues d'alors, qui d'ailleurs ne signa pas son interruption, me répondait en 1876 à la Chambre des députés : « Ces enfants-là ne sont pas intéressants ! »

Ces enfants sont intéressants au même titre que les autres, car ce que vous protégez dans les enfants, c'est la faiblesse, et les enfants adultérins, en aucun cas, ne peuvent être responsables d'actes qui ne sont pas les leurs, — car le principe fondamental de notre droit, c'est que les responsabilités sont personnelles comme les fautes.

Ces enfants-là, messieurs, sont intéressants comme les autres. Ils sont aussi faibles que les autres, car ils n'ont pas de famille ; car ils n'ont pas de nom ; car ils n'ont droit qu'à des aliments. (Approbation à gauche.)

Si ces enfants étaient toujours et nécessairement le fruit du vice, s'ils avaient été conçus dans l'adultère, par des parents qui s'y seraient complus pouvant aimer autrement, je comprendrais, je comprends que vous n'alliez pas jusqu'à les assimiler à des enfants légitimes.

La sainteté du mariage y est intéressée ; et vous qui connaissez l'imperfection de la nature humaine, je comprendrais que vous vous serviez de cette infériorité faite aux enfants adultérins comme d'un moyen d'arrêter les parents sur le chemin du vice, par la terreur qu'inspire la situation cruelle des enfants issus de leur inconduite.

Mais lorsqu'il s'agit d'époux qui aiment leurs enfants, comme nous aimons les nôtres, qui ne vivent dans une situation illégale que parce que votre loi leur interdit de vivre dans une situation légale, qui voudraient reconnaître, aimer, légitimer leurs enfants et pour qui la situation inférieure de ces enfants est une peine amère, la pire de toutes, la plus cruelle, oh ! alors, les enfants qui sont nés de ces unions, qui ne sont adultérins qu'à cause de l'imperfection, de l'injustice de la loi, ces enfants ont le droit d'élever la voix contre la loi elle-même ; ils ont le droit de vous dire que l'égalité de tous les citoyens devant la loi est un leurre, car il n'y a pas d'égalité entre eux et leurs frères nés des mêmes parents pendant le mariage, alors que cependant ils n'ont absolument aucun fait à se reprocher !

Voilà, messieurs, la situation que vous faites à toute une classe d'enfants ; et il semble juste de dire, avec Emile de Girardin, qu'alors que la loi prend surtout en considération la situation des enfants, elle commence d'abord par mettre hors d'elle toute une classe d'enfants qui n'ont rien fait pour mériter un tel traitement, un tel châtiment au sein d'une société impitoyable.

Je sais bien que beaucoup d'êtres unis en face de cette situation misérable promise à leurs enfants, rendent quelquefois leur union volontairement stérile. Mais alors, messieurs, c'est la société qui a le droit de se plaindre et qui, comme le disait Treilhard dont je rappelais tout à l'heure les paroles, se trouve volontairement appauvrie d'un certain nombre de familles dont elle aurait pu s'enrichir.

Or, je ne trouve pas que, dans un temps comme celui où nous sommes, alors que la population française subit un temps d'arrêt, alors que la population des nations qui nous entourent augmente au contraire dans une proportion formidable, je ne trouve pas qu'il soit prudent et sage, à l'inverse des Romains qui faisaient des lois caducaires pour augmenter la population, de faire des lois dont le résultat nécessaire et fatal serait de faire naître des enfants dans une situation inférieure et imméritée, ou d'entraver le développement de la population de notre pays. (Très bien! très bien! et applaudissements à gauche.)

Plusieurs sénateurs. A demain !

M. Naquet. Messieurs, je suis aux ordres du Sénat.

Journal officiel du 28 mai 1884 (16e année, n° 146)
Séance du Sénat du 27 mai 1884
(discussion du divorce)

SUITE DE LA 1re DÉLIBÉRATION SUR LA PROPOSITION DE LOI TENDANT A RÉTABLIR LE DIVORCE

M. le président. L'ordre du jour appelle la suite de la première délibération sur la proposition de loi, adoptée par la Chambre des députés, tendant à rétablir le divorce.

La parole est à M. Naquet, pour la continuation de son discours.

M. Naquet. Messieurs, dans la discussion à laquelle je me suis livré hier, je me suis efforcé de démontrer au Sénat que les diverses objections que l'on oppose au rétablissement du divorce, objections tirées de l'intérêt des mœurs et de la solidité de la famille, objections tirées de l'intérêt de la femme et de l'intérêt des enfants, n'étaient pas fondées et que même elles se retournaient contre leurs auteurs ; j'ai essayé de démontrer que c'était au nom de la solidité de la famille, au nom de l'intérêt de la femme, et même au nom de l'intérêt bien entendu des enfants, que le divorce devrait être rétabli.

J'espère vous démontrer qu'il en est de même de la dernière objection à laquelle je dois répondre aujourd'hui, et, dans ce but, je demande au Sénat de me continuer l'extrême bienveillance qu'il a bien voulu me témoigner hier.

Je veux parler, messieurs, de l'objection tirée de la liberté de conscience des catholiques, laquelle, au dire des adversaires de l'ancien code civil, se trouverait blessée par le rétablissement du divorce.

Cette objection serait certainement de beaucoup celle qui me toucherait le plus, quoique, par mes convictions, je sois bien loin d'appartenir à la religion catholique ; et cela parce que s'il est un principe qui me soit cher, s'il est une liberté à laquelle je sois profondément attaché, c'est la liberté de conscience.

Je suis jaloux du droit de pouvoir défendre ma pensée, mes croyances philosophiques ; mais cette liberté que je réclame pour moi, je la veux également pour mes adversaires ; et si jamais un gouvernement ou un représentant du pays, à un titre quelconque, venait proposer à cette Assemblée un projet de loi qui portât atteinte à la liberté de conscience de mes adversaires, je ne laisserais à personne, dans les rangs de ces derniers, l'honneur de protester le premier. (Mouvement.)

Un sénateur à droite. On en a pourtant voté quelques-uns !

M. Porïquet. Vous en avez eu de nombreuses occasions ! (Rires approbatifs à droite.)

M. Naquet. Je crois donc, messieurs, que le divorce ne touche pas à la liberté de conscience des catholiques ; si je pouvais penser une minute que cette mesure législative contient en elle une atteinte à ce principe, je ne l'aurais certainement pas proposée.

Mais ici, je vous demande la permission d'établir une distinction, et une distinction qui me paraît importante.

Parmi les catholiques, il y a, à proprement parler, deux classes à établir ; l'une se compose de tous les citoyens qui croient aux dogmes de la religion catholique, qui se réclament de leur foi, de leurs convictions, de leurs croyances, mais qui font de la religion une question purement individuelle, purement personnelle, et qui se considèrent comme suffisamment protégés lorsque, en toute circonstance et sans obstacle, il leur est permis de mettre leur conduite en harmonie avec leurs principes.

L'autre, messieurs, est celle que j'appellerai le parti politique catholique. En me servant de cette expression, il est bien entendu que je n'entends rien dire qui puisse blesser en quoi que ce soit ceux de mes honorables collègues de cette partie de l'Assemblée qui peuvent appartenir au parti politique catholique.

Je le disais tout à l'heure, je respecte toutes les convictions sincères... (Interruptions à droite).

Il y a des hommes pour qui la conception sociologique est tout à fait différente de notre conception sociologique, à nous. Nous pensons, nous, qu'une société peut vivre, peut se développer, peut évoluer alors qu'elle a été complètement sécularisée, alors que la question religieuse devient une question de conscience individuelle, alors qu'il n'y a plus de religion d'Etat, alors que le spirituel est complètement séparé du temporel, alors, en un mot, que, dans le développement social et législatif, ce sont les seules conceptions scientifiques qui dominent. (Murmures sur les mêmes bancs.)

Il y a, par contre, des hommes qui ne conçoivent pas l'ordre, l'harmonie dans une société, en dehors d'une religion qui impose ses lois, qui domine la législation civile, et qui, laissant à la puissance civile, comme l'a fort remarquablement développé mon honorable collègue M. Lucien Brun que j'aperçois en face de moi, laissant, dis-je, à la puissance civile le soin de légiférer sur toutes les questions matérielles, retient les questions fondamentales de la législation, l'état des personnes notamment.

Eh bien, entre ces deux partis, entre ces deux opinions, il y a une différence fondamentale, il est certain que je ne convaincrai pas plus ceux qui représentent la seconde de ces conceptions, dont je viens de parler, qu'ils ne parviendront eux-mêmes à me convaincre; nous sommes à l'état d'adversaires, d'adversaires qui peuvent s'estimer comme s'estiment sur le champ de bataille les soldats de deux armées ennemies qui se combattent, mais qui fatalement ont le devoir de lutter.

Eh bien, à mon sens, le divorce est combattu par le parti politique catholique, par ce qu'on est convenu d'appeler et que je vous demande la permission d'appeler, — car il faut se servir de mots pour exprimer des idées, — le parti clérical.

Quant aux catholiques individuels, aux simples catholiques, j'estime qu'ils sont complètement désintéressés dans la question. Pour prouver qu'il en est bien ainsi, que c'est le cléricalisme qui est la cause de la loi de 1816, qui est la cause de l'abolition du divorce, je suis obligé de remonter un peu en arrière et de vous exposer rapidement l'historique de la question.

Lorsqu'en 1789 l'Assemblée constituante renversa le régime sous lequel la France avait vécu jusqu'alors et y substitua le régime démocratique qui se développe depuis cette époque à travers diverses vicissitudes d'action et de réaction, une des premières choses que fit l'Assemblée constituante ce fut de proclamer le principe de la sécularisation de l'Etat.

A partir de ce moment, la religion cessa d'être une affaire d'Etat pour devenir une affaire de conscience individuelle. La liberté des cultes en fut la première conséquence. D'autres conséquences en sortirent également, et notamment celle-ci : le mariage fut considéré comme un fait purement civil.

M. le baron Le Guay. Au point de vue civil.

M. Naquet. Oui, monsieur, c'est bien entendu; mais, au point de vue de l'Etat sécularisé, la ~~confiance~~ conscience des fidèles et des croyants reste en dehors.

Messieurs, je me suis servi des mots « fait purement civil » pour ne pas rouvrir le débat entre ceux qui pensent que le mariage est un contrat, ainsi que le disait la constitution de 1791 elle-même, et ceux qui pensent que le mariage est un état, question qui me paraît d'ailleurs un peu métaphysique et qui, ainsi que l'a souverainement démontré l'honorable M. Léon Renault à la Chambre des députés, est sans influence aucune sur les questions que nous débattons en ce moment, pour l'excellente raison que, s'il est vrai qu'un contrat doit être résiliable quand il y a inexécution des conditions fixées par la loi, — quelque considérable, quelque important, quelque particulier que soit ce contrat, — il est également vrai que, quand un état a cessé d'exister en fait, on chercherait vainement une bonne raison, au point de vue civil, pour le laisser subsister sous une forme fictive.

Ainsi donc, le mariage, au point de vue de la société, au point de vue de l'Etat, c'est bien entendu, devient, à partir de 1789, un acte purement civil. En même temps, poursuivant ses conquêtes, la Constituante proclamait que l'Etat ne reconnaîtrait plus les vœux religieux.

En ce qui touche au mariage, quelle devait être, messieurs, la conséquence immédiate de cette transformation ? Cette conséquence devait être le divorce. Cela est si vrai que, dès le 16 août 1792, Aubert du Bayet, à la tribune de l'Assemblée législative, demandait à l'assemblée qu'elle voulût bien charger son comité de législation de lui préparer, de lui présenter, dans le plus bref délai, un projet de loi réglant les effets et les conditions du divorce. Et il se produisit, à cette séance du 16 août 1792, un fait assez singulier, qui mérite d'être noté. Guadet prit la parole pour combattre la proposition d'Aubert du Bayet, non pas parce qu'il était ennemi du divorce, mais parce que, disait-il, était inutile, inutile par cela seul, à son sens, que, le mariage étant devenu un acte civil, le divorce existait sans qu'il fût nécessaire de l'établir par une loi précise.

Et Guadet ajoutait : En ma qualité d'arbitre de famille, j'ai déjà prononcé plusieurs divorces, bien qu'aucune loi sur le divorce n'ait encore été faite.

L'Assemblée législative partagea, sur ce point, l'opinion d'Aubert du Bayet ; mais, jugeant que le contrat de mariage était, par sa nature, d'une espèce particulière, et qu'il y avait des intérêts tellement généraux, tellement d'ordre social en jeu, qu'il fallait au moins régler les effets et les conditions du divorce, et ne pas abandonner ce règlement à la jurisprudence des tribunaux qui n'étaient encore que des tribunaux arbitraux de famille. L'Assemblée, dis-je, vota la proposition d'Aubert du Bayet ; et, un mois plus tard, le 20 septembre 1792, la première loi restrictive du divorce était faite.

Cette loi, je n'ai pas à en parler ici ; elle n'est plus en question. Elle a été très fortement contestée, très vivement combattue ; on pourrait peut-être à certains points de vue, la défendre, en faisant remarquer que tous les vices qui lui ont été reprochés au temps où elle existait sont plus factices que réels, conformément au principe que j'énonçais hier, à savoir que la législation a très peu d'empire sur le nombre des familles qui s'unissent et se désunissent ; mais enfin, je le répète, la loi de 1792 n'est pas en jeu. Ce qui reste établi, c'est que, comme conséquence de la sécularisation de l'État, comme conséquence de ce principe qu'on venait d'admettre que le mariage est un contrat civil, le divorce demeura fixé dans la législation française par la loi du 20 septembre 1792.

Les événements se déroulèrent ; le Consulat succéda au Directoire. A ce moment, un mouvement de réaction se produisit, ou plutôt un mouvement de transaction entre les principes excessifs qui avaient été admis et appliqués par l'Assemblée législative, par la Convention et par les conseils directoriaux, d'une part, et les anciens principes qu'on essayait de combiner avec ces innovations, d'autre part. Telle fut l'œuvre des assemblées consulaires, qui préparèrent ce titre VI du code civil, dont nous vous demandons à cette heure le rétablissement.

On revit avec soin les causes du divorce ; on en diminua le nombre, on supprima cette cause de l'incompatibilité d'humeur, qui, déjà combattue par [illegible] à l'Assemblée législative, le 13 septembre 1792, consacrait plutôt la répudiation que le divorce.

On laissa subsister le divorce par consentement mutuel, mais en le transformant d'une manière si absolue et si profonde, qu'en réalité il ne méritait plus cette qualification et qu'on avait eu le tort de conserver le nom en supprimant la chose : car le divorce dit par consentement mutuel du code civil n'est rien de plus que le divorce pour des causes très graves, très délicates, mais telles que la loi permet de ne pas les dévoiler.

La loi de 1803 fut promulguée. L'Empire suivit son évolution naturelle, et, après les désastres de 1814 et de 1815, survint la Restauration. A ce moment, messieurs, un souffle ardent de réaction passa sur notre pays. On fit un pas en arrière ; on essaya de revenir vers le régime qui avait précédé la Révolution, et on rétablit la religion catholique dans ses prérogatives de religion d'État.

La religion catholique cessa, dès ce jour, de borner ses prétentions à une part de liberté et de protection égale à celle que pouvaient réclamer les cultes rivaux ; elle laissa à ceux ci la libre pratique de leurs croyances, mais à titre de tolérance seulement ; elle revendiqua une situation privilégiée, une situation dominante dans l'État comme conséquence du rétablissement de la religion d'État qui ne permettait pas, sur les graves matières qui touchent à l'état des personnes, de séparer, de mettre en présence et en contradiction la loi civile et la loi religieuse ; le divorce fut aboli.

Peut-être la Chambre des députés et la Chambre des pairs de 1816 n'allèrent-elles pas jusqu'au bout de leurs convictions et jusqu'au bout de la logique. Pour être logiques, en effet, elles auraient dû faire disparaître l'intégralité du titre du mariage en même temps que le titre du divorce et restituer absolument à l'Église la matière du mariage.

Elles ne l'osèrent pas, parce qu'il existait, à ce moment, en faveur du mariage civil qui s'était profondément implanté dans les mœurs, un mouvement tel que c'eût été folie que de tenter de revenir en arrière au sujet de cette institution fondamentale de notre droit public. Le divorce était moins profondément implanté dans les mœurs, il n'avait pas encore poussé d'aussi profondes racines, on pouvait s'y attaquer, et on le fit.

Mais ici, messieurs, je vous demande la permission de vous lire quelques citations très intéressantes, très importantes, qui prouvent bien que les législateurs de 1816 n'abolirent pas le divorce parce qu'il avait produit de fâcheux résultats sociaux ; ces résultats fâcheux, on n'en parla pas ; on ne les dénonça pas, on n'eut pas la pensée de les signaler.

Vous savez ce qui se passe naturellement quand une loi est dénoncée à l'opinion publique ; vous le savez trop bien pour ne pas être tous convaincus que ces hommes, qui venaient de vivre sous l'empire du divorce et qui auraient dû en connaître tous les dangers et tous les vices, n'auraient pas manqué de les faire ressortir devant la Chambre des députés et devant la Chambre des pairs, s'ils avaient eu des vices et des dangers à signaler comme afférents à cette législation détestée.

Ils ne le firent pas, parce que ces dangers n'existaient pas, parce que les désordres dont on nous parle à quatre-vingts ans de distance ne s'étaient pas révélés. Ce qu'ils invoquèrent, ce fut la religion de l'Etat et la situation privilégiée de la religion catholique. J'en veux faire la démonstration historique, et dans ce but je vous demande la permission de vous lire quelques passages du rapport de M. de Trinquelagues, qui fut, à la Chambre des députés, rapporteur de la loi portant abolition du divorce :

« Pour nous, messieurs, qui avons conservé la foi de nos pères, et pour qui les merveilles de la création sont toujours de saintes vérités, ces lois (les lois constitutives du mariage), ont une source bien plus noble; elles dérivent de la divinité même. Voyez l'auteur de tous les êtres s'occupant, après avoir créé le roi de la nature, du soin de lui donner une compagne.

« Il ne la tire pas du néant, dit le célèbre avocat général Séguier, discutant la même question que nous agitons, Il oublie, pour ainsi dire, qu'il peut créer. Il la prend dans la propre substance de l'homme, et, satisfait de son ouvrage, Il l'offre lui-même à celui pour lequel Il venait de la former. » Le premier homme, reprend M. de Trinquelagues, reçoit de la main de Dieu sa compagne, et dans le transport de sa joie, cédant à une inspiration divine, il dicte à sa race la loi de cette ineffable union : « L'homme quittera son père et sa mère pour s'attacher à son épouse; elle s'appellera de son nom et ces deux êtres confondus n'en feront plus qu'un. »

Et plus loin :

« Aux yeux de notre religion sainte, le mariage n'est point un simple contrat naturel ou civil : elle y intervient pour lui imprimer un caractère plus auguste. C'est son ministre qui, au nom du créateur du genre humain et pour le perpétuer, unit les époux, consacre leurs engagements. Le nœud qui est formé prend dans le sacrement une forme céleste, et chaque époux semble, à l'exemple du premier homme, recevoir sa compagne des mains de la divinité même.

« Une union formée par elle ne doit pas pouvoir être détruite pour les hommes, et, de là, son indissolubilité religieuse.

« Si ce dogme n'est pas reconnu par toutes les Eglises chrétiennes, il l'est incontestablement par l'Eglise catholique, et la religion de cette Eglise est celle de l'Etat, elle est celle de l'immense majorité des Français.

« La loi civile qui permet le divorce... »

Messieurs, j'appelle toute votre attention sur ce passage : « La loi civile qui permet le divorce y est donc en opposition avec la loi religieuse. Or, cette opposition ne doit point exister, car, la loi civile empruntant la plus grande force de la loi religieuse, il est contre sa nature d'induire les citoyens à la mépriser.

« Il faut donc, pour les concilier, que l'une des deux fléchisse et mette ses dispositions en harmonie avec celles de l'autre.

« Mais la loi religieuse appartient à un ordre de choses fixe, immuable, élevé au-dessus du pouvoir des hommes. La nature des lois humaines, dit Montesquieu, est d'être soumises à tous les accidents qui arrivent et de varier à mesure que les volontés des hommes changent. Au contraire, la nature des lois de la religion est de ne varier jamais. C'est donc à la loi civile à céder, et l'interdiction du divorce prononcée par la loi religieuse doit être respectée par elle... »

A la chambre des Pairs, ce sont les mêmes arguments qui se produisirent. Le premier orateur, dit le rapport qui nous a été présenté par l'honorable M. Labiche, le premier orateur, un pair ecclésiastique, s'exprimait ainsi :

« Une considération devait suffire pour faire adopter la résolution qui nous est proposée : elle est conforme à la loi de Dieu.

« Toute loi humaine qui autorise expressément ce que condamne expressément la loi de Dieu, est une loi impie et criminelle.

« Si de ce principe sacré, on descend à des considération d'ordre inférieur, » etc. »

L'orateur poursuit :

« Ce ne sont pas seulement des sujets qu'il faut à l'Etat, ce sont de bons sujets... Comment espérer que les enfants du crime seront élevés dans la vertu?... »

Ainsi, messieurs, vous le voyez, ce qui ressort, de la façon la plus nette et la plus frappante, des discussions de la Chambre des pairs et de la Chambre des députés en 1816, c'est que la véritable considération qui fit abolir le divorce fut le défaut d'harmonie qui existait entre la législation civile, qui le permettait, et la législation religieuse qui l'interdisait. Cela est si vrai, qu'à peine la révolution de Juillet eût-elle rétabli la société sur les bases où l'avait placée la révolution de 1789; à peine la religion d'Etat se trouva-t-elle de nouveau supprimée et remplacée par la liberté des cultes, que la question du divorce revint naturellement à l'ordre du jour.

M. de Schonen proposa le rétablissement du divorce, et comme je vous le rappelais au commencement de la séance d'hier, sur un remarquable rapport de M. Odilon Barrot, la proposition de M. de Schonen fut votée; et cela non pas seulement une *fois*, mais quatre fois successivement, en 1831, 1832, 1833 et 1834.

Au cours de la discussion de 1831, un fait remarquable se produisit. Un orateur monta à la tribune non point pour combattre la loi rétablissant le divorce, mais pour combattre simplement l'article 310 du code civil, qu'il trouvait en contradiction avec la liberté de conscience des catholiques; et cet orateur reconnaissait que, dès l'instant où la religion d'Etat avait été supprimée comme telle, il n'y avait pas de raison pour ne pas rétablir le divorce. Il regrettait que l'Etat eût rompu sa vieille union avec l'Église catholique et qu'il n'y eût plus de religion d'Etat, mais cet homme, qui était l'honneur du parti catholique et légitimiste, — j'ai nommé Berryer, — avait l'intelligence trop élevée pour prétendre que la liberté de conscience individuelle des catholiques pût être froissée par le rétablissement du divorce. Il avouait franchement que, dès l'instant où la religion d'Etat était supprimée, le rétablissement du divorce devait être la conséquence de cette suppression.

Comment, en effet, Berryer aurait-il pu invoquer la liberté de conscience comme un argument contre le divorce, alors que le divorce ne touche pas au sacrement, mais simplement au nœud civil? Ah! si nous avions, ou si l'on avait eu, en 1831, la pensée qui a germé un instant dans l'esprit du premier consul, pensée qui aurait consisté à obliger les prêtres catholiques à bénir à nouveau, même quand le premier mariage n'aurait pas été annulé par la cour de Rome, la nouvelle union des époux divorcés, je comprendrais que les catholiques eussent protesté au nom de la liberté de leur conscience; mais tel n'est pas le cas.

J'ai dit, messieurs, que cette idée avait germé un instant dans l'esprit du premier consul.

Comme je ne veux rien avancer qui puisse être sujet à controverse, je tiens, à ce sujet, à vous lire un passage d'une circulaire de Portalis, ministre des cultes sous le Consulat et l'Empire, circulaire que j'ai relevée dans l'admirable ouvrage de notre honorable collègue, M. le comte d'Haussonville, sur les rapports de l'Eglise romaine avec le premier Empire.

Voici ce passage :

« Le divorce, dit Portalis, est admis par la loi civile ; il serait donc aussi injuste qu'imprudent de refuser la bénédiction nuptiale à tous ceux qui contractent un second mariage après le divorce. »

Eh bien, nous n'allons pas jusque-là, et je tiens même à vous faire remarquer, messieurs, que l'Assemblée législative de 1792 qui, à ne consulter que les apparences, semble avoir été beaucoup plus loin que l'Empire dans le sens de la lutte engagée contre les idées catholiques, avait, sous certains rapports, été moins loin; puisque jamais cette Assemblée n'avait eu l'intention ou la pensée d'obliger, sous une forme quelconque, les ministres du culte catholique à bénir à nouveau les unions des époux divorcés.

Quoi qu'il en soit, cette pensée, si elle s'est produite, et cela est évident d'après le passage de la circulaire que je viens de vous lire, n'a pas prévalu dans le Code; elle n'était pas dans la pensée des hommes de 1831; elle n'est pas dans la nôtre; nous ne sommes pas un concile, nous n'édictons pas de prescriptions pour les fidèles, nous sommes des citoyens français qui légiférons pour des citoyens français; ce que nous traitons, c'est la question du mariage civil, du nœud civil; le sacrement est en dehors de notre action; nous n'avons pas à nous en occuper, il ne nous regarde en aucune façon.

Les fidèles sont engagés par le sacrement; ceux qui ne croient pas ne sont pas engagés par lui, puisqu'il n'engage que la conscience; mais, en aucun cas, nous ne voulons peser sur les ministres des cultes qui béniront ou ne béniront pas l'union des époux divorcés qui se présenteront devant eux, suivant que la cour de Rome les y aura ou non autorisés. Seulement, en quoi les catholiques, qui ne reconnaissent par le mariage civil, qui protestent contre le mariage civil, qui ne cessent pas de prétendre que deux époux qui sont seulement mariés civilement vivent, en réalité, en concubinage, en quoi peuvent-ils être intéressés dans leur conscience à ce que la loi civile, en certains cas déterminés, en quelques circonstances rares, exceptionnelles, puisse briser un nœud dont ils ne reconnaissent pas la validité? Ici je veux insister un instant : je dis que le parti politique catholique, — je ne parle pas des simples catholiques qui s'accommodent fort bien du mariage civil, — je dis que le parti catholique repousse le mariage civil. Ceci est évident, car si, en France, nous ne voyons pas se produire de proposition de loi pour abroger le titre du mariage, c'est que l'on ne propose pas d'abroger ce qu'il est absolument impossible d'atteindre.

Les catholiques ne demandent pas, en France, la suppression du mariage civil, pas plus qu'ils ne demandent, en Belgique, la suppression du divorce ; mais dans les pays où le mariage civil n'existe pas, en Hongrie, en Espagne, dans les républiques sud-américaines, ils protestent contre le mariage civil avec plus de force et de vigueur qu'ils ne le font chez nous contre le divorce, et ils ont raison, car ils sont bien plus profondément atteints par le mariage civil qu'ils ne le sont par le divorce. En ce qui concerne la France, ils affectent de bien démontrer par l'indifférence qu'ils montrent à l'égard de la cérémonie civile, que souvent ils traitent de simple formalité, et par l'apparat, au contraire, qu'ils déploient dans le mariage religieux, ils affectent, dis-je, de bien démontrer le peu de cas qu'ils font de la cérémonie civile et l'importance qu'ils donnent à la cérémonie religieuse, laquelle, pour eux, constitue le véritable, le seul mariage. Je pourrais à cet égard vous citer certaines pages écrites par quelques enfants perdus du parti, mais j'aime mieux vous lire deux passages de l'honorable M. Lucien Brun, qui est un des chefs les plus autorisés du parti catholique. Notre collègue a publié un recueil de conférences par lui faites, sous le titre d'*Introduction à l'étude du droit*, et voici ce que je lis dans une de ces conférences, intitulée « Le mariage » :

« Ne voyez-vous pas, dit l'honorable M. Lucien Brun, que ces vérités primordiales doivent être rappelées aux nations et aux législateurs? Ne vivons-nous pas au milieu d'un monde qui s'habitue à l'idée du *mariage civil*, comme si la loi civile pouvait créer elle-même les bases préexistantes et immuables de la société humaine? Ah! sans doute, meilleures que les lois, les mœurs ont gardé la tradition du lien religieux, et l'instinct profond de l'humanité se révolte contre l'idée de l'union des sexes que la religion n'a pas consacrée. On l'a dit avec vérité : « L'épouse qui ne s'est pas présentée devant Dieu n'ose pas lever le front devant les hommes. En vain le magistrat consacre de telles alliances, l'opinion, plus puissante que lui, les méconnaît sans pitié, et la pudeur publique exécute son arrêt. »

Et, plus loin :

« Or, messieurs, vous le savez, l'Eglise enseigne que le mariage est un sacrement, le catholique qui n'a pas reçu le sacrement n'est pas marié. Au sortir de la mairie, il peut bien y avoir un contrat, un échange de promesses, il n'y a pas de mariage. Il y a donc un moment où la religion de la majorité des Français et la loi civile, qui les oblige tous, sont en contradiction formelle sur une des questions les plus intéressantes, sans contredit, pour l'ordre social. Vous êtes mariés et vous devez vivre comme mari et femme, je vous y contraindrai au besoin, dit le Code civil. Vous n'êtes pas mariés, toute cohabitation vous est interdite, dit l'Eglise ; et il faut ajouter que l'opinion, les mœurs publiques, l'instinct profondément chrétien de la nation, donnent, en fait, raison à l'Eglise contre le code. »

Voilà, messieurs, la pensée même, la théorie dominante du parti catholique. En somme, le parti catholique vise à un retour en arrière. (Dénégations et murmures à droite. — Très bien ! à gauche.)

M. Lucien Brun. Je n'ai parlé que pour les catholiques, quand j'ai dit cela, et je vous affirme que, pour les catholiques, il en est ainsi.

M. Naquet. Mon cher collègue...

M. Lucien Brun. Je ne sais pas ce que vous entendez par simple catholique je suis purement et simplement catholique ; et l'on n'est pas catholique, quand on ne croit pas cela. (Très bien ! très bien ! à droite. — Rires et exclamations à gauche.)

M. le baron Le Guay. On est athée alors, et pas autre chose. (Protestations à gauche.)

M. Naquet. Mon cher collègue, voici, je crois, où se produit la différence entre ceux que j'appelle les simples catholiques et le parti auquel vous appartenez et dont vous êtes un des chefs les plus éminents, c'est que les simples catholiques se soumettent à la simple formalité du mariage civil qui cependant, au point de vue de leur conscience catholique, ne les engage qu'après le lien religieux ; mais ils ne protestent, en aucune manière, ni contre le mariage civil...

M. le baron Le Guay. Ils y tiennent autant qu'à l'autre.

M. Naquet ... ni contre ce fait que le mariage civil précède le mariage religieux, fait contre lequel vous avez protesté dans votre travail. Ils admettent surtout, non pas seulement la liberté des cultes comme un pis-aller que l'on ne peut empêcher et dont on cherche à profiter en attendant qu'on la supprime, ils l'admettent absolument ; tandis que vous, mon cher collègue, voici ce que vous écrivez à ce sujet :

« Je n'oublie pas que nous vivons sous le régime de la liberté des cultes, et, en parlant ici comme je viens de le faire, je ne demande pas que ce régime soit modifié. Je n'entreprendre rien de ce chef, pas même une discussion. Ce n'est point l'objet de cette conférence. Personne ne me soupçonnera d'admettre, en principe, l'égalité des droits entre la vérité et l'erreur. (Rires à gauche.) Mais je ne crains nullement d'affirmer que la liberté des cultes sincèrement pratiquée est, en l'état, ce que les catholiques de France peuvent espérer de plus favorable. Il serait téméraire autant qu'inutile de manifester ici le désir de voir modifier le fait de la liberté, au regard de la loi civile, des cultes publics et de la conscience individuelle. Nous acceptons le fait, on ne peut rien nous demander de plus. »

Voilà, messieurs, je crois, en quoi le parti catholique se différencie des simples catholiques. Je disais donc que les catholiques — j'entends les catholiques militants — veulent faire un retour en arrière. C'est un retour en arrière, en effet, que de demander, comme l'honorable M. Lucien Brun, que le mariage civil soit relégué au second plan, et que le mariage religieux précède le mariage civil.

Ils veulent revenir à un état de choses qui rendrait au pouvoir ecclésiastique la matière du mariage et, dans ces conditions, ils protestent contre le divorce : je le conçois. Mais, quant aux catholiques qui ne sont pas des hommes politiques et des militants, je ne vois pas en quoi le divorce peut les blesser plus que ne peut les blesser l'institution elle-même, qu'ils acceptent, et dont ils s'accommodent, l'institution du mariage civil.

Ah ! pour les catholiques militants, je le répète, on comprend la résistance. Ils veulent empêcher les principes de la Révolution française de dérouler leurs conséquences naturelles et fécondes. Ils veulent les stériliser, ces principes, afin d'avoir plus facilement raison et d'eux et de la législation qu'ils ont engendrée. Mais cela n'est pas, je suppose, de nature à vous émouvoir, vous qui, avec un respect absolu de la liberté de conscience... (Rires ironiques à droite.)

M. le duc de Broglie. Vous l'avez bien montré !

M. Naquet ... avez toujours prouvé que vous étiez aussi fermement résolus à arrêter tous les empiètements des cléricaux (Nouveaux rires à droite), que vous êtes décidés à faire respecter la liberté de tous les cultes et de toutes les croyances. (Très bien ! à gauche.) Je reconnais que, de notre côté, on n'entend pas ce respect à la manière de ceux qui considèrent toujours que la liberté est violée, lorsqu'on ne leur donne pas le droit de violer la liberté d'autrui. (Très bien ! et applaudissements à gauche.)

Cependant, il faut reconnaître la justesse de l'argument que Berryer invoquait en 183[?] pas pour combattre le rétablissement du divorce, bien qu'il en regrettât la nécessité, l'argument de la séparation du spirituel et du temporel. Quant au droit, que proclamait si hautement et si magnifiquement à la même époque M. Odilon Barrot, pour le pouvoir civil de faire les lois qu'il juge utile à la société sans se préoccuper des croyances religieuses des divers membres dont celle-ci se compose, les catholiques ne peuvent le nier.

Ils changent alors leur batterie et ils nous disent à peu près ceci : Mon Dieu ! oui, vous avez le droit de prononcer le divorce ; mais prenez garde ! la religion catholique est la religion de la majorité des Français et vous allez opprimer les catholiques par le divorce. Il est bien vrai que l'on opprime les israélites, les protestants, les libres-penseurs, en ne le votant pas ; seulement, quand on se trouve placé dans cette situation pénible, délicate, ou d'opprimer la majorité ou d'opprimer la minorité, mieux vaut encore opprimer la minorité.

C'est ce qui ressort, — c'est moi qui formule la phrase — mais c'est ce qui ressort de tout ce que j'ai lu, de tout ce que j'ai entendu dans les conférences et les livres catholiques sur la matière.

Je reconnais que si nous étions placés dans cette triste alternative d'avoir à opprimer la majorité ou la minorité, il vaudrait mieux n'opprimer que le plus petit nombre ; mais il y a quelque chose qui me paraît supérieur à cette doctrine qui consiste à opprimer le petit nombre, c'est la doctrine qui consiste à n'opprimer personne. Or, j'estime que l'indissolubilité du mariage opprime les cultes dissidents dont les adhérents, d'après leur foi, leurs convictions philosophiques ou religieuses pourrait divorcer et à qui la loi civile l'interdit. Et ici, messieurs, j'ajoute qu'ordinairement la loi civile pourrait l'interdire, si c'était par des motifs d'ordre purement civil, social, et qu'alors les dissidents n'auraient pas plus à se plaindre que les catholiques n'ont à se plaindre du rétablissement du divorce. Mais si on leur impose l'indissolubilité du mariage uniquement pour ne pas se mettre en contradiction avec une religion qui n'est pas la leur, alors la liberté de conscience est violée dans leur personne. Il est bien évident, il est bien clair que leur liberté de conscience serait violée, dès l'instant où ce n'est pas pour des motifs civils, mais pour des motifs religieux qu'on empêcherait le rétablissement du divorce ; il est certain que l'indissolubilité du mariage viole ainsi la liberté de conscience des philosophes, des libres penseurs et des cultes dissidents.

Quant au divorce, je cherche vainement en quoi il blessera les catholiques, car il y a entre l'indissolubilité et le divorce cette différence capitale, que l'indissolubilité du mariage est une loi coërcitive qui s'impose à tous, tandis que le divorce est une loi facultative qui ne s'impose qu'à ceux qui veulent s'en servir : on n'oblige personne à divorcer. Les catholiques ont et auront la séparation de corps et de biens, pour les cas où, même en ce qui concerne le lien civil, leur conscience répugne à prononcer jusqu'à ce mot de divorce. J'ajoute que c'est une satisfaction que, pour ma part, je leur donne bien volontiers, car toutes les fois qu'il n'y a aucun inconvénient social, je fais avec plaisir toutes les concessions qui sont conformes au principe de la liberté de conscience ; mais c'est une concession qui, dans mon esprit, est absolument inutile. Il suffirait, en effet, que les catholiques divorcés ne se remariassent pas, pour que le divorce vaille pour eux ce que vaut la simple séparation de corps et de biens et personne, pas plus sous l'empire de la loi de 1792, qu'aujourd'hui, en Allemagne, où la séparation de corps a été complètement abolie, n'a jamais eu la prétention d'imposer de secondes noces à qui que ce soit.

Donc le divorce est facultatif, l'indissolubilité du mariage est obligatoire, et j'ai le droit de dire que cette indissolubilité blesse la liberté et la conscience de ceux à qui leur religion ou leurs croyances philosophiques permettraient le divorce, tandis que le divorce ne blesse pas la conscience des catholiques qui, je le répète, ne sont pas tenus de divorcer.

Ici, je me heurte à un argument : c'est celui que faisait valoir Berryer contre l'article 310 du code civil.

Il disait : Prenez garde ! — ce ne sont point ses propres termes, c'est moi qui parle, mais j'expose très fidèlement sa pensée, — si l'époux demandeur a cessé d'être catholique, il peut demander le divorce et le faire prononcer à l'encontre de l'époux défendeur qui, bien que coupable, est demeuré catholique et doit être protégé dans sa conscience. Si même c'est le demandeur qui est catholique, en vertu de cet article, trois ans après, l'époux défendeur peut venir le mettre en demeure de faire cesser l'état de séparation de corps et de la transformer en divorce. Dans ce cas, disait Berryer, vous le voyez, le divorce est imposé à l'époux catholique !

Ici, messieurs, je réponds ce que je disais tout à l'heure : que l'époux catholique n'a qu'à ne pas se remarier pour que le divorce vaille pour lui ce que vaudrait une simple séparation, et que, à supposer que son conjoint, qui a cessé d'être catholique et auquel la loi civile ne peut pas imposer les préceptes d'une religion à laquelle il ne croit plus, et que, à supposer, dis-je, que ce conjoint se remarie, ce mariage n'a aucune espèce de valeur au point de vue religieux. (Très bien ! et rires à gauche.) La situation sera à peu près la même que si cet époux n'ayant pas divorcé, s'était engagé dans quelque union illégitime. La situation du catholique sera même meilleure, car au moins ses intérêts matériels seront complètement sauvegardés. (Approbation sur les mêmes bancs.)

Ici, je tiens à vous citer un fait : Il a été signé par la cour de Rome, sous le pontificat de Pie IX — je tiens ceci de l'ancien ambassadeur d'Autriche, M. de Beust, et je le tiens de l'éminent professeur à l'École de droit Gide, malheureusement mort à cette heure et qui était, comme vous le savez, d'une si grande compétence en matière de législation comparée, — il a été signé, sous le pontificat de Pie IX, entre la cour de Rome et le gouvernement autrichien, un concordat qui a permis les unions mixtes entre catholiques et protestants, avec cette condition particulière que, quand une séparation intervient dans un pareil mariage, la séparation vaut comme simple séparation pour l'époux catholique, qui n'a pas le droit de se remarier, tandis qu'elle vaut comme divorce pour l'époux protestant, qui a le droit de se remarier. D'où cette conséquence que le souverain pontife déclarait comme suffisamment garanties la conscience et la liberté du catholique, à la condition que respectueux des dogmes et des prescriptions de l'Église, il ne se remariât pas après la séparation, encore bien que son conjoint, qui n'était pas catholique, se remariât.

J'espère que le Sénat ne voudra pas, sur ce point, se montrer plus catholique que le plus infaillible des papes. (Rires approbatifs à gauche.)

J'ajoute, messieurs, que si le divorce était en contradiction avec la foi catholique, là où le mariage civil est déjà établi, comme d'aucuns le prétendent, les nations catholiques, qui ont le divorce, auraient probablement fait quelques efforts pour s'en débarrasser. Or, il existe à notre porte une nation catholique comme la France, peut-être plus catholique que la France, c'est la Belgique. Dans ce pays, le parti libéral et le parti catholique se disputent le pouvoir et le dernier ministère catholique qui a été appelé aux affaires, celui de l'honorable M. Malou, y est demeuré six ans. Il avait été précédé, d'ailleurs, par d'autres ministères catholiques. Or, je ne sache pas que jamais ni le gouvernement belge, quand le pouvoir était entre les mains des catholiques, ni aucun député ou sénateur catholique au parlement belge, ait fait la moindre proposition, ait présenté le moindre projet de loi pour abroger le divorce; je ne sache pas que la nonciature romaine à Bruxelles, — quand il y avait une nonciature romaine à Bruxelles, — ait fait la moindre démarche auprès du gouvernement belge pour obtenir l'abrogation du divorce. Il me semble que si le divorce froissait les consciences catholiques, comme on le prétend, il se serait trouvé au moins dans le parlement belge un homme, un catholique assez sincère pour protester au nom de la conscience et de la religion contre une loi impie et attentatoire à sa liberté.

J'ai parlé de la Belgique, mais j'aurais pu trouver un exemple en France, dans le passé. Lorsque le Concordat a été signé entre le pape Pie VII et le premier consul, le divorce existait en France, et ce n'était pas le livre VI du code civil, c'était la loi de 1792 qui admettait jusqu'à la répudiation ! Eh bien, ce ne fut là l'objet d'aucun obstacle, d'aucune discussion dans la rédaction du Concordat, qui fut admis, signé, promulgué, sans qu'il eût été question de l'abolition préalable du divorce.

Mais voulez-vous me permettre d'invoquer un souvenir, un fait assez curieux, qui prouve, une fois de plus, que, dans la pensée de la cour de Rome elle-même, dès lors que, dans un pays, la religion catholique n'est pas la religion d'État, les pouvoirs publics, dans ce pays, ont le droit d'établir le divorce ? Ce fait, le voici. Le pape Pie VII n'avait point protesté contre le divorce en France; il l'avait trouvé établi au moment où le Concordat avait été signé ; la religion catholique n'était pas religion d'État, la cour de Rome ne protesta point contre le divorce. Mais quand le Concordat italien fut signé, la religion catholique devenait, en Italie, la religion d'État et alors — je lis ceci encore dans l'admirable ouvrage de M. le comte d'Haussonville, — le pape protesta contre l'introduction du code Napoléon dans le royaume d'Italie, en invoquant cette raison que la religion catholique étant en Italie, en effet, la religion d'État, le roi d'Italie, l'empereur Napoléon Ier n'avait pas le droit d'y introduire le divorce.

Admis pour l'Empire, le divorce était repoussé pour l'Italie : les rapports des deux pays avec l'Eglise servaient de base à cette distinction.

Je crois inutile, car personne ne le conteste, vous lire le passage de M. le comte d'Haussonville dans lequel j'ai pris ce fait important à vos yeux.

Ainsi, messieurs, il me semble établi, autant que chose peut l'être, que le divorce, restauré dans nos lois, n'aura pas pour effet de blesser la conscience des époux catholiques. Mais je veux aller plus loin et établir encore, qu'à l'exception de ceux qui rêvent la suppression du mariage civil, qui espèrent l'obtenir et voir la matière du mariage rendue exclusivement au droit canonique, pour tous les catholiques qui acceptent le mariage civil comme un fait acquis, indéniable, sur lequel il n'y a pas à revenir, non seulement le divorce n'est pas un mal, une aggravation, mais il est un bien qu'ils devraient réclamer avec nous, au nom de leur propre liberté de conscience.

En effet, si la loi économique a décidé que le mariage était indissoluble et que là où il y a sacrement, nul ne peut délier ce que Dieu a uni, la loi religieuse, qui est, en même temps très humaine sous bien des rapports, a compris qu'il fallait des accommodements avec sa propre rigueur. Elle n'a pas rétabli le divorce, mais elle a établi quatorze cas de nullité canonique du mariage. Le code civil a été très parcimonieux sur les cas de nullité; il ne les a admis que dans des circonstances absolument déterminées et rares ; bien plus, à moins qu'il ne s'agisse d'un double mariage, d'un fait de bigamie, d'un fait d'ordre social ou public, il a édicté une prescription très courte pour les actions en nullité ; si bien que, même au cas d'erreur dans la personne physique, si, après que cette erreur a été constatée, on a laissé écouler six mois sans demander la nullité du mariage, la nullité ne peut plus être invoquée.

Eh bien ! à l'encontre de cette rigueur et de cette parcimonie avec laquelle le code civil accorde les nullités, la loi religieuse n'a pas imposé de prescription : On peut, après huit, dix, quinze, vingt ans, écoulés depuis le mariage, découvrir utilement qu'au moment où les époux ont reçu le sacrement, ils n'étaient point en état de le recevoir et faire admettre que le sacrement ne les avait pas atteints, qu'il n'y a pas eu mariage et qu'ils sont libres de convoler à nouveau.

C'est ainsi, par exemple, que nous avons vu un mariage, — il n'y a pas longtemps de cela, — brisé par la cour de Rome, encore bien que ce mariage eût donné naissance à un enfant, — sous prétexte qu'il n'y avait pas eu consentement valable...

Un sénateur à droite. C'est le prince de Monaco !

M. Naquet. C'est le prince de Monaco, — si vous voulez que je dise les noms — sous prétexte que la femme avait été violentée dans sa volonté, par l'empereur Napoléon III. Quand cette décision fut rendue, l'empereur était mort depuis six ans, toute possibilité de violence avait cessé, par conséquent, mais on allait rechercher dans le passé le souvenir même de la violence et, malgré le temps écoulé, la sanction intervenait: la prescription n'existait pas aux regards de la cour de Rome. Le mariage a donc été dissous, et cela bien qu'il eût régi les époux pendant une période de huit ans.

Je ne citerai pas le mariage de Napoléon Ier et de Joséphine qui, au dire de M. d'Haussonville, a été également dissous par l'officialité métropolitaine de Paris sous prétexte que Napoléon Ier avait été violenté et n'avait pas donné un consentement valable. (Rires à gauche. — Interruptions à droite.)

Je n'ai pas sous les yeux le volume, mais je me fais fort, messieurs, de vous apporter, à la prochaine séance du Sénat, l'ouvrage de M. le comte d'Haussonville, le tome III de son travail, qui traite du divorce de l'empereur Napoléon Ier et de l'impératrice Joséphine. L'auteur y raconte comment l'officialité diocésaine avait rejeté et comment l'officialité métropolitaine, jugeant en appel, rétablit et retint seulement cette cause de divorce.

Mais, messieurs, les cas de nullité sont considérables. Il y en a 14; je ne vous en ferai pas l'énumération, mais il en est de plus particulièrement intéressants.

D'abord, celui du défaut de consentement; vous voyez qu'il est très large, d'après les deux exemples que je viens de rappeler. Il y a aussi l'erreur dans la personne.

L'honorable M. Léon Renault a rappelé que l'erreur dans la personne, suivant les casuistes, s'entend, tantôt de l'erreur dans la personne physique, tantôt de l'erreur dans la personne morale, ce qui va extrêmement loin!

Quoi qu'il en soit, il est incontestable — et je vais citer quelques exemples, parce que les faits prouvent plus que les théories en pareille matière — il est incontestable que, dans un certain nombre de cas, l'Église annule des mariages que la législation civile n'annule pas. Je vais donc, si vous voulez bien me le permettre, citer quelques exemples à l'appui de ma thèse; je mettrai les noms là où je croirai pouvoir le faire, notamment lorsque ces noms se sont trouvés indiqués dans un procès; on peut alors les représenter sans inconvénient.

Le premier de ces cas, je l'ai cité déjà à la Chambre en 1879, il y a aujourd'hui cinq ans, jour pour jour: c'est celui de M. le marquis de Grosley de Virville, marié vers 1860, et à qui sa femme déclara, dès le premier jour de ses noces, qu'elle avait entendu épouser son nom, mais qu'elle n'avait pas entendu épouser sa personne. L'honorable marquis de Grosley de Virville avait, lui, entendu autrement les droits et les devoirs du mariage. Pendant deux ans, il essaya, par tous les moyens honnêtes, de ramener sa femme à de meilleurs sentiments. N'ayant pu y parvenir, il s'adressa à la justice civile de son pays; il demanda au tribunal civil de la Seine d'annuler son mariage. Il avait confié son procès à Jules Favre, qui prononça, à cette occasion, un de ses plaidoyers les plus éloquents. Le tribunal civil reconnut que le cas était grave, qu'il y avait injure de la femme vis-à-vis du mari, et il prononça la séparation de corps et de biens. Mais il retint le mariage comme bon et valable, et le marquis de Grosley de Virville se trouva ainsi marié sans l'être!

C'était un homme sincèrement, profondément catholique. Il ne voulait pas renoncer au mariage, il ne voulait pas renoncer à l'amour et ne voulait pas, en homme honnête et religieux, s'engager dans des relations adultérines. M. de Bonald a écrit quelque part, « que, dans des cas semblables, il n'y a qu'un parti à prendre: se retirer dans la vie monastique. »

Mais on peut être très bon catholique sans avoir la vocation de la vie monastique. Le marquis de Grosley de Virville se trouvait dans ce cas. Que fit-il? Il se rendit à Rome, introduisit une instance devant le tribunal romain et il obtint l'annulation de son mariage. Plus tard, il épousa à Rome une jeune Florentine, avec laquelle il vint habiter Florence, et dont il eut trois enfants.

Seulement, quand le royaume d'Italie eut annexé les provinces romaines, la législation italienne ayant validé tous les actes accomplis dans les États romains avant l'annexion, M. de Virville se fit naturaliser Italien, et, à cette heure, il est légalement marié, tant au point de vue civil qu'au point de vue religieux.

Mais, au point de vue français, il ne l'est pas; il vit en concubinage, s'il n'est pas bigame. N'est-il pas vrai de dire que, en sa qualité de catholique, il aurait eu tout intérêt à ce que le tribunal de la Seine, au lieu de prononcer la séparation de corps, eût admis le divorce?

M. Delsol. Ce n'est pas le divorce, c'est l'annulation du mariage.

M. Naquet. Mais, monsieur, il aurait, dans tous les cas, bénéficié du divorce. Vous dites: « C'est l'annulation du mariage. » C'est là une question de mots. (Interruptions à droite.)

Il est certain que si, au lieu de prononcer la séparation de corps et de biens, le tribunal avait prononcé le divorce, M. de Grosley de Virville en aurait bénéficié, pour avoir une situation incontestable, au point de vue civil comme au point de vue religieux; tandis que, grâce aux rigueurs de la loi française, il n'a pu mettre sa situation en harmonie avec la loi civile, qu'à la condition de perdre sa qualité de Français. (Nouvelles marques d'approbation à gauche.)

Voulez-vous me permettre de vous citer un autre fait du même ordre? j'y insisterai moins. C'est un fait identique, mais dans le sens inverse. Il s'agit du mariage du fils du maréchal Maisons avec mademoiselle de Maugsbourg, en 1840. Ici, ce fut le mari qui se déroba immédiatement après le mariage, et obtint la séparation de corps. Dix ans plus tard, mademoiselle de Maugsbourg, — j'ai le droit de l'appeler ainsi, et non pas madame Maisons, — se présenta devant le tribunal romain, fit annuler son mariage par la cour de Rome, dans l'espoir que la décision pèserait sur les juges français, et qu'elle obtiendrait plus facilement la nullité de son mariage devant le tribunal civil. Il n'en fut rien; sa demande fut repoussée purement et simplement par le tribunal civil, alors que, cependant, elle avait été retenue et admise par le tribunal ecclésiastique.

Oui ou non, ai-je le droit de vous demander : le prince de Monaco et lady Hamilton ont-ils été heureux, étant catholiques, de ne pas vivre sous la législation française? Et, s'ils eussent vécu sous cette législation, n'auraient-ils pas eu à souffrir de ce que, le divorce n'étant pas établi, il ne leur aurait pas été permis de profiter d'une liberté que leur conscience religieuse leur accordait? N'auraient-ils pas eu à souffrir de notre législation civile, plus dure, plus rigoureuse que la loi catholique elle-même? (Très bien! très bien! à gauche.)

Oui ou non, Mademoiselle de Maugsbourg, oui ou non, M. le marquis de Gropiay de Virville, qui a été obligé de renoncer à sa nationalité, n'auraient-ils pas été plus heureux, comme catholiques, de pouvoir se reconstituer une existence que le droit canon, moins sévère que le droit civil, leur permettait de se reconstituer? (Très bien! très bien! sur les mêmes bancs.)

Mais, messieurs, il y a un cas bien plus grave, et que prévoit l'honorable M. Lucien Brun; je veux parler de celui où, au sortir de la mairie et, alors que rien n'a été débattu ni convenu d'avance sur ce point, l'un des deux époux se refuse à recevoir la bénédiction nuptiale.

Ah! ici ce n'est plus une question de divorce ou de nullité, comme vous l'entendrez; il n'y a pas lieu d'annuler un sacrement; il est constant qu'il n'y en a pas eu même l'apparence.

Au point de vue religieux, l'époux catholique n'est pas marié, et cependant, au nom de la loi civile, il l'est.

Eh bien, si le divorce existait, les tribunaux dans ce cas, le prononceraient pour cause d'injures graves, comme ils prononcent aujourd'hui, dans les cas semblables, la séparation de corps. Ils rompraient le lien civil et l'époux catholique devenu libre pourrait, je ne dirai pas se remarier, puisque dans sa pensée il ne l'a jamais été, mais se marier.

Voici à cet égard ce que dit M. Lucien Brun :

« ... Juges, vous n'hésiteriez pas à décider que la persistance du mari à lui imposer une cohabitation qui n'est à ses yeux qu'un concubinage, constitue une injure grave de nature à motiver la séparation de corps. S'il est permis de faire l'invraisemblable hypothèse d'une femme refusant la consécration religieuse de son union, le mari, cela est hors de doute, pourrait, pour des motifs de même nature, refuser de recevoir sa femme et obtenir la séparation.

« Mais, palliatif insuffisant, ai-je dit, car l'époux séparé restera la victime inocente du manque de foi de son conjoint. Marié aux yeux de la loi civile, il ne pourra demander à l'église la consécration d'une union légitime, et, veuf avant le mariage, il vivra dans un célibat forcé auquel il n'est pas destiné; il ne pourra goûter ni les joies de la famille, ni les austères jouissances de la virginité volontairement gardée sous l'impulsion d'une vocation religieuse. »

N'est-il pas évident que dans tous ces cas et dans les cas analogues qui peuvent se présenter, les catholiques auraient avantage au divorce? Et s'il en est ainsi, s'il se présente des circonstances telles que l'époux catholique ait avantage au divorce, s'il n'en existe aucun où il puisse être violenté, blessé par cette institution à laquelle il n'est pas obligé de recourir quand il ne le veut pas, j'ai le droit de dire que l'argument des catholiques se retourne contre eux; j'ai le droit de dire que c'est au nom de la liberté de conscience des catholiques eux-mêmes que le divorce s'impose.

Toutefois, messieurs, malgré ce que je viens de dire, malgré la conviction profonde dans laquelle je suis que ni les objections tirées de l'intérêt de la famille, ni les objections tirées de l'intérêt de la femme, ni celles tirées des mœurs sociales, ni celles tirées de la liberté de conscience ne sont recevables, que même toutes ces objections se retournent contre leurs auteurs et permettent de conclure au divorce, malgré cela, j'hésiterais peut être, comprenant tout ce qu'il y a de grave à modifier les lois qui régissent cette question fondamentale de la famille et du mariage, si l'expérience était à tenter pour la première fois, si elle était neuve, si le divorce n'avait jamais existé nulle part dans l'antiquité et n'existait nulle part dans les temps modernes.

Mais je n'ai qu'à jeter les yeux autour de moi et je trouve le divorce qui fonctionne sous toutes les latitudes, sous tous les régimes, dans la Russie autocratique, dans la Hollande, en Angleterre, dans la Belgique constitutionnelle, dans la Suisse et dans l'Amérique républicaines, avec des mœurs différentes, avec des religions différentes, car la Belgique est catholique et elle a le divorce; je vois ce fait, que reconnaissait hier, dans une conversation privée, un des adversaires que j'ai dans cette Assemblée, c'est que dans les pays où le divorce n'existe pas, il y a un mouvement qui se manifeste en faveur de son institution. Tantôt c'est un législateur, tantôt c'est le gouvernement lui-même, comme en Italie, tantôt c'est un auteur dramatique ou un philosophe qui réclame le divorce.

Au contraire, là où le divorce existe, où on le voit fonctionner, jamais — à l'exception de raisons d'ordre purement catholique et clérical — jamais il n'y a eu de mouvement en faveur du retour à l'indissolubilité.

J'ai donc le droit de le dire : Quand une expérience a donné de tels résultats, non seulement elle est faite, mais elle est parfaite, et il ne reste plus qu'à introduire chez nous une réforme qui fonctionne partout ailleurs à la satisfaction de tous. (Très bien ! très bien ! à gauche.)

Aussi, messieurs, est-ce avec l'espérance d'une décision favorable du Sénat que je descends de cette tribune. Le Sénat voudra certainement prouver une fois de plus, qu'il n'est point, comme d'aucuns le disent, l'ennemi systématique du progrès et qu'il est toujours décidé à voter les lois utiles et justes, quand elles sont mûres, quand elles sont acceptées et quand elles sont réclamées par toutes les personnes sages et modérées du pays. (Très bien ! et applaudissements répétés à gauche.)

Journal officiel du 30 mai 1884 (16e année n° 148) appendice à la séance du sénat du 29 mai

Errata

aux discours prononcés par M. A. Naquet dans les séances des 26 et 27 mai 1884 au Sénat (Journal officiel des 27 et 28 mai 1884).

Page 964, 3e col., 6e alinéa, 1re ligne.

Au lieu de :

« Messieurs, je disais tout à l'heure qu'à mon avis..., »

Lire :

« Messieurs, à mon avis. »

Page 965, 3e colonne, 8e alinéa, avant-dernière ligne :

Au lieu de :

« en Danemark et en Suède »,

Lire :

« En Danemark et en Suisse. »

Page 965, 10e alinéa, 1re ligne, au lieu de « l'habitant des grandes villes » ;

Lire :

« L'*habitat* des grandes villes. »

Page 966, 1re colonne, 1er alinéa, 6e ligne.

Au lieu de :

« La législation du mariage et de divorce, »

Lire :

« Et du divorce. »

Même page, même colonne, 2e et 3e alinéas.

Les deux alinéas doivent être ainsi rétablis entièrement.

« Dans les pays où l'on divorçait très peu il y a quatre-vingt ans, on divorce encore relativement peu aujourd'hui bien que le divorce y soit devenu plus fréquent.

« Dans les pays où l'on divorçait beaucoup autrefois, comme la Suisse, où — M. Kummer le savant statisticien suisse le reconnait — on a toujours divorcé plus que partout ailleurs, on divorce aujourd'hui davantage, le rapport entre les divers pays est toutefois demeuré le même...... » le reste comme à l'alinéa à rétablir. »

Page 966, 1re colonne, 7e alinéa, 2e ligne,

Au lieu de :

Où « existe » la séparation de corps ou le divorce,

Lire :

« Où abonde ».

Page 966, 2e colonne, 5e alinéa, avant-dernière ligne,

Ajoutez après le mot « familles » en supprimant le point et en le remplaçant par une virgule, « là où le divorce existe ».

Page 966, 3e colonne, 1er alinéa, 3e ligne,

Au lieu de :

« Réglée en »,

Lire :

« Réglée du ».

Page 967, 1re colonne, 9e alinéa, 12e ligne,

Au lieu de :

« Je hâte »,

Lire :

« Je me hâte ».

Page 968, 1re colonne, 12e alinéa, 2e ligne,

Au lieu de :

« Exprimés »,

Lire :

« Comprimés ».

Page 968, 2e colonne, 7e alinéa, 9e ligne,

Au lieu de :

« Les noces »,

Lire :

« Cette faculté ».

Page 968, 3e colonne, 4e alinéa.

Cet alinéa est incompréhensible et doit être supprimé.

Page 971, 1re colonne, 9e alinéa, 12e ligne,

Au lieu de :

« Tel hameau »

Lisez :

« Tel homme »

Page 972, 1re colonne, 6e alinéa, 3e ligne,

Au lieu de :

« Je n'ai que »

Lire :

« Je n'ai pas »

Page 972, 1re colonne, 7e alinéa, modifier ainsi l'alinéa,

Au lieu de :

« Le chiffre de 1876 était le suivant : 117,959 en moyenne ; par conséquent, etc... »

Lire :

« Le chiffre de 1876 était de 117,959, soit à peu près, par conséquent... »

Page 974, 1re colonne, 5e alinéa, 2e ligne,

Au lieu de :

« Aubert-Dubayet »

Lisez :

« Guadet ».

Même alinéa, avant dernière ligne,

Au lieu de :

« Loi restrictive »,

Lire :

« Loi instauratrice ».

Page 974, 2e colonne, 2e alinéa, 2e ligne,

Au lieu de :

« Siéyès, »

Lire :

« Sedillez, »

Page 976, 1re colonne, 7e alinéa, 8e ligne,

Au lieu de :

« Non pour combattre »

Lire :

« Et qui l'empêchait de combattre. »

Page 976, 2e colonne, 3e alinéa, 16e ligne.

Après « social » il faut une virgule.

Page 976, 2e colonne, 17e ligne :

« Conforme » doit être écrit au pluriel « conformes. »

Même alinéa, 26e ligne (2e avant-dernière),

Au lieu de :

« Abolie n'a jamais... »

Lire :

« Abolie, personne n'a jamais... »

Page 976, 3e colonne, 3e alinéa, 16e ligne :

Au lieu de :

« Epouse... »

Lire :

« Epoux... »

Et 19e ligne,

Au lieu de :

« Epouse protestante... »

Lire :

« Epoux protestant... »

Et, enfin, même alinéa, 21e ligne,

Au lieu de :

« Déclarait »,

Lire :

« Considérait ».

Page 977, 1re colonne, 4e alinéa, 2e ligne,

Au lieu de :

« Vous lire »,

Lire :

« De vous lire ».

Et même alinéa, dernière ligne,

Au lieu de :

« A nos yeux »,

Lire :

« A mes yeux ».

Page 977, 1re colonne, 5e alinéa, 1re et 2e ligne :

Au lieu de :

« Au de tant que chose peut l'être. »

Lisez :

autant que chose peut l'être

P. 977, 2e colonne, 4e et dernier alinéa, 6e ligne,

au lieu de :

de Grosing de Virville

lire

de Grollée-Virville

Cette correction se reproduit p. 977, 3e colonne, 2e alinéa, 7e ligne — même page, même colonne, 3e alinéa, 3e ligne — et 8e alinéa, 4e ligne

P. 977, 3e colonne, 9e alinéa 7e ligne —

au lieu de :

après le mariage et obtint,

lire

après le mariage et ce fut la femme qui

P. 978, 1re colonne, 2e alinéa, 2e ligne

au lieu de

Au lieu de :

« De Groslay de Virville. »

Lire :

« De Grollée-Virville. »

Page 978, 1re colonne, 6e alinéa, 3e ligne,

Au lieu de :

« Injures graves »,

Lire :

« Injure grave. »

Journal officiel du 1er juin 1884 (16e année n° 150)

Séance du sénat du 31 mai 1884

Réponse à Marcel Barthe.

M. Naquet. Messieurs, ce n'est pas la première fois que le livre que j'ai écrit en 1868, est porté à la tribune des Chambres françaises. Déjà, en 1872, si je ne me trompe, et en 1873, il fut porté à l'Assemblée nationale par MM. Raoul Duval et d'Audiffret-Pasquier. Plus tard, il fut porté à la Chambre des députés par l'honorable M. Louis Legrand, et j'avais lieu d'espérer qu'après ce que j'avais répondu à cette dernière époque il n'y ferait plus son apparition.

Puisque M. Marcel Barthe l'y apporte de nouveau, je lui demande simplement la permission de lui lire textuellement la réponse que je faisais à l'honorable M. Louis Legrand à la Chambre des députés, le 9 février 1881. La voici :

« Dans ma vie, comme dans la vie de beaucoup d'entre nous... » quand je dis « comme dans la vie de beaucoup d'entre nous » M. Marcel Barthe en est lui-même une preuve. M. Marcel Barthe est, comme moi, un homme profondément honnête, profondément convaincu, qui n'a jamais hésité à dire sa pensée dans toute son intégrité, d'une manière complète et absolue.

Eh bien, mais, j'ai là une citation de lui. En 1849, il faisait partie de l'Assemblée constituante. Il monta à la tribune de l'Assemblée constituante, dans la séance du 26 septembre 1848; et savez-vous ce qu'il vint défendre? Il vint défendre l'unité du pouvoir législatif et combattre l'institution d'une seconde Chambre. « Messieurs, disait-il, je viens parler en faveur d'une assemblée unique. »

Je demanderai à M. Marcel Barthe si, le congrès se réunissant, il est disposé à venir de nouveau proposer la suppression de l'une des deux assemblées existantes. (Rires approbatifs à gauche. — Interruptions et murmures à droite.)

Messieurs, cela prouve que, sur cette question politique, M. Marcel Barthe a modifié son opinion, comme je puis avoir modifié la mienne, sur des questions sociales. (Réclamations sur quelques bancs.)

Permettez, messieurs ; on m'affirme également, qu'en 1834, M. Marcel Barthe était un des adeptes de l'école saint-simonienne, dont les idées n'étaient pas très-éloignées de celles qui ont été exposées dans le livre dont il a lu tout à l'heure quelques passages. Repousseriez-vous, par hasard, aujourd'hui une proposition de loi qui serait défendue par l'honorable M. Marcel Barthe, parce que vous craindriez d'y retrouver la doctrine saint-simonienne et d'y voir le triomphe de cette doctrine? (Nouvelle hilarité à gauche.)

M. Marcel Barthe. Citez quelque chose de moi !

M. Naquet. Je viens de vous citer l'opinion que vous défendiez en 1848.

M. Marcel Barthe. Oui, avec M. Dufaure, avec M. Dupin et avec d'autres non moins illustres.

Voix à gauche. Qu'est-ce que cela prouve?

M. Naquet. Mais, monsieur Marcel Barthe, je ne vous accuse pas d'avoir été pour l'unité du pouvoir législatif ; je constate seulement qu'un homme honnête, loyal, sincère, peut modifier son opinion, puisque vous avez avez modifié la vôtre. (Rires approbatifs à gauche.)

Voici, sur mon livre, ce que je répondais à M. Legrand, à la Chambre, le 9 février 1881 :

« Dans ma vie, comme dans la vie de beaucoup d'entre nous, il y a eu deux périodes : une période où je procédais par la voie sentimentale, par la voie d'affirmation ; parce que, dans mon ardeur — ardeur que j'ai conservée — à aimer et à défendre ce que je croyais juste et bon, je croyais à la possibilité de transformer les sociétés par des systèmes préconçus, inventés, ayant pris leur origine dans un cerveau humain.

Je n'avais point encore appliqué aux questions sociales cette méthode scientifique qui nous apprend et nous enseigne que, à chaque moment des sociétés humaines, il y a, non une question sociale que l'on puisse trancher comme un nœud gordien, mais des questions sociales nombreuses, complexes, ainsi que l'a très remarquablement dit le grand orateur qui présida ordinairement à nos débats.

Eh bien, messieurs, le livre que j'ai écrit procède de cette première période dont je suis sorti depuis longtemps. Je suis entré depuis dans une voie nouvelle, évolutionnaire, et, en 1871, dans un journal de mon département, je déclarais déjà que si, par hypothèse, j'avais le pouvoir d'appliquer par des décrets les principes que j'avais émis dans mon livre, « ma main se dessécherait avant de signer de tels décrets. »

Voilà, messieurs, la réponse que j'ai faite en 1881 à M. Louis Legrand. Je la formule et je l'affirme à nouveau. Les doctrines que j'ai exprimées en 1868 dans le livre « Religion, propriété, famille » ne sont plus les miennes. A cette époque, je viens de vous le dire, entraîné par une ardeur que je ne désavoue pas, parce qu'elle était généreuse, je croyais à la possibilité de modifier la société par voie de décrets ; j'étais dans les idées et dans la voie communistes.

Depuis cette époque, j'ai acquis la conviction profonde que, d'une part, on ne transforme pas les sociétés par voie de décrets et de révolutions violentes, et, d'autre part, que si, par aventure, les idées collectivistes et communistes — c'est une étude plus complète, plus approfondie des lois sociales et économiques qui m'a conduit à cette conviction — si, dis-je, par aventure, par hypothèse, il était possible (et je crois cela absolument impossible) que les idées collectivistes et communistes s'implantassent dans un pays, ce serait la suppression de toute civilisation, de tout progrès, de toute liberté. (Très bien ! très bien !)

J'ai acquis cette conviction, messieurs, que le communisme arriverait même à la misère générale et que, sous prétexte d'avoir une justice distributive plus grande, on arriverait à ne plus rien avoir à distribuer du tout. (Rires approbatifs sur un grand nombre de bancs.)

Cette conviction nouvelle acquise, je n'avais plus de raison de maintenir les idées qui étaient dans mon livre, et qui étaient purement et simplement l'exposé de doctrines opposées. (Interruptions.)

Voilà, messieurs, ma réponse à l'honorable M. Barthe. Et, d'ailleurs, la meilleure preuve que j'ai abandonné ces doctrines, c'est que je suis partisan du divorce et que je ne l'étais pas à cette époque ; car, dans le livre que M. Barthe a dans les mains, il y a un passage contre le divorce, que je trouvais alors insuffisant. Notre honorable collègue en a même lu quelques passages qui, je crois, se rapportaient à cette idée.

M. Baragnon. Puisque vous ne vouliez pas du mariage, c'est évident ! (On rit.)

M. Naquet. Comme j'étais alors partisan, non de l'action individuelle, mais de l'action collective, le divorce me paraissait une institution inefficace.

Aujourd'hui, au contraire, je suis un libéral, un individualiste ; je repousse la solution collectiviste d'une manière absolue et, dès lors, je veux conserver l'institution du mariage; je veux la fortifier, la consolider, et j'estime que le divorce, loin de l'affaiblir, est un moyen de la consolider, de la fortifier.

Voilà, messieurs, mon opinion.

Et maintenant, si j'ai modifié cette opinion, si j'en ai changé, je n'en rougis pas. Tout homme qui travaille, qui étudie, qui médite, arrive à changer de manière de voir, et quand il a de l'honnêteté et de la sincérité, il le dit. (Très bien ! très bien ! à gauche.)

M. Fresneau. C'est la troisième fois !

M. Naquet. Je ne veux pas, messieurs, m'éterniser à cette tribune ; je n'y suis monté que pour un fait personnel, et je n'ai pas l'intention de répondre aux points de théorie qu'a traités l'honorable M. Marcel Barthe dans son discours. Je crois y avoir déjà répondu dans le discours fort long que j'ai prononcé l'autre jour, et je ne voudrais pas m'imposer plus longtemps à l'attention du Sénat.

Je tiens simplement à dire à l'honorable M. Marcel Barthe qu'à mon sens les préoccupations qui l'animent, et qu'il a retrouvées dans mon livre, relativement aux « petits enfants des ouvriers » qui peuvent être abandonnés, et à la subsistance desquels il faut pourvoir, sont une des raisons, un des motifs, et non pas un des moins puissants, que j'ai invoqués en faveur du rétablissement du divorce.

Il est incontestable que les articles 302 et 303 du code civil, qui obligent les parents à subvenir aux frais d'entretien de leurs enfants, s'appliquent, en théorie, aux classes ouvrières comme aux classes aisées; mais il est non moins incontestable — comme l'honorable M. Marcel Barthe le disait il n'y a qu'un instant — que, vis-à-vis des classes ouvrières qui ne possèdent pas, c'est une solution tout à fait illusoire. Là où l'homme n'a rien, il est impossible de l'obliger à payer quoi que ce soit.

Par conséquent, dans la séparation de corps pas plus que dans le divorce, entendez-le bien, messieurs, la femme de l'ouvrier, sacrifiée par la mauvaise conduite de son mari, n'a de moyens légaux pour l'obliger à venir au secours de sa famille; et alors, c'est à elle seule qu'incombe la charge de cette famille. C'est ici que je dis à l'honorable M. Marcel Barthe et à tous les adversaires du divorce : Quelle est la situation de cette femme ? Pourra-t-elle, à elle seule, avec la situation inférieure que les lois économiques lui font aujourd'hui dans notre pays, comme dans tous les pays d'Europe et même du monde, pourra-t-elle élever sa famille ?

Non, messieurs, elle ne le pourra pas ; et comme vous lui interdisez de prendre un second mari, un protecteur qui assumerait sur lui les charges que n'a pas su assumer le premier mari, le père légitime, vous la jetez fatalement, nécessairement dans l'immoralité, dans le concubinage, et c'est ce que je ne veux pas pour elle.

Voilà, monsieur Marcel Barthe, ma réponse à la question que vous m'avez posée. (Très bien ! très bien ! et applaudissements à gauche.)

Le Voltaire du 4 juin 1884 (n° 2160)

LE

DIVORCE AU SÉNAT

Le Sénat a fait acte de sagesse et de libéralisme en votant, vendredi dernier, l'abrogation de la loi du 8 mai 1816. Ce vote, évidemment, ne modifiera pas l'opinion de ceux qui, par des considérations de philosophie politique que nous n'avons pas à analyser ici, sont demeurés fidèles au principe de l'unité du pouvoir législatif, et qui, sans hostilité ni pour l'une ni pour l'autre de nos Chambres actuelles, voudraient les voir toutes les deux fusionnées en une Assemblée unique. Mais il enlève incontestablement une arme à ceux qui attaquent particulièrement le Sénat et se plaisent à le dénoncer comme l'ennemi systématique de tous les progrès. En abrogeant la loi du 8 mai 1816, comme en adoptant, il y a quelques mois, la loi sur les syndicats professionnels le Sénat a montré que, s'il entend exercer sérieusement son droit de contrôle, — et, aussi longtemps que le principe de la dualité des Chambres prévaudra, il est bon qu'il l'exerce, — il n'en est pas moins décidé à donner satisfaction à l'opinion publique lorsque les réformes sont vraiment réclamées par elle, lorsqu'elles sont mûres, lorsque, ainsi que je le disais à la tribune du Luxembourg, elles sont voulues par la grande majorité des hommes sages et modérés du pays. Par le vote de la loi sur les syndicats professionnels il a montré qu'il n'était pas, ainsi qu'on l'en avait accusé, inféodé à une caste et opposé à l'émancipation pacifique de la classe ouvrière; par l'abrogation de la loi de 1816, il vient de prouver que le cléricalisme n'avait plus empire sur lui et qu'il était résolu à marcher, sans emportement comme sans faiblesse, dans la voie de la sécularisation de l'Etat, voie ouverte en 1789 et que l'on retrouve à la base de tout ce qui s'est fait de grand depuis lors.

Il ne faut pas se le dissimuler, en effet, l'abrogation de la loi de 1816 n'est pas seulement une victoire pour la justice sociale, pour le bon sens public, pour la moralité générale, pour l'honneur des familles; c'est un triomphe de l'esprit laïque sur l'esprit de domination confessionnelle, de l'esprit de la révolution sur l'esprit de réaction cléricale de la Restauration. Le divorce rétabli, c'est le mariage civil complété, consolidé, et c'est un rude coup porté aux espérances de ceux qui rêvent du retour à l'Eglise de tout ce qui concerne l'état des personnes.

Aussi faut-il s'attendre à des résistances nombreuses. Rien n'est encore fini, et les adversaires du divorce, la séance de samedi ne laisse sur ce point aucun doute, vont mettre tout en œuvre pour prendre leur revanche de leur éclatante défaite de vendredi.

La chose n'est pas facile. Si nous ne veillions, cependant, elle ne serait pas tout à fait impossible, et il suffit de se souvenir de ce qui se passa à Versailles en 1875, quelques jours avant le vote des lois constitutionnelles, pour comprendre par quels moyens nos adversaires pourraient réussir.

En 1875, l'Assemblée nationale avait voté une première loi sur l'organisation des pouvoirs publics, qui ne devait acquérir force et vigueur qu'après le vote de la loi particulière qu'elle s'était réservé de faire sur l'organisation du Sénat.

On se mit à l'œuvre; on discuta divers projets d'élection des sénateurs et, à un moment donné, M. Pascal Duprat, mû par le désir d'améliorer la constitution, proposa de faire élire le Sénat par le suffrage universel.

La Gauche se rallia à l'amendement Duprat d'enthousiasme; nos alliés constitutionnels nous abandonnèrent, mais ils furent remplacés par des membres de la Droite qui *cherchaient à améliorer la constitution dans ses détails, tout en se réservant de la repousser dans son ensemble*, et l'amendement fut accepté.

Aussitôt après, on passait au scrutin sur l'ensemble du projet. Les membres de la Droite déposèrent naturellement des bulletins bleus dans l'urne, et comme les constitutionnels, dont les voix faisaient pencher la majorité du côté où elles se portaient, ne voulaient pas aller jusqu'au suffrage universel, ils se liguèrent contre nous avec la Droite, comme un moment avant nous nous étions ligués avec la Droite contre eux; la loi fut entièrement rejetée.

La question constitutionnelle fut reprise à quelques jours de là, et, dans l'espérance sans doute de renouveler ce qui une première fois avait si bien réussi, M. Raoul Duval présenta une série d'amendements tous plus démocratiques les uns que les autres. Il pensait que les Gauches n'oseraient pas se prononcer contre leurs propres doctrines, qu'elles se laisseraient aller à accepter ses propositions et qu'on aboutirait encore à un projet auquel les constitutionnels ne consentiraient pas à se rallier.

La Gauche trouva qu'une expérience était suffisante. Estimant que toute lutte politique est un combat dans lequel on doit rechercher la victoire et non l'occasion d'une affirmation platonique de principes, elle repoussa avec ensemble toutes les améliorations que M. Raoul Duval apportait au plan convenu.

Demeurant fidèle au contrat qu'elle avait passé avec les constitutionnels, contrat dont elle avait accepté toutes les clauses, elle déjoua ainsi la manœuvre des ennemis de la République et réussit à doter la France de la constitution qui nous régit encore à cette heure, et qu'il est question de reviser aujourd'hui.

Si nous n'y prenions garde et si nous ne répondions aux adversaires du divorce comme la Gauche répondit à M. Raoul Duval en 1875, les choses pourraient bien se passer à cette heure comme elles se passèrent alors à propos de l'amendement Duprat.

Sous le spécieux prétexte que l'on doit, même lorsqu'on rejette le principe d'une loi, s'efforcer d'apporter à cette loi toutes les améliorations possibles dès que l'idée fondamentale en a prévalu, on pourrait certainement amener le Sénat à adopter des dispositions plus larges, plus libérales non seulement que le Code civil amputé du consentement mutuel, mais encore que le Code civil complet. Puis lorsque, après de nombreuses séances, on aurait élaboré un projet aussi libéral que celui de la Chambre des députés, plus libéral peut-être, nous arriverions au vote d'ensemble. Nos alliés d'un moment se sépareraient alors de nous, et beaucoup de ceux qui ont contribué à constituer la majorité de vendredi, ne voulant pas aller jusqu'où on essayerait de les conduire, se retourneraient contre nous : l'ensemble de la proposition de loi serait repoussé ; pour chercher à trop avoir, nous n'aurions plus rien du tout.

Certes, je suis loin de considérer le Code civil comme parfait ; à la Chambre des députés, j'avais proposé moi-même la plupart des dispositions nouvelles qui ont été adoptées par elle. Mais là le succès final n'était pas douteux, et, dès l'instant où nous ne courions aucun risque, il était naturel à nous de chercher à faire la loi la plus conforme à notre manière de voir.

Au Sénat, la situation n'est plus la même. A trop vouloir obtenir, nous nous exposerions à tout perdre. Et comme le rétablissement du Code civil — même avec la concession que nous avons faite à M. le garde des sceaux à l'endroit du consentement mutuel — est un grand bien, un bien immense, il serait insensé de mettre un pareil résultat en balance avec quelques améliorations de détail. Nous ne devons donc viser qu'au maintien de la majorité du 30 mai, et pour cela nous devons nous en tenir avec fermeté au projet qu'a accepté le gouvernement et auquel se sont ralliés jusqu'aux plus modérés parmi ceux qui ont voté l'abrogation de la loi du 8 mai 1816.

Ce projet portait rétablissement du titre VI du Code civil, moins les dispositions relatives au consentement mutuel. C'est là ce que nous devons faire triompher.

On nous oblige, il est vrai, à nous prononcer article par article, au lieu de nous prononcer en bloc. Qu'importe ? Nous n'avons qu'à rejeter systématiquement tous les amendements qu'on nous proposera, même ceux dont nous sommes les partisans, et nous arriverons en fin de compte au même résultat que si nous avions voté d'un seul coup.

Je ne me permettrais que deux exceptions à cette règle, à la condition que le gouvernement et la commission ne s'y opposassent pas. La question de procédure ne pouvant pas passionner au point de rejeter hors de notre majorité ceux qui sont actuellement avec nous, j'accepterais les améliorations de procédure si elles étaient très sérieuses.

En outre, si la Droite proposait le retour à l'article 295 tel que l'avait adopté la Chambre, en vue de donner une preuve de plus de notre respect pour la liberté de conscience des catholiques, cette nouvelle concession ne pouvant en aucun cas diminuer nos forces, je m'y rallierais avec plaisir.

Hors ces deux exceptions, je suis absolument décidé à voter contre tout ce qui n'est pas le Code civil pur et simple.

On m'accusera de déserter une fois de plus les principes. Cette accusation ne me fait pas peur et je la porterai allégrement. Les principes consistent à obtenir le divorce et à ne pas sacrifier ce qui est capital à ce qui n'est qu'accessoire. C'est au moins ainsi que je les comprends, que je les appliquerai, et que je demande à mes amis du Sénat de les comprendre et de les appliquer.

Naquet.

Le Voltaire du 4 juin 1884 (nº 1160)

A propos du vote du Sénat de vendredi dernier, notre collaborateur Naquet a reçu de nombreux télégrammes et de nombreuses lettres de félicitation. Le chiffre en est à ce point considérable qu'à son grand regret il lui est matériellement impossible d'y répondre autrement que par la voie du journal. C'est, par suite, cette voie qu'il choisit pour remercier tous ceux qui lui ont adressé des marques d'adhésion et de sympathie, et pour s'excuser auprès d'eux de ne pas l'avoir fait par des lettres personnelles.

Le Journal officiel du 6 juin 1884 (16e année - nº 154)

Séance du Sénat du 5 juin

Discussion du Divorce

M. Naquet. Je reprends l'amendement de la Chambre des députés, relatif à l'absence déclarée.

M. le président. La Chambre avait ajouté à la disposition du code civil inscrite dans cet article, ce paragraphe :

« L'absence déclarée d'un des époux sera pour l'autre époux une cause de divorce. »

M. Naquet demande que le Sénat statue sur cette disposition. Il a la parole pour la développer.

M. Naquet. Messieurs, je ne crois pas que la disposition qui a été votée par la Chambre des députés, et que je reprends ici, mérite de très grands développements. Tout le monde comprend le but que la Chambre s'était proposé et que je me propose moi-même.

A l'heure où nous sommes, avec les moyens de communication qui existent, cinq ans ou dix ans, — car l'absence déclarée peut arriver après cinq ans ou n'arriver qu'après dix ans, suivant les cas, — cinq ans ou dix ans, c'est un laps de temps tellement considérable, qu'il est absolument inadmissible qu'on soit demeuré aussi longtemps sans nouvelles d'une personne, s'il n'y a pas eu ou la mort de cette personne ou sa volonté formelle de ne pas donner de ses nouvelles.

Or, s'il y a eu de sa part volonté formelle de ne pas donner de ses nouvelles, ce n'est plus l'absence, c'est l'abandon, et l'abandon, s'il n'est pas reconnu dans la loi comme cause de divorce est, en somme, reconnu comme tel par la jurisprudence. La jurisprudence, en effet, le considère comme une des injures les plus graves de l'un des époux envers l'autre. Si la personne dont on est sans nouvelles est morte, alors le divorce n'est plus qu'un moyen détourné de constater le veuvage.

Je crois donc que l'absence déclarée, qui nous donne la certitude presque complète, presque absolue, avec des exceptions tellement rares que nous n'avons pas à en tenir compte, que l'un des conjoints est mort ou a commis l'abandon, je crois, dis-je, que l'absence déclarée doit être inscrite dans la loi comme cause de divorce. Si vous ne l'inscriviez pas, l'abandon pourrait cesser d'être un motif de divorce par cela seul que vous ne pourriez pas prouver que l'absence est un abandon volontaire.

Je crois, messieurs, que la Chambre des députés avait sagement agi en modifiant l'article 232; et, je demande au Sénat de conserver la modification qu'elle y avait introduite. (Très bien ! très bien ! à gauche.)

M. le président. La commission ne fait pas d'observation ?

M. le rapporteur. La commission accepte la modification.

Le Journal officiel du 8 juin 1884 (16e année)

Séance du Sénat du 7 juin

Discussion du Divorce

12 article 235

M. Alfred Naquet. Je demande la parole.

M. le président. La parole est à M. Naquet.

M. Alfred Naquet. Messieurs, il est bien entendu que la procédure ne crée pas les cas de divorce. Les cas de divorce sont compris dans les articles 229, 230 et 231 que nous avons votés l'autre jour. Mais il serait singulier de retirer par la voie de la procédure ce que nous avons accordé dans les articles antérieurs.

Il est dit dans ces articles que les condamnations à une peine infamante seront des causes de divorce. Nous aurons lieu de voir à la seconde délibération — je me réserve de revenir sur cette question — s'il n'y aurait pas lieu d'adopter, à l'article 232, une modification qu'y avait introduite la Chambre des députés, modification moins large que le code civil, et qui écartait des causes de divorce les peines déclarées infamantes par la loi, mais qui sont d'ordre politiques, comme un délit politique proprement dit ou un délit de presse portant application de peines criminelles.

Mais, en attendant que nous ayons à nous prononcer sur cette question, je dis qu'il y a des faits de droit commun qui sont absolument criminels, qui emportent des peines afflictives et infamantes qui ne sont pas prononcées par la cour d'assises. C'est le cas, par exemple, d'un militaire qui, ayant commis un vol ou un assassinat, sera jugé et condamné par un conseil de guerre.

Or, ne voyez-vous pas qu'il y aurait une inégalité choquante si ce fait, si grave que vous en faites non pas une cause facultative, mais une cause péremptoire de divorce, quand il s'agit d'un civil, cessait d'être pour l'époux innocent une cause de divorce, sous le prétexte que le coupable de ces crimes aurait été jugé par un tribunal militaire ou maritime?

Cela ne me paraît pas acceptable, et c'est pourquoi le Sénat fera bien, à mon sens, d'accepter la modification que lui propose la commission, modification qui n'a pas le moins du monde pour but d'amplifier, d'aggraver, de faciliter le divorce, mais qui, du moins, a cet avantage d'étendre à tous ceux qui sont dans une des conditions prévues par les articles précédents le bénéfice des cas prévus par ces articles. (Très bien! très bien! à gauche.)

article 295

M. Naquet. Je demande la parole.

M. le président. La parole est à M. Naquet.

M. Naquet. Messieurs, je ne viens pas m'opposer à la proposition de l'honorable M. Baragnon; bien au contraire, je viens l'appuyer, et je l'appuie avec d'autant plus de plaisir que c'est moi qui en ai été originairement l'auteur devant la Chambre des députés, où je l'avais proposée à la commission dans les termes mêmes que vous soumet aujourd'hui M. Baragnon. La Chambre y avait apporté une restriction que M. Baragnon propose même de faire disparaître. Je l'appuie d'une manière complète.

Messieurs, lorsque j'ai discuté l'autre jour, à cette tribune, d'une manière générale, le principe du divorce, en examinant l'objection tirée de la liberté de conscience des catholiques, je disais que, si je pouvais croire un instant que cette objection fût fondée, ce serait certainement, de toutes, celle qui me toucherait le plus. S'il est, en effet, une liberté qui me soit chère parmi les grandes conquêtes de la Révolution française, c'est, entre toutes, la liberté de conscience.

Or, j'estime qu'en effet, par les raisons si complètement développées par M. Baragnon qu'il est absolument inutile que j'y revienne, la disposition de l'article 295, tel qu'il avait été voté en 1803, c'est-à-dire l'interdiction pour les époux divorcés, de se remarier, soit qu'elle demeure complète, comme sous l'empire du code civil, soit qu'elle demeure restreinte, comme le voulait la Chambre des députés, serait une atteinte portée à la liberté de conscience des catholiques; et comme, selon moi, nous ne devons pas faire de loi qui porte atteinte à la liberté de conscience de qui que ce soit, je demande au Sénat d'adopter la modification proposée par notre honorable collègue M. Baragnon. (Approbation sur plusieurs bancs.)

Le Voltaire du 11 juin 1884 (n° 2167)

TROP D'AMOUR
POUR LE CODE CIVIL

Le Sénat, dans sa séance de samedi dernier, a achevé l'examen du titre VI du Code civil et a décidé de passer à une seconde lecture sur la loi portant rétablissement du divorce. La majorité a été de 43 voix. C'est donc partie gagnée. Le résultat de la seconde délibération ne fait aucun doute, et le succès est assez grand pour que ceux qui y ont contribué en triomphent légitimement. Pour ma part, si même la seconde délibération n'apporte aucun changement aux textes votés, je conseillerai à la Chambre des députés d'accepter la loi telle qu'[illegible] Elle ne sera pas absolument [illegible] roi elle renfermera des vices [illegible]ambetta;

peu conformes aux usages actuels du Palais; tant pis! Quand on aura reconnu les vices à la pratique, on y portera remède, et ceci ne présentera plus alors aucune difficulté.

Je suis donc, pour ma part, aussi satisfait qu'on peut l'être lorsqu'on sort d'une longue lutte couronnée par la victoire, et ce ne sont certes pas des questions de détail qui pourraient affaiblir ma satisfaction.

Je demeure cependant confondu lorsque je vois des hommes politiques, des penseurs, s'attacher à la lettre du Code civil comme à une nouvelle Bible, ainsi que l'a dit M. de Pressensé, et repousser systématiquement les modifications les mieux justifiées, parce qu'elles entameraient l'œuvre du législateur de 1803.

En veut-on un frappant exemple? L'article 235, tel que le proposait la commission, était ainsi conçu :

Si quelques-uns des faits allégués par l'époux demandeur donnent lieu à une poursuite criminelle de la part du ministère public, l'action en divorce restera suspendue *jusqu'après le jugement ou arrêt de la juridiction répressive*; alors elle pourra être reprise, sans qu'il soit permis d'inférer de l'arrêt aucune fin de non-recevoir ou exception préjudicielle contre l'époux demandeur.

Cet article ne différait de la rédaction du Code que par la substitution de ces mots : « *Jusqu'après le jugement ou arrêt de la juridiction répressive*, » à ces mots : « Jusqu'après l'arrêt de la cour d'assises. »

On comprend facilement la nécessité de cette substitution. L'article 232 porte que la condamnation de l'un des époux à une peine infamante est pour l'autre époux une cause de divorce. Or, si l'on conserve la rédaction du Code, l'article 235 enlève à toute une catégorie de citoyens les droits consacrés par l'article 232. Les militaires et les marins, n'étant point justiciables des cours d'assises, mais des conseils de guerre ou des tribunaux maritimes, les crimes qu'ils pourraient commettre n'autoriseront pas leurs femmes à réclamer le divorce. Il en sera de même pour les époux de comm... celles de nos colonies où ne ... pas le jury.

Eh bien! quelque bonnes qu'elles soient, ces raisons n'ont pas tenu devant le fétichisme du Code; l'amendement de la commission a été repoussé. J'espère toutefois que ce n'est pas là une décision définitive. Des hommes considérables et compétents se proposent, lorsque la question reviendra devant le Sénat, d'éclairer plus complètement sa religion, et il est à espérer que, sur un point de cette importance, ils auront gain de cause. Il est impossible que l'on persiste à vouloir retirer à quelques-uns par un article ce que, par un autre article, on accorde à tous sans distinction.

Quant à l'ensemble de la procédure, je n'ai pas le même espoir. Il me paraît bien démontré que la question ne sera plus même posée, et, comme il est à désirer que la Chambre accepte la loi que lui renverra le Sénat sans l'amender, c'est certainement la procédure surannée de 1803 qui prévaudra.

M. Denormandie, en homme d'une grande compétence, proposait des simplifications nombreuses. Il considère les formalités qu'a accumulées le Code comme d'une application difficile. Il aurait pu ajouter que ces formalités rendent le divorce beaucoup plus coûteux et se concilient mal avec les nécessités d'une société démocratique comme la nôtre, où l'on doit tendre à diminuer le plus qu'on peut les frais de justice.

Les adorateurs du Code répondaient que les formalités prescrites par la loi de 1803 étaient pratiques, et ils disaient en vouloir pour preuve qu'elles se pratiquaient en Belgique.

La raison était pauvre. Si, en effet, elles se pratiquent en Belgique, on a si bien reconnu dans ce pays leur inutilité et la gêne sans compensation qu'elles apportent à la marche de la justice qu'il est en ce moment même question de les supprimer. Un projet de loi pendant devant le Parlement de Bruxelles porte qu'à l'avenir les instances en divorce seront jugées selon les règles ordinaires du Code de procédure civile.

Et alors que nos voisins, qui ont pour eux les lumières de la pratique, abrogent des dispositions qui sont des entraves sans être des garanties, nous,

nous les rétablissons sans vouloir les améliorer en rien, sous le prétexte que le Code est une arche sainte à laquelle il n'est pas permis de toucher.

Il a failli en être de même de l'article 295. Le Code civil avait repoussé l'irrévocabilité du mariage à juste titre, mais il avait eu le tort de consacrer *l'irrévocabilité du divorce*; il avait admis qu'en aucun cas les époux divorcés ne pourraient se réunir.

Cette disposition que rien n'explique, que rien ne justifie, est abrogée par le projet de loi belge. On y substitue une autre disposition portant simplement que, si les époux divorcés se réunissent, une nouvelle célébration du mariage sera nécessaire et que, dans cette nouvelle union, il ne pourra pas être dérogé aux conventions matrimoniales de l'union première.

Au Sénat cependant l'interdiction absolue prononcée par le Code a trouvé des défenseurs, et sans le vote des Droites, qui réclamaient, au nom de la liberté de conscience, la faculté pour les époux divorcés de contracter entre eux un nouveau mariage, il est bien possible qu'elle eût été maintenue. Encore le Sénat a-t-il introduit dans l'article 295 une restriction que n'y introduit pas le projet belge. Il a interdit aux époux divorcés de se réunir lorsque l'un d'eux aurait contracté, depuis le divorce, un autre mariage ultérieurement dissous.

Sur ces divers points il sera bon d'insister de nouveau. Nous restituons à ce pays-ci une liberté nécessaire; nous faisons une loi morale entre toutes; pourquoi ne pas mettre cette loi en harmonie avec les exigences de notre époque? Il est probable que, si le Code avait été respecté en 1816, nous le modifierions aujourd'hui sur bien des points. Pourquoi, puisque nous refaisons le titre VI à cette heure, ne pas y apporter toutes les modifications que le progrès des temps nécessite?

Pourquoi copier servilement ce qu'ont fait nos prédécesseurs?

J'ai peine pour ma part à m'habituer à ce respect presque religieux d'une législation qui est loin d'être parfaite, et je regrette, je l'avoue, que la tentative de M. Denormandie soit demeurée infructueuse.

Mais, quoi qu'il en soit, je me console en pensant que la religion du Code, contre laquelle je m'élève, a été un puissant adjuvant pour faire admettre le rétablissement du divorce, rétablissement qui aurait rencontré de bien autres obstacles si le titre VI du Code civil n'avait pas été là.

En somme, le divorce est voté. Le principe de la neutralité de la loi civile triomphe. La France va cesser d'être, par sa législation matrimoniale, au-dessous de tous les autres pays de l'Europe. C'est là une assez belle victoire de l'esprit moderne pour qu'on admire le tableau sans en regarder les ombres et pour qu'on puisse, en somme, féliciter la majorité sénatoriale sans arrière-pensée.

Naquet.

Le Voltaire du 18 juin 1884 (n° 2174)

UN ENSEIGNEMENT DE FAIT

Nous ne nous occupons pas beaucoup en France de ce qui se passe hors de nos frontières, surtout lorsqu'il s'agit de pays qui ne confinent pas au nôtre. C'est un tort, car l'étude de ce qu'on me permettra d'appeler la politique comparée porte en soi de sérieux enseignements.

Ainsi, en ce moment, dans un Etat septentrional de l'Europe, en Norwège, un grand duel se poursuit — duel légal, parlementaire — entre la représentation nationale et le roi. Ce conflit dure déjà depuis longtemps. Il peut durer longtemps encore avant d'aboutir à une solution définitive. Mais il se terminera certainement par le triomphe de la volonté nationale, soit que le roi cède, soit que le pays finisse par adopter la forme républicaine. On peut appliquer au roi Oscar le fameux dilemme de Gambetta:

se soumettre ou se démettre. Vraie en France il y a six ans, cette alternative n'est pas moins vraie en Norwège.

Il y a toutefois entre notre pays et les pays scandinaves cette différence qu'ici, lorsque surgissent des événements comme ceux de 1877, les solutions se précipitent, tandis que là-bas tout se déroule avec la lenteur d'un procès qui s'instruit, se plaide et se juge avec calme, et sans aucune espèce d'impatience hâtive. C'est même ce qui, aux yeux de nos compatriotes, peu habitués, lorsqu'il s'agit de politique, à ces procédures interminables, enlève un peu de leur attrait aux affaires norwégiennes ; c'est ce qui est cause que les journaux français n'en parlent pour ainsi dire pas, un entrefilet venant à peine tous les trois mois relater en deux mots les faits qui se sont accomplis.

Et cependant la lutte engagée présente un intérêt théorique autant que pratique, puisqu'elle porte tout entière sur une question constitutionnelle et que la revision prochaine donne chez nous aux questions constitutionnelles un intérêt immédiat.

On sait quel est le litige. Le roi prétend avoir un droit de *veto* absolu en matière constitutionnelle, tandis que l'Assemblée considère ce *veto* comme simplement suspensif. Il en résulte que l'Assemblée revise la constitution, et que le ministère refuse de promulguer et d'exécuter ses décisions. L'Assemblée met alors en accusation les ministres, qui sont condamnés. Mais les nouveaux ministres choisis par le roi suivent la même voie que leurs devanciers et sont mis en accusation à leur tour ; et les choses iront ainsi jusqu'à ce que le roi se soit incliné devant la nation ou que la nation, fatiguée de ses résistances, se soit décidée à briser la royauté.

Ce sont là les péripéties de la lutte, l'accessoire. Voici maintenant quel est le fond même du débat :

La Norwège a pour ainsi dire une Assemblée unique. Cette Assemblée, il est vrai, se divise en deux Chambres ; mais ces deux Chambres sont plutôt deux comités ; au moindre désaccord elles se réunissent en Congrès pour trancher les difficultés.

L'Assemblée nationale fait les lois, mais ne doit pas s'immiscer dans le pouvoir exécutif. Ce dernier, d'autre part, doit promulguer les lois, dont il n'a pas l'initiative, et sur lesquelles le roi — ceci est incontesté dès qu'il ne s'agit pas de revision — n'a d'action que par son droit de *veto* simplement suspensif. Les ministres ne peuvent pas faire partie des Chambres et n'y ont pas même entrée avec voix consultative. Cette constitution est donc à peu près calquée sur la constitution française de 1791.

Ce que demande à cette heure le peuple norwégien, c'est de faire un pas timide vers la responsabilité ministérielle, en admettant les ministres dans les Chambres avec voix consultative. C'est là l'innovation que le pouvoir exécutif repousse comme dangereuse.

Or, chez nous, il se trouve des hommes politiques, et je suis de ce nombre, qui voudraient en finir avec la responsabilité ministérielle. Frappés des inconvénients de ce régime dont la conséquence fatale est la subordination des représentants du pays à l'exécutif ou l'instabilité permanente de ce dernier, ils voudraient, à l'inverse de ce qui se passe en Norwège, revenir aux principes de séparation absolue proclamés par les constitutions de 1791, de l'an III et par les lois fondamentales de tous les peuples républicains autres que le peuple français.

Y a-t-il, dans les faits qui se déroulent au Parlement de Christiania, un enseignement qui doive porter les partisans français du régime représentatif à renoncer à leurs idées et à reconnaître la supériorité du régime parlementaire ? Je ne le pense pas.

On peut y trouver, par contre, une preuve évidente de la supériorité de la forme républicaine sur la forme monarchique. C'est là-dessus que je veux insister. C'est ce point que je veux mettre en lumière et sur lequel j'appellerai l'attention des monarchistes. Chaque jour ceux-ci font ressortir les défauts inhérents au parlementarisme et concluent ensuite contre la République. C'est contre la monarchie qu'ils devraient conclure, si la logique hantait quelque peu leurs esprits.

Le régime parlementaire présente des inconvénients, des vices inhérents à sa nature, que j'ai souvent fait ressortir et sur lesquels je n'ai pas l'intention de revenir aujourd'hui. Seulement, ceux qui le croient, malgré ses imperfections, préférable à tout autre, doivent reconnaître qu'il n'est pas plus l'apanage des gouvernements à forme monarchique que de ceux à forme républicaine. Que le chef irresponsable du pouvoir exécutif s'appelle président ou roi, le fonctionnement du système est le même ; ce qui est possible ici est possible là. Ce qui là est impossible est également impossible ici.

Si donc on est pour le régime parlementaire, quelque tendance monarchique que l'on ait, on est bien forcé d'avouer que la monarchie n'est pas une des conditions essentielles de cette organisation et que l'on peut avoir de ce chef toute satisfaction sous la République. J'ajouterai même, moi républicain, qu'on peut avoir sous la République des satisfactions plus grandes, le caractère électif et temporaire du pouvoir exécutif étant une garantie de plus pour les libertés publiques.

Par contre, ceux qui ne croient pas au parlementarisme ne peuvent trouver que dans la République une sauvegarde pour la souveraineté nationale et pour la liberté. C'est ce qui fait que tous les peuples libres qui vivent tant bien que mal en monarchie ont institué le régime parlementaire, tandis que toutes les Républiques, sauf la nôtre, ont institué le régime représentatif.

Le constituant de 1791 avait voulu, comme l'a fait le constituant norwégien, établir le régime représentatif avec la monarchie. L'échec de 1791 et la lutte engagée à cette heure en Norwège démontrent que c'était là une conception grosse de périls.

Il existe, en effet, deux moyens pour que la nation soit véritablement maîtresse de ses destinées. L'un consiste à confier le pouvoir exécutif à des hommes dont le mandat n'est pas limité dans sa durée, mais qui sont perpétuellement révocables. Tels sont les ministres parlementaires, choisis par un roi constitutionnel ou par un président de République, mais responsables devant le Parlement, qui les renverse en les mettant en minorité.

L'autre consiste à confier le pouvoir exécutif à un homme ou à un conseil nommé pour un temps strictement limité, mais irrévocable pendant toute la durée de son mandat.

Dans le premier système, la garantie du pays repose sur la permanence de la révocabilité ; dès que le ministère ne gouverne plus au gré de la nation on le renverse.

Dans le second, elle repose sur la limitation de la durée des pouvoirs de l'exécutif ; si le président de la République ou le Directoire gouverne contrairement aux sentiments de la nation, on le subira pendant un temps très court ; mais, outre que le pouvoir législatif enrayera son action par des lois appropriées, on aura raison de lui en ne le réélisant pas à l'expiration de son mandat.

Ce second système est plus grossier en apparence que le premier, mais il s'accommode beaucoup mieux à l'infinie variété de nuances qui tend de plus en plus à se produire dans les nations modernes et dans les pays de suffrage universel. Suivant nous, dans ces derniers pays, il est même le seul pratique. Mais au moins faut-il ici que le pouvoir exécutif soit temporaire. Il est évident, en effet, qu'un président viager ou un roi héréditaire qui choisirait lui-même ses ministres, qui les prendrait dans la minorité, qui les imposerait au Parlement, pourrait tenir ce dernier en échec et avoir raison de la souveraineté nationale.

Là où le pouvoir exécutif n'est pas temporaire et électif la responsabilité ministérielle s'impose. La lutte engagée à Christiania en est l'éclatante démonstration.

Et maintenant, tirons les conséquences.

Si le régime parlementaire est mauvais, il l'est sous la monarchie comme sous la République, et l'on ne corrigerait pas ses abus en remplaçant M. Grévy par Philippe VII.

Par contre, le régime représentatif n'est possible que sous la République. Sous la monarchie, il n'y a d'alternative qu'entre le parlementarisme et l'absolutisme.

Si donc on est vraiment libéral et avec cela parlementaire, on n'a aucune bonne raison pour ne pas s'accommoder de la République, où l'on trouve, et au delà, toutes les satisfactions que l'on trouverait sous la monarchie constitutionnelle.

Mais si, demeurant libéral, on est contraire au parlementarisme, on ne peut être que républicain, la République seule permettant d'organiser le système représentatif.

Je serais curieux de savoir ce que répondraient à ce dilemme les journaux réactionnaires qui chaque jour font le procès du parlementarisme et retournent leurs arguments contre la République.

Mais c'est là, je le crains, une curiosité qui n'a guère chance d'être satisfaite. Lorsqu'on n'a point de bons arguments à donner, on se tait. Les journaux monarchistes ne répondront pas. C'est plus simple.

Naquet.

Le Journal officiel du 21 juin 1884 (16e année - n° 169)
Séance du sénat du 20 juin
deuxième délibération du divorce.

M. le président. La parole est à M. Naquet.

M. Naquet. Messieurs, après m'être imposé si longuement à l'attention du Sénat lors de la première délibération de cette proposition de loi, je pensais ne plus remonter à cette tribune. Je crois, cependant, à cette heure, être obligé de répondre à quelques arguments qui ont touché ou qui ont essayé de toucher à mon argumentation. Mais le Sénat peut être certain que je n'abuserai pas de la liberté de la tribune et de l'attention qui m'est donnée ; je serai aussi bref que possible.

Messieurs, plusieurs discours éloquents ont été prononcés ici en faveur du divorce, comme celui de l'honorable M. de Marcère, comme celui qu'a prononcé l'autre jour l'honorable garde des sceaux; plusieurs discours également très éloquents ont été prononcés contre les opinions que je soutiens.

Le premier de ces discours a été celui de l'honorable M. Jules Simon.

J'y ai rencontré une objection qui trouve sa propre réfutation dans les paroles même de notre collègue.

J'y ai trouvé, d'autre part, un reproche adressé à mon argumentation, reproche sur lequel je dois m'expliquer.

J'ai dit qu'il y a dans le discours de M. Jules Simon une pensée qui trouve sa réfutation dans les paroles mêmes de l'orateur. M. Jules Simon, en effet, en débutant, nous a dit : Qu'allez-vous faire? Vous n'allez pas créer le divorce; vous allez créer la répudiation ; la femme que vous prétendez, vous, monsieur Naquet, avoir avec vous, que vous avez déclaré avoir avec vous, la femme est, au contraire, contre vous; elle est contre vous, parce qu'elle est catholique, et que la femme catholique ne pourra pas user de la faculté du divorce; son mari seul en usera contre elle, et le divorce alors équivaudra pour elle à une répudiation.

D'abord, monsieur Jules Simon, je n'ai pas prétendu que dans une espèce de plébiscite des femmes, — qu'il m'était impossible de provoquer. (Hilarité), — j'ai eu pour moi la majorité de toutes les femmes de France. (Nouvelles hilarités.)

Je ne sais pas ce que pensent sur cette question la majorité des femmes de France. On racontait à une de nos dernières séances, que, quelquefois il m'était arrivé, au cours de la propagande, du prosélytisme auxquels je me suis livré, de rencontrer quelques obstacles venant de la part des femmes ; j'avouerai très volontiers — je l'ai déjà avoué ici, — que quand j'ai commencé à parler du divorce, j'ai rencontré, en effet, des obstacles, des oppositions nombreuses, sérieuses, mais je n'ai pas plus hésité à parler dans les campagnes que dans les villes. Et, c'est dans les campagnes que j'ai commencé, car, soucieux de mes devoirs envers le corps électoral, je n'ai proposé le divorce à la Chambre des députés qu'après avoir déclaré, au corps électoral de mon département que je poserais la question. J'ai rencontré, dans le corps électoral de mon département, à ce moment-là, une opposition très vive; j'ai parcouru tous les villages et villes de ma circonscription, et c'est après m'être expliqué que j'ai eu une majorité considérable contre le candidat rétrograde et contre un autre candidat républicain; je n'ai donc pas dit que la majorité des femmes de France fût pour le divorce, je n'en sais rien; ce que j'ai dit, c'est que si l'on consultait les femmes séparées et qu'on leur demandât ce qu'elles préfèrent, du divorce ou de la séparation de corps, elles préfèreraient le divorce.

Voilà ce que j'ai dit. J'ai ajouté que ceux qui prétendent défendre l'indissolubilité absolue du mariage, au nom de l'intérêt de la femme, se croient plus aptes à juger de l'intérêt de la femme que la femme elle-même, puisque, quand la femme est appelée à se prononcer entre le divorce et la séparation de corps, elle se prononce presque toujours en faveur du divorce, à moins d'être retenue par des motifs d'ordre purement religieux.

Mais l'honorable M. Jules Simon, après avoir déclaré que les femmes ne voudraient pas du divorce, parce qu'elles seraient toujours arrêtées par ce sentiment catholique, qu'elles n'en useraient pas, que le divorce deviendrait la répudiation contre elles en faveur de leurs maris, M. Jules Simon, dis-je, a changé de thèse, et, pour nous émouvoir, pour nous montrer tous les dangers de la loi que nous vous proposons, il nous a fait le tableau d'une femme sortant de l'église, et, au sortir même de la cérémonie nuptiale, regardant la personne qui, dans sa pensée, est appelée à succéder plus tard à son mari. (Sourires.) Il nous l'a montrée, emportée par toutes les violences de la passion, entraînée à tous les débordements qui doivent conduire plus tard à un divorce, à une rupture de famille.

J'ai le droit de dire à mon honorable collègue : vos deux arguments se contredisent l'un et l'autre et se neutralisent. De deux choses l'une : ou bien la femme n'usera jamais du divorce parce qu'elle est catholique, et, alors, ne craignez pas que la sainteté du mariage, en ce qui la concerne, soit altérée par le divorce et par la violence des passions qu'il va déterminer chez elle ; ou bien la femme usera du divorce, et, alors, ne dites pas que vis-à-vis d'elle nous instituons un simple droit de répudiation, puisque, d'après les dangers que vous signalez vous-même, elle va en user.

Messieurs, j'ai le respect de la liberté de la femme, car je serais contre toute loi qui devrait inférioriser la femme dans mon pays ; je suis convaincu qu'on peut mesurer d'une manière certaine le degré de civilisation d'un peuple au degré de liberté dont jouit la femme. (Très bien ! à gauche.) Eh bien, je tiens à le dire : Dans les pays où le divorce existe, il est plus souvent demandé par la femme que par l'homme, ce qui répond à la première des deux affirmations contradictoires de M. Jules Simon.

Mais, en Belgique, les divorces ont considérablement augmenté, disait tout à l'heure notre collègue M. Chesnelong ; M. Chesnelong a oublié de dire pourquoi. La raison en est assez simple.

En Belgique, comme ce sera demain le cas en France, si vous votez la loi actuelle, il y a à la fois la séparation de corps et le divorce. En 1830, il y avait beaucoup de séparations et il y avait très peu de divorces. Aujourd'hui, il y a beaucoup plus de divorces, mais il y a beaucoup moins de séparations de corps. Peut-être cela tient-il à ce que l'influence catholique est devenue moindre aujourd'hui qu'elle ne l'était en 1830... (Interruptions et rires à droite.)

M. Le baron Le Guay. Et les élections?

M. Tolain, *s'adressant à la droite.* Alors, cela se retourne contre vous !

M. Chesnelong. Vous êtes en retard !

M. Naquet. Le *Journal de Bruxelles* déclare que les élections sont politiques et qu'elles ne sont pas confessionnelles.

M. le baron Le Guay. Vous devriez faire de cette politique-là.

M. Naquet. Nous vous la laissons volontiers.

Plusieurs sénateurs à droite. Nous l'acceptons.

Un autre sénateur. Nous y travaillons tous les jours.

Autre voix à droite. Vous y aiderez avec la loi du divorce !

M. Naquet. Essayez de la faire.

M. le président. Pas d'interruptions, messieurs.

M. Naquet. J'aborde maintenant le point par où M. Jules Simon a espéré prendre en défaut mon argumentation. Il m'a dit : Vous avez apporté des chiffres à cette tribune, et je ne disconviens pas que ces chiffres n'aient leur importance. Mais il y a un point dont vous avez omis de parler ; vous avez omis de nous dire quelle influence le divorce exercerait dans l'intérieur même des ménages réguliers. Certainement, c'est une grande question de savoir s'il y aura plus de dissolutions de mariages, mais ce qui importe, c'est de savoir si la sainteté, si la solidité, si la pureté du lien conjugal ne ser[illegible] altérée par la perspective, par l'attra[illegible] [illegible]ivorce. Voilà ce qu'a dit M. Jules Simon ; [illegible] ajouté qu'il faisait là de la psychologie ; que la psychologie est une science certaine et que toutes les conclusions qu'on en tirait étaient aussi positives, aussi sûres que celles que nous pouvons tirer de nos expériences de la boratoire.

Je crois, monsieur Jules Simon, que, sur ce point, vous êtes dans une erreur profonde. Dans nos laboratoires, nous faisons aussi des déductions d'ordre rationnel; mais quand nous avons fait ces déductions d'ordre rationnel et purement logique, nous ne nous y tenons pas; nous ne les considérons que comme de simples hypothèses jusqu'au jour où l'expérience, s'il s'agit d'une science expérimentale, l'observation, s'il s'agit d'une science comme l'astronomie, nous les a définitivement démontrées. Vous vous tenez, vous, dans ce que vous appelez la preuve psychologique, dans ce que j'appelais la preuve métaphysique, dans la raison pure, en un mot. Moi, je m'y suis placé aussi; mais ce qui prouve que cette logique pèche un peu soit chez vous, soit chez moi, c'est qu'en partant des mêmes données de la raison pure, nous arrivons à des conséquences absolument dissemblables et que, peut-être, tant il y a de variété parmi les hommes et les situations dans lesquelles ils sont placés, nous avons, suivant les cas, raison tous les deux.

Je disais dernièrement : Le divorce aura dans la famille le même effet que la liberté politique a dans le pays; il sera un élément d'ordre dans la famille, comme la liberté politique est un élément d'ordre dans le pays. (Murmures à droite.)

Je vous disais, — je vous demande pardon de me répéter, mais j'y suis obligé puisque les mêmes arguments se reproduisent sans cesse, — je vous disais : Lorsque chaque époux saura que, s'il se montre indigne de son conjoint, ce conjoint pourra se débarrasser d'un lien devenu odieux, non par la séparation de corps, qui lui crée dans la société une situation intolérable, mais par le divorce qui lui permet de se refaire une seconde famille, il en résultera, dans le cœur de chacun des époux, un sentiment de concessions, de ménagements réciproques qui feront régner l'ordre et l'harmonie là où l'apparence de l'indissolubilité fait naître la désharmonie, prélude d'une séparation future.

Ah! je sais ce que m'a répondu l'honorable M. Jules Simon. Il m'a dit : Prenez garde! c'est l'argument des unions libres; c'est l'argument de l'homme qui, vivant maritalement avec une femme, ne se marie pas parce que, tant qu'il n'est pas marié, il se croit plus assuré de la condescendance de la femme à obéir à ses volontés et même à ses caprices, parce qu'il craint qu'il n'en fût plus de même le jour où il serait marié et où elle serait garantie par la loi.

Eh bien, monsieur Jules Simon, ce raisonnement me laisse froid et ne détruit pas le mien, parce que vous ne présentez que la moitié de l'argument, ce qui fausse votre argumentation.

Il est incontestable que, dans le cas des unions libres dont vous parlez, l'homme a en face de lui une femme privée de garanties, des enfants qui ne sont peut-être pas reconnus, qui, le jour où ils seront abandonnés, n'auront en perspective que la misère; dans ces conditions, il est évident que la femme est obligée de se plier aux volontés, aux caprices de son amant, qu'elle devient son esclave.

Elle n'a pas sa vie, elle n'a pas son avenir, sa dignité assurés; mais lorsqu'il s'agit d'un mariage légitime, la situation est autre, elle est réciproque, elle est bilatérale; la dignité est égale de part et d'autre; la garantie est complète, même avec le divorce, qui assure à la femme divorcée, jusqu'au jour d'un nouveau mariage, une pension alimentaire de son mari, s'il a le moyen de la lui faire et si elle en a besoin, et qui, en outre, lui garantit, de la part de son mari, la participation aux charges de l'éducation et de l'entretien de ses enfants.

La situation, dis-je, n'est pas la même ici, je le répète; elle est bilatérale. Le sentiment qui, dans le cas d'une union libre, pousse la femme à des ménagements, ici poussera également l'homme, parce que le mariage n'est pas toujours lourd à l'homme et avantageux à la femme; parce que, souvent, l'homme a autant d'intérêt, plus d'intérêt que la femme à conserver le mariage. Le sentiment dont je parle se manifestant dès lors des deux côtés à la fois, engendrant des ménagements et des concessions réciproques, aura pour résultat de resserrer et de consolider l'union conjugale.

Voilà ce que je disais, messieurs, et je crois qu'en nous tenant sur le terrain de la logique, de la raison pure, de la psychologie, j'avais absolument raison.

L'honorable M. Jules Simon me dit à son tour que le divorce a des attraits!

Attraits, messieurs! Je ne voudrais pas m'appesantir sur ce mot. Le divorce est moins terrible que la séparation de corps, voilà tout; mais le divorce, avec son cortège de débats publics et scandaleux, est loin d'être attrayant; et certes, quoi qu'on en ait dit tout à l'heure, ce n'est pas dans l'espoir d'un divorce qu'on se mariera jamais.

Mais enfin, je le veux bien, il est moins pénible que la séparation de corps.

Et alors, vous me dites : on s'y précipitera plus volontiers, on s'y précipitera plus facilement, et l'union conjugale en deviendra moins solide.

Nous voilà donc, l'un et l'autre, en présence de deux raisonnements, de deux déductions, de deux hypothèses différentes ; comment allons-nous trancher la question ? Je vous convie, monsieur Jules Simon, à la trancher par le procédé expérimental, et c'est ce que j'ai déjà essayé de faire.

Je me suis dit : Voyons; quand un objet est solide, à quoi le reconnaît-on? à ce qu'il se casse moins facilement. Quand un objet n'a pas de solidité, à quoi le reconnaît-on? à ce qu'il est plus fragile, à ce qu'il se casse avec une facilité plus grande. Si donc il est vrai que, par le fait du divorce, le mariage devienne moins saint, moins pur, moins solide, il sera, par cela même, plus fragile ; étant plus fragile, il se brisera plus souvent ; et quand nous étudierons les statistiques, nous trouverons un plus grand nombre d'unions brisées là où le divorce existe que là où le divorce n'existe pas.

Les chiffres, les arguments statistiques que j'ai produits étaient donc une véritable réponse, une réponse, selon moi, péremptoire à l'objection que vous m'avez présentée, et, loin d'omettre cette objection, je crois que j'y avais répondu par avance, en citant des chiffres, ces chiffres dont vous faites peut-être, ainsi que notre honorable collègue M. Allou, trop bon marché, mais sur lesquels je veux surtout m'expliquer encore vis-à-vis de M. Chesnelong. Je dirai que je regrette — c'est évidemment ma faute, je ne dois pas m'être exprimé d'une manière claire et précise lors de la première délibération — je regrette, dis-je, d'avoir été aussi mal compris; mais, à coup sûr, j'ai été bien mal compris. Je n'ai jamais dit, messieurs, que, d'une manière générale et absolue, là où le divorce existait, il y avait moins de ruptures de mariages que là où le divorce n'existait pas. J'ai dit seulement que la législation avait très peu d'empire sur le nombre des familles qui s'unissent et sur le nombre des familles qui se désunissent. Pour le démontrer, j'ai comparé différents pays qui vivent sous la même législation et où, cependant, le nombre des mariages brisés est absolument différent ; tandis que dans d'autres pays qui vivent sous des législations différentes, le nombre des ménages brisés se rapproche énormément, contrairement aux déductions qu'on devrait tirer de cette idée que le divorce ou la séparation de corps exerce un empire considérable sur les mœurs, sur la solidité du mariage, sur le nombre des unions qui se brisent ou qui se fondent.

J'ai conclu de là, avec M. Bertillon, en m'appuyant sur l'observation de la Suisse, de la Bavière, de la Suède, du Danemark et de la France elle-même, que la législation n'avait qu'un empire extrêmement faible, et que les dissolutions de mariages, comme les mariages eux-mêmes, étaient dues surtout à des causes nombreuses, variées, au nombre desquelles j'ai placé la religion, l'habitat des grandes villes, les professions et le temps.

M. Chesnelong. Voulez-vous me permettre une simple observation pour justifier l'assertion que j'ai apportée à la tribune ? Je n'ai pas eu l'occasion de vous nommer. J'ai dit, d'une façon générale, qu'on avait prétendu que le nombre des séparations était beaucoup plus considérable en France que le nombre des divorces dans les pays où le divorce existe.

Par exemple, notre honorable collègue M. de Marcère, devant la Chambre des députés, citait le nombre des séparations de corps qui ont eu lieu en Angleterre, en Ecosse, en Allemagne et dans d'autres pays, et il ajoutait :

« Le régime de la séparation de corps est plus défavorable en France que le régime du divorce et celui de la séparation de corps réunis dans tous les autres pays de l'Europe.

« Voilà une démonstration absolue, fondée sur des faits indéniables, et qui prouve que le régime du divorce est moins défavorable à l'union des ménages et à l'ordre social que la séparation de corps. »

Il me suffit de citer ces lignes pour établir que je n'ai pas prêté à mes honorables contradicteurs une opinion autre que celle qu'ils avaient exposée. J'avais eu soin de vérifier ce qu'ils avaient dit et les chiffres qu'ils avaient cités à l'appui.

M. de Marcère. L'honorable M. Chesnelong commet une erreur : je n'ai pas cité de chiffres dans mon rapport.

M. Chesnelong. Je vous demande pardon; dans le document que j'ai sous les yeux, des chiffres sont cités. Vous les faites même précéder de cette phrase significative... (Bruit et interruptions à gauche. — Laissez parler l'orateur !)

C'est une question de bonne foi, messieurs, je n'ai plus qu'une phrase à lire...

M. le président. Votre bonne foi n'est pas en cause, monsieur Chesnelong, mais je dois maintenir la parole à M. Naquet, qui est à la tribune.

M. Chesnelong. Si M. Naquet veut bien m'y autoriser, je ne citerai que cette phrase empruntée à un discours de M. de Marcère prononcé par lui le 8 mai 1882 :

« Vous allez en juger par des chiffres qui ont une éloquence à nulle autre pareille... »

Je crois, après cela, que je suis complètement exonéré du reproche que me faisait M. Naquet d'avoir prêté aux partisans de la loi une thèse qu'ils n'avaient pas soutenue.

M. de Marcère. C'est peut-être dans mon discours, mais ce n'est pas dans mon rapport.

M. Naquet. Quoi qu'il en soit, messieurs, dans le discours que j'ai prononcé, j'ai eu soin de citer les chiffres concernant le Danemark, la Suisse, chiffres qui sont beaucoup plus élevés que ceux qui sont relatifs à la France. Mais j'ai prouvé que dans la Suisse même, c'est-à-dire sous une législation identique ; en France, c'est-à-dire aussi sous une législation identique ; en Norvège et en Danemark, c'est-à-dire encore sous une législation identique et ici pour une race semblable, le nombre des divorces était extrêmement différent, à ce point de varier de 0 jusqu'à 103 p. 1,000 mariages ; 0 sur 1,000 étant le chiffre du canton d'Uri, en Suisse, et 103, si je ne me trompe, — je n'ai pas les documents sous les yeux, — le chiffre d'un autre canton, celui de Soleure, je crois ; et j'en ai conclu qu'il n'y avait qu'une action très faible de la législation, une action assez faible pour que nous n'ayons pas à nous en préoccuper.

Mais j'ai voulu aller plus loin, et je vous ai dit :

« Prenons maintenant deux pays voisins, deux pays de même religion, de même race, de même langue, comme la Belgique et la France ; nous pourrons alors considérer, toutes les autres causes étant sensiblement égales, les différences observées comme exprimant l'action vraie de la législation. »

Il est à remarquer, d'ailleurs, et c'est encore une réponse que j'adresse à l'honorable M. Chesnelong, que, si, en Belgique, le nombre total des ruptures de ménages a augmenté considérablement depuis 1840, il a augmenté aussi dans une proportion égale en France ; si bien que la proportion entre la France et la Belgique est toujours restée la même, et qu'elle est toujours au profit de la Belgique contre la France.

Cela ne prouve pas, bien entendu, que le divorce en soit la cause : je ne prétends pas en inférer que le divorce empêche les séparations d'être aussi nombreuses en Belgique que chez nous ; mais j'ai le droit d'affirmer que cela démontre d'une manière claire et évidente que le divorce n'est pas une cause de dissolution sociale.

Mais ici arrive notre honorable collègue M. Allou, qui met d'abord en doute les chiffres de M. Bertillon en s'appuyant sur l'autorité de M. Glasson.

M. Allou, sur ce point, a été induit en erreur : M. Glasson ne pouvait pas contester les chiffres de M. Bertillon, par une excellente raison, c'est que les chiffres de M. Bertillon ont été publiés très postérieurement au livre de M. Glasson. Mais, dans tous les cas, voici ce que dit M. Glasson lui-même :

« Cet état de chose dura jusqu'en 1816. A cette époque une loi abolit le divorce et ne laissa subsister que la séparation de corps. Quels sont les résultats qu'aurait produits chez nous le divorce du code civil s'il n'avait pas été supprimé ? Il serait difficile de le dire. Il faut reconnaître toutefois que la législation du code civil sur le divorce n'avait donné lieu à aucun abus grave jusqu'au moment où elle fut abrogée. »

A gauche. C'est cela ! Voilà les faits.

M. Naquet. Voilà ce que dit M. Glasson. Et puis, parlant de la Belgique et de l'Alsace-Lorraine, le même auteur, qui est un adversaire du divorce, notez-le bien, s'exprime ainsi :

« Il est intéressant de rechercher quels sont les effets produits par le divorce du code civil chez nos voisins de Belgique. Le divorce, toujours admis en Belgique, même depuis que ce pays a été séparé de la France, n'a pas encore produit d'abus sérieux. »

Vous voyez, messieurs, que le divorce n'a pas encore produit d'abus sérieux en Belgique et qu'il n'en avait pas produit en France à l'époque où il existait, d'après M. Glasson lui-même, qui est un ennemi du divorce, et dont l'honorable M. Allou invoquait l'autre jour à cette tribune l'autorité en faveur d'idées contraires à celles que je défends.

Aussi suis-je, pour ma part, absolument rassuré sur les mauvais effets sociaux que pourrait produire le divorce. D'autre part, tous les orateurs qui se sont succédé dans cette discussion ont reconnu, avec moi, que, si le divorce ne devait pas avoir d'effets funestes sur les ménages réguliers, il serait tellement incontestable qu'au point de vue des époux séparés il est supérieur à la séparation de corps, que nul ne pourrait alors le repousser. J'ai donc, je le répète, une quiétude parfaite en demandant le rétablissement du divorce ; j'ai la conviction que j'apporte un remède puissant à des situations désastreuses et que je ne compromets en rien la situation de la famille dans la société française.

Mais, me dit-on, vous citez toujours les peuples étrangers ; vous citez des Belges, des

Allemands, des Flamands; mais nous ne sommes ni flamands, ni belges, ni allemands, nous sommes français; et rappelez-vous les effets de la loi de 1792. A cette époque, on se rua, on se précipita dans le divorce; ne craignez-vous pas que demain, quand vous aurez ouvert de nouveau cette voie fatale, on ne s'y précipite avec la même ardeur; et que n'étant pas retenus au même degré par ce lien moral, qui existe en Allemagne, en Suisse, en Suède, dans tous les pays protestants en un mot, et qui résulte de la force du frein religieux, nous ne voyions le divorce devenir plus désastreux en France qu'il ne l'est dans ces pays?

Messieurs, l'argument n'aurait de valeur que si, en effet, les pays latins étaient ceux où la séparation est la plus fréquente, où les ménages se dissolvent le plus facilement. Or, c'est l'inverse qui arrive: c'est justement dans les pays danois, dans les pays allemands, dans les cantons protestants de la Bavière que le divorce est de beaucoup le plus fréquent.

Ces pays où l'on prétend que le frein religieux empêche les séparations et les divorces, sont précisément les pays où on se sépare et où on divorce le plus.

Au contraire, dans les pays d'origine et de traditions catholiques comme les cantons suisses catholiques, comme la France, l'Italie, l'Espagne, les ruptures de mariage sont extrêmement peu fréquentes.

Par conséquent, rassurez-vous: s'il est une contrée qui usera beaucoup moins du divorce que les autres, où cependant on ne s'en plaint pas, où il ne s'est produit aucun mouvement contre l'existence du divorce...

M. de Gavardie. C'est une erreur complète; dans les pays protestants, en Allemagne, on réclame contre le divorce.

M. le président. Monsieur de Gavardie, je vous prie de ne pas prendre la parole.

M. Naquet. Vous avez déjà dit cela, monsieur de Gavardie; j'attends que vous m'ayez montré le mouvement qui se produit dans les pays protestants contre le divorce. Pour ma part, je ne l'ai pas trouvé jusqu'ici.

Quant à la loi de 1792 et aux conséquences qu'elles a eues à cette époque, je tiens à m'en expliquer en quelques mots.

D'abord, messieurs, la loi de 1792 ne ressemblait en rien au divorce du code civil qu'il est actuellement question de rétablir dans nos lois, non seulement la législation de 1792 admettait un grand nombre de causes de divorce, mais encore elle admettait le divorce par consentement mutuel, et non pas le consentement mutuel du code civil, qui n'a jamais été, entendez-moi bien, le consentement mutuel, qui était une forme du divorce accordé pour des causes graves, dont on ne voulait pas l'exhibition publique, — mais le vrai divorce par consentement mutuel.

Il suffisait aux deux époux de se présenter devant deux arbitres de famille, de déclarer à deux reprises différentes qu'ils voulaient divorcer, et le divorce était prononcé, après trois mois.

Mais la loi de 1792 allait plus loin; elle prononçait la répudiation; elle prononçait le divorce pour incompatibilité d'humeur et de caractère invoqué par un seul des conjoints; et il suffisait que cette incompatibilité fût invoquée trois fois, devant les arbitres de famille, à trois mois de distance; c'est-à-dire qu'il suffisait de six mois pour que le divorce fût prononcé de droit.

La Convention ne trouva même pas encore cela suffisant; par un décret, — je ne me rappelle pas si c'est celui du 8 nivôse ou celui du 4 floréal an II; mais, enfin, c'est un de ces deux-là — la Convention jugeant qu'il était bien dur de forcer des époux à demeurer unis pendant six mois de plus quand ils voulaient cesser de l'être, décréta qu'il suffirait de prouver par un acte de notoriété, qu'on était en fait séparé depuis six mois pour obtenir que le divorce fût prononcé immédiatement.

Ah! messieurs, je comprends qu'une loi pareille, si la législation avait une influence sur le nombre des ménages qui s'unissent ou se désunissent, pût avoir, en effet, une action considérable; et à supposer, comme je le crois, que, sur le nombre réel des ménages qui s'unissent et se désunissent, la législation soit sans grand empire, elle n'est pas sans action sur l'apparence du nombre des ruptures de ménages. Suivant que vous rendrez le divorce très facile ou très difficile, ou que vous l'empêcherez tout à fait, suivant que vous le rendrez très peu coûteux ou très coûteux, comme en Angleterre, vous enregistrerez un très grand nombre de procès, ou vous n'en enregistrerez qu'un très petit nombre. Seulement, à côté de ces procès, il y aura le divorce amiable, suivi de ces unions clandestines des époux, que vous me permettrez d'appeler de vrais divorces de fait.

Il se produira, en un mot, de ces ruptures d'unions que les statistiques n'enregistrent pas, mais qui n'en existent pas moins et qui sont une plaie sociale aussi vraie, aussi réelle, aussi profonde que celle des séparations de corps et des divorces légalement enregistrés. (Assentiment à gauche.) Nous ne connaissons pas le nombre, en France, de ces divorces de fait, de ces séparations amiables; mais regardez chacun autour de vous, faites le dénom-

blément, parmi vos connaissances, des ménages qui ont été brisés... (Rires et exclamations sur divers bancs.) J'ai pu faire ce dénombrement plus facilement qu'un autre, messieurs, parce qu'en effet, depuis huit ans, bien des personnes sont venues me raconter leurs misères et leurs malheurs ; eh bien, si vous pouviez le faire vous verriez qu'il y a beaucoup plus de désunions amiables que de désunions judiciaires dans notre pays.

Un sénateur au centre. Pas dans les campagnes !

M. Naquet. Dans les campagnes, il y a en effet, très peu des unes et des autres, mais probablement, dans ce petit nombre, la proportion demeure la même.

On prétend que, dans le département de la Seine, il y a eu 3,000 divorces en 1793 et en 1794. Aujourd'hui, il y a 700 séparations de corps et de biens. Je ne sais pas par quelle constante il faudrait multiplier ce chiffre pour avoir le nombre total des désunions, mais j'avoue que je me suis demandé souvent, si, étant supposé que nous pussions connaître ce nombre en appliquant cette espèce de constante que je me suis faite par mes observations personnelles et que je ne veux certainement pas imposer au Sénat ; car elle n'a rien de scientifique, si, dis-je, il ne serait pas très voisin du chiffre qui a été relevé pour 1793 et 1794.

D'ailleurs, il faut tenir compte des situations dans lesquelles on se trouvait alors. La révolution était dans son plein ; elle s'était introduite au foyer des familles, le trouble s'y était introduit avec elle la division des esprits s'y était transportée, et un nombre considérable de divorces en avait été la conséquence. Si bien que Oudot, dans une séance de la Convention nationale, avec le langage un peu emphatique de cette époque, disait, pour justifier le décret de floréal ou de nivôse : « Un grand nombre de divorces s'est produit depuis la Révolution qui reconnaissent la Révolution pour cause. Et ce sont les mieux fondés en droit ; car si les anciens ont pu comparer la douleur d'un mauvais ménage au supplice du vif accolé à un cadavre, que dire d'un républicain sincère, rivé à une esclave de la tyrannie ? » (Hilarité.)

Remarquez bien, messieurs, que, si j'ai cité cette phrase de Oudot, ce n'est pas pour demander qu'on introduise, comme cause de divorce dans la loi, la différence des opinions politiques, c'est seulement pour constater ce fait que la période troublée, la période révolutionnaire dans laquelle on vivait alors, avait multiplié outre mesure, à Paris, dans le centre de la Révolution, le nombre des divorces.

J'ajoute que d'autres causes avaient encore agi, qui rendent les faits de cette époque absolument impropres à être comparés à ce qui peut se passer aujourd'hui et à ce qui pourra se passer demain. Ce sont là des faits particuliers dont on ne peut rien déduire, ni con-

lacune

Savez-vous, par exemple, pourquoi on avait fait le décret de floréal ou de nivôse ? On l'avait fait, parce qu'on était en pleine Terreur et parce que, à ce moment, il y avait des confiscations, qui résultaient des jugements rendus par le tribunal révolutionnaire. On avait voulu permettre à l'époux innocent, qui vivait sous le régime de la communauté, de recouvrer ses biens confisqués par suite de la condamnation encourue par l'autre époux ; de sorte que ces décrets étaient comme une atténuation des effets de la Terreur.

Tout ceci n'a aucun rapport avec notre situation et on ne peut rien induire de la loi de 1792 à la loi actuelle.

Si vous sortez de Paris, de ce centre révolutionnaire, si vous vous reportez à la France entière, les choses sont tout à fait changées. On ne divorçait pas du tout dans l'ensemble du pays ; la séparation de corps était abolie, le divorce absolument libre, et cependant, je le répète, personne ne divorçait. Si bien qu'en 1802, à la veille de la loi de 1803, le nombre des divorces prononcés dans toute l'étendue du territoire était vingt-deux fois moins considérable, — je vous ai donné les chiffres l'autre jour, vous pourrez les retrouver dans mon dernier discours, je ne les ai pas actuellement sous les yeux — était, dis-je, vingt-deux fois moins considérable que ne l'est, à cette heure, le nombre des séparations de corps.

Voilà, je crois, une réponse qui est suffisante et qui démontre que l'argumentation de mes adversaires s'égarait quelque peu, en s'appuyant soit sur la facilité étrange de ce pays pour le divorce, soit sur les désastres, les désordres que le divorce aurait produits dans les pays étrangers.

Je ne voudrais pas répondre aux objections tirées de l'ordre religieux qui ont été posées ici tout à l'heure. J'ai essayé moi-même de le faire il y a quelques jours. L'honorable M. le garde des sceaux les a réfutées également ainsi que l'honorable M. de Marcère vient de le faire à son tour avec une compétence toute particulière et d'une manière absolument complète. Je n'insiste donc pas.

Seulement il y a un point sur lequel je veux appeler l'attention du Sénat. L'honorable M. Chesnelong a affirmé que le mariage des époux divorcés, après le divorce, n'est pas autre chose que l'adultère légal. Eh bien ! je me borne à reproduire cette affirmation et à prier le Sénat d'y réfléchir. Je lui demande s'il ne voit pas là l'expression, sous une forme peut-être indirecte, de cette doctrine qui condamne d'une manière absolue le mariage civil, (Très bien ! très bien ! à gauche) qui ne reconnaît d'autre mariage que le mariage religieux et qui, ainsi que le disait tout à l'heure M. de Marcère, est la négation en principe de la sécularisation de la société, l'une des plus grandes et des plus fécondes conséquences de la Révolution... (Bruit à droite.)

M. Audren de Kerdrel. Qui professe cette doctrine ?

M. Naquet. M. Chesnelong...

M. Audren de Kerdrel. Je le laisse se défendre lui-même, alors.

M. Naquet. ...en prétendant que le mariage, après le divorce, est l'adultère légal, M. Chesnelong nous a dit, en effet, que ce qui était un crime la veille du divorce, devient légitime le lendemain du divorce par un nouveau mariage. Je lui réponds que c'est le cas du mariage lui-même ; car ce qui était un crime entre les futurs époux, devient absolument légitime le lendemain du mariage. (Exclamations à droite.)

Cela ne s'appelait pas l'adultère entre les futurs époux, cela portait un autre nom que je n'ai pas à indiquer ici ; mais il n'en est pas moins vrai que les unions maritales entre homme et femme non mariés, sont considérées, surtout au point de vue religieux, dont parlait l'honorable M. Chesnelong, comme absolument criminelles, comme des péchés mortels, pour parler le langage de M. Jules Simon.

M. Chesnelong. J'ai parlé d'adultère légal. Répondez par des arguments sérieux et non par des déclamations vagues. (Exclamations et rumeurs à gauche.)

M. Tolain. Vous auriez dû commencer, vous-même, par ne pas faire de déclamations à la tribune.

M. Naquet. Je ne crois pas avoir fait de déclamations à la tribune, et je pense que si cette accusation pouvait être portée contre quelqu'un, ce ne serait certainement pas contre moi, ce serait plutôt contre mon honorable collègue. Je ne lui en fais pas un crime, et je voudrais pouvoir apporter à la tribune des déclamations aussi éloquentes que les siennes. Mais enfin je n'ai pas l'habitude d'en apporter ici ; ce n'est pas par là que je pêche.

L'honorable M. Chesnelong dit : Ce sera l'adultère légal, parce que ce serait l'adultère à la veille du divorce ; et il ajoute : Ce qui, à la veille du divorce, était criminel, ne peut pas devenir légitime le lendemain du divorce. Je réponds que le mariage a justement pour effet de légitimer, au lendemain de sa consécration, ce qui était illégitime la veille de sa consécration ; que si c'est vrai pour deux célibataires qui se marient, cela est vrai *a fortiori*...

M. le duc de Broglie. Si la loi autorisait la polygamie, elle ne ferait pas autre chose.

M. Naquet. ... des époux dont le mariage a été brisé par le divorce et qui, redevenus libres aux yeux de la société et de la loi, consacrent devant l'officier de l'état civil — et devant le ministre du culte, s'ils appartiennent à un culte qui permette le divorce comme le protestantisme ou le judaïsme, — consacrent un nouveau mariage parfaitement régulier. Je ne pourrai jamais accepter, pour ma part, qu'on assimile ce fait à celui du concubinage ou de l'adultère.

M. Chesnelong. Je demande la parole.

M. Naquet. Maintenant messieurs... (A demain ! à demain !)

Je ne veux pas insister davantage.

M. le colonel de Chadois. Répondez à M. Lenoël.

M. Naquet. J'aurais bien quelque réponse à faire...

Voix nombreuses. A demain ! aux voix ! aux voix !

M. le président. L'orateur est à la tribune, laissez-lui continuer son discours.

M. Naquet. Il me reste fort peu de chose à dire, et par conséquent je demande au Sénat de me permettre d'achever. Je ne voudrais pas recommencer demain, pour quelques minutes encore que j'ai à occuper cette tribune.

Quant à l'honorable M. Lenoël, il a produit deux arguments principaux : L'un de ces arguments est celui de l'adoption qu'il a emprunté de M. Jules Simon, l'autre est tiré de considérations économiques, c'est l'argument de l'épargne.

Relativement à l'adoption, je trouve qu'il n'y a aucune ressemblance, aucune analogie entre un fait qui est assimilé à un fait de filiation et un fait qui, comme le contrat de mariage, comme l'union matrimoniale, entraîne des conséquences obligatoires pour deux personnes.

Je ne vois pas, je cherche vainement le rapport qu'il peut y avoir entre ces deux cas. J'ajoute que je ne sais pas jusqu'à quel point le code a eu raison de rendre l'adoption absolument irrévocable, et que, pour ma part, si on me proposait de permettre la révocation de l'adoption pour cause d'indignité et d'ingratitude, je ne serais pas absolument hostile à une pareille proposition.

Quant à l'argument d'ordre économique, messieurs, je sais que la France est un pays qui épargne beaucoup, surtout depuis la Révolution, et je crois que, si elle épargne plus que l'Angleterre, par exemple, — quoiqu'il y ait de l'épargne en Angleterre, car l'Angleterre est un pays très riche, c'est que la propriété y est très divisée, c'est qu'une démocratie puissante s'est établie, dans ce pays-ci, au lieu et place de l'aristocratie et que le cultivateur français qui travaille pour lui, qui épargne pour lui, travaille mieux et épargne mieux que celui qui travaille et qui épargne pour les autres. Voilà, messieurs, la véritable cause de cette épargne si profondément invétérée dans le cœur du paysan français.

Ce n'est pas là une question de divorce et de séparation de corps. D'ailleurs, si cette épargne avait pour cause le régime matrimonial, veuillez remarquer que la France n'est pas le seul pays qui n'ait pas le divorce : il y a l'Italie et l'Espagne.

Et alors, il ne faudrait pas dire : « C'est la France qui est le pays où l'on épargne le plus »; il faudrait dire : « Tous les pays latins sont les pays qui épargnent le plus ». (Sourires à gauche.) Dès le moment où vous n'appliquez pas votre maxime économique à l'Italie, à l'Espagne, aux républiques américaines, et que vous l'appliquez à la France seule, il est pleinement démontré que ce n'est pas le régime du mariage qui en est la cause, puisque ce régime existe aussi bien dans ces divers pays que chez nous. Ce sont des conséquences tout autres et qui sont surtout dues, je le répète, à la démocratie qui existe depuis notre grande Révolution.

Voilà, messieurs, les diverses raisons, les diverses objections que je voulais opposer à celles qui m'ont été présentées par mes honorables adversaires. A l'heure qu'il est, je crois que ce serait abuser de la liberté de la tribune que de retenir plus longtemps l'attention du Sénat. J'estime que toutes les idées ont été développées; que tous les arguments ont été fournis soit pour soit contre, que toutes les consciences peuvent être éclairées et que le débat général sur le principe peut être clos sans aucune espèce d'inconvénient. J'espère, d'ailleurs, que le Sénat ne se démentira pas, que la majorité de 43 voix qui a affirmé l'autre jour le passage à la seconde lecture se retrouvera aujourd'hui pour voter une loi que je considère, malgré les discours éloquents, très émouvants que j'ai entendus, comme une loi essentiellement salutaire et essentiellement morale. (Très bien ! très bien ! à gauche.)

Voix nombreuses. Aux voix ! la clôture !

M. Chesnelong. Messieurs, je ne monte à cette tribune que pour retirer un mot et en maintenir un autre.

Voici le mot que je retire.

Tout à l'heure, en m'adressant à M. Naquet, j'ai prononcé le mot de déclamation. J'ai la coutume d'exprimer mon opinion avec énergie et avec sincérité. Mais, je m'attache, autant que je le puis, à être toujours parlementaire dans mon langage. Le mot que je rappelais tout à l'heure m'a échappé dans la vivacité d'une interruption ; et, bien que M. Naquet me l'ait renvoyé, sans beaucoup de justice peut-être, mais dans une forme très courtoise, je le retire. (Très bien ! très bien !)

Mais je maintiens absolument le mot d'adultère légal, et les considérations que vous avez développées sur le mariage civil ou non civil n'ont rien à voir avec ce mot. Si la loi rétablissait la polygamie, croyez-vous donc qu'elle la légitimerait ?

Elle ne peut pas davantage légitimer cette polygamie successive, et je puis ajouter cette polyandrie successive, qui n'est autre chose que le divorce. (Rires et bruit à gauche.)

L'adultère, monsieur Naquet, non pas seulement devant la loi religieuse, mais devant la loi morale, c'est la violation de la foi donnée à un époux ou à une épouse qui vit encore ! (Approbation à droite.)

Ainsi le proclame le droit éternel, votre loi ne peut pas changer ce droit. Elle peut le violer. Il subsiste toujours malgré elle et contre elle. Elle peut légaliser et elle légalise, en effet, l'adultère, et c'est en cela qu'elle blesse la loi morale ; mais le légitimer, cela dépasse son pouvoir. Le droit reste toujours et il condamne la loi. La morale reste toujours aussi et elle proclame que l'adultère légal ne cesse pas d'être un adultère. Je maintiens donc le mot d'adultère légal qui est le mot juste et le mot vrai. (Vifs applaudissements à droite.)

M. le président. Personne ne demande plus la parole ?...

Je mets aux voix le premier paragraphe de l'article premier, qui est conçu en ces termes :

« La loi du 8 mai 1816 est abrogée. »

J'ai reçu deux demandes de scrutin. Elles sont signées :

La 1re, de MM. Salneuve, Naquet, Emile Labiche, Schœlcher, Parent, Barne, Roujat, Corbon, Tolain, Oudet, Edouard Millaud.

La 2e, de MM. Tailhand, Mayran, Buffet, comte de Mérode, Audren de Kerdrel, général comte Espivent de la Villesboisnet, Le Guen,

Grandperret, comte de Bondy, amiral Halna du Fretay, de Parieu.

(Le scrutin a lieu. — MM. les secrétaires opèrent le dépouillement des votes.)

M. le président. Voici le résultat du scrutin :

Nombre des votants	268
Majorité absolue	135
Pour l'adoption	154
Contre	114

Le Sénat a adopté.

Journal officiel du 24 juin 1884 (16e année n° 172)

Séance du sénat du 23 juin

Deuxième délibération du Divorce.

Article 295

M. Naquet. Je demande la parole.

M. le président. La parole est à M. Naquet.

M. Naquet. Messieurs, je suis autorisé par la commission à me rallier dans une certaine mesure à la proposition de l'honorable M. Wallon. Nous reconnaissons le bien fondé de ses observations. Seulement, il y a un point sur lequel je suis certain qu'il sera également de notre avis. Pas plus que nous et peut être encore moins que nous, si c'est possible, puisqu'il n'est pas un des partisans du projet de loi que nous élaborons en ce moment, il ne voudrait que du divorce et du mariage les époux pussent se faire un jeu. C'est ce danger qui avait porté les auteurs du code civil à insérer dans l'article 295 une interdiction absolue, interdiction que, pour ma part, j'ai condamnée, contre laquelle je me suis élevé, au nom d'abord de l'intérêt social que nous devons tous considérer comme engagé dans la réconciliation ; ensuite, au nom de la liberté de conscience de nos concitoyens qui appartiennent à la religion catholique ensuite.

Je proposerai donc de permettre le mariage des époux divorcés lorsque l'un d'eux s'étant remarié, ce nouveau mariage a été dissous par la mort. Mais je ne voudrais pas que cette interdiction fût levée dans le cas où le nouveau mariage contracté par l'un des époux divorcés se trouverait rompu par un nouveau divorce. (Approbation sur plusieurs bancs.) Alors, en effet, il se produirait, — si vous voulez me permettre une expression un peu hasardée, — une espèce de cascade, de divorces et de mariages (Rires approbatifs) qui permettrait de considérer ces graves conjonctures comme un véritable jeu, ce que la loi ne doit pas permettre.

Je propose donc de rédiger ainsi le paragraphe 1er de l'article 295 :

« Les époux qui divorceront pour quelque cause que ce soit ne pourront plus se réunir si l'un ou l'autre a, postérieurement au divorce, contracté un nouveau mariage dissous par le divorce. » (Mouvements en sens divers.)

En vertu de cette nouvelle rédaction, l'époux divorcé, alors même qu'il aurait contracté un nouveau mariage, pourrait se réunir à son premier conjoint, dans le cas où le second mariage aurait été dissous par la mort. Ce serait lorsqu'un second divorce aurait suivi le premier, qu'il ne serait pas permis aux anciens époux de se réunir et de se faire ainsi un jeu du mariage et du divorce. (Bruit sur plusieurs bancs.)

amendement Delsol à l'art. 30?

M. le président. La parole est à M. Naquet.

M. Naquet. Messieurs, je viens combattre l'amendement qui vous est présenté par l'honorable M. Delsol ; amendement qui, à mon avis, chercherait à faire revivre la disposition la plus mauvaise certainement qui ait été introduite dans le titre VI du code civil.

L'honorable M. Delsol nous a dit tout à l'heure : le Sénat jusqu'ici n'a rien fait pour ces pauvres enfants, qui seront frappés par le divorce.

A ce propos, je lui réponds tout d'abord que s'il juge tellement utile de prendre des dispositions graves comme celles qu'il nous propose, il devrait tout au moins les étendre à la séparation de corps. Nous considérons la séparation de corps comme une institution que nous acceptons, par suite de notre respect pour la liberté de conscience ; mais qui, au point de vue social, nous paraît une institution mauvaise en soi, une institution que nous voulons restreindre le plus possible, que nous trouvons immorale.

Nous estimons conséquemment que si l'on veut limiter le divorce, par une disposition comme celle qui nous est proposée, au moins serait-il naturel de limiter aussi par une disposition semblable, la séparation de corps, que, je le répète, nous condamnons en soi, au point de vue social.

Mais l'honorable M. Delsol, en vous disant que nous n'avons rien fait pour les enfants, que le Sénat n'a rien fait pour ces malheureux, me paraît oublier un point, c'est que nous ne faisons pas, en ce moment-ci, une loi nouvelle sur le divorce. Si le divorce n'avait jamais existé en France, et si nous légiférions pour faire la loi destinée à l'instituer, je comprendrais très bien que M. Delsol cherchât quelles sont les dispositions à prendre en vue de l'intérêt des enfants.

Que l'honorable M. Delsol se rassure cependant. Le législateur de 1803 s'est préoccupé de l'intérêt des enfants, et c'est parce qu'il s'en est préoccupé et que les dispositions qu'il a dictées nous paraissent absolument suffisantes, qu'il nous a paru inutile d'en édicter de nouvelles, et que nous combattons l'amendement qu'il nous propose.

En effet, d'après la loi actuelle, d'après la loi qui reprendra force et vigueur dans toutes ses parties, à partir de l'abrogation définitive de la loi de 1816, les tribunaux décident quelle sera la situation des enfants au point de vue matériel, au lendemain du divorce.

Vous savez très bien, monsieur Delsol, — vous êtes trop versé dans toutes les questions de jurisprudence et de droit pour ne pas le savoir comme moi, — que les tribunaux se montrent beaucoup plus sévères vis-à-vis de l'époux contre lequel la séparation de corps a été prononcée que vis-à-vis de l'époux qui a obtenu la séparation. Il en sera de même en ce qui concerne le divorce.

L'honorable garde des sceaux, l'autre jour, a montré ce qu'il y avait de grave et de contraire à l'esprit général de notre législation, dans l'ouverture anticipée d'une succession. Sur ce point! mon honorable collègue, M. Eymard Duvernay, qui n'est pas suspect quand il s'agit de l'intérêt des enfants, — il vous l'a montré par les divers amendements que nous n'avons pu accepter, mais qui, certainement, dans son esprit, étaient dictés par ce respect de l'intérêt des enfants, qui vous anime également, — M. Eymard-Duvernay est venu, lui aussi, comme M. le garde des sceaux vous dire : *L'ouverture anticipée de la succession est contraire à tous les principes de notre droit civil et je la repousse.* Il est vrai, monsieur Delsol, que vous vous êtes efforcé de répondre par avance à mon objection et vous nous avez déclaré que ce n'est pas là une ouverture anticipée de succession, c'est un avancement d'hoirie. Eh bien, oui, messieurs, c'est un avancement d'hoirie obligatoire, c'est une donation forcée. (Très bien ! à gauche.)

Cela ressemble tellement à une ouverture de succession que j'ai le droit de dire que la distinction que vous faites est une simple affaire de mots, qu'en réalité c'est une ouverture de succession anticipée que vous nous apportez, et je la repousse à ce point de vue. (Très bien ! sur les mêmes bancs.)

J'ajoute que c'est, pour ainsi dire, une pénalité que vous introduisez dans la loi. Or, nous ne faisons pas de droit pénal en ce moment, mais du droit civil ; et non seulement vous avez l'inconvénient d'apporter une pénalité, mais vous apportez dans la loi une inégalité qui est choquante.

Car enfin, lorsque les parents n'ont rien — ce qui sera le cas le plus ordinaire, lorsqu'il s'agira de ces condamnations à des peines afflictives ou infamantes dont vous vous faisiez tout à l'heure un argument, — la disposition que vous voteriez aujourd'hui ne les toucherait guère.

Plusieurs sénateurs à gauche. Très bien ! C'est cela !

M. Naquet. Il y aurait donc inégalité ; ceux qui ne posséderaient rien, ne seraient pas frappés et ceux qui posséderaient quelque chose, le seraient, au contraire.

J'ajoute que l'inégalité que je vois entre ceux qui possèdent et ceux qui ne possèdent pas se retrouve entre l'homme et la femme. Votre disposition est, en effet, beaucoup plus attentatoire à la liberté de la femme qu'à celle de l'homme, et savez-vous pourquoi ?

C'est qu'en vertu de cet adage italien : « *Contra la legge si trova l'inganno* », la loi est quelquefois tournée, violée, et vous n'ignorez pas qu'avec le développement considérable qu'ont pris les valeurs mobilières dans notre société moderne, l'homme, celui qui a la disposition de la fortune, celui qui peut vendre, qui peut aliéner, aura, comme vous le craignez, quand il voudra abuser de ces excès et de ces sévices graves, un moyen bien simple de le faire impunément, puisqu'il y aura propos délibéré de sa part. Il commencera par aliéner ses biens, par les transformer en titres au porteur et il se mettra ainsi complètement à l'abri. Vis-à-vis de lui, la disposition sera totalement inoffensive. Mais quand il s'agira de la femme mariée sous le régime dotal ou même sous le régime de la communauté, de la femme qui ne pourra pas, par elle-même, vendre ou aliéner, alors votre disposition sera véritablement restrictive. C'est donc une nouvelle restriction que vous apportez, en droit, à la liberté des deux époux, mais qu'en fait, vous n'apportez qu'à la liberté de la femme. Il y a donc là une iniquité, et cette iniquité, je la repousse.

J'ajoute que la disposition nouvelle me paraît trait apporter des éléments de trouble dans les familles et de trouble véritablement immoral, car M. Delsol a oublié de nous indiquer ce qui arriverait si le divorce était prononcé, non pas contre un des époux, mais contre les deux époux en même temps ce qui a lieu quelquefois et même assez souvent.

Il est évident que, dans sa pensée, s'il y a deux coupables, on doit les frapper également tous les deux. Par conséquent, vous voyez que les enfants, dans un cas de divorce, auraient intérêt à faire prononcer le divorce contre leur deux parents, au lieu de le laisser prononcer contre un seul.

Ne voyez-vous pas qu'il pourrait alors se produire un véritable scandale dans la famille et que ce serait démoralisant pour les enfants.

Je voudrais terminer en disant que souvent le mieux est l'ennemi du bien et que, pour trop vouloir prendre en considération l'intérêt des enfants, il pourrait se faire que l'on allât à l'encontre de ces intérêts que l'on entend protéger.

Pour ma part, je ne trouve pas qu'il soit bon qu'un capital soit réuni entre les mains des enfants dès leur majorité, c'est-à-dire dès l'âge de 21 ans, alors qu'ils sont encore trop jeunes et qu'ils sont enclins à tous les entraînements des passions; je ne trouve pas, dis-je, qu'il soit bon de leur donner un capital et qu'ils en aient la pleine et intégrale propriété.

Quand ce fait se produit par suite de la mort de leurs parents, c'est un malheur très grand que je déplore; mais enfin le danger qu'il y aurait à retarder l'âge de la majorité serait encore plus grand : c'est pourquoi je le subis. Mais quand je puis l'éviter, alors que leurs parents vivent encore, je crois qu'il est bon de le faire. Si le capital est mis entre les mains des enfants, sous l'influence des passions de la jeunesse, ils le dilapideront peut-être, et je crois agir en vue de leurs intérêts bien entendu aussi bien qu'en vue de l'intérêt de la moralité du mariage en vous demandant de repousser l'amendement de M. Delsol. (Très bien ! et applaudissements à gauche.)

M. Buffet. Les plus révoltantes.

M. Lucien Brun. Vous n'aurez pas cependant fait une bonne loi, car je ne veux pas laisser croire que, quand cet article aura disparu, — et il disparaîtra, — je ne veux pas laisser croire que je voterai la loi. J'espère encore! Oui, malgré tout, j'espère encore que, éclairés par de plus longues réflexions, j'espère encore que vous repousserez cette loi fatale.

Je vous le demande, au nom de nos meilleures traditions nationales; je vous le demande, au nom de notre vieux renom de chevalerie; je vous le demande, au nom des femmes françaises... (Protestations à gauche. — Très bien ! et applaudissements à droite.) Je parle des honnêtes femmes. (Nouveaux applaudissements à droite.)

Je vous le demande au nom de cette glorieuse magistrature, que la France exerçait sur les intelligences, et sous l'empire de laquelle s'inclinaient les nations; je vous le demande, messieurs, — je ne dis rien de trop en parlant ainsi — je vous le demande pour l'honneur de notre patrie. (Très bien ! et applaudissements à droite et au centre. — L'orateur, en retournant à sa place, est félicité par un grand nombre de ses collègues.)

M. le président. La parole est à M. Naquet.

M. Naquet. Messieurs, l'honorable M. Lucien Brun a terminé son éloquent plaidoyer contre l'article 310 par ces mots : « Je parle des honnêtes femmes ». Qu'il croie bien que nous avons aussi la prétention de parler au nom des honnêtes femmes et je dirai, d'une manière générale, au nom des époux honnêtes car il faut bien qu'on le sache ici : si le divorce est demandé par quelqu'un en France parmi les époux séparés de corps, c'est par les époux honnêtes, c'est par ceux à qui l'immoralité répugne.

Quant à ceux qui consentent à se réfugier dans le vice, ils n'ont pas besoin du divorce. (Très bien ! très bien ! à gauche.)

M. Naquet. Ceci dit, j'aborde le point en discussion. Il est relatif à l'article 310 et je voudrais demander au Sénat de ne pas rentrer, à propos de cette discussion de cet article dans la discussion générale sur le principe du divorce qui a été, à plusieurs reprises, déjà abordée et résolue par le Sénat lui-même; c'est le point particulier de l'article 310 que nous devons examiner. Eh bien, contre cet article 310, l'honorable M. Lucien Brun a élevé des arguments d'ordre social et des arguments d'ordre religieux. Je chercherai à répondre aux uns comme aux autres. Les arguments d'ordre social qu'il a invoqués ne sont pas nouveaux : ils avaient été déjà invoqués un grand nombre de fois : l'autre jour, par mon honorable collègue M. Eymard Duvernay, lorsqu'il demandait une modification à l'article 281; aujourd'hui même, par l'honorable M. Delsol, défendant tout à l'heure un amendement que j'ai combattu.

Prenez garde, nous disaient-ils l'un et l'autre, les sévices, les injures graves, c'est le consentement mutuel, c'est la répudiation.

Donc, sur ce point, M. Lucien Brun a repris une argumentation à laquelle, par deux fois, le Sénat me semble avoir répondu et qui me paraît être l'argumentation générale contre le divorce bien plutôt que l'argumentation spéciale contre l'article 310.

Messieurs, je ne crois pas, pour ma part, qu'on joue aussi facilement que cela la comédie des sévices et des injures graves. (Interruptions à droite.)

Il est incontestable, monsieur de Broglie, absolument incontestable, qu'à l'exception de la condamnation à une peine afflictive ou infamante, dont évidemment on ne fera pas une comédie, qu'à la rigueur extrême, ce fait peut se produire ; mais cela n'a certainement pas échappé aux auteurs du code civil, auteurs que, puisque je suis ici, je voudrais bien, à mon tour, défendre contre les attaques qui ont été dirigées contre eux.

On vous a dit dans une de nos dernières séances : Le divorce que vous nous apportez ce n'est pas le divorce des auteurs du code civil, ce n'est pas le divorce de Portalis, de Bigot de Préameneu, de Tronchet ; c'est le divorce de Treilhard. Et alors, l'honorable M. Eymard-Duvernay, après avoir exhalé dans un cri de sa conscience son indignation profonde, — indignation que, pour mon compte, je partage, — contre celui qui, se faisant liticière des libertés publiques, a entraîné la France dans la tyrannie, — je veux parler du premier consul et de l'empereur Napoléon Ier, — M. Eymard-Duvernay a jeté un autre cri d'indignation contre Treilhard. Il rappelait que Treilhard a proposé l'établissement de l'Empire. Mon Dieu ! je ne voudrais pas défendre cet acte particulier de Treilhard, mais mes honorables collègues et notamment mon honorable collègue M. Eymard-Duvernay, reconnaîtront avec moi que les autres auteurs du code civil dont il est question, s'ils n'ont pas été les auteurs du projet d'établissement de l'Empire, du moins, y ont quelque peu participé ; qu'ils ont largement servi Napoléon Ier dont Bigot de Préameneu et Portalis ont été tour à tour les ministres. (Très bien ! très bien ! à gauche.)

J'ajoute, ce qui a une certaine importance quand on veut juger les auteurs du code civil, qu'il ne faut pas perdre de vue, que Treilhard lui au moins, s'il est devenu impérialiste, a eu ce mérite de demeurer relativement libéral et de défendre la loi du divorce ; (Très bien ! très bien !) qu'il nous a en outre, messieurs, conservé le jury. Quant aux autres, quant à Portalis, qui, animé d'esprit très catholique, après avoir avoir toujours siégé à la droite des assemblées dictatoriales, a fait cette circulaire dont je vous ai lu, l'autre jour, un passage, par laquelle il essayait d'imposer aux prêtres catholiques la bénédiction des seconds mariages des époux divorcés, je crois que son attitude est bien moins défendable que celle de Treilhard. (Très bien ! très bien ! à gauche.)

Donc, messieurs, je crois pouvoir dire que le divorce du code civil est le divorce de Treilhard et non pas le divorce de Portalis et de Préameneu. Ce n'est pas une raison pour qu'il vaille moins au contraire.

Cela dit, je prétends que les auteurs du code civil, qui étaient des hommes remarquables, savaient aussi bien que vous, qu'à l'extrême rigueur on pouvait faire naître des causes de divorce. Seulement, ils s'étaient probablement inspirés de cette idée, que lorsqu'un époux serait tombé dans un état de dégradation assez considérable, pour recourir à un pareil moyen, en réalité, il existerait par ce seul fait une cause de divorce. (Approbation à gauche.)

Voilà pourquoi ce qui vous préoccupe ne les a point préoccupés ; mais, est-ce à dire vraiment que le code civil n'a pris aucune précaution contre de pareils procédés ?

N'a-t-il donc pas déclaré que l'époux contre lequel le divorce aura été prononcé perd les avantages qui lui ont été faits dans le mariage ? N'a-t-il pas déclaré que l'époux contre lequel le divorce est prononcé, perd la garde des enfants ?

Et croyez-vous donc que tous les hommes sont à ce point abjects et corrompus, que le sentiment de l'honneur devant leurs semblables, la tendresse pour leur compagne et l'amour pour leurs enfants aient complètement

Ainsi donc, messieurs, je trouve que la garantie est suffisante contre les entraînements de la passion. Quand il y a trois ou quatre ans à attendre, la passion est désarmée.

Et maintenant, je ne puis pas ne pas introduire ici une considération qui me paraît de nature à frapper mes collègues. Je comprends très bien l'argumentation de l'honorable M. Lucien Brun et de l'honorable M. Delsol. Pour eux, le divorce est quelque chose de tout à fait anormal, qui est destiné à l'exception dans l'exception, tandis que la séparation de corps, dans ce domaine exceptionnel des mauvais ménages, est la règle générale. Pour nous, au contraire, d'accord avec les auteurs du code civil, avec les principes de la Révolution française et avec les principes de la plupart des nations européennes, le divorce sera la règle.

Car à l'heure qu'il est, remarquez-le bien, nous qui consentons à vous laisser la séparation de corps à côté du divorce, nous faisons une concession que les autres nations ne font pas. (Interruptions à droite.)

La Suisse, qui a de nombreux cantons catholiques, n'a pas la séparation de corps, elle n'a que le divorce. L'Allemagne, qui renferme également de nombreux citoyens catholiques, n'a pas de séparation de corps, elle n'a que le divorce; et lorsqu'en 1873, dans les provinces que nous avons eu la douleur de perdre, le titre VI du code civil a été rétabli, à peu de de temps de là une nouvelle loi est venue faire disparaître, conformément au code civil de l'empire, les articles 306 310 qui règlent la séparation de corps. En Alsace-Lorraine, la séparation de corps n'existe plus.

Eh bien, nous croyons, nous, conformément à la plupart des puissances européennes, conformément aux principes de la Révolution et aux principes des auteurs du code civil, que la règle, dans la matière de l'exception qui nous occupe, c'est le divorce. Le divorce est plus moral à nos yeux que la séparation de corps.

La séparation de corps, nous n'en voulons qu'à l'état d'exception dans l'exception. Et alors, nous estimons qu'on peut bien l'accepter pour soi-même quand on l'accepte volontairement; mais qu'il ne serait pas possible, sans attenter à la liberté, de l'imposer à un époux qui n'en voudrait pas lui-même. Telle est, messieurs, la pensée qu'exposait Treilhard, telle est la pensée que nous faisons nôtre et que nous venons encore défendre à cette heure.

Voix nombreuses à gauche. Aux voix! aux voix!

M. Naquet. Permettez, messieurs; je n'ai plus qu'un mot à dire. J'ai répondu, je crois, aux observations que soulevait le premier point de la question...

M. le baron Le Guay. Pas du tout!

M. Bérenger. Je demande la parole.

M. Naquet. J'ai répondu, dis-je, ou je crois avoir répondu aux arguments qu'a produits l'honorable M. Lucien Brun.

M. le baron Le Guay. Vous n'avez pas répondu aux objections juridiques.

M. le président. C'est votre appréciation. Vous n'avez pas la parole, monsieur Le Guay.

M. Naquet. J'aborde le second point de la question, l'argument religieux.

M. Lucien Brun nous a parlé du Concordat; il nous a lu un article qui, en permettant l'exercice libre du culte catholique en France, lui paraît de nature à faire repousser l'article 310.

Tout d'abord, messieurs, je pose sur ce point à M. Lucien Brun une simple question. Si je ne me trompe, c'est en 1801 que le Concordat a été discuté, arrêté, et c'est en 1802 qu'il a reçu la signature de l'empereur Napoléon Ier et du pape Pie VII.

Or, quand ce Concordat a été ainsi arrêté, ce n'était pas l'article 310 qui existait dans nos codes : c'était la loi de 1792, laquelle loi de 1792 établissait, sans conteste et sans difficulté, la répudiation. Il suffisait à l'un des époux d'invoquer l'incompatibilité d'humeur et de caractères pour que le divorce fût de droit. Le pape Pie VII n'a pas invoqué cet argument contre le Concordat, et il a signé le Concordat dans un moment où cette loi existait.

M. Lucien Brun. Il savait bien qu'elle allait être brisée, cette loi! Voulez-vous me permettre de vous répondre?

M. Naquet. Non, monsieur, car je vais produire un autre argument qui vous permettra de répondre à mes deux objections à la fois.

M. Lucien Brun. Il fallait le Concordat pour rétablir la religion catholique.

M. Naquet. Soit; mais, en 1803, cette loi fut brisée effectivement et remplacée par le titre VI du code civil qui contenait l'article 310.

Or, le pape VII ne fit aucune opposition à l'article 310. Ah! il en fit quand il s'agit d'établir le divorce en Italie. Là, il déclara que, la religion catholique étant religion d'État, il s'opposait à l'établissement du divorce. Mais, quand le divorce fut rétabli en France par la loi de 1803, il ne protesta pas.

M. Lucien Brun. C'est une erreur! (Exclamations à gauche.)

M. Naquet. Vous me dites que c'est une erreur? C'est possible. Je suis moins versé que vous dans l'histoire de la papauté. (Sourires à gauche). Ce qu'il y a de certain, c'est que la question n'avait probablement pas une très grande gravité dans l'esprit du saint-père, puisque, à quelque temps de là, en 1804, il venait sacrer à Notre-Dame l'empereur Napoléon Ier, qui n'avait pas consenti à faire abroger l'article 310. (Rires approbatifs à gauche.)

— Interruptions à droite.)

Attendez, messieurs; ce n'est pas mon seul argument; j'en ai un autre.

Nous avons à côté de nous une nation dont on me rappelait l'autre jour les élections dernières, la Belgique. La Belgique vient de nommer une chambre des députés catholique; il y a un ministère catholique qui est institué, et ce n'est pas le premier. Il y a six ans, le même ministère, ou, tout au moins, le même président du conseil détenait le pouvoir en Belgique; il y était resté six ans, et il avait succédé à de nombreux autres ministères catholiques.

Est-ce que jamais ou l'honorable M. Malou, ou quelqu'un de ses collègues, ou quelqu'un de ceux qui l'ont précédé parmi les ministres catholiques en Belgique a eu l'idée de venir réclamer, soit l'abrogation du divorce, soit l'abrogation de l'article 310? Messieurs, je ne le crois pas, et je ne vois pas que, dans le programme du nouveau ministère catholique qui est installé à Bruxelles, l'abolition du divorce, ni de l'article 310 figure en rien. Je puis même affirmer, sans crainte de me tromper, qu'elle n'y figurera jamais.

M. de Gavardie. Oh! oh! (Rires.)

M. Lucien Brun. Vous pouvez être sûr qu'on ne mettrait pas cet article dans la loi s'il n'y était déjà.

M. Naquet. C'est bien possible; mais on ne l'enlève pas, et cela suffit à ma démonstration. Lorsque la loi est mauvaise, — c'est même un des arguments que je voulais invoquer l'autre jour en faveur du divorce, — si, voulais-je dire à la majorité du Sénat, la loi de 1816 n'était pas faite, vous ne la feriez pas; donc, vous devez la défaire. Eh bien, si j'étais catholique, membre d'une chambre belge et animé de l'esprit qui vous anime, je dirais au ministère Malou: « Vous ne feriez pas la loi du divorce, parce que vous la croiriez contraire aux intérêts catholiques dont vous avez la défense; je vous demande de la défaire. On n'en propose pas l'abrogation, c'est qu'elle n'est pas contraire aux intérêts catholiques... (Exclamations à droite.) Elle ne l'est pas, et cela par une raison bien simple: c'est que, devant la religion catholique, comme devant la loi civile, les responsabilités sont personnelles et que nul ne peut être puni, frappé pour des crimes, pour des délits ou pour des péchés — si vous voulez parler le langage de la religion, — qui ne sont pas de son fait.

Eh bien, lorsque, le divorce ayant été prononcé, l'époux catholique ne se remarie pas, il ne pèche pas aux termes de sa religion, et ce n'est pas parce que son conjoint se remarie que, lui, deviendra jamais coupable. Or, les secondes noces ne sont obligatoires pour personne; il dépend de l'époux catholique de faire que même la séparation transformée en divorce vaille toujours pour lui ce que valait une simple séparation; il n'a pour cela qu'à ne pas se remarier; dès qu'il ne se remarie pas, sa conscience est absolument garantie. (Interruptions à droite. — A gauche: Aux voix! aux voix!)

M. Naquet. Je n'ai plus, messieurs, qu'un mot à dire. Sur ce point, j'invoquais l'autre jour un exemple auquel on n'a pas répondu, et que je demande à mes honorables collègues de ce côté du Sénat (L'orateur désigne la droite.) la permission de reproduire.

Je leur disais qu'un concordat avait été signé entre le saint-siège et le gouvernement autrichien; qu'aux termes de ce concordat, les mariages mixtes entre protestants et catholiques étaient tolérés; que, quand une séparation intervenait dans un pareil mariage — soumis, remarquez-le bien, à la juridiction ecclésiastique, car, en Autriche, c'est l'autorité ecclésiastique qui possède toute la matière du mariage, — l'époux catholique n'a qu'une simple séparation et ne peut pas se remarier, tandis que l'époux protestant a un véritable divorce et peut se remarier. (Murmures à droite.)

Si je me trompe, messieurs, vous voudrez bien me rectifier; mais je tiens cela de M. Gide, qui était fort versé dans le droit international. Jusqu'à preuve du contraire, je maintiens donc mon dire.

M. Lucien Brun. C'est formellement inexact!

M. Naquet. Cela fût-il inexact, d'ailleurs, est-il n'en résulterait pas que l'époux en faveur duquel le divorce a été prononcé, et qui ne se remarie pas, ne soit dans un état de conscience analogue à celui où il se trouverait s'il était simplement séparé de corps.

M. Lucien Brun. Il ne se serait pas marié, s'il avait su que les choses se passeraient ainsi.

M. Naquet. Il ne se serait pas séparé, dites-vous?

M. Lucien Brun. Il ne se serait pas marié, s'il avait su que son union n'était pas indissoluble. (Interruptions et murmures à gauche.)

Murmurer est facile, messieurs; répondre me paraît plus difficile. (Très bien! très bien! à droite.) Je ne crois pas que personne puisse répondre mieux que M. Naquet, et je vois qu'il ne répond pas!

M. Naquet. Je demande à M. Lucien Brun la permission de faire une distinction qu'il n'a peut-être pas suffisamment faite tout à l'heure : il y a deux dispositions : l'article 310 qui stipule pour l'avenir, et l'article transitoire qui stipule en vue des séparations de corps prononcées sous l'empire de la loi de 1816. Quand nous en serons à cet article transitoire, notre honorable collègue pourra invoquer l'argument qu'il vient de faire valoir, et nous verrons ce que nous aurons à y répondre. Mais, pour le moment, ce que nous discutons, c'est l'article 310 qui dispose pour l'avenir, et, par conséquent, M. Lucien Brun, n'est pas autorisé à dire que les époux pour qui, dans l'avenir, la séparation de corps entraînera le divorce, ne se seraient pas mariés s'ils avaient su que leur mariage ne serait pas indissoluble. (Très bien ! à gauche.)

Le Voltaire du 27 juin 1884 (n° 2183)

LA VICTOIRE

Le Sénat vient enfin d'accorder la victoire, une victoire définitive, aux partisans du divorce. La loi n'a pas encore, il est vrai, la sanction des deux Chambres sur les questions de détail. Il reste à la Chambre des députés à se prononcer sur les modifications que l'Assemblée du Luxembourg a fait subir à son œuvre. Mais, quoi qu'il advienne, qu'elle sanctionne purement et simplement ce que nous avons fait ou qu'elle reprenne quelques-unes de ses dispositions premières, la question de fond est maintenant résolue. On peut se demander si tel article sera maintenu, si tel autre sera élargi ou si les choses demeureront en l'état ; quant au principe, il ne fait plus doute. Deux cents voix au palais Bourbon, trente-sept voix au Luxembourg ont déclaré que le divorce est rétabli, que la législation de 1816 a vécu.

C'est un grand triomphe pour la République, un de ces triomphes qui démontrent plus que tous peut-être la force d'impulsion progressive qui réside dans cette forme de gouvernement.

En 1816, une Assemblée comme on n'en a plus revu, à laquelle n'ont ressemblé que de très loin même la Législative de 1849 et la Constituante de 1871, une Assemblée qui avait mérité le nom de Chambre introuvable amputa l'institution civile du mariage de tout ce qui avait trait au divorce, mutila ainsi le Code et fit un premier pas vers le retour pur et simple de la matière du mariage à l'Eglise.

Il était naturel alors de penser que, le jour où la réaction catholique de 1816 serait vaincue, le jour où la société civile foulée aux pieds relèverait la tête, le jour où la France proclamerait à nouveau la sécularisation de l'Etat, qui avait été la première et la plus importante de nos conquêtes révolutionnaires, la loi qui avait aboli le divorce serait abolie à son tour.

C'est une règle dans l'art de la guerre que, lorsqu'on a perdu une position, il faut, à la première circonstance favorable, la reconquérir et rentrer en possession du terrain dont on avait été expulsé. Cette règle s'impose aussi bien en politique que sur le champ de bataille, et elle devait avoir pour conséquence pratique le rétablissement du divorce, le jour où la religion d'Etat serait abolie.

Il arriva ce jour en juillet 1830, et, le lendemain de cette révolution mémorable, le pays, par l'organe de sa Chambre des députés, comprenant les enseignements de la logique, voulut rétablir le divorce. Mais nous n'étions point alors en République. Le pays, en chassant une dynastie abhorrée, avait commis la faute d'élever une monarchie nouvelle sur les débris de l'ancienne, et, grâce à la résistance au progrès que possède en elle-même l'institution monarchique, même quand elle est issue d'une révolution, le divorce ne fut pas rétabli. On n'avait plus de religion d'Etat, mais on continua à en subir les effets comme si elle existait encore. C'est que la monarchie s'accompagnait d'une Chambre des pairs nommée par le monarque et soustraite à l'influence de la nation ; c'est qu'à côté du roi il y avait une reine, et que cette reine exerçait énergiquement son action dans un sens rétrograde et clérical.

Puis vint 1848. La dynastie qui avait

surgi dans une tourmente fut emportée dans une autre tourmente. Les trois journées de Février effacèrent les trois journées de Juillet, et une République pleine de promesses et d'espérances fut acclamée. Malheureusement, cette République fut éphémère. Elle n'avait pas encore commencé d'être que déjà elle était tombée aux mains de ses adversaires, unis pour la détruire. Elle n'eut que le temps de paraître et de disparaître; pour si court que fut cet instant, il lui suffit cependant à décréter deux grandes choses, deux choses qui ont défié depuis toutes les entreprises des réactions victorieuses : l'abolition de l'esclavage et le suffrage universel. Après cette clarté qui avait éclairé le monde et qui avait fait pénétrer l'idée de la liberté jusque dans les capitales les plus éloignées, la République de 1848 disparut comme un météore et fit place à la nuit de Décembre.

Pour le coup, le divorce allait être rétabli. Le titre VI du Code civil avait été en grande partie l'œuvre du premier consul.

Il avait été emporté avec l'empire. L'empire revenait; comment ne reviendrait-il pas avec lui? Les probabilités de ce retour à la législation de 1803 étaient d'autant plus grandes que Napoléon III s'en était déclaré le partisan décidé. Pendant qu'il était prisonnier à Ham, s'adressant au gouvernement de Louis-Philippe, il avait écrit cette phrase, bien souvent citée depuis : « Qu'avez-vous fait? Vous n'avez pas même rétabli la loi du divorce, qui était le palladium de l'honneur des familles. » Ce palladium, il allait le rendre à la France. Il était tout-puissant. Ses ministres n'étaient que les serviteurs dociles de ses volontés; il n'avait plus de Parlement, et quand, trois mois plus tard, il en eut un, ce fut encore comme s'il n'en avait pas. La réaction, qui commençait à peine à se rassurer de ses terreurs de 1848, passait tout à son sauveur, tout, même la confiscation des propriétés de ses bien-aimés d'Orléans; il n'avait qu'à vouloir, il voulait certainement, le divorce allait nous être rendu.

Eh bien! non! Le divorce ne nous fut point rendu. On songea un moment à le rétablir en 1852; mais on y renonça bien vite. On était le prisonnier de toutes les réactions coalisées, et la toute-puissance du prince, absolue lorsqu'il s'agissait de faire le mal, de supprimer les libertés, de confisquer, de proscrire, n'existait plus lorsqu'il s'agissait d'un progrès à réaliser.

Le prince Louis était l'héritier de l'empire et des traditions napoléoniennes. Le divorce était dans ces traditions et parmi celles qui lui étaient les plus chères; et cependant il dut respecter l'œuvre des hommes de 1816. Il était la monarchie, et, qu'elle soit représentative ou absolue, la monarchie, en France, ne peut qu'enrayer la marche du progrès et jamais le déterminer ou même le suivre.

Il était réservé à la République de 1870, sur ce point comme sur bien d'autres, de panser les plaies que le cléricalisme nous avait faites. Le Sénat l'a compris. Malgré les résistances des uns, les terreurs des autres, les timidités de plusieurs, il a fait œuvre virile en balayant à jamais une loi qui déshonorait notre pays. Certes, parmi les sénateurs qui ont voté hier le rétablissement du divorce, parmi les députés qui l'ont voté il y a deux ans, il en est peut-être beaucoup qui, philosophiquement, en étaient moins partisans que Louis-Napoléon, et cependant ils l'ont accepté, et Louis-Napoléon n'a rien pu pour le rétablir.

La lutte, il est vrai, a été longue. Elle dure depuis près de neuf ans. C'est qu'en République il faut convaincre tout le monde. Cela n'est ni rapide ni facile. Mais c'est toujours possible, lorsqu'on a la vérité pour soi et la liberté de la répandre. Le triomphe alors peut être lent, mais il est certain, et, une fois obtenu, il est définitif.

Voilà l'enseignement qui ressort du vote du Sénat de mardi, et voilà pourquoi ce vote me réjouit doublement. Il me réjouit parce qu'il nous donne une réforme au succès de laquelle je m'étais consacré, et que je crois bienfaisante et morale. Il me réjouit surtout parce qu'il démontre la puissance de la République et l'impuissance de la monarchie pour le bien. Le divorce est rétabli, et la forme républicaine se consolide par la démonstration de l'influence progressive qui la caractérise et la domine. Ce sont là deux victoires en une seule loi, et les amis de la liberté et de la République ont le droit d'être heureux et fiers.

Naquet.

Le petit Républicain de la Haute Garonne Du 25 juin 1884 n° 173

« Paris, le 12 novembre 1883.

» … Je persiste plus que jamais dans l'absolue séparation du pouvoir exécutif et du pouvoir législatif. Les ministres ne tombent que sur les questions législatives. Ferry, qui a une majorité énorme dans les interpellations, a failli chuter sur la mairie de Paris. Il en sera toujours ainsi. Dans une interpellation on juge un ministère, et tous ceux qui désirent le conserver votent pour lui avec ensemble ; on ne le renverse alors que de propos délibéré. Dans la question législative, on juge la question en elle-même ; et, lorsqu'on ne partage pas l'avis du gouvernement, on le renverse sans vouloir le renverser. S'il me fallait conserver quelque chose de l'état actuel, j'aimerais mieux laisser le droit d'interpellation aux Chambres que l'initiative des lois aux ministres, — mais je repousse les deux.

» Mais, me dit-on, si le pouvoir exécutif gère mal les affaires de l'État ? D'abord il n'y a pas de raison pour que dans les conflits entre l'exécutif et le législatif, ce soit toujours le législatif qui ait raison ; ensuite il suffit que le pays puisse toujours avoir le dernier mot. Or, à cela on parviendrait facilement par le moyen suivant qu'a imaginé mon ami Lockroy.

» Je fais nommer l'Assemblée pour six ans en la renouvelant par tiers tous les deux ans. Je fais élire par l'Assemblée un Directoire de six membres en les soumettant à la réélection par tiers tous les deux ans après chaque renouvellement biennal de l'Assemblée, de manière que quand l'Assemblée a fini son mandat, le Directoire ait fini le sien. Il y a déjà dans les roulements biennaux une grande garantie. Mais voici ce que M. Lockroy ajoute et ce que j'accepterais : L'Assemblée a le droit de se dissoudre intégralement lorsqu'elle le juge à propos ; et alors la dissolution du Directoire suit la sienne, et le Directoire est intégralement renouvelé après le renouvellement intégral de l'Assemblée.

» Dans ces conditions, si l'Assemblée pense que le Directoire compromet le pays, elle se dissout, et le pays juge. C'est, en somme, le droit de dissolution et d'appel au pays transféré de l'exécutif au législatif.

» On peut être sûr que l'Assemblée n'abusera pas de ce droit, mais qu'elle en userait comme moyen suprême dans les circonstances graves où la révocation du Directoire serait nécessaire sans que cependant la procédure de la mise en accusation fût possible….

» A. Naquet. »

Le Voltaire du 2 juillet 1884 (n° 2188)

LA CHINE

JUGÉE PAR UN CHINOIS

La Chine est certainement un des pays qui excitent le plus notre curiosité ; elle l'excite comme une véritable énigme ; elle l'excite parce que c'est une civilisation à laquelle nous ne comprenons rien, quoique nous puissions coudoyer chaque jour des Chinois dans nos rues et quoique de très nombreux Européens aient visité et habité l'empire du Milieu.

Aussi est-ce avec un vif intérêt que nous avons lu les deux articles récemment publiés dans la *Revue des Deux Mondes* par l'att[illegible] militaire à l'ambassade de Chine à P[illegible] le colonel Tcheng-Ki-Tong.

Notre attente, je [illegible]is le dire, n'a pas été déçue. Ces articles sont attrayants, non seulement par les choses qu'ils nous apprennent, mais encore par la manière dont ces choses sont dites. Le lettré chinois qui a écrit ces pages est en même temps un lettré français. Son style est à la fois correct, élégant, rapide, brillant quelquefois, et il recouvre un esprit très subtil et une grande érudition.

Enfin, l'auteur présente à nos yeux un avantage inestimable : celui d'une absolue sincérité. Jusqu'à ce jour, nous pouvions nous défier de tous ceux qui avaient écrit sur la Chine. Tous étaient Européens. Ils avaient jugé la civilisation chinoise avec leurs idées occidentales, et, s'ils nous en avaient tracé un tableau peu séduisant, nous pouvions supposer chez eux des erreurs ou même des partis pris.

Il n'en est plus de même avec le colonel Tcheng-Ki-Tong. Nous avons ici en face de nous un vrai patriote chinois, qui aime profondément son pays, qui, bien que connaissant à fond les mœurs de l'Occident, les considère comme tout à fait inférieures aux mœurs de l'extrême Orient; qui fait passer son enthousiasme dans son style et qui ne nous ménage pas, à nous, les traits d'une ironie fine et de bon aloi. Il est possible que nous rencontrions ici l'inverse de ce que nous avons presque toujours trouvé dans les auteurs européens qui se sont occupés du même sujet : un parti pris en faveur de la Chine. Mais à coup sûr nous pouvons être certains que la civilisation chinoise n'a pas été rabaissée et que, si le portrait pèche par quelque point, c'est par l'excès contraire.

Si donc, après avoir lu et médité les deux ouvrages du colonel Tcheng-Ki-Tong, nous en arrivons à cette impression que pour rien au monde nous ne voudrions vivre sous un ensemble de mœurs, d'habitudes, de lois comme celles qu'on nous décrit; que l'organisation chinoise nous apparaît sous la forme du despotisme le plus lourd, que les conditions dans lesquelles vit ce peuple nous semblent être de nature à enrayer tout progrès, nous pourrons en accuser peut-être la dissemblance qui existe entre notre constitution cérébrale et celle des Orientaux, mais nous serons rassurés sur la réalité des faits qui auront déterminé cette impression et ce jugement.

Or, n'en déplaise à M. le colonel Tcheng-Ki-Tong, dont nous apprécions hautement le talent et qui nous touche par son amour de son pays, la civilisation qu'il nous fait connaître est si loi de nous séduire qu'à nos yeux l'obligation d'être incorporé à un organism pareil serait le plus grand des malheurs

Le culte de la famille, qui revient chaque page, et qui n'est autre chos que le patriarcat, a pour conséquenc inévitable et fatale l'annihilation de l'individu, qui disparaît devant la collectivité familiale.

Chez nous, les mœurs pèsent certainement beaucoup sur l'individu; mai avec de l'énergie, du courage, de l'initiative, on peut s'en affranchir.

En Chine, impossible qu'on s'e affranchisse. Chacun est tenu de pense et d'agir comme ont pensé et agi les ancêtres ; c'est la suppression de tout personnalité autonome, la mainmise d la famille et de l'Etat sur l'individu. Et cette suppression de l'initiative privé se retrouve partout, et particulièrement dans cette institution du concours universel qu'admire si fort l'écrivain chinois, qu'il considère comme le summum du développement démocratique d'un peuple. « Je n'ai pas besoin de dire après cette énumération, nous dit-il, que la vie d'un lettré se passe en examens. » Et c'est là ce qu'il conseille d'imiter.

Je l'étonnerai bien si je lui déclare à mon tour que c'est là ce que je considère comme l'institution la plus funeste, et qu'à cette cause plus qu'à toute autre j'attribue l'irrémédiable décadence du Céleste-Empire.

Le concours est bon, est utile, lorsqu'il s'applique à des enfants ou à des adolescents, lorsqu'il sert à faire une sélection parmi des élèves trop jeunes encore pour produire par eux-mêmes et qui doivent s'imprégner avant tout des connaissances acquises. Il permet alors de faire un choix éclairé et d'appeler aux études supérieures ceux qui sont le plus aptes à en profiter.

Mais, poussé plus loin, le concours devient l'éteignoir des intelligences.

L'homme n'est pas uniquement appelé à apprendre le mieux qu'il peut ce que d'autres ont fait avant lui. Sa mission est plus haute. Après avoir assimilé un certain ensemble de connaissances, il doit en agrandir le champ par des productions individuelles, par des travaux personnels qui font de la science, et à sa suite de l'industrie, un perpétuel devenir.

Si Salomon de Caus, Papin, Fulton et Watt avaient dû passer toute leur vie à préparer des concours en vue d'acquérir des grades, il est probable qu'à cette heure nous ne jouirions pas des bienfaits des chemins de fer et de la navigation à vapeur, et il est à présumer que, soumis à de telles obligations, Ampère et ses émules n'auraient pas enrichi la physique des surprenantes découvertes qui nous ont valu la télégraphie électrique et le téléphone. Il est vrai que le colonel Tcheng-Ki-Tong ne regrette rien de cela. Il reconnait que la locomotive rend le voyage facile ; mais trop de facilité dans les déplacements n'altérerait-elle pas l'organisation de la famille chinoise ? Il est bien vrai que les chemins de fer égalisent le bien-être entre toutes les provinces d'un empire et suppriment les disettes. Mais qu'est cela en comparaison du culte des ancêtres?

Le colonel Tcheng-ki-Tong, malgré son grade dans l'armée chinoise, proteste contre le militarisme, auquel son pays répugne. « Qu'avons-nous besoin, s'écrie-t-il, de ces guerres détestées des mères, et vers quel idéal peut nous conduire l'espoir d'armer un jour de fusils nos 400 millions de sujets? Est-ce là une pensée de progrès ? Détourner la richesse publique de la voie qui lui est naturellement enseignée par l'esprit de raison pour la faire contribuer ensuite à organiser toutes les angoisses qui naissent et de l'emploi et de l'abus de la force, c'est, il me semble, s'amoindrir et se corrompre. »

Cela est bien dit et noblement pensé. Nous aussi, républicains français, avant 1870, nous avons anathématisé la guerre et prêché la fraternité des peuples, et le grand idéal n'a, même après les cruelles leçons de l'expérience, pas complètement abandonné nos esprits.

Mais, faut-il le dire? les faits semblent conclure contre ces sentiments idéalistes. La lutte pour l'existence se rencontre partout dans la création entre les différentes espèces, et dans les mêmes espèces entre les groupes et les individus qui les constituent. C'est une dure loi qui accuse la providence et réduit à néant tous les arguments théologiques ; mais c'est une loi suprême, à laquelle nous ne pouvons nous soustraire. Un peuple qui ne sait pas se défendre est un peuple condamné non seulement à ne rien produire, mais à disparaître. Tous les peuples qui ont été grands, qui ont illuminé le monde par leurs arts, leur littérature, leurs sciences, ont été des peuples guerriers. La Grèce nous émerveille autant par ses héros que par ses chefs-d'œuvre ; Rome a conquis le monde pendant qu'elle enfantait le droit, et si la France a remué l'Europe et a répandu partout autour d'elles les grandes idées qui sont le fondement de l'époque actuelle, c'est qu'elle a pu les défendre contre les envahisseurs et les appuyer de la force des baïonnettes.

La Chine, elle, en 1860, a vu une armée étrangère de trente mille hommes envahir sa capitale et lui dicter ses conditions. Les aspirations humanitaires du colonel Tcheng-Ki-Tong sont-elles satisfaites par de tels résultats? Si cela était, il faudrait reconnaître qu'il serait de bonne composition. Ce n'est certainement pas le cas; mais il aime mieux en accuser la barbarie occidentale que l'inertie orientale. Il peut avoir métaphysiquement raison ; scientifiquement, il a tort, et le véritable homme d'Etat tient surtout compte des faits.

Ainsi, ma lecture achevée, j'en suis arrivé à cette conclusion bien nette : je ne voudrais pas être Chinois, et entre l'organisation autoritaire qui a réduit un grand peuple à ne plus même savoir imiter et s'assimiler les progrès de l'étranger, et le principe fécond de liberté, d'indépendance individuelle qui est la base de la civilisation de l'occident, j'opte résolument pour la liberté.

Naquet.

Le Voltaire du 9 juillet 1884 (n° 2195)

UNE

SAINTE QUI EST A PLAINDRE

Dans un des derniers numéros du *Voltaire* on pouvait lire :

Le besoin d'une nouvelle sainte se faisait vivement sentir, et la *congrégation des Rites* s'occupe en ce moment de régulariser la nomination d'une béatifiée.

La sainte de demain est la fille de Victor-Emmanuel Ier, la tante du roi Humbert et la mère de François II, ex-roi de Naples.

Je ne suis pas ferré sur ce qui concerne la promotion des béats au grade supérieur de saints. J'ignore si la nomination est déjà faite et si la *congrégation des Rites* n'a plus qu'à la proclamer, à la manière d'une commission de recensement, qui proclame le résultat d'un vote et ne le crée pas, ou bien si c'est à elle qu'échoit la nomination même. En un mot, je ne sais pas s'il ne lui reste qu'à enregistrer un fait accompli ou si elle peut encore empêcher le fait de s'accomplir.

Dans le premier cas, je m'incline, en me bornant à regretter une décision devenue définitive. Mais s'il en est autrement, s'il en est temps encore, au nom des plus simples sentiments de l'humanité, je supplie les cardinaux qui composent la congrégation des Rites d'y réfléchir à deux fois avant de faire de l'irrévocable ; je les supplie de ne pas conférer à la fille de Victor-Emmanuel Ier la dignité dont elle est menacée.

C'est à dessein que j'emploie le mot *menacée*. J'appelle, en effet, l'attention de toutes les âmes pieuses, que ces choses concernent plus particulièrement, sur la situation qui va être faite à la pauvre sainte par ses relations de famille.

Passe tant qu'elle n'est que béate !

Elle est dans la position d'un candidat qui n'est point encore élu et qui promet tout ce qu'on veut à tous les électeurs, même les choses les plus contradictoires. « Attendez, peut-elle dire aux solliciteurs, que je sois sainte. Une simple béate est sans autorité, sans influence ; sa voix n'est que rarement écoutée dans le cie[l] mais, une fois promue à la dignité qu[e] j'ambitionne, vous verrez ce que peut un[e] sainte de race royale comme moi. » Il do[it] y avoir un certain sentiment de quié[tude], de béatitude, à écarter ainsi un[e] foule de quémandeurs, tout en faisan[t] espérer à chacun plus de faveurs que l[e] ciel n'en comporte, et je ne serais pa[s] étonné que l'appellation de *béat* ne vin[t] de là à ceux qui sont investis du droit d[e] la porter.

Mais, pour Dieu, que la congrégatio[n] des Rites réfléchisse ! qu'elle sauve l[a] princesse du résultat de son ambitio[n] malsaine ! qu'elle la laisse dans sa béati[tude] actuelle, car la nouvelle sainte peu[t] s'attendre, suivant une locution vulgaire, à avoir fini de rire après sa nomination.

Jugez donc ! elle est mère de François II, l'ex-roi de Naples, et tante du roi Humbert, dont le père a dépouillé son fils de ses Etats. Que va-t-elle devenir entre son fils et son neveu ? Peut-on sans frémir songer à des tiraillements pareils à ceux qui l'attendent ? Pour moi, il me semble entendre les délégués de deux communes qui réclament le même tronçon de chemin de fer, et j'en deviens blême. Tout n'est pas rose dans le métier de saint, et, si la congrégation des Rites ne se ravise, la fille de Victor-Emmanuel Ier va s'en apercevoir bientôt.

— Tante sainte et vénérée, lui dira le roi d'Italie, ma famille, qui est la vôtre, a accompli un grand œuvre : elle a reconstitué l'unité de l'Italie ; elle a contribué à faire une puissante nation libre et fière ; portez vos bénédictions sur elle. Faites, par votre sainte intercession, que mon royaume prospère et s'accroisse. Ralliez-moi le plus grand nombre possible de sujets récalcitrants et obtenez du ciel que les ennemis de ma royauté soient châtiés. Enfin, inspirez notre saint-père le pape, faites-lui comprendre que son intérêt suprême est d'accepter la dépossession dont il se dit à tort la victime et dont il devrait être le premier à se réjouir.

La sainte n'aura pas le temps d'ouvrir les lèvres pour répondre quelques douces paroles à son neveu qu'une autre voix entrecoupée de sanglots viendra la surprendre et la troubler.

— Sainte mère, s'écriera François II, je tombe à vos genoux, écoutez-moi, exaucez-moi ! Repoussez cette vipère empoisonnée qui déshonore votre famille comme son père, et qui se couvre de tous les crimes et de toutes les iniquités ! Il est votre neveu, c'est vrai ; mais je suis votre fils. Or, il règne sur mon royaume, sur les Etats de mes ancêtres, sur les vôtres, dont son père Victor-Emmanuel II m'a dépouillé traîtreusement. Rappelez-vous les conditions abominables dans lesquelles je fus précipité du trône. Garibaldi faisait voile vers la Sicile avec ses sicaires et, pendant que la cour de Turin le dénonçait publiquement comme rebelle, elle l'encourageait sous main et favorisait sa criminelle entreprise. Plus tard lorsque, enfermé dans Gaëte, je résistais au nom du droit contre les armées de l'insurrection, Victor-Emmanuel II n'eut pas le courage d'attendre. Il prétexta je ne sais quel intérêt supérieur de l'*ordre*, et il envoya un de ses généraux à lui poursuivre et compléter ce que les bandes garibaldiennes avaient commencé. Humbert, son fils, lui a succédé. Il n'a pas répudié cet héritage d'impiété acquis par la violence et la trahison ; il a reçu le fruit du crime et il en jouit ; c'est comme s'il avait commis le crime lui-même. Il parle de la nation libre et fière sur laquelle il règne après que son père l'a constituée. Oui, libre pour chasser les religieux de leurs retraites, pour arracher au pape son pouvoir temporel, pour permettre à la presse de blasphémer notre religion. O ma mère, la cour du Quirinal n'est qu'une sentine impure dans laquelle se sont réfugiés tous les péchés d'Israël. Vous qui êtes sainte, vous dont la vie tout entière a été consacrée à la prière, à la foi, à la charité, venez-moi, venez-nous en aide ; rendez-moi Naples et la Sicile, rendez au grand-duc de Toscane, au duc de Modène, au duc de Parme leurs duchés ; réintégrez l'Autriche, mon ancienne alliée, à Milan et à Venise, et restituez à notre saint-père ce qu'on n'a pu lui arracher sans un sacrilège.

La sainte aura à peine achevé d'écouter ces lamentations que d'autres lamentations se feront entendre. Ce sera le chœur de tous les petits ducs dépossédés, joignant leurs prières à celle de l'ex-roi de Naples, et au-dessus de toutes ces voix la voix puissante du pape, protestant contre l'incarcération dont il est l'objet.

— O vous que je fis sainte, dira-t-il, — car, ne l'oubliez pas, sans moi vous ne seriez encore que béate, et sans mes prédécesseurs au trône de saint Pierre vous seriez perdue dans la foule innombrable des âmes, toute princesse que vous étiez et aucun encens ne s'élèverait vers vous, — ô vous que je fis sainte, oublierez-vous le prisonnier du Vatican ? Permettrez-vous que le représentant de Dieu sur la terre soit chaque jour foulé aux pieds, qu'on l'emprisonne en l'entourant d'un respect mensonger et perfide, et que la religion soit méprisée par ceux qui devraient plus que tous la respecter et la défendre ? Frappez, frappez sans pitié votre neveu, et exaucez les vœux de votre fils, qui sont ceux de tous les bons catholiques !

Que voulez-vous que devienne la princesse au milieu de toutes ces objurgations ? Les saints sont des espèces de députés des catholiques auprès du trône de l'Eternel. Seulement ils ne légifèrent pas, ils se bornent à intercéder auprès du législateur suprême. Ils ne gouvernent pas, ils quémandent. Il y a des vocations parmi eux. Tel guérit les maladies incurables ; tel autre protège contre la peste et le choléra un village, et abandonne au fléau les villages voisins ; tel encore a dans ses attributions la justice et est plus particulièrement chargé de faire gagner les mauvais procès aux plaideurs qui graissent suffisamment la patte de l'Eglise. La nouvelle sainte, elle, aura la clientèle des souverains dépossédés. Et comme dépossédés et dépossesseurs sont de sa famille, elle sera soumise à une épreuve à laquelle je ne crois pas que jamais saint ait été soumis jusqu'ici ; aussi demandé-je, au nom de l'humanité à ceux de qui cela dépend, de lui épargner ce malheur en ne la canonisant pas, s'il en est temps encore.

Et, s'il n'en est plus temps, j'offre son exemple salutaire à la princesse Clotilde. C'est elle qui, si elle devient jamais une sainte, aura fort à faire entre son fils et son mari. A sa place je me raviserais et, pour ne pas me trouver un jour dans le triste cas où va être sa tante, je cesserais dès aujourd'hui d'aspirer au titre de sainte. Pour y aspirer sans danger et pour en jouir en repos, lorsqu'on l'a acquis, il ne faut pas appartenir à des familles royales. Où qu'on les prenne, elles ont trop de vilenies à se reprocher, et un pauvre saint ne peut pas ainsi se faire le juge des indignités de ses proches.

J'espère que mon conseil arrivera à temps et que la *bienheureuse* dont il est question ne sera pas, par sa canonisation, transformée dans le ciel en une *malheureuse*. Elle est béate, qu'elle s'en tienne là ; c'est déjà beaucoup pour une fille de roi.

Naquet.

Le Voltaire du 17 juillet 1884 (n° 2203)

LA POUTRE ET LA PAILLE

La parabole de la poutre et de la paille me revenait l'autre jour en mémoire en lisant un article que M. Paul de Cassagnac a publié à propos de l'incident de Bac-Lé. Il faut voir comme il y traite le malheureux général Millot et notre armée républicaine.

> Cet officier général, dit-il, vient de se conduire, c'est un journal allemand qui le constate, comme ne se serait pas conduit un officier subalterne.
> *Sans les faire éclairer, sans prendre la moindre précaution, sans grouper les plus élémentaires renseignements*, il a envoyé six cents hommes à la boucherie. Et c'est un miracle qu'il en soit revenu un seul.

Je ne plaisante pas. Cela y est, et, afin que personne n'en doute, je cite le numéro du *Matin* dans lequel c'est écrit. C'est le numéro du 8 juillet 1884. Cette précaution était indispensable, car on pourrait croire que je cherche à faire une mauvaise plaisanterie à mon ancien collègue M. de Cassagnac.

Eh quoi! le général Millot s'est laissé surprendre! Je ne sais ce que ces allégations ont de fondé, ne connaissant pas encore le détail des faits. Mais il a dès à présent une excuse : nous n'étions pas en guerre avec la Chine ; le traité de Tien-Tsin avait été signé; nous allions non combattre un ennemi, mais occuper une place dont la possession nous était reconnue, et il est assez naturel de ne pas prévoir le manque de foi, le brigandage et la piraterie.

Mais si même M. le général Millot était coupable, très coupable, est-ce bien à M. de Cassagnac qu'il appartiendrait de le lui reprocher? 1870 est-il donc déjà si loin de nous, ou la mémoire du député du Gers s'est-elle affaiblie à ce point qu'il ose faire la critique de l'armée et des généraux qui ne s'éclairent pas?

M. de Cassagnac a eu sa part de responsabilité dans la guerre contre l'Allemagne. Il me semble encore lire le *Pays*, où le ministère Ollivier était appelé le *ministère de la honte*, parce qu'on le soupçonnait de vouloir la paix. Je ne lui en fais pas un crime; il était patriote et il était rassuré par les déclarations des Lebœuf et autres militaires qu'il croyait en situation de le renseigner. Mais comment, s'il a cru à leur parole, et après les cruelles leçons qu'il a reçues, ose-t-il, lui qui n'a pas abandonné la cause impériale, reprocher à un régime quelconque la désorganisation de son armée ou l'impéritie de ses généraux? Comment ne craint-il pas de réveiller des souvenirs que tous ses efforts devraient tendre à effacer?

Le général Millot s'est laissé surprendre. Soit. Eh bien! et le général de Failly? Ce n'était pas un général républicain ; ce n'était pas « en hurlant : vive Gambetta! ou : vive la République » qu'il avait conquis ses grades. Il les avait conquis dans les antichambres impériales ; c'était le type d'un de ces généraux de cour, excellents pour parader devant le maître, mais peu faits pour se mesurer avec l'ennemi. Il l'a bien montré. Il n'avait pas l'excuse du commandant général du Tonkin; il ne s'agissait pas pour lui d'aller occuper une place à nous cédée par un traité ou de demeurer tranquillement dans une position incontestée. Non! nous étions en guerre, en guerre avec un ennemi redoutable par la puissance de ses engins et par la précision de ses mouvements; et le général de Failly s'est laissé surprendre, et le général de Failly a laissé anéantir son armée, et il se trouve à cette heure des bonapartistes qui l'oublient, et qui fulminent des anathèmes contre la République parce que le général Millot ne se serait pas suffisamment éclairé.

Mais non! je me trompe. M. de Cassagnac n'a pas oublié. M. de Failly est absolument présent à sa mémoire, car dans le même article on peut lire:

> Sous la monarchie, il y avait ce qu'on appelait les officiers de cour.
>
> C'étaient des officiers qui ne faisaient pas leur métier et qui ne tenaient garnison qu'aux Tuileries. Leur avancement se faisait de bal en bal, et leurs campagnes s'appelaient Versailles ou Saint-Cloud.
>
> Braves, élégants, mais nuls, ils nous menaient aux désastres de Crémone ou de Ramillies avec Villeroi, ou à la surprise de Beaumont avec Failly...

S'il en est ainsi, cessez donc d'accuser la République! Vous n'en auriez pas le droit, à supposer même que vos accusations fussent fondées, avant d'avoir fait amende honorable pour les fautes du régime qui nous a valu Metz et Sedan, et que malgré cela vous défendez encore.

En somme, depuis qu'elle existe, la République nous a donné la Tunisie et le Tonkin, c'est-à-dire un agrandissement de territoire. Je ne suis pas, tant s'en faut, un enthousiaste de la politique coloniale; j'estime cependant que cela vaut mieux que de nous avoir amputés de deux de nos plus beaux départements et d'avoir laissé une plaie béante sur notre frontière.

S'il en est ainsi, cessez donc d'accuser la République! Vous n'en auriez pas le droit, à supposer même que vos accusations fussent fondées, avant d'avoir fait amende honorable pour les fautes du régime qui nous a valu Metz et Sedan, et que malgré cela vous défendez encore.

En somme, depuis qu'elle existe, la République nous a donné la Tunisie et le Tonkin, c'est-à-dire un agrandissement de territoire. Je ne suis pas, tant s'en faut, un enthousiaste de la politique coloniale; j'estime cependant que cela vaut mieux que de nous avoir amputés de deux de nos plus beaux départements et d'avoir laissé une plaie béante sur notre frontière.

en 1870 pour reconnaître qu'il est de ceux auxquels l'indulgence s'impose et qui n'ont pas le droit de parler de ces choses-là.

Croirait-on, par exemple, qu'il s'indigne de ce que nous ne donnons pas le commandement de nos armées au duc d'Aumale le premier, suivant lui, de nos officiers généraux! Mais les qualités militaires du duc d'Aumale étaient connues sous l'empire, et je ne sache pas que le régime cher au rédacteur en chef du *Pays* ait jamais songé à lui confier le commandement d'une armée, ni même qu'il ait jamais consenti à lui rouvrir les portes de la France.

Enfin, il est possible que la République n'ait pas suffi à faire éclore des Hoche et des Marceau, — ce que nous ne saurons d'ailleurs que le jour d'une grande guerre. Mais j'espère bien qu'elle aura un honneur, celui de ne jamais avoir fait éclore des Bazaine. Ses généraux peuvent ou pourront commettre des fautes; ils ne commettront jamais le crime le plus grand et le plus odieux de tous, la trahison envers la patrie.

Je me résume. Je ne veux en ce moment ni faire la critique ni faire l'éloge de l'armée actuelle. Je n'ai pas compétence pour cela; mais je tiens à ramener au sentiment de sa situation un parti qui ne devrait jamais s'en écarter. Quand on a eu Failly, quand on a eu Napoléon III, qui avouait lui-même avoir fait sur Sedan une marche contraire à toutes les règles de la stratégie, mais exigée par la politique, c'est-à-dire avoir livré la France pour essayer de sauver sa dynastie; quand enfin on a eu le misérable qui a livré Metz, on n'a pas le droit de parler de l'armée, et l'on ne doit avoir qu'un seul désir: faire l'oubli sur cette succession d'incapacités, de fautes et de crimes, qui ont marqué l'année terrible.

Si M. de Cassagnac ne le comprend

pas, ce n'est pas nous d'ailleurs qui nous en plaindrons. La République n'a rien à perdre à être sur ce point comparée à l'empire.

Naquet.

Le Voltaire du 23 juillet 1884 (n° 2209)

DERNIER VOTE

Le divorce a été définitivement voté samedi par la Chambre des députés. Il y a un peu plus de huit ans que la proposition de loi a été introduite. Huit ans, cela paraît fort long, et c'est cependant très court si l'on songe que la victoire a été gagnée non sur le Parlement, mais sur l'opinion publique, dont le vote du Parlement n'a été que l'expression. Il y a huit ans, la très grande majorité du pays était contre le divorce. Aujourd'hui, la très grande majorité du pays est pour cette institution, avec cette particularité bonne à noter qu'elle était hostile d'une manière irréfléchie, par simple tradition catholique, et qu'à cette heure elle est favorable après mûre réflexion. Il en résulte que la réforme que vient d'opérer la législature actuelle est une réforme inébranlable. On la complétera, mais on ne reviendra jamais sur le progrès accompli. Si même la réaction arrivait de nouveau un jour au pouvoir en France, comme elle vient d'y arriver en Belgique, elle serait aussi impuissante à rétablir la loi de 1816 qu'elle est impuissante à édicter une législation analogue chez les Belges, qu'elle a été impuissante chez nous à abolir le mariage civil, même sous la Restauration.

La Chambre et le Sénat viennent de faire du définitif. C'est ce qui excuse la colère des cléricaux et ce qui explique la malheureuse sortie que s'est permise samedi M. l'évêque d'Angers ; la passion est si mauvaise conseillère et fait faire tant de sottises.

Aussi longtemps que la proposition de loi ne paraissait pas dangereuse, la Droite ne donnait pas ; elle craignait d'aller contre son but en dévoilant les vraies raisons qui avaient fait écarter le divorce chez nous. En 1881, M. Freppel avait déclaré à M. Louis Legrand qu'il ne parlerait pas dans cette discussion. Même tactique il y a deux mois au Sénat ; M. Lucien Brun, M. Chesnelong se sont réservés pour la seconde délibération. Ils ne sont guère intervenus que pour protester quant tout a été perdu, sauf en ce qui concerne M. Lucien Brun, qui, grâce à l'alliance de M. Jules Simon, est arrivé à faire modifier d'une manière très fâcheuse l'article 310.

Tout cela est naturel. Tout cela est correct. Mais hier M. Freppel a perdu le sentiment de la mesure lorsque, à propos de la loi du divorce, il est venu faire de l'antisémitisme à la tribune française, et lorsque, sous le prétexte que le divorce a été successivement proposé par Crémieux et par moi, il s'est écrié : « Allez vers les juifs ; nous restons, nous, du côté de l'Église et de la France. »

Le divorce aurait-il été l'œuvre des juifs que cela importerait peu, si c'est une bonne chose. Comme le faisait remarquer Clémenceau pendant que l'évêque était à la tribune, Jésus-Christ était juif, et je ne pense pas que M. d'Angers y voie une raison plausible pour repousser sa doctrine.

Mais il n'est pas exact de dire que le divorce soit une œuvre juive. J'ai été, il est vrai, l'auteur de la proposition de loi qui vient d'être adoptée, et je suis de race juive, cela est incontesté ; je me sers du mot race, ayant depuis longtemps rompu avec la religion de mes pères comme avec toutes les religions. Mais je suis le seul juif qui ait pris cette initiative, et, lorsque j'ai commencé ma campagne, elle n'était guère plus populaire parmi les israélites que dans les autres parties de la population, tant les traditions catholiques avaient contribué à créer les mœurs générales et s'étaient imposées à tous.

La présentation d'un projet de rétablissement du divorce par Crémieux, en 1848, ne fut pas l'œuvre de ce dernier. Ce fut l'œuvre du gouvernement français tout entier. Il portait la signature de toute la commission exécutive, de Lamartine, d'Arago, de Marie, de Garnier-Pagès. Si Crémieux le déposa, c'est qu'il était ministre de la justice et que c'était à lui par conséquent qu'il incombait de le déposer. Le judaïsme n'avait rien à faire là-dedans.

N'étaient pas juifs davantage Napoléon Ier et Treilhard, auxquels est due la loi de 1803 ; ni Aubert Dubayet, qui a été l'initiateur de la loi de 1792 ; ni Cambacérès, rapporteur à la Convention du projet de Code civil, qui renchérissait encore sur cette loi par son esprit de liberté.

Enfin, je ne crois pas davantage qu'on puisse accuser de judaïsme la Russie, la Roumanie et l'Allemagne. C'est dans ces pays que la propagande antisémitique est la plus forte, qu'elle trouve le plus d'écho, qu'elle se manifeste parfois, en Russie notamment, par la violence, le pillage, le meurtre et l'incendie.

Et cependant la Russie possède l'institution du divorce, la Roumanie a une loi plus large que celle que nous venons de voter, et la législation prussienne est, avec la législation suisse, celle qui, à l'époque actuelle, accorde la faculté du divorce avec la plus grande facilité.

Que devient, à côté de ces faits, la déclamation de M. Freppel ? Il n'en reste qu'une chose vraie et que nous avons relevée avant lui. Le divorce n'existe que dans les pays non catholiques ou dans les pays qui ont, comme la France, assez progressé pour réaliser cette grande conquête de la civilisation, la sécularisation de l'Etat.

C'est pour cela que l'Eglise proteste contre le divorce, comme elle proteste contre les lois sur l'instruction publique, et c'est là une des raisons qui nous démontrent que nous avons fait, nous, œuvre utile et nécessaire ; que nous avons marché dans le large et fécond sillon qu'ont tracé nos pères. Au point de vue libéral et républicain, il est même permis de dire que, n'eût-elle fait que cela seul, la législature de 1881-1885 aurait fait assez pour n'être pas accusée de stérilité.

Et maintenant, la loi est-elle bonne ? Non ! Il n'y a pas de doute dans mon esprit qu'on ne doive y revenir. Il faudra certainement faire disparaître cette disposition qui interdit à l'époux contre lequel le divorce a été prononcé pour cause d'adultère d'épouser son complice ; il faudra modifier la procédure, qui n'est plus en harmonie avec les nécessités de notre époque et qu'on était en voie de changer en Belgique quand sont survenues les élections dernières ; il faudra rétablir le consentement mutuel, qui, limité comme il l'avait été par le code, pouvait, dans des cas exceptionnels, être une garantie pour la famille, sans pouvoir jamais devenir un danger ; il faudra surtout revenir à l'article 310 qu'avait voté la Chambre, et supprimer l'article que le Sénat a mis à la place sous l'inspiration de M. Jules Simon et de M. Lucien Brun. Simple concession faite non à la liberté de conscience, mais à l'esprit de domination catholique, cet article, en effet, ne va à rien moins qu'à créer en France deux jurisprudences opposées selon l'esprit des divers tribunaux. Tout ceci sera l'œuvre d'une loi nouvelle qui ne se fera pas longtemps attendre. Mais c'est là chose secondaire, ce sont questions de détails.

Le divorce est rétabli, la victoire de l'esprit moderne sur l'esprit de réaction est complète, et c'est pourquoi, malgré les imperfections de la loi, j'ai pensé que nos amis de la Chambre devaient l'accepter telle qu'elle leur revenait du Sénat. La question de principe est maintenant résolue ; la révolution — car c'en est une — est faite. Les améliorations viendront d'elles-mêmes sans difficulté, et nous avons le droit à cette heure, malgré les regrets que nous impose telle ou telle disposition, de nous réjouir sans réticences de l'œuvre accomplie.

Naquet.

Journal officiel du 29 juillet 1884 (16e année, n° 206)
Séance du Sénat du 28 juillet
La loi des sucres

1° amend.t à l'art. 1er

La parole est à M. Naquet.

M. Naquet. Messieurs, le but du premier de mes amendements, de celui qui consisterait à ajouter après les mots « livrés à la consommation » les mots « en nature » est de fixer une question sur laquelle il me paraît que l'administration des contributions indirectes se trouve, par sa pratique actuelle, en opposition avec l'esprit du législateur. Qu'a-t-on voulu par les mots déjà anciens — ce n'est pas d'aujourd'hui qu'on se sert de l'expression — « livrés à la consommation » ?

Evidemment on a voulu faire une distinction entre l'industriel qui fabrique de la glucose, vend cette glucose en nature et la livre à la consommation, et celui qui ne se sert de cette glucose que pour une fabrication ultérieure, qui ne la vend pas, pour qui la glucose est un échelon, un produit intermédiaire.

Eh bien ! à l'heure qu'il est, il y a à Paris et même dans toute la France, une industrie qui, depuis quelques années, a pris un développement considérable, c'est l'industrie des vins de raisins secs. Or, comme la fermentation des raisins secs donne généralement un vin peu chargé en alcool, un certain nombre de fabricants ont amélioré leurs produits en joignant à leur fabrication de vin de raisins secs une fabrication de glucose.

Mais, remarquez-le bien, ils ne sont pas fabricants de glucose, ils sont fabricants de vin de raisins secs ; ils ne vendent pas de glucose ; ils n'en livrent pas à la consommation, et il me paraît qu'en industrie, comme en science, on peut accepter ce principe général : qu'il faut toujours considérer l'état initial et l'état final, mais qu'il n'y a pas lieu de tenir compte des produits intermédiaires.

En effet, si l'on tenait compte des produits intermédiaires, et si l'on appliquait toujours la méthode qui a prévalu relativement à la fabrication des vins de raisins secs, lorsque nos industriels du Nord prennent du riz, qu'ils le saccharifient et qu'ils le font ensuite fermenter pour livrer de l'alcool à la consommation, il faudrait commencer par leur faire payer l'impôt sur la glucose qu'ils fabriquent au moyen de la saccharification du riz, plus l'impôt ensuite de l'alcool directement livré à la consommation. Cette idée, que je sache, n'a jamais germé dans l'esprit de personne, en ce qui concerne les alcools. On n'a jamais considéré que le fait de faire saccharifier du riz ou de la pomme de terre en vue de faire ultérieurement de l'alcool, pût être assimilé à une fabrication de sucre à un degré quelconque et qu'il fût possible de percevoir à la fois l'impôt sur le sucre et celui sur l'alcool.

Cependant, ce qu'on n'a jamais fait en ce qui concerne l'alcool, on le fait à l'heure qu'il est en ce qui concerne la fabrication des vins de raisins secs. Un industriel arrive, il fait de la glucose, mais cette glucose il ne la livre pas directement à la consommation, il l'introduit immédiatement dans sa cuve de vin de raisins secs ; il la fait fermenter avec la glucose naturelle produite par la lixiviation du raisin et il obtient ainsi un vin un peu plus chargé en alcool, un peu plus riche que le vin ordinaire. Et alors l'administration arrive et lui dit : Vous devez deux fois l'impôt ; vous le devez d'abord sur le vin de raisins secs, puisque c'est du vin ; vous le devez ensuite sur la glucose, parce que s'il est vrai que vous ne l'avez pas vendue, vous l'avez cependant livrée à la consommation d'une manière indirecte sous la forme de vin. Je prétends qu'il y a là un abus, une mauvaise interprétation de la loi, c'est pour faire cesser d'une manière définitive cette mauvaise interprétation que je vous demande d'introduire les mots « en nature » qui rendront absolument impossible à l'avenir l'interprétation que je viens de vous faire connaître et contre laquelle je m'élève.

Maintenant mon deuxième amendement — je vous donne tout de suite connaissance des deux amendements que j'ai présentés sur l'article 1er pour éviter de remonter à cette tribune, au moins sur l'article 1er, a pour but d'exempter des droits non seulement les mélasses qui sont destinées à la distillation, mais aussi par un principe absolument semblable à celui qui vous fait exempter les mélasses destinées à la distillation, les mélasses destinées à la fabrication des vinaigres.

En l'état, les alcools destinés à la fabrication des vinaigres sont exempts de droits par la raison que les vinaigres payent des droits ; si donc je me faisais fabricant d'alcools au moyen de mélasses, comme de par la loi que vous faites, vous affranchissez de droits les mélasses destinées à la fabrication des alcools, mes alcools seraient exempts de droits, et par conséquent, je pourrais les faire servir directement à la fabrication du vinaigre.

Mais si, pour éviter des frais complètement inutiles, au lieu de concentrer l'alcool, de le distiller après avoir fait fermenter mes mélasses, de l'employer ensuite pour la fabrication du vinaigre, si, dis-je, je me borne à faire fermenter lesdites mélasses et à me servir de l'alcool étendu que j'ai obtenu par la fermentation pour le transformer immédiatement par les procédés ordinaires d'acétification, alors la situation est différente et je dois payer sur la mélasse l'impôt que je ne payerais pas si je fabriquais d'abord l'alcool.

Dans cette circonstance, vous ne protégez pas les finances de l'Etat, car il sera toujours facile de fabriquer au préalable l'alcool ou de l'acheter, et, dès lors, on ne payera pas l'impôt sur les mélasses qu'on transformera directement en alcool; mais vous renchérissez la fabrication des vinaigres en obligeant l'industriel à concentrer l'alcool qu'il aurait pu éviter de concentrer en économisant ainsi les frais de distillation; au lieu de protéger, d'aider une de nos industries, vous lui nuisez sans aucune espèce d'avantage pour le Trésor.

Voilà pourquoi, messieurs, de même que je vous demande d'introduire au premier alinéa les mots « en nature », à la suite des mots « livrés à la consommation », je vous propose d'ajouter au paragraphe 4, à la suite des mots « mélasses autres que pour la distillation » les mots « et pour la fabrication du vinaigre. »

amendement à l'article 2

M. Alfred Naquet. Messieurs, je ne crois pas avoir besoin de développer longuement mon amendement, dont certainement le Sénat comprend la portée. Qu'il l'accepte ou qu'il le repousse, à coup sûr de longs développements seront inutiles. Le Gouvernement, la Chambre des députés et le Sénat, sauf à enlever beaucoup de l'importance de cet article par les déclarations que M. le ministre a apportées, tout à l'heure, à cette tribune, paraissent vouloir, au cas où on trouverait un moyen de dénaturation des sucres, permettre le sucrage des vendanges, dans des conditions plus avantageuses qu'elles ne peuvent se faire aujourd'hui, avec les droits complets sur les sucres.

Eh bien! messieurs, si on veut favoriser ainsi la surélévation des degrés alcooliques de nos vins français, comme cette surélévation peut se faire aussi bien avec des glucoses qu'avec des sucres, et comme, par suite d'un procédé nouveau breveté, à l'aide duquel on peut obtenir des glucoses cristallisées, il est permis de supposer qu'on pourra substituer l'emploi de la glucose à celui du sucre pour le sucrage des vendanges, il me semble tout naturel — et je pense qu'il y a là un oubli de la commission — il me semble tout naturel que vous fassiez bénéficier les glucoses destinées au sucrage des vendanges de la même diminution de droits dont vous faites bénéficier les sucres qui ont la même destination.

Je vous propose, de même que vous abaissez à 20 fr. par 100 kilogr. c'est-à-dire de 3/5es le droit sur ces sucres, d'abaisser de 3/5es c'est-à-dire à 4 fr. par 100 kilogr. les droits sur les glucoses.

amendement à l'article 7 (article ...)

La parole est à M. Naquet.

M. Alfred Naquet. Messieurs, l'abondance de la fabrication sucrière a amené la création d'un stock considérable sur les différents marchés, et, en France notamment, au 30 juin dernier, ce stock s'élevait à 135 millions de kilogr. était ainsi supérieur de 100 millions de kilogr. au stock habituel. Il est résulté de cette surproduction, de cet encombrement, une baisse sur le prix du sucre, dont les cours, de 60 francs, sont tombés à 43 fr. et même à 42 fr.

C'est dans ces conditions que la Chambre des députés, voulant venir en aide à une industrie nationale très gravement atteinte, vous a présenté la loi qui est, en ce moment, soumise à vos délibérations.

Malheureusement, messieurs, cette loi, inspirée par le désir de venir ainsi en aide à notre industrie sucrière, a été rédigée dans des termes tels, que pour le début au moins, ce seront de nouveaux désastres qui se produiront, au lieu de l'aide attendue.

En effet, vous venez de surélever les droits sur les sucres, vous venez de les porter de 40 à 50 fr., c'est à dire de voter une augmentation de 10 fr. Mais dans votre pensée, dans la pensée de M. le ministre des finances, qui l'a formellement reconnu dans les différentes discussions qui ont eu lieu, ce n'est point là un véritable impôt destiné à profiter au Trésor.

M. le ministre reconnaissait que cet impôt, dans la limite du possible et pour sa plus grande partie, devait revenir aux producteurs, de façon à constituer une prime d'encouragement à l'industrie, de façon à donner à nos fabricants de sucre une prime équivalente à celle que reçoivent les industriels belges et allemands.

Or, qu'arrive-t-il? Il arrive que, d'après la loi qui vous est soumise, le stock des sucres actuellement en magasin va être soumis à cette surtaxe de 10 fr.; mais les sucres de la fabrication prochaine, qui seront aussi soumis à cette surtaxe de 10 fr., auront, en échange, des déchets de fabrication s'élevant à 4 fr. pour les sucres indigènes, et à 6 fr. pour les sucres coloniaux; et comme il va de soi que les sucres actuellement en magasin qui, d'après votre loi, ne profiteraient pas de cette détaxe, de ces déchets de fabrication, viendront s'offrir sur le marché dans les mêmes conditions et en concurrence avec les sucres de la fabrication de la campagne prochaine, il en résultera, pour tous ceux qui auront payé les 10 fr. sans détaxe, par rapport à ceux de la campagne prochaine qui les auront payés également, mais qui jouiront d'une détaxe, il en résultera, dis-je, une situation d'infériorité qui équivaudra à la ruine; ou qui, tout au moins, constituera une perte considérable pour les industriels détenteurs de ces sucres.

Ce que je dis là, messieurs, votre commission l'a reconnu, car voici, à la page 14 du rapport, ce que je lis à propos de la question que je pose en ce moment devant vous.

« Enfin, y est-il dit, il n'a pas échappé à l'attention de la commission qu'aux termes de l'article 7, les sucres de la dernière fabrication qui n'auront pu être vendus et qui se trouveront encore dans les fabriques et les entrepôts au moment de la promulgation de la loi, se trouveront dans une situation défavorable, puisqu'ils seront astreints à la taxe complémentaire de 10 fr., sans jouir du déchet de 4 fr. dont seront appelés à bénéficier les sucres de la prochaine fabrication. »

Vous le voyez, messieurs, la commission reconnaît d'une manière complète, absolue, le bien fondé des observations que je vous soumets en ce moment, observations qui motivent l'amendement que je vous propose et qui consiste dans un article additionnel à l'article 7.

Mais, tout en reconnaissant le bien fondé, la commission rejette cet amendement dans l'unique but de ne pas renvoyer la loi à la Chambre des députés. En effet, elle s'exprime ainsi : « Il en résulte une inégalité que nous ne saurions méconnaître et à laquelle il serait désirable qu'on pût remédier; mais l'intérêt général, la nécessité de défendre en temps utile notre industrie nationale si gravement menacée, nous ont paru dominer toutes les questions et ne pas nous permettre d'exposer la loi, en y introduisant des modifications de détail, à un retard dont nous nous sommes efforcés de vous faire apprécier les graves conséquences. »

Messieurs, je ne crois pas vraiment que le retard de 24 ou 48 heures qui serait apporté au vote définitif de la loi par l'acceptation par vous de l'amendement que je vous soumets puisse être une raison sérieuse de voter contre un principe dont on reconnaît soi-même l'équité et la justice.

Je comprends fort bien que, tout à l'heure, lorsque l'honorable M. Barne est venu vous proposer l'ajournement de la loi au mois de novembre, vous ayez refusé de le suivre sur ce terrain et que vous n'ayez pas voulu menacer notre industrie d'une introduction croissante de sucre étranger, quoique peut être bien, tout le sucre étranger à introduire le soit déjà.

Mais enfin, je le comprends fort bien, et je ne me suis pas associé à la proposition de l'honorable M. Barne. Mais, à l'heure qu'il est, pouvez-vous douter que la Chambre des députés qui a voté le principe de la loi qui vous est soumise, qui en a pris l'initiative, qui vous l'a envoyée, ne soit absolument déterminée à la voter à nouveau, si vous la lui renvoyez à propos d'une question de détail? Pouvez vous supposer une minute que cette loi sera compromise parce que, sur une question de détail dont vous reconnaissez l'équité et la justice, vous la renverrez à ses initiateurs? Ce n'est pas possible.

C'est une question de promulgation 24 heures plus tôt ou 24 heures plus tard.

L'autre jour, en discutant la revision des lois constitutionnelles, vous vous montriez très jaloux de vos prérogatives; ce serait véritablement un singulier moyen d'en démontrer l'utilité et l'efficacité, lorsque la Chambre des députés vous envoie une loi, de ne vouloir pas même l'examiner, sous prétexte qu'il ne faut pas la renvoyer à l'autre Assemblée. (Aux voix! aux voix!)

Le Voltaire du 30 juillet 1884 (n° 2216)

LES

DROITS DU CONGRÈS

Je crains bien aujourd'hui d'être en désaccord avec l'immense majorité de mes collègues du *Voltaire*; mais le *Voltaire* n'impose de Credo à personne, et les hommes politiques qui y écrivent peuvent y exprimer librement leur pensée, même lorsque celle-ci n'est pas conforme à l'idée qui a prévalu dans la rédaction.

Contrairement à l'opinion du groupe politique dont le *Voltaire* est l'expression, et qui rencontre en ce moment une majorité au Sénat et à la Chambre, je crois qu'en droit le Congrès est une véritable Assemblée constituante souveraine, dont les pouvoirs ne sauraient être limités ; et en fait, — à moins que l'on ne change entièrement la procédure de la revision, ce dont je serais loin de me plaindre, — je pense qu'il est bon qu'il en soit ainsi.

En droit d'abord, il est bien évident qu'on ne peut rien conclure des termes de l'article 8. Cet article parle de revision partielle, il est vrai, dans son second paragraphe ; mais nul ne conteste que le Congrès, une fois réuni, ne puisse se borner à une revision partielle, et on ne peut rien inférer de là sur la faculté que le législateur aurait voulu laisser ou retirer aux Chambres de limiter par leurs délibérations séparées l'œuvre de l'Assemblée nationale. C'est donc l'esprit de la loi qu'il s'agit de dégager.

Il est de principe qu'on ne doit jamais supposer au législateur la pensée d'édicter des dispositions inutiles, d'établir des formalités oiseuses. Or, le Congrès serait une formalité oiseuse si la loi qu'il doit faire était faite avant sa réunion, et s'il ne lui restait plus qu'à l'accepter ou à la rejeter par un vote d'ensemble.

Un pareil referendum, certainement utile s'il s'adressait à un corps électoral différent de celui qui aurait élaboré la loi, serait nécessairement une superfétation dès qu'il s'adresserait à ceux-là qui l'auraient préparée et qui se la référeraient à eux-mêmes. Si, ce que j'ignore encore à l'heure où j'écris, la Chambre des députés décide comme le Sénat que le Congrès, en ce qui concerne les articles qui visent l'élection des sénateurs, ne sera appelé à se prononcer que sur leur maintien dans la constitution ou sur leur retrait de la loi constitutionnelle, à quoi bon la réunion du Congrès ? Il est bien clair que la majorité des députés et des sénateurs qui votent ces dispositions sont partisans de la disqualification constitutionnelle des articles en discussion, et, comme il n'est pas possible que la somme de deux majorités constitue une minorité, la solution qui prévaudra à l'Assemblée nationale est connue d'avance. A quoi bon dès lors réunir l'Assemblée nationale ? On me répondra que la constitution l'exige. Soit ; mais il m'est permis de répondre à mon tour qu'en donnant à l'article 8 le sens qu'on lui attribue on interprète mal la volonté du constituant, qu'on prête à celui-ci une pensée qui ne répondrait à rien ; que le constituant, ne pouvant pas avoir voulu introduire dans notre loi fondamentale des dispositions inutiles et vaines, l'interprétation qui prévaut à cette heure est une violation de l'esprit, sinon de la lettre, du pacte constitutionnel.

Je me rappelle avoir présenté en 1882 cette objection à Gambetta, qui chercha à la réfuter. « Le Congrès, me dit-il, ne peut se prononcer que sur les questions qui lui sont soumises ; mais, sur ces points, les solutions lui appartiennent, et il a dès lors une œuvre propre à effectuer qui légitime sa réunion. » Gambetta se trompait quand il pensait que, la limitation une fois admise, on n'irait pas jusqu'à prétendre imposer à l'Assemblée nationale des solutions toutes faites ; si, en effet, sous le prétexte que cette assemblée ne se réunit que du consentement des deux Chambres qui la composent, on induit la faculté pour ces Chambres de lui soumettre certaines questions et d'en réserver d'autres, pourquoi n'irait-on pas plus loin ? Pourquoi ne préjugerait-on pas ses résolutions ? Le raisonnement qui permet cela permet ceci ; et comme, une fois un principe admis, il est difficile d'échapper à ses conséquences logiques, il n'y a pas lieu de s'étonner si le Sénat va aujourd'hui jusqu'au bout du développement logique du principe posé et s'il réduit ainsi la réunion du Congrès à une formalité banale. La théorie de Gambetta conduisait à la théorie actuelle. Ou le Congrès est souverain, ou le constituant a fait œuvre vaine ; il est impossible de sortir de là.

Mais le constituant n'a pas fait œuvre vaine. Il y a eu dans la forme qu'il a donnée aux futures revisions une pensée bien nette et bien facile à dégager.

Toutes nos constitutions anciennes admettaient et les constitutions actuelles des autres peuples admettent que l'Assemblée chargée de la revision ne peut se prononcer que sur les questions qui lui sont soumises. On en a conclu que les droits de notre Congrès, héritier naturel de ces anciennes Assemblées de revision, devaient être aussi limités. Cette conclusion paraissait même si naturelle qu'un moment j'en ai été séduit. Mais il suffit de se reporter aux principes fondamentaux du droit constitutionnel pour reconnaître que l'assimilation n'est pas sérieuse et que les raisons mêmes qui rendaient nécessaire la détermination préalable des questions soumises aux Assemblées de revision rendent obligatoire la reconnaissance de la souveraineté absolue de notre Assemblée nationale.

Pourquoi une constitution? Pourquoi pas, ainsi que le demandait Girardin, de simples lois organiques sur l'organisation des pouvoirs publics? Pourquoi ne pas appliquer à l'ensemble des trois lois de 1875 la disqualification que l'on veut appliquer aux articles 1 à 7 de l'une de ces lois?

Parce que les constitutions sont une garantie pour les citoyens; parce qu'il est des lois tellement graves, de nature à porter une telle atteinte aux institutions d'un pays, qu'une fois promulguées elles ne laissent plus à la nation d'autre recours que le recours révolutionnaire et que contre de telles entreprises on ne saurait trop défendre une nation. Il faut, dans la limite du possible, la sauvegarder contre les abus de pouvoirs de ceux qui la gouvernent et la mettre à l'abri de ses propres entraînements.

Aux lois qui ont cette gravité on a donné le caractère constitutionnel, et l'on a cherché à entourer la procédure de leur transformation de difficultés qui fussent autant de garanties.

Jusqu'ici on n'avait imaginé qu'une chose: l'appel au pays sous une forme quelconque. De même qu'il y a dans les Chambres deux délibérations sur les lois ordinaires, on avait voulu qu'il y eût pour les lois constitutionnelles deux délibérations devant le suffrage universel, quelquefois trois. Tantôt la modification constitutionnelle votée par une Assemblée est soumise au plébiscite; tantôt — comme en Amérique — elle est présentée à la sanction des législatures locales; tantôt c'est une Assemblée nouvelle qui est élue pour résoudre les questions qui lui ont été posées par une Assemblée antérieure. Ce dernier système était autrefois le nôtre; c'est encore celui des Belges, et il va de soi que là où il est admis l'Assemblée de revision ne peut examiner que les questions qui lui ont été posées. Si elle en examinait et en résolvait d'autres, celles-ci n'auraient pas été soumises deux fois au suffrage universel, et le principe du double débat devant le pays se trouverait éludé. Mais ce système n'est plus celui de 1875. Ici c'est la Chambre et le Sénat réunis en Assemblée nationale qui, sans appel aux électeurs, peuvent reviser la constitution.

Où est dès lors la sauvegarde contre des modifications incessantes, fâcheuses et peut-être contraires à la volonté du pays? Certes, cette garantie est inférieure à celle qui résulterait d'un appel aux électeurs, et je voudrais, pour ma part, qu'on en revînt à l'un des précédents systèmes. Mais elle n'est pas nulle. Elle existe. Seulement, elle n'existe qu'à la condition que l'on reconnaisse la souveraineté absolue du Congrès.

Le constituant de 1875 n'a pas entendu fermer la porte aux grandes transformations constitutionnelles. Comment l'aurait-il fait, alors qu'il espérait toujours une revision monarchique? Il a voulu que, le jour où le pays se prononcerait avec unité, avec ensemble, avec fermeté, pour une modification importante de la constitution, cette modification fût possible; et elle l'est, aucune Chambre ne pouvant résister à un grand mouvement de l'opinion publique.

Mais le constituant a en même temps voulu éviter les petites modifications de détail qui viendraient chaque jour porter atteinte à l'édifice constitutionnel sans être le résultat d'une vue d'ensemble, qui en altéreraient la solidité sans l'améliorer sérieusement, qui réduiraient la constitution au rôle d'une simple loi organique qu'on fait et qu'on défait à volonté.

Pour atteindre ce double but, il a imaginé le Congrès, mais nécessairement le Congrès souverain. S'il ne s'agit que de modifications de détail pour lesquelles le pays ne se passionne pas, d'expédients politiques, de majorités ministérielles à consolider ou à détruire, jamais, s'est-il dit, les deux Chambres ne tomberont d'accord pour la réunion d'une Assemblée nationale souveraine; chacune d'elles craindra de voir dans cette Assemblée ses prérogatives compromises par l'action de l'autre, et, l'Assemblée nationale ne pouvant se réunir, la revision n'aura pas lieu.

La souveraineté du Congrès sera le frein qui, sans empêcher les grandes revisions voulues et nécessaires, empêchera les petites revisions sans importance, et conservera aux lois constitutionnelles leur caractère spécial et distinct.

Si l'on sort de ce principe, si l'on admet la limitation des droits du Congrès et si l'on ne cherche pas en même temps une autre garantie soit dans l'appel au peuple, soit dans l'appel aux pouvoirs locaux, soit, en un mot, dans l'appel à un corps autre que celui de qui le projet émane, c'en est fait du caractère constitutionnel de quelques-unes de nos lois. Nous aurons encore des lois qu'on appellera constitutionnelles, qui porteront cette étiquette, mais elles n'en auront que le nom, et en fait nous serons rentrés dans le système d'Emile de Girardin.

Une fois cette jurisprudence bien établie, définitivement incontestée, on modifiera aussi aisément la constitution que la loi sur le régime des sucres.

C'est un système que je crois mauvais. Mais c'est un système. Seulement, si on veut l'adopter, qu'on le dise franchement, en modifiant l'article 8 qui règle le droit de revision ! C'est par là qu'il faut commencer, car certainement ce système n'est pas celui du législateur de 1875. Le législateur de 1875 a voulu une constitution avec les garanties qu'elle comporte, avec les garanties sans lesquelles elle n'existe pas, et il a trouvé ces garanties dans la souveraineté du Congrès. Jusqu'à ce que l'article 8 soit revisé, on est tenu par les obligations qu'il impose, et il ne me paraît pas douteux qu'il n'impose par son esprit, sinon par sa lettre, l'obligation de ne réunir l'Assemblée nationale qu'en lui conférant des pouvoirs souverains.

Naquet.

Le Droit des femmes du 3 août 1884 (n° 237)

M. Léon Richer a reçu la lettre suivante :

Paris, le 8 juillet 1884.

Mon cher ami,

C'est entendu. Je suis avec vous comme mes collègues Deschanel et Schœlcher. Je crois, je l'ai dit au Sénat, que la liberté et la dignité dont jouit la femme dans une société sont les thermomètres du progrès. Je ne puis donc qu'approuver votre œuvre et m'efforcer d'y contribuer. Inscrivez-moi pour une souscription annuelle de vingt francs.

Je vous serre affectueusement la main.

A. Naquet.

Nous remercions sincèrement M. Alfred Naquet de son adhésion et de l'appui qu'il nous promet. Sa courageuse campagne en faveur du divorce est la meilleure assurance qu'il nous puisse donner que son concours ne nous fera point défaut, le jour où nous ferons appel à son dévouement.

Ce jour peut être prochain.

Il ressort de la lettre qu'on vient de lire que M. Alfred Naquet partage l'opinion de Fourier, qui a dit :

« En thèse générale, les progrès sociaux et changements de période s'opèrent en raison du progrès des femmes vers la liberté, et les décadences d'ordre social s'opèrent en raison du décroissement de la liberté des femmes. »

Il partage également la façon de voir de Gide, qui écrivait :

« Nul changement ne s'est accompli dans la condition particulière de la femme sans réagir aussitôt sur la constitution de la société. Partout où l'homme a dégradé la femme, il s'est dégradé lui-même ; partout où il a méconnu les droits de la femme, il a perdu lui-même ses propres droits. »

L'adhésion de M. Naquet nous est particulièrement précieuse.

LÉON RICHER.

Journal officiel du 10 août 1884 (16e année n° 218)
séance de l'assemblée nationale
du 9 août 1884
question du quorum

INCIDENTS

M. le président. La parole est à M. Alfred Naquet sur le règlement.

M. Alfred Naquet. Messieurs, je viens demander à l'Assemblée nationale de vouloir bien ordonner un pointage sur le précédent scrutin. Le résultat du vote me détermine à adresser à l'Assemblée cette demande.

M. le président. Le résultat de ce scrutin a été proclamé.

M. Corentin-Guyho. M. Naquet n'a pas le droit de faire une semblable demande.

M. Alfred Naquet. Voici, messieurs, le motif qui m'amène à vous adresser cette demande. La Constitution a établi, que pour résoudre les questions d'ordre constitutionnel un *quorum* est indispensable, et que ce *quorum* est égal à la moitié plus un des membres composant l'effectif normal de l'Assemblée nationale.

Il est bien évident que c'est là une disposition tutélaire, qu'il ne peut être permis de tourner et de violer par un artifice ou un circuit de procédure ; or, c'est ce qui arriverait si, au lieu de vous permettre de vous prononcer sur la question elle-même, qui exige le *quorum*, vous aviez le droit, en passant par le circuit de la question préalable, d'éviter ce *quorum*. Cette façon de procéder, messieurs, serait contraire à la Constitution et ne peut être dans vos pensées.

Quel a été le chiffre de la majorité proclamé tout-à-l'heure ?

Ce chiffre est de 439, et le *quorum* indispensable est de 429. (Mouvements divers.)

(Les chiffres du scrutin insérés plus haut sont des chiffres rectifiés ; celui que cite l'honorable orateur a été, en effet, proclamé en séance, avant rectification.)

M. Léon Renault. Qu'en savez-vous ?

M. Alfred Naquet. M. Léon Renault me demande ce que j'en sais. Je n'ai pas sous la main le texte des lois constitutionnelles ; mais mon honorable collègue pourrait vous en donner connaissance.

M. Léon Renault. Voici le texte : voulez-vous le lire vous-même à l'Assemblée ? Je crois que vous simplifierez ainsi beaucoup votre discussion.

M. Alfred Naquet, *lisant.* « Les délibérations portant revision des lois constitutionnelles, en tout ou en partie, devront être prises à la majorité absolue des membres composant l'Assemblée nationale. »

L'Assemblée nationale se compose de 300 sénateurs et de 557 députés, total 857, dont la moitié est de 429. (Très bien ! très bien ! à gauche.)

M. Léon Renault. Et les sénateurs décédés, les comptez-vous ? Vous savez bien que la Constitution elle même défend de remplacer les sénateurs décédés, si ce n'est dans certaines conditions.

M. Alfred Naquet. Cette disposition me paraît être de même nature que celle qui avait été introduite dans des constitutions antérieures à la Constitution de 1875, et qui exigeait, par exemple, pour trancher les questions constitutionnelles les deux tiers des voix. L'Assemblée nationale, lorsqu'elle a voté cet article, a voulu un *quorum*, un chiffre de voix absolu. C'est au moins mon sentiment. Vous pourrez évidemment le combattre.

Seulement, alors même qu'on ne partagerait pas ma manière de voir — je la crois indiscutable (Exclamations à gauche et au centre), — je dis que le pointage s'imposerait. En effet, d'après vous le *quorum* serait de 419 voix au lieu de 429.

M. Ferdinand Dreyfus. Pas pour le vote de la question préalable. (Bruit.)

M. Alfred Naquet. Si vous m'aviez écouté j'aurais déjà fini et je serais déjà descendu de la tribune. Je ne suppose pas que je passionne le débat en ce moment !

Eh bien, messieurs, en examinant le scrutin qui a terminé la séance d'hier, je vois dans les chiffres, avant et après le pointage, des différences qui légitiment largement la demande que je vous apporte en ce moment. Au compte rendu analytique, qui donne les chiffres proclamés en séance, je vois : « Nombre des votants, 779 » et puis, après pointage, de 779 le nombre des votants tombe à 737.

M Thirion-Montauban. On a supprimé mon bulletin; j'ai voté et je suis porté comme m'étant abstenu.

M. Alfred Naquet. Au compte rendu analytique, le nombre des votants « pour » proclamé en séance est de 493; au *Journal officiel*, après pointage, il n'est plus que de 471, soit 22 voix de moins. Vous voyez donc que si même, contrairement à ce qui paraît se dégager de la manière la plus nette des loi constitutionnelles, vous admettiez que le *quorum* est de 419 au lieu de 429...

Un membre à gauche. Il n'y a pas de *quorum* en cette matière !

M. Alfred Naquet. ... il pourrait y avoir après pointage une différence de 20 voix, comme cela s'est produit hier. On me dit : Il n'y a pas de *quorum* pour la question préalable. Cela reviendrait à dire qu'il suffit d'un circuit de procédure pour mettre en échec les principes tutélaires de la Constitution. J'ai trop le sentiment que l'Assemblée nationale tout entière veut rester fidèle aux principes de la Constitution pour croire qu'il entre dans l'esprit d'un seul de mes collègues de vouloir se livrer à cette procédure, qui serait, je le répète, la violation de la Constitution. (Très bien ! très bien ! sur divers bancs à gauche et à droite.)

M. le président. La parole est à M. Bizarelli.

M. Bizarelli. Je cède mon tour de parole à M. Naquet.

M. Baragnon. Mais j'ai demandé la parole, monsieur le président.

M. le président. Il y avait trois orateurs inscrits avant vous.

La parole est à M. Naquet à qui M. Bizarelli a cédé son tour.

M. Alfred Naquet. Messieurs, je ne demande qu'à répondre deux mots à l'honorable M. Léon Renault. J'estime que notre honorable collègue vient en ce moment de plaider à cette tribune la thèse même qu'il voulait combattre, et que les arguments qu'il a invoqués contre ma proposition démontrent, au contraire, que je suis dans le vrai. (Très bien ! très bien ! à l'extrême gauche et à droite.)

En effet, messieurs, que vous a dit l'honorable M. Léon Renault en ce qui concerne la question de *quorum* ?

bats, évalua le *quorum* sur le chiffre total des membres de l'Assemblée supposée au complet. (Mouvements divers.)

Et maintenant, messieurs, nous avons une autre autorité en matière de règlement des assemblées : c'est celle de MM. Poudra et Pierre. Voici comment ils s'expriment dans leur *Traité de droit parlementaire* à propos du vote relatif au retour à Paris :

« La majorité absolue exigée par l'article 8 de la loi constitutionnelle du 8 février 1875 était dépassée de beaucoup, puisqu'elle ne s'élevait qu'à 417 voix. L'Assemblée nationale se composait alors de 833 membres, 300 sénateurs et 533 députés. »

Vous le voyez, MM. Poudra et Pierre parlent de 300 sénateurs composant l'Assemblée nationale; je ne suppose pas qu'au moment où l'Assemblée s'est réunie pour décider le retour à Paris, il n'y ait pas eu un seul vide dans ses rangs. L'honorable M. Poudra a donc tranché la question dans le même sens que moi et que M. le président qui proclamait le résultat du vote, le 30 juin 1879.

Voilà, messieurs, ce que j'ai à répondre à mon honorable collègue et ami M. Léon Renault sur le premier point.

Quant au second, que vous a dit l'honorable M. Léon Renault ? Il vous a dit : le *quorum* est nécessaire quand il s'agit de voter une disposition constitutionnelle nouvelle; il faut alors une majorité solide, ferme, dont le chiffre même a été prévu par la Constitution; mais lorsqu'il s'agit d'écarter une disposition, la question n'est plus la même, et le *quorum* qui est indispensable pour accepter ne saurait être indispensable pour rejeter.

Mon Dieu ! je comprends très bien l'argumentation de mon honorable collègue; mais j'avoue qu'elle ne me touche pas, car dans la discussion et dans le vote d'un projet de loi, tout se tient; les amendements sont intimement liés à la question principale, et suivant qu'un amendement est adopté ou rejeté, la question principale sera elle-même rejetée ou adoptée. (Très bien ! très bien ! à l'extrême gauche et à droite.)

Par conséquent, le vote ou le rejet de l'amendement, que vous ayez voté dans un sens ou dans l'autre, exercera une influence considérable sur le vote final. Bien entendu, des dispositions relatives à votre règlement intérieur ou à l'ordre du jour n'exigent pas un *quorum* nécessaire; mais tout ce qui se rattache à une question d'ordre essentiellement constitutionnel ne peut être tranché, soit dans le sens de la négative, soit dans le sens de l'affirmative qu'avec le *quorum* convenu. Par la voie de la question préalable, vous tourneriez cette disposition ; le *quorum* est donc nécessaire. (Applaudissements à l'extrême gauche.)

Journal officiel du 14 août 1884 (16e année n° 221)

Séance de l'Assemblée nationale du ...

PRÉSIDENCE DE M. LE ROYER.

M. le président. La parole est à M. Naquet pour des considérations générales sur l'ensemble de la loi.

M. Alfred Naquet. Messieurs, j'ai trop le sentiment de la fatigue de l'Assemblée nationale, fatigue que je partage moi-même d'ailleurs, pour être long à cette tribune. Je prie l'Assemblée de vouloir bien m'écouter avec quelque indulgence, ce sera le moyen le plus sûr d'être rapidement arrivé au terme du peu de paroles que j'ai à prononcer ici. (Parlez ! parlez ! sur divers bancs.)

Messieurs, décidé, ainsi qu'un certain nombre de mes amis, à ne pas prendre part au vote qui va terminer l'œuvre que vous avez entreprise... (Bruit à gauche et au centre), je crois de mon devoir, au nom de ces amis et en mon nom propre, de vous dire et de dire au pays pourquoi nous ne prenons pas part à ce scrutin.

Il est absolument certain que dès demain, — j'ai même tort de dire « dès demain », car, car on a commencé dès la veille — les personnes qui s'abstiendront sur l'ensemble du projet de loi seront traitées de partisans de la politique de tout ou rien.

Messieurs, rien n'est plus loin de notre pensée. Nous savons tous que le régime parlementaire est le régime des transactions et, toutes les fois que nous nous sommes trouvés en présence d'une solution législative ou constitutionnelle qui, sans atteindre l'idéal des réformes que nous aurions voulu réaliser, nous apportait cependant une amélioration réelle et sensible, nous l'avons toujours acceptée. (Très bien ! très bien ! à l'extrême gauche.)

Lorsque en 1881... (Interruptions et bruit au centre. — Parlez ! à l'extrême gauche), nous nous sommes trouvés en présence de lois sur la presse ou sur la liberté de réunion qui étaient loin de répondre à l'idéal que nous nous faisons des droits des citoyens en ces matières, mais qui réalisaient un progrès réel et véritable... (Bruit), nous les avons acceptées. Et, pour ne pas multiplier les exemples qui vous feraient perdre inutilement un temps précieux, je dirai, sans sortir du domaine constitutionnel sur lequel nous sommes en ce moment, que lorsqu'en 1875 ceux d'entre nous qui siégeaient à la gauche de l'Assemblée nationale ont eu à se prononcer sur cette Constitution que vous revisez aujourd'hui, comme, malgré les dispositions, déplorables à notre point de vue, qu'elle renferme... (Interruptions), malgré les dispositions fâcheuses, dis-je, qu'elle renferme, en échange des concessions que nous faisions, on nous apportait quelque chose qui était la reconnaissance légale de la République, nous avons compris la nécessité de cette transaction, et nous avons voté à cette époque la Constitution.

Mais, à l'heure qu'il est, messieurs, — c'est là ma conviction profonde, — vous ne nous mettez pas en présence d'une amélioration quelconque ou d'une absence de toute amélioration. (Très bien ! à l'extrême gauche. — Interruptions et bruit à gauche et au centre.)

M. Georges Perin. Le Congrès a envoyé 50,000 fr. aux cholériques ; c'est tout ce qu'il a fait !

M. Alfred Naquet. Vous nous mettez en présence de *rien*, — c'est la solution à laquelle je m'arrête, parce qu'elle est la plus nette, la plus limpide et la plus franche, — et d'une apparence, d'un semblant de révision qui n'est pas une révision réelle... (Très bien ! et applaudissements à l'extrême gauche.)

Un membre à droite. Nous recommencerons dans huit jours !

M. Georges Perin. M. le président du conseil l'a appelée dérisoire.

M. Alfred Naquet. ...et qui n'a pour but, pour résultat que de laisser croire au suffrage universel que vous avez revisé quelque chose, quand vous n'avez rien revisé du tout. (Très bien ! très bien ! à l'extrême gauche.)

M. le baron de Lareinty. On a trop revisé !

M. Alfred Naquet. Le projet primitif qui avait été apporté par M. le ministre des affaires étrangères, président du conseil, à la Chambre des députés nous laissait l'espoir d'arriver à améliorer sérieusement le recrutement du Sénat. (Bruit et interruptions à gauche et au centre.)

Nous pouvions alors espérer mettre ce recrutement en harmonie avec les institutions générales du pays, et cela eût été une revision... (Nouveau bruit à gauche et au centre. — Protestations à l'extrême gauche.)

Je n'ai pas abusé de la parole devant l'Assemblée nationale... (Non! non! parlez!), je n'en ai pas l'habitude; mais, quand je crois avoir un devoir à remplir pour mon pays, je le remplis jusqu'au bout, et les interruptions ne sauraient m'arrêter.

Je disais donc, messieurs, que le premier projet, encore bien qu'il ne répondît pas à l'idéal que nous nous faisons d'une Constitution républicaine, nous aurait apporté une amélioration sensible et certainement beaucoup d'entre nous — j'aurais été de ceux-là — l'auraient voté.

Mais en l'état... (Bruit et interruptions à gauche et au centre), mais en l'état, je le répète, messieurs, vous ne nous apportez absolument rien de sérieux. Je n'ai pas l'intention, rassurez-vous, d'en faire à cette heure la démonstration; elle a été faite d'une manière suffisante, d'une manière péremptoire par les divers orateurs qui ont pris part à cette discussion, par l'honorable M. Floquet, par l'honorable M. Clémenceau, par M. l'honorable M. Andrieux et par tous ceux qui, pied à pied, sont venus défendre ici les principes républicains contre les décisions de la commission et contre le contrat que vous avez accepté.

Seulement, messieurs, il est un dernier point sur lequel je veux revenir, et revenir d'une manière très brève, car il a été magistralement mis en lumière... (Bruit et interruptions à gauche et au centre. — Parlez! parlez!) ...par l'honorable M. Floquet; ce point de vue, le voici : nous pouvions, aussi longtemps que nous n'arrivions pas devant l'Assemblée nationale pour reviser, accepter provisoirement l'œuvre de l'Assemblée de 1875, l'accepter sous le bénéfice et avec l'espérance d'une revision future qui mettrait enfin, un jour ou l'autre... (Interruptions et bruit.)

M. Georges Perin. Monsieur le président, si l'on ne veut pas entendre, nous demandons la remise à demain! M. Naquet a le droit de parler, et il parlera!

M. le président. M. Naquet a la parole; je la lui maintiens, mais je ne peux pas lutter contre 400 personnes qui parlent ensemble!

M. le duc de Feltre. Ce sont les revisionnistes qui empêchent de parler!

Un autre membre à droite. C'est la majorité qui fait ce charivari!

M. Naquet. Je disais donc, messieurs... (Le bruit continue.)

J'attendrai le silence. Je n'ai pas l'habitude de me laisser intimider par les cris, quand je suis à la tribune! (Très bien! et applaudissements sur plusieurs bancs à gauche.)

Je disais donc, messieurs, qu'aussi longtemps que la revision de cette Constitution n'était pas officiellement demandée, aussi longtemps que nous vivions sous un régime de fait... (Exclamations à gauche et au centre) ...sous le bénéfice et avec l'espérance d'une revision future qui mettrait enfin le parti républicain, dans ce pays, en possession d'un instrument constitutionnel conforme aux grands principes qui régissent les institutions républicaines dans tous les pays, et qui ont été l'apanage des hommes de la Révolution française, nous pouvions attendre. Mais, à l'heure qu'il est... (Nouvelles interruptions) nous associer au projet de revision que vous nous apportez, ce serait reconnaître, accepter pour nôtre et consacrer dans cette grande Assemblée républicaine... (Murmures à gauche et au centre) l'œuvre quasi monarchique de l'Assemblée nationale de 1875; ce serait dire au pays que, quand le parti républicain s'est réuni dans ces grandes assises pour transformer sa Constitution, il n'a rien trouvé de mieux que d'augmenter de 25,000 le nombre des électeurs sénatoriaux, et que, même il est allé si loin qu'il a fait pis que la loi actuelle, car elle reposait au moins sur un principe, celui de l'unité communale, tandis que votre nouvelle loi ne reposera plus absolument sur aucun principe. (Très bien! très bien! à droite et à l'extrême gauche. — Bruit à gauche et au centre.)

Eh bien, messieurs, cette responsabilité d'accepter, de consacrer, de faire vôtre l'œuvre de l'Assemblée nationale de 1871 à 1875... (Aux voix! aux voix!) prenez-la si cela vous convient; mes amis et moi, nous ne voulons absolument avoir aucune solidarité dans ce vote, et nous ne nous y associerons même pas en déposant un bulletin négatif dans les urnes contre votre projet; nous nous réfugierons dans une abstention absolue, ne voulant nous associer en aucune manière à l'œuvre que vous accomplissez. (Applaudissements sur plusieurs bancs à gauche.)

Loi des Incompatibilités

Journal officiel de la R. F. des 21 et 22 8bre 1884
seizième année – nos 290 et 291
Séance du Sénat du 20 8bre 1884

M. le président. M. Naquet a présenté une disposition additionnelle, et il désire qu'elle soit discutée avant l'article 7.

M. Naquet a la parole.

Son amendement est conçu en ces termes :

« La présente loi n'a pas d'effet rétroactif. »

M. Naquet. Messieurs, pas plus que vous je ne suis enthousiaste du cumul. Je voterai la présente loi et j'en ai voté une partie des articles jusqu'ici ; mais, enfin, j'ai l'habitude en toutes choses d'examiner le fond des questions, de ne pas m'en tenir aux mots et de repousser les principes absolus qui quelquefois aggravent les situations au lieu de les améliorer lorsqu'on veut les appliquer avec une extrême rigueur.

Pourquoi sommes-nous partisans de l'incompatibilité ? Il y a deux grands motifs qui nous poussent à l'admettre.

Le premier est un motif d'ordre matériel : c'est qu'il est difficile de remplir, à la fois, une fonction publique et le mandat de sénateur ou de député. C'est là, je le dirai, le petit côté de la question, car cette possibilité peut exister pour certaines natures d'élite ; et, d'ailleurs, l'impossibilité même ne crée pas de grands dangers.

Il y a un côté plus sérieux, le côté moral de la question. C'est ce côté-là qui a touché la Chambre des députés, et qui touche le Sénat. Ce que nous ne voulons pas, c'est que, dans les Assemblées législatives, il y ait des hommes placés dans cette alternative, ou de manquer, en tant que fonctionnaires, au devoir de subordination qui les lie au Gouvernement, ou de manquer d'indépendance, en tant que législateurs. Voilà pourquoi, d'une manière générale, nous voulons déclarer incompatibles les fonctions salariées qui relèvent de l'Etat, des départements et des communes et les fonctions administratives.

Mais, messieurs, il résulte du vote de l'article 6, que vous venez d'adopter, que le danger contre lequel nous nous élevons, se trouve bien atténué. Car si, d'une part, nous n'avions plus dans nos rangs que des fonctionnaires inamovibles ; si, d'autre part, toute nomination, toute promotion sont désormais impossibles, non seulement pendant la durée du mandat, mais pendant l'année qui suit la démission ou pendant les six mois qui suivent l'expiration légale de ce mandat, il est clair que l'indépendance absolue du fonctionnaire est garantie et que nous n'avons pas à redouter qu'un gouvernement peu soucieux de ses devoirs, puisse jamais influer sur nos déterminations et nos délibérations par les menaces de révocation ou les promesses.

Le danger sera donc, quoi qu'il advienne, infiniment moindre demain qu'il n'était hier, et je dirai presque que l'article 6 à lui tout seul suffirait, à la condition que toutes les fonctions amovibles fussent déclarées incompatibles avec le mandat législatif.

Cela dit, messieurs, non que je veuille repousser la loi, mais pour vous indiquer qu'on peut y ajouter certains tempéraments, sans qu'il y ait péril à le faire, étant donné que vous acceptez l'article 6, je vous demande d'accepter cet autre principe, qui est conforme à la justice, à l'équité et je crois devoir l'ajouter, à l'intérêt républicain, que la loi n'aura pas d'effet rétroactif, c'est-à-dire qu'elle ne touchera pas les fonctionnaires actuellement investis, ou tout au moins qu'elle ne les touchera qu'à l'expiration de leur mandat, alors qu'il s'agira pour eux de décider s'ils doivent ou non se représenter.

Messieurs, il ne peut pas vous échapper que la situation qui sera faite par la nouvelle loi à nos collègues, si vous repoussez mon amendement, n'est pas celle d'un homme placé en présence d'une loi existante et qui sait nettement, au moment des élections, que la fonction qu'il occupe est incompatible avec le mandat de sénateur ou le mandat de député ; celui-là sait ce qu'il fait ; il sait que s'il accepte ce mandat, il devra faire l'abandon de sa fonction, et peut-être aussi d'une partie importante de son traitement.

Il se décide donc en connaissance de cause. La situation n'est plus la même pour l'homme qui, lorsqu'il a accepté le mandat, se trouvait en présence d'une loi qui permettait la coexistence de ce mandat et de sa fonction. Il y a là, pour ainsi dire, une espèce de contrat entre lui et l'Etat, entre lui et le pays ; il n'aurait peut-être pas accepté si la loi d'incompatibilité avait existé, et, notez-le bien, vous le placez dans une situation très difficile et très grave, car le jour où un homme accepte un mandat des électeurs, il s'engage moralement à le remplir pendant toute sa durée légale, pendant les 9 ans que dure le mandat, quand il s'agit d'un sénateur ou pendant 4 ans, lorsqu'il s'agit d'un député ; et, selon moi, à l'exception de situations très graves, c'est presque un manquement au devoir de se retirer avant l'exécution du mandat qu'on s'est engagé à remplir.

Eh bien, vous placez l'homme que vous allez frapper par votre incompatibilité dans une situation si difficile, qu'il peut être même dans l'impossibilité d'accepter selon sa situation de fortune, ou obligé de résigner ses fonctions de mandataire du pays et de manquer ainsi à l'engagement qu'il a contracté vis-à-vis de ses électeurs. J'ajoute que le parti républicain n'a pas intérêt à mettre immédiatement d'un seul coup hors des assemblées législatives, un certain nombre d'hommes d'une capacité éprouvée et qui justement à cause de cette capacité sont arrivés à des situations élevées.

Je ne suis pas partisan du cumul ; je crois qu'il est bon de faire une loi pour le rendre impossible dans l'avenir ; je suis heureux qu'on fur et à mesure que le renouvellement des mandats se produira, le cumul disparaisse ; mais je ne crois pas que dès aujourd'hui il soit utile au bon fonctionnement des affaires du pays de mettre hors du Parlement, je le répète, une trentaine ou une quarantaine de membres qui sont, non seulement des républicains éprouvés, mais des hommes éprouvés également par leurs capacités et par leur mérite.

Enfin, messieurs, je ne crois pas qu'il puisse vous échapper, qu'il y a une analogie entre les questions que je discute en ce moment-ci devant vous et cette question que vous discutiez l'autre jour dans vos bureaux, et que votre commission paraît avoir en ce moment-ci résolue, de l'inamovibilité des sénateurs à propos de la loi électorale du Sénat. Il n'y a pas parmi nous beaucoup de partisans de l'inamovibilité des sénateurs ; mais il n'y a pas non plus beaucoup de membres du Sénat qui proposent de supprimer d'emblée l'inamovibilité en retirant les fonctions de sénateur à tous ceux de nos collègues qui en sont investis et le membre de la commission qui va le plus loin, l'honorable M. Bérenger, que j'ai entendu l'autre jour dans un très remarquable discours qu'il a prononcé dans le bureau dont je faisais partie, l'honorable M. Bérenger va bien jusqu'à supprimer l'inamovibilité, mais il laisse cependant aux sénateurs inamovibles une durée de neuf années.

Si cela est sage et légitime, en ce qui concerne les fonctionnaires dont il est question en ce moment, selon moi, messieurs, il ne serait ni conforme à l'équité, ni conforme à la justice, ni conforme à l'intérêt bien entendu du Gouvernement républicain, de les frapper et de les exclure immédiatement du Parlement. C'est pourquoi je vous demande de décider que la loi actuelle sera applicable à l'expiration du mandat des sénateurs fonctionnaires, aux futurs élus, mais qu'en aucun cas elle ne peut s'appliquer aux sénateurs et députés en fonctions actuellement. (Approbation sur plusieurs bancs.)

M. le président. Quelqu'un demande-t-il la parole ?

M. le rapporteur. La commission n'accepte pas l'amendement de M. Naquet.

M. le président. Je dois faire observer au Sénat, dans tous les cas, que l'article de M. Naquet ne prendrait pas la place de l'article 7, mais serait mis à la fin de la loi, à titre d'article additionnel.

J'ai reçu une demande de scrutin public sur l'article additionnel proposé par M. Naquet. Elle est signée de MM. Munier, Goguel, de Reignié, Laurent-Pichat, Labordère, Le Bastard, Salneuve, le colonel Meinadier, Combescure, Peyrat et Schœlcher.

(Le scrutin a lieu. — MM. les secrétaires opèrent le dépouillement des votes.)

M. le président. Voici le résultat du scrutin :

Nombre des votants........... 163
Majorité absolue............. 82

Pour l'adoption....... 72
Contre.............. 91

Le Sénat n'a pas adopté.

Séance du 21 octobre 1884

M. le président. « Art. 10. — Sont et demeurent formellement abrogées toutes les dispositions législatives contraires à la présente loi. Toutefois il n'est apporté aucune modification à l'article 10 de la loi du 28 juin 1883 concernant les services maritimes postaux. »

Il y a un amendement de M. Naquet.

M. le rapporteur. La commission a accepté l'amendement de M. Naquet. Il ne s'agit que de supprimer la dernière partie de l'article 10.

M. le président. Je vais en donner lecture :

« Art. 10. — Sont et demeurent formellement abrogées toutes les dispositions législatives contraires à la présente loi, et, notamment, l'article 10 de la loi du 28 juin 1883 concernant les services maritimes postaux. »

Il faudrait peut-être que M. Naquet donnât quelques explications, et nous fît connaître l'objet de cet article ; il se peut, en effet, que quelques-uns de nos collègues ne s'en souviennent pas.

M. Naquet. Messieurs, à l'époque où fut votée la loi sur les services postaux maritimes subventionnés, un projet de loi était pendant devant la Chambre des députés, relatif aux incompatibilités ; il était beaucoup plus large dans ses conséquences que celui qui a été voté plus tard par cette Chambre et, *a fortiori*, que celui que nous discutons en ce moment. Dans ce projet, les auteurs, MM. Raspail et Roque (de Fillol), étaient allés jusqu'à vouloir interdire l'entrée du Parlement, non pas d'une manière temporaire et à charge par eux de se représenter devant les électeurs, mais à titre définitif et absolu, à tout homme qui ferait partie du conseil d'administration ou du conseil de surveillance d'une société quelconque, subventionnée ou non subventionnée par l'Etat.

Telle était la situation lorsque le projet de loi sur les services postaux se présenta. L'honorable M. Raspail, voulant faire juger en détail ce qui devait plus tard être jugé d'une manière plus générale par la loi sur les incompatibilités, déposa un amendement tendant à prononcer l'incompatibilité absolue entre les mandats de sénateur ou de député, et les fonctions de membre du conseil d'administration ou de directeur de la société qui obtiendrait l'adjudication des services maritimes postaux. Cet article fut accepté par la Chambre et plus tard par le Sénat. A quelque temps de là vinrent devant la Chambre et le Sénat deux nouveaux projets de lois, celui sur les concessions des chemins de fer de la Corse et, plus tard, celui sur les conventions avec les compagnies de chemins de fer.

A ce moment, les deux Chambres modifièrent leur décision antérieure : au lieu d'interdire les fonctions d'administrateurs de chemins de fer aux députés et aux sénateurs, comme elles l'avaient fait pour la compagnie à laquelle était échue la subvention postale maritime, elles se bornèrent à déclarer qu'un député ou un sénateur, nommé membre de ces conseils d'administration, serait déchu de son mandat, mais qu'il pourrait se présenter devant ses électeurs et être légalement réélu. Elles admirent, par conséquent, de même, qu'un membre d'un de ces conseils, nommé à ces fonctions antérieurement à son élection comme député ou sénateur, pourrait être valablement élu.

Les choses en étaient là lorsqu'est venue la discussion de la loi actuelle. Cette loi, non seulement au Sénat, mais même à la Chambre des députés, a définitivement admis ce qui avait prévalu dans les articles relatifs aux chemins de fer de la Corse, et aux conventions avec les grandes compagnies de chemins de fer. A partir de sa promulgation, en ce qui concerne toutes les compagnies ou sociétés subventionnées par l'Etat, un député ou un sénateur ne pourra accepter, au cours de son mandat, d'entrer dans les conseils d'administration de ces sociétés à peine de déchéance. Mais un membre d'un de ces conseils d'administration pourra très légalement se porter candidat à la Chambre ou au Sénat, et, s'il est élu, il pourra conserver sa fonction et son mandat.

De même, le député ou le sénateur qui aurait été déchu de son mandat par suite de cette nomination, peut se représenter devant ses électeurs sans perdre sa fonction dans le conseil d'administration ou de surveillance dont il fait partie.

Voilà les dispositions que vous venez de voter.

Eh bien, l'article 10 de la loi du 28 juin 1883 sur les services postaux maritimes subventionnés est en opposition formelle avec la loi actuelle ; il est donc naturel qu'il disparaisse, et il disparaissait purement et simplement par le seul fait qu'on mentionnait dans l'article 10 de la loi nouvelle que toutes les lois antérieures étaient abrogées en ce qu'elles avaient de contraire à la présente loi. Malheureusement je ne sais par suite de quel malentendu la commission avait cru devoir excepter de cette abrogation générale l'article, dont je parle, de la loi sur les services postaux maritimes subventionnés.

J'ai demandé, et la commission a reconnu le bien fondé de ma demande, de ne pas faire une exception qui s'appliquerait à une compagnie désignée d'une manière spéciale, alors qu'il n'y a rien de particulier qui puisse nécessiter une exclusion spéciale pour cette compagnie particulière ; j'ai demandé, en un mot, de faire porter l'abrogation sur la loi de 1883 dans son article 10, absolument comme sur toutes les autres lois qui pourraient être contraires à la loi actuelle.

C'est dans ces termes que j'ai proposé un amendement qui a été accepté.

Peut-être pourrait-on même éviter de mentionner l'article de la loi de 1883, et se borner à déclarer que toutes les lois contraires à la loi actuelle sont abrogées ; l'article 10 de la loi de 1883 serait implicitement contenu dans la disposition abrogative et l'indication nette et précise deviendrait ainsi complètement inutile.

M. le président. J'ai reçu une demande de scrutin public.

Mais avant d'ouvrir le scrutin, je vais donner une nouvelle lecture...

Plusieurs sénateurs. Tout le monde est d'accord, il n'y a pas besoin de scrutin.

M. le président Alors on retire la demande de scrutin.

M. de Reignié. Nous retirons la demande de scrutin, monsieur le président.

M. le président. Je consulte le Sénat sur l'amendement de M. Naquet.

(L'amendement est adopté.)

Journal officiel de la R.F du 5 9bre 1884
16e année n° 304

Séance du sénat du mardi 4 9bre 1884
Discussion de la loi sur l'organisation du sénat et les élections des sénateurs

M. le président. La parole est à M. Naquet.

M. Naquet. Messieurs, j'aurais pu attendre, pour vous présenter les quelques observations que je vais avoir l'honneur de vous soumettre, que l'amendement que j'ai déposé vint en délibération. Mais j'ai pensé que le mode de recrutement, de constitution du Sénat, étant le fond même de la loi, seraient mieux placées dans la discussion générale.

Messieurs — j'ai toujours confessé très ouvertement, très franchement, — et lorsque je suis entré parmi vous, je l'ai écrit dans une brochure, que j'ai fait distribuer à tous mes collègues, — qu'en principe je suis partisan de l'unité des Chambres ; que je suis hostile à la division du pouvoir législatif entre deux Assemblées.

Et, c'est ce que l'autre jour, dans mon bureau, où je développais des arguments en faveur de l'élection du Sénat par le suffrage universel, un de mes honorables collègues, M. Batbie, me reprochait, comme si, dans ma proposition actuelle, il y avait une tendance machiavélique contre l'institution du Sénat elle-même.

L'honorable M. Batbie était, sur ce point, dans une erreur absolue. Oui, certainement, je suis en principe partisan de l'unité des Chambres ; et c'est une question que j'aurais volontiers traitée au Congrès, si le Congrès avait été, de par votre volonté, autre chose qu'une Assemblée chargée de ratifier un pacte antérieurement conclu entre les deux fractions qui le composaient. (Très bien ! à droite.)

Mais je ne suis pas dans cette thèse aujourd'hui. Je n'ai pas la prétention d'être plus sage que mon pays. La majorité des représentants de mon pays a prononcé, elle a accepté, elle a ratifié, sur ce point, l'œuvre des députés de 1875 ; elle a maintenu l'institution des deux Chambres, elle n'a même pas voulu mettre cette institution en discussion, et je m'incline devant sa décision ; non seulement je m'incline devant elle ; mais, comme je suis très éloigné de mettre, en aucune circonstance, un intérêt doctrinal au-dessus de l'intérêt de la nation, je fais des vœux pour que le régime qui est établi réussisse et donne tous les fruits que vous pouvez en attendre.

Je suis d'autant plus sincère en cela que c'est, en somme, le meilleur moyen d'éviter à ce pays des agitations stériles, et de lui donner sagement et progressivement les réformes et les progrès que je désire voir s'accomplir, de permettre, en un mot, au gouvernement républicain de réaliser en France ces conditions d'ordre, de tradition, de liberté que le pays est en droit d'exiger de lui et que nous en espérons.

Aussi, messieurs, malgré les doctrines contraires que je pourrais essayer de faire prévaloir dans une assemblée constituante, si nous étions en présence d'une telle assemblée, mais qui ne sont point de mise ici, croyez-bien que ce n'est pas en ennemi du Sénat que je suis à la tribune.

Je suis ici en homme au contraire qui désire purement et simplement donner au système qui a prévalu toute la force et toute l'autorité dont il a besoin pour que les résultats utiles que vous en attendez puissent être obtenus.

Eh bien, ces résultats que vous attendez de l'institution de deux Chambres, quels sont-ils ? Pourquoi n'avez-vous pas voulu, plus que vos prédécesseurs, d'une assemblée unique ? Pourquoi avez-vous voulu de la division du pouvoir législatif en deux assemblées distinctes ? Qu'en avez-vous espéré ? Vous en avez espéré une plus grande maturité dans la discussion des lois, et, dans l'ordre purement politique, un moyen non pas de combattre la volonté nationale, non pas de la contrecarrer et de la mettre en interdit, mais lui donner une garantie contre les abus de pouvoir que pourraient se permettre ses mandataires et contre les propres entraînements du suffrage universel lui même. Voilà le but pour lequel vous avez créé une seconde Chambre. Vous avez pensé — permettez-moi cette comparaison — qu'il fallait un volant à la machine, et, ce rôle de volant, c'est au Sénat que vous l'avez dévolu. (Rumeurs en sens divers.)

Un sénateur à gauche. Voilà un nouveau mot.

M. Naquet. Et, messieurs, j'insiste sur ce point, c'est bien là ce que vous avez voulu; vous n'avez pas pu vouloir autre chose, par l'excellente raison que rien dans notre Constitution nationale ne ressemble à ce qui existe dans d'autres pays où fonctionne le régime de deux assemblées.

Dans les pays, il y a des intérêts contraires dont ces deux assemblées sont la représentation officielle; de telle façon que des conflits peuvent et doivent exister. Chez nous, au contraire, ces conflits ne doivent pas exister, puisqu'il n'y a pas en France deux ordres d'intérêts opposés et antinomiques, mais une seule souveraineté, la souveraineté nationale résidant dans l'universalité des citoyens français et pouvant bien rechercher des combinaisons plus ou moins ingénieuses pour se garantir contre ses propres entraînements, mais ne pouvant en aucun cas se contredire elle-même.

Il en est tout autrement dans les pays types de deux assemblées : il en est autrement en Angleterre, il en est autrement aux Etats-Unis, en Suisse, au Mexique et dans la plupart des républiques fédérales. En Angleterre, vous avez une aristocratie héréditaire, une aristocratie traditionnelle qui, bien que cédant pied à pied le terrain devant la démocratie qui monte et qui l'envahit, ne le cède que dans une retraite en bon ordre, n'abandonne que le terrain qu'elle ne peut plus défendre, et possède encore des racines assez profondes pour pouvoir se placer en face des communes, comme la représentation d'un principe généralement accepté.

Et si, en Angleterre, la Chambre des lords tend tous les jours à perdre de l'influence qu'elle a eue autrefois, et qui était alors largement égale à celle des communes, pour céder aujourd'hui le pas à l'influence de celle-ci, c'est, comme je viens de le dire, qu'en Angleterre la démocratie monte et que le gouvernement britannique tend de plus en plus à se rapprocher du type unitaire et démocratique qui est le nôtre.

Aux Etats-Unis, en Suisse, au Mexique, c'est tout autre chose. Ces républiques-là ne sont pas, comme nous, des républiques unitaires : ce sont des républiques fédérales ; elles sont composées d'une certaine quantité de petites républiques que je n'appellerai pas autonomes, mais qui conservent cependant dans la fédération une part très grande d'indépendance, indépendance à laquelle elles tiennent par-dessus tout et qu'elles sont absolument décidées à défendre contre les empiètements centralisateurs des grands Etats très peuplés.

Ici, messieurs, vous le voyez, il y a bien deux intérêts très nets, deux intérêts qui ne sont pas toujours, mais qui peuvent, dans certains cas, devenir absolument contradictoires.

Un grand Etat peuplé comme l'Etat de New-York, entraînant à sa suite deux ou trois autres Etats également peuplés, peut avoir la majorité du corps électoral considéré sur l'ensemble du territoire américain. Il peut ainsi essayer de faire prédominer certaines idées qui seraient contraires à l'intérêt bien entendu de petits Etats qui font également partie de la république fédérale ; et comme ces Etats sont jaloux de leur indépendance, ils protestent; et, alors même qu'une loi fédérale réunirait les suffrages de la majorité des électeurs répartis sur toute l'étendue du territoire, si elle n'a pas en même temps l'adhésion de la majorité des hautes parties contractantes dont la fédération se compose, la loi est repoussée.

Elle est repoussée absolument comme elle le serait si, émanant de la majorité des éléments autonomes dont se compose la fédération, elle n'avait pas la majorité des citoyens américains dans tout l'ensemble de la république. En d'autres termes, il y a, je le répète, deux ordres d'intérêts très distincts, souvent contradictoires, dont le *consensus* est absolument indispensable à la confection de la loi. C'est ce qui faisait dire à Gambetta, dans l'admirable discours qu'il prononçait au Corps législatif en 1870, à propos du plébiscite : « Le Sénat américain, ce n'est pas une assemblée politique, c'est un congrès d'ambassadeurs. »

Je l'ai déjà dit, il n'en est pas de même chez nous. Chez nous, à moins qu'on ne veuille, avec l'honorable M. Fresneau, établir un intérêt contradictoire entre l'industrie agricole et le reste du pays, et qu'on ne veuille faire deux France dans la France, — et je ne crois pas que ce soit là l'intention d'aucun d'entre vous, en dehors bien entendu de l'honorable M. Fresneau qui paraissait tout à l'heure soutenir cette thèse — il est bien certain qu'il n'y a pas en France d'intérêts antinomiques. Et s'il en est ainsi, qu'est-ce que le Sénat?

Le Sénat ne peut plus être autre chose qu'une institution créée comme un moyen plus ou moins ingénieux de se prémunir contre les mouvements irréfléchis d'une assemblée unique ou du suffrage universel, comme un moyen de permettre à la nation, — au cas où il se produirait, par suite de circonstances exceptionnelles, une de ces élections que l'on regrette au lendemain du jour où elles ont été faites, ainsi que nous en avons vu un exemple en 1871, et récemment à l'étranger, en Belgique, à nos portes, — de permettre, dis-je, à la nation de réparer son erreur sans agitations fâcheuses pour elle. En d'autres termes, l'institution de deux Chambres en France est quelque chose d'analogue à ce qu'est, dans chacune des Chambres prise séparément, la précaution réglementaire que nous avons adoptée de soumettre la plus grande partie au moins des lois que nous discutons à la formalité de deux délibérations consécutives.

M. le duc de Broglie. Pour celles qui n'ont pas d'importance !

M. Naquet. Voilà donc, messieurs, ce que vous avez voulu. J'ajoute que, dès l'instant où vous avez institué deux Chambres, il est profondément désirable que le Sénat puisse remplir ce rôle qui lui est dévolu de par la loi. Si, en effet, le Sénat, manquant d'autorité, ne remplissait pas utilement ce rôle; si, possédant en droit, de par la Constitution, une voix égale à celle de la Chambre des députés, il ne possédait en fait qu'une voix très inégale; s'il devenait une espèce de grand conseil d'État donnant son avis, mais cédant toujours devant une seconde sommation de la Chambre des députés, la vérité est que vous auriez en apparence établi deux Chambres, mais en apparence, seulement. En fait, vous n'en auriez qu'une; vous auriez une assemblée unique nommée pour un temps très court, renouvelable intégralement, tous les quatre ans, c'est-à-dire une assemblée vis-à-vis de laquelle vous n'auriez pris aucune des précautions que vous pourriez prendre si vous acceptiez délibérément le système d'une assemblée unique. Vous auriez donc aggravé la situation que vous auriez auriez eu l'intention d'améliorer.

C'est pourquoi, messieurs, puisque le système que vous avez accepté a prévalu et que je désire, dans l'intérêt de la France, qu'il triomphe — car, je le répète, je ne mets pas un intérêt doctrinal au-dessus de l'intérêt du pays — c'est pourquoi, dis-je, je veux que le Sénat acquière une autorité suffisante, non pas seulement pour faire entendre des observations platoniques au pays, mais pour pouvoir, si la Chambre des députés commet des fautes, s'opposer délibérément à ces fautes, absolument comme la Chambre des députés aurait le droit de s'opposer délibérément aux nôtres, si nous venions à en commettre.

Voilà ce que je désire, voilà ce que je veux; et je ne crois pas que, vouloir cela, ce soit vouloir la diminution du Sénat, tout au contraire.

Mais, cette autorité égale à l'autorité de la Chambre, où la puiserez-vous ?

Je prétends, messieurs, que vous ne pouvez la puiser que dans un principe, dans un principe unanimement et universellement accepté par la population française. Ce n'est jamais un expédient qui vous donnera une assemblée jouissant d'une autorité quelconque.

A une assemblée issue d'un expédient, vous pourrez accorder une autorité constitutionnelle, une autorité sur le papier; en fait, cette autorité tombera très vite en désuétude, et ce sera la Chambre des députés qui, seule, conservera le pouvoir.

Eh bien, messieurs, ce principe qui doit vous donner l'autorité qui vous est nécessaire, ce principe, je le cherche.

Oh ! en Angleterre et en Amérique, je l'ai dit, il est tout trouvé.

En Angleterre, le principe, c'est l'aristocratie héréditaire et traditionnelle; aux États-Unis, c'est l'indépendance des États; en Suisse, des cantons. Mais, en France, je cherche vainement dans le système actuellement en vigueur et dans le système que le Gouvernement et la commission vous proposent de lui substituer quelque chose qui ressemble, de près ou de loin, à un principe, et sur quoi puisse s'appuyer une Chambre jouissant d'une véritable autorité dans le pays.

Le système en vigueur, messieurs, vous le connaissez : c'est l'égalité de toutes les communes. Ce ne sont plus les individus qui votent, ce sont ces entités, ces personnalités morales qu'on appelle des communes.

M. Gambetta a dit en 1875 : « Le Sénat sera le grand conseil des communes de France. » Je ne m'attarderai pas à discuter ce mot de Gambetta; ce fut un mot politique, un mot heureux, qui avait pour but d'empêcher le découragement qu'aurait pu produire dans les populations un Sénat élu dans les conditions où le faisait élire l'Assemblée nationale. J'examine le système en lui-même.

Lorsque l'Assemblée nationale en 1875 imagina le procédé électoral dont nous sommes issus, l'Assemblée nationale n'avait pas la prétention d'obéir à un principe : elle cherchait à se perpétuer dans le Sénat; elle cherchait à faire du Sénat une citadelle de la réaction. Elle ne se rendait pas compte que, quand un grand courant d'opinion entraîne un pays tout entier, dans toutes ses parties, vers une forme gouvernementale nouvelle, aucun système électoral ne peut prévaloir contre cette volonté universelle ; elle ne se rendait pas compte que, quoi qu'elle fît, elle aurait toujours et quand même des majorités républicaines, parce que la France dans toutes ses parties voulait la République.

Elle a été déçue dans ses espérances. Mais, au lendemain des succès que le parti républicain a remportés, ce parti, ne réfléchissant pas suffisamment à ceci, que tout n'était pas dans la forme politique, qu'un jour viendrait — et ce jour approche — où, la République étant définitivement acceptée, étant hors de discussion, il y aurait encore des questions qui diviseraient le pays, et qu'il importerait que les majorités réelles pussent se manifester, que la volonté nationale pût se dégager, le parti républicain s'est dit : Puisque les élections sénatoriales ont tourné à notre profit, pourquoi modifier profondément le système qui nous a donné de tels résultats ?

Et alors, il a cherché un principe — car il en fallait un pour légitimer le système en vigueur. — Ce principe, il a cru le trouver dans l'identification des communes de France aux Etats américains ou aux cantons suisses.

Il a dit : La commune sera en France ce que l'Etat est aux Etats-Unis, ce que le canton est en Suisse : ce sera une personnalité, ne disons pas autonome, mais jouissant d'une certaine indépendance, et qui constituera le corps électoral.

Messieurs, il y a là une double erreur. La première erreur, c'est que, si les cantons suisses, si les Etats américains ou mexicains jouissent véritablement d'une grande somme d'indépendance, possèdent, par exemple, la faculté de légiférer, il n'en est pas de même de nos communes. Je reconnais volontiers que nos communes sont des divisions plus réelles, plus existantes que le département ou l'arrondissement, mais ce n'en sont pas moins des divisions purement administratives, placées sous la tutelle du Gouvernement, perpétuellement mineures, et qui ne peuvent avoir la prétention de représenter des intérêts différents des intérêts de la majorité du corps électoral.

Il y a une autre différence par suite de laquelle le soi-disant principe pèche par sa base. En Suisse, aux Etats-Unis, ce que l'on donne à ces fractions fragmentaires du corps électoral, à ces personnalités autonomes, à ces cantons, à ces Etats, ce n'est pas un nombre égal de suffrages dans l'élection des représentants du peuple : c'est un nombre égal de représentants dans les conseils de la nation, ce qui est tout autre chose.

Pour pouvoir assimiler nos communes aux Etats américains, il faudrait donner au Sénat, ce qui est matériellement impossible, un représentant par commune, c'est-à-dire constituer un Sénat de 36,000 membres.

On ne pouvait donc pas s'arrêter à cette conception. Et c'est pourquoi, tournant la difficulté, on a cru qu'il suffirait d'accorder des droits électoraux égaux à toutes les communes. Qui ne voit, dès lors, que l'on n'accordait à ces communes que des droits illusoires au point de vue de la personnalité communale ? Qui ne voit que chacun de nous représente aussi bien de grandes communes que des petites ; qu'il se doit aux unes comme aux autres ; qu'il n'a pas plus le droit de sacrifier les petites que les grandes, les grandes que les petites, et qu'en somme, sur toutes les questions qui se présentent, nous sommes obligés de nous décider uniquement d'après l'intérêt général du pays, ou, s'il s'agit d'une question locale, d'après l'intérêt général du département, mais que jamais nous ne nous décidons d'après l'intérêt spécial et particulier d'un petit groupe autonome que nous serions censés représenter ?

En d'autres termes, nous ne sommes pas les représentants des communes, nous sommes les représentants de la nation élus par les communes, mais élus selon un système qui ne permet pas à la volonté nationale de se dégager véritablement dans toute sa force, et qui, par cela même, nous ôte l'autorité dont nous avons besoin pour remplir efficacement la mission que le pays a voulu nous confier.

On me dira, sans doute : « Ce système que vous vous attardez à combattre, il a vécu, le congrès de Versailles l'a condamné ; le Gouvernement et la commission sont d'accord pour le proscrire et pour lui en substituer un autre ; par conséquent, il n'y a plus lieu de le discuter. »

Messieurs, cela serait exact si, en effet, le Gouvernement et la commission y substituaient sérieusement quelque chose de nouveau, quelque chose qui valût mieux. Mais je crains bien que le projet du Gouvernement et de la commission ne substitue à ce qui est quelque chose qui vaille moins encore ; car, enfin, je me place toujours à ce point de vue de l'autorité du Sénat, et je dis : Avec le système ancien, je crois l'avoir démontré, il n'y avait pas de principe à la base de notre institution ; mais au moins y avait-il l'apparence d'un principe, et, à la longue, si on s'y était accontinué, ce système aurait-il pu finir, sous l'influence du temps, par être accepté.

Aujourd'hui, on fait disparaître même l'apparence du principe; on conserve l'élection communale; l'élection par les conseils municipaux; mais immédiatement on classe les communes d'après le chiffre de leur population; on donne aux unes plus de délégués qu'aux autres; on affirme ainsi la suprématie du nombre, ce principe fondamental du suffrage universel, et comme on ne le pousse pas jusqu'à ses conséquences, comme, à peine l'a-t-on affirmé, on se hâte de le violer, on enlève au Sénat jusqu'à l'apparence d'une base sur laquelle il puisse s'appuyer, et l'on donne au projet de loi tous les caractères d'un expédient électoral. (Approbation à droite.)

Messieurs, c'est là ce à quoi, pour ma part, je ne puis en aucun cas me rallier. Je ne me rallierai pas davantage aux amendements qui ont été proposés par quelques-uns de nos collègues et qui, comme le projet, ne respectent ni le principe de la proportionnalité des électeurs du second degré au chiffre de la population, ni le principe qui voudrait que les électeurs du second degré, s'il y a élection au second degré, fussent élus directement par le suffrage universel; aux amendements, en un mot, qui conservent l'élection par les conseils municipaux, soit sous forme d'élection directe par ces conseils, soit sous forme d'élection par voie de délégués.

Ici, je demande au Sénat la permission d'entrer plus au fond de la question et de discuter cette confusion que la loi de 1875 a établie entre le mandat municipal et le mandat politique, confusion que je considère comme une des choses les plus regrettables qu'il y ait dans votre Constitution.

En effet, voici dans quel dilemme fâcheux sont placés les électeurs des campagnes. Oh! je ne parle pas des électeurs des villes : quand il s'agit d'une grande population, comme celle de Paris, de Lyon, de Marseille, de Bordeaux, de Lille, il est évident que l'on trouve dans tous les partis, et même dans toutes les nuances des partis, des hommes capables d'administrer les affaires de la commune; le choix n'est pas difficile. Mais, à mesure que le chiffre de la population s'abaisse, qu'il s'agit de communes plus petites, le nombre des hommes instruits, capables de bien administrer, de bien gérer les intérêts communaux devient lui-même très restreint. Quelquefois on peut trouver dans une commune de quoi composer une bonne liste pour un conseil municipal, mais on ne pourrait certainement pas trouver de quoi en composer deux.

Or, si le mandat municipal était nettement distinct du mandat politique, s'il ne s'agissait, dans les élections municipales, que des affaires de la commune, on pourrait, étant convaincu que les intérêts communaux seront bien gérés, en confier la gestion à des hommes avec qui l'on ne serait pas entièrement d'accord au point de vue politique; on tiendrait peut-être encore compte des partis, mais on pourrait ne plus tenir compte des nuances, on choisirait les plus capables, et les intérêts de la commune ne risqueraient pas d'être sacrifiés; mais aujourd'hui, quand on nomme des conseillers municipaux, on ne peut pas oublier qu'on élit en même temps des électeurs sénatoriaux; et si ces conseillers municipaux n'appartiennent pas au parti, ou même à une nuance du parti que suivent la majorité des électeurs, il est impossible à ces derniers de se désintéresser de la question politique. Si, en élisant les conseillers municipaux, ils ont seulement en vue la bonne gestion des intérêts de la commune, ils s'exposent, le jour du renouvellement triennal du Sénat, à voir élire par eux des délégués qui voteront peut-être pour des candidats qui n'auraient pas obtenu la majorité des suffrages dans la commune. Les populations se trouvent donc placées dans cette alternative : ou sacrifier la gestion des intérêts communaux à l'intérêt général, politique, national, ou abandonner l'intérêt national au profit de l'intérêt communal.

Les deux solutions sont également mauvaises, et c'est pourquoi je repousse le système qui y conduit fatalement; c'est pourquoi je ne veux pas de la nomination des délégués sénatoriaux par les conseils municipaux, ni de l'électorat de droit pour tous les conseillers municipaux.

J'ai une autre raison de rejeter le système formulé dans le projet de loi qu'on nous propose. Dans ce projet, à côté des délégués des conseils municipaux, il y a des électeurs de droit : députés, conseillers généraux, conseillers d'arrondissement.

Mais, veuillez le remarquer, messieurs, les époques où les conseils municipaux, la Chambre des députés, les conseils d'arrondissement, les conseils généraux, se renouvellent, ne coïncident pas avec les époques des renouvellements sénatoriaux; il en résulte que les hommes que vous chargez d'élire un des plus grands corps politiques de l'État sont souvent, au moment des élections sénatoriales, à la veille de l'expiration de leurs propres mandats et ont pu cesser dès lors de se trouver en communion d'idées avec leurs électeurs.

Et si, au lendemain du jour où le Sénat sera renouvelé, un ou deux ou trois de ces grands corps qui ont contribué à son élection arrivent eux-mêmes au renouvellement de leurs pouvoirs; si, alors, leur mandat n'est pas maintenu, s'ils sont condamnés, désavoués par le pays, je me demande quelle sera l'autorité de ce Sénat produit d'électeurs désavoués par la nation elle-même? Voilà, messieurs, ce qui me paraît insoutenable, voilà ce que je ne comprends pas qu'un gouvernement éclairé ait osé proposer à la nation française. Je ne m'explique pas surtout qu'on ait pu considérer un tel système comme justifiant la mise en œuvre de cette procédure exceptionnelle de la revision, de cette procédure du Congrès dont, pour ma part, j'étais très partisan si l'on avait voulu faire une revision sérieuse, mais à laquelle je déplore que l'on ait recouru pour si peu. Je le déplore d'autant plus, messieurs, que vous avez fait au Congrès une chose que je crains bien de vous voir regretter un jour, vous aussi: vous avez fait sortir la loi électorale de la Constitution. (Très bien! à droite.)

Vous avez cessé de placer cette loi à l'abri des attaques permanentes du corps électoral et de la Chambre des députés, et du même coup, à moins que vous n'acceptiez le suffrage universel direct et que, dès lors, vous n'enrayiez ces attaques, en vous plaçant au-dessus d'elles, vous vous êtes exposés à les voir dirigées tous les jours contre le mode électoral dont procède le Sénat. Messieurs, il n'y a pas d'assemblée qui puisse conserver une autorité quelconque, lorsque son mode électoral n'est pas à l'abri des discussions perpétuelles, des attaques de chaque jour. (Nouvelle approbation sur les mêmes bancs.)

Maintenant, messieurs, je crois, au contraire, que si l'on faisait élire le Sénat par le suffrage universel direct, au scrutin de liste, on lui donnerait l'autorité dont il a besoin pour remplir la mission qui lui est confiée. Ah! je sais ce que l'on me répond... On me répond: « Mais alors vous faites du Sénat une doublure de la Chambre; les deux Assemblées seront identiques, et à quoi bon avoir deux Assemblées si elles sont identiques?... »

Non, messieurs, même nommées l'une et l'autre par le suffrage universel, les deux Assemblées ne seront pas identiques; vous en avez la preuve dans votre histoire. Il y a eu, sous la première Révolution, deux Chambres...

M. Henry Fournier (Cher). L'expérience a bien réussi!

M. Naquet. ... qui procédaient du même système électoral, absolument du même, des mêmes assemblées primaires, deux Chambres dont le renouvellement se faisait aux mêmes époques et pour un temps égal. C'étaient le conseil des Cinq-Cents et le conseil des Anciens. Et cependant l'expérience a prouvé que le conseil des Anciens et le conseil des Cinq-Cents ne se ressemblaient pas d'une manière bien étroite, puisque l'un des deux conseils a prêté la main, contre l'autre, au coup d'Etat du 18 brumaire.

Donc, il ne paraît pas du tout établi que deux Assemblées issues du même corps électoral doivent se ressembler à un tel degré que l'une soit forcément la copie exacte de l'autre.

J'ajoute que l'amendement que j'ai eu l'honneur de soumettre au Sénat n'est qu'un amendement de principe. Je ne suis pas entré dans les détails et si, lorsqu'il viendra en délibération, le Sénat l'adoptait, la commission aurait évidemment à remanier tout son système; elle vous apporterait alors probablement des catégories d'éligibles, comme celles qu'avaient proposées MM. Thiers et Dufaure en 1873, comme celles que l'immense majorité du parti républicain avait adoptées, à l'Assemblée nationale, en 1875, sur l'amendement de M. Pascal-Duprat. La commission pourrait encore réserver le scrutin d'arrondissement à l'une des assemblées et le scrutin de liste à l'autre. Il y a en outre la différence de la durée des mandats, la différence des époques et des conditions de renouvellement. Et, l'esprit de corps aidant, soyez convaincus que, lorsque tous les représentants de la nation seront ainsi nommés, même par le suffrage universel direct, mais avec ces conditions de mandat, de renouvellement, d'âge différentes pour l'une et pour l'autre assemblée, les deux Chambres du Parlement seront suffisamment dissemblables pour que le Sénat puisse remplir le rôle qu'on en attend.

Oh! certainement, elles seront moins dissemblables qu'aujourd'hui; procédant l'une et l'autre de la nation qui agirait directement en les élisant, elles seront mues par le même sentiment général, et cela est bon, puisque personne d'entre nous ne veut faire obstacle à la volonté nationale.

Mais, sur les questions de détail, de pratique, d'application, il y aura évidemment entre elles des divergences suffisantes, et comme elles jouiront l'une et l'autre d'une autorité égale, nous les verrons se faire nécessairement des concessions mutuelles, au lieu de voir, comme ce sera le cas si la commission et le Gouvernement l'emportent, l'une d'elles obligée de plier toujours devant l'autre.

Telle est, messieurs, mon humble manière de voir. Je serais, très heureux si je voyais le Sénat s'y rallier et accepter l'élection directe par le suffrage universel. Mais, je vous le disais en commençant, je ne suis ni un sectaire ni un intransigeant. Je n'ai jamais compris l'intransigeance; je ne repousse une transaction que lorsque je crois qu'elle ne m'apporte absolument rien de bon ou même qu'elle est plus nuisible qu'utile; toutes les fois qu'une transaction m'apporte un progrès réel, si mince qu'il soit, j'accepte cette transaction si je ne puis avoir mieux.

Si donc le suffrage universel direct était repoussé par vous, je me rallierais encore — au moins en ce qui concerne les délégués cantonaux — car je ne voudrais, à aucun prix, des électeurs de droit par les raisons que je vous ai fournies tout à l'heure — je me rallierais, dis-je, en ce qui concerne les délégués cantonaux, à l'amendement que nous a présenté notre honorable collègue M. Griffe.

Le suffrage universel direct me paraît le moyen le plus ample et le meilleur de savoir ce que veut le pays, d'assurer la manifestation de la volonté nationale; mais enfin, le suffrage universel à deux degrés peut être, lui aussi, un excellent moyen de consultation de cette volonté, à la condition qu'il y ait une proportionnalité aussi stricte et aussi exacte que possible entre le nombre des électeurs du second degré et celui des électeurs du premier, et à la condition surtout que les électeurs du second degré soient nommés *ad hoc*, au moment même où doit avoir lieu l'élection des représentants dont le choix leur est confié.

Je me rallierai donc à l'amendement de M. Griffe, si l'amendement que j'ai eu l'honneur de vous présenter n'était pas adopté.

Je vais plus loin. L'amendement de M. Griffe et le mien écartés, je trouve qu'il reste bien peu de chose dans tout ce qui vous est soumis. Cependant, il est encore deux amendements, celui de l'honorable M. Dauphin et celui de l'honorable M. de Lareinty, qui, à mon sens, réaliseraient un progrès. Ce progrès est faible, car ils ne donnent pas la proportionnalité, et la proportionnalité est vraiment ce qu'il y a de fondamental dans le suffrage universel; mais, si faible qu'il soit, il est réel. Ces amendements feraient, en effet, disparaître cette confusion, si regrettable à mes yeux, qui existe entre le mandat municipal et le mandat électoral sénatorial, et, conférant à des délégués directement nommés par les communes *ad hoc*, le pouvoir d'élire les sénateurs, ils ne nous exposeraient plus à voir les électeurs, qui nous auraient élus, désavoués par la nation, au lendemain même du renouvellement sénatorial. Je pourrais donc, à la grande rigueur et comme pis-aller, voter l'amendement de l'honorable M. Dauphin ou celui de l'honorable M. de Lareinty.

Quant au projet de la commission ou à celui du Gouvernement, qui maintiennent un système électoral où il y a une confusion entre des pouvoirs qui devraient être distincts et avec lequel la nation peut désavouer, au lendemain de nos élections, ceux qui nous ont élus, je crois qu'ils ne réalisent aucun progrès véritable. Je crois même qu'ils font disparaître ce qui était l'apparence d'un principe, l'unité communale, pour n'y substituer que celui de la suprématie du nombre, qu'on viole immédiatement après l'avoir proclamé; qu'ils rabaissent par cela même, au lieu de l'accroître l'autorité du Sénat, et, dans ces conditions, il me serait impossible de me rallier à ce projet. (Très bien! très bien! et vive approbation sur divers bancs.)

Journal officiel de la R.F. du 9 novembre 1884
16ème année – n° 308
Séance du sénat du 8 9bre 1884
Élection du Sénat par le suffrage universel

M. Naquet Messieurs, je dois d'abord bien indiquer la portée de mon amendement. Comme j'avais l'honneur de le dire, l'autre jour, dans la discussion générale, ce que je propose au Sénat, c'est un amendement de principe. Je n'ai pas voulu entrer dans les détails de son application. La raison en est simple. Si le Sénat doit rejeter l'amendement, il est inutile d'entrer dans ces détails, et si, au contraire, il le vote, il va de soi que la commission aura à faire, à la suite de son adoption ce qu'elle a fait à la suite de l'adoption de l'amendement de l'honorable M. Lencël, c'est-à-dire qu'elle devra revoir et remanier l'ensemble du système.

Je dois faire une autre remarque. Quand j'ai rédigé mon amendement, celui de M. Lencël n'avait pas été voté; je croyais, j'espérais alors que le Sénat consacrerait l'idée émise par la commission et donnerait à tous les sénateurs une seule et même origine.

Dès l'instant où le Sénat a voté en sens inverse de cette idée, dès l'instant qu'il a été admis que, pour 75 d'entre nous, la cooptation demeurera de droit, il en résulte que mon amendement, s'il était admis, ne s'appliquerait plus qu'aux 225 sénateurs élus par les départements et les colonies. Cela dit, je crois avoir très peu de chose à ajouter aux arguments que j'ai donnés l'autre jour, pour essayer de faire prévaloir mon opinion.

S'il vous en souvient, messieurs, j'ai surtout insisté sur ce point que, d'après moi, le Sénat doit avoir une autorité égale à celle de la Chambre des députés et que, pour lui donner cette autorité, il faut qu'il puise son origine, non point dans un expédient comme celui qui vous est soumis par le Gouvernement et la commission, mais dans un principe universellement accepté, et j'ai fait remarquer que je n'en voyais d'autre que le suffrage universel.

On m'a dit depuis, — non pas à cette tribune, car on n'a pas répondu jusqu'à présent aux arguments que j'ai fait valoir, — on m'a dit depuis qu'une assemblée politique pouvait puiser son autorité ailleurs que dans un principe généralement accepté, qu'elle pouvait aussi la puiser dans les services rendus.

Messieurs ! j'accepte cet argument, j'accepte cette réponse. Il est certain qu'une assemblée qui rendrait de très grands services au pays et qui lui rendrait surtout des services que le pays comprendrait, accepterait, acquerrait par cela même une autorité considérable. Mais, sur ce point, il faut s'entendre.

Nous ne sommes pas des philosophes recherchant dans le silence du cabinet ce qui peut être le plus utile ; nous sommes des législateurs qui devons tenir compte des faits, du milieu dans lequel nous vivons, des hommes pour lesquels nous légiférons.

Il est clair que les pays n'aiment guère à ce qu'on leur rendre service malgré eux. Si mes honorables collègues entendent par services rendus une politique de résistance aux vœux du suffrage universel, il est parfaitement possible que, se plaçant au point de vue spéculatif, au point de vue de la métaphysique, ils aient raison ; il est parfaitement possible qu'à un moment donné, le suffrage universel se trompe, auquel cas ceux qui lui résisteraient seraient alors dans le vrai. Mais il est aussi parfaitement exact que le suffrage universel, à l'encontre duquel ils dirigeraient leurs efforts, ne leur serait pas reconnaissant des services rendus et que le Sénat y puiserait, non une autorité nouvelle, mais, au contraire, de la déconsidération.

J'en conclus que si le Sénat veut rechercher dans les services rendus une autorité réelle, il ne peut le faire qu'en se mettant à l'unisson du pays. Il faut certainement à une République des éléments d'ordre, de stabilité, des traditions, comme à une monarchie ; mais ce n'est pas en allant à l'encontre des vœux du pays, qu'on doit les rechercher. Un Sénat n'acquerra l'autorité qui émane des services rendus qu'à la condition d'accepter toutes les réformes qui sont véritablement mûres, qui sont véritablement voulues par la nation ; à la condition, lorsqu'on accepte une réforme, de ne pas y apporter ces petites modifications de détail, qui gâtent l'harmonie de la loi, et qui font perdre, dans l'opinion publique, à l'assemblée qui l'a faite, tout le bénéfice qu'elle devrait en retirer.

Eh bien, messieurs, si, rendre service à la République, c'est se placer à l'unisson du pays même, sans cesser, de maintenir, je le répète, ces données de traditions, de stabilité, qui sont nécessaires à la République comme à la monarchie, je crois que nous n'y pourrons arriver qu'en nous faisant élire par un corps électoral, procédant du pays lui-même, c'est-à-dire par le suffrage universel direct ou à deux degrés et qui fasse de nous une assemblée en communion d'idées avec le corps électoral. Tant que nous serons élus par un suffrage, composé d'une manière plus ou moins bizarre, par un expédient, il est évident qu'il n'y a aucune garantie pour que nous soyons en communion d'idées avec le corps électoral, pour que nous lui rendions les services qu'il attend de nous.

Par conséquent, pas plus dans le principe, qui sert de base même à notre élection, que dans les services rendus au pays, le Sénat ne puisera l'autorité dont il a besoin, pour remplir la mission qui lui est confiée. (Très bien ! à gauche.)

Il y a aussi un autre élément d'autorité, pour une assemblée, c'est le temps, c'est la durée. Oh ! la durée, c'est un élément d'autorité considérable. C'est qui fait que dans d'autres pays, en Angleterre, notamment, nous voyons des lois qui ne se justifient pas, au point de vue purement rationnel, et qui sont cependant universellement respectées.

Aussi, aurais-je compris que le Sénat fût venu dire au mois de juillet dernier : « Je ne veux pas de revision, je ne veux pas me laisser entamer. Je procède d'un système électoral donné, je procède du suffrage universel des communes, du suffrage des entités communales : je veux demeurer sur ce terrain. J'ai un commencement de durée pour moi, je veux y persévérer. » J'aurais compris cette politique, qui eût été logique, et qui, comme toutes les politiques logiques, aurait pu être féconde.

Il eût fallu dès lors commencer par ne pas saper à la base l'institution même qu'on veut nous conserver aujourd'hui. Or, j'estime que ceux qui sapent le Sénat, l'institution des deux Chambres, ce n'est pas nous qui en sommes les adversaires, ce sont ceux-là mêmes qui s'en disent les partisans et qui l'annihilent en nous apportant le projet de loi qui nous est soumis. D'ailleurs en cela on ne fait qu'obéir à une tendance assez générale. Les gouvernements, les institutions ne sont jamais détruits par ceux qui les attaquent; les gouvernements, les institutions se détruisent généralement eux-mêmes. (Très bien! très bien! et applaudissements à droite.)

M. Mazeau. C'est l'espérance de quelques-uns des adversaires de la République.

M. Naquet. C'est pourquoi j'estime que les oppositions — et c'est un conseil que je donnerai à ceux qui m'applaudissent en ce moment — feraient peut-être mieux d'être un peu moins partiales dans leurs attaques contre les gouvernements établis; car le mal que les gouvernements se font à eux-mêmes, les oppositions le corrigent souvent par leur absence d'impartialité. (Très bien! à gauche.)

Messieurs, je disais que c'était vous qui aviez sapé la base sur laquelle vous voulez faire reposer le Sénat, et cela est facile à établir. L'autre jour, lorsqu'il s'est agi de passer à la discussion des articles, nous avons entendu l'honorable M. Demôle, qui était à ce moment rapporteur de la commission, venir nous dire ici : Lorsque le Sénat a été institué en 1875, il a été reconnu par tous les républicains de ce pays-ci qu'il avait été fondé sur des bases antidémocratiques.

A partir de ce moment-là, tous les républicains ont pris l'engagement de reviser la loi qui règle l'élection sénatoriale dès qu'ils seraient en mesure de le faire. Le moment est venu, nous vous invitons à tenir cet engagement.

Voilà, messieurs, sinon le texte exact, du moins dans leur esprit les paroles qui ont été prononcées à cette tribune par l'honorable M. Demôle, aux applaudissements de la majorité du Sénat, et, j'ajouterai : du Gouvernement qui, s'il n'a pas toujours été dans cette idée, — car nous nous rappelons encore qu'il y a quatre ans, M. le président du conseil était hostile à toute idée de revision, — du moins est revenu à des sentiments différents par les mêmes motifs que ceux que nous a exposés M. Demôle.

Ainsi, messieurs, on nous dénonce le Sénat actuel comme étant contraire aux bases fondamentales de la démocratie, et c'est la majorité de cette assemblée elle-même, c'est le gouvernement qui le dénoncent comme tel. En quoi donc le Sénat actuel est-il en opposition avec les principes généraux de la démocratie? Il suffit de lire le projet du gouvernement et le rapport de la commission pour reconnaître sur quels points cette opposition réside, suivant eux.

On nous propose d'augmenter la proportionnalité des électeurs du second degré : c'est donc parce que cette proportionnalité n'était pas respectée, parce que nous n'émanions pas vraiment d'une manière assez certaine du pays, parce que les petites communes pesaient autant que les grandes dans la balance électorale, qu'on a jugé que le principe démocratique était violé :

Voilà donc qui est bien établi : au nom de la commission et du Gouvernement, il est reconnu qu'un système électoral qui, dans les élections à plusieurs degrés ne respecte pas la proportionnalité et qui ne permet par conséquent pas d'avoir des manifestations réelles de l'opinion publique, est un système que condamnent les principes recteurs de la démocratie.

Ce serait fort bien si, après avoir ainsi dénoncé le Sénat, on nous avait apporté une loi qui fût conforme aux idées sur lesquelles repose notre système de Gouvernement, soit le suffrage universel direct, soit, à la rigueur, le suffrage universel à deux degrés; mais alors le suffrage à deux degrés avec une proportionnalité aussi exacte que possible.

Je reconnais qu'alors on aurait augmenté l'autorité du Sénat. Mais dès l'instant où l'on nous apporte, au lieu d'une proportionnalité qui n'existait pas, une autre proportionnalité qui n'existe guère plus, alors qu'on nous apporte un projet qui n'a d'autre avantage ou plutôt d'autre inconvénient que de détruire l'apparence du principe de l'unité communale qui était la base du Sénat actuel et qui ne se retrouvera plus avec le Sénat de demain, je dis qu'on a dénoncé aux populations françaises le système sur lequel reposait le Sénat d'hier, et que ce système étant encore celui sur lequel reposera le Sénat de demain, on a fait, par cela même, tout ce qu'on pouvait pour diminuer, au lieu de l'accroître, l'autorité dont jouit le Sénat. (Très bien! très bien! à droite et à l'extrême gauche.)

Et, dès lors, si vous voulez lui conserver son autorité, vous n'avez qu'un moyen, c'est de puiser les sénateurs à la source vive de tous les pouvoirs de ce pays-ci, c'est-à-dire de vous adresser au suffrage universel.

J'ai fini, messieurs, car je ne veux pas abuser des moments du Sénat. Je tiens seulement à ajouter que le vote que vous avez émis mardi est de nature à atténuer profondément l'objection qui était faite à mon amendement.

On me disait : Si le Sénat était élu par le suffrage universel direct, il ressemblerait trop à la Chambre des députés. Les deux Chambres seraient une copie l'une de l'autre, et l'une d'elles deviendrait par suite inutile.

Vous avez conservé la cooptation pour un quart des sénateurs, et cette différence seule suffira pour établir une distinction très manifeste entre les deux Assemblées, encore bien que vous fassiez nommer les 225 sénateurs des départements et des colonies par le suffrage universel.

Je crois, messieurs, avoir suffisamment justifié, dans les quelques paroles que je viens de prononcer, comme dans celles que j'ai prononcées l'autre jour, la portée de ma proposition pour ne pas avoir à insister davantage.

J'espère que le Sénat aura, sur ce point, à cœur de justifier son institution, en puisant, je le répète, ses origines dans les sources vives de la nation, dans le suffrage universel. (Très bien ! très bien ! sur plusieurs bancs à gauche.)

Journal officiel de la R. F. du 7 Xbre 1884
– 16ème année n° 336 –
Séance du Sénat du 6 Xbre 1884
élection du Sénat par le suffrage universel. – nouvelle délibération.

M. Naquet. Je demande la parole.

M. le président. La parole est à M. Naquet.

M. Naquet. Messieurs, j'ai eu l'honneur de défendre déjà à cette tribune le système de l'élection du Sénat par le suffrage universel ; je n'espérais pas avoir à y remonter pour le défendre à nouveau, car je ne prévoyais pas le vote qui me donnerait raison à la Chambre des députés, après que le Sénat avait refusé de le faire. Mais je crois que ce vote de la Chambre des députés m'impose le devoir de remonter à cette tribune et je le fais, messieurs, d'autant plus facilement qu'en somme j'estime que, dans cette circonstance, c'est la Chambre des députés qui ferait des sacrifices, si, comme je l'espère en ce moment, j'avais aujourd'hui une meilleure chance devant vous que je ne l'ai eue il y a quelques jours. En effet, la Chambre des députés verrait, sinon son autorité absolue, du moins son autorité relative diminuée par le fait de l'augmentation relative et absolue en même temps de l'autorité de son copartageant du pouvoir législatif, tandis que la nôtre ne ferait que grandir. Une autre raison, messieurs, me porte à reprendre la parole aujourd'hui.

L'honorable ministre de l'intérieur, qui siège en ce moment-ci à son banc, et qui l'autre jour a fait en faveur du système de la commission et du Gouvernement un éloquent plaidoyer, devant la Chambre des députés, n'avait pas, lors de la première délibération du Sénat, jugé à propos — et cela certainement parce qu'il était sûr du résultat, qui du reste, lui a donné raison sur ce point, — n'avait pas, dis-je, jugé à propos de me répondre.

Depuis lors, je le répète, il a prononcé à la Chambre un éloquent plaidoyer que je crois impossible de laisser sans réplique devant vous.

Messieurs, je commencerai par faire un aveu, qui, d'ailleurs, ne me coûte pas ; car j'ai l'habitude d'apporter dans la politique, comme partout ailleurs, une absolue franchise, franchise qui a quelquefois fait sourire quelques-uns de mes adversaires, mais que, malgré tout, je considère comme la qualité maîtresse de l'homme et du républicain.

J'avouerai donc avoir remarqué que certains passages, certaines argumentations de M. le ministre de l'intérieur ne manquent pas d'une force réelle.

Seulement — et c'est là le point délicat — ils ne manquent pas d'une force réelle, lorsqu'on ne les considère qu'au point de vue étroit. Mais si on se hâte d'aller un peu plus loin et de mettre en regard des inconvénients que M. le ministre signale dans un Sénat élu par le suffrage universel, ceux d'un Sénat élu par le suffrage restreint tel que nous l'avons aujourd'hui ou que nous l'aurons demain avec le projet de la commission, je prétends qu'alors les objections de M. le ministre de l'intérieur sont infiniment plus fortes contre son propre système que contre le nôtre.

Et savez-vous pourquoi, messieurs ? C'est que, le jour où on a introduit dans notre législation constitutionnelle le principe du partage du pouvoir législatif entre deux assemblées avec cette condition particulière que ce partage serait absolu et qu'on ne prendrait pas — comme dans d'autres pays, la Norwège ou l'Etat de New-York, par exemple — des mesures de nature à permettre la solution des conflits et à atténuer, par conséquent, les inconvénients du partage, ce jour-là, je crois formellement que l'on est entré dans le faux et, lorsqu'on est dans le faux, quelque talent que l'on ait, — et M. le ministre de l'intérieur en manque moins que qui que ce soit, — on y reste jusqu'au bout.

Nous aurions donc, messieurs, mauvaise grâce, nous qui combattions ce partage opéré avec la rigueur que l'on a mise dans son application en France, à ne pas reconnaître les objections fondées qui se sont trouvées dans la bouche de M. le ministre de l'intérieur ; mais nous sommes obligés de reconnaître également tout de suite que c'est surtout au système de la division du pouvoir législatif en deux branches avec cette rigueur dont je parle, que les objections s'attaquent bien plutôt qu'au mode spécial que nous proposons.

J'ajoute que j'ai la conviction ferme et sincère que les inconvénients dont je parle, loin de s'aggraver, s'atténueront considérablement si vous venez à nous et si vous acceptez, comme la Chambre des députés, l'élection du Sénat par le suffrage universel qui est la base de toutes nos institutions et que, d'accord sur ce point avec l'honorable M. Floquet, je crois qu'il ne vous est pas permis de mettre de côté, quand il s'agit du recrutement de l'un des deux grands corps législatifs de l'État sans vicier par cela même la source de tout droit dans notre pays.

Oh ! messieurs, je sais que c'est là une argumentation contre laquelle M. Waldeck-Rousseau s'est élevé très vertement l'autre jour à la Chambre des députés. M. Waldeck-Rousseau a dit à la Chambre des députés : Le suffrage universel, mais j'en suis aussi partisan que vous ; nul ne l'attaque ; je reconnais qu'il est la base de la souveraineté nationale, qu'il est la souveraineté nationale elle même. Seulement, ajoute-t-il, ce que je conteste, c'est que le suffrage à plusieurs degrés cesse d'être le suffrage universel ; c'est que, par la voie des deux degrés, on n'arrive pas à faire que la volonté nationale se manifeste d'une manière aussi élevée, aussi précise, aussi exacte que par la voie du suffrage universel direct.

Voilà à peu près et moins bien dit, le sens des paroles qu'a prononcées l'honorable ministre de l'intérieur à la Chambre des députés.

Il n'y a qu'un malheur à cela, c'est que pour répondre au discours de M. le ministre de l'intérieur — et c'est là un reproche que je ne lui adresse pas personnellement, car si quelqu'un pouvait éviter ce malheur, cet inconvénient dans lequel il est tombé, c'est certainement lui, — pour répondre à ce discours, il n'y a qu'à prendre ce discours lui-même.

M. le ministre de l'intérieur a dit à la Chambre : Par le suffrage universel à deux degrés nous arrivons à représenter aussi exactement, aussi nettement le pays que par le suffrage direct.

Immédiatement après, corrigeant votre dire, vous avez ajouté, monsieur Waldeck-Rousseau : Ah ! si, par hypothèse, le système d'une Assemblée unique avait prévalu dans ce pays, je ne serais pas venu vous demander de faire élire cette Assemblée unique par le suffrage à deux degrés ; j'aurais reconnu, dans ce cas, que c'est le suffrage universel direct qui aurait seul été possible.

Pourquoi cela ? Si vous admettez que le suffrage à deux degrés est un moyen de manifestation aussi précis, aussi complet, aussi exact de la souveraineté nationale que le suffrage direct, pourquoi n'auriez-vous pas suivi l'exemple de la Constituante de 1789 et de la Convention, et établi le suffrage à deux degrés, même pour une assemblée unique ? Pourquoi n'auriez-vous pas fait ce qui a été fait dans la Constitution de 1791 ou dans l'acte constitutionnel de 1793 ?

Pourquoi ! parce que les nécessités de votre politique vous entraînent à entasser des sophismes (Murmures à gauche) indignes de votre grand talent, et contre lesquels proteste votre intelligence de penseur ; parce que vous savez aussi bien que nous que le suffrage à plusieurs degrés n'a jamais la netteté, la précision, l'exactitude du suffrage direct ; parce que vous savez que ce n'est jamais qu'une manifestation lointaine, amoindrie, affaiblie de la volonté nationale.

Mais s'il en est ainsi, lorsque vous avez deux assemblées, que ces deux assemblées n'ont pas des attributions différentes nettement séparées, qu'elles ont les mêmes attributions, qu'elles ont le partage intégral du pouvoir législatif, je prétends que, faire de l'une de ces assemblées une représentation amoindrie du suffrage universel, tandis que l'autre demeure issue d'une manifestation intégrale de ce même suffrage, c'est violer aussi complètement, aussi absolument la volonté nationale que si vous faisiez élire une assemblée unique par le suffrage à deux degrés.

Et cependant, messieurs, je ne voudrais pas aller trop loin dans l'expression de ma pensée.

L'autre jour, dans le discours que j'ai eu l'honneur de prononcer devant vous, — et j'ai conformé ultérieurement mes actes à mon discours — je vous disais : Si le suffrage universel est rejeté, je me rallierai à la solution qui s'en rapproche le plus ; je voterai l'amendement de l'honorable M. Griffe, qui établit le suffrage à deux degrés, et je l'ai voté, en effet. Aujourd'hui, si le Gouvernement au lieu de nous proposer ce qu'il nous apporte ici, nous avait proposé le véritable suffrage universel à deux degrés ; s'il était venu nous demander de faire élire, à la veille des élections sénatoriales, des délégués *ad hoc*, nommés au suffrage universel, en nombre strictement proportionné au chiffre des électeurs directs, j'aurais reconnu qu'il y aurait eu dans ce mode électoral un procédé fort approché du suffrage universel direct, et j'aurais été heureux de me rallier au projet du Gouvernement, que j'aurais considéré dans ce cas comme un projet transactionnel.

Mais est-ce que vous nous apportez rien de semblable, monsieur le ministre? Nullement, vous nous apportez quoi? l'élection des sénateurs par les conseillers municipaux, par les conseillers d'arrondissement, par les députés, par les conseils généraux, c'est-à-dire par des corps dont la plupart ne sont pas politiques : car je ne vois parmi eux que la Chambre des députés qui soit un corps politique; comme le disait très justement l'honorable M. Floquet, vous leur interdisez les manifestations politiques, et cependant vous en faites la base de l'élection de l'une des plus hautes autorités de ce pays.

Et ce n'est pas tout; si encore le système était tel que tous les corps fussent renouvelés juste au moment où le renouvellement sénatorial arrive, on pourrait admettre à la rigueur qu'ils représentent le pays dans cette élection. Mais non! Comme les périodes de renouvellement ne coïncident pas, il arrive le plus souvent que lorsque les conseillers municipaux, les conseillers généraux, les députés, les conseillers d'arrondissement sont appelés à élire des sénateurs, ils sont eux-mêmes à la veille de voir leur mandat expirer, si bien qu'il n'y a plus aucune certitude qu'ils soient en communauté d'idées avec leurs électeurs et qu'ils peuvent, au lendemain de l'élection sénatoriale, être désavoués par la nation, qui invalidera pour ainsi dire leur vote en ne les réélisant pas eux-mêmes.

Et c'est là, messieurs, ce que vous appelez le suffrage universel à deux degrés, alors que vous allez jusqu'à interdire aux conseils municipaux le droit de délibérer avant d'élire leurs délégués.

Car, messieurs, il ne faut pas l'oublier, comme si l'on avait voulu indiquer à quel degré on s'écarte du suffrage universel, on refuse aux conseils municipaux qui vont élire un délégué sénatorial le droit d'une délibération préalable! Il est vrai qu'ils se passent de ce droit, parce que vous ne pouvez pas les empêcher, dans ce cas-là, de tourner la loi et de délibérer en dehors de la session réglementaire. Mais cela indique bien l'esprit de votre projet. Et vous appelez cela le suffrage à deux degrés? Eh bien! non, messieurs, ce n'est pas le suffrage à deux degrés; c'est une élection par une oligarchie, et, permettez-moi de vous le dire, la pire des oligarchies. (Exclamations à gauche.)

M. Edouard Millaud. C'est flatteur pour les conseillers généraux!

M. Naquet. Je dis, messieurs, par la pire des oligarchies, et je m'explique. Une oligarchie, à l'extrême rigueur, dans un pays moins avancé que le nôtre, qui a réalisé moins de progrès, qui n'a pas derrière lui toutes les révolutions, toutes les luttes, toutes les conquêtes qui ont amené l'établissement de la démocratie en France, une oligarchie, à l'extrême rigueur, peut s'expliquer, quand c'est une oligarchie de naissance, de talent, qui a une responsabilité... (Murmures à gauche.) ...je n'en voudrais pas pour la France : la France est sortie de cette période-là; mais il y a une période dans l'histoire de l'humanité où de pareilles oligarchies peuvent se comprendre et s'expliquer, parce que ces oligarchies ont un passé et un lendemain, et, par cela même, une responsabilité.

Mais vos conseillers généraux, vos conseillers municipaux, vos députés, vos conseillers d'arrondissement qui, je le répète, au moment où ils vont voter pour les sénateurs, ne sont peut-être déjà plus en communion d'idées avec le pays, et qui pourront être abandonnés par le pays le lendemain, c'est une oligarchie qui n'a ni passé ni lendemain, et, par conséquent, pas de responsabilité, et c'est pour cela, messieurs...

M. Dupouy. Ce sont simplement les élus du suffrage universel.

M. Naquet. Oui, les élus du suffrage universel d'il y a quatre ans, alors que vous les faites voter aujourd'hui pour les sénateurs!

Et tenez, messieurs, je vous disais que vous ne nous avez proposé, ni de près ni de loin, le suffrage universel, que votre suffrage n'est pas un suffrage à deux degrés, que c'est une élection par une oligarchie; si vous voulez que je vous livre le fond de ma pensée tout entière, j'ajouterai que dans mon for intérieur j'incline fort à croire que c'est justement parce que ce mode électoral ne ressemble en rien au suffrage universel, parce qu'il n'innove pas, parce que, en vous dégageant de certains engagements peut-être témérairement pris de reviser alors que, antérieurement, vous aviez déclaré que vous n'aviez nul désir de le faire, il vous a fourni le moyen de faire une revision qui n'en est pas une et de donner le change au pays, que c'est pour cela, et pour cela seulement que vous nous avez présenté et que vous soutenez le projet sur lequel le débat est engagé.

Eh! tenez, messieurs, je vois encore devant mes yeux, à une séance de l'Assemblée nationale qui est toujours présente à mon esprit, au lendemain du jour où l'amendement de M. Pascal Duprat tendant à la nomination du Sénat par le suffrage universel ayant été adopté par toutes les fractions de la gauche et par une partie des fractions de la droite, le projet de constitution avait été rejeté dans son ensemble, je vois encore au lendemain de ce rejet l'honorable M. de Chabaud La Tour, alors ministre du maréchal de Mac-Mahon, monter à la tribune et nous dire :

« Nous avons vu se dresser devant nous le suffrage universel et nous avons reculé ! » Et le même M. de Chabaud La Tour et ses amis, qui avaient reculé en voyant se dresser devant eux le fantôme du suffrage universel, votèrent le lendemain le système que vous nous apportez encore aujourd'hui, indiquant par là de la manière la plus nette quelle différence fondamentale existait entre ce système et le suffrage universel.

M. le rapporteur. Ces messieurs sont avec vous maintenant ! (Interruptions et bruit à droite.)

M. Naquet. Je n'ai pas à savoir qui est avec moi et qui est contre moi. Le ministère qui siège sur ces bancs a souvent été battu en brèche par des voix de droite réunies à des voix de gauche, je le reconnais ; mais il lui est arrivé nombre de fois d'être sauvé par des coalitions ou du moins par des réunions dans l'urne de voix de droite et de voix de gauche.

Il n'y a pas regardé et il a eu raison ; je n'y regarde pas davantage ; quand je défends un principe qui me semble vrai, je ne demande pas quels sont ceux qui l'adoptent et d'où viennent les voix qui l'acceptent ; je me demande si le principe est vrai, et s'il est vrai, je le défends.

Vous me répondrez peut-être que le système qui avait prévalu à l'Assemblée nationale et qui a été condamné par le pays, n'est plus celui que vous nous apportez. Mais je réponds à mon tour à M. le ministre que ces deux systèmes sont si voisins l'un de l'autre, que j'ai le droit de les confondre. Vous conservez à la base de l'élection sénatoriale, l'électorat municipal qui a les grands inconvénients que je viens d'exposer et sur lesquels je ne veux pas insister pour ne pas abuser de l'attention du Sénat.

De plus, après avoir rendu hommage au principe de la proportionnalité, sans lequel dans le suffrage à deux degrés il n'y a pas de manifestation possible de la souveraineté nationale, sans lequel la minorité peut faire la loi à la majorité, vous avez immédiatement tourné le dos à ce principe en nous apportant je ne sais quel expédient qui n'est pas la proportionnalité, qui ne remédiera en rien à l'inconvénient que je viens de signaler, à savoir que la minorité pourra faire la loi à la majorité. Pour le défendre, ce système, vous avez dit — soit ici, soit à la Chambre des députés, soit vous, soit M. le rapporteur de la commission, — que l'électorat des sénateurs par les conseils municipaux avait eu ce grand et admirable résultat de développer la vie politique dans toutes les communes de France.

Ah ! monsieur le ministre de l'intérieur, vous ne faisiez pas partie de l'Assemblée nationale ; j'ai eu l'honneur d'être membre de cette Assemblée et de participer aux luttes de cette grande période où le parti républicain, si compact, si uni, a lutté avec avantage contre les desseins des monarchistes et est parvenu à établir la République dans ce pays ; j'en faisais partie, et je me rappelle que, malgré les difficultés sans nombre que nous suscitait l'administration, pour maintenir le courage au sein de nos électeurs et pour puiser nous-mêmes une confiance nouvelle dans la confiance que nous trouvions en eux, nous ne laissions pas passer un mois de vacances sans parcourir les communes de nos départements et sans nous mettre en relations avec le pays.

A cette époque, — vous le sauriez si vous aviez fait partie de cette Assemblée — à cette époque, la vie politique dans les communes était autrement forte qu'elle ne l'est aujourd'hui. Elle ne s'émiettait pas en querelles de clocher et en agitations stériles ; elle se manifestait, à chaque élection, par la force numérique des contingents électoraux. Et cependant, il n'y avait alors ni Sénat ni électeurs sénatoriaux.

Voilà pour cet argument qui d'ailleurs, s'il était vrai, prêterait à une autre objection que j'ai faite dernièrement et à laquelle vous n'avez pas répondu.

Je vous disais, il y a quelques jours : S'il est vrai que les élections sénatoriales soient tenues en ligne de compte par les électeurs municipaux lorsqu'ils élisent leurs conseils, qu'arrivera-t-il ?

Il arrivera que, quand viendront des élections municipales, on se préoccupera de la question du délégué futur à élire, encore plus qu'on ne se préoccupera de la bonne gestion des intérêts communaux. Et, comme dans les petites communes, le personnel administratif n'est pas extrêmement nombreux et qu'on sera obligé de faire descendre la question politique non seulement des hauteurs des partis, mais encore de la porter jusque dans la discussion des distinctions, des nuances vous aurez porté un coup fatal à l'administration de nos communes, en introduisant la politique là où elle ne devait pas être introduite. (Approbation à droite.)

Si, par contre, votre théorie est fausse, si vous n'avez rien fait pour le développement de la vie politique dans les communes, si au moment des élections des conseils municipaux, on ne tient pas compte des élections sénatoriales, dans ce cas, que nous dites-vous que le suffrage universel est représenté dans les collèges communaux ?

Vous ne pouvez pas sortir de ce dilemme : ou on tiendra compte des élections sénatoriales au moment des élections municipales, ou l'on n'en tiendra pas compte.

Dans le premier cas, c'est la bonne gestion des affaires de la commune qui sera sacrifiée aux intérêts généraux ; dans le deuxième, ce sont les intérêts généraux qui seront sacrifiés à la bonne gestion des affaires communales. C'est là un dilemme fatal, dont vous ne sortirez pas et qui condamne votre système. Maintenant, il y a un autre argument que M. le ministre de l'intérieur a présenté. M. le ministre de l'intérieur a dit à la Chambre des députés : Si vous faites élire le Sénat par le suffrage universel, ce Sénat, ayant une autorité égale à la Chambre des députés, comment trancherez vous les conflits qui pourront se produire ? Et, ici, je ne puis pas ne pas faire remarquer au Sénat que les adversaires du suffrage universel, en ce qui concerne les élections du Sénat, prennent de toutes mains les arguments, sans trop y regarder.

On nous disait. — et à ces arguments j'ai répondu la première fois que j'ai eu l'honneur de monter à cette tribune, — on nous disait : Prenez garde ; si vous faites nommer les deux Chambres par le suffrage universel, vous arriverez à ce qu'il n'y en ait plus qu'une. Il serait oiseux, en effet, de conserver deux Chambres ayant identiquement la même origine. Dans cette hypothèse évidemment il n'était pas question de conflits. Et puis aujourd'hui on retourne l'argument et on dit : Prenez garde ; quand vous aurez les deux Chambres élues par le suffrage universel, il y aura des conflits aussi fatals demain qu'ils le sont aujourd'hui, et alors comment les résoudrez-vous ? Eh bien, je disais tout à l'heure à M. le ministre de l'intérieur qu'il se chargeait quelquefois, dans son discours, de répondre à ses propres objections, et je vous demande la permission de vous lire deux passages très courts, deux alinéas de son discours.

Les voici : « Ces deux Assemblées, est-ce que vous les ferez nommer le même jour, pour une même durée ? Les mêmes collèges électoraux se réuniront-ils pour procéder à l'élection d'un ensemble de représentants dont une partie formera la Chambre et l'autre le Sénat ? Je déclare, messieurs, bien franchement qu'une pareille opération ne serait certainement pas comprise du pays, qu'il se demanderait en vertu de quelle logique, en vertu de quel expédient, plutôt, on l'appelle à nommer 800 représentants, par exemple, dont 300 membres seraient destinés à une Chambre et 500 à l'autre. »

Et M. le ministre ajoute : « Et si ces deux élections faites avec les mêmes moyens, par la même procédure, se produisent à des dates différentes, alors je me demande ce qui adviendra de la Chambre élue en 1885, par exemple, en vertu d'un état de l'opinion qu'elle traduira fidèlement, devant la Chambre qui serait élue en 1886 ou 1887 par le même pays, avec la même autorité, avec la même force, mais sous l'impression d'un sentiment qui peut être absolument différent, s'il n'est pas absolument contraire. »

En d'autres termes, M. le ministre de l'intérieur craint que le suffrage universel d'hier n'ait tort devant le suffrage universel de demain. Il craint que le suffrage universel de 1887 ne puisse venir dire au suffrage universel de 1885 : Je ne te connais pas.

Il craint qu'une manifestation récente de la volonté nationale ne vienne annuler, ne vienne détruire une manifestation antérieure de cette même volonté. La conséquence de ceci serait donc, non pas que, d'après lui, le Sénat nommé pour neuf ans et renouvelable par tiers, dont deux tiers seraient toujours anciens par rapport à la Chambre, non pas, dis-je, que ce Sénat aurait trop d'autorité par rapport à la Chambre, comme il l'a déjà prétendu, mais au contraire que ce Sénat n'aurait pas assez d'autorité sur le pays et risquerait d'être emporté par la Chambre issue d'une manifestation plus récente du suffrage universel.

Ai-je besoin de répondre que M. le ministre se combat lui-même et qu'après avoir prétendu que le Sénat aurait trop d'autorité, il vient maintenant regretter qu'il n'en ait pas assez, par cela même qu'il n'aura pas été élu à la même époque que la Chambre et que le suffrage universel d'hier pourra être mis en échec par le suffrage universel de demain.

Sur ce point, M. le ministre a raison. Même élu par le suffrage universel, par le seul fait que les périodes de renouvellement ne sont pas les mêmes, par ce seul fait que le Sénat sera renouvelable par tiers et que les deux tiers de ses membres seront toujours plus anciennement élus que les membres de la Chambre des députés, il est évident que le Sénat, quoique ayant vu son autorité grandir sous l'influence de l'admission du principe de l'élection au suffrage universel, il est évident, dis-je, que le Sénat aura encore une autorité plus faible devant le pays que la Chambre des représentants directs, immédiats, provenant du renouvellement intégral par le suffrage universel. Et, de plus, il est évident que les deux Chambres ne se ressembleront pas, ne se confondront pas.

Cet argument qu'on nous a opposé et qui consistait à prévoir que les deux Chambres, dans cette situation, seraient trop voisines l'une de l'autre, trop près d'être identiques, ne porte donc pas; c'est M. le ministre de l'intérieur lui-même qui le dit; et, celui de la trop grande autorité entraînant des conflits insolubles ne porte pas davantage.

Maintenant, messieurs, il pourra y avoir des conflits. Ah! oui, il pourra y avoir des conflits comme il y en a aujourd'hui; car il est bien incontestable que, du moment où vous avez deux Chambres et où vous n'avez pas, pour ces deux Chambres, des attributions parfaitement différentes; du moment où vous leur avez donné le partage intégral du pouvoir législatif, il est bien incontestable, dis-je, qu'elles ne seront pas toujours d'accord.

Mais, dans ce cas, au moins, le Sénat ayant une autorité qu'il puisera dans la base même de la volonté nationale, si son opinion est juste, il aura le moyen de la faire prévaloir, moyen qu'il n'aura pas aujourd'hui où il ne repose que sur une base que j'appréciais tout à l'heure en disant que c'était une base oligarchique, et qui, d'ailleurs, s'il l'avait, n'arriverait à rien moins que de mettre la souveraineté nationale en échec par une oligarchie J'ajoute, messieurs, que l'argument des conflits n'est, du reste, pas irréfutable. Oui, il y a des conflits; il y en a eu autrefois, il y en aura dans l'avenir. Je le regrette beaucoup, et c'est une des raisons pour lesquelles, toute ma vie, j'ai été partisan de l'unité des Chambres.

Mais enfin — je ne sache pas que vous ayez supprimé la clause de revision de la Constitution au Congrès de Versailles — si ces conflits ne sont pas dangereux dans l'avenir, si les deux Chambres, procédant d'un même mode d'élections, d'un même esprit général, se mettent d'accord et que les dissidences ne se produisent pas ou soient légères, on s'en tiendra à la situation actuelle. Si, au contraire, les conflits se produisent, n'y a-t-il aucun moyen d'y remédier, et ne peut-on pas, par une disposition nouvelle, introduite dans la Constitution, trouver un procédé pour les résoudre? Ce procédé, il existe, il est connu, il est pratiqué dans d'autres pays; il est pratiqué dans la Norwège, pays monarchique, et dans l'Etat de New-York; il a été défendu par tous les hommes d'Etat, qui ont été partisans des deux Chambres, soit en 1848, soit en 1789. Il a été défendu à l'Assemblée constituante de 1848, par M. Duvergier de Hauranne qui ne passait pas, que je sache, pour un révolutionnaire; il a été défendu en 1789 par Malouet et par le plus grand orateur de cette époque, par Mirabeau qui disait :

« Je veux bien de deux Chambres si elles ne sont que deux sections d'une Chambre; je n'en veux qu'une si l'une doit avoir un veto sur l'autre. »

On pourrait décider que quand un conflit persiste, après deux ou trois délibérations successives, les deux Chambres se réunissent en Congrès pour trancher la difficulté. (Mouvements divers.)

Si cela devient nécessaire un jour, vous userez de ce système; si cela ne devient pas nécessaire, vous ne vous en servirez jamais.

Ce n'est, du reste, pas la question d'aujourd'hui; mais j'ai tenu à indiquer ce moyen pour bien montrer que l'argument du conflit que vous faites valoir n'est pas un argument sans réplique.

Voilà les divers arguments, les différentes raisons que j'avais à invoquer devant vous en faveur du suffrage universel; je vous demande la permission d'en ajouter une dernière qui, peut-être sera plus favorablement accueillie parmi vous que celle que je viens d'émettre, parce que les arguments que j'ai fait valoir, sont d'ordre théorique tandis que celui que je me propose développer est purement d'ordre politique.

Depuis quelques années des divisions profondes et, selon moi, regrettables, se sont produites dans le suffrage universel et notamment dans l'opinion républicaine. (Mouvement). Ces divisions, je ne voudrais pas les voir s'aggraver; je voudrais, au contraire, les voir cesser; je voudrais que la Chambre et le Sénat ne vinssent pas donner en quelque sorte une plate-forme aux divisions électorales de l'avenir, préparer ces divisions sur un terrain d'autant plus délicat, d'autant plus difficile et dangereux qu'il sera plus simple.

Ici, en effet, il ne s'agira plus d'un de ces programmes vastes et indéterminés qui permettent à tout le monde de voter pour celui qui les accepte, sans pour cela en adopter tous les termes, et qui par leur extension même prêtent à la conciliation. Il s'agira aux prochaines élections sénatoriales et législatives d'un programme qui sera simple, net, déterminé, qui portera sur une seule question.

On sera pour ou contre la reconnaissance du suffrage universel comme base unique du pouvoir législatif dans ce pays.

Je ne voudrais pas que cette division, ayant ainsi une vraie plate-forme, s'accentue, risquant ainsi de faire grand mal au parti républicain auquel, je le reconnais, quoique nous soyons d'un avis différent dans la matière particulière qui nous occupe, vous êtes aussi dévoués que nous le sommes nous-même.

Si vous adoptiez ce large principe de l'élection du Sénat par le suffrage universel, vous créeriez, au lieu de cette plate forme de division, une plate-forme d'union et de concorde contre laquelle toutes les tentatives de désunion et de discorde — car il s'en produirait encore — seraient stériles. En créant cette union, cette concorde du parti républicain, vous auriez assuré les élections prochaines, mais vous les auriez assurées par le seul moyen qui soit digne d'une grande assemblée, en faisant de la vraie, de la bonne politique démocratique.

M. le président. La parole est à M. le président du conseil.

Le journal officiel de la R.F. du 4 février 1885

M. Naquet, *rapporteur.* Je demande la parole.

M. le président. La parole est à M. le rapporteur.

M. Naquet, *rapporteur.* Messieurs, je viens simplement d'un mot répondre à l'honorable préopinant que, malheureusement, l'amendement qu'il apporte ici est un amendement inconstitutionnel, attendu que les lois d'impôt doivent être présentées à la Chambre des députés avant d'être soumises au Sénat.

Par conséquent, nous ne sommes pas compétents pour nous prononcer sur cet amendement.

M. le vicomte de Lorgeril. Je demande la parole.

M. le président. La parole est à M. de Lorgeril.

M. le vicomte de Lorgeril. Les propositions financières doivent, en effet, passer d'abord par la Chambre des députés; or, il s'agit ici non pas d'une proposition financière, mais d'un projet de loi déjà voté par la Chambre des députés, et qu'il est bien permis au Sénat d'amender. Je crois donc que mon amendement n'a rien d'inconstitutionnel.

M. de Gavardie. C'est évident !

M. le vicomte de Lorgeril. Dans tous les cas, je n'ai pas retiré mon amendement.

M. le président. M. de Lorgeril, dans son amendement, propose deux dispositions : l'une pose en principe qu'une taxe sera imposée sur les bordereaux des opérations de bourse, et l'autre détermine la quotité de cette taxe. Je crois que la première des deux propositions de M. de Lorgeril pourrait être mise en délibération, sauf, bien entendu, l'appréciation du Sénat; mais quant à la seconde, il me paraît que, comme elle contient des taxes financières, elle devrait être, en premier lieu, soumise à la Chambre des députés; il ne suffit pas, dans le cas présent, que la Chambre des députés ait traité la question des marchés à terme pour que le Sénat puisse, à propos de ce projet de loi, non seulement prendre l'initiative de proposer un impôt nouveau, mais encore en fixer la quotité.

D'ailleurs, vous réservez votre amendement, monsieur de Lorgeril ?

M. le vicomte de Lorgeril. Je réserve mon amendement, monsieur le président. Je fais observer cependant que je puis très bien vous proposer d'en voter le principe seulement, sauf à laisser à la Chambre le soin de fixer le taux de la taxe.

Il me semble que, dans ces conditions, mon amendement est parfaitement constitutionnel.

M. le président. M. de Lorgeril retire sa proposition, sauf à la reproduire en deuxième délibération. Il n'y a donc pas lieu de statuer.

Il reste à discuter un article qui a été supprimé par la commission du Sénat et qui avait été adopté par la Chambre des députés.

Il est conçu en ces termes :

« Les dispositions de l'article 419 du code pénal sont applicables aux effets autres que les effets publics. »

La parole est à M. le rapporteur.

M. le rapporteur. Messieurs, l'article 6, que la commission du Sénat a cru devoir vous proposer de supprimer et qui avait figuré dans le projet du Gouvernement et dans le projet primitif voté par la Chambre des députés, avait pour but de rendre les dispositions de l'article 419 du code pénal applicables aux valeurs autres que les effets publics. Le but que se proposait la Chambre était le suivant. Par les mots « effets publics », l'article 419 semblait exclure des pénalités qu'il édictait les opérations illicites portant sur les actions et les obligations des sociétés, de telle façon que, si des moyens frauduleux tels que ceux qu'il visait, étaient employés pour amener la hausse ou la baisse de ces actions ou de ces obligations, on pouvait craindre que les tribunaux ne voulussent pas leur appliquer ces pénalités.

Ces raisons étaient corroborées par un ancien arrêt de la cour de Paris, du 1er juin 1843, arrêt qui avait déclaré qu'en effet l'article 419 n'était pas applicable aux effets autres que les effets publics, c'est-à-dire autres que les fonds d'Etat. Il y aurait eu là un danger réel : car les moyens frauduleux ne sont pas moins répréhensibles lorsqu'ils s'adressent à des valeurs qui ne sont pas des rentes d'Etat que lorsqu'ils s'adressent aux rentes d'Etat. Ces moyens frauduleux sont, même, dans le premier cas plus répréhensibles encore, par ce motif qu'il est plus facile de faire varier artificiellement les cours d'actions et d'obligations qui abondent peu sur le marché, que les cours des rentes d'Etat qui y abondent, au contraire. Mais depuis l'époque où la Chambre des députés avait adopté l'article que nous avons cru devoir supprimer, la cour d'appel de Paris, par son arrêt du 19 mai 1883, rendu dans l'affaire de l'Union générale, a eu à examiner de nouveau cette question, et l'a tranchée dans un sens tel qu'il est désormais tout à fait inutile d'édicter à cet égard une disposition légale. La cour de Paris, sans que même sa décision sur ce point ait été déférée à la cour de cassation, alors cependant qu'il y a eu un pourvoi contre l'arrêt, a décidé que l'article 419 s'appliquait aussi bien aux actions et aux obligations des sociétés qu'aux rentes d'Etat.

D'un autre côté, messieurs, l'article 419 ne vise pas seulement les moyens frauduleux : il vise aussi l'accaparement, il vise l'association entre les détenteurs d'une même marchandise ou valeur, en vue, par exemple, de décider qu'on ne vendra pas cette marchandise ou cette valeur au-dessous ou au-dessus d'un cours déterminé. Or, depuis un grand nombre d'années, les syndicats sont devenus un fait absolument courant, un fait même nécessaire, à ce point que la suppression des syndicats jetterait une perturbation considérable sur le marché, soit à la Bourse, soit dans le commerce ordinaire. Or, il est certain que cette portion de l'article 419 qui a trait à l'accaparement, est absolument tombée en désuétude, et qu'on n'applique plus aujourd'hui que la partie relative aux fraudes proprement dites, aux moyens dolosifs.

Nous avons craint que si l'on visait à nouveau l'article 419 dans une loi récente, on ne fit revivre par là jusqu'aux dispositions de cet article qui sont justement tombées en désuétude. Il nous a donc paru que si on voulait conserver l'article 6 de la Chambre, il faudrait au moins apporter une modification à l'article 419 et en faire disparaître des dispositions qui ne sont pas conformes aux conditions de la société moderne. Mais comme, d'un autre côté, il nous semblait difficile de modifier le code pénal à propos d'une loi sur les marchés à terme et qu'il suffisait de ne pas faire revivre la disposition tombée en désuétude de l'article 419 du code pénal pour ne donner lieu à aucun inconvénient grave ; comme, d'ailleurs, viser cet article 419 devenait inutile en l'état de la jurisprudence, nous avons pensé que ce qu'il y avait de plus simple c'était de vous proposer l'abrogation de l'article 6 du projet du Gouvernement et de la Chambre des députés. (Approbation.)

M. le président. Quelqu'un demande-t-il la parole ?... Je mets aux voix l'article 6 qui avait été adopté par la Chambre. J'en donne une nouvelle lecture :

« Les dispositions de l'article 419 du code pénal sont applicables aux effets autres que les effets publics. »

La commission repousse cet article. (Bruit de conversations.)

(Le vote a lieu.)

M. Pouyer-Quertier. On n'a pas compris !

M. le président. Le petit nombre de votes qui ont été émis donnerait à penser que le Sénat ne m'a pas entendu.

Plusieurs membres. Expliquez le vote !

M. le président. La Chambre des députés avait adopté, dans le projet de loi que vous venez de voter partiellement, un article 6 qui est ainsi conçu :

« Les dispositions de l'article 419 du code pénal sont applicables aux effets autres que les effets publics. »

Votre commission vous propose le rejet de cet article 6 ; mais comme on ne peut pas mettre une négation aux voix, je suis obligé de mettre aux voix le texte de l'article 6 adopté par la Chambre des députés.

(L'article 6, mis aux voix, n'est pas adopté.)

M. le président. Je consulte le Sénat sur la question de savoir s'il entend passer à une deuxième délibération.

(Le Sénat décide qu'il passera à une deuxième délibération.)

Le journal officiel de la R. F. – 14 février 1885
XVIIIe année – n° 45

M. Naquet. Je demande la parole.

M. le président. La parole est à M. Naquet.

M. Naquet. Messieurs, je viens demander au Sénat de ne pas renvoyer la prochaine séance à jeudi. Il y a à l'ordre du jour, à la suite de la loi que vous venez de voter, la seconde délibération du projet de loi sur les marchés à terme et la négociation des valeurs mobilières. Cette loi est vivement réclamée par le commerce et par la finance. Il ne se passe pas de jour que les membres de la commission ne reçoivent des délégations chargées d'en solliciter le vote le plus tôt possible. Cette hâte est d'autant plus indispensable que nous avons apporté des modifications au texte de la Chambre, qui devra nécessairement être saisie de la nouvelle rédaction.

Plusieurs sénateurs à gauche. Demandez la fixation à jeudi, en tête de l'ordre du jour !

M. Naquet. Si l'on veut, monsieur le président, m'accorder la mise en tête de l'ordre du jour, je ne m'oppose pas à ce que la séance soit renvoyée à jeudi.

Le Réveil du midi du 6 mai 1885
(n° 1203)

M. Alfred Naquet, sénateur de Vaucluse, nous demande l'insertion de la lettre suivante :

Paris, le 3 mai 1885.

Monsieur le Rédacteur en chef du *Réveil du Midi*,

Je lis, non sans étonnement, dans vos colonnes, une polémique relative à une démarche que j'aurais faite au ministère de l'intérieur relativement à M. Assiot.

La bonne foi de M. Toulouse a été évidemment surprise : je n'ai fait aucune démarche en faveur de M. Assiot, et M. Saint-Martin dès lors n'a pas eu à se joindre à moi ou à se séparer de moi sur ce point.

Et qu'on ne croie pas que je me défende d'avoir agi en faveur de M. Assiot ! M. Assiot est un ami pour moi, et, au risque de déplaire à quelques-uns de mes concitoyens, je n'hésite pas à déclarer que, s'il m'avait demandé de faire une démarche en sa faveur, je l'aurais faite. Si je n'ai pas agi, c'est que M. Assiot ne me l'a pas demandé, et cela, parce qu'il n'en avait nul besoin.

Ceci dit, voici exactement ce qui s'est passé. Cela coupera court, je pense, à toute polémique.

Il y a une dizaine de jours j'étais allé passer la soirée chez M. Allain-Targé, en compagnie de mes amis Lockroy et Granet. A un moment donné, par simple curiosité, causant du mouvement préfectoral avec le ministre, je demandai à celui-ci :

« Que faites-vous de mon préfet ? »

Le ministre me répondit : « M. Assiot, je n'y touche pas. Je l'ai connu dans [illegible] Loire ; c'est un de mes meilleurs amis [illegible] je vous le laisse. »

Et comme à la manière dont ces mots étaient prononcés, je compris que M. Targé avait cru voir, dans mon interrogation, une demande de déplacement de M. Assiot, ne voulant pas laisser cette erreur dans son esprit, je répliquai :

« Tranquillisez-vous. Je suis de votre avis et ne vous demande pas de le déplacer. Je désirais simplement connaître vos intentions. »

Tout s'est borné là ; et M. Saint-Martin qui n'était déjà plus à Paris au moment où cette conversation a eu lieu entre M. le ministre de l'intérieur et moi, n'en a pas même eu connaissance.

Veuillez agréer, M. le Rédacteur, l'assurance de ma considération la plus distinguée, et l'expression de mes meilleurs sentiments.

A. NAQUET.

Journal officiel de la R.F. du 19 juin 1885
17ème année – n° 165
Séance du Sénat du 18 juin 1885

La parole est à M. Naquet.

M. Naquet. Messieurs, l'amendement que j'ai l'honneur de soumettre, d'accord avec l'honorable M. Léon Renault, à la délibération du Sénat, porte, non pas précisément sur l'article 1449, mais sur l'article 311, et, secondairement, sur les articles 1449 et 1538. Il vise une question de principe. Il s'agit, pour nous, de savoir si, par la nouvelle loi, vous aurez simplement modifié les conditions de la tutelle que nos lois imposent à la femme mariée même séparée de corps et de biens, ou si vous allez, dans le cas de séparation de corps et de biens, rendre à la femme mariée la plénitude de sa capacité civile.

La commission se borne à adopter la première de ces solutions, et dans l'amendement que l'honorable M. Léon Renault et moi nous vous soumettons, nous nous prononçons pour la seconde.

Lorsque est venue devant le Sénat la loi sur le divorce, je disais à cette tribune que j'étais profondément respectueux de la liberté de conscience et que si je pouvais entrevoir que la loi du divorce entraînât une violation pour qui que ce fût de cette liberté, je ne la défendrais pas devant vous. Je crois, à cette heure, donner la preuve de mon entière sincérité en venant soutenir l'amendement que je vous apporte. Je considère qu'en principe le divorce est supérieur à la séparation de corps, au point de vue social, qu'il n'a pas les désavantages que la séparation de corps entraîne, que la séparation de corps est un état antisocial qui ne devrait pas à titre de simple pénalité pouvoir être imposé à l'un des conjoints malgré sa volonté; et c'est pour cela que plus tard l'honorable M. Léon Renault et moi-même nous vous proposerons de revenir sur l'article 310 que vous avez voté. Mais (en substance, nous pensons que lorsque, émus soit par des considérations d'ordre religieux, soit par des considérations morales particulières, les époux sont l'un et l'autre d'accord pour repousser ce remède du divorce — que nous trouvons supérieur, mais qu'eux trouvent inférieur, — pour recourir par contre à la séparation de corps, la séparation de corps doit leur être laissée. Nous la leur avons bien laissée, mais nous estimons qu'il faut dans ce cas ne pas leur créer une situation par trop difficile, par trop intolérable, par trop éloignée des avantages que leur apporterait le divorce.

Je sais bien, messieurs, que si notre opinion prévalait, — permettez-moi cette expression — la nouvelle loi créerait une certaine concurrence au divorce.

M. Allou disait avant hier avec raison que pour beaucoup de femmes qui recourent au divorce, le but poursuivi est bien moins de reconquérir la faculté d'un second mariage que de s'affranchir complètement au point de vue des biens.

Si cela est vrai, et cela ne me paraît pas discutable, je le répète, il est certain qu'en affranchissant la femme dans la séparation de corps, nous créerions une concurrence au divorce, que nous tendrions à diminuer le nombre des divorces au profit des séparations de corps.

Certes ! je n'y verrais pas, pour ma part, un grand avantage, au contraire, puisque je considère l'état de divorce comme préférable à l'état de séparation de corps. Mais, je le répète ici, je suis respectueux de la liberté de conscience, je suis respectueux de la liberté philosophique de chacun et je ne voudrais pas que la liberté que nous avons laissée devînt une liberté illusoire.

D'ailleurs, messieurs, je vous demanderai la permission de vous faire un aveu ; je ne tiens pas à ce que le nombre des divorces se multiplie outre mesure.

A cette multiplication, je ne verrais certainement pas le danger que pourraient y voir beaucoup d'entre nous. J'ai cherché à établir, à l'époque de la discussion de la loi du divorce — et je crois y avoir réussi — que les lois qui régissent l'état des époux, lorsque les familles sont désunies, n'ont aucune action réelle et directe sur le nombre des familles qui se désunissent, que leur seule action s'exerce sur la mise en lumière de ces désunions qui, suivant que la loi sera plus ou moins libérale, apparaîtront au grand jour en se régularisant, ou demeureront dans l'ombre.

Si donc demain il apparaissait dans nos statistiques un nombre de divorces très supérieur au nombre des séparations d'hier, je n'en conclurais pas le moins du monde que c'est la loi du divorce qui les a fait naître ; j'en conclurais que ces désunions existaient la veille comme le lendemain, qu'elles étaient clandestines et qu'en les faisant apparaître, c'est-à-dire en les régularisant, la loi du divorce a été utile au lieu d'être nuisible. Seulement, je n'ai pas la prétention d'avoir convaincu tout le monde, et il se trouverait certainement parmi nos concitoyens, et même parmi vous, des gens qui s'imagineraient, qui croiraient de bonne foi que cette augmentation du nombre des familles désunies, accusée par la statistique, est le résultat direct de la loi du divorce ; il pourrait alors se produire contre cette loi, que je crois salutaire, un mouvement de réaction analogue à celui qui s'est produit sous la loi révolutionnaire de 1792 ; et peut-être, si jamais le malheur des temps voulait qu'un mouvement de réaction se produisît aussi dans la politique, notre loi risquerait d'être emportée. Or, comme je ne veux pas qu'une réaction se produise contre elle, comme je ne veux pas qu'elle soit menacée d'être jamais emportée, je désire, au moins pour un temps, que les divorces ne se multiplient pas et je vois sans aucun déplaisir, et même avec une certaine faveur que, pour un certain nombre de cas, la séparation de corps se substitue au divorce.

Eh bien, il est incontestable — je le disais tout à l'heure et j'y reviens — que si vous créez à la femme séparée de corps une situation nette et franche quant à ses biens; si, en un mot, vous tenez compte des objections principales que l'on a élevées contre le divorce; si, tenant compte de ces objections, vous faites — oh ! je ne recule pas devant les mots — de la séparation de corps une espèce de divorce mitigé laissant subsister le mariage dans tout ce qui s'impose aux consciences catholiques et tout ce qui s'impose aux opinions philosophiques de ceux qui, par des considérations sociales, croient le divorce mauvais, c'est-à-dire si vous laissez subsister le mariage en ce sens que la fidélité des époux sera toujours obligatoire, que de secondes noces resteront impossibles, il est incontestable, dis-je, que vous aurez créé aux femmes séparées de corps une situation telle que beaucoup d'entre elles pourront s'en contenter et ne pas recourir au divorce. En même temps, vous aurez cet avantage, qui fait que je ne m'expliquerais pas que de ce côté de l'assemblée (l'orateur désigne la droite) on ne votât pas mon amendement, que vous donneriez aux catholiques tout ce que leur foi comporte lorsqu'ils ne veulent pas avoir recours au divorce.

Les idées que je viens d'émettre, messieurs, étaient certainement celles qui avaient animé les auteurs de la proposition. Je ne crois pas me hasarder, je ne crois pas aller trop loin en disant que lorsque nos honorables collègues déposèrent leur proposition de loi, au moment où le divorce n'était pas encore voté, dans leur pensée il y avait l'idée, non pas seulement d'établir un moyen de diminuer le nombre des divorces, mais encore d'empêcher le vote de la loi du divorce.

Cette proposition était, dans leur esprit, un contre-projet; c'était une espèce de divorce catholique se substituant au divorce civil que nous avons établi.

Sur ce point, nos honorables collègues se trompaient : le divorce était la conséquence nécessaire de la laïcisation, de la sécularisation de la société et de la liberté de conscience : il devait être voté et il l'a été. Mais, de ce qu'il l'a été, il ne s'ensuit pas que la proposition de loi dont je parle n'ait pas sa raison d'être comme proposition secondaire s'appliquant à ceux qui, volontairement, n'auront pas recours au divorce.

Eh bien, le but que se sont proposé les auteurs de la proposition, l'ont-ils atteint ? Pour ma part, je ne le pense pas. Il m'apparaît que la proposition, réduite aux termes dans lesquels la commission vous l'apporte, surtout après la modification qu'elle a déjà subie, n'améliore pas d'une manière sensible la situation actuelle de la femme séparée de corps. Qu'y avait-il, en effet, dans la proposition ? Il y avait une question relative aux nullités de mariage, il y avait une question relative au nom, il y avait une question relative à la capacité civile de la femme.

En ce qui concerne les nullités de mariage, M. le président du conseil, l'autre jour, vous a montré, je crois, avec beaucoup de sens et de netteté, que les modifications proposées n'étaient pas nécessaires, la jurisprudence ayant déjà fait, quant à l'erreur dans la personne civile, ce que la loi nouvelle accorde législativement.

Il reste bien ce que vous avez voté relativement à l'erreur dans la personne morale, en ce qui concerne l'individu condamné à une peine afflictive et infamante antérieurement au mariage ; mais je ne puis pas oublier que ce cas serait aujourd'hui un cas de divorce et que cette cause de nullité, qui avait un intérêt considérable lorsque le divorce n'était pas encore voté, a perdu considérablement de son intérêt depuis que le divorce est voté. Je n'admettrais pas, en effet, qu'on vînt me dire que pour ce cas spécial les catholiques ne pourraient pas user du divorce; ils le pourraient largement : car ils auraient la faculté de faire annuler leur mariage par l'autorité religieuse, et, une fois le mariage ainsi annulé, rien dans leur pensée ni dans leur conscience ne pourrait les empêcher de demander la rupture du lien civil.

Donc, la partie de la proposition de loi relative aux nullités de mariage ne nous apporte rien de nouveau. La question du nom a été rejetée hier; il n'y aura, de ce fait, aucun changement dans la loi. Reste la question de la capacité civile de la femme, c'est celle qui motive mon amendement.

Que nous apporte la commission ? Il faut presser la question, la serrer et l'examiner de près.

Quelle est la situation actuelle? Que sera-t-elle demain si le projet de la commission est voté?

Aujourd'hui, une femme séparée de corps veut aliéner ses immeubles, elle veut aliéner ses meubles en dehors d'un acte d'administration. Que fait-elle? Elle demande l'autorisation de son mari; si le mari refuse, elle s'adresse à la justice, qui peut l'autoriser.

Par conséquent, elle n'est pas sous le coup et sous la dépendance absolue du mari. Elle est, en réalité, sous une tutelle mixte du mari et de la justice; et comme, en définitive, l'appel est supérieur à la première instance, je puis dire qu'après tout, à une formalité près, la femme séparée de corps est, à l'heure actuelle, sous une tutelle judiciaire. Voilà la vérité.

Quelle sera la situation demain? Demain, la femme séparée de corps et de biens pourra encore, si elle le veut, demander l'autorisation de son mari; mais si elle ne le veut pas, si elle répugne à cette démarche, elle pourra aussi s'adresser directement aux tribunaux, sauf à aviser le mari de sa requête et à la lui notifier de façon à ce que le mari puisse intervenir dans l'action.

Quelle différence y a-t-il? La tutelle judiciaire d'hier sera remplacée par la tutelle judiciaire de demain. Demain, comme aujourd'hui, ce sont les tribunaux qui décideront en dernière instance; seulement, cette dernière instance deviendra en même temps la première. Voilà tout ce que vous aurez réalisé; ce n'est pas une réforme quant à la capacité civile de la femme, c'est une réforme de procédure, de simple procédure, et une réforme de procédure qui ne se légitime pas par ce qui légitime d'ordinaire ce genre de réforme, à savoir une économie sensible de temps et d'argent.

Vous ne diminuerez sensiblement ni le temps ni les dépenses. Or, remarquez-le, messieurs, la question de frais de justice est bien quelque chose; lorsqu'il s'agit pour une femme pauvre, dont les propriétés sont très peu considérables, d'aliéner ces propriétés en vue d'une éventualité quelconque, et que, s'adressant à la justice, elle est obligée de payer les frais de justice, il est incontestable que cela grève son avoir.

Si votre procédure avait eu pour résultat de faire disparaître ces frais de justice, à la rigueur j'y trouverais un bénéfice, mais vous n'avez même pas cet avantage; vous laissez les choses absolument en l'état; vous vous bornez à supprimer une formalité sans importance. Voilà ce que la commission a fait, voilà ce que la commission propose, et voilà contre quoi nous nous éle-vons, l'honorable M. Léon Renault et moi vous proposant de ne laisser subsister du ma-riage, dans la séparation de corps et de bien je le répète, que ce qui s'en impose aux con-sciences qui ne veulent pas user du divorce

Messieurs, j'ai dit tout à l'heure que je n reconnais pas les mots et que je consentais volontiers à reconnaître que la séparation de corps, telle que nous vous demandons de l'or-ganiser, serait une espèce de divorce mitigé.

Je dis cela parce que l'autre jour, à la com-mission, on me disait : Nous n'avons pa voulu le divorce en gros, nous ne voulons pa davantage le divorce en détail.

Ici encore il s'agit de distinguer. Lorsqu nous avons discuté la loi du divorce, au Sé-nat et à la Chambre des députés, quels son les grands arguments qu'on a fait valoir con-tre nous? Quel est celui sur lequel on s'est l plus profondément appuyé? C'est l'argumen des enfants, c'est l'argument de la famille. O nous a dit : Ah! vous permettez de second noces! vous permettez une nouvelle union! l famille en sera profondément troublée. C'e uniquement là-dessus qu'on s'est appuyé.

Il est donc incontestable que si le divor n'avait pas eu pour conséquence d'entraîne comme résultat possible, une nouvelle unio nous n'aurions pas rencontré, soit dans l rangs de la gauche, soit dans ceux de l droite, les objections que nous avons rencon-trées.

Qu'est-ce que nous proposons aujourd'hu Nous vous proposons de faire une séparati de corps qui ressemblera fort au divorc quant aux effets relatifs aux biens, mais q s'en distinguera d'une manière manifeste s le point qui vous touche le plus au cœur, savoir la faculté de contracter de second noces, en ce sens que le mariage subsiste toujours.

Messieurs, j'ai cherché dans le projet de commission et dans l'exposé des motifs de proposition de loi si je trouverais quelque a-gument en faveur du système qu'on vous a-porte et contre celui que nous vous soumettio Je n'y ai pas trouvé grand'chose. Le seul a-gument que j'y aie rencontré, le voici : c' une affirmation, plutôt qu'une argumentatio

« Il est impossible, disent les auteurs de proposition, de laisser à la femme la libre d-position de ses biens. Il faut sauver l'ave des enfants; même dans les familles où il en a pas, il faut préserver la dot de la fem en vue d'une réconciliation dont jamais on doit perdre l'espérance. »

Messieurs, je vous demande la permiss

de laisser de côté le dernier argument, celui de la réconciliation future. Il est bien évident que, si une réconciliation intervient, la puissance maritale reprendra tout son effet. Mais je crois que cet argument peut être laissé de côté, parce que les réconciliations en cas de séparation sont extrêmement rares, et que, s'il est permis — c'est un principe que j'ai proclamé moi-même à l'époque de la discussion de la loi sur le divorce — s'il est permis au législateur, s'il est même de son devoir de légiférer pour une minorité, c'est à la condition qu'en légiférant pour une extrême minorité on ne sacrifie pas les droits de la majorité tout entière.

Or, si sur cent séparations de corps il y a deux réconciliations, et qu'en vue de ces deux réconciliations et pour des intérêts peut-être chimériques vous sacrifiiez les intérêts des 98 séparations restantes, je dis que vous avez fait une loi mauvaise, une loi qui ne se justifiera pas. Je laisse donc de côté cet argument de la réconciliation future comme une quantité absolument négligeable — c'est le mot dont on s'est servi l'autre jour, dans le sein de la commission.

Reste l'intérêt des enfants. Eh bien, messieurs, il faut le dire, l'argument ne porte pas ou il porte sur l'infériorité notoire de la femme.

Ou vous admettez en principe que la femme est incapable de gérer sa fortune et que, par conséquent, elle a besoin d'une tutelle pour que les intérêts de ses enfants soient sauvegardés, ou vous ne l'admettez pas. Si vous l'admettez, alors je ne comprends plus votre législation; alors il faut que vous reveniez bien au delà de la Révolution française; il faut que vous alliez à Rome et que vous proclamiez la tutelle éternelle de la femme.

Car enfin le nombre des femmes séparées de corps est relativement peu considérable; mais il y a un grand nombre de femmes veuves, il y aura maintenant des femmes divorcées. Vous donnez la plénitude de la capacité civile à la fille majeure, à la femme divorcée, à la femme veuve ayant des enfants; vous la donnez à ces deux catégories alors que, pouvant contracter une nouvelle union, elles peuvent même courir le danger de subir des influences que ne subira en aucun cas la femme séparée de corps et de biens, et puis, pour cette petite minorité de femmes séparées de corps, vous supposez que l'intérêt des enfants sera compromis si vous permettez à ces femmes de faire ce que vous permettez de faire à l'immense majorité des femmes. Cela ne se soutient pas, cela n'est pas logique et la loi doit, en tout cas, demeurer logique : ou il faut en revenir à Rome, ou il faut déclarer que la femme veuve, que la femme divorcée, que la fille majeure sera en tout temps soumise à une tutelle judiciaire, parce qu'elle est incapable, d'après son organisation; ou bien, il faut reconnaître que, lorsque dans le mariage, il n'y a plus d'intérêts communs au point de vue des biens, il n'y a aucune raison sérieuse pour que la femme ne reprenne pas la plénitude de sa capacité civile.

Nos lois actuelles, d'accord avec les faits, reconnaissent, au point de vue de la gestion de la fortune, une égalité complète entre l'homme et la femme, en dehors du mariage : elles ne distinguent pas. Il y a des femmes commerçantes comme il y a des hommes commerçants. A partir du jour où une femme devient veuve, elle reprend la plénitude de sa capacité civile; les biens dotaux cessent d'être inaliénables, elle peut les aliéner, elle peut en faire l'usage que bon lui semble; par conséquent, je le répète, l'argument tiré de l'intérêt des enfants de la femme séparée de corps est un argument tellement en contradiction avec tout un ensemble de notre législation, que je ne le conçois pas. La vérité, messieurs, c'est que la puissance maritale, en ce qui concerne les biens, comme en ce qui concerne les personnes, n'a pas été créée pour obvier à l'infériorité de la femme; elle a été créée parce que, dans une association de deux êtres égaux, il faut évidemment qu'il y ait une autorité pour faire naître l'unité de direction. Il fallait que l'autorité fût confiée ou au mari ou à la femme : on l'a confiée au mari.

Mais, le jour où cette unité de direction est rompue, le jour où les intérêts cessent d'être connexes, le jour où les deux fortunes sont séparées, il n'y a plus de raison pour ne pas rendre à la femme séparée de corps, comme à la femme divorcée, la plénitude de sa capacité civile.

Cela répond également à ceux qui me disent : pouvez-vous admettre que l'autorité maritale disparaisse alors que le mariage subsiste encore? Je réponds, en outre de ce que je viens de dire, que notre amendement ne va pas jusqu'à faire disparaître complètement l'autorité maritale, puisque s'il l'annule entièrement quant aux biens, il la laisse subsister quant aux personnes, car le devoir de fidélité persiste; l'adultère demeure un délit pour le mari différent de ce qu'il est pour la femme : en un mot, toutes les lois relatives au mariage, en dehors de celles qui traitent de la propriété, des biens, sont conservées par notre amendement.

Il me reste à prévoir une objection qui ne m'a pas été encore faite, mais qui pourra peut-être m'être opposée et à laquelle je tiens à répondre un mot avant de descendre de cette tribune. On me dira probablement que la séparation de biens entraîne des modifications dans les prévisions du contrat de mariage, mais que ces modifications elles-mêmes trouvent une limite dans l'inaliénabilité des biens dotaux, que cette inaliénabilité persiste après la séparation de biens, tandis qu'après l'adoption de notre amendement, elle ne persisterait pas. Ceci, messieurs, n'est pas pour m'effrayer. Je considère que lorsqu'on a établi le régime dotal, malgré tous ses inconvénients — et il en a de considérables, qui n'ont pas échappé aux rédacteurs de notre code. — Je dis que lorsqu'on a établi le régime dotal, on ne l'a pas fait par un pur caprice; on l'a fait pour répondre à un certain ordre d'intérêts.

Et quel est cet ordre d'intérêts? Pourquoi le régime de la séparation de biens qui est admise également par notre code n'aurait-il pas pu suffire? C'est parce qu'on a craint que la femme, en vertu d'une certaine faiblesse naturelle, ne cédât, sous le régime de la séparation de biens elle-même, aux suggestions de son mari et ne laissât dilapider sa fortune.

Messieurs, cela peut se soutenir quand le mariage existe dans toute sa force et dans toute sa vigueur, alors que l'influence du mari sur la femme peut s'exercer; mais lorsqu'une séparation de corps et de biens a été prononcée, lorsque les intérêts sont divisés, lorsque la haine a remplacé l'amour, vous n'avez plus à craindre l'influence du mari sur la femme et, à partir de ce moment, il ne reste du régime dotal que les inconvénients qui sont inhérents à ce régime et l'inaliénabilité des propriétés qui peut à un certain moment entraîner un élément de diminution dans la fortune; il ne peut en résulter aucun des avantages que les législateurs y ont vus lorsqu'ils l'ont établi et qui existent réellement lorsque le mariage est dans tout son plein.

Voilà les diverses raisons qui nous ont portés, M. Léon Renault et moi, à vous proposer l'amendement que nous vous avons soumis et qui se substitue au projet de la commission. Cet amendement est très simple.

Mais avant d'aller plus loin, je voudrais dire ceci : c'est que, à mon sens, la commission a plutôt aggravé la situation de la femme qu'il ne l'a améliorée.

L'article 1499 du code civil — j'ai développé cette idée devant la commission hier, et nos honorables collègues de la commission ne partageaient pas ma manière de voir sur ce point — l'article 1499 avait 3 alinéas. Le 2e alinéa déclare que la femme peut aliéner librement son mobilier; le 3e alinéa déclare qu'elle ne pourra aliéner ses immeubles que du consentement de son mari.

La commission a fait disparaître le troisième alinéa; elle l'a remplacé par une énumération longue et détaillée dans laquelle elle a compris les valeurs mobilières au nombre des valeurs que la femme ne pourra pas aliéner sans l'autorisation de son mari. De telle façon que, dans l'état de la législation et quelle que soit, d'ailleurs, la jurisprudence actuelle que je n'ai pas étudiée à fond, on peut soutenir que la femme a la libre disposition des valeurs mobilières, qu'elle peut les aliéner sans le consentement du mari; tandis qu'avec la rédaction nouvelle la question est tranchée : elle ne pourra plus aliéner les valeurs mobilières, même quand il s'agira d'un simple acte d'administration, car vous ne dites pas même, en effet, que, quand il s'agira d'un simple acte d'administration, la femme pourra aliéner ses valeurs mobilières sans l'autorisation de son mari. Vous tranchez donc une question qui ne l'est pas aujourd'hui, et vous la tranchez dans le sens de la moindre liberté de la femme.

Il y a un autre point. L'article 1556 du code civil déclare que les biens dotaux de la femme pourront être aliénés pour l'établissement des enfants, mais avec le consentement du mari et que jamais l'autorisation de la justice ne pourra suffire dans ce cas-là.

La commission n'a rien changé à cet article 1556. Par conséquent, pour ce cas particulier, elle ne fait pas même disparaître la nécessité de l'autorisation du mari, et la femme ne pourra pas aliéner ses biens, ce qui me permet de redire une fois de plus, et en appuyant encore davantage sur ce que je disais tout à l'heure, que la commission ne change rien, qu'on ne remplace pas, à proprement parler, la situation actuelle, qu'on ne fait que modifier la procédure, mais que la situation reste entière.

Je crois, messieurs, avoir développé suffisamment mon amendement, je n'ai plus qu'à vous en exposer les termes.

A l'article 311 du code civil, déclarant que la séparation de corps entraînera toujours nécessairement la séparation de biens, M. Léon Renault et moi nous vous proposons d'ajouter cet alinéa :

« Elle aura (la séparation de corps) pour effet de supprimer l'autorisation maritale et de faire rentrer la femme dans le plein exercice de sa capacité civile à l'égard de ses biens, nonobstant toutes les clauses restrictives du contrat de mariage. »

Les modifications que nous avons apportées ensuite aux articles 1449 et 1538 sont des modifications de pure forme destinées à mettre ces articles en concordance avec l'article 311 modifié. Ainsi donc, tout l'amendement porte sur la modification à l'article 311, dont je viens de vous donner lecture.

Messieurs, après les motifs que je viens d'indiquer devant vous en faveur de cet amendement, j'avoue qu'il me paraîtrait difficile de comprendre qu'il fût rejeté par le Sénat. Je ne vois pas en quoi il pourrait déplaire à ceux de mes honorables collègues, qui, étant comme moi partisans du divorce, c'est-à-dire d'une liberté plus grande, doivent admettre que qui peut plus peut moins, et qu'une liberté moins grande ne saurait les blesser. Je ne comprendrais pas davantage que ceux de mes honorables collègues qui siègent, soit à droite, soit à gauche, mais qui repoussent le divorce à cause de la faculté des secondes noces, qui craignent la constitution d'une nouvelle famille sur les ruines d'une famille ancienne et à qui nous offrons un moyen de remédier à ce qu'ils considèrent, comme un inconvénient en permettant à la femme séparée de corps et de biens de ne pas recourir au divorce, en faisant de la séparation de corps un état sérieux, pouvant subsister, offrant une situation possible à la femme, une situation à laquelle elle puisse recourir ; je ne comprendrais pas, dis-je, que ceux de mes honorables collègues qui ont été opposés au divorce, ne se hâtassent pas d'accepter un amendement qui répond à toutes les considérations qu'ils ont exposées devant nous et à toutes leurs préoccupations.

C'est pourquoi je me borne, messieurs, à ces courtes observations, confiant dans les sentiments libéraux du Sénat. Je veux seulement, avant de descendre de la tribune, vous dire que ce que je vous propose n'a rien d'absolument neuf. Ce n'est pas dans la législation française, je le reconnais, mais certaines législations étrangères ont déjà fait ce que nous vous proposons de faire en France, ce qui prouve qu'il n'y a pas là d'impossibilité. Ainsi, messieurs, aux Etats-Unis d'Amérique dans l'Etat du Kent, je trouve l'article 37 et l'article 38 des statuts, qui sont ainsi conçus :

H37

« Art. 37. — La femme dont le mari est exilé ou a déserté le pays peut contracter et ester en jugement comme si elle n'était pas mariée.

« Art. 38. — Il en est de même d'une femme qui a été abadonnée par son mari. Dans ce cas elle est maîtresse des biens qu'elle acquiert par son industrie, comme si elle n'était pas mariée. »

Dans la Louisiane, je trouve l'article 125 suivant :

« La femme séparée de corps n'a besoin, en aucun cas, de l'autorisation de son mari. »

Et l'article 410, qui reproduit notre article 449, dit :

« La femme séparée de corps n'a besoin en aucun cas de l'autorisation de son mari. »

Cet article reproduit ensuite l'article 1449 du code civil français. Il y a été ajouté par une loi de 1826 le paragraphe suivant :

« La femme séparée de corps n'a besoin, en aucun cas, de l'autorisation de son mari pour aliéner ses immeubles.

En Portugal, article 210 :

« Le contrat fait par la femme sans autorisation du mari est valable dans les cas suivants :

« 1° . . . . »

« 5° Après la séparation prononcée par le juge ecclésiastique. »

Vous savez, messieurs, qu'en Portugal le mariage civil n'existe pas et que les questions matrimoniales sont du domaine des tribunaux ecclésiastiques. C'est la séparation de corps qui est prononcée dans ce cas.

Ainsi vous voyez que ce que nous vous proposons n'est pas une innovation dont la pratique soit impossible, contraire aux principes du droit des peuples civilisés ; ce système fonctionne dans certaines législations étrangères. C'est une liberté plus grande accordée à certains de nos compatriotes qui, étant profondément désunis dans leur ménage, ne veulent pas recourir au divorce, et moi, partisan décidé du divorce, je crois faire acte de sentiments libéraux en faveur de mes concitoyens en vous demandant d'élargir aussi le régime de la séparation de corps. (Très bien ! très bien ! aux divers bancs.)

La paix du 17 juillet 1885 (n° 2242)

Les « Mystères de Tunis »

Sous le titre que nous venons d'écrire, le *Figaro* avait reproduit il y a une huitaine de jours contre le président de la Chambre et contre M. Naquet, sénateur, des allégations auxquelles nous avions cru suffisamment répondre en affirmant que ces insinuations ne reposaient sur aucun fondement. Le *Figaro* est revenu à la charge samedi dernier. Notre directeur, ayant eu l'occasion, à Aix-les-Bains, de voir M. Alfred Naquet, a reçu de lui la lettre suivante :

A M. Gaston Carle, directeur politique et rédacteur en chef du journal la Paix.

Aix-les-Bains, le 14 juillet 188[illegible]
villa Isoline.

Mon cher ami,

Avec la sympathie que vous m'avez toujours témoignée, vous m'apportez l'article paru dans le *Figaro* du 11 courant — article dont je n'avais pas eu connaissance — et vous mettez aimablement les colonnes de la *Paix* à ma disposition pour y répondre. L'offre est faite trop gracieusement pour que je ne me hâte pas d'en profiter, quoique, à vrai dire, je n'aie rien à ajouter à ce que j'ai exposé aux *interviewers* qui m'ont fait l'honneur de m'interroger avant mon départ de Paris.

Je vais essayer, cette fois, de répondre d'une manière précise, catégorique aux questions posées par le journal de la rue Drouot afin qu'il ne puisse plus prétendre que je me suis réfugié dans les *si* et dans les *mais*. Je veux, toutefois, auparavant relever une inexactitude du *Figaro*. J'y lis, à propos du premier projet d'arbitrage : « Celui-là remonte à une année environ — et ajoutons, pour rectifier la réponse du président de la Chambre, qu'il *n'émanait pas du bey de Tunis, mais de M. Naquet et de Mustapha*. Cela est vrai — d'abord — et se trouve confirmé par les déclarations que M. Naquet a faites à son *interviewer*. »

Il faut que l'auteur anonyme qui signe Mendjuba ait bien mal lu les déclarations dont il parle pour affirmer un fait aussi contraire à la vérité et aussi contraire à ces déclarations.

Le premier arbitrage fut demandé, *en principe*, par Mustapha, invité par moi à faire cette demande. Mais le gouvernement français, représenté en ceci par M. Billot, *avait eu l'entière initiative de la chose* et je n'avais été qu'un intermédiaire officieux et désintéressé entre lui et Mustapha. D'ailleurs, en demandant un arbitrage, l'ancien ministre tunisien n'en avait nullement rédigé le projet et les clauses. Ce projet lui fut adressé tout rédigé du ministère des affaires étrangères, et, sur mon conseil et sur le conseil de M. Floquet, il refusa d'y adhérer. Le motif de son refus était double : d'abord, le choix des deux arbitres y était donné à une seule des parties ; ensuite, le projet laissait, ainsi que le dit le *Figaro*, une certaine partie du litige en dehors de l'arbitrage, et Mustapha voulait soumettre aux arbitres tout ou rien.

Cette rectification faite — et on voit qu'elle était importante puisqu'elle m'attribuait la paternité d'un projet dont ni le principe ni la rédaction n'émanait de moi, — j'arrive aux questions posées par le *Figaro* et, comme ce journal entremêle tout, je dois commencer par une des questions posées à M. Floquet.

... 3° Est-il vrai, dit-il au président de la Chambre, que M. Naquet, sénateur, fût l'arbitre *exigé* pour Mustapha ben Ismaïl ?

C'est absolument contraire à la vérité. La vérité est que le nouveau projet, conforme aux règles de tous les arbitrages, laissait à chacune des deux parties le droit de choisir son arbitre et que Mustapha avait de nouveau prononcé mon nom comme la première fois. Mais plusieurs autres noms avaient été également prononcés ; aucune offre officielle ne m'avait été adressée et ne pouvait l'être tant que la question même de l'arbitrage n'était pas résolue, et *ni M. Floquet ni personne autre n'avait cherché à imposer quelque choix que ce fût à qui que ce fût.*

Quant à moi, le *Figaro* me demande directement :

« 1° S'il est vrai que j'ai accepté d'être l'arbitre de Mustapha. »

Je n'ai pu accepter, je le répète, officiellement, ce qui ne pouvait pas m'être encore officiellement proposé ; mais j'ai déclaré que si la proposition m'était faite et que mon acceptation dût aider à la conclusion de la convention arbitrale, j'accepterais. *J'ai donc accepté éventuellement ce qui ne pouvait m'être encore qu'éventuellement offert.*

Le *Figaro* poursuit :

« 2° S'il n'est pas l'un des actionnaires de la *Société foncière de Tunisie.* »

Non ! je l'ai été pour 50 actions dans un moment où il n'était plus question d'arbitrage, où, depuis plus de six mois, je n'étais plus mêlé en rien aux affaires de Mustapha et où j'étais moralement libre, comme tout citoyen, de faire un placement de fonds que mes amis m'affirmaient être avantageux. Je les ai revendues *au pair*, sans perte et sans bénéfice, dès que j'ai su que l'idée de l'arbitrage était reprise et que Mustapha parlait encore de me désigner comme arbitre. J'étais donc, lorsque j'ai donné mon acceptation éventuelle, comme je le suis à cette heure, *dégagé de tout intérêt personnel* dans les affaires de la *Société foncière de Tunisie* — et l'on conviendra que je n'ai pas eu de peine à m'en dégager, car 50 actions n'ont jamais représenté un intérêt sérieux.

« 3° Si cette Société n'a pas pour objet la spéculation sur les immeubles qui sont revendiqués par la famille beylicale... »

Ceci ne présente aucun intérêt en ce qui me concerne, puisque la Société foncière n'existait pas lors de la première tentative d'arbitrage et que j'y étais devenu totalement étranger lors de la seconde.

« 4° S'il ne devait pas, par conséquent, se trouver dans l'arbitrage imaginé par M. Floquet à la fois juge et partie ? »

Non ! Certainement ! Cela résulte de tout ce que je viens de dire. Je n'ai pas à insister.

« 5° Si son co-associé, M. Souttez de Beauregard, membre du conseil d'administration de la *Société foncière de Tunisie*, n'a pas colporté à Tunis le texte du jugement arbitral décidé à l'avance... »

Je n'ai jamais eu l'honneur de connaître M. Souttez de Beauregard personnellement. Les 50 actions que j'ai possédées pendant quinze ou vingt jours ne me donnaient pas plus le droit d'intervenir dans l'administration de la Société que les *actions du Figaro* ne donnent à leurs détenteurs le droit d'intervenir dans la rédaction du journal. J'ignore absolument ce que M. Souttez de Beauregard a pu faire à Tunis. Tout ce que je puis affirmer, c'est que, si j'avais été choisi comme arbitre, je me serais considéré comme un juge et me serais refusé — à supposer qu'elle eût jamais existé — à toute combinaison semblable à celle dont parle le *Figaro*.

« 6° Si le jugement ne devait pas dépouiller la famille beylicale... »

Ceci est une calomnie indigne à laquelle on ne peut répondre que par le mépris. Et d'ailleurs, en parlant de la sorte, le journal de M. Magnard ne se borne pas à me calomnier ; il préjuge en outre une question qui n'est pas encore jugée, sur laquelle je n'ai pas d'opinion, ne l'ayant pas examinée, n'ayant pas voulu l'examiner afin de n'avoir aucune idée préconçue si je devenais arbitre, mais sur laquelle il pourra avoir quelque déception devant la justice — je parle de la vraie justice, de la justice française, et non du tribunal musulman — la question de la régularité des titres de propriété de Mustapha.

Ainsi : il n'est pas vrai que j'aie été l'auteur du premier projet d'arbitrage.

Il n'est pas vrai que si j'avais été choisi comme arbitre, j'eusse été juge et partie.

Il n'est pas vrai que personne ait jamais eu la pensée de dépouiller la famille beylicale des droits qu'elle pourrait avoir et qui, d'ailleurs, ne sont nullement établis jusqu'ici.

Le *Figaro*, sur deux ou trois faits réels, naturels et sans gravité ni importance, a élevé tout un échafaudage de démonstrations, dont à cette heure il ne reste rien. »

Voilà, mon cher Gaston Carlé, tout ce que je puis et dois vous dire. J'ajoute que, le *Figaro* ne pouvant plus à cette heure qu'épiloguer sur mes réponses et son argumentation me laissant assez froid, je ne prendrai plus la peine de répondre désormais, s'il se produit de nouvelles attaques.

Croyez, mon cher ami, à mes sentiments de vive amitié.

A. Naquet,
sénateur.

Journal officiel de la R.F. du 6 août 1885
17e année n° 212
C. rendu de la séance du Sénat du 5 août 1885
(rectifications)

Crédits de l'expédition de Madagascar

au Compte rendu in extenso de la séance du 4 août 1885.

Dans le scrutin sur les crédits de l'expédition de Madagascar :

M. Naquet a été porté comme ayant voté « pour. »

M. Naquet déclare avoir voté « contre. »

Le Républicain de S. et Oise du 22 août 1885
n° 488

LA SÉPARATION DES
ÉGLISES ET DE L'ÉTAT

Le *Temps* a publié, dans son numéro de lundi dernier, un article sur la séparation des Eglises et de l'Etat. Cet article m'a remis en mémoire une conversation qu'avait eue, sous Louis-Philippe, le prisonnier de Ham avec Louis-Blanc et que ce dernier m'a racontée.

Celui qui devait être plus tard Napoléon III avait prié l'auteur de l'*Histoire de Dix ans* d'aller le visiter dans sa prison. Louis Blanc s'y rendit, et, au cours de l'entretien, lui demanda quelle était sa manière de voir sur la forme du gouvernement. Etait-il pour la République? Tenait-il pour l'Empire?

« Je suis pour le suffrage universel », répondit le prince.

Louis Blanc n'eut pas de peine à lui démontrer qu'être partisan du suffrage universel ne dispense ni d'avoir une opinion sur les grandes questions de la politique, ni de chercher à exercer, par sa parole et par son vote, une influence dans le sens de ce que l'on croit juste et vrai.

« Quand le suffrage universel sera établi, lui dit Louis Blanc, si la question de la forme du gouvernement lui est soumise, voterez-vous et conseillerez-vous à ceux sur qui vous avez action de voter, pour la République ou pour l'Empire? »

Ainsi acculé, le prince fut obligé de reconnaître qu'il était pour l'Empire, ce qui mit fin à l'entretien.

L'argumentation du *Temps* est tout à fait semblable à celle du prince Louis : ne lui demandez pas si la séparation des Eglises et de l'Etat est chose conforme à l'esprit de notre société moderne, il n'éprouverait aucun embarras à vous répondre que :

> La suppression des budgets ecclésiastiques lui paraît le terme naturel du mouvement qui, en séparant la qualité de citoyen de celle de croyant, a mis fin chez nous à l'antique question des religions d'Etat.

Seulement là n'est pas la vraie question aux yeux des rédacteurs du *Temps*.

Le *Temps*, comme le prince Louis, est partisan du suffrage universel, et trouve commode de n'avoir pas d'opinion ou d'avoir une opinion contraire aux principes en se retranchant derrière la souveraineté nationale. Je cite :

Mais tout en reconnaissant ainsi le bien fondé de ces opinions, tout en n'ayant rien à opposer théoriquement, sur ce chapitre, aux programme électoraux du parti radical, nous ne pouvons nous empêcher de trouver que ces programmes ne posent la question ni de la manière la plus juste, ni de la manière la plus simple. Elle est susceptible, croyons-nous, d'être ramenée à des termes absolument élémentaires. Sommes-nous, oui ou non, en pays de souveraineté populaire ? La loi qui nous régit est-elle, oui ou non, celle du suffrage universel, en d'autres termes, le vœu de la majorité numérique de la nation ? Et, s'il en est ainsi, la suppression du salaire des cultes par l'Etat ne change-t-elle pas aussitôt de portée ? n'est-il pas clair qu'il ne s'agit plus de se demander ce qui est conforme à des principes abstraits, à un type rationnel de la société politique, mais tout bonnement de savoir si, pris dans sa masse, le peuple français réclame la réforme que le radicalisme veut lui imposer ? En d'autres termes, et pour serrer la discussion de plus près encore, le radicalisme s'imagine-t-il que les travailleurs des champs, dont M. Jules Ferry disait si bien l'autre jour qu'ils constituent le véritable fond de la population française et la base solide de notre République, soient disposés à rompre avec leur culte, ou, voulant le conserver, à le payer directement de leur poche ?

Mais ô *Temps*! ce raisonnement s'appliquerait tout au plus au gouvernement dictatorial qui, au lendemain d'une révolution, voudrait, sans consulter le pays, lui imposer d'autorité l'importante réforme que revendique le parti radical.

Tel n'est pas le cas. Nous ne sommes point au lendemain d'une révolution ; nous ne vivons pas sous un gouvernement dictatorial, et personne ne songe à imposer quoi que ce soit à la souveraineté nationale malgré elle. Seulement, chacun de nous fait partie de cette souveraineté ; chacun de nous a action sur elle. Par son vote d'abord, et par la légitime influence qu'il peut exercer au moyen de la presse et de la
role ensuite. Cette influence, f
donc, sous le prétexte que la réfo
n'est pas mûre, la mettre au servic
ceux qui vont à contre-sens de l'év
tion normale, ou faut-il aider à
évolution bienfaisante en combat
pour ceux qui marchent dans la
du progrès ? Là est la vraie questio
question bien posée.

A la Chambre des députés, ch
année, un certain nombre de repré
tants refusent de voter le budget
cultes, et remarquez que ces repré
tants, jusqu'à ce jour, ont toujours
réélus. C'est apparemment que l
électeurs partagent leurs sentim
sur ce point. Si donc la France éta
mitée aux circonscriptions auxqu
ces députés appartiennent, l'argun
du *Temps* tomberait de lui-même.

Il y en a d'autres, il est vrai, la
jorité, qui votent dans un sens op
et qui témoignent ainsi d'un esprit
férent chez ceux qui les ont élus.

Soit. Mais comment ces dern
prouveront-ils jamais que leur opi
s'est modifiée, si la question ne se
pas devant eux ? Et si elle se p
n'est-il pas heureux qu'elle se rés
dans le sens de *ce qui est le terme*
turel de notre évolution laïque ?
enfin, quoiqu'il advienne, la réform
deviendra loi de l'Etat que quand
aura pour elle la majorité des dépu
c'est-à-dire la majorité du pays, e
courra jamais risque d'être impose
la nation contre son gré.

Au surplus, nous nous demand
souvent si les circonscriptions en
hostiles à la séparation des Eglise
de l'Etat, ne doivent pas seulement
hostilité à ce qu'on ne leur a jamai
pliqué en quoi consiste cette grand
forme, à ce qu'on ne les a pas suffis
ment éclairées là-dessus.

Je me rappelle qu'il y a neuf an
raisonnait à propos du divorce con

raisonne aujourd'hui *le Temps* à propos du budget des Cultes. La nation a été vite convaincue lorsqu'on s'est donné la peine de la convaincre et le divorce est aujourd'hui admis par tous sans contestation.

Il en sera de même demain de la séparation des Eglises et de l'Etat. Seulement il faut pour cela que la question soit posée au peuple afin qu'il puisse la résoudre, et c'est pourquoi il est bon que le parti radical la mette en tête de son programme, et provoque hardiment le grand et important débat que ce problème mérite.

Avec la théorie du *Temps* croire au suffrage universel tiendrait lieu de toutes les réformes et de toutes les initiatives généreuses. Avec cette théorie là, nous serions encore sous l'Empire. Il est peut-être vrai de dire que ce n'est pas le journal du boulevard des Italiens qui a sérieusement contribué à le renverser.

A. NAQUET.

Le Réveil du midi du 11 8bre 1885 (n° 1270)

Les sénateurs de Vaucluse, MM. GENT et NAQUET, adressent aux électeurs le manifeste suivant, chaleureux et pressant appel à l'union des forces républicaines :

Aux Electeurs de Vaucluse

Le Parti républicain vient de subir, non point une défaite — il conserve une majorité que, il y a 10 ans, nous aurions considérée comme inespérée — mais un mouvement de recul prononcé. Si ce mouvement s'accentuait encore aux ballottages, si la minorité réactionnaire s'accroissait de nouveau, le jeu du gouvernement parlementaire deviendrait diffi[cile] et l'ère des difficultés recommencerait, [ce] qu'il faut éviter à tout prix.

Comme au 24 mai, comme au 16 m[ai] l'heure est venue de serrer nos rangs. [Il] faut qu'au 18 octobre, toute question [de] nuance soit oubliée, et que partout [les] républicains unis présentent leur fro[nt] de bataille à l'ennemi.

Que l'ancienne discipline soit ferm[e]ment observée !

Quiconque, dans les conditions pr[é]sentes discuterait une question de nuanc[e] serait indigne de figurer dans les ran[gs] de notre parti.

Nous n'avons pas voulu élever la vo[ix] avant le premier tour de scrutin. Ent[re] des républicains appartenant à des fra[c]tions différentes, mais animés d'un ég[al] amour de la République, notre devo[ir] était de laisser le suffrage universel, no[tre] maître à tous, prononcer dans toute [sa] liberté.

Aujourd'hui, nous taire serait coup[a]ble. La réaction a levé l'étendard de [la] révolte contre la République ; elle comp[te] des succès. Il faut en limiter le nombr[e] et nous voulons sans tarder faire co[n]naître à nos concitoyens ce que n[ous] considérons comme le devoir suprê[me] impérieux de tous les républicains.

Ce devoir, il se résume pour tous en deux mots : au 4 octobre, les candidats républicains qui ont obtenu le plus grand nombre de suffrages dans Vaucluse sont les citoyens Saint-Martin, Gaillard, Laguerre et Michel.

Les citoyens **Saint-Martin, Gaillard, Laguerre** *et* **Michel** *doivent être et sont les seuls candidats de la Démocratie de Vaucluse au second tour de scrutin.*

C'est pour eux que **tous les républicains** *du département doivent voter. Hésiter serait une forfaiture ; ce serait trahir la République.*

ALPHONSE GENT, ALFRED NAQUET,
sénateurs de Vaucluse.

La Ligue du 30 octobre 1885 (n° 323)

LE PARLEMENTARISME

LE SUFFRAGE UNIVERSEL ET M. A. NAQUET

Nous avons longuement rendu compte, il y a peu de jours, d'une fort intéressante conférence faite au boulevard des Capucines par M. A. Naquet sur les élections récentes et leurs conséquences possibles.

Hier soir, dans la même salle, le même orateur traitait du parlementarisme et du suffrage universel.

Il ne pouvait pas ne pas aborder la révision ; mais il s'est visiblement attaché à rester dans le domaine de la théorie.

Le début surtout de sa conférence a paru mériter d'être reproduit. Le voici à peu près textuellement :

Messieurs,

La conférence que je vais avoir l'honneur de vous faire ce soir est plus philosophique que politique. Je dis qu'elle est plus philosophique que politique, quoiqu'elle se rapporte à une question politique du plus grand intérêt. Seulement, dans un moment comme celui que nous traversons, où il serait si important qu'elle fût résolue depuis longtemps, il serait souverainement inopportun d'essayer de la résoudre. On ne le pourrait, en effet, qu'en soulevant la question de la révision constitutionnelle, et la soulever à cette heure serait un grand péril.

Non qu'en soi une révision fût difficile ou périlleuse si tout le monde en sentait la nécessité et si tous étaient d'accord sur la direction dans laquelle il faudrait l'entreprendre. Mais, d'une part, parmi les révisionnistes, il y a presque autant d'opinions que d'individus, et, d'autre part, il y a une grande masse de citoyens qui n'entrevoient même pas l'utilité d'une révision quelconque.

Soulever une telle question à cette heure, ce serait donc jeter un brandon de discorde dans le parti républicain, alors qu'au contraire l'union s'impose à tous comme un devoir impérieux.

Seulement, ce n'est pas là une raison suffisante pour ne pas étudier philosophiquement le problème. Peut-être les circonstances sont-elles de nature à appeler sur lui l'attention des hommes d'Etat. Quand l'union nous aura rendu la force, comme elle ne saurait être éternelle, que les hommes demeurent les mêmes, que passé le péril, passée la concentration qu'il amène ; quand, dis-je, l'union nous aura rendu la force, on se reportera à la période que nous traversons, et si les penseurs ont d'ici là suffisamment préparé le terrain, on reconnaîtra alors qu'on peut et qu'on doit, pour éviter le retour de difficultés semblables, aborder sérieusement le problème constitutionnel.

En traitant aujourd'hui devant vous du parlementarisme, je prépare des documents pour cette époque — prochaine, espérons-le.

La conférence d'hier soir n'a pas eu, on le voit, la portée politique de la précédente.

Nous n'avons donc point à l'analyser plus complètement, ni à la discuter.

Contentons-nous de constater qu'elle a été absolument digne de l'homme politique et de l'orateur remarquable qui la prononçait.

A. D'AUVRAY.

Le Constitutionnel des 2 et 3 9bre 188[5] n° 307

UNE LETTRE DE M. A. NAQUET

Mon ami Naquet m'adresse la lettre suivante, que je m'empresse d'insérer :

Paris, le 31 octobre 1885.

A M. Léonce Détroyat, directeur politique du *Constitutionnel*.

Mon cher ami,

Vous avez publié dans votre numéro d'hier, sur ma Conférence de mercredi dernier, un article des plus élogieux dont je vous remercie sincèrement. Je n'aurais à vous reprocher que d'exagérer la puissance de son auteur, lorsque vous terminez en disant qu'il me suffirait d'entreprendre une campagne contre le parlementarisme pour que la cause de la revision de la Constitution de 1875 fût gagnée. Votre amitié, votre sympathie me font, en cette circonstance, plus fort que je ne suis.

Mais, après vous avoir dit combien je vous suis reconnaissant de l'article que vous m'avez consacré, vous me permettrez bien d'en rectifier une phrase. Ma pensée, sur un point, a été inexactement saisie par vous. Si j'ai à en rectifier l'expression, je n'ai d'ailleurs à en accuser que moi même, puisque vous m'aviez demandé quelques notes, et que, par défaut de temps, je ne vous les ai pas envoyées.

« A diverses reprises, dites-vous, il a démontré que l'accord des groupes était impossible. » Ce n'est pas là ce que j'ai dit, bien au contraire, et, si vous me le permettez, j'essaierai de rétablir l'idée sur laquelle j'ai insisté.

Je crois que, devant le danger de droite, les républicains de toute nuance peuvent s'unir pendant un temps donné pour assurer l'existence d'un gouvernement solide, renforcer l'administration, ramener l'ordre dans nos finances, et résoudre la délicate question de la politique coloniale, question si malheureusement engagée. L'union s'est faite au 16 Mai, au 24 Mai, je ne vois pas pourquoi aujourd'hui elle serait impossible.

Seulement, aujourd'hui comme alors, cette union sera une simple trêve. Le parti républicain est un parti vivant et agissant ; c'est un parti de libre discussion ; il est condamné à se diviser et à se subdiviser en nuances. L'unité régimentaire serait pour lui la mort.

Lors donc que cette trêve lui aura rendu la force, comme il n'est pas admissible que la politique consiste à perpétuité à faire naître des dangers pour les conjurer ensuite, il faudra bien chercher et trouver le moyen de faire vivre la République avec ce qui est le propre du suffrage universel : l'extrême diversité des idées. Et alors, l'heure de la revision sera sonnée.

Voilà, mon cher ami, ce que j'ai dit. Je reconnais que, ne pouvant sténographier et n'ayant aucune note, aucun jalon sous les yeux, vous ayez pu confondre, mais je suis en même temps convaincu que vous serez enchanté de publier ma rectification.

Croyez toujours à mes meilleurs sentiments,

A. NAQUET.

J'avais cru [q]ue mon ami Naquet avait admis que l'accord pouvait ne pas se faire à cause des divergences absolues de vues et de sentiments de quelques chefs des groupes républicains.

Si ce cas survenait, si l'entente devenait impossible, que ferait-il ?

Voudrait-il me le dire, ou plutôt me le rappeler, car il en a dit quelques mots dans sa dernière conférence ?

L. D.

Journal officiel de la R.F. du 13 Xbre 1885
Dix-septième année - n° 339
Séance du Sénat du 12 Xbre 1885
procédure du divorce (1ère délibération)

M. Alfred Naquet. Je demande la permission de donner au Sénat de très courtes explications sur mon amendement et sur les conditions auxquelles je le retirerai.

Cet amendement, messieurs, a été dicté par la pensée que voici :

Quand nous avons fait la loi sur le divorce, nous n'avons pas voulu faire une loi appropriée seulement aux classes riches; nous avons voulu que le bénéfice en pût être également invoqué par les classes pauvres, et que le divorce pût être obtenu par la voie de l'assistance judiciaire; c'est ce qui a lieu à l'heure qu'il est.

Seulement, lorsque les époux qui ont obtenu le divorce, ayant besoin de l'expédition de l'acte de divorce, se présentent devant l'officier de l'état civil pour obtenir cette expédition, on leur demande un droit d'enregistrement qui s'élève à la somme de 190 fr., qu'il peuvent être dans l'impossibilité de payer, ce qui les met hors d'état de bénéficier du divorce qui a été prononcé.

Je demande que, dans ce cas, les frais d'enregistrement soient visés en débet.

On me répond que c'est là une pratique constante, de par la loi sur l'assistance judiciaire; on ajoute que voter cet amendement, ce serait reconnaître implicitement que, dans tous les cas où une disposition semblable ne pourrait pas être invoquée, l'application de la loi générale de l'assistance judiciaire pourrait être contestée.

Je veux donc bien retirer mon amendement, si le Gouvernement me donne la garantie que la loi de l'assistance judiciaire, à partir d'aujourd'hui, sera régulièrement appliquée en matière de divorce comme en toute autre matière.

M. Forichon, *commissaire du Gouvernement*. Messieurs, l'honorable M. Naquet déclare retirer son amendement si le Gouvernement lui donne l'assurance que, dorénavant, la loi sur l'assistance judiciaire sera applicable au cas qu'il vous a exposé.

Je suis tout prêt à lui donner cette assurance, même avec cette addition que, jusqu'à présent la loi sur l'assistance judiciaire a toujours été applicable au cas qu'il a défini, et que par conséquent la situation ne changera en rien.

M. Naquet. Mais en fait ?

M. le commissaire du Gouvernement. Si M. Naquet, en fait, a eu connaissance de certains incidents qui ont pu se produire, en droit il est incontestable que la loi de 1851 est applicable aux solutions dont il s'est préoccupé. Par conséquent, il serait réellement fâcheux que le Sénat semblât établir, en faveur du divorce, une exception qui ferait croire aux tribunaux que, dans des cas analogues ou tout à fait semblables, cette loi de 1851 ne devrait pas être appliquée. Au reste, je suis autorisé à le faire, parce que la direction générale de l'enregistrement a déjà pris, pour le cas qui a préoccupé si légitimement M. Naquet, une décision que j'ai eu l'honneur de lui communiquer, et qui porte la date du 8 juin 1885.

Dans cette décision, dont il est inutile de donner lecture au Sénat, il est déclaré que la loi de 1851 est applicable à l'espèce dont il s'agit; et je ne crois pas que, parce que le Sénat vient de voter qu'à partir de la promulgation de la loi, la célébration du divorce sera remplacée par la transcription et par la mention du jugement en marge de l'acte en mariage, il puisse intervenir une modification quelconque dans la décision prise par le ministère des finances.

Je suis donc, je le répète, tout disposé à promettre à l'honorable M. Naquet que, dans le plus bref délai possible, une circulaire sera adressée aux procureurs généraux, qui reproduira la décision que je viens de rappeler. Les procureurs généraux ayant, en ce qui touche les actes de l'état civil, un droit de surveillance sur les maires; c'est bien la voie qu'il faut prendre, et je crois que dans ces conditions, j'ai donné toute satisfaction au vœu formulé par l'honorable M. Naquet. (Très bien ! très bien !)

M. Alfred Naquet. En présence de cette déclaration, je suis complètement satisfait et je retire mon amendement.

M. Allou, *président de la commission*. Je dois ajouter, bien que ce soit peut-être superflu, que le président de la commission a reçu de M. le ministre des finances une lettre qui définit la situation dans les termes mêmes où M. le commissaire du Gouvernement vient de l'exposer.

M. le président. L'amendement est retiré.

Journal officiel de la R.F. du 23 X^bre 1885
Dix-septième année, n° 349 —
Séance du Sénat du 13 X^bre 1885
récompenses à l'occasion de l'exposition [illegible]

VOTE DU PROJET DE LOI RELATIF AUX RÉCOMPENSES AU SUJET DE L'EXPOSITION D'ANVERS

M. Naquet. J'ai l'honneur de déposer sur

le bureau du Sénat un rapport fait au nom de la commission chargée d'examiner le projet de loi, adopté par la Chambre des députés, relatif aux récompenses à décerner à l'occasion de l'exposition d'Anvers de 1885.

Plusieurs sénateurs. Lisez ! lisez !

M. le président. On demande la lecture du rapport.

Il n'y a pas d'opposition ?

La parole est à M. le rapporteur.

M. Naquet, *rapporteur.* Messieurs, la loi du 25 juillet 1873 a limité à la moitié des extinctions le chiffre des croix de chevaliers de la Légion d'honneur que le Gouvernement de la République est en droit de conférer. Avant 1873, les croix d'officiers et des grades supérieurs se trouvaient seuls limités en nombre par le décret du 16 mars 1852; encore l'effectif réglementaire avait-il été fortement dépassé, et il en résultait que le pouvoir exécutif possédait à l'égard des décorations une liberté presque entière.

En 1875 d'abord, puis en 1879, de nouvelles lois vinrent atténuer ce que la législation précédente avait de trop rigoureux en ce qui concerne les militaires et les marins. Pour ces derniers, la proportion des nouvelles nominations fut successivement portée aux deux tiers et aux trois quarts des extinctions. La loi de 1873, toutefois demeura entière en ce qui concerne les récompenses à accorder aux services civils, et une proposition de loi présentée en 1883 au Sénat en vue de généraliser la loi de 1879 fut rejetée.

Il en est résulté une diminution annuelle considérable dans l'effectif des membres de la Légion d'honneur et, par conséquent, dans le nombre des croix que le Gouvernement de la République est en mesure distribuer chaque année.

C'est ainsi qu'au 1er juillet 1873 les chevaliers civils étaient au nombre de 22,179, tandis qu'au 1er juin 1883 ils n'étaient plus qu'au nombre de 19,461.

Cette diminution des effectifs et du chiffre annuel des récompenses à décerner, si elle a eu l'avantage d'assurer le très haut prix qui s'attache aux nominations et aux promotions dans l'ordre de la Légion d'honneur, a eu l'inconvénient de créer des difficultés aux ministres, même lorsqu'il s'agit pour eux de récompenser les services ordinaires, normaux ; et elle les a placés dans l'impossibilité absolue de récompenser les services nés de situations exceptionnelles.

Aussi, toutes les fois que ces situations exceptionnelles se sont produites, le Gouvernement a-t-il proposé, et le pouvoir législatif a-t-il voté des lois particulières qui permettaient de déroger à la loi de 1873 par la distribution de récompenses supplémentaires, quoique étroitement limitées en nombre.

C'est ainsi que l'Assemblée nationale, de 1874 et 1875, fut obligée de voter une dérogation à la législation qu'elle même avait faite en décidant qu'un certain nombre de croix de chevalier et d'officier seraient accordées en 1874 aux citoyens qui s'étaient distingués à l'exposition de Vienne et en 1875 à ceux qui s'étaient signalés par des actes de dévouement pendant les inondations du Midi.

Depuis lors, plusieurs lois portant des dérogations du même ordre ont été votées, notamment le 27 mars 1877, à propos de l'exposition de Philadelphie;

Le 24 juin 1878, après l'exposition universelle;

Les 8 et 12 juillet 1880, à l'occasion de la distribution des drapeaux;

En 1881, à l'occasion de l'expédition de Tunisie, d'abord, puis à propos des expositions de Melbourne et de Sydney;

Enfin à la suite de l'exposition universelle d'électricité; en 1883, à propos des opérations effectuées au Tonkin, à Hué et à Madagascar et aussi après l'exposition d'Amsterdam; tout récemment enfin après l'exposition d'hygiène de Londres et l'exposition de l'union centrale des arts décoratifs.

On voit dans cette énumération que les faits militaires, aussi bien que les événements de la vie civile, ont donné lieu à des récompenses exceptionnelles, à des lois qui dérogeaient au principe général de la législation de 1873.

C'est encore une loi d'exception de cette nature que le Gouvernement a proposée à la Chambre des députés dans la séance du 8 décembre 1885, et qui, votée par cette Chambre après une déclaration d'urgence, est en ce moment soumise à vos délibérations.

Cette loi a pour but d'autoriser le Gouvernement à faire, à propos de l'exposition d'Anvers, dans l'ordre national de la Légion d'honneur, en dehors des dispositions restrictives de la loi du 25 juillet 1873, des nominations et promotions dont le nombre ne pourra pas dépasser :

Quatorze croix d'officier,

Et soixante-cinq croix de chevalier.

Lors de la dernière loi votée à l'occasion de l'exposition d'hygiène de Londres, notre collègue, M. le rapporteur de la commission du Sénat, protestait contre ces diverses mesures d'exception, et demandait si les ministres ne disposent pas chaque année dans l'ordre de la Légion d'honneur d'un contingent suffisant pour récompenser les services rendus, qu'il soit simplement apporté une atténuation régulière aux dispositions restrictives de la loi du 25 juillet 1873.

L'honorable M. Prevet, rapporteur de la commission de la Chambre des députés chargée d'examiner le projet que nous analysons ici, s'est prononcé pour un avis contraire.

Pas plus que celle de la Chambre des députés, votre commission n'a cru pouvoir s'associer aux critiques faites par sa devancière. D'une part, en effet, il lui est apparu que les contingents dont les ministres disposent sont insuffisants pour récompenser les services exceptionnels, puisque, malgré les lois d'exception nombreuses qui ont été votées depuis 1873, les effectifs n'ont cessé de diminuer depuis cette époque.

D'autre part, il ne lui a pas paru qu'elle pût, à propos d'une loi spéciale, particulière comme celle sur laquelle vous allez avoir à vous prononcer, vous soumettre, même sous forme de vœu, un plan de réforme de la législation générale.

Mais après avoir repoussé les réserves de la commission sénatoriale qui nous a précédés, l'honorable M. Prevet, imitant ce qu'avait fait la commission de la Chambre des députés en 1881, après l'exposition d'électricité, s'exprime ainsi :

« Dans ce cas (celui où il est dérogé à la législation générale), la conséquence logique des lois d'exception est que le Gouvernement n'use des autorisations qui lui sont données que pour récompenser exclusivement ceux dont les services ont motivé ces lois.

« A cet égard, messieurs, votre commission a été unanime à blâmer l'usage qui a été fait trop souvent par le Gouvernement des autorisations exceptionnelles qui lui ont été accordées.

« Un grand nombre de croix mises à la disposition des ministres par dérogation à la loi de 1873, ont été décernées par eux à des fonctionnaires dont les services auraient trouvé plus tard leur rémunération parmi les croix formant le contingent habituel des divers ministères.

« Votre commission entend que de pareils abus ne soient plus commis à l'avenir, et qu'en ce qui touche le projet de loi qui nous occupe aujourd'hui, toutes les croix qui seront mises à la disposition du Gouvernement à l'occasion de l'exposition d'Anvers soient bien exclusivement réservées à ceux qui ont participé à cette exposition, soit comme exposants, soit, mais dans une proportion restreinte, comme membres du jury.

« Aucun des fonctionnaires ou agents ayant été chargés de l'organisation de l'exposition, des commissariats, ou ayant fait partie des différents jurys, ne pourra être compris dans les nominations et promotions qui seront faites conformément à la nouvelle loi.

« Ces fonctionnaires de tout ordre devront seulement trouver, dans les fonctions dont ils ont été chargés, des titres nouveaux pour obtenir plus rapidement des récompenses honorifiques parmi celles qui sont attribuées chaque année aux administrations dont ils dépendent. »

Cette restriction impérative a été discutée dans presque tous vos bureaux, et dans quelques-uns très vivement critiquée. C'est, à vrai dire, le seul point sur lequel un débat se soit engagé au sein de votre commission.

Votre commission pense que les abus signalés par le rapport de l'honorable M. Prevet sont réels, et que, lorsque les Chambres autorisent le Gouvernement à distribuer des distinctions honorifiques dans un but spécial, ces distinctions ne doivent pas être détournées de leur destination, et servir à récompenser des services étrangers auxquels sont destinées les croix dont dispose annuellement chaque ministère. Elles le doivent d'autant moins qu'elles y contribuent toujours indirectement, dans une assez large mesure, en ce sens que certaines personnes qui auraient reçu la croix sur le contingent ordinaire, se trouvant exposants ou membres du jury, les reçoivent à titre de l'exposition, ce qui laisse libres pour d'autres les croix qui leur auraient été attribuées, même si l'exposition n'avait pas eu lieu.

Voire commission, avant de prendre toutefois une décision sur ce point a été désireuse de connaître l'opinion de M. le ministre du commerce. M. le ministre a bien voulu se rendre à notre appel, et après l'avoir entendu votre commission a décidé, conformément à son avis très nettement exprimé, de s'associer pleinement aux réserves faites par la Chambre des députés.

Aucune autre difficulté ne s'est élevée dans votre commission. L'exposition d'Anvers a été l'une des plus importantes de celles qui ont été organisées au cours de ces dix dernières années, et il serait souverainement injuste de refuser à ceux qui y ont dignement représenté la France, ce qui a été accordé à ceux qui l'ont représentée dans les précédentes expositions.

Aussi, votre commission est-elle unanime à vous proposer l'adoption du projet de loi qui vous est présenté.

PROJET DE LOI

Article unique. — A l'occasion de l'exposition universelle d'Anvers, le Gouvernement est autorisé à faire, dans l'ordre national de la Légion d'honneur, en dehors des dispositions restrictives de la loi du 25 juillet 1873, des nominations et promotions dont le nombre ne pourra dépasser :

Quatorze croix d'officier.

Soixante-cinq croix de chevaliers.

M. le président. Je consulte le Sénat sur la discussion immédiate qui est demandée par vingt de nos collègues dont voici les noms : MM. Teisserenc de Bort, Milhet-Fontarabie, comte d'Osmoy, Dietz-Monnin, Arbel, Naquet, Bozérian, Gent, Edmond de Lafayette, Chalamet, Testelin, Vissaguet, Béral, Ninard, Bergeon, Charles Brun, Merlin, Isaac, Jacques, Fournier.

(La discussion immédiate est prononcée.)

Journal officiel de la R. F. du 19 xbre 1885
Dix-septième année — n° 351
Séance du Sénat du 18 décembre 1885
Deuxième délibération de la procédure du divorce

M. le président. M. Naquet a la parole.

M. Naquet. Messieurs, je viens vous demander de ne pas tenir compte actuellement des observations que vient de présenter l'honorable M. de Gavardie. Non point que je ne me dissimule qu'il y ait quelque chose de sérieux dans les observations qu'il vous a faites. Je suis, en ce qui me concerne, d'une opinion diamétralement opposée à la sienne; mais par cela même que je suis d'une opinion diamétralement opposée à la sienne, je comprends que l'opinion qu'il a émise est de celles qui peuvent être présentées. Seulement l'honorable M. Léon Renault et moi, partant de l'idée diamétralement opposée dont je parle, nous avons eu l'honneur de déposer un amendement tendant à rendre obligatoire au lieu de facultative, la transformation de la séparation de corps en divorce, après trois ans ; or, on nous a fait justement remarquer que nous votions en ce moment une loi de procédure, que la question qui était soulevée par notre amendement était une question de fond et que nous compliquerions inutilement le débat en cherchant à greffer une question de fond déjà résolue dans la loi de 1884, sur la question actuelle de pure forme.

Nous rendant à ces observations qui nous ont paru absolument justes, nous avons retiré notre amendement ; mais nous l'avons retiré avec la pensée de le reprendre plus tard, sous forme de proposition de loi.

C'est à ce moment que l'honorable M. de Gavardie pourra utilement revenir sur la loi de 1884, et présenter avec fruit peut-être — j'espère que non, car je désire faire triompher une opinion opposée — mais enfin qu'il pourra utilement proposer au Sénat les observations qu'il vient de vous faire en ce moment.

Pour l'instant, je crois qu'il est bon que nous nous maintenions dans la question de pure forme que nous discutons, c'est-à-dire dans la loi de procédure qui vous est soumise, et que nous ne compliquions pas cette question en rouvrant tous les débats qui ont eu lieu sur la loi de 1884. Le moment viendra plus tard, il n'est point encore venu. (Marques d'approbation sur plusieurs bancs.)

Le Voltaire du 10 février 1886 (1re

LE DIVORCE

L'article 310 du Code Civil

La loi du divorce, telle qu'elle était sortie en 1882 des délibérations de la Chambre des députés, était à peu près complète. Si elle avait passé telle quelle au Luxembourg, il n'y aurait plus eu à y revenir que relativement à la procédure. Elle comprenait des causes — bien graves cependant — de divorce que le Sénat a fait disparaître : l'absence déclarée et la condamnation de l'un des époux « à une peine correctionnelle d'emprisonnement pour vol, escroquerie, abus de confiance, outrage public à la pudeur, excitation de mineurs à la débauche, comme aussi toutes condamnations à des peines correctionnelles prononcées par les cours d'assises, et les conseils de guerre des armées de terre et de mer pour crimes, à raison de l'admission de circonstances atténuantes ». Elle consacrait, en outre, le divorce par consentement mutuel ; enfin, elle renfermait un article 310 conforme à l'esprit général de la loi.

Au Luxembourg, les deux causes de divorce que la Chambre avait ajoutées au Code de 1803 ont disparu, et le chapitre relatif au divorce par consentement mutuel est demeuré abrogé. De plus, l'article 310 du Code civil a été profondément modifié et de la manière la plus fâcheuse.

A la rigueur, on pourrait cependant s'accommoder de la loi telle que le Sénat l'a adoptée, et telle que la Chambre l'a acceptée pour mettre hors de toute contestation le principe, n'étaient la modification apportée à l'article 310 et la suppression de la cause d'*absence*, si importante pour les femmes de nos marins. Les condamnations à des peines correctionnelles peuvent en effet être considérées comme des injures graves faites à l'époux innocent et rentrant dans les causes prévues à l'article 231, et le divorce par consentement mutuel était entouré de telles difficultés, il était d'une application si difficile que là où il existe on n'en fait pas usage. Il n'y avait vraiment pas à lutter pour une faculté si difficile à mettre en pratique que cette difficulté équivaut presque à une impossibilité.

L'absence peut elle-même bien souvent, si elle se complique d'abandon, rentrer dans l'injure grave, et pour ce qui est de l'absence simple, il sera peut-être possible, à un moment donné, de revenir sur ce qui a été décidé à cet égard, en modifiant l'article 139 du Code civil et sans toucher à la loi du divorce en elle-même.

Reste l'article 310, relatif aux conversions au bout de trois ans des séparations de corps en divorces. Cet article ne doit pas, ne peut pas demeurer tel qu'il est, non seulement parce qu'il prive les époux, dans certains cas, d'un droit qu'ils devraient avoir, mais encore et surtout parce qu'il est en contradiction avec le caractère général de la loi qu'il complète et parce qu'il ouvre la porte à l'arbitraire des tribunaux d'une manière absolue.

M. Léon Renault et moi, nous avions cru le moment venu pour en proposer la modification, lorsque fut discuté au Sénat le projet de loi sur la simplification de la procédure du divorce, aujourd'hui pendant devant la Chambre des députés. Nous avions même déposé un amendement dans ce sens. Mais cet amendement, en engageant une question de fond, pouvait retarder le vote d'une loi toute de forme impatiemment attendue au Palais, et, sur la prière du gouvernement et de la commission sénatoriale, nous consentîmes à le retirer, en nous réservant de le reproduire comme proposition principale.

C'est cette proposition qu'en l'absence de M. Léon Renault j'ai déposé seul sur le bureau du Sénat, et que le *Voltaire* a déjà mentionnée. Elle présente une importance considérable, — j'allais dire capitale, — et il importe, avant de discuter, d'en préciser les termes.

Le Code civil de 1803 renfermait un article 310 ainsi conçu :

> Lorsque la séparation de corps prononcée, pour toute autre cause que l'adultère de la femme, aura duré trois ans l'époux, qui était originairement défendeur, pourra demander le divorce au tribunal, qui l'admettra, si le demandeur originaire, présent ou dûment appelé, ne consent pas immédiatement à faire cesser la séparation.

Cet article partait à la fois d'un principe vrai et d'un principe faux : d'un principe vrai, lorsqu'il donnait à l'époux qui avait succombé dans l'instance en séparation de corps le droit de faire convertir cette séparation en divorce, d'un principe faux, lorsqu'il refusait ce même droit à l'époux originairement demandeur, sous le prétexte que, pendant la première instance, il avait épuisé son droit d'option.

La Chambre des députés, en 1882, avait voté un article 310 plus large, qui consacrait aussi bien les droits du demandeur que ceux du défendeur. Il était ainsi conçu :

Tout jugement de séparation de corps devenu définitif depuis trois ans au moins *sera* converti en jugement de divorce sur la demande formée par l'un des époux, sous requête et par assignation à bref délai en chambre du conseil. Le jugement qui prononcera le divorce sera rendu en audience publique par le tribunal qui aura prononcé la séparation de corps.

L'article contenait un second paragraphe qui établissait quel serait le tribunal compétent au cas où le jugement de séparation aurait été prononcé par une juridiction actuellement supprimée ou par un tribunal situé dans une portion de territoire annexée depuis à la France.

Le Sénat avait adopté cette rédaction en première délibération. Mais, à la deuxième délibération, saisi d'un amendement de M. Denormandie qui, à l'inverse de la loi de 1803, retirait la faculté de conversion à l'époux défendeur, et après avoir entendu un discours de M. Jules Simon que l'orateur, avec son immense talent, avait su rendre émouvant, quoique sa thèse fût fausse, la Chambre haute s'arrêta à la rédaction transactionnelle ci-après :

Lorsque la séparation de corps aura duré trois ans, le jugement *pourra* être converti en jugement de divorce, sur la demande formée par l'un des époux.

Le reste de l'article est simplement consacré à des dispositions de procédure ; je crois inutile de le reproduire ici.

La différence entre cette rédaction et celle de la Chambre était tout entière dans la substitution des mots : « *pourra* être converti, » aux mots : « *sera* converti. »

Là où la Chambre imposait une obligation aux juges, le Sénat leur laissa une faculté, les juges étaient libres d'accorder ou de refuser la conversion demandée.

Si cette solution avait été examinée en elle-même, elle eût été certainement rejetée, car, de toutes celles que l'on pouvait imaginer, elle était de beaucoup la moins logique. Transaction, elle valait ce que valent d'ordinaire les transactions. Mais aux partisans de l'article de la Chambre elle concédait la mise sur un pied d'égalité des deux époux séparés; aux adversaires de cet article elle apportait cette satisfaction de substituer la volonté du juge à l'autorité de la loi et d'introduire ainsi dans cette dernière une mesure restrictive; elle fut adoptée.

Ce n'est pas que les inconvénients de la disposition nouvelle n'apparussent à tous les yeux. M. Batbie les dénonça dans quelques paroles très-nettes, et M. Letellier, dans son rapport ultérieur à la Chambre des députés, tout en engageant la Chambre à voter la loi telle qu'elle revenait du Sénat, en appelait cependant des dispositions qui avaient prévalu au Luxembourg à la magistrature, et éventuellement à une revision de la loi elle-même.

La magistrature, ainsi que l'avaient prévu tous les esprits sagaces, et notamment M. Léon Renault, alors député qui ne se décida qu'à grand'peine à accepter même sous réserves le projet amendé par le Sénat, la magistrature n'a qu'incomplètement répondu à cet appel du rapporteur de la Chambre.

Il y a des cours et des tribunaux : la cour et le tribunal de Rouen, le tribunal du Havre, la cour de Caen, la cour d'Aix et le tribunal de Marseille, la cour de Bordeaux, le tribunal de la Seine (4e chambre), etc., etc., qui ont appliqué la loi nouvelle comme elle devait l'être, c'est-à-dire de la manière la plus large. Pour ces cours et ces tribunaux, l'article 310 nouveau n'est que l'article de 1803 élargi par le droit accordé au demandeur originaire, et ils considèrent la faculté d'appréciation qui est laissée au juge comme ne devant recevoir d'application que dans des cas exceptionnels.

Au contraire, le tribunal de la Seine (1re chambre), la cour de Douai, la cour de Rennes, la cour de Poitiers, la cour de la Martinique, etc., etc., ont vu dans la faculté qui leur était laissée un moyen de protester contre la législation qui a rétabli le divorce, et ont systématiquement refusé toutes les conversions demandées par l'époux originairement défendeur et quelques-unes de celles demandées par l'époux originairement demandeur.

Enfin d'autres cours et tribunaux — la cour de Paris par exemple — se sont fait une théorie mixte pour accorder les conversions ou les refuser selon les cas.

Chaque tribunal a dû, pour en arriver là, se faire un article 310 à lui, ou, en d'autres termes, faire dire à l'article 310 de la loi du 27 juillet 1884 ce qu'il n'a jamais dit; on ne saurait trop les en accuser d'ailleurs, cet article n'ayant créé que le pur arbitraire.

Il en est résulté une véritable confusion, un vrai gâchis dans la jurisprudence, gâchis auquel la cour suprême est impuissante à mettre ordre, les appréciations juridiques étant toujours, dans les jugements et arrêts, mêlés de questions de fait qui lui échappent.

En même temps, la loi est incohérente, les dispositions de ses premiers et de ses derniers articles étant contradictoires.

Cette contradiction dans la loi, ce conflit dans la jurisprudence seraient funestes s'ils se prolongeaient; ils détruiraient chez le justiciable le sentiment du respect de la justice. Il est temps d'y remédier législativement. C'est ce que je viens d'entreprendre en proposant de rétablir dans la loi l'obligation pour le juge d'accorder la conversion en divorce, de quelque époux qu'émane la demande, de toute séparation de corps prononcée depuis trois ans au moins.

Naquet.

Le Voltaire du 17 février 1886 (n° 2782)

LE DIVORCE

L'article 310 du Code civil

L'article 310, tel qu'il a été voté par le Sénat en 1884, présente, entre autres imperfections, celle d'introduire une contradiction dans la loi; et quand je dis dans la loi, je n'entends pas dans l'ensemble de notre législation, dans le code, mais dans la loi même qui a établi le divorce. Une pareille anomalie ne saurait durer.

L'article 310 est en effet contradictoire avec les articles 229, 230, 231, 232 et 306 du Code civil.

Les quatre premiers de ces articles établissent les causes pour lesquelles le divorce peut être demandé. Quant au cinquième, il porte que les époux qui ont des causes de divorce ont la faculté de ne demander que la séparation de corps et de biens.

Ainsi, aussi bien aux yeux du législateur de 1803, qui a édicté ces cinq articles, qu'aux yeux du législateur de 1884, qui les a rétablis, les causes de divorce et les causes de séparation de corps sont les mêmes. Le législateur n'a point entendu faire de la séparation de corps un subsidiaire du divorce; il n'a pas entendu, comme en Angleterre, créer des causes de divorce et des causes, moins graves, de séparation de corps. Partisan du divorce, estimant que, quand les liens du mariage sont profondément atteints, leur rupture complète est moins nuisible à la société que leur relâchement, il a rédigé sa loi en vue du divorce, dont il a fait la règle. Puis, par respect pour les scrupules religieux des catholiques, il a permis à ceux qui seraient en situation de demander le divorce de ne demander que la séparation de corps et de biens.

S'il en est ainsi, comment concevoir que, trois ans après qu'une séparation de corps a été prononcée, on laisse aux magistrats saisis d'une instance en conversion le droit d'apprécier si cette conversion doit être acceptée ou rejetée. Ou c'est méconnaître dans les derniers articles de la loi l'esprit qui anime la loi tout entière, ou c'est investir les juges d'une autorité arbitraire, qui peut aller jusqu'à la protestation contre la loi qu'ils sont chargés d'appliquer.

M. Batbie avait reconnu cette impasse dans laquelle on s'engageait lorsque, au cours de la discussion sénatoriale de 1884, il disait avec son rare bon sens :

Je ne me rends pas bien compte de la position des juges à l'expiration des trois années. Y a-t-il des faits nouveaux ? Dans ce cas je comprends qu'on leur donne la faculté d'appréciation; mais alors le délai de trois ans n'est pas nécessaire; s'il n'y a pas de faits nouveaux, pourquoi un nouveau jugement? Il ne doit y avoir aucun jugement, il ne doit y avoir qu'un enregistrement à faire.

De fait, sur quoi pourra donc se fonder le juge pour accorder ou pour repousser la demande en conversion, et pour justifier ainsi la liberté d'appréciation qu'on lui a donnée ?

Je prends une première hypothèse : celle où la demande émane de l'époux originairement demandeur, de l'époux qui a triomphé dans l'instance en séparation. Que fera le juge ? Accordera-t-il toujours la conversion ? Il violera l'article 310, qui lui a donné le droit d'apprécier pour qu'il en use apparemment. Refusera-t-il quelquefois? Mais, s'il refuse, comme la séparation n'en persiste pas moins, il dit implicitement qu'il y a dans la cause des motifs assez puissants pour justifier la séparation, mais insuffisants à justifier le divorce. Ou sa décision signifie cela, ou elle n'a pas de signification, et il en va si bien ainsi que, dans la séance même où M. Batbie présentait les objections que j'ai citées, le rapporteur de la proposition de loi, M. Labiche, répondait :

Si la demande d'un des époux est fondée sur des faits nouveaux, ce n'est pas la conversion du jugement de séparation qu'il doit demander, c'est une instance nouvelle, avec la procédure ordinaire du divorce, qu'il doit engager.

. . . .

Si la demande est fondée sur les faits anciens qui ont motivé la séparation et qu'il y ait trois ans d'écoulés, chacun des époux pourra invoquer la procédure de faveur de la conversion pour demander au tribunal d'apprécier des faits qui, trois ans avant, *n'avaient été jugés suffisants que pour justifier la séparation.*

Il est donc bien évident que le juge saisi d'une instance en conversion par le demandeur originaire ne pourra appliquer son droit d'appréciation qu'en recherchant si les causes qui ont motivé la séparation suffisent à motiver un divorce.

Mais si cette recherche n'est pas contraire à l'article 310 nouveau, elle est en contradiction absolue avec les articles 229, 230, 231, 232 et 306, ce qui démontre péremptoirement que la loi manque d'unité, qu'elle obéit à des principes opposés dans ses divers articles.

Cette contradiction est si nette que les cours et les tribunaux, se divisant suivant l'esprit libéral ou rétrograde qui les anime, appliquent tantôt les articles 229, 230, 231, 232 et 306, tantôt l'article 310 nouveau, et rendent ainsi des décisions qui sont absolument l'opposé, le contre-pied les unes des autres. J'en citerai un exemple.

La cour de Douai a rendu le 5 février 1885, dans l'affaire Liénard, un arrêt où il est dit :

Attendu que le législateur a laissé aux juges une souveraine appréciation sur la question de savoir *si les faits reconnus constants par le jugement de séparation de corps étaient d'une gravité suffisante pour justifier la demande en divorce;* que la loi permet à chacune des parties de demander la conversion du jugement de séparation en jugement de divorce; que, quand l'époux défendeur à cette demande en conversion ne s'y oppose pas, il appartient aux juges d'apprécier si les faits constatés lors de l'instance en séparation *sont assez graves pour permettre de prononcer la rupture du lien conjugal.*

C'est la théorie de l'article 310, telle qu'elle a été développée et soutenue par l'honorable M. Labiche contre M. Batbie.

Mais voici qu'à trois mois de là, le 16 juin 1885, la cour de Caen, ayant à se prononcer sur une question semblable dans l'affaire des époux Petit, rend un arrêt opposé à celui de Douai, dans les considérants duquel on peut lire :

Attendu que les premiers juges ont décidé que les faits qui ont fait prononcer la séparation de corps n'auraient pas eu une gravité suffisante pour faire prononcer le divorce et qu'il n'y a lieu, par suite, à la conversion demandée ;

Attendu qu'aux termes de l'article 306 du Code civil, la séparation de corps ne peut être demandée que dans le cas où il y a lieu à demande en divorce ;

. . . .

C'est la doctrine des articles 229, 230, 231, 232 et 306, et, comme ces deux doctrines sont l'une et l'autre dans la loi, la cour de cassation ne pourrait pas plus casser l'une que l'autre de ces décisions contradictoires pour violation de la loi.

Mais placer dans une législation des principes qui se combattent, laisser aux juges le droit d'appliquer l'un ou l'autre de ces principes, suivant les idées générales auxquelles ils obéissent, c'est introduire l'arbitraire pur dans nos tribunaux, et rien ne saurait être à un égal degré destructif du respect de la justice que l'arbitraire du juge.

Un citoyen s'incline volontiers devant la loi lorsqu'elle est égale pour tous. Quand le divorce n'existait pas, tout le monde se résignait ; on souffrait, on incriminait la législation, mais on n'incriminait pas la justice : on se soumettait.

On se soumettrait aussi si, en matière de conversion, la loi, plus restrictive encore qu'elle n'est, mais plus logique, avait imposé à tous une solution dure, mais égale.

Mais la résignation n'est plus possible pour celui qui se dit que, s'il souffre, ce n'est point parce que sa cause est mauvaise, mais parce que, la loi étant double et la magistrature divisée, il a été jugé à Rennes par des juges hostiles au divorce, au lieu de l'être à Rouen par des juges favorables à cette institution.

Or, c'est forcément là le cas aujourd'hui, avec la loi si imparfaite que nous a donnée le Sénat, même quand c'est le demandeur originaire en séparation qui s'efforce d'obtenir la conversion de sa séparation en divorce.

C'est bien pire encore quand l'instance en séparation est introduite par le défendeur primitif. Mais l'examen de cette dernière proposition me mènerait trop loin. Je suis obligé de le renvoyer à un prochain article, d'où ressortira, je l'espère, pour tous les esprits de bonne foi, la nécessité de modifier une disposition législative qui n'a engendré et ne pouvait engendrer que le gâchis de la jurisprudence.

Naquet.

Le Voltaire du 24 février 1886 (n° 27

LE DIVORCE

L'article 310 du Code civil

Quand il a donné le droit aux juges d'apprécier s'ils doivent accorder ou non la conversion de la séparation de corps en divorce, sur la demande de l'époux qui a triomphé dans l'instance en séparation, le législateur a implicitement admis que de mêmes causes peuvent être assez graves pour motiver une séparation de corps et trop peu graves pour motiver un divorce. Il a ainsi introduit dans l'article 310 du Code civil une disposition absolument contradictoire avec celles de l'article 306, puisque ce dernier article décide qu'il ne peut y avoir matière à séparation que là où il y a matière à divorce.

Cela est grave ; mais si l'on a, dans ce cas, l'inconvénient de créer une législation disparate et d'ouvrir ainsi la voie à des jurisprudences opposées, du moins, en accordant une faculté d'appréciation aux tribunaux, leur a-t-on donné, dans une certaine mesure, le moyen d'apprécier.

Il n'en est plus de même lorsque l'instance en conversion est introduite par l'époux originairement défendeur, par celui contre lequel la séparation de corps a été prononcée.

Ici l'on ne voit guère comment un juge impartial, désireux d'appliquer la loi, et non de protester contre elle et de faire du droit prétorien, pourra s'y prendre pour juger.

Se refusera-t-il toujours à accueillir la demande ? Il violera évidemment la loi, car, puisque celle-ci a permis au défendeur de demander le divorce par la voie de la conversion, c'est apparemment dans l'idée que cette conversion soit au moins quelquefois accordée. On ne comprendrait pas une loi ouvrant des droits dont le seul effet possible serait d'augmenter le nombre des procès, sans jamais aboutir à un résultat.

Les tribunaux, au contraire, accorderont-ils toujours la conversion? Ils violeront encore la loi, car celle-ci leur aurait imposé une obligation, au lieu de leur laisser une faculté, si elle avait voulu qu'ils convertissent dans tous les cas en divorces les séparations de corps prononcées depuis plus de trois ans.

Pour être en conformité avec l'article 310 nouveau, le juge devra donc distinguer les espèces, accorder dans certains cas, refuser dans d'autres, et par conséquent, il devra avoir des éléments de décision. Ces éléments, où sont-ils?

Lorsque en 1803, le législateur avait rendu la conversion obligatoire à la requête du défendeur primitif, si le demandeur dûment appelé ne consentait pas à reprendre la vie commune, il avait été logique; le divorce ne lui était pas apparu comme une espèce de pénalité imposée à un époux coupable, mais comme un état des citoyens que l'intérêt de la société rendait nécessaire dans des conditions spéciales et malheureuses. Il admettait que le célibat est contre nature, que, comme tous les états contre nature, il ne peut engendrer que le désordre, surtout lorsqu'il n'est pas le résultat d'un choix volontaire, et que dès lors il est contraire à l'intérêt bien entendu de la société de rendre le célibat obligatoire à certains de ses membres, même lorsqu'ils ont des torts à se reprocher.

Le Sénat de 1884 a partagé la manière de voir du législateur de 1803 en ce qui concerne la question de doctrine. Comme lui, il a considéré que le divorce est un état des citoyens et non une pénalité, puisqu'il a permis à l'époux coupable d'invoquer, pour l'obtenir, une séparation prononcée contre lui. Et cependant il a laissé au juge un droit d'appréciation que ne lui laissait pas l'ancien article 310. Et, je le répète, en accordant ce droit aux tribunaux, il n'a pas posé les bases sur lesquelles ces tribunaux pourraient s'appuyer pour l'appliquer.

Le juge exigera-t-il, pour faire droit à la requête du défendeur originaire, des faits postérieurs au jugement de séparation? Mais, si le législateur n'avait voulu permettre le divorce au défendeur que dans ce cas spécial, pas n'eût été besoin de l'article 310, car des faits nouveaux auraient toujours pu motiver une nouvelle instance. D'ailleurs, il l'aurait dit, et l'on a déjà vu, par une citation faite par nous dans un précédent article, qu'au cours de la discussion M. Labiche, rapporteur de la commission sénatoriale, a justement dit le contraire.

Sur quoi donc alors? Sur ce que les faits qui ont été suffisants pour faire admettre la séparation ne sont pas assez graves pour motiver un divorce? Nous tomberions ainsi dans la contradiction que j'ai signalée en parlant de l'instance introduite par le demandeur primitif, et cette contradiction légale se trouve aggravée d'une contradiction logique. On ne voit pas bien, en effet, si l'on ne s'appuie sur des considérations supérieures de liberté individuelle et d'intérêt social, comment celui qui a commis des fautes pourrait les invoquer en sa faveur. Il semble ici que la conversion devrait être d'autant plus facilement accordée que les fautes auraient été plus légères, que l'époux originairement défendeur aurait été moins coupable, que les causes, en un mot, auraient été plus futiles. Telle ne peut pas avoir été la pensée du législateur.

La cour de Paris, dans l'embarras où la mettait l'article 310, — et j'ai le droit de parler de cet embarras, car l'homme remarquable qui est à sa tête, M. le premier président Périvier, m'a déclaré que lui et la chambre qu'il préside sont absolument favorables à la réforme dont je viens de prendre l'initiative, — la cour de Paris s'est arrêtée à une solution ingénieuse, mais certainement illogique; il n'y en avait pas de logique avec la loi que nous possédons.

La cour de Paris a considéré l'article

310 nouveau comme plus large et plus restrictif à la fois que celui de 1803; plus large, en ce qu'il accorde le droit à la conversion, sans lui opposer de conclusion d'aucune sorte, à l'époux en faveur duquel la séparation de corps a été prononcée; plus restrictif, en ce sens que, relativement à l'autre époux, la conversion obligatoire a été remplacée par une conversion facultative.

En ce qui concerne les demandes introduites par l'époux originairement demandeur, la cour tombe alors dans la contradiction signalée plus haut, — comment les juges pourraient-ils ne pas se contredire quand la loi se contredit elle-même? — et elle examine si les causes qui n'ont encore été examinées qu'au point de vue de la séparation peuvent être considérées comme suffisantes pour faire prononcer le divorce.

Est-ce, au contraire, de l'époux qui a succombé dans l'instance en séparation qu'émane la demande de conversion? La cour applique, avec restriction, l'article 310 ancien. Quand l'époux demandeur dûment appelé, refuse de reprendre la vie commune, la cour examine si ce refus est motivé par la conduite de son conjoint depuis la séparation. Celui-ci s'est-il amendé pendant les trois ans écoulés et peut-il invoquer en sa faveur qu'il a fait tout ce qui dépendait de lui pour rendre la réconciliation possible? le divorce est accordé; sa conduite, au contraire, a-t-elle été de nature à justifier le refus de reprise de la vie commune par son conjoint? le divorce est refusé.

Il était difficile, je le reconnais, de trouver une solution plus ingénieuse. Mais elle n'en est pas moins illogique pour cela. Car cette solution ne va à rien moins qu'à déclarer que le divorce est refusé justement dans les cas où la réconciliation est impossible à espérer, et qu'il est au contraire accordé dans les cas où, à la rigueur, on peut conserver quelque espoir de voir cette réconciliation se produire. Elle tend, en somme, à faire du divorce une pénalité, au lieu de le considérer comme un état des citoyens nécessité par l'intérêt social.

La cour sent très bien, d'ailleurs, le côté faible de sa jurisprudence ou plus exactement de la loi défectueuse qui la lui a dictée; elle se rend très bien compte de l'inconvénient grave qu'il y a à beaucoup abandonner à l'arbitraire du juge, et c'est pourquoi la majeure partie des membres qui composent la chambre présidée par le premier président Périvier, et cet éminent magistrat en tête, sont partisans d'une réforme de l'article 310 et de l'obligation pour les tribunaux de prononcer, après trois ans de séparation de corps, le divorce à la requête de l'un quelconque des époux.

Naquet.

Le Matin [illegible]

LE DIVORCE

L'article 310 du Code civil

Lorsque, en juillet 1884, la [illegible] du divorce revint à la Chambre des députés amendée par le Sénat, M. Léon Renault voulait la renvoyer au Sénat, à cause de la rédaction qui avait prévalu dans l'article 310. La commission ne se rallia pas à cette vue et, pour ne pas retarder le vote d'une loi impatiemment attendue depuis si longtemps, M. Léon Renault renonça à demander ce renvoi à la Chambre. Les arguments qu'il avait invoqués devant la commission n'en étaient pas moins frappants et n'en devaient pas moins recevoir de l'expérience une éclatante confirmation.

Les tribunaux sont divisés, disait-il; l'esprit libéral, l'esprit républicain, l'esprit de la société sécularisée est loin de les avoir tous pénétrés. Si l'article 310 abandonne à leur arbitraire le soin de prononcer les conversions des séparations en divorces, deux jurisprudences s'établiront aussitôt. Les tribunaux où l'esprit moderne dominera accorderont toujours la conversion aux époux qui la demanderont, de quelque côté qu'émane la demande. Les tribunaux imbus de l'esprit clérical l'accorderont quelquefois, quand elle sera réclamée par l'époux originairement demandeur, et ils la refuseront impitoyablement et toujours, au mépris de l'idée qui a inspiré le législateur, lorsqu'elle sera réclamée par l'époux primitivement défendeur, par celui contre lequel la séparation de corps a été prononcée.

Cette prévision ne s'est que trop réalisée. Les deux jurisprudences prédites existent. Elles existent à ce point qu'à cette heure, lorsqu'un client va consulter un avoué sur une instance en conversion, l'avoué ne s'attarde pas à examiner les pièces du dossier, les éléments de l'affaire. Ce qui le préoccupe, c'est de savoir de quel tribunal, de quelle cour son client est justiciable. Si c'est du tribunal de Marseille, du tribunal de Bordeaux, de la quatrième chambre du tribunal de la Seine, de la cour de Rouen, d'Aix ou de Caen, l'avoué répond hardiment au client, même si la séparation a été prononcée contre lui, qu'il peut engager son instance, que le succès est assuré.

Si, au contraire, le même client relève de la première chambre du tribunal de la Seine, de la cour de Rennes ou de la cour de Douai, l'avoué ne manque pas de lui déconseiller un procès perdu d'avance, et qui ne pourrait que l'entraîner dans des frais inutiles.

Et l'avoué a raison; l'issue du procès ne dépend nullement de la nature de la cause, mais des hommes devant lesquels le litige doit être porté.

Il peut être intéressant pour le lecteur de voir passer devant ses yeux quelques décisions judiciaires. Les considérants par lesquels les différents tribunaux font précéder ces décisions contradictoires prouveront mieux que tout ce que je pourrais dire jusqu'à quel point la scission s'est faite entre nos divers corps de justice sur l'application de la loi du 27 juillet 1884, et combien par conséquent l'intervention du législateur est devenue nécessaire :

COUR DE DOUAI (5 février 1885)

Attendu que le législateur a laissé aux juges une souveraine appréciation sur la question de savoir si les faits reconnus constants par le jugement de séparation de corps *étaient d'une gravité suffisante pour justifier la demande en divorce...*

COUR DE CAEN (16 juin 1885)

Attendu que les premiers juges ont décidé que les faits qui ont fait prononcer la séparation de corps n'auraient pas eu une gravité suffisante pour faire prononcer le divorce, et qu'il n'y a lieu, par suite, à la conversion demandée ;

Attendu qu'aux termes de l'article 306 du Code civil, la séparation de corps ne peut être demandée que dans le cas où il y a lieu à demande en divorce... etc., etc., infirme.

COUR DE RENNES (27 avril 1885)

Considérant qu'il appert des documents de la cause, que jusqu'ici la femme Jéglot n'a encouru aucun reproche, et qu'elle n'a été que trop fondée à refuser à toute tentative de rapprochement ; que Jéglot, au contraire, s'est de tout temps livré aux plus honteux désordres et n'a pas cessé d'outrager l'appelante par ses imputations calomnieuses ; qu'en cet état, *il serait contraire à la morale publique de faire bénéficier l'époux coupable de ses fautes personnelles et d'imposer à la femme innocente un divorce qui* FROISSERAIT SA CONSCIENCE, *son honneur*, et plus encore peut-être ses sentiments maternels..., etc, etc

COUR DE CAEN (20 avril 1885)

Attendu que cette faculté (la faculté d'accorder ou de refuser la conversion) n'a point été accordée aux juges pour faire de l'arbitraire et protester contre le divorce, mais pour appliquer la loi comme en toute matière, en s'inspirant de son esprit;

Attendu que le législateur de 1884 a pensé que le divorce était préférable à la séparation de corps, et qu'il convenait de ne pas maintenir indéfiniment, contre le gré de l'un des époux, une situation fausse qui ne laisse d'autre alternative qu'un célibat rigoureux ou l'adultère ;

. . . .

Attendu que les torts que ce dernier aurait eus depuis la séparation, même lorsqu'ils seraient de nature à motiver eux-mêmes une séparation, ne sont, pas plus que les torts antérieurs, une raison pour repousser la demande; qu'ils ont pour résultat d'éloigner de plus en plus les époux l'un de l'autre et de rendre toute réconciliation impossible;

. . . .

Attendu que l'intention qu'on lui prête d'épouser cette concubine est une pure hypothèse; — mais, en admettant qu'elle fût fondée, *que le mariage projeté ne serait point, comme le prétend la dame Lenoir et comme l'a décidé le jugement dont est appel, une atteinte profonde à la morale et un outrage à la loi;* QU'IL EST, *au contraire*, MORAL, CONFORME AU VŒU DE LA LOI ET D'UN INTÉRÊT D'ORDRE PUBLIC, DE SUBSTITUER A UNE SITUATION IMMORALE ET

IRRÉGULIÈRE UNE SITUATION RÉGULIÈRE ET LÉGALE.

TRIBUNAL DE LA SEINE (1re chambre)

Attendu qu'il (Lassalle) vit actuellement en concubinage, et que la dame Lassalle a juste sujet de craindre que le but poursuivi par son mari, en demandant la conversion en jugement de divorce du jugement du 29 juillet 1870, ne soit d'arriver à contracter mariage avec sa concubine;

Attendu que cette éventualité, si elle venait à se réaliser, serait tout à la fois OUTRAGEANTE POUR LA DÉFENDERESSE ET CONTRAIRE A LA MORALE PUBLIQUE.......

TRIBUNAL DE LA SEINE — 4e chambre —
(5 mars 1885)

Qu'il faut, au contraire, rechercher uniquement la base de ce droit (le droit du défendeur primitif à demander la conversion) dans le fait que la séparation a duré plus de trois ans; qu'aucun rapprochement n'est intervenu entre les époux et n'est offert par celui qui a obtenu la séparation, *et dans les raisons tirées de la liberté individuelle* qui avaient déterminé les rédacteurs du Code civil et qui ont été de nouveau affirmées au nom de la commission du Sénat; *que là seulement est la raison d'être du droit du défendeur à la séparation* et non dans les griefs qu'il pourrait avoir à invoquer contre l'époux qui a obtenu la séparation et qui ne peuvent venir, la plupart du temps, à l'appui de sa demande, que comme complément d'éléments d'appréciation pour le tribunal.

Je pourrais continuer les citations au point d'en remplir 20 colonnes du *Voltaire*. Je m'arrête. Celles qui précèdent suffisent à montrer quel antagonisme existe entre les tribunaux quant à l'interprétation de l'article 310 du Code civil, dans quel dédale de contradictions s'est engagée la jurisprudence.

Lorsqu'une loi a produit de tels résultats, une réforme législative est urgente qui rétablisse l'unité, et toute solution qui fait cesser ce chaos est préférable à ce qui est.

Le respect de la justice, sans lequel il n'y a pas de société policée, ne saurait s'accommoder, en effet, d'une situation pareille. Les citoyens acceptent une loi dure égale pour tous, ils acceptent une condamnation due aux circonstances spéciales de leur cause; mais ils n'acceptent pas une condamnation uniquement due aux opinions philosophiques ou religieuses de ceux qui les ont jugés. Ils ne peuvent se résigner à cette pensée que leur vie est brisée parce qu'ils ont eu le malheur d'être justiciables de la cour de Rennes au lieu de l'être de la cour de Caen; ils protestent contre l'autorité de la chose jugée, et le respect de la justice se perd.

On peut être partisan ou ennemi du divorce. Mais les ennemis du divorce eux-mêmes ont intérêt à ce qu'une loi qui existe soit pratiquée d'une manière régulière et loyale, qu'aucun déni de justice ne se produise. C'est ce qu'a démontré l'honorable M. Denormandie lorsqu'il a demandé au Sénat de voter une réforme de la procédure du divorce; c'est ce que faisait il y a peu de jours encore un magistrat adversaire du divorce, dont je tairai le nom, et qui me faisait dire par un ami commun que, le divorce existant, il considérait, au point de vue de la moralité publique, la modification que je propose comme un grand bien.

Aussi ne me paraît-il pas possible que les Chambres se refusent à reviser l'article 310 du Code civil; nous examinerons ultérieurement dans quel sens cette revision doit se faire.

Naquet.

LE DIVORCE

L'article 310 du Code civil

L'article 310 du Code civil, tel qu'il a été voté par le Sénat en 1884, est condamné à la fois par la raison et par la pratique. Il rend la loi du 27 juillet 1884 contradictoire dans ses diverses parties, et il nous vaut une division dans la jurisprudence des cours et des tribunaux qui ne saurait se prolonger sans péril: il doit disparaître. Mais que convient-il de mettre à sa place?

Il convient de mettre à sa place un article nouveau qui, par son texte, soit en harmonie avec le reste de la loi; qui, par son esprit, soit en harmonie avec l'idée fondamentale qui a porté les Chambres à remplacer la séparation de corps par le divorce.

Je dis qu'il faut d'abord adopter une rédaction rationnelle, qui ne soit pas la négation absolue de ce qui est affirmé quatre articles plus haut, — car même une mauvaise solution serait préférable à une solution contradictoire.

Or, il y avait quatre solutions, les unes très restrictives, inacceptables à mes yeux; les autres, au contraire, libérales et acceptables, qui étaient logiques toutes les quatre, et dont chacune avait au moins l'avantage de satisfaire quelqu'un: les unes les partisans et les autres les adversaires du divorce. Le Sénat les a écartées et en a adopté une cinquième qui est illogique et qui joint à ce premier défaut celui de ne satisfaire personne, celui de blesser tout le monde.

Les quatre solutions logiques étaient les suivantes :

On aurait pu écarter totalement l'article 310 et décider qu'en aucun cas une séparation ne peut être convertie en divorce. Comme le code de 1803, on aurait admis que, quand le demandeur originaire aurait opté pour la séparation de corps, il ne pourrait plus revenir sur son option, et l'on aurait refusé à l'époux originairement défendeur la faculté de bénéficier jamais de ses propres fautes. On se serait borné, par un article transitoire, à permettre la conversion, lorsqu'elle serait réclamée par le demandeur, aux époux séparés sous l'empire de l'ancienne loi, parce que, n'ayant pas eu le droit d'option, ils n'auraient pu être déclarés forclos. Cette solution eût été mauvaise, mais elle n'aurait été contradictoire avec aucune des dispositions de la loi, et, mal accueillie par les partisans du divorce, par ceux qui trouvent, au point de vue social, la rupture des liens du mariage préférable à leur relâchement, elle aurait eu au moins l'avantage d'être bien accueillie par les catholiques.

La seconde solution logique eût été celle du code de 1803. On aurait considéré comme ayant définitivement usé de son droit d'option, et par conséquent comme étant désormais forclos, celui des époux en faveur duquel la séparation de corps aurait été obtenue, et l'on aurait, au bout de trois ans, permis à l'époux originairement défendeur de faire convertir la séparation de corps en divorce, si l'autre époux dûment appelé ne consentait pas à reprendre la vie commune. On n'aurait satisfait ainsi ni les catholiques, qui auraient protesté contre la faculté concédée à l'époux coupable, ni les libéraux, qui n'auraient trouvé aucun argument pour justifier la forclusion prononcée contre l'époux innocent. Mais du moins il n'y aurait eu aucune contradiction entre l'article 306 et l'article 310 de la même loi, et nous n'aurions pas été exposés à voir les tribunaux se diviser comme ils l'ont fait.

On aurait encore pu rendre la conversation obligatoire sur la demande de l'époux qui avait triomphé dans l'instance première, et refuser à celui qui avait succombé tout droit de la demander. Cela aurait présenté bien des inconvénients sans doute, ne fût-ce que celui de faciliter le chantage, en permettant à l'époux investi du droit de conversion de se faire payer par l'autre l'usage de ce droit. Mais enfin la loi aurait été uniforme dans toutes ses parties, et, en mécontentant les partisans du divorce, elle aurait contenté ses adversaires.

Enfin la quatrième solution logique, celle qui a toutes mes sympathies, est celle dont nous avions obtenu le vote par la Chambre des députés en 1882. Elle consistait à admettre que, lorsque trois ans se sont écoulés depuis la séparation de corps, sans qu'aucun rapprochement ait eu lieu entre les époux, et lorsque ceux-ci ne sont pas tous les deux disposés à oublier et à se réunir, on peut considérer l'épreuve comme suffisante pour indiquer que la vie commune leur est insupportable; que, dans ce cas, le divorce étant d'ailleurs beaucoup moins désavantageux à la société que la séparation de corps, la conversion de celle-ci en divorce est de droit, si elle est demandée indistinctement par l'un quelconque des époux. Qu'a-t-on fait? Au lieu de choisir entre ces quatre solutions rationnelles, on en a adopté une cinquième : on a donné aux deux époux la faculté de demander la conversion, en laissant aux tribunaux le droit de la leur accorder ou de la leur refuser.

En agissant de la sorte on a introduit une contradiction dans la loi, puisqu'on a permis aux tribunaux de déclarer que les causes qui ont été suffisantes pour faire prononcer la séparation de corps ne le sont pas pour faire prononcer le divorce, et cela au mépris de l'article 306, aux termes duquel les causes de divorce sont les mêmes que celles de séparation de corps. On a semblé accepter cette idée qu'au point de vue social la séparation de corps est moins nuisible que le divorce, ce qui est contraire à l'esprit de la loi nouvelle; car, s'il en était ainsi, il aurait fallu conserver l'ancienne législation. On a investi les tribunaux d'une faculté qui leur permet de protester contre le divorce et de juger la loi au lieu de juger les particuliers. Enfin, en mécontentant justement les partisans du divorce, on a mécontenté également les catholiques; ceux-ci n'ont pas la garantie, désirée par eux, que jamais une séparation ne sera convertie en divorce contre le gré du demandeur, puisqu'un grand nombre de tribunaux et de cours, interprétant l'article 310 de la manière la plus libérale et la plus large, — d'une manière qui aurait rendu ma nouvelle proposition inutile si elle s'était généralisée, — prononcent chaque jour le divorce à la requête de celui des époux qui a succombé dans l'instance en séparation de corps.

Il est donc urgent de revenir à l'une des quatre solutions logiques que nous avons exposées plus haut. A laquelle?

D'abord, il nous paraît sage d'écarter la première et la troisième, c'est-à-dire celles qui opposent la forclusion à l'époux originairement demandeur, sous le prétexte qu'il a définitivement opté. Une pareille disposition, que je ne m'explique chez les auteurs de la loi de 1803 que par les souvenirs du droit romain, ne saurait en effet se justifier et irait contre son but.

La rupture du mariage est préférable au relâchement de ses liens; mais la perpétuité du mariage vaut mieux que le divorce. Tout ce qui peut laisser une espérance légitime de reconstitution de l'union conjugale doit être bien vu par le législateur. Si donc les époux, au lieu de plaider directement en divorce, préfèrent ne recourir d'abord qu'à une instance en séparation de corps; s'ils veulent se condamner eux-mêmes à cette épreuve de trois années, trop longue, sans doute, et trop incertaine dans ses résultats pour que la société puisse l'imposer à ceux qui la repoussent, mais qu'elle doit voir d'un œil favorable si ce sont les époux qui se l'imposent volontairement; s'ils veulent, avant de franchir la barrière suprême, se laisser une chance dernière de réconciliation, on les en empêcherait en leur déclarant qu'ils doivent opter dès le premier jour pour le divorce, à peine de ne pouvoir jamais plus revenir sur leur choix. Quel serait l'intérêt, quelle serait la moralité d'une disposition pareille? Elle violerait tous les principes de l'équité et elle pousserait au divorce des époux qui, sans elle, l'auraient évité peut-être.

Voilà un mari qui a des causes sérieuses de plaintes contre sa femme. Il peut obtenir le divorce, mais il songe à ses enfants; il se dit que peut-être un avertissement salutaire pourra ramener sa femme à de meilleurs sentiments et qu'une séparation de corps, en même temps qu'elle apportera un allégement momentané à sa situation, pourra être pour sa femme cet avertissement salutaire. Dans cet espoir, il ne demande pas le divorce; il se borne à se séparer judiciairement. Puis, après trois, quatre, cinq, six ans peut-être, son espoir étant déçu, la réconciliation étant de plus en plus impossible, les enfants grandissant et, de ce fait, la rupture du mariage devenant moins grave à ses yeux, il se décide enfin à reconquérir toute sa liberté. C'est alors qu'on viendrait lui dire : « Vous avez opté il y a six ans, vous n'avez plus le droit de revenir sur ce que vous avez fait. Séparé vous êtes, séparé vous resterez. » On peut être tranquille, si l'on plaçait l'époux innocent dans une situation pareille, personne — en dehors de ceux que leur conscience religieuse éloigne du divorce et qui n'y recourront jamais — n'opterait pour la séparation de corps. On aurait perdu une chance de réconciliation et, dans le but de restreindre les divorces, on aurait fortement contribué à en accroître le nombre.

Ainsi, le droit à la conversion doit être concédé à l'époux qui a triomphé dans l'instance en séparation de corps, cela ne fait pas doute. Et j'ajoute que si jusqu'ici ma discussion a été rigoureuse, je n'ai pas besoin d'insister sur le point que ce droit doit être absolu, que les tribunaux ne doivent intervenir que pour l'enregistrer et ne peuvent conserver aucune faculté d'appréciation.

Les causes de séparation, aux termes de l'article 306, ne sont pas autres que les causes de divorce. Lors donc qu'un tribunal a constaté qu'il existe entre deux époux des causes de séparation de corps, il a par cela même reconnu qu'il existe entre eux des causes de divorce. Permettre à ce même tribunal ou à un tribunal nouveau de donner une seconde appréciation, c'est ou bien se mettre en contradiction avec l'article 306, ou bien contrevenir au vieux principe : *Non bis in idem*.

Il nous reste à examiner, et c'est ce que je ferai prochainement, si le même droit absolu à la conversion doit être accordé à l'époux qui a succombé dans la première instance. Pour ma part, je n'hésite pas, et j'espère que les Chambres n'hésiteront pas davantage.

Naquet.

Le Voltaire du 18 mars 1886 (n° 2811)

LE DIVORCE

L'article 310 du Code civil

Le point le plus délicat du débat relatif à la conversion des séparations de corps en divorces est celui-ci : étant donné que toute faculté d'appréciation laissée aux tribunaux est mauvaise en cette matière, que la conversion doit être de droit strict lorsqu'elle est réclamée après qu'un laps de temps suffisant s'est écoulé depuis le jugement de séparation de corps, y a-t-il lieu d'accorder également le droit à la conversion aux deux époux indistinctement, ainsi que le voulait la Chambre des députés en 1882, ainsi que je le propose de nouveau aujourd'hui ? Ou bien faut-il, conformément au principe de l'amendement que M. Denormandie avait proposé au Sénat en 1884, n'accorder ce droit qu'à celui des époux qui a triomphé dans l'instance première ? En un mot, l'époux coupable doit-il pouvoir bénéficier (si tant est que le mot bénéficier puisse jamais être applicable lorsqu'il s'agit de cette chose triste entre toutes qu'on appelle un divorce) de ses propres fautes ?

La réponse dépend entièrement, à mon sens, de l'esprit de la législation qui porte établissement du divorce. Dans quelques rares pays, le divorce est considéré comme une peine infligée à l'époux coupable, pour le châtier de sa faute. En Russie, par exemple, le législateur a poussé si loin cette manière de voir qu'il a interdit à l'époux contre lequel le divorce est prononcé de se remarier, à moins qu'il ne devienne veuf ou que son conjoint ne l'y autorise. En Angleterre, c'est encore la même pensée qui prévaut : un époux est-il adultère, son conjoint peut faire briser l'union conjugale ; le sont-ils tous les deux, ils ne le peuvent plus, la faute de l'un étant compensée aux yeux de la loi par la faute de l'autre.

C'est là un esprit étroit, qui n'a animé ni le législateur révolutionnaire de 1792, ni le législateur consulaire de 1803, ni le législateur républicain de 1884. On ne le retrouve pas davantage dans les lois américaine, allemande, suisse, suédoise, norwégienne, danoise, hollandaise, belge. Dans tous ces pays, comme chez nous, c'est à un point de vue plus élevé qu'on s'est placé.

On s'est dit que quand la vie commune

est profondément troublée entre époux, rompre l'union, rendre ces époux tout à fait étrangers l'un à l'autre vaut mieux pour eux, pour la société et même pour les enfants, que relâcher les liens du mariage sans les détruire; on s'est dit que le célibat est un état contre nature et que l'imposer à des hommes, à des femmes jeunes encore, c'est aboutir forcément à l'un de ces résultats presque également fâcheux, ou de priver la société, ainsi que le disait Treilhardt, de nombreuses familles dont elle pourrait s'enrichir, ou d'engendrer des désordres qui lui sont plus préjudiciables encore.

Là a si bien été la pensée du législateur français que, quand le divorce est demandé *de plano*, l'idée ne lui est même pas venue de créer aux deux époux, au point de vue de la liberté personnelle, des situations différentes. Le divorce prononcé donne à l'époux coupable une liberté aussi absolue, aussi complète qu'à l'époux innocent.

Le Sénat est même allé plus loin. En 1885, à propos de la loi de procédure dont la Chambre des députés est actuellement saisie, et que cette Chambre paraît devoir adopter sans modification, il a été décidé au Luxembourg qu'après un jugement de divorce devenu définitif, si l'époux demandeur, changeant d'opinion, ne prenait pas, dans le mois suivant, l'initiative de la transcription sur les registres de l'état civil, qui seule constitue le divorce, l'époux défendeur pourrait la prendre. Vainement, au moment de la discussion, l'honorable M. Labiche rejetait-il cette disposition comme accordant à l'époux coupable le droit de se prévaloir de ses propres fautes; après une éloquente improvisation de M. Léon Renault, le Sénat a passé outre, montrant bien par là qu'au point de vue de l'état des personnes il ne distinguait pas entre les époux. Ce jour-là, on peut dire qu'il a résolu par anticipation la question de l'article 310 du Code civil.

Il est vrai que la loi de 1884, d'accord en cela avec la législation antérieure à 1816, a exigé, pour qu'un divorce pût être prononcé, des causes déterminées et graves. Mais est-ce à dire que le législateur ait considéré ces causes comme des espèces de délits dont le divorce serait la peine? Nullement. On a voulu éviter que des mariages ne fussent rompus *ab irato* pour des futilités; on a craint que, par un entraînement irréfléchi, les époux ne fissent de l'irréparable là où cependant le mal peut être réparé, et l'on a exigé des motifs spéciaux de divorce. Ces motifs ne sont rien de plus et rien de moins, toutefois, que la preuve indéniable de l'impossibilité où sont les époux de continuer la vie commune. Et il en va si bien ainsi que, si les torts sont réciproques, le divorce n'en est que plus sûrement prononcé.

La loi nouvelle n'a pas admis, comme celle de 1792, que l'on pût divorcer sur la simple allégation d'une incompatibilité d'humeur et de caractère, parce qu'il a paru à ses auteurs que, s'il suffisait d'alléguer ce grief sans le démontrer, le divorce n'aurait aucun frein. Mais elle a considéré l'incompatibilité réelle, démontrée, comme étant la vraie cause de divorce, et elle a vu dans les quatre motifs admis par elle la preuve juridique de cette incompatibilité.

Le législateur a été si bien mû par cette idée-là, il est si vrai qu'il a envisagé la société comme intéressée à ce qu'en cas de mauvais ménage les époux reconquissent leur liberté totale, qu'il a fait du divorce la vraie loi, la loi principale, et de la séparation de corps un simple accessoire.

On a voulu laisser aux époux catholiques auxquels le divorce répugne la faculté de recourir à la séparation de corps; on a adopté ce système mixte par respect pour la liberté de conscience, et jusque-là on a bien fait. Mais j'ai le droit de dire ici, et certainement personne ne me contredira, que, s'il n'y avait pas eu de catholiques en France, ou si le catholicisme avait accepté le divorce, l'idée ne se serait présentée à l'esprit de personne de maintenir, même à titre d'exception, la séparation de corps et de biens.

S'il en est ainsi, de quel droit, lorsqu'il s'agit de conversion, viendrait-on enlever à l'époux défendeur la faculté de réclamer le divorce ?

« Ce n'est pas moi, dira l'époux coupable, qui ai demandé et obtenu la séparation. J'ai commis des fautes qui l'ont fait prononcer contre moi. Soit ! Mon conjoint a jugé contraire à ses intérêts, à sa dignité peut-être, de prolonger l'état de choses antérieur. Je n'y contredis pas. Je trouve même juste qu'en punition de ma conduite on m'ait retiré la garde des enfants, qu'on m'ait privé des avantages dont je jouissais en vertu de mon contrat. Tout cela est bien. Mais ce que je n'admets pas, c'est qu'on dispose de ma personne contre ma volonté, c'est que, dès l'instant qu'on a relâché pour moi les liens du mariage au point de me séparer de mon conjoint, on laisse cependant subsister mes chaînes; c'est qu'on me condamne au célibat et — si je suis femme — à une tutelle perpétuelle. Je demande le divorce et il doit m'être accordé. »

Le célibat peut être noble et noblement supporté lorsqu'il est volontaire. La solitude peut même avoir ses joies lorsqu'on l'accepte librement. Mais la société n'a le droit de l'imposer à aucun être humain contre son gré.

Que deux époux catholiques ou simplement deux époux qui, par des causes quelconques, ne répugnent pas au célibat, se réfugient dans la séparation de corps et s'en contentent, rien de mieux s'ils acceptent l'un et l'autre cette situation. Cette faculté peut leur être laissée sans inconvénient. Mais dès que l'un des époux refuse de se plier à cette situation anormale, à cette situation qui, par cela même qu'elle n'est pas volontaire, devient immorale, ni son conjoint ni la société n'ont le droit de la lui imposer.

Je crois encore entendre M. Jules Simon faisant à la tribune du Luxembourg le tableau d'une épouse honnête à qui la séparation de corps suffit et qui s'oppose à ce que son mari divorce. Je me rappelle ce qu'avait de touchant la lettre que nous lut, il y a deux ans, notre honorable collègue, alors surtout qu'elle était lue par lui, et je n'ai pas oublié l'impression profonde qu'elle produisit alors sur le Sénat. Et cependant c'était là un simple effet de sentiment, dû surtout à l'immense talent de l'orateur. L'argument en lui-même était sans portée. La femme estimable peut se réfugier dans la séparation de corps sans doute, mais elle peut tout aussi bien, si le divorce est prononcé contre sa volonté, vivre dans le divorce comme elle aurait vécu dans la séparation de corps, et n'en user que pour se consacrer à ses enfants, et mieux garantir son avoir et le leur contre les entreprises de son mari. Elle peut cela. Ce qu'elle ne peut pas, ce qu'elle ne doit pas, ce dont moralement elle n'a pas le droit, c'est d'imposer la situation dont elle se contente à son mari qui, lui, ne l'accepte pas ; c'est de condamner celui-ci à l'isolement ou à des situations irrégulières ; c'est d'aller à l'encontre de l'intérêt social, en maintenant un état de choses dont sortiront souvent des enfants adultérins, tout aussi intéressants ceux-là que la femme éplorée dont la lettre a été portée à la tribune, et dont les adversaires du divorce ne tiennent nul compte cependant.

La seule solution qui joigne à la qualité d'être logique juridiquement celle d'être socialement bonne et vraiment conforme à l'esprit de la loi est celle qu'avait adopté la Chambre des députés et à laquelle il est temps de revenir, celle qui accorde à l'époux originairement défendeur, comme à l'époux originairement demandeur, la faculté, après trois ans, de faire prononcer la conversion de la séparation de corps en divorce, sans laisser aux tribunaux, en cette matière, autre chose qu'un droit de constatation et d'enregistrement.

Naquet.

Le voltaire du 24 mars 1886 (n° 2818)

LE DIVORCE

L'article 310 du Code civil

L'OBJECTION CATHOLIQUE

Le grand argument que l'on invoque contre l'article 310 du Code civil tel que la Chambre des députés l'avait conçu, c'est la liberté de conscience des catholiques.

« Vous nous faites, nous disent les catholiques, un don d'une main, que vous vous hâtez de nous retirer de l'autre. Vous prétendez nous laisser la séparation de corps et de biens, et vous la supprimez en réalité. Dès l'instant où l'époux qui aura succombé dans l'instance en séparation de corps pourra faire convertir cette séparation en divorce, le divorce se trouvera imposé malgré lui à l'époux qui avait triomphé dans la même instance. Un époux catholique ne pourra s'exposer à ce danger, et il se trouvera ainsi privé du seul, de l'unique remède que sa religion lui permette d'apporter à ses maux. »

Qu'il me soit permis tout d'abord de faire remarquer aux catholiques que l'article transactionnel adopté par le Sénat en 1884 donne à leurs attaques tout autant de prise que celui que je propose de lui substituer. La loi actuelle, en effet, ne diffère du texte par lequel je voudrais la voir remplacée que sur un point : la faculté laissée aux juges d'accorder ou de refuser la conversion. Mais aujourd'hui tout comme demain, si la conversion devient obligatoire après trois années de séparation, l'époux originairement défendeur peut, aussi bien que son conjoint, demander la substitution du divorce à la séparation de corps. Il est vrai que les tribunaux la lui refuseront souvent ; mais il est également vrai que souvent aussi ils la lui accorderont. Cela dépendra de l'esprit qui anime le tribunal ou la cour à laquelle il s'adressera. Et comme le catholique qui se sépare aujourd'hui ignore absolument quelle sera, trois ans plus tard, la jurisprudence de la cour et du tribunal dont il sera justiciable, il s'expose, en se séparant, à une conversion qui, pour être moins certaine, n'en demeure cependant pas moins de nature à être envisagée par lui comme possible.

Je crois donc pouvoir dire que l'objection catholique a été écartée le jour où l'on a adopté la transaction de 1884. Ce jour-là, le Sénat a décidé qu'il n'y avait pas à en tenir compte. S'il avait voulu s'y arrêter, il aurait dû voter l'amendement de M. Denormandie, qui ne permettait qu'au demandeur primitif de réclamer la conversion. Que dis-je? Il aurait dû repousser la loi du divorce tout entière. S'il est vrai qu'un époux catholique ne puisse pas se voir imposer le divorce sans que la liberté de conscience soit violée en lui, cela est tout aussi vrai pour l'époux qui a des torts que pour celui qui les subit, l'époux coupable pouvant, tout comme l'autre, être bon catholique.

Le Sénat s'est donc prononcé contre les prétentions des catholiques en votant la loi de 1884, et il n'y aurait pas à y revenir, si les catholiques, comme tous les partis vaincus, — et cela les honore, — ne saisissaient toutes les occasions qui se présentent de les reproduire à nouveau.

Le Sénat s'est prononcé en 1884 contre les prétentions des catholiques, et il a bien fait, et il a été logique avec ce grand principe de la sécularisation de la Société qui est la principale conquête de 1789.

Il y a quelques mois, au cours de la discussion de la loi sur les nullités du mariage et le régime de la séparation de corps, M. le garde des sceaux Brisson déclarait, à la tribune du Sénat, qu'il n'est pas admissible que le corps législatif édicte des lois différentes pour les différentes classes de citoyens. Cette théorie, conforme aux principes généraux de notre droit public, ne conduirait à rien moins, dans la matière qui nous occupe, si on l'appliquait avec rigueur, qu'à supprimer purement et simplement la séparation de corps, comme l'avait fait la Révolution en 1792, et comme l'ont fait depuis la Suisse et l'Allemagne.

On dirait aux catholiques : « Ce qui, dans le divorce, va à l'encontre de vos sentiments religieux, de votre foi, ce n'est point la rupture du lien civil, auquel vous n'attachez aucune importance, c'est le second mariage qui suit cette rupture; c'était aussi autrefois l'impossibilité de la réconciliation. Nous avons rendu la réconciliation possible en faisant disparaître de l'article 295 la prohibition absolue de la réunion des époux divorcés, et, en ce qui concerne les secondes noces, elles ne sont obligatoires pour personne ; le divorcé catholique conserve toujours la faculté de rester fidèle à ses croyances en faisant, en fait, du divorce une simple séparation de corps. »

« Mais, disent à leur tour nos adversaires, si l'un des deux époux se remarie alors que l'autre continue d'obéir à sa foi, la conscience de ce dernier est froissée, sa liberté violée. »

C'est ici qu'on remarque la différence profonde qui sépare la manière dont les catholiques envisagent et comprennent la liberté de conscience de la manière dont nous la comprenons.

Les catholiques veulent non seulement que chaque croyant soit libre d'obéir à sa foi, mais encore que cette foi s'impose aux non-croyants. Pour eux, être libre, c'est pouvoir opprimer les autres. Ils ne se déclarent libres que lorsqu'ils absorbent toute autorité et qu'ils éteignent toute doctrine contraire à la leur. Ils nous l'ont bien fait voir sous le régime issu du 24 Mai, lorsque M. Ducros respectait la liberté de conscience en prenant, relativement aux enterrements civils, les fameux arrêtés que l'on sait.

Nous, nous procédons d'une idée tout à fait différente. Nous faisons de la conscience une citadelle sacrée. Nous permettons à chacun, croyant ou non croyant, de conformer sa conduite à ses idées, — pourvu que cette conduite n'ait rien de contraire aux bonnes mœurs et à l'ordre public, — et nous ne voyons qu'oppression dans le système qui consiste à imposer aux uns des règles tirées uniquement des doctrines des autres, de doctrines qu'ils n'acceptent pas.

Or, il en aurait été ainsi si l'on avait refusé de voter la loi du divorce, ou si, la votant, on avait interdit d'y arriver par la voie de la conversion à celui des époux contre lequel la séparation de corps a été prononcée. Cette interdiction n'aurait point été justifiée par l'intérêt social. Bien au contraire. Lorsque, surtout, trois ans se sont écoulés; que dès lors tout espoir ou presque tout espoir de réconciliation est perdu, la société a plus d'intérêt au divorce qu'au maintien de la séparation, c'est-à-dire du célibat obligatoire. En dehors de tout intérêt social, le catholicisme seul pourrait motiver la prohibition, et dès lors l'époux non catholique se trouverait tenu à des obligations spéciales, dictées uniquement par un culte qui n'est pas ou n'est plus le sien : il subirait une oppression.

Le scrupule extrême — je dirais volontiers exagéré — de la liberté de conscience peut bien aller jusqu'à maintenir le régime de la séparation de corps pour les cas où les deux époux obéissent aux mêmes convictions religieuses, et acceptent volontairement ce régime l'un et l'autre. Mais il doit être limité à ce cas particulier ; il ne peut s'étendre au delà sans que la liberté soit violée.

C'est ce que le Sénat a compris en 1884. Il a voté le rétablissement du divorce malgré les protestations des catholiques, et, malgré ces protestations, il a donné, par l'article 310, des droits égaux aux deux époux séparés relativement à la demande de conversion. Il a fait acte illogique en laissant aux tribunaux un droit d'appréciation sans pouvoir leur fournir les éléments de cette appréciation. Mais, je le répète, cet illogisme n'empêche pas qu'un époux catholique ne puisse se voir imposer le divorce malgré lui ; —nous en avons eu déjà de nombreux exemples.

On ne saurait donc songer, à l'heure présente, à accomplir une évolution rétrograde, à revenir sur ce qui a été déjà fait, à tenir compte d'une objection confessionnelle qu'il y a deux ans on a déclarée irrecevable, et à retirer à l'époux défendeur un droit qui lui a été concédé en 1884 et qu'est venue fortifier depuis la loi sur la procédure du divorce, déjà votée par le Sénat.

Si dès lors j'ai réussi à démontrer — et je crois cette démonstration surabondamment faite — que la faculté d'appréciation laissée aux tribunaux est en contradiction avec l'esprit général de la loi; que, de plus, elle nous condamne à des variations de la jurisprudence destructives du respect de la justice, il ne reste qu'une solution logique, libérale, salutaire, celle de la conversion obligatoire, au bout de trois ans, sur la demande de l'un des époux indistinctement.

C'est la solution que j'ai proposée récemment au Sénat et à laquelle il est probable que cette haute Assemblée se ralliera, si j'en juge par l'unanimité qui a accueilli ma proposition à la commission d'initiative.

Naquet.

Journal officiel de la R. F. du 30 mars 1886
XXIIIe année – n° 88
Séance du Sénat du 29 mars 1886
amendt relatif au projet de loi sur l'organisation de l'enseignement primaire

La parole est à M. Naquet pour développer son amendement.

M. Naquet. Messieurs, l'amendement que j'ai l'honneur de soumettre aux délibérations du Sénat renferme une partie positive et une partie négative. (Exclamations ironiques à droite.) Oui, messieurs, une partie positive, en ce sens que je demande que la commission scolaire soit nommée par le conseil départemental : c'est une affirmation ; et une partie négative, en ce sens que je demande qu'elle ne soit pas nommée par le conseil municipal : c'est une négation. Seulement j'ajoute tout de suite que si j'ai mis dans cet amendement à la fois une affirmation et une négation, c'est que j'y ai été obligé pour le formuler.

Mais je ne tiens nullement à la partie positive; je tiens, au contraire, absolument à la partie négative. Je ne veux pas que les commissions scolaires soient nommées par les conseils municipaux, mais tout en trouvant très conforme aux principes généraux de la loi qu'elles le soient par le conseil départemental, je me rangerais à toute autre solution qui donnerait la nomination au pouvoir central sous une forme quelconque.

A droite. Ah ! c'est cela !

M. Naquet. Aussi, je vous demande en ce moment, non pas le vote immédiat de mon amendement, mais le renvoi de cet amendement à la commission.

Ceux qui penseront avec moi que ce n'est pas le conseil municipal qui doit désigner les membres de la commission scolaire, qu'ils soient d'ailleurs pour la nomination par le conseil départemental, pour la nomination par le préfet ou pour la nomination par le recteur, prononceront le renvoi à la commission ; les autres voteront la discussion immédiate.

Cela dit, messieurs, vous voyez que je me trouve aux antipodes de ceux de mes honorables collègues qui siègent de ce côté (la droite) et qui, comme le faisait également l'autre jour mon honorable ami et collègue M. Jules Simon, ont défendu l'intervention municipale dans les questions scolaires, en se réclamant de la liberté.

Pour moi, messieurs, je me crois aussi bien, aussi nettement placé et même mieux placé sur le terrain de la liberté en demandant la nomination des commissions scolaires par le pouvoir central, qu'en faisant appel au pouvoir municipal en matière d'enseignement public.

La liberté, en effet, réside dans l'individu, et un individu n'en serait pas moins froissé et blessé dans sa liberté parce que l'acte qui l'atteindrait proviendrait d'un conseil municipal au lieu de provenir de l'Etat.

Donc, la liberté individuelle n'a rien à faire dans le débat, et s'il m'était permis, je ne veux que le dire en passant, de revenir sur ce qui a déjà été fait, sur ce qui a déjà été dit, sur ce qui a déjà été voté, je dirais, en ce qui concerne la laïcisation générale, que je ne vois pas ce qu'un père de famille catholique, qui désirerait que ses enfants fussent confiés à des instituteurs congréganistes, aurait à gagner à ce que la laïcisation fût votée par le conseil municipal au lieu d'être établie par une loi générale de l'Etat ?

M. Buffet. Il aurait du moins la chance de conserver l'école congréganiste existante.

M. Naquet. Il aurait cette chance, dites-vous ? Mais alors, ce seraient les autres, ceux qui pensent autrement que lui qui seraient froissés dans leur liberté.

En d'autres termes, pour entrer dans la voie où voudraient nous engager les défenseurs de l'action municipale, il faudrait établir autant d'écoles qu'il y aura de croyances religieuses et d'opinions philosophiques ; or, comme c'est absolument impossible, il n'y a qu'un moyen de respecter la liberté, c'est de se rapprocher le plus qu'on peut de la neutralité ; c'est ce que nous avons cherché à faire et c'est pour cela que nous nous trouvons, je le répète, sur le véritable terrain de la liberté de conscience.

Je reviens à la question des commissions scolaires.

L'argument qui m'a déterminé à présenter mon amendement est bien simple ; c'est un argument à peu près identique à celui qui, il y a trois ans, m'a porté, à la Chambre des députés, à combattre l'élection des magistrats par le suffrage universel.

Je pense qu'il n'est pas bon que la loi, faite au centre, soit appliquée à la périphérie par des collectivités fragmentaires, parcellaires.

La loi est faite au centre par la Chambre des députés et par le Sénat, c'est-à-dire par la nation tout entière, car, après avoir été nommés par une circonscription, nous constituons, en nous réunissant tous ici, la nation même ; et la loi est faite par une espèce de plébiscite à deux degrés.

Eh bien, lorsque la France entière a décidé, comme il est bien certain — et votre présence sur ces bancs, messieurs (l'orateur se tourne vers la droite), le prouve d'une manière irréfragable — comme il est bien certain, dis-je, que toutes les communes ne sont pas absolument à l'unisson de l'idée générale qui prévaut dans l'ensemble du pays, il en résulte que si nous nous chargeons d'appliquer la loi, soit dans l'ordre administratif, soit dans l'ordre judiciaire, soit dans l'ordre scolaire, qui est un ordre judiciaire spécial, ces collectivités parcellaires, qui s'appellent les départements et les communes, il arrivera que dans une foule de départements, dans une foule de communes, l'opinion publique sera contraire à la loi et qu'alors au lieu de nommer les membres de la commission scolaire pour appliquer la loi, cette partie du pays nommera des commissions avec mandat tacite de ne pas l'appliquer. (Très bien ! très bien ! à gauche.)

Et, messieurs, cela est si vrai que nous en avons des exemples. En 1882 — je ne me rappelle pas exactement la date, je crois que c'était le 15 décembre 1882 — une commission scolaire avait été saisie d'une demande de dispense. C'était la commission scolaire de Lavaur. On lui demandait une dispense fondée sur ce que la liberté de conscience avait été violée en ce sens que le manuel de M. Compayré était autorisé dans les écoles.

La commission scolaire — je dois dire que, depuis, les autres commissions scolaires ont été beaucoup plus habiles et se sont bien gardées de motiver leurs arrêts et décisions et de permettre ainsi le recours devant le conseil d'État — cette commission scolaire de Lavaur déclara que la liberté de conscience était violée.

M. Buffet. Elle avait raison.

M. Naquet. Bien qu'elle n'eût aucun droit de se prononcer sur cette question, qui n'était pas de ses attributions, elle accorda une dispense, et cette décision dut être cassée par le conseil d'État, dans la séance du 9 mars 1883. Depuis lors, des dispenses ont été données en nombre incalculable ; sur des parties très étendues du territoire, la loi est restée sans application.

Je puis même dire que dans une commune importante que je connais, et où cependant le maire est républicain, quoique adversaire de l'obligation — vous voyez, messieurs (l'orateur se tourne vers la droite), que dans l'espèce ce n'est pas vous que je rends responsables — ce maire accorde des dispenses aussi largement que possible. Quand on veut lui donner les motifs d'une pareille demande, il répond : « Pourquoi vouloir m'apporter des justifications ? C'est absolument inutile, je n'ai pas besoin de les connaître, étant partisan de la liberté absolue du père de famille. » (Très bien ! à droite.)

M. Buffet. Voilà un bon républicain !

M. Naquet. Eh bien, messieurs, il s'agit de savoir si lorsque vous avez fait une loi, vous l'avez faite pour émettre platoniquement un principe, sans vous inquiéter de savoir si elle serait appliquée, ou si c'est pour qu'elle soit appliquée. Je déclare, pour ma part, que j'ai voté la loi de l'obligation pour qu'elle fût appliquée.

Si tous les pères de famille avaient conscience de leurs devoirs, et, en définitive, on ne fait pas la loi pour le plaisir de légiférer, on la fait dans un intérêt social ; si tous les parents étaient bien convaincus qu'ils ont le devoir de ne pas laisser leurs enfants dans l'ignorance, le devoir de l'État aurait été de créer des maisons d'écoles, mais il n'aurait pas eu besoin de décréter l'obligation. C'est parce que des parents méconnaissent leurs devoirs que l'État doit, en vue de la tutelle qu'il exerce naturellement en faveur des faibles, des mineurs, des incapables, leur imposer ce devoir qui leur incombe et qu'ils ne veulent pas toujours accepter. C'est pourquoi nous avons voté la loi de l'obligation.

Or, messieurs, qu'arrive-t-il? Au lendemain de 1882, nous avons vu tous les partis qui étaient hostiles à cette loi, nous avons vu les catholiques déclarer bien haut qu'il fallait entrer dans les commissions scolaires.

M. le baron de Ravignan. Pourquoi pas? C'était leur droit.

M. Naquet. Tous les journaux l'ont publié, à cette époque — les souvenirs vous en sont présents — pour empêcher autant que possible l'application de la loi, pour se heurter contre cette loi, pour la combattre. (Interruptions à droite.)

M. le baron de Ravignan. Pour empêcher que cette loi devînt un instrument de vexation ou d'oppression sur les consciences! Voilà la vérité!

M. Naquet. Eh bien, messieurs, c'est très bien. Vous êtes dans votre droit. J'aimerais mieux — mais ceci est impossible — que la nation fût à ce point composée de philosophes, qu'elle distinguât, à un degré si élevé, entre l'application de la loi à laquelle tout le monde doit obéir, et le vote de la loi qui dépend du suffrage universel, que, quand une loi aurait été votée, même ses ennemis consentissent à l'appliquer loyalement, jusqu'au jour où elle serait rapportée.

Mais je reconnais qu'il ne faut pas attendre cet effort de la part d'un peuple qui n'est pas composé que de philosophes; peut être même un peuple de philosophes n'en serait-il pas capable. (Sourires.)

M. de Gavardie. Surtout un peuple de philosophes!

M. Naquet. La passion ne raisonne pas de cette manière. Lorsqu'il y a eu lutte sur le terrain politique, elle se continue sur le terrain judiciaire; elle se continue sur le terrain municipal; elle se continue sur le terrain scolaire. Et vous êtes presque dans votre droit, puisqu'on vous a laissé une arme, de saisir cette arme et d'essayer de la retourner contre la loi que vous réprouvez.

Mais comme je tiens à ce que la loi que nous avons votée produise son effet, et comme c'est surtout dans les communes où elle rencontre le plus de résistance qu'il importe de consolider son action, je viens demander au Sénat d'éliminer l'élément municipal de la délégation scolaire et de reporter sa nomination au pouvoir central. Je le répète, comme je ne tiens pas à la partie positive de mon amendement, mais seulement à la partie négative, je demande le renvoi à la commission. (Très bien! très bien! sur certains bancs à gauche.)

M. Buffet. La loi devient de plus en plus claire!

M. le président. La parole est à M. le rapporteur.

M. le rapporteur. Messieurs, nous allons prouver une fois de plus à nos collègues de la droite que nous sommes animés des intentions les plus libérales. (Rires ironiques à droite.)

Nous repoussons l'amendement de l'honorable M. Naquet, parce qu'il nous paraît manquer un peu aux réserves que nous avons le droit et le devoir de faire en faveur de la liberté.

Quelle est la pensée qui a présidé à la composition de la commission? C'est que cette commission était, — voulez-vous vous servir du mot tribunal? — un tribunal de famille; c'est que la loi qu'il s'agit d'appliquer, la loi sur l'obligation a, par elle-même, quelque chose d'austère, de sévère, dans tous les cas, de nouveau, de difficilement accepté, nous en avons la preuve tous les jours, par une partie des populations.

Cependant, nous la croyons nécessaire. Il s'agit donc de concilier cette nécessité, qui est dictée par l'intérêt de l'État, avec certaines répugnances du premier mouvement qui se produisent dans quelques communes. Il était donc utile que le juge chargé d'apprécier en première instance les résistances qu'on pourrait rencontrer à l'application de la loi, fût choisi de manière à ménager dans une certaine mesure les susceptibilités des familles.

Eh bien, en vertu de cette préoccupation, la commission municipale se trouve composée de deux éléments. L'un représente l'intérêt général: ce sont les délégués nommés par l'inspecteur d'académie; c'est évidemment là une désignation gouvernementale. Mais à côté, alors, on a admis les délégués désignés par le conseil municipal.

Notre honorable collègue nous dit: Mais, cette commission municipale ainsi composée peut faire obstacle à la loi. Dans une certaine mesure, cela est vrai. Dans quel cas la commission municipale aura-t-elle à se prononcer? C'est lorsque les familles essayeront de se soustraire à l'application de la loi. Si la commission municipale faisait son devoir, il est évident qu'elle devrait écarter les mauvais prétextes.

Il est possible qu'avec les éléments dont la loi la compose, elle se laisse aller à un peu d'indulgence vis-à-vis des familles. Mais d'un autre côté, précisément parce que ses membres sont désignés par le conseil municipal, ils ont une autorité, un ascendant qu'ils puisent dans leur origine même, et qui leur permettra d'amener les familles à se soumettre à la loi, sans être obligés de recourir à des moyens de rigueur.

Cependant, il peut y avoir résistance et alors notre collègue nous dit : Que devient la loi? que devient l'intérêt supérieur de l'État?

Oui, il y a là des inconvénients; mais la liberté a ses inconvénients et ses dangers.

Si ce danger était toutefois de nature à compromettre définitivement l'intérêt général, la commission a prouvé, je crois, qu'elle n'est pas suspecte de faiblesse pour les résistances qui peuvent se produire à l'exécution de la loi.

Pourquoi donc ici notre sévérité semble-t-elle fléchir? C'est parce que si, par hasard, dans certaines régions, dans certaines communes, une commission municipale manquait de fermeté, il y a un recours.

Nous avons écrit, en effet, dans l'article 59, que l'inspecteur primaire peut former appel contre la décision de la commission.

Par conséquent, dans la solution que nous proposons au Sénat, il y a la sollicitude que nous voulons garder pour l'intérêt général.

Nous avons l'esprit de conciliation à l'égard des familles, afin de les amener par persuasion à accepter l'exécution de la loi; mais, en revanche, si une famille s'obstine dans une lutte illégale, et que la commission municipale ne fasse pas son devoir, il y a, je le répète, dans l'article le droit de recours accordé à l'inspecteur primaire devant le conseil départemental.

Par conséquent, dans ces conditions-là, les garanties que réclament l'ordre général et l'intérêt de la loi sont sauvegardées, et nous verrions un inconvénient sérieux à introduire dans une commission qui est composée dans l'esprit que j'indiquais tout à l'heure, l'élément que propose l'honorable M. Naquet, et qui en changerait complètement la nature. Il est évident, en effet, que les délégués nommés par le conseil départemental ne seraient pas du tout désignés dans une pensée conforme au caractère de cette institution.

Je crois donc qu'en vous appuyant sur la réserve du droit d'appel accordé à l'inspecteur primaire, vous pouvez, sans danger, malgré les inconvénients que nous comprenons tous très bien, maintenir la disposition qui est inscrite dans le projet de loi. (Très bien! très bien! à gauche.)

M. Naquet. Je demande la parole.

M. le président. La parole est à M. Naquet.

M. Naquet. Messieurs, je ne veux répondre qu'un simple mot à ce qui vient d'être dit par mon honorable collègue M. Ferrouillat: car je ne trouve pas que, sérieusement, il ait été répondu aux arguments que j'ai fait valoir tout à l'heure devant le Sénat.

Depuis le commencement de la discussion de cette loi, M. le rapporteur, M. le ministre de l'instruction publique n'ont cessé de nous dire et de nous répéter, sous toutes les formes, que l'enseignement primaire était une institution d'État et non pas une institution de commune. J'aurais compris à l'extrême rigueur qu'on fît de l'enseignement primaire une institution communale; je n'en aurais pas été partisan, je le déclare, mais enfin je l'aurais compris. C'eût été un système d'ensemble qui aurait pu se défendre.

Mais on nous a déclaré qu'on en faisait une institution d'État, et, sur ce point, je suis absolument d'accord avec la commission; alors faites en un enseignement d'État jusqu'au bout. Car, je le répète, si vous faites une loi, c'est pour qu'elle soit appliquée, et le jour où c'est l'État qui décide et où c'est la commune qui applique, vous êtes certains que, dans le tiers des communes de France, votre loi ne sera pas appliquée, et je déclare qu'actuellement elle ne l'est pas, qu'elle est déjà tombée en désuétude et que les commissions scolaires ne fonctionnent pas sur les points du territoire où il serait le plus important qu'elles fonctionnassent.

M. le rapporteur me répond que l'inspecteur primaire, tout comme les parents, a un droit d'appel devant le conseil départemental. Ce droit est très important pour les familles qui font appel de la décision scolaire, parce que celles-là, dont les intérêts personnels peuvent être lésés dans certains cas, sauront toujours, dans ces cas, s'adresser à une juridiction supérieure.

Quant à l'inspecteur primaire, il n'usera pas de son droit le plus souvent, ou, s'il en use, ce ne sera que dans des circonstances exceptionnelles : car ce droit équivaudrait à faire de l'inspecteur primaire un juge unique. Dans l'immense majorité des cas, ce sont les commissions scolaires qui jugeront en dernier res-

...oit.

C'est pourquoi, puisque l'institution est une institution d'État, je tiens à ce que les commissions scolaires, qui sont une magistrature spéciale destinée à faire appliquer notre loi, soient également une magistrature d'État. (Très bien ! très bien !)

M. le président. M. Naquet demande le renvoi à la commission de son amendement.

On a déposé sur le bureau une demande de scrutin signée de MM. Naquet, Corbon, Forcioli, Georges Martin, Chalamet, Merlin, Isaac, Bozérian, Béral, Salneuve, plus une signature illisible.

(Le scrutin est ouvert. — MM. les secrétaires opèrent le dépouillement des votes.)

M. le président. Voici le résultat du scrutin.

Nombre de votants	258
Majorité absolue	130
Pour	56
Contre	202

Le Sénat n'a pas adopté.

SCRUTIN

Sur l'amendement de M. Naquet à l'article 54 du projet de loi sur l'organisation de l'enseignement primaire.

Nombre des votants	249
Majorité absolue	125
Pour l'adoption	51
Contre	198

Le Sénat n'a pas adopté.

ONT VOTÉ POUR :

MM. Barbedette. Bazille (Gaston). Béral. Bergeon.

Cabanes (Léon). Campenon (général). Challemel-Lacour. Chaumontel. Chiris. Clamageran. Claude. Combes. Combescure (Clément).

Dusolier (Alcide).

Escarguel.

Fayard. Frédéric Petit. Frézoul.

Gent. Girot-Pouzol. Goujon. Goutay. Griffe. Guillemaut (général). Guyot-Lavaline.

Hugot (Côte-d'Or).

Isaac.

Jobard. John Lemoinne.

Laporte. Lecherbonnier. Loubet.

Magnin. Mathey (Alfred). Merlin (Charles). Mestreau. Morellet.

Naquet (Alfred). Ninard. Noblot.

Péronne. Peyrat. Plantié. Pradal.

Salneuve. Scheurer-Kestner. Schœlcher.

Tenaille-Saligny. Testelin. Tolain.

Vernhac (de).

ONT VOTÉ CONTRE :

MM. Ancel. Andigné (général marquis d'). Andlau (général comte d'). Angle-Beaumanoir (marquis de l'). Arbel. Ar.. ideau (général). Audiffret-Pasquier (duc d'). .adren de Kerdrel.

Baragnon (Louis-Numa). Bardoux. Barne. Baibie. Beauchamp (de). Bérenger. Berlet. Berthelot. Blanc (Xavier). Blavier. Bocher. Bondy (comte de). Bozérian. Brémond d'Ars (général marquis de). Brossard. Bruel. Brun (Charles). Brun (Lucien). Buffet.

Cabanes (Joseph). Caduc. Callen. Calmon. Camparan. Canrobert (maréchal). Carayon La Tour (Joseph de). Carné (marquis de). Carquet. Cazot (Jules). Chabron (général de). Chantemille. Chardon. Charton (Edouard). Chavassieu. Chesnelong. Clément (Léon). Cordelet. Cordier. Corne. Cornil. Cornulier-Lucinière (comte de). Couturier. Cuvinot.

Dauphin. Dauphinot. Delbreil. Delsol. Demiautte. Demôle. Denis (Gustave). Denormandie. Develle (Edmond). Didier (Henry). Dietz-Monnin. Donnot. Dreux. Dufay. Dufraigne. Dumesnil. Dumon. Dupouy.

Espivent de la Villesboisnet (général comte). Eymard-Duvernay.

Faidherbe (général). Farre (général). Faye. Ferrouillat. Flóvet. Forcioli. Fournier (Casimir). Fournier (Indre-et-Loire). Frébault (général). Fresneau. Freycinet (de).

Garrigat. Garrisson. Gaudineau. Gaudy. Gavardie (de). Gayot (Emile) (Aube). George. Girault. Gouin. Grandperret. Gresley (général). Grévy (général). Guichard (Jules) (Yonne). Guiffrey (Georges). Guinot. Guyot.

Haigan (Emmanuel). Haine du Fretay (amiral). Havrincourt (marquis d'). Hébrard (Jacques). Honnoré. Huguet (A.). Humbert.

Issartier (Henri).

Jacques. Jaurès (amiral). Jean Macé.

Kiener. Kolb-Bernard. Krantz.

Labiche (Emile). Labiche (Jules). Lacaye-Laplagne. Lacombe. Lades-Gout. Ladmirault (général de). Lafayette (Edmond de). Lafond de Saint-Mür (baron). Lalande (Léon). Lereinty (baron de). Laroche. La Sicotière (de). Laurent-Pichat. Lavrignais (de). Le Bastard. Lecointe (général). Le Guay (baron). Le Guen. Le Monnier. Lenoël (Emile). Le Provost de Launay. Libert. Lizot. Lorgeril (vicomte de). Luro. Lur-Saluces (comte Henri de).

Maleville (marquis de). Marcère (de). Marcou. Marion. Marquis. Martin (Georges). Massé. Masslet du Biest. Mauguin. Mayran. Mazeau. Mercier. Michaux. Millaud (Edouard). Monneraye (comte de la). Montaignac (amiral marquis de). Munier.

Osmoy (comte d'). Oudet.

Pajot. Parent (Savoie). Paris. Parry. Pélissier (général). Perras. Peyron (amiral). Pons. Poriquet. Pouyer-Quertier. Pressensé (de).

Raismes (de). Rampont. Ravignan (baron de). Rémusat (Paul de). Rigal. Robert (général). Robert de Massy. Roger-Marvaise. Roussel (Théophile). Rozière (de). Rubillard.

Saint-Pierre (vicomte de). Saisy (Hervé de). Say (Léon). Sébire. Simon (Jules). Soubigou. Soustre.

Teisserenc de Bort. Tézenas. Théry. Thurel. Tréveneuc (comte de).

Vallée (Oscar de). Véron (amiral). Viellard-Migeon. Vigarosy. Vissaguet. Voisins-Lavernière (de).

Wallon.

N'ONT PAS PRIS PART AU VOTE :

MM. Allou. Arago (Emmanuel).

Barthe (Marcel). Barthélemy-Saint-Hilaire. Billot (général). Boutellle.

Carnot. Casabianca (de). Chadois (colonel de). Chalamet. Claris. Corbon.

Deschanel. Dide. Duboys-Fresney (général). Duclerc (E.) Dupré.

Feray. Foucher de Careil.

Grévy (Albert).

Hébrard (Adrien).

Jauréguiberry (amiral).

La Caze (Louis). Lavalley. Le Blond. Le Royer.

Magniez. Malézieux. Martel. Milhet-Fontarabie.

Peaudecerf. Peraldi.

Renault (Léon). Roger (Dordogne).

Scherer. Songeon.

Tirard. Tribert.

Velten.

Waddington

ABSENTS PAR CONGÉ :

MM. Barbey. Deffis (général). Gailly. Lagache (Célestin). Meinadier (colonel).

Les nombres annoncés en séance avaient été de :

Nombre des votants	258
Majorité absolue	130
Pour l'adoption	56
Contre	202

Mais, après vérification, ces nombres ont été rétablis conformément à la liste de scrutin ci-dessus.

Le Voltaire du 31 mars 1886 (n° 2825)

LE DIVORCE

L'article 310 du Code civil

Je crois l'avoir démontré d'une manière irréfutable dans les quelques articles que j'ai déjà consacrés à l'article 310 du Code civil cet article ne peut pas demeurer tel qu'il est dans notre code. Le Sénat de 1884 ayant repoussé toutes les solutions logiques restrictives ou libérales qui s'offraient à lui, et ayant adopté un texte contradictoire avec le reste de la loi, un texte qui a divisé profondément la jurisprudence, le moment est venu de rompre avec le texte et de rentrer résolument dans la logique, soit en faisant un pas en avant, soit en faisant un pas en arrière. En ce qui me concerne, je ne crois pas avoir besoin d'ajouter que le pas en arrière me paraît impossible, que, sauf dans des circonstances extraordinaires, les libertés, une fois concédées, ne peuvent pas être retirées, et qu'il ne reste qu'une solution : celle qui consiste à faire un pas en avant.

C'est ce que reconnaissent tous les hommes de bonne foi, même les adversaires du divorce. L'un d'eux, un de mes collègues de droite, me disait l'autre jour : « Je voterai contre vous, parce que je suis l'adversaire déterminé du divorce, et que tout ce qui complète votre loi et la rend pratique m'a pour opposant. Mais je ne comprendrais pas que des partisans du divorce, des hommes qui ont cru ce régime préférable à celui de la séparation de corps, puisqu'ils l'ont rétabli, fussent à ce point inconséquents avec eux-mêmes qu'ils laissassent aux tribunaux une faculté d'appréciation dont ils ne peuvent se servir que pour faire de l'arbitraire. » Et ce collègue ajoutait : « Juge, je donnerais ma démission plutôt que de prononcer un divorce; mais je ne me croirais en aucun cas le droit d'abuser de ma situation pour protester contre la loi que je devrais appliquer. »

Tout ceci est frappé au coin du bon sens. Il est clair qu'il faut vouloir ce que l'on veut. Croit-on la séparation de corps socialement supérieure au divorce; estime-t-on que le célibat obligatoire présente des avantages sur les seconds mariages; préfère-t-on les relations illégitimes qui suivent la séparation de corps aux nouvelles unions légitimes qui suivent la dissolution du lien conjugal ? Soit ! C'est une opinion que j'ai toujours combattue, mais qui a trouvé dans M. Allou, dans M. Jules Simon, d'éloquents défenseurs, et qu'on peut dès lors avouer. Dans ce cas, il ne fallait pas voter la loi de 1884. Mais avoir voté la loi de 1884; avoir implicitement affirmé en la votant que la rupture du lien conjugal est moins nuisible à la société que son relâchement, que les unions légitimes qui sont la conséquence des divorces jettent un trouble moins profond dans les mœurs que les unions adultérines qui sont la conséquence des séparations, qu'il est plus avantageux pour un pays de voir se créer de nouveaux ménages, d'où sortiront des enfants légitimes, que de voir les époux séparés demeurer stériles ou donner naissance à des bâtards; avoir admis tout cela en votant la loi du 27 juillet 1884 et se cantonner dans un article 310 qui dérive de sentiments et d'idées absolument opposés, c'est une inconséquence qui ne saurait se prolonger.

Que l'on fasse une expérience. Les tribunaux se sont profondément divisés sur l'application de l'article 310. Les uns ont apporté dans cette application un esprit semblable à celui qui a présidé à la rédaction que je propose aujourd'hui. Les autres se sont, au contraire, rapprochés du texte proposé par M. Denormandie. Or, qu'on consulte individuellement les juges qui se sont arrêtés à l'une ou à l'autre de ces jurisprudences, et qu'on leur demande leur opinion sur l'institution du divorce elle-même, — c'est une étude que j'ai faite pour ma part, — tous ceux qui jugent dans l'esprit de l'amendement Denormandie et qui refusent la conversion à l'époux originairement défendeur, tous ceux-là, sans exception, sont des adversaires du divorce, des hommes qui regrettent la loi du 27 juillet et qui, chargés de l'appliquer, s'emparent avec ardeur de tous les éléments que cette loi leur met entre les mains pour en atténuer les effets.

Tous ceux, au contraire, qui sont des partisans décidés du divorce, ou seulement qui n'ont pas de parti pris en cette matière, appliquent l'article 310 comme la Chambre des députés a recommandé de l'appliquer, dans un esprit des plus larges et entièrement conforme à la dernière proposition de loi que j'ai soumise au Sénat.

Ce qu'on ne trouvera pas, à quelque recherche qu'on se livre, c'est un magistrat sincèrement partisan du divorce et partisan en même temps, lorsqu'il s'agit des conversions, de l'arbitraire dont les tribunaux ont été investis.

Or, ce que l'on ne trouverait pas parmi les magistrats : un homme partisan du divorce et partisan cependant de l'article 310 actuel, comment le rencontrerait-on au Sénat? Comment se trouverait-il des sénateurs qui, après l'expérience faite, pourraient allier ces deux opinions antinomiques, considérer à la fois comme utiles la loi du 27 juillet 1884 et l'article 310 qui en est le renversement? Cela me paraît impossible. L'article 310 actuel est le fruit d'un instant de confusion et aussi d'un instant d'hésitation. Au moment d'accomplir une grande réforme, bien des intelligences chancellent. La logique les pousse à vouloir, la crainte d'une redoutable expérience les pousse à ne vouloir pas, et du choc qui se produit en eux entre l'instinct novateur et l'instinct conservateur naissent des solutions hybrides sur lesquelles on est obligé de revenir plus tard. Mais la réforme une fois accomplie, l'expérience une fois faite, les craintes qui s'étaient manifestées une fois disparues, les mêmes hésitations ne se justifieraient plus; il faut alors prendre un parti définitif, se décider entre le passé et l'avenir, et, lorsque la décision est prise, en déduire toutes les conséquences logiques et nécessaires.

C'est ce qui arrivera sans contredit lorsque ma proposition viendra en discussion publique. Les esprits les plus timides sont rassurés à cette heure sur l'institution du divorce. Chacun a pu se convaincre — à part ceux qui ont des scrupules d'ordre religieux et qui n'ont jamais eu, ceux-là, la moindre irrésolution — que le divorce n'apporte dans la société aucune perturbation que n'y apportât à un degré très supérieur la séparation de corps; chacun a pu reconnaître que, si la séparation de corps est un mal qui engendre à sa suite d'autres maux, le divorce est, au contraire, un mal qui porte en lui-même son remède; chacun a pu se persuader que cette institution du divorce, que l'on disait en opposition avec les sentiments intimes de la France, est au contraire entrée de plain pied dans nos mœurs, à ce point que toutes les classes de la société y ont recours quand se présentent les situations graves auxquelles le divorce a pour but d'obvier; chacun a pu s'assurer que la réforme de 1884, loin de faire des ennemis à la République, ainsi que le redoutaient certains républicains, ne lui avait attiré que des amis, et, toutes les préventions ayant disparu, il n'y a pas de doute que le Sénat ne complète demain son œuvre en revisant l'article 310 du Code civil. Ceux-là seuls se prononceront contre la rédaction nouvelle qui ont voté en 1884 contre le rétablissement du divorce et qui seraient disposés, si la chose dépendait d'eux, à en voter aujourd'hui l'abrogation.

En 1884, le Sénat était irrésolu, comme l'avait été la Chambre des députés en 1881. Il sentait qu'il était nécessaire de mettre notre législation matrimoniale en harmonie avec celle des autres peuples; il comprenait que le temps était venu de réparer la brèche que, par la loi du 8 mai 1816, la Chambre dite introuvable avait faite aux principes de la Révolution; il ne se dissimulait point qu'en politique, comme à la guerre, reprendre les positions perdues est le premier des devoirs; il voyait nettement que le principe de la sécularisation de l'État, vers lequel il s'avançait chaque jour par les lois sur l'enseignement primaire, conduisait nécessairement au divorce; mais en même temps il éprouvait des craintes justifiées par la gravité même de tout ce qui touche de près ou de loin à la famille, et, n'osant ni se prononcer ouvertement pour, ni se prononcer ouvertement contre la nouvelle loi, il faisait deux pas en avant et un pas en arrière; il retirait de la main gauche ce que la main droite venait d'accorder; il votait la transaction dont est sorti l'article 310 actuel.

Aujourd'hui cette heure d'hésitation est passée. L'expérience a prouvé non seulement qu'on n'a pas à redouter le divorce, mais que si cette institution, telle qu'elle existe, présente quelque inconvénient, c'est celui de nuire au respect de la justice, en donnant aux tribunaux, par l'article 310, une faculté qui leur permet de faire de l'arbitraire et de la passion. Personne ne balancera, dès lors, à reviser cet article et à accepter la solution que la Chambre des députés avait proposée en 1882.

Naquet.

Le Voltaire du 7 avril 1886 (no 2832)

LE DIVORCE

L'article 310 du Code civil

Je ne crois pas qu'aucun argument solide puisse être opposé à ce que j'ai dit jusqu'ici de la nécessité de reviser l'article 310 du Code civil. Mais là où manquent les arguments solides surgissent souvent les raisons sentimentales, qui ne sont pas toujours les plus faciles à déraciner. Par cela même qu'elles ne reposent sur rien de tangible, sur rien de saisissable, il est malaisé de les prendre corps à corps et de les réfuter, à moins qu'on ne les combatte par une argumentation de même ordre et qu'à la sensibilité développée dans un sens on ne réponde par la sensibilité développée en sens inverse. Malheureusement, ceci n'est point à la portée de tous. Tout le monde n'a pas le talent de M. Jules Simon. Et, du reste, j'avoue que je n'ai jamais été séduit par l'emploi d'une méthode à l'aide de laquelle on réussit à enlever un vote, mais non à créer une conviction.

Ce sont des raisons sentimentales qui ont entraîné le vote du Sénat en 1884; elles pourraient, au dernier moment, l'ébranler encore; je ne saurais donc trop m'efforcer, dussé-je pour cela tomber dans des redites, de cuirasser les âmes contre leur intervention dans le débat.

Le point en litige, celui sur lequel portera tout le poids de la discussion, sera sans contredit relatif au droit réclamé en faveur de l'époux qui a succombé dans l'instance en séparation de corps.

Comment, nous dira-t-on, voilà un époux coupable, un époux qui s'est livré à toute sorte d'excès et de sévices, qui, par ses mauvais traitements, a obligé son conjoint à réclamer la séparation de corps, et c'est à cet époux que vous allez accorder le droit, au bout de trois ans, d'exiger la conversion de cette séparation de corps en divorce! C'est inacceptable, c'est immoral. Et qui sait? Peut-être cet époux ne réclame-t-il cette conversion que pour épouser le complice ou la complice d'un adultère qui a motivé la séparation, et pour infliger ainsi à son conjoint la dernière et la plus sanglante des injures. C'est inadmissible.

Eh bien! oui, c'est à cet époux que j'accorderai la conversion, absolument comme la lui accordent aujourd'hui le tribunal du Havre, le tribunal et la cour de Rouen, la cour de Caen, le tribunal de Lyon, le tribunal de Marseille, la cour d'Aix... et d'une manière générale toutes les cours et tous les tribunaux qui ne sont pas systématiquement hostiles à la loi du divorce elle-même. Oui, je généraliserai, en le rendant obligatoire, ce que la loi de 1884 a déjà accordé d'une manière facultative, et ce qu'elle aurait dû refuser aussi bien sous la forme facultative que sous la forme obligatoire si le raisonnement que je combats avait eu une portée réelle. Si le fait par l'époux défendeur d'obtenir la conversion de la séparation de corps en divorce, sans que cela soit justifié par des circonstances nouvelles, si ce fait était en soi immoral et inacceptable, il le serait à Caen comme à Douai, à Aix comme à Rennes, et le législateur ne pourrait être justifié d'avoir ainsi abandonné la moitié du pays à l'immoralité par la seule raison qu'il en aurait garanti l'autre moitié.

La vérité est qu'il n'y a aucune immoralité en tout ceci, et que l'argument qui nous est opposé est de la sentimentalité pure.

On perd toujours de vue — je l'ai déjà dit et je ne cesserai de le redire — que le divorce n'est point la peine d'un délit. C'est un état des citoyens. La société avait devant elle deux solutions : d'un côté, la séparation de corps, avec le célibat et son cortège de désordres, de corruption, de naissances adultérines ; de l'autre, le divorce, qui brise l'union conjugale et, sur les débris du ménage brisé, permet d'établir une nouvelle famille, écartant ainsi les effets de démoralisation que le célibat engendre.

Des raisons pouvaient être invoquées dans un sens et dans l'autre. Elles l'ont été. Le débat a été long et, chez nous comme dans la plupart des pays, l'opinion générale a décidé en faveur du divorce. Entre deux maux on a choisi le moindre, et l'on a trouvé que le moindre c'était le divorce. Le divorce a été rétabli.

Mais il va de soi que s'il considérait le divorce comme un moindre mal et la séparation de corps comme un mal pire, le législateur devait tendre à substituer dans le plus grand nombre des cas le premier de ces maux — ou plutôt de ces remèdes — au second.

C'est ce qu'on a fait en 1803 comme en 1884, en édictant la loi en vue du divorce et en ne réservant à la séparation qu'une place secondaire, place justifiée sans doute, dans une certaine mesure, par les répugnances des catholiques, mais qui ne doit pas sortir du cadre qui lui a été assigné par la raison publique.

L'Allemagne, la Suisse n'ont pas conservé la séparation de corps. Elles disent aux catholiques : « Ne vous remariez pas après divorce si votre conscience s'y oppose ; c'est affaire à laquelle la loi n'a rien à voir. »

Nous, nous avons été plus scrupuleux. Le respect de la liberté de conscience nous a entraînés à une concession que, pour ma part, je ne regrette pas ; mais il ne faut pas que cette concession se retourne contre nous et compromette notre œuvre.

Il est certain que si le catholicisme n'avait point été hostile au divorce, ou si le pays eût été en grande majorité protestant, la séparation de corps, abolie en 1792, n'aurait été rétablie ni en 1803 ni depuis, et que nous vivrions sous le régime exclusif du divorce.

Personne alors n'aurait la pensée de se plaindre de ce que l'époux coupable bénéficie de ses fautes. On trouverait naturel, puisque l'époux innocent a voulu s'affranchir, qu'il ait du même coup affranchi son conjoint, aucun être humain ne pouvant légitimement être astreint à un célibat obligatoire, alors surtout que l'indissolubilité du mariage n'est plus admise comme principe général et absolu.

Aujourd'hui même, lorsque l'époux lésé introduit *de plano* une demande en divorce, en se libérant il libère son conjoint, et personne n'a même proposé de faire à celui-ci, au lendemain du jugement et au point de vue de la liberté individuelle, une situation autre qu'à celui-là.

Et cependant l'argument sentimental persiste. L'époux coupable bénéficiera de ses propres fautes, puisqu'il reconquerra son entière liberté.

Pourquoi deux poids et deux mesures? Pourquoi, en matière de conversion, faire naître des difficultés que nul n'a songé à faire naître lorsqu'il s'agit d'une instance principale ?

On craint que l'époux adultère dont la séparation de corps a été convertie en divorce n'épouse son complice ?

Et, dans le cas de divorce direct, la situation n'est-elle pas la même ? Que dis-je? Si l'on avait dû imposer à l'époux coupable des limitations et des entraves, c'est dans le cas du divorce *de plano* bien plus que dans le cas de conversion qu'il aurait été logique de le faire.

Dans le divorce *de plano*, l'époux coupable peut se remarier le lendemain.

Dans le cas de conversion, il ne devient libre que trois ans après le jugement qui a prononcé la séparation de corps, et même quatre ans, en comptant le temps que prend un jugement nouveau. Il y a donc ici une longue épreuve. Cette épreuve est une garantie contre les calculs intéressés que l'on redoute, et en même temps une preuve indéniable que toute réconciliation est impossible et que, dès lors, la société est intéressée à ce que l'état de séparation soit remplacé par l'état de divorce. La loi, d'ailleurs, a répondu d'avance par son article 298 aux craintes que l'on éprouve ; elle a interdit, lorsque le divorce est prononcé pour cause d'adultère, à l'époux coupable d'épouser son complice.

Je ne discute point ici le bien fondé de cette disposition. Les Anglais ont porté sur ce point un jugement inverse du nôtre. Ils estiment que le mariage de l'époux coupable avec son complice est une réparation due à la société, et ils pensent que cette réparation prévue empêche plus d'adultères qu'elle n'en fait naître.

En France, le sentiment a été autre. On a craint que l'appât du mariage ne poussât aux relations criminelles, et l'on a édicté la prohibition de l'article 298.

Mais alors que vient-on nous parler de l'injure dernière et cruelle qui résulterait pour l'époux innocent du mariage de son conjoint adultère avec son complice? Si ce mariage a lieu, c'est qu'au jour du procès en séparation l'époux lésé a omis de faire valoir ses vrais griefs, et il n'a à s'en prendre qu'à lui-même du résultat dont il se prétend victime.

Je cherche, du reste, l'outrage dont on parle, et j'avoue que je ne le trouve pas. Un homme a entretenu une concubine, une femme a trompé son mari; il y a certainement outrage, et c'est pour cela que la loi a donné à l'époux outragé le droit de demander le divorce ou la séparation de corps.

Mais quand le divorce est prononcé, que les deux époux sont devenus étrangers l'un à l'autre, quelle importance peuvent avoir pour l'un d'eux les actes de l'autre?

Ce que l'époux qui a triomphé dans l'instance en séparation de corps a le droit d'exiger, c'est qu'aucun de ses intérêts ne soit sacrifié.

Ils ne le sont pas par la conversion, puisque le divorce demeure prononcé à son profit comme l'avait été la séparation, puisqu'il conserve la garde de ses enfants et « tous les avantages à lui faits par l'autre époux, encore qu'ils aient été stipulés réciproques et que la réciprocité n'ait pas lieu (article 300) ».

La liberté dont le divorce fera jouir l'époux qui a succombé dans l'instance ne pourra donc jamais être préjudiciable à l'autre époux, et, si celui-ci s'opposait à ce que son ancien conjoint jouît de cette liberté, ce ne pourrait être que sous l'empire d'un sentiment de vengeance et de haine, c'est-à-dire d'un mauvais sentiment.

A ces sentiments-là le législateur ne doit pas prêter son concours. Par le divorce il a voulu, en rendant tout à fait étrangers les uns aux autres des époux qui se haïssent, éliminer un élément de désordre social. Il ne peut ni ne doit se montrer sympathique à qui cherche à perpétuer ce désordre.

La vraie question n'est donc pas celle des sentiments peu justifiés qui peuvent se produire dans l'esprit du mari ou de la femme à la suite des mariages nouveau qui suivront le divorce. La question est autre.

Il s'agit de savoir si le célibat est une cause de corruption, surtout lorsqu'il n'est pas volontairement supporté, et, dans le cas de l'affirmative, si la société doit consentir à ce qu'il soit imposé à un certain nombre de ses membres.

Il s'agit de savoir si, quand tout espoir de réconciliation est perdu, quand la famille est sûrement et définitivement dissoute, la société ne doit pas voir d'un œil favorable le divorce et d'un œil défavorable la séparation de corps. Il s'agit de savoir si une épreuve de trois ans, suivie d'une demande en conversion, n'est pas la démonstration la plus irréfragable que toute espérance de reprise de la vie commune est perdue...

A tous ces points d'interrogation la réponse ne saurait faire doute de la part de ceux qui ont voté le rétablissement du divorce.

Il faut vouloir ce qu'on veut. Et conserver l'article 310 actuel, c'est donner et retenir en même temps. Donner et retenir ne vaut.

Ou il fallait maintenir le régime exclusif de l'indissolubilité du mariage;

Ou il fallait dans le divorce, comme en Russie, faire une situation différente à l'époux innocent et à l'époux coupable;

Ou il fallait accepter l'article 310 que proposait la Chambre des députés.

J'ajoute que, même si l'on avait fait aux deux époux une situation différente dans le divorce, il aurait encore fallu accepter l'article 310 de la Chambre.

Même dans ce cas, en effet, il est peu probable qu'on eût imposé à l'époux coupable un délai de plus de trois ans avant de lui rendre sa liberté, et ce délai, cette épreuve, l'article 310 les lui impose, donnant ainsi satisfaction aux plus exigéants.

Naquet.

Le Voltaire du 14 avril 1886 (n° 2839)

LE DIVORCE

L'article 310 du Code civil

Les adversaires du divorce ne se découragent pas. Ils sentent fort bien que la réforme opérée en 1884 sera incomplète aussi longtemps que l'article 310 du Code civil n'aura pas été revisé et que la conversion des séparations de corps en divorces ne sera pas obligatoire, au bout de trois ans, sur la demande de l'un ou de l'autre des époux. Ils veulent nous empêcher de compléter notre victoire et de consommer définitivement notre défaite.

Rien de mieux si, comme les membres de la Droite au Sénat et à la Chambre, ils protestaient hautement contre le principe de la loi, et se bornaient à repousser la modification que nous proposons comme une conséquence logique et nécessaire de ce que nous avons déjà obtenu, mais de ce dont ils ne voulaient pas. Adversaires de l'institution du divorce, ils se déclareraient opposés à tout ce qui la parachève et la rend ainsi plus difficile à détruire.

Mais les partis raisonnent rarement et ne peuvent que rarement raisonner de la sorte. Ils ne le font que quand ils sont d'avance assurés de la défaite. Alors ils ne luttent plus que pour l'affirmation de leurs opinions et ils mettent à nu leur pensée. C'est ainsi que, pendant la longue discussion de la loi sur l'organisation de l'enseignement primaire que vient de voter le Sénat, les monarchistes cléricaux ont attaqué de front le projet. En agissant ainsi, on est sûr de n'entraîner personne. On parle pour le pays, dans l'espérance de le ramener à soi plus tard; quant au fait présent, on l'abandonne à la nécessité.

C'est évidemment ce qui arriverait si les ennemis du divorce venaient franchement avouer que l'article 310 est la conséquence naturelle de la loi que nous avons faite, et le repoussaient en même temps comme hostiles à cette loi, c'est-à-dire au principe même dont il dérive. Le Sénat, dans sa majorité, est nettement partisan du divorce. Que, pour combattre l'article 310, on attaquât de front la loi de 1884, que l'on fît revivre la discussion de fond qui a été vidée il y a deux ans, et l'échec de nos adversaires serait certain : la modification projetée serait votée à une majorité des plus respectables.

Mais — bien que pour ma part, et quoique ordinairement pessimiste, je croie la partie gagnée — on n'a pas renoncé à faire repousser la rédaction que j'apporte. Il faut donc s'y prendre d'une manière plus habile, prouver que l'on peut être partisan du divorce et résolu à conserver l'article 310 actuel. On espère ainsi diviser nos amis et faire avorter la cause que je défends.

Dans ce but il faut chercher des arguments qui puissent faire un moment illusion. L'imagination féconde de ceux qui nous combattent en crée chaque jour un nouveau; et c'est d'autant plus méritoire qu'il n'y en a guère et que la tâche est difficile. Ces arguments, d'ailleurs, valent ce qu'ils valent. S'ils peuvent, pendant une heure, surprendre le Sénat, ainsi que le fait s'est produit en 1884, cela suffit. Un jour, on fait vibrer la corde sentimentale. Un autre jour, on prétend invoquer la liberté de conscience, et si l'on s'aperçoit que ces moyens ne produisent pas tout l'effet qu'on s'en était promis, on essaye des subtilités juridiques.

Certes, quand le moment de la discussion viendra, on s'apercevra facilement que les attaques à la nouvelle rédaction de l'article 310 viendront toutes de personnes ayant combattu en 1884 le principe même du divorce. Ce sera là déjà un préjugé en notre faveur. Le Sénat est défiant. En 1884, il repoussa un système de procédure que lui offrait très sincèrement M. Denormandie et qui présentait de réels avantages, uniguement parce qu'il émanait d'un ennemi du divorce et qu'on se méfiait — à tort dans l'espèce — des intentions de son auteur.

A plus forte raison le Sénat hésitera-t-il lorsqu'il s'agira non plus d'une question de forme, mais d'une question de fond, à admettre des arguments émanés de collègues adversaires systématiques de la loi. Il faudrait, pour faire taire ces préventions, des motifs bien puissants, et je les cherche en vain.

Comme cependant nous avons à compter avec des adversaires d'un talent supérieur, nous serions coupables de trop nous reposer sur leur impuissance à faire triompher une mauvaise cause, et puisque nous en avons le temps, que la discussion générale ne s'ouvre pas encore, il est sage, je crois, d'y préluder en montrant le vide des arguments par lesquels on nous combat. Approfondir une question, l'examiner sous tous ses aspects, sous toutes ses faces, c'est assurer le triomphe de la vérité, qui a tout intérêt à ce que la lumière se fasse; c'est enlever toutes ses chances à l'erreur, qui ne peut que profiter d'une surprise.

C'est ce qui me pousse à recueillir, autant qu'il est en moi, toutes les raisons que l'on médite d'élever contre le nouvel article 310, afin que personne ne soit pris au dépourvu, afin que, lorsqu'elles se produiront au jour de la tribune, elles soient déjà connues, jugées, condamnées.

L'une de ces raisons, c'est que voter la conversion obligatoire ce serait rétablir le divorce par consentement mutuel. — On prononce, dit-on, des séparations de corps à la légère quand les deux époux sont d'accord, et si, trois ans après, il dépend de ces époux de faire convertir ces séparations en divorce, le tour sera joué, le consentement des parties suffira à briser l'union conjugale.

Si même il en était ainsi, ce ne serait point un motif pour repousser la loi. La question du consentement mutuel n'a point été discutée au Sénat en 1884. Le gouvernement, à cette époque, avait à sa tête, dans l'honorable M. Jules Ferry, un homme peu sympathique au divorce; mais plusieurs de ses membres étaient d'un avis contraire, et l'opinion publique ne lui permettait plus de se prononcer contre. Une transaction intervint, dans le sein du conseil des ministres d'abord, et ensuite entre le gouvernement et les promoteurs de la réforme, qui, eux, croyaient avoir besoin au Sénat de l'appui gouvernemental.

Cette transaction porta sur l'abandon du chapitre relatif au consentement mutuel. Beaucoup de bons esprits regrettaient fort, toutefois, que l'on eût transigé sur ce point, et je crois que, si l'on avait tenu bon, on l'aurait emporté. Je ne fus pas d'avis d'engager cette lutte, parce que la statistique des pays voisins m'avait démontré que là où le consentement mutuel est admis on n'y recourt pas, et parce que, dès lors, il n'était pas prudent de risquer une aventure où le succès ne nous aurait à peu près rien donné, et où un insuccès pouvait tout compromettre.

Quoi qu'il en soit, la question est loin d'être résolue, et beaucoup de personnes estiment que le divorce par consentement mutuel, pourvu qu'il soit entouré de garanties sérieuses, est le mode que l'on devrait préférer, en ce sens qu'il protège les familles contre les débats irritants et les jugements flétrissants. C'est l'opinion que défendit M. Léon Renault, en 1882, à la Chambre des députés.

Or, si l'ancien divorce par consentement mutuel du Code présentait des garanties — c'est-à-dire des difficultés — telles qu'on n'y recourt pas là où il serait possible d'en user, que dire de ce divorce par consentement mutuel qui résulterait de l'article 310?

Le Code de 1803 n'imposait aux époux qui entendaient divorcer qu'une année d'épreuve. Ici il en faudrait trois et même quatre. Ni l'un ni l'autre n'avait à subir de condamnation; ici il est nécessaire que la séparation de corps — et par conséquent le divorce — soit prononcée contre l'un d'eux, ce qui — quelque atténuée que cette condamnation puisse être — n'est jamais agréable pour celui qui la subit. Si donc on ne recourait pas à la faculté qui résultait de l'ancien Code, *a fortiori* ne profiterait-on pas de la faculté indirecte que l'on feint de redouter.

Mais il y a plus. Je ne vois pas en quoi les conversions rendues obligatoires faciliteraient la collusion des époux en vue d'obtenir le divorce.

Si la vie entre deux époux était devenue à ce point insupportable qu'ils fussent fermement résolus l'un et l'autre à rompre leur union, ils aimeraient bien mieux introduire une instance directe que de se condamner à quatre années d'attente. Pourquoi s'imposeraient-ils ce stage inutile ? Parce que les tribunaux accordent plus aisément la séparation de corps que le divorce ? Les tribunaux ont tort. Les causes de séparation de corps sont les mêmes que celles de divorce. La loi voit la séparation d'un œil tellement moins favorable que le divorce, que même sous le premier empire, quand le consentement mutuel était admis pour celui-ci, il ne l'était pas pour celle-là. Pour entrer dans l'esprit du législateur, les tribunaux ne doivent donc pas accorder plus facilement la séparation que le divorce ; ils doivent se borner à l'examen des faits, puis, si la demande n'est pas justifiée, débouter les parties, et si elle l'est, accorder la solution que les parties réclament, le choix leur étant laissé et n'étant laissé qu'à elles.

J'ajoute que si les tribunaux pouvaient s'écarter de cette règle — ce qui n'est point admissible — et montrer plus de sévérité dans un cas que dans l'autre, c'est contre les séparations que cette vérité devrait s'exercer, puisque la loi considère cet état comme beaucoup plus désavantageux au corps social que l'état de divorce.

Ainsi, la modification de l'article 310 n'entraîne nullement le rétablissement indirect du consentement mutuel, et le portât-elle que ce ne serait point un motif suffisant pour la rejeter.

Il y a plus : si l'argument que je réfute ici était vrai, il serait tout aussi opposable à l'article 310 actuel qu'à celui que je propose de lui substituer.

Aujourd'hui, en effet, les conversions sont facultatives. Mais quand les tribunaux les refusent-ils ? Quand l'un des époux s'y oppose, et généralement quand l'époux qui s'y oppose est l'époux originairement demandeur.

Mais lorsque celui en faveur de qui la séparation de corps a été prononcée demande, au bout de trois ans, que cette séparation de corps soit convertie en divorce, et lorsque celui qui a été condamné ne s'y oppose pas, il n'y a pas d'exemple jusqu'ici qu'un tribunal ait refusé.

Or, supposons un ménage décidé au divorce, mais ne plaidant qu'en séparation de corps, en vue de se concilier la bienveillance d'un tribunal clérical. Il va de soi que, les trois ans écoulés, ni l'un ni l'autre ne fera obstacle à la conversion ; que, puisque dans l'hypothèse ils sont d'accord, l'instance sera introduite par celui qui a le plus de chances de succès, c'est-à-dire par le demandeur originaire, et que, par conséquent, la conversion sera prononcée.

Il ne reste donc rien de ce fantôme du consentement mutuel dont on a l'espérance d'effrayer le Sénat. Le consentement mutuel ne serait pas pour nous effaroucher s'il était en question, mais il n'y est pas. Il ne sera pas plus rétabli indirectement demain qu'il ne l'est à cette heure, et les partisans de la conversion facultative, c'est-à-dire de l'arbitraire des tribunaux, feront bien de chercher d'autres arguments, s'ils veulent impressionner les Chambres.

Naquet.

Journal officiel de la R. F. du 14 avril 1886
XVIIième année – n° 103

Séance du Sénat du 13 avril 1886
Prise en considération de la proposition de loi tendant à modifier l'article 310 du Code civil

Premier discours.

M. Alfred Naquet. Je demande la parole.

M. le président. La parole est à M. Naquet.

M. Alfred Naquet. Messieurs, il m'est difficile, en l'absence de l'honorable M. Ninard, qui est retenu en ce moment ici hors du Sénat, de répondre d'une manière complète aux observations que vient de présenter l'honorable M. de Gavardie. Les membres de la commission d'initiative — dont je ne faisais pas partie, — m'ont dit que la prise en considération avait été adoptée à l'unanimité des membres présents; mais je ne sais pas quel était leur nombre. C'est la seule explication que je puisse fournir à M. de Gavardie. Je tiens seulement, avant de descendre de la tribune, à lui rappeler un fait qui le touchera sans doute.

Il y a peu de temps, nous votions ici même un projet émané du Gouvernement sur la procédure en matière de divorce. Arrivés à l'article 20, qui reproduisait l'article 310 actuel, l'honorable M. de Gavardie voulut le combattre : car il n'est guère plus favorable, si je ne me trompe, à l'article actuel qu'à celui que je désire lui substituer.

Je montai à la tribune pour répondre à l'honorable M. de Gavardie, et je lui déclarai que M. Léon Renault et moi avions présenté un amendement, que nous l'avions retiré pour ne pas mêler de questions de fond aux questions de forme, mais que je me proposais de déposer sous peu ma proposition modificative de l'article 310, et que, à ce moment-là, quand on discuterait le fond, M. de Gavardie pourrait, tout à son aise, déposer un amendement et dé[fendre] les idées qui lui sont chères.

L'honorable M. de Gavardie me répondit de son banc qu'il craignait que cette proposition ne vînt jamais. Elle vient à cette heure.

M. de Gavardie. Elle vient trop tôt. (Exclamations et rires à gauche.)

M. Alfred Naquet. Vous aviez peur qu'elle ne vînt trop tard, et, maintenant, vous trouvez qu'elle vient trop tôt.

En tout cas, quand on est très désireux d'apporter une modification à une législation, on ne doit jamais trouver que l'occasion vient trop tôt de le faire. J'espère donc que M. de Gavardie sera très heureux de trouver l'occasion de présenter l'amendement qu'il avait l'intention de présenter alors, et qu'il ne combattra pas autrement la prise en considération de ma proposition.

Deuxième discours

M. Naquet. Messieurs, je ne discute pas la question de savoir si la commission actuelle du divorce existe et fonctionne, ou bien si elle ne fonctionne plus.

Je reconnais qu'elle a fonctionné sur la loi de procédure du divorce; je reconnais encore que si, comme je l'espère, M. le garde des sceaux dépose à nouveau le projet qui nous revient du conseil d'État, ce projet, qui était d'ailleurs contemporain de celui qui a abouti à la loi du 27 juillet 1884, qui émanait d'un certain nombre de nos collègues, dont plusieurs sont membres de l'ancienne commission, et qui, dès cette époque, a été examinée par elle; je reconnais, dis-je, que ce projet devra encore lui être renvoyé. Sur ce point, pas de question.

Je reconnais enfin, avec l'honorable M. Paris, que le Sénat est souverain en cette matière et qu'il peut renvoyer toute proposition à telle commission qui existe et à laquelle il lui convient de la renvoyer.

Par conséquent, il peut librement, s'il l'entend, charger de l'examen de ma proposition l'ancienne commission du divorce; mais je crois qu'il serait absolument fâcheux qu'il le fît, et la raison en est qu'il faut appliquer le règlement dans son esprit au moins autant que dans sa lettre.

Pourquoi le règlement a-t-il voulu que nous renvoyions à des commissions les diverses propositions qui nous sont soumises, au lieu de voter directement sur ces propositions, comme on le fait dans d'autres pays, en Angleterre, par exemple; ou bien, au lieu de renvoyer à des comités permanents, comme on le faisait sous la Révolution française? Parce que les Assemblées actuelles, la Chambre des députés et le Sénat, ont pensé qu'il était bon que l'esprit général de l'Assemblée se dégageât, d'abord par la discussion dans les bureaux qui précède la nomination de la commission, si bien que quand la commission arrive et apporte son rapport, l'idée générale de la Chambre ou du Sénat s'est déjà dégagée, que la moitié du travail est faite, et que les sénateurs ou les députés sont plus complètement éclairés sur la question qu'ils ont à trancher, que s'ils se prononçaient directement sans cet examen préalable.

Voilà pourquoi on a établi des commissions, voilà pourquoi nous exigeons que des rapports émanés de ces commissions précèdent toute discussion générale.

S'il en est ainsi, vous reconnaîtrez que la commission actuelle du divorce ressemble un peu à un comité permanent, si vous voulez me permettre cette expression (Sourires), que ce n'est pas une commission nommée *ad hoc* pour chaque proposition spéciale et reflétant, comme nous devons le désirer de toute commission, l'esprit du Sénat au moment où la proposition est produite.

Or, dans une question aussi grave et aussi importante — de l'avis de ceux-là mêmes qui la combattent — que celle que j'ai l'honneur de soumettre à vos méditations, je crois qu'il serait vraiment fâcheux — non pas que je me défie des opinions qui peuvent prévaloir dans la commission existante, mais parce que je crois bon que le Sénat ait, pour ainsi dire, une série de délibérations; non seulement ses deux délibérations en séance publique, mais aussi sa délibération dans les bureaux — je crois, dis-je, qu'il serait fâcheux de ne pas renvoyer à une nouvelle commission, c'est-à-dire à l'examen approfondi des bureaux, d'où pourra se dégager l'opinion actuelle du Sénat.

Voilà pourquoi, contrairement à l'opinion de MM. Delsol et Paris, je demande le renvoi à une commission nouvelle.

M. le président. Je mets aux voix la proposition de M. Delsol de renvoyer la proposition de M. Naquet à la commission du divorce.

(Après une première épreuve déclarée douteuse, le vote a lieu, par assis et levé. — Le Sénat n'adopte pas la proposition de M. Delsol.)

M. le président La proposition de M. Naquet est renvoyée aux bureaux.

Le Voltaire du 21 avril 1886 (n° 2845)

LE DIVORCE

L'article 310 du Code civil

Mardi dernier, le Sénat a pris en considération ma proposition de loi relative à la revision de l'article 310 du Code civil.

Je ne saurais rien conclure de ce premier vote. En effet, à l'exception de notre éternel collègue M. de Gavardie, personne, ni à droite ni à gauche, ne s'est opposé à la prise en considération, et M. Allou lui-même est venu loyalement déclarer à la tribune que, tout en étant d'un avis différent du mien, il jugeait la question trop sérieuse, trop grave pour ne pas demander qu'elle fût examinée au fond.

Certainement on peut voir, dans cette quasi unanimité qui s'est déclarée en faveur des conclusions de la commission d'initiative un vote de mauvais augure pour l'article 310 actuel. Je le crois bien malade. Mais cette unanimité ne préjuge rien sur la rédaction nouvelle qui doit prévaloir. Il est clair que, parmi les votants, il en est qui, loin de tendre à une solution plus libérale en même temps que plus logique que la solution actuelle, tendent au contraire à une solution plus logique, si l'on veut, mais moins libérale. Ces suffrages confondus, mais émanés de pensées différentes, ne jettent donc aucune lumière sur les sentiments du Sénat.

Il n'en est pas de même du second vote, où je crois apercevoir un préjugé favorable à mon projet.

Tous les adversaires du divorce, M. Delsol, M. Paris et les membres de la gauche qui sont leurs alliés sur cette question, soutenaient le renvoi de la proposition à l'ancienne commission. Des personnes qui, en 1884, à la première délibération, ont voté avec nous le texte que nous reprenons aujourd'hui, M. Oudet, M. Labiche, notre ex-rapporteur, sincèrement rallié, paraît-il, à l'article actuel, — je jugeais cela si improbable que je lui demandais l'autre jour de m'appuyer dans son bureau, — tous ceux, en un mot, qui ne veulent pas de modification ou qui désirent une modification restrictive ont fait effort pour que l'ancienne commission fût saisie. C'était naturel. L'opinion de l'ancienne commission est connue. Elle est défavorable au divorce, et, l'opinion d'une commission exerçant toujours une influence considérable sur une Assemblée, si M. Delsol et ses alliés eussent réussi, il n'est pas douteux que mes amis et moi eussions eu, en fin de compte, plus de peine à triompher.

M. Ninard l'a compris. Il a demandé le renvoi de la proposition aux bureaux. J'ai insisté dans le même sens, et, bien que plusieurs membres du Sénat ne se soient d'abord pas rendu compte de la portée du débat et se soient trompés au premier moment, c'est aux bureaux qu'après une épreuve douteuse ma proposition a été renvoyée par une incontestable majorité.

Ce point étant acquis que tous les partisans de ma proposition ont voté le renvoi aux bureaux, que tous ses adversaires ont voté le renvoi à l'ancienne commission, il est clair que, si le vote unanime de prise en considération ne prouve rien, par contre, le second vote, sur lequel on s'est divisé, semble indiquer que la majorité nous est acquise.

Il ne faudrait pas trop se reposer sur le premier résultat, cependant. Nos adversaires n'ont pas donné jusqu'ici ; ils se sont bornés à se compter. Ils donneront dans les bureaux et lors de la discussion publique, et il y a parmi eux de rudes lutteurs. Quand on a affaire à des hommes comme M. Allou, comme M. Denormandie, comme M. Labiche, dont l'appui nous a été si utile en 1884, on n'a le droit de se croire vainqueur que lorsque la victoire est définitivement acquise.

La bataille sera rude, et bien des esprits timides pourraient hésiter si l'on ne prenait soin de les rassurer d'avance, de les blinder contre les assauts dont le nouveau texte projeté ne manquera pas d'être l'objet.

Nos adversaires vont déjà disant dans les couloirs du Sénat que le divorce n'aurait plus de frein si la conversion devenait de droit pour le demandeur aussi bien que pour le défendeur primitif.

Voici comment ils raisonnent :

Lorsque, disent-ils, un époux aura la ferme résolution de divorcer, il ne lui sera pas difficile, par les injures, par les mauvais traitements, par l'adultère même, d'y contraindre son conjoint. En ce moment, il peut être arrêté par cette pensée que son conjoint ne demandera que la séparation de corps et que, trois ans plus tard, les tribunaux lui refuseront la conversion. Une fois celle-ci obligatoire, ils seront rassurés ; ils sauront que le résultat de leur inconduite sera pour eux, à quatre ans de date, la liberté complète, et ils n'hésiteront plus.

C'est exactement la reproduction de ce que soutenaient à la Chambre des députés en 1881 et en 1882, au Sénat en 1884, les ennemis du divorce. C'est, à peu de chose près, l'argumentation de l'honorable M. Brisson, et je la concevais alors. Mais je ne la conçois plus aujourd'hui, car la question est vidée, car il ne s'agit plus, à cette heure, de prendre parti pour ou contre le divorce, mais bien de se prononcer sur une disposition particulière de la loi.

Les craintes que j'ai analysées plus haut, si elles étaient fondées, ne devraient aller à rien moins qu'à faire abroger la loi du divorce elle-même.

S'il est vrai, en effet, qu'un époux décidé à user de mauvais traitements à l'égard de son conjoint puisse le forcer à lui intenter une action en séparation ou en divorce, rien ne dit que ce ne sera pas l'action en divorce qui sera choisie *de plano*. Si même on considère avec quelle rapidité, dans les pays où existent les deux régimes, celui de la simple séparation perd du terrain, on demeurera convaincu que quatre fois sur cinq c'est la voie du divorce qui sera préférée. Cela se conçoit ; l'époux innocent, victime de traitements injustes, qui peut reconquérir sa liberté entière et se reconstituer un foyer, ne voudra pas d'ordinaire, et dans l'unique but d'être désagréable à l'autre, se sacrifier lui-même. Sauf les cas où il sera retenu par des sentiments religieux — et l'expérience démontre qu'ils tiennent moins de place que l'on croit dans les déterminations de cet ordre, — il demandera et obtiendra la rupture du lien conjugal.

Un quart, un cinquième peut-être se borneront à demander la séparation de corps, mais ce ne sera pas une raison pour le défendeur de désespérer. S'il est du ressort de la cour de Caen, de la cour de Paris, de la cour d'Aix, de la cour de Bordeaux, il sera tout à fait ou au moins à demi rassuré sur l'issue finale du procès.

Il résulte de là que les mauvais traitements que l'on redoute devant, même en l'état, aboutir le plus souvent au divorce, la faculté actuellement laissée aux tribunaux n'est point une garantie qu'ils ne se produiront pas. La probabilité du succès est trop grande pour que les natures perverses capables de recourir à de tels moyens hésitent plus aujourd'hui qu'ils n'hésiteront demain.

Ils se tromperont peut-être quelquefois dans leurs calculs. Mais le mal n'en sera pas moins fait, la famille n'en sera pas moins brisée.

Je le répète, pour obvier à ce danger, il faudrait abolir le divorce ou déclarer tout au moins qu'il ne rend la liberté qu'à l'époux innocent.

On ne le fera pas, parce que le divorce, qui a ses inconvénients, comme toute institution humaine, présente plus encore d'avantages. Mais alors il n'y a plus de raison pour se mouvoir dans deux principes opposés et pour résister à la modification de l'article 310 du Code civil.

La question est d'intérêt social.

Dès l'instant où la garantie que l'on croit trouver dans la législation actuelle est illusoire, que le nombre des faits que l'on redoute ne peut être ni diminué ni accru par cette législation, il s'agit simplement de savoir si, quand un mariage est brisé sans espoir de retour, la société est plus intéressée à la séparation qu'au divorce ou au divorce qu'à la séparation.

C'est la discussion de 1884 qui se rouvre, et, si les opinions du Sénat ne se sont pas transformées depuis, s'il trouve aujourd'hui, comme alors, le divorce un moindre mal et la séparation un mal pire, il doit désirer que la séparation soit convertie en divorce toutes les fois que son maintien ne résulte pas de la volonté expresse et formelle des parties.

D'ailleurs, qu'il s'agisse de la voie directe ou de la voie indirecte qu'ouvre l'article 310, les craintes des adversaires du divorce sont bien exagérées; faire prononcer le divorce contre soi n'est point chose enviable : on y perd la garde d'enfants que généralement on aime, même lorsqu'on est mauvaise épouse ou mauvais mari; si l'on a stipulé dans le contrat des avantages, réciproques ou non, on perd tous les siens, tandis que le conjoint qui triomphe dans l'instance conserve ceux qui lui étaient dévolus; si l'adultère est la cause du divorce, on devient incapable d'épouser son complice; enfin, tandis que, dans la séparation de corps, l'époux coupable lui-même obtient assez facilement une pension alimentaire s'il a des moyens insuffisants d'existence, dans le divorce, celui-là seul peut y prétendre en faveur duquel le jugement a été rendu.

Or, lorsque l'époux contre lequel la séparation de corps a été prononcée fait convertir celle-ci en divorce, le divorce demeure prononcé contre lui.

Se livrer à des actes coupables dans l'espoir d'en obtenir le divorce trois ans après, c'est d'ailleurs spéculer à une bien longue échéance. La passion ne connaît guère de ces longs délais.

Et j'ajoute que si elle les connaissait, et si le désir de rompre sa chaîne résistait en outre chez un époux à tous les désavantages que je viens de signaler, c'est que chez cet époux l'horreur de son conjoint serait bien forte et que, la vie commune devenant par cela même intolérable, jamais divorce n'aurait été mieux justifié.

Il ne faut, en effet, jamais perdre de vue — je l'ai dit mille fois et j'y reviens encore, tant cette idée a de peine à pénétrer dans certains esprits — que le divorce n'est pas une peine, que c'est un état des citoyens qui s'impose là où l'union conjugale est profondément atteinte, atteinte au point de rendre la vie commune impossible, et que les causes que la loi exige pour permettre la rupture de l'union ne sont point considérées comme des délits dont le divorce serait l'expiation, mais comme la preuve irréfragable que l'union est irrémédiablement brisée en fait avant de l'être en droit.

S'il en est ainsi, et si, de plus, il y va de l'intérêt social, quand un ménage est brisé, que les époux reprennent leur liberté et puissent reconstituer une famille au lieu de demeurer au milieu de leurs semblables comme des foyers de corruption, — et cela a été définitivement jugé lorsque le Sénat a adopté le principe du divorce, — que deviennent, que signifient les protestations contre les conversions et les craintes que l'on manifeste à cet égard?

Otez les répugnances religieuses, la séparation de corps n'existerait pas plus dans nos lois qu'elle n'existe en Allemagne, et personne, parmi les partisans du divorce, ne serait effrayé de cette situation. En quoi peut-elle être aggravée par l'article 310, qui impose aux époux une épreuve de trois ans avant de reconquérir leur liberté?

La vérité, c'est que certains esprits sont tourmentés par des incertitudes. Ils n'ont pas pris leur parti d'une manière absolue entre l'ancienne législation et la nouvelle. Ils hésitent encore et, votant le principe du divorce la veille, ils le regrettent ensuite et on entourent le lendemain l'application d'une foule de restrictions qui annulent leur vote premier.

Ce sont ces esprits hésitants qui reculent devant la rédaction de l'article 310 que je leur propose. Tous ceux dont le parti est pris; tous ceux qui, regardant nettement en face ce fléau, les mauvais ménages, se sont bien convaincus que, contre ce mal, le divorce est le meilleur ou le moins mauvais des remèdes; tous ceux, en un mot, qui ont rompu avec les idées d'un passé disparu et qui ont fait un pacte avec les idées de la civilisation moderne, ceux-là voteront le nouvel article 310, comme ils ont voté le divorce, avec la conviction profonde de rendre un nouveau et important service à la moralité publique.

Naquet.

Le Voltaire du 25 avril 1886 (n° 2551)

LE DIVORCE

L'article 310 du Code civil

Je veux répondre aujourd'hui à une objection de principe qui, si elle était admise, devrait avoir pour conséquence d'élargir encore ma proposition. Toutes celles auxquelles j'ai répondu jusqu'ici émanent de personnes qui veulent aller moins loin que moi; celle-ci émane au contraire de jurisconsultes qui voudraient aller plus loin, ou qui pensent tout au moins que je ne puis être logique qu'en allant plus loin.

Vous avez très bien établi, me dit-on, que la séparation de corps est un état condamné par l'intérêt social, que cet état ne peut être imposé à qui que ce soit malgré lui et que, dès lors, l'époux qui a succombé dans l'instance doit puiser dans cette condamnation même le droit absolu de recouvrer son entière liberté.

Mais pourquoi lui imposer trois ans d'attente? Si vos prémisses sont justes, c'est le jour même de la séparation qu'il doit pouvoir exiger le divorce. Au moment où le tribunal va rendre son jugement, il doit pouvoir déclarer, après avoir défendu à la demande de son conjoint, que si, elle est acceptée malgré lui, du moins il repousse la séparation de corps et exige que le divorce soit prononcé.

Et ce droit, il doit le conserver indéfiniment, il doit pouvoir en user le lendemain s'il a hésité à le faire la veille, sans qu'on ait à lui opposer jamais ni forclusion ni délais.

Voilà, me dit-on, la logique. Hors de là, vous faites quelque chose d'incomplet et de bâtard.

Je reconnais qu'en effet cette solution serait plus rationnelle, plus juridique même que celle que je propose. Mais, s'il faut éviter les illogismes, il n'est pas toujours bon de pousser la logique jusqu'à ses conséquences les plus extrêmes.

Que dirait-on d'un républicain qui demanderait le renouvellement du Parlement tous les jours, sous le prétexte que la souveraineté du peuple, étant inaliénable, ne peut pas plus être aliénée pendant quatre ans qu'à perpétuité? A coup sûr on ne tiendrait aucun compte de son opinion, la législation ne procédant pas des mathématiques et les principes ne devenant applicables qu'en perdant de leur absolu pour être mis en harmonie avec les conditions pratiques dans lesquelles la loi doit s'exercer.

Il en est de même ici.

Outre qu'il serait beaucoup plus difficile de faire admettre cette solution absolue que de faire admettre la mienne; outre que, toute loi faite dans un Parlement étant œuvre de transaction, ce sont là des considérations dont on ne peut pas se dégager tout à fait, il y a de bonnes raisons à fournir en faveur des trois ans d'attente imposés aux époux qui veulent faire convertir une séparation de corps en divorce.

L'époux défendeur seul pourrait protester contre cette disposition de la loi, car l'époux demandeur s'y soumet de son plein gré. Il pouvait obtenir le divorce *de plano*, il préfère ne recourir d'abord qu'à la séparation et se fermer pendant trois ans le chemin du divorce. C'est son affaire, il n'a à s'en prendre qu'à lui-même du résultat de son option. Tout au plus y aurait-il peut-être lieu de faire une exception en faveur de ceux dont la séparation remonte à une époque antérieure à la loi du 27 juillet 1884. Ceux-là, en effet, n'ont pas eu la faculté du choix, puisque, au moment où ils ont été séparés, le divorce n'existait pas. Mais l'argument qui aurait eu de la valeur en 1884 n'en a plus du tout aujourd'hui, parce que les trois ans exigés par la loi seront écoulés, ou bien près de l'être, pour tous les cas de cet ordre, quand le nouvel article 310 sera promulgué.

Quant à l'époux qui succombe dans l'instance... de ce que je défends ses droits au point de vue de la liberté humaine et au point de vue de l'intérêt social, il ne s'ensuit pas qu'il n'y ait aucune mesure à garder dans la reconnaissance et dans l'affirmation de ces droits.

Il ne faut pas oublier que la loi, tout en considérant le divorce comme un moindre mal lorsque la famille est brisée, ne considère comme un *bien* que l'union des familles et tend autant qu'il est en elle à la conservation de cette union.

Non point de cette union factice qui résulte de l'indissolubilité du mariage et qui n'a d'autre résultat que de substituer le désordre à des situations régulières, mais de l'union vraie, réelle, partout où on peut l'espérer.

Le législateur a été si profondément frappé du devoir qui s'imposait à lui de ne rien négliger de ce qui peut empêcher une famille de se rompre qu'il a permis aux juges, lorsque les causes de divorce ne sont pas péremptoires, et encore bien qu'elles leur paraissent suffisantes, d'imposer aux époux un délai d'un an avant de rompre définitivement leurs liens. Le législateur a voulu laisser cette dernière porte ouverte à la réconciliation, afin que le mariage ne soit déclaré dissous que quand tout espoir de rapprochement est irrévocablement perdu.

Aller plus loin aurait été difficile. Imposer même à l'époux innocent un temps d'épreuve de plus d'une année eût dépassé la limite de ce que la loi pouvait raisonnablement faire. Mais rien ne répugne dans l'idée de permettre aux époux de s'imposer une épreuve plus longue s'ils le jugent à propos.

Voilà une femme victime des mauvais traitements, de l'inconduite de son mari; elle est bien décidée à recourir au divorce si elle ne réussit pas à ramener ce mari indigne au sentiment de son devoir.

Mais elle a des enfants; le divorce n'est à ses yeux qu'une nécessité cruelle à laquelle elle ne souscrira que quand toute autre espérance lui aura été enlevée.

Elle espère que trois ans d'épreuve, trois ans pendant lesquels le sentiment paternel pourra parler et rapprocher le père de la mère de ses enfants, elle espère, dis-je, que trois ans d'épreuve lui rendront son mari; que, s'il s'est éloigné d'elle par suite de quelque passion malsaine, cette passion aura eu le temps de s'apaiser, qu'il reprendra alors son libre arbitre et que le mariage, un moment menacé de rupture, pourra se reconstituer. Sous l'empire de cette pensée, elle ne fait prononcer que la séparation de corps. Il serait injuste de méconnaître l'élévation du sentiment qui l'anime et de se refuser à cette dernière tentative de reconstitution du ménage. Jusque-là, elle est dans son droit en demandant un délai avant que la conversion soit admise, et, dès qu'il y a délai, celui-ci est nécessairement arbitraire. Nous avons dit trois ans comme nous aurions pu dire deux ou quatre, absolument comme on a fait de l'arbitraire en fixant la majorité civile à vingt et un ans, alors qu'on aurait eu tout autant de bonnes raisons pour la fixer à vingt ou à vingt-deux ans. Dans des questions de cette nature, aucune solution ne s'impose absolument, scientifiquement; c'est affaire de tact, de mesure, de saine appréciation.

Nous avons pris trois ans d'abord parce que nous avons trouvé ce délai dans l'ancien code, ensuite parce qu'il nous a paru être suffisant sans être excessif.

Il est certainement suffisant. Si, après trois ans, la réconciliation n'est pas faite; si les époux, pendant ce temps, se sont à ce point déshabitués l'un de l'autre que l'un d'eux, sans hésitation, sans regret, demande la dissolution définitive du mariage, on peut considérer l'union comme brisée sans retour. Il y a là certitude qu'aucune réconciliation n'est à attendre. Certitude humaine s'entend; il n'est pas question de certitude mathématique, et l'exception qui se produirait une fois sur mille non seulement ne modifierait pas ces conclusions, mais les confirmerait.

Si donc trois ans se sont écoulés et si l'un des époux demande la conversion de la séparation de corps en divorce, toute espérance de rapprochement ayant disparu, et la société étant intéressée dans ce cas à ce que de nouvelles familles se constituent avec les débris de celles qui sont détruites, le souci de la liberté individuelle et de l'intérêt social veut que cette conversion ne soit plus différée.

Et, s'il suffit, ce délai de trois ans n'est pas excessif, parce que trois années ne forment en somme qu'une fraction assez faible de la vie ordinaire d'un homme ou d'une femme; parce qu'une attente pareille ne supprime rien, ne brise rien, n'empêche rien, et parce que la société est largement autorisée à l'exiger de l'époux qui l'a troublée par sa mauvaise conduite, qui a méconnu ses intérêts et ses lois.

Je ne suis donc pas illogique en me rappelant la devise : *Summum jus, summa injuria*, en apportant à ma proposition tous les tempéraments que le législateur a le droit d'apporter en des matières aussi graves; et, au fond, je crains bien que ceux qui cherchent à me mettre en contradiction avec moi-même ne soient des adversaires inconscients de mon projet. Aussi ne me laisserai-je point aller à le modifier dans le sens de je ne sais quel absolu qui le compromettrait et m'en tiendrai-je, en ce qui concerne la question de principe, à la rédaction que j'ai soumise au Sénat, la seule qui me paraisse rationnelle, étant donné qu'on a voulu laisser subsister la séparation de corps dans notre code.

Naquet.

Le Voltaire du 6 mai 1886 (n° 2861)

LA FRANCE

ET LA QUESTION D'ORIENT

Le phénomène qui se passe en ce moment en Europe est des plus curieux et des plus significatifs.

En 1878, le congrès de Berlin reconnaît certains droits à la Grèce. Il lui concède des territoires qui doivent être soustraits à la domination turque. Puis, quand il s'agit pour elle d'entrer en possession, la Porte fait la sourde oreille, refuse les cessions de territoire décidées à Berlin, et les mêmes puissances qui, quelques mois avant, ont déclaré ce remaniement territorial fondé en droit et nécessaire en fait, entreprennent la fameuse manifestation de Dulcigno et refusent à la Grèce le droit d'exécuter leurs propres décisions. Nous nous rappelons encore qu'à cette époque M. Barthélemy Saint-Hilaire, dont le passage au ministère des affaires étrangères n'a été rien moins que profitable à la France, trouva le moyen d'effacer d'un trait de plume tout ce que M. de Freycinet avait patiemment et sagement élaboré, au plus grand avantage de notre pays, pendant son premier passage au quai d'Orsay.

La Grèce céda. — Puis les années se passent, et enfin, en septembre dernier, arrive la révolution rouméliote. Grand émoi dans la presqu'île des Balkans. Les petits peuples qui se sont constitués là avec les dépouilles de l'Empire ottoman parlent, avec un sérieux imperturbable, de l'équilibre des Balkans comme nous parlerions de l'équilibre de l'Europe, et le roi Milan, à la tête de l'armée serbe, se jette, pour rétablir ce soi-disant équilibre, dans une guerre de conquête, dans une agression aussi injuste que contraire aux intérêts bien entendus des États chrétiens détachés de la Turquie.

L'Europe ne dit mot. Elle permet cette agression sans précédent, et si elle intervient, c'est lorsque l'armée serbe a reçu la juste punition de son entreprise contre l'indépendance et la liberté d'un peuple frère, pour empêcher que la Bulgarie n'applique à son profit les lois de la guerre et ne profite de sa victoire inattendue.

Jusque-là, les puissances sont d'un calme admirable, et le souci de la paix ne vient guère troubler leur quiétude. Elles espèrent je ne sais quelle occupation de la Bulgarie par la Russie ou de la Serbie par l'Autriche, et ce qui les désole c'est le triomphe du prince Alexandre, qui fait avorter tous leurs calculs.

Pendant ce temps-là, la Grèce arme. Puisqu'on admet une question d'équilibre des Balkans, elle est évidemment autorisée à s'en prévaloir comme les autres, — plus que les autres même, puisqu'elle a pour elle les stipulations du traité de Berlin, tandis que la révolution Rouméliote et l'union bulgare ont été faites en violation de ces stipulations.

Les puissances, qui ont été en somme si pleines de mansuétude pour la Serbie désobéissant à leurs conseils au moins apparents, se montrent au contraire d'une rigueur extrême vis-à-vis des Grecs et ne veulent tolérer aucune action militaire de ce peuple.

Rien de mieux, si c'est le souci de la paix européenne qui les guide. Mais on pourrait en douter en voyant les événements qui se déroulent depuis huit jours, et il est permis de se demander quels sont les projets qui se cachaient, chez chacun des alliés, sous ces dehors pacifiques.

M. de Freycinet, reprenant, dans cette politique orientale dans laquelle il a eu jusqu'à ce jour ses plus beaux, ses plus légitimes succès, l'ascendant que sa politique mérite, obtient par la persuasion, par des paroles amies, ce que n'auraient point obtenu la menace et la violence de ce petit peuple vaillant, qui a montré ce qu'il vaut dans la grande guerre de l'Indépendance, et qui ne semble pas avoir dégénéré depuis Missolonghi. La paix est assurée; le but que semble poursuivre l'Europe est atteint; la démobilisation va être faite; on va rentrer dans le repos. Les puissances seront satisfaites sans doute de cet appui inespéré que leur a donné la France?

Oh! que ce serait mal les connaître que de le croire!

L'Europe est stupéfaite d'abord, puis indignée. Elle lance l'ultimatum, comme s'il ne s'était rien passé; elle veut obliger la Grèce à faire sous sa pression ce qu'elle fait de bonne grâce pour obtempérer aux conseils d'une puissance amie; et, chose extraordinaire! pendant que les diplomates anglais et allemands montrent leur mauvais vouloir, que la presse anglaise et allemande cherche à diminuer l'importance du beau triomphe diplomatique du gouvernement de la République, à l'intérieur les monarchistes font chorus avec l'étranger.

Ce n'est pas la France, s'écrie-t-on à Vienne, à Berlin, à Londres... et dans les colonnes des journaux monarchistes français, qui a amené la promesse d désarmement de la Grèce. C'est l'Europe armée. La France n'aurait rien obtenu sans la menace de la flotte européenne, et, si son action a permis au gouvernement grec de céder plus facilement à la volonté de l'Europe, elle s'est bornée là. C'est la volonté de l'Europe qui a vaincu. Pour un peu, les mêmes journaux, qui ne *marchandaient pas leur admiration* à l'empire à propos de la cession de la Vénétie à la France, après cette déplorable guerre de 1866 qui a préparé les événements de 1870 et le démembrement de notre patrie, pour un peu ces mêmes journaux appliqueraient aujourd'hui au succès de bon aloi de la République les paroles du fabuliste, et accuseraient notre gouvernement de n'avoir joué en tout ceci que le rôle de « la mouche du coche ».

Et cependant, sans parler du peu de patriotisme que révèle une pareille polémique dans des journaux français, il n'est pas difficile de reconnaître, au mécontentement de certaines puissances, que l'intervention écoutée de M. de Freycinet a été trouvée trop efficace, au gré de quelques-uns.

Certes, il n'est pas douteux que la situation sans issue où s'était placé le gouvernement grec ne l'ait disposé à accueillir favorablement les démarches de la France, et qu'à ce point de vue la présence de l'escadre combinée n'ait indirectement aidé au succès de ces démarches. Mais — l'attitude qu'ont prise M. Delyannis et l'opposition, sous la direction de M. Tricoupis, depuis la remise de l'ultimatum, le prouve surabondamment — la Grèce, qui a été heureuse de trouver dans l'intervention amie de la France une occasion de sortir honorablement des dangers immédiats qui la menaçaient, la Grèce n'aurait pas cédé à la pure violence, et, sans cette intervention, la guerre serait déjà déclarée.

Comme, d'ailleurs, à cette heure — quelles que soient les mauvaises volontés d'un chacun — il est très difficile que ceux qui n'ont cessé depuis six mois de se réclamer de la paix engagent l'Europe dans la guerre pour une simple question de forme, il faut espérer que la paix sera maintenue, et, si elle l'est, elle sera due aux seuls efforts du gouvernement de la République, qui a su paralyser les mauvais desseins qu'il y a lieu de supposer un peu partout.

Je dis qu'il y a lieu de supposer de mauvais desseins un peu partout, parce que la seule jalousie qu'inspire notre pays à l'étranger, si elle paraît suffisante pour inspirer les articles de la presse de Berlin, de Londres et de Vienne, ne paraît pas pouvoir suffire à expliquer la conduite des divers cabinets.

On doit se demander ce qui se cachait sous les déclarations des chancelleries européennes et ce que, sous le prétexte de réduire la Grèce, on préparait en réalité.

On a remarqué que la flotte combinée ne renfermait aucun navire russe et que la presse russe, tout en insistant pour le désarmement de la Grèce, se montrait sympathique au peuple grec. Si la nation hellène eût passé outre aux ordres de l'Europe, la Russie aurait-elle, au mépris de toutes ses traditions, permis son écrasement par les Turcs? L'Angleterre et l'Italie, qui ont montré le plus d'acrimonie dans toute cette affaire, auraient-elles laissé la Russie intervenir sans intervenir elles-mêmes dans un sens opposé? L'Autriche serait-elle demeurée simple spectatrice du conflit anglo-russe qui se serait engagé, et, une fois tout l'Orient en feu, l'Allemagne n'en aurait-elle pas profité pour mettre à exécution quelque projet secret sur la Belgique et sur la Hollande, nous obligeant ainsi à entrer en lice nous-mêmes?

Je sais que ce ne sont là que des hypothèses, mais ces hypothèses sont plausibles, et la colère des gouvernements leur donne un haut caractère de probabilité. Ce n'est pas pour une simple question d'amour-propre qu'on menace, lorsqu'il est acquis, le résultat qu'on poursuit depuis des mois. Si les puissances sont de si mauvaise humeur, il y a lieu de croire que c'est parce que, sous couleur de poursuivre le rétablissement de la paix, elles poursuivaient, chacune dans son intérêt propre, une conflagration générale, et parce que M. de Freycinet, par ses démarches aussi loyales que prudentes et habiles, a enrayé toutes ces convoitises.

Il nous semble difficile, à cette heure, que la guerre éclate. Et, cependant, il faut reconnaître que la situation est encore des plus graves. Mais, plus les difficultés sont grandes, plus l'action de la France apparaît importante, plus elle nous semble de nature à mériter la reconnaissance des peuples de l'Europe.

Si la paix subsiste, ces difficultés démontreront, mieux que tout, que c'est à la France, à la France seule qu'on la doit.

Si la paix ne subsiste pas, du moins sera-t-il avéré que la France a tout fait pour en assurer le bienfait au monde et que sa salutaire influence a pu, pendant plus d'une semaine, balancer les mauvaises intentions qui existent ailleurs.

Naquet.

Le Voltaire du 12 mai 1886 (n° 2557)

CONCENTRATION

ET ÉMIETTEMENT

Les efforts auxquels se livre en ce moment M. Gladstone, ce vieillard de soixante-seize ans qui, fort du sentiment du devoir accompli, n'hésite pas à entrer en lutte avec les plus anciennes traditions du pays le plus attaché à la tradition qui fut jamais en ce monde, ces efforts ne peuvent pas ne pas exciter l'admiration générale. Mais ils ne peuvent pas non plus ne pas entraîner de profondes réflexions sur les conditions mêmes du progrès.

La solution vers laquelle tend le premier ministre anglais, très analogue à celle qui a prévalu en Autriche lorsque la Hongrie a reconquis son autonomie dans la monarchie austro-hongroise, ne s'arrêtera pas plus au projet de loi actuel, que le compromis austro-hongrois n'a été le dernier mot de la transformation de l'empire des Habsbourg.

L'empire des Habsbourg prend chaque jour davantage le caractère d'une fédération, et il en sera forcément de même du Royaume-Uni, si M. Gladstone ne réussit dans sa tentative, que dis-je? il ne peut pas ne pas y réussir ; de tels problèmes, lorsqu'ils sont posés, ont un dénouement inéluctable. La solution peut être reculée ; mais ce ne sera jamais qu'un retard, et dès aujourd'hui on peut considérer le *home rule* en Irlande comme un fait accompli.

Or, le jour où l'Irlande catholique se sera séparée de l'Angleterre protestante, quel argument pourra invoquer le parlement de Dublin pour empêcher l'Ulster protestant de se séparer du gros de l'Irlande et demander lui aussi à se gouverner lui-même ?

Et l'Ecosse ? et le pays de Galles ? Ne pourront-ils pas invoquer le droit au *home rule* ? Ne pourront-ils pas demander à être régis par un parlement séparé ? M. Gladstone n'a pas hésité à prévoir cette éventualité, et, dans son manifeste du 1er mai, il a nettement déclaré que la question du *home rule* pour l'Écosse et pour le pays de Galles, est dès aujourd'hui une question ouverte.

Où s'arrêtera-t-on dans cette voie?

Je l'avoue, quand je vois les instincts fédéralistes qui semblent dominer les peuples modernes, je suis pris d'un certain sentiment de crainte pour l'avenir, et je redoute que, s'écartant des principes nettement unitaires de la Révolution française, les nations actuelles ne s'engagent dans une fondrière.

Certes, membre du Parlement anglais, je voterais peut-être avec M. Gladstone, tout en comprenant les scrupules de M. Chamberlain, qui sont les miens. Je considérerais la séparation de l'Irlande comme préférable à la guerre civile et à l'anarchie parlementaire. S'il m'était démontré qu'à défaut du bill proposé on sera réduit à employer des moyens indéfinis de coercition en Irlande, coercition d'ailleurs difficile à appliquer, si même on voulait s'y résoudre, parce que la présence d'une opposition irréconciliable dans le Parlement impérial empêchera la constitution de toute majorité solide et énervera le gouvernement au point de paralyser son action; si cela m'était démontré, — et les faits me paraissent bien apporter cette démonstration avec eux, — je n'hésiterais pas à suivre le vieux leader du libéralisme anglais. Mais ce ne serait pas sans entrevoir toutes les conséquences possibles et peut-être néfastes de ce vote nécessaire.

Le fédéralisme est un bien lorsqu'il est la voie ouverte sur l'unité, lorsqu'il fait cesser l'état d'antagonisme et de séparation pour ébaucher une nation une.

Les diverses colonies d'Amérique sortant de l'état d'isolement dans lequel elles étaient restées jusque-là, et se fédérant pour jeter les fondements d'une nation qui sera les Etats-Unis, c'est au point de vue des lois du développement humain un progrès absolu. Les liens créés iront en se reserrant avec le temps, les divers Etats finiront par se fusionner, et là où l'on avait une masse de petites agglomérations sans force et sans avenir, on aura un grand peuple, apte à devenir un des organes de l'humanité.

Il en est de même, à cette heure, de l'essai de gouvernement fédéral que, par un mouvement inverse de celui qui emporte la mère patrie, font les colonies australiennes de l'Angleterre.

Enfin, quoi qu'il en puisse coûter à mon patriotisme, à cause des conditions dans lesquelles elle s'est opérée, et des conséquences qui peuvent en être un jour la suite, je ne puis méconnaître en me plaçant à un point de vue tout à fait philosophique et général, qu'au moins en ce qui concerne l'Allemagne, la fédération qui est venue remplacer l'ancienne anarchie allemande n'ait constitué un progrès.

Toutes ces fédérations sont des phénomènes de concentration. On sait nettement où elles tendent. On le voit. Loin d'engendrer la division, elles engendrent l'unité; une unité encore imparfaite, mais qui est appelée à se développer avec le temps, et qui, telle qu'elle est, est très supérieure à l'état incohérent et chaotique qui l'a précédée.

Il n'en est plus de même avec ce qui se passe en Autriche, en Angleterre, avec ce qui se passerait en Espagne si les cantonalistes de 1873 avaient réussi à imposer leurs lois à ce pays, avec ce qui se produirait en France, si une certaine école dont Proudhon fut le pontife réussissait jamais à dominer.

Ici, la fédération ne peut plus engendrer la concentration; elle ne peut être qu'un mouvement de dissociation et par conséquent de recul. C'est le retour du pendule, comme si l'humanité marchait par des oscillations successives et comme si elle était condamnée par des lois fatales à faire suivre tout pas fait dans la voie du groupement d'un pas fait dans la voie de l'émiettement. Et je n'exagère pas en me servant de ce dernier mot, car, si l'on sait nettement où l'on va en créant des Etats fédératifs procédant d'Etats préalablement séparés, on ne sait pas du tout quelle peut être la limite d'une entreprise inverse.

Quand une province se sépare de la nation, en vertu du prétendu droit qu'a chaque agglomération humaine de se gouverner comme elle l'entend, pourquoi à son tour le district ne se séparerait-il pas de la province? Pourquoi la commune ne se séparerait-elle pas du district? Ce sont les théories de la Commune de 1871 qui menacent de réapparaître. Il ne s'agissait pas alors de la fédération par département ou par province, il s'agissait de la fédération par communes.

Encore les hommes de 1871 étaient-ils illogiques. Pourquoi l'unité communale plutôt que l'unité départementale ou que l'unité nationale? Pourquoi le quartier des Epinettes n'affirmerait-il pas son droit à se gouverner selon son bon plaisir, et ne répudierait-il pas toute solidarité avec le quartier de l'Europe? Pourquoi, dans le quartier de l'Europe, la rue de Moscou, que j'habite, subirait-elle la loi de la rue de Turin et de la rue de Saint-Pétersbourg? Pourquoi dans chaque rue, chaque maison, et, dans chaque maison, chaque étage ne réclameraient-ils pas leur indépendance?

Si la fédérationalisant de bas en haut a un point d'arrivée sûrement marqué, la constitution d'une nation une, la fédération allant de haut en bas n'a pas de point d'arrivée fixe, ou plus exactement elle n'en a qu'un, l'anarchie.

Sans doute, on n'ira pas jusque-là; sans doute, on n'en arrivera pas à faire d'un peuple — selon l'expression de Veuillot — de la poussière d'hommes; sans doute, le mouvement oscillatoire dont je parlais tout à l'heure amènera un second retour du pendule, et quand on aura assez marché vers la dislocation totale, on cherchera de nouveau à se réunir en faisceau. Mais que de force, que d'énergie, que de temps perdus dans ces révolutions périodiques des peuples !

Il y a d'ailleurs un point des plus singuliers à noter. Notre siècle obéit à deux tendances radicalement contradictoires. D'un côté, il est amené par les idées de self-government à une division profonde des groupes politiques et administratifs, et de l'autre, il se passionne pour les idées socialistes qui ne peuvent recevoir leur solution que dans des Etats puissants et centralisés. Les mêmes hommes qui votent pour M. Roche et qui envoient, au nom de la municipalité parisienne, des subsides aux grévistes de Decazeville, affirment l'autonomie communale, sans s'apercevoir que l'autonomie des communes est le plus infaillible moyen d'empêcher la solution du problème social qui les préoccupe, sans se douter que, là où l'Etat perd de sa force en se divisant, les sociétés privées acquièrent une puissance irrésistible. Ils vont dans les deux sens à la fois, poussés par des sentiments inconscients, qui attirent la profonde méditation des penseurs.

Quoique procédant d'idées bien différentes de celles qui anime le conseil municipal de Paris, le *home rule* irlandais et les événements qui en seront la suite dans un temps donné, sont cependant des faits de même nature que ceux auxquels travaillent nos décentralisateurs à outrance.

C'est une expérience sociale que va faire la nation anglaise, une expérience analogue à celle que certains hommes politiques conseillent à la France, et cette expérience politique a droit à toute notre attention. Puisse-t-elle ne pas être le premier pas vers la décadence et le déclin d'une grande nation!

Naquet.

Le Voltaire du 18 mai 1886 (n° 2870)

UNE QUESTION RÉSOLUE

Voilà déjà longtemps que dure la grève de Decazeville, et, depuis le premier jour, chacune des parties invoque l'Etat à son aide. Les mineurs lui demandent de déposséder la Compagnie et d'exploiter la mine à prix de revient en leur réservant l'intégralité des bénéfices ; la Compagnie, sans émettre de réclamations théoriquement impossibles à soutenir, désire *in petto* que l'Etat amène la fin de la crise par des mesures de coercition. La question des devoirs de l'Etat en matière de grève s'est ainsi, par la force des choses, imposée à l'étude des hommes politiques.

Ce que voyant, M. le ministre du commerce et de l'industrie a eu l'heureuse inspiration d'aller étudier à Londres cet important problème, et il en est revenu avec une solution qu'a adoptée le Conseil des ministres dans sa séance de mardi matin.

L'Angleterre est le plus vieux pays de liberté. Chez nous, les lois sont tout aussi libérales, plus libérales peut-être; le gouvernement y est plus désarmé. Mais les libertés publiques sont de fraîche date, et la population n'a pas encore acquis l'habitude d'en user. Chez les Anglais, au contraire, cette habitude est déjà ancienne, et il n'y a pas lieu de s'étonner de la sûreté avec laquelle nos voisins abordent et résolvent des difficultés pratiques, qui nous paraissent encore insurmontables.

Il appartenait à M. Edouard Lockroy d'aller se livrer à cette investigation. Avant d'entrer dans le gouvernement, il s'était toujours préoccupé des questions sociales; nous devons à son initiative la loi sur les syndicats professionnels, que le gouvernement n'a fait sienne que plus tard; et c'est parce que les intérêts des classes laborieuses le passionnent, que, lors de l'avènement du ministère actuel, il a obstinément voulu prendre le portefeuille du commerce et de l'industie, au lieu de portefeuilles ordinairement jugés à tort plus importants, qu'il ne tenait qu'à lui d'obtenir.

M. Lockroy est donc allé à Londres. Il s'y est entretenu avec les principaux ministres anglais et principalement avec M. Mundella, son collègue du commerce, qui l'a mis parfaitement au courant de ce qui se fait de l'autre côté du détroit.

Là bas on légifère peu, on agit beaucoup. « Notre droit, disait à M. Lockroy un ministre anglais, est un vrai droit coutumier. C'est le peuple anglais qui fait les lois par l'usage et non le Parlement. Celui-ci se borne à les enregistrer, à les écrire, à les consigner dans les documents officiels, lorsque depuis longtemps elles sont faites. »

En matière de grève, il n'y a proprement pas jusqu'ici, en Angleterre, de législation existante, si ce n'est — comme chez nous d'ailleurs — le droit reconnu à l'arbitrage. Par contre, une coutume est en voie de se créer, de se généraliser, de s'implanter. L'arbitrage résout les neuf dixièmes des difficultés qui se présentent. D'abord limité aux industries extractives et métallurgiques, il s'est récemment étendu, grâce aux efforts de M. Mundella, à l'industrie des dentelles, et, sous l'impulsion de ce même homme d'Etat, il est en voie de s'étendre aux industries des tissus. Bientôt il sera pratiqué et accepté dans toute l'Angleterre industrielle, et quand ce moment — certainement prochain — sera venu, le Parlement passera un bill pour donner force de loi à ce que l'universelle coutume du pays aura déjà consacré.

Comment se pratiquent ces arbitrages?

D'une manière fort simple.

D'abord, il existe dans les industries anglaises deux arbitres permanents, l'un élu par les ouvriers, l'autre choisi par les patrons, qui sont chargés de juger les contestations courantes, et qui jouent un rôle analogue à celui de nos conseils de prud'hommes.

Dès qu'une difficulté sérieuse surgit, qu'une question de salaire se pose, les deux arbitres sont portés à quatre, soit que les mêmes électeurs qui les ont élus leur adjoignent deux collègues, soit qu'ils désignent ces deux collègues eux-mêmes.

Ainsi complétés, ils étudient consciencieusement les réclamations qui sont portées devant eux. Au besoin, ils commettent un comptable pour examiner les livres de la Compagnie et se rendre compte des bénéfices de l'exploitation. Si, après ce travail minutieux, ils se mettent d'accord pour déclarer soit que l'élévation des salaires est impossible en l'état des affaires, soit, au contraire, que les affaires sont assez prospères pour permettre à la Compagnie de faire droit aux demandes dès lors légitimes des ouvriers, les parties se soumettent et la grève est évitée.

Mais les quatre arbitres ne parviennent pas toujours à se mettre d'accord; ils y réussissent souvent, par suite de l'excellente habitude qu'ont les Compagnies d'exposer sans réticences leur situation, de la faire connaître avec exactitude et de fournir dans leurs indications toutes les garanties que les ouvriers peuvent désirer. Mais il est, néanmoins, des circonstances où ils n'y parviennent pas; ils sont là deux patrons et deux ouvriers, animés les uns et les autres de l'esprit qui a fait naître le conflit, et il arrive que le tribunal arbitral demeure partagé comme les parties.

Les arbitres appellent alors un homme important, un membre du Parlement, un personnage recommandable par sa probité et ses lumières, encore bien que très souvent il soit appelé pour la première fois à s'occuper de la question qui lui est soumise, et ils lui demandent de les départager.

Il n'y a à peu près pas d'exemple que le personnage désigné décline l'offre qui lui est faite. Il se livre, à son tour, à une enquête complète. Il se fait une opinion, et, quand son opinion est faite, il décide souverainement. Les parties se soumettent toujours, d'abord parce que c'est elles, en somme, qui ont désigné l'arbitre ; ensuite parce que cet arbitre, placé en dehors des intérêts qui s'agitent et complètement impartial, juge, dans l'immense majorité des cas, conformément aux règles de la plus stricte équité.

Sans doute, actuellement, si les parties ne voulaient pas se soumettre, la législation ne renferme aucune disposition qui permît au pouvoir central de les y contraindre. Mais elles s'y soumettent, et quand cette habitude, déjà générale, aura pris encore plus de force et d'extension, on la consacrera par une disposition législative, qui donne au gouvernement la faculté de parer aux cas exceptionnels.

Notre ministre du commerce ne pouvait pas ne pas être frappé de cet organisme si simple, qui fonctionne avec tant de perfection, qui, depuis qu'il s'est introduit dans les mœurs, a si considérablement réduit, dans la Grande-Bretagne, le nombre des coalitions, et qui paraît répondre en France aux nécessités du moment.

Comment l'influence gouvernementale doit-elle s'exercer à Decazeville et dans les circonstances semblables, demande-t-on ?

En conseillant aux parties intéressées, répond M. Lockroy, l'emploi du moyen qui réussit si bien chez les Anglais.

Cet avis de M. Lockroy a eu, je l'ai déjà dit, l'adhésion du conseil des ministres.

Il est probable qu'on n'aura pas cette fois à appliquer le principe, car la grève paraît terminée, mais le principe est trouvé pour les cas analogues qui pourront se produire dans l'avenir.

Il y a lieu d'espérer que, dans ces cas-là, les ouvriers, comme les Compagnies, accepteront le moyen honorable et pratique qui leur sera offert de terminer leur conflit, et, s'il en est ainsi, le ministre du commerce aura largement contribué à ramener la paix et l'harmonie dans le monde du travail.

Si même dans un avenir prochain les Compagnies hésitent à se soumettre aux conseils qui leur seront donnés, ou si les ouvriers refusent d'accepter le principe de l'arbitrage dans les conditions honorables, dignes, où il se pratique chaque jour dans la Grande-Bretagne, et avec toutes les garanties dont il est entouré là-bas, un résultat demeurera encore acquis, dont, pour ma part, je ne saurais trop vivement me réjouir. L'attitude du gouvernement sera définie. Cette attitude consistera à maintenir matériellement sur les lieux, comme aujourd'hui, l'ordre et la liberté du travail, et à proposer la solution qu'une pratique déjà longue a fait adopter par nos voisins. Personne alors ne pourra plus lui reprocher ni sa partialité, ni sa mollesse. Un principe politique aura été posé. Le rôle du pouvoir central, en présence des conflits entre le capital et le travail, sera déterminé. Comme ce rôle, tel que le conçoit le ministre du commerce, est bienfaisant et juste, il ne manquera pas d'être promptement approuvé de toute la partie saine de la population, et, quand bien même les conseils qui seront donnés ne triompheraient pas du premier coup des préjugés et de la routine, ils finiront par s'imposer, au plus grand avantage de l'industrie, de la République et de la France.

Il y a longtemps que je sais ce que vaut M. Lockroy, que je connais toutes les ressources de cet esprit aussi pratique que brillant, et si, d'ordinaire, l'amitié profonde qui me lie à l'homme m'empêche de parler de lui par la crainte que j'ai de ne point être considéré comme assez impartial, elle ne saurait cependant me lier les mains d'une manière absolue. Quand M. Lockroy fait, comme il vient de le faire, œuvre utile et même féconde, je dois avoir le droit comme un autre de l'en féliciter. Qu'il reçoive donc mes félicitations aujourd'hui : ce n'est pas l'ami, c'est le Français, le républicain, le patriote qui les lui envoie.

Naquet.

Le Voltaire du 26 mai 1886 (n° 2881)

LES NOUVEAUX PROGRAMMES

SUR L'ENSEIGNEMENT SECONDAIRE

Depuis longtemps la manière de voir de M. Frary est la mienne, et j'étais à peu près décidé, avant que son livre parût, à entamer une campagne contre l'étude du grec et du latin. J'avais même annoncé une conférence sur ce sujet à la salle du boulevard des Capucines, lorsque les journaux m'apportèrent la nouvelle de la prochaine mise en vente de la *Question du latin*. Je lus le livre et je fis la conférence quand même ; mais, reconnaissant à M. Raoul Frary une compétence sur la matière bien supérieure à la mienne, j'arrêtai là mes efforts, trop heureux de voir un universitaire de cette valeur se faire le champion de l'idée que je voulais défendre.

Tout a été dit par M. Frary sur l'enseignement des langues anciennes. Il a montré en maître qu'on fait cette étude est vaine, puisque l'immense majorité de ceux qui s'y sont adonnés se hâtent, dès leur sortie du lycée, de perdre tout commerce avec les auteurs de l'antiquité, et oublient ce qu'ils ont appris des langues d'Athènes et de Rome. Il serait déjà bien préférable, à ce point de vue, de faire des études gréco-latines une branche de l'enseignement supérieur et de les réserver à ceux qui, les recherchant par goût, y demeurent attachés toute leur vie, comme d'autres s'attachent au sanscrit ou aux langues sémitiques.

M. Frary a également montré comment, au moment de la Renaissance, tout le beau, tout le vrai, je dirais presque tout le bien, étant renfermé dans l'étude des langues et des civilisations de l'antiquité, cette étude s'imposait. La civilisation moderne était à faire. Nos langues vivantes n'étaient encore que des ébauches, et, à l'exception des lettres italiennes, qui comptaient déjà le Dante et les autres écrivains du quatrième siècle, la littérature contemporaine restait tout entière à créer. Où apprendre alors la poésie ailleurs que dans Homère, Virgile et Horace? Où prendre des leçons d'histoire et de style vigoureux, sinon dans Tacite? Où trouver des exemples de vertus civiques, si ce n'est dans les auteurs de la Grèce et de Rome, qui, à cette époque, ne pouvaient pas être traduits dans les patois européens? Toute culture intellectuelle procédait nécessairement du grec et du latin, et il est naturel que ces langues soient alors devenues la base de tout enseignement élevé.

En est-il de même aujourd'hui? En serions-nous réduits jusqu'à la consommation des siècles à étudier la poésie dans Lucrèce et Pindare? La création poétique se serait donc arrêtée parmi les hommes? Et c'est au siècle de Victor Hugo que la France professerait une pareille hérésie! Hugo, Dante, Shakespeare, Gœthe, Schiller, Musset, ... valent bien Homère, Virgile, Lucrèce, Eschyle et Horace. Pourquoi aller chercher si loin de nous ce que nous avons si près?

La vie de l'homme est courte; le cercle des connaissances s'accroît d'heure en heure; l'impossibilité de tout savoir s'accentue chaque jour, et avec elle l'obligation de faire un choix : choix non seulement dans la spécialisation finale, mais aussi dans ce qui doit être enseigné comme formant le patrimoine commun et général de tous les hommes instruits.

Si dans ce patrimoine commun, au lieu du latin et du grec, qui ne tardent pas à devenir un bagage inutile, nous pouvons mettre l'allemand et l'anglais, subsidiairement l'italien et l'espagnol, qui resteront, et dont l'homme, à quelque spécialité qu'il se voue, ne cessera de tirer avantage dans tout le cours de sa carrière ; si nous pouvons opérer cette substitution sans que notre propre langue en souffre, sans que le beau perde de son empire sur les âmes, sans que l'étude de l'antiquité elle-même, faite exclusivement désormais sur des traductions, soit négligée; si nous pouvons, en un mot, sans rien y perdre, remplacer ce qui ne sert pas par ce qui est d'une utilité incontestable, d'une utilité qui tend de plus en plus à devenir nécessité, il y a tout avantage pour nous à le faire.

Or, ce problème, M. Frary l'a résolu, non seulement par des considérations théoriques, mais encore par une analyse minutieuse des détails, et il a mis hors de contestation qu'on peut créer un excellent enseignement secondaire sans les langues anciennes. Nous renvoyons à son livre pour cette démonstration.

Parmi les points traités par M. Frary, il en est un sur lequel il insiste particulièrement. A son avis, si l'on veut réussir, il faut que le nouvel enseignement soit véritablement secondaire, classique; qu'il soit fortement littéraire, qu'il fasse des hommes et qu'il ne soit en aucune façon un enseignement primaire perfectionné.

M. Frary pose un autre principe, vrai mais malheureusement inapplicable à cette heure : c'est qu'il faudrait que la substitution fût intégrale, que le latin et le grec fussent abandonnés partout en même temps. Il fait ressortir que si l'on conserve des lycées où le latin soit enseigné, les préjugés sont tels qu'on continuera à ne considérer comme ayant reçu une éducation complète que ceux-là seuls qui en sortiront. C'est là qu'afflueront tous les bons élèves. Les lycées modernes ne se recruteront que des personnes qui veulent suivre la carrière de l'industrie et du commerce, et des mauvais élèves dégoûtés du latin, dans lequel ils auront échoué, parce qu'on échoue dans tout lorsqu'on manque d'intelligence ou de travail. L'élite de la nation continuera de se recruter parmi les jeunes gens rompus aux lettres anciennes, et l'on ne manquera pas de dire que l'enseignement classique moderne a fait ses preuves, qu'il est condamné.

Rien ne serait plus faux cependant, puisque, dans l'hypothèse où l'enseignement du latin serait supprimé, les bons élèves qui s'y adonnent seraient forcés de se réfugier dans la littérature contemporaine et les sciences, où, si les idées de M. Raoul Frary et les miennes sont exactes, ils trouveraient les éléments d'un développement intellectuel tout aussi parfait, en même temps qu'ils y puiseraient un outillage pratique supérieur.

Malheureusement, les conditions sociales dans lesquelles nous nous trouvons ne permettent pas d'aller aussi loin. L'unité de vue n'est pas faite. Beaucoup de bons esprits croient encore à la nécessité de l'enseignement gréco-latin, et d'ailleurs il serait à la fois difficile — pour ne pas dire impossible — de supprimer d'un trait de plume tout le personnel enseignant actuel et de trouver le personnel nouveau qui devrait lui être substitué.

Et puisque cependant les idées de M. Frary, quoique comptant encore beaucoup d'adversaires, s'imposent déjà avec assez de force pour que l'Université ait dû suivre le mouvement et ait dû mettre à l'étude non plus la création d'un enseignement primaire supérieur, mais celle d'un véritable enseignement classique français, il était nécessaire — nécessité fâcheuse, mais absolue — de laisser subsister les deux enseignements côte à côte.

M. Frary a signalé les dangers de cette méthode. Ces dangers existent en effet; mais ils ne sont pas insurmontables, et, comme on ne peut pas les éviter, je n'aurais rien à dire de ce chef contre les projets de nouveaux programmes qu'on nous a fait connaître.

Malheureusement, ces nouveaux programmes ne se bornent point à créer deux enseignements rivaux placés sur le même pied. Ils rendent l'un d'eux obligatoire pour certaines carrières dont tous ceux qui auront passé par l'autre seront exclus. A ceux, disent-ils, qui se destinent à des carrières où les langues anciennes sont inutiles, les lycées français; aux autres, aux élèves qui se destinent à la médecine ou au droit, les lycées gréco-latins.

Il est difficile de ne pas le reconnaître : en agissant ainsi, et quoi qu'on fasse, on ne sortira pas de l'enseignement primaire supérieur, on restera dans l'ornière actuelle.

Il n'est pas possible, dès sept ou huit ans, de prévoir quelle carrière on choisira plus tard. Dès l'instant où suivre les cours de langues anciennes c'est s'ouvrir toutes les portes et où ne pas les suivre, c'est s'en fermer un certain nombre les études gréco-latines demeureront toujours les plus en honneur; elles le demeureront surtout pour les intelligences supérieures, pour tout ce qui est appelé à faire plus tard la force de la nation; le reste se traînera dans la médiocrité, et rien ne sera changé à l'état actuel, sinon peut-être qu'il se fera une réaction contre les études modernes, auxquelles on ne verra produire que des sujets inférieurs.

Ce qu'il faut, c'est ouvrir carrément la porte des facultés aux élèves de l'un ou de l'autre enseignement; c'est permettre à quiconque sera muni soit du diplôme qui clôt l'un, soit du diplôme qui clôt l'autre, d'entreprendre l'étude de la médecine ou du droit; —sans cela, il n'y a rien de fait, et mieux vaudrait peut-être ne rien tenter du tout.

Pour la médecine, il n'y a de difficulté d'aucun ordre. Les langues anciennes y sont devenues d'une inutilité complète, et, par contre, la connaissance des langues vivantes y devient chaque jour plus nécessaire. S'il fallait ici faire un choix limitatif, ce serait en faveur des élèves de l'enseignement moderne que le choix devrait être fait.

Pour le droit, la discussion est moins close. Il y a le droit romain à étudier. Peut-on y arriver avec de bonnes traductions des *Institutes* et du *Digeste*? Je le crois, sans avoir assez de compétence pour l'affirmer.

Mais, en attendant que cette question soit résolue, ne pourrait-on au moins permettre aux élèves de l'enseignement classique français de prendre leurs grades en droit, à la seule condition par eux de suivre, pendant un an ou deux, un cours spécial de latin, qui les mettrait en état de comprendre les monuments de la jurisprudence latine?

Et si même on ne voulait pas aller jusque-là, ne pourrait-on pas, réservant au droit les élèves de l'enseignement gréco-latin, réserver à la médecine les élèves de l'enseignement moderne, en exigeant des étudiants en médecine le diplôme de ce dernier enseignement?

Ce serait moins bon que l'ouverture complète des deux carrières aux uns comme aux autres. Cela obligerait encore les enfants à prendre une décision à un âge où les vocations ne sont pas d'ordinaire déterminées. Mais du moins serait-on certain de recruter des hommes de valeur pour les deux branches de l'enseignement secondaire et l'expérience se ferait-elle sérieusement. Hors de là, on perd le temps présent et l'on compromet l'avenir. Je crains bien que ce ne soit le seul résultat des programmes que l'Université prépare.

Naquet.

Le Voltaire du 28 mai 1886 (n° 2.883)

UNE RECTIFICATION

Notre éminent collaborateur M. Naquet vient d'adresser la lettre suivante à M. Drumont :

Paris, le 26 mai 1886.
41, rue de Moscou.

Monsieur,

La *France juive* vient de me tomber sous les yeux, et j'y ai lu les quelques passages qui me concernent.

Je ne m'attacherai pas à relever les appréciations erronées que vous faites de mon œuvre. Ce que vous dites notamment des motifs qui auraient dicté ma campagne en faveur du divorce, et de ceux qui m'auraient décidé à présenter à la Chambre la proposition qui a abouti à la loi sur la validité des marchés à terme, ne me touche nullement.

Bien que vous soyez, sur ces points, à un million de lieues de la vérité, en attribuant, pour les besoins de votre thèse, des mobiles de religion ou de race à l'homme le plus profondément étranger qui soit à tout ce qui touche race et religion, il n'y a là aucun fait précis affirmé par vous. Il y a seulement des conjectures qui ne m'importent pas, parce que tout le monde est apte à les juger.

Il n'en est plus de même lorsque, précisant davantage, entrant sur le terrain des faits, vous me donnez pour l'inventeur et le vendeur du MACASSAR NAQUET. Ceci n'est plus une erreur d'appréciation, c'est une erreur matérielle, et j'ai le droit de vous en demander la rectification.

Certes! chimiste avant d'être homme politique, j'aurais pu, sans déshonneur, inventer un cosmétique et le mettre en vente ; si je l'avais fait, je n'en rougirais pas.

Mais le macassar Naquet se vendait — au Palais-Royal — longtemps avant ma naissance, et j'ai toujours ignoré à quelle branche des Naquet appartenait celui de mes homonymes à qui il est dû.

Quant à moi, je n'en ai connu l'existence qu'en 1851, lors de mon premier voyage à Paris. En me promenant au Palais-Royal avec mon père, je fus frappé, comme lui, de voir notre nom inscrit sur la devanture d'un magasin. Nous entrâmes pour nous renseigner sur cette homonymie; mais aucun renseignement ne put nous être donné : le macassar Naquet était exploité depuis de longues années par des successeurs qui n'avaient jamais connu l'inventeur.

Vous voyez, monsieur, qu'il y a dans votre publication une légèreté manifeste. Lorsqu'on prétend éclairer son pays sur les défauts d'une race entière, on est au moins tenu à n'affirmer que des faits rigoureusement exacts.

Ce n'est point ce que vous avez fait, et, en ce qui me concerne, — je ne m'occupe pas des autres, — vous avez omis de pratiquer sur vos propres allégations ce contrôle sévère en dehors duquel un livre comme le vôtre ne peut être qu'une compilation de racontars sans réalité et partant sans valeur.

Je vous présente mes salutations.

A. NAQUET.

Le Voltaire du 2 juin 1886 (n° 2388)

LE DIVORCE

L'article 310 du Code civil

Le 18 mars dernier, la troisième chambre de la cour d'appel de Paris, présidée par M. Bresselles, rendait, dans l'affaire Dameron, un arrêt qui mérite d'être signalé. Il démontre jusqu'où peuvent aller, en matière de conversion, des magistrats hostiles au divorce et armés d'un pouvoir arbitraire.

Les époux Dameron étaient séparés depuis huit années. La séparation avait été prononcée au profit de la femme, après enquête, contre-enquête et appel. Je ne veux pas entrer ici, puisque j'ai cité des noms propres, dans les motifs qui ont fait prononcer la séparation de corps en faveur de Mme Dameron. Le fait seul que c'est Mme Dameron qui a obtenu gain de cause en première instance, puis en appel, après enquête et contre-enquête, suffit à établir que le bon droit était de son côté, que les torts étaient du côté du mari.

Il est probable que si la loi sur le régime de la séparation de corps avait été votée il y a six mois par le Sénat, ainsi que nous l'y invitions alors, M. Léon Renault et moi; ainsi que le conseil d'État l'y invite à cette heure, Mme Dameron s'en serait tenue là et n'aurait pas demandé le divorce. Elle aurait possédé la plénitude de sa capacité civile, et cela lui aurait largement suffi.

Mais Mme Dameron, étant donné l'état actuel de la législation, demeure en tutelle quoique séparée. Ayant vendu un terrain qui valait 200,000 francs, et dont le rapport était des plus faibles, elle s'est vu gêner de toute manière, dès qu'il s'est agi de faire le placement du produit de cette vente. Elle ne peut recevoir ce qui lui est dû et placer ce qu'elle reçoit que munie d'une autorisation maritale. Cette autorisation, le plus souvent, lui fait défaut et l'oblige à s'adresser à la justice; d'où lenteurs et frais. Fatiguée de cette tutelle, désireuse de s'en affranchir, ne comptant pas sur la prompte adoption de la loi sur le régime de la séparation de corps, Mme Dameron avait résolu de se rendre libre par le divorce.

Le tribunal de la Seine, présidé par M. Aubépin, — qui, on le sait, n'est pas tendre pour le divorce et ne prononce guère de conversions que quand il ne lui paraît pas possible de faire autrement sans se mettre en opposition évidente avec la loi, — le tribunal de la Seine avait accueilli la demande de conversion.

A la cour, le magistrat rapporteur et l'avocat général ont conclu à la confirmation du jugement de 1re instance ; et, cependant, l'arrêt suivant a été rendu :

La cour :

Considérant que, par arrêt du 20 août 1870, la séparation de corps des époux Dameron a été prononcée au profit de la femme pour violences, sévices et injures graves ;

Que la femme Dameron demande la conversion de cette séparation de corps en divorce ;

Que plus de trois ans se sont écoulés, mais que toute possibilité de rapprochement entre les époux, qui sont tous deux sexagénaires, ne paraît pas avoir disparu ;

Que le mobile de la demande est sans contredit d'échapper à une obligation alimentaire ;

Qu'eu égard à ces circonstances, aux conditions dans lesquelles se trouvent respectivement les parties et à la nature des faits constatés à la charge du mari, la demande n'est pas suffisamment justifiée ;

Infirme ;

Décharge Dameron des dépens et condamnations contre lui prononcées ;

Déclare en conséquence la dame Dameron mal fondée dans la demande de conversion de séparation en divorce, l'en déboute et la condamne aux dépens.

Autant d'alinéas, autant de violations de la loi.

Que le magistrat se demande, en matière de conversion, si les causes qui ont paru assez graves pour motiver la séparation de corps le sont assez pour motiver le divorce ; en l'état, je le conçois. S'il le fait, il se met en contradiction formelle avec l'article 306 du Code civil, aux termes duquel les causes de séparation de corps sont les mêmes que les causes de divorce, mais il obéit à une prescription de l'article 310, et ce n'est pas sa faute à lui si la loi qu'il est chargé d'appliquer est contradictoire.

Je conçois aussi qu'il hésite à prononcer une conversion, puisque celle-ci est facultative, s'il croit une réconciliation possible entre les époux. Mais il faut ici des raisons bien sérieuses. En fait, lorsque trois ans — et *a fortiori*, comme dans l'espèce, lorsque huit ans — se sont écoulés depuis la séparation, qu'aucun rapprochement ne s'est opéré depuis lors, que l'un des époux démontre, en réclamant le divorce, combien il est loin de cette idée de reprise de la vie commune, dire que tout espoir de réconciliation n'est pas encore éteint, c'est affirmer nettement le contraire de la vérité.

Sur quoi, d'ailleurs, s'appuie l'arrêt de la troisième chambre pour espérer une réconciliation ? Sur ce que les époux sont tous deux sexagénaires.

C'est-à-dire que, d'après la cour, l'âge des époux excluant ou semblant exclure toute idée de nouveau mariage, il n'y a pas de motif absolu pour qu'ils ne se rapprochent pas un jour.

Cette interprétation, qui ressort des termes mêmes de l'arrêt, était si bien dans la pensée des juges que, s'il faut en croire une personne présente à l'audience, auprès de laquelle je me suis renseigné, ce motif figurait dans les considérants de l'arrêt tel qu'il a été lu. On l'en aurait fait disparaître depuis.

Or, depuis quand la loi de 1884 a-t-elle donné aux juges le droit de rechercher si les époux qui demandent le divorce ont ou non l'intention de se remarier, et si l'âge auquel ils sont parvenus leur permet légitimement cette espérance ? Les juges ont à apprécier s'il existe ou non des causes de rupture de l'union conjugale. L'intention future des parties ne les regarde pas.

D'ailleurs, j'ai lu plus d'une décision judiciaire dans laquelle on dit à l'époux qui demande la conversion que son but évident est de se remarier avec une personne qu'il aime, et que, le but étant immoral, la conversion ne saurait lui être accordée.

En cherchant bien, je ne serais pas étonné que l'on trouvât quelque considérant de ce genre à l'appui de quelque arrêt de la 3e chambre.

De telle façon que tantôt on dit aux époux :

« Nous vous refusons la conversion, parce que vous ne voulez en user qu'en vue d'un mariage projeté et que c'est immoral ; »

Et tantôt :

« Vous ne pouvez plus avoir l'espérance de vous remarier, et nous vous refusons dès lors la conversion, parce qu'elle est inutile. »

Il est quelque peu difficile d'accorder ces deux motifs ; mais les magistrats ennemis du divorce ne s'arrêtent pas pour si peu. Pourvu qu'ils entravent le fonctionnement de la loi, ils ne s'inquiètent guère du reste.

Que dire du paragraphe suivant de l'arrêt :

« Que le mobile de la demande est sans contredit le désir d'échapper à une obligation alimentaire ? »

Où la 3e chambre a-t-elle vu que le législateur lui ait donné le droit de refuser le divorce à un justiciable par ce motif qu'il se propose, en le demandant, de bénéficier de l'une des conséquences qui y sont attachées par la loi ?

C'est de l'arbitraire, de l'arbitraire pur, de l'arbitraire poussé si loin que, si je ne croyais pas fermement à la modification prochaine de l'article 310, j'aurais, par la voie de ce journal, engagé Mme Dameron à soumettre cette intéressante question à la cour suprême.

Il est vrai qu'ici Mme Dameron se serait heurtée à une autre difficulté. C'est au moins ce qui semble résulter de l'arrêt récemment rendu par la chambre des requêtes dans le pourvoi Lafné, que soutenait Me Robiquet avec un mémoire aussi remarquable par la forme que par la précision et la rigueur de l'argumentation. La chambre des requêtes a fermé la porte au pourvoi, et il résulte sinon des termes de l'arrêt, du moins des débats, que son seul but a été d'éviter que la chambre civile ne fût inondée par un déluge de pourvois semblables.

C'est une des formes du déni de justice ou je ne m'y connais pas.

Nous sommes donc placés entre des cours et des tribunaux qui appliquent la loi de 1884 dans un esprit libéral et juste, et d'autres cours et tribunaux que rien n'arrête lorsqu'il s'agit de faire obstacle au divorce. Entre ces corps judiciaires la cour suprême refuse de se prononcer, par crainte d'avoir trop de pourvois à examiner. Il est temps et grand temps que le législateur intervienne. C'est le seul moyen de remettre de l'ordre dans ce gâchis.

Naquet.

P. S. — C'est aujourd'hui que le Sénat se réunit dans ses bureaux pour nommer la nouvelle commission du divorce ; j'espère que tous mes collègues républicains tiendront à nommer une commission favorable à cette dernière réforme dans la législation du divorce.

Le Voltaire du 9 juin 1886 (n° 2895)

LANGUES VIVANTES

ET LANGUES MORTES

DROIT ROMAIN

Les nouveaux programmes de l'enseignement classique français — c'est le nom qu'on leur donne — sont enfin rédigés. Je ne les connais pas encore. Mais la question capitale est toujours à mes yeux celle que je posais dans un précédent article : l'enseignement classique français ouvrira-t-il ou n'ouvrira-t-il pas les portes des facultés ? Les élèves qui en auront conquis le diplôme pourront-ils ou ne pourront-ils pas aborder l'étude de la médecine et du droit ?

Tout est là, à mes yeux. Hors de là, il n'y a rien de fait, et mieux peut-être eût valu ne rien tenter.

Mais cela est-il possible ? La science du droit n'exige-t-elle pas impérieusement de ceux qui s'y consacrent des recherches de jurisprudence romaine pour lesquelles le latin est indispensable ?

Dans l'article que je viens de rappeler, je n'avais pas osé trancher cette question, n'aimant pas à affirmer dans les matières où je n'ai pas compétence. Je me bornais à y laisser percer mon sentiment, je dirais presque mon intuition à cet égard. Les lignes que j'avais écrites sont tombées sous les yeux d'un de nos plus éminents jurisconsultes et de nos meilleurs magistrats, et ce dernier s'est hâté de m'écrire une lettre dont je ne puis m'empêcher de détacher quelques passages.

Vous vous reconnaissez compétence, me dit-il, pour condamner le latin comme inutile en médecine; vous déclinez toute compétence en ce qui concerne son utilité pour l'avocat.

Or, je puis vous affirmer que le latin n'est pas plus nécessaire à l'avocat et au magistrat qu'au médecin. Vous avez bien étudié la question du divorce qui est une des plus difficiles et des plus compliquées, — une des matières qui se rattachent le plus au droit romain, — votre latin et votre grec vous ont-ils servi à la moindre chose? Il en est de même dans toutes les questions. J'ai été longtemps avocat; je suis depuis plus de trente ans magistrat. Jamais je n'ai eu l'occasion d'utiliser le peu de latin que je sais.

Et que de fois, par contre, n'ai-je pas regretté de ne pas connaître assez l'anglais, l'allemand et l'italien, pour étudier les législations modernes et en suivre les progrès!

Le système qui consiste à donner en toute chose à l'inutile ou au superflu le pas sur ce qui est pratique, ce système pèse lourdement sur nous.

Nous connaissons sans appel des décisions des tribunaux de commerce, et les appels commerciaux sont aujourd'hui aussi nombreux que les appels civils. Or, nous sommes obligés, de par les règlements universitaires, à connaître les moindres détails du droit romain; mais on a jugé inutile de nous enseigner la tenue des livres, et, comme il n'y a pas un magistrat d'appel sur cent qui connaisse quelque chose à la comptabilité commerciale, nous sommes le plus souvent obligés de confier nos jugements à des experts dont nous ne pouvons contrôler les travaux.

Quant au droit romain, dans ce qu'il renferme d'utile à connaître : les grandes lignes qui permettent de se rendre compte de l'évolution du droit à travers les âges, on peut l'apprendre sans avoir jamais lu un seul mot de latin. On l'enseigne en français, et il n'y a pas un avocat ou un magistrat sur mille qui soit capable de traduire le *Digeste*.

Je me doutais bien quelque peu qu'il en était du droit romain dans les études juridiques comme il en est du latin dans les études littéraires. Mais il ne me déplaît pas de l'entendre affirmer par un homme dont la compétence en pareille matière est absolue.

Ici comme ailleurs on est demeuré sous la routine du passé, on n'a rien voulu abandonner de ce qui était enseigné à nos ancêtres; et, comme l'élasticité de l'intelligence humaine a des limites, qu'il est impossible à un homme de tout embrasser, on a négligé des études essentielles pour en conserver qui, en soi, sont bonnes sans doute, — tout ce qui fait réfléchir et penser est bon, en ce sens que le développement intellectuel de l'individu en résulte, — mais qui, à un point de vue relatif, sont mauvaises, en ce sens qu'elles prennent la place d'études nécessaires qu'on n'a plus le temps d'aborder. Déjà dans l'enseignement secondaire, le latin et le grec prennent la place des langues vivantes. Dans le droit, la législation romaine prend la place que devraient occuper — je ne dis même pas les législations étrangères, mais des parties importantes de notre droit français.

Ce point est si capital que je veux laisser encore la parole à mon correspondant.

Je comprends, dans un cours théorique, l'enseignement du droit romain au point de vue des principes et pour éclairer la genèse du droit français. Mais tout cela se fait en français, à part quelques adages qui pourraient eux-mêmes se traduire sans aucun inconvénient. *Error non facit jus* ne perdrait pas beaucoup si l'on disait : *Erreur ne fait pas droit.*

Par contre, l'étude du droit romain, telle qu'on la comprend aujourd'hui par une imitation allemande, est devenue quelque chose de plus dangereux et de plus absurde que le latin dans l'enseignement secondaire.

Le droit romain absorbe tout l'enseignement pour la plupart des jeunes professeurs. Il est tout et le reste n'est rien. On pardonne à un étudiant de ne rien savoir, ou à peu près, pourvu qu'il sache le droit romain, et l'on s'attache notamment à enseigner tout ce qui, dans ce droit, n'a aucun rapport avec notre législation française, comme *le pécule des esclaves.*

J'appelle en outre votre attention sur ceci :

Pour le doctorat en droit, on subit trois examens et une thèse.

Le premier examen porte sur le droit romain. Il est d'une difficulté extrême.

Le deuxième examen porte sur le droit civil, sur lequel on est très facile.

Le troisième examen, sur lequel on est d'ailleurs aussi très facile, porte sur deux matières au choix du candidat parmi les matières suivantes : *la procédure, le droit pénal, le droit administratif, le droit commercial, le droit international privé.*

Supposons que le candidat choisisse la procédure et le droit international privé, il pourra être reçu docteur sans savoir un mot de *droit pénal*, de *droit commercial* ou de *droit administratif*.

Par contre, il connaîtra à fond les dispositions légales qui régissaient la situation des esclaves à Rome.

Quelque longue que fût cette citation, je n'ai pas pu m'empêcher de la faire. Ce qui se passe dans nos facultés de droit est la reproduction exacte de ce qui se passe dans nos lycées. Là comme ici, on gaspille le temps des jeunes gens en les privant des connaissances qui leur seraient indispensables au profit d'études qui ne leur serviront jamais de rien et que, du reste, ils se hâteront d'oublier une fois hors des bancs de l'école.

M. Frary a donc pleinement raison. C'est une réforme absolue, complète qui est nécessaire. Les difficultés qui résultent du personnel et celles qui sont la conséquence des idées fausses encore répandues dans la société française empêchent de briser entièrement et d'un coup avec le latin et le grec? Soit! Mais du moins faut-il entrer sérieusement dans la voie nouvelle, comme je le proposais il y a quelques jours
ici même, et proclamer l'égalité des 12
deux enseignements classiques, en ouvrant sans distinction les portes de nos facultés aux élèves de l'un comme aux élèves de l'autre.

C'est ce que n'a pas fait l'Université en rédigeant ses nouveaux programmes et c'est pour cela qu'à mes yeux elle n'a rien fait.

Il est un autre point qui aurait dû être examiné par elle. Il est relatif au mode d'enseignement des langues vivantes.

Les langues mortes ne sont pas seulement funestes en ce qu'elles nous prennent le temps que l'on pourrait utilement consacrer sans elles aux langues modernes, elles ont encore l'inconvénient grave de faire prévaloir, par l'habitude, dans l'enseignement de celles-ci, une méthode absolument inverse de celle que la logique et la raison imposent.

Pour les langues mortes, la grammaire est tout. Savoir les règles et pouvoir traduire ce qui est écrit, tel est le but unique que l'on peut poursuivre. Pour les langues vivantes, le but qu'il faut poursuivre, c'est de les parler. En connaître les règles, les lire et les écrire viennent ensuite par surcroît. Commencer ici par la grammaire, c'est faire certainement fausse route. Si cette méthode peut être appliquée par des hommes faits qui ont perdu avec l'âge leur aptitude à apprendre les langues étrangères et qui ne parviennent jamais qu'à des à-peu-près, elle est détestable pour les enfants, dont l'aptitude est entière et qui ont généralement pour toutes les choses abstraites une répugnance au moins égale à l'attrait qu'ils éprouvent pour tout ce qui est concret.

La manière dont nous avons appris notre propre langue, la manière dont des étrangers sans culture venus en France arrivent à parler le français, quelquefois sans même savoir le lire, nous indiquent comment nous devons enseigner les idiomes que l'on parle hors de chez nous.

Pour les idiomes comme pour la langue natale, il faut procéder par l'accoutumance de l'oreille et du gosier. — C'est même le seul moyen d'arriver à une prononciation exacte ; on prononce toujours mal si, au lieu d'apprendre par l'oreille, on a appris par l'œil.

La grammaire vient ensuite petit à petit, comme une conséquence tirée de ce que l'on sait déjà et non comme un moyen de l'apprendre.

Et je suis bien impartial en parlant ainsi, car, par la nature même de mon esprit, essentiellement déductif, je serais aujourd'hui incapable d'apprendre le plus facile des idiomes autrement que par le système employé pour les langues mortes, c'est-à-dire en commençant par la grammaire.

Je ne fais donc pas en ceci comme les médecins qui ordonnent à tous leurs malades le régime qu'ils ont trouvé bon pour eux.

Je me dégage au contraire de mes habitudes d'esprit, et je cherche par l'expérience générale ce qui est vraiment pratique.

J'ajoute même qu'il n'y a pas jusqu'à mon expérience personnelle qui ne me serve à conclure contre le système que j'emploie pour moi ; si je ne puis apprendre les langues que par la voie grammaticale, il est bon d'ajouter que j'y ai fort peu de propension, que je les apprends très mal et que, si je parviens à les lire, je ne parviens jamais à les prononcer et à les parler correctement. Les résultats que j'obtiens en ce qui me concerne prouvent donc eux-mêmes contre ma méthode et démontrent qu'il faut en employer une autre, alors surtout qu'on opère sur des enfants, avec qui cette autre méthode est non seulement possible, mais de beaucoup la plus facile.

Il est vrai que, pour enseigner les langues en parlant, il faut avoir des professeurs qui les parlent. Et, comme on ne parle en général vraiment bien que la langue que l'on a apprise au berceau, il ne faut pas hésiter à appeler dans nos lycées français des professeurs étrangers pour les enseigner.

Mais ici encore il est fort à craindre qu'un faux patriotisme ne nous égare et qu'un sentiment de protectionnisme mal compris ne nous éloigne de la solution.

Si cependant nous voulons ne pas éternellement piétiner sur place, si nous voulons entrer vraiment dans la voie du progrès, si nous voulons nous outiller pour la grande concurrence industrielle, commerciale, scientifique et littéraire que nous avons à soutenir contre nos rivaux, il faut résolument rompre avec une tradition qui a pu être grande, mais qui a fait son temps, et qui ne peut désormais que nous placer dans un degré d'infériorité marquée vis-à-vis de nos concurrents.

Le relèvement de notre pays est à ce prix. Prenons la tête du mouvement sur cette question en Europe, et les résultats ne se feront pas longtemps attendre.

Naquet.

L'Estafette du 10 juin 1886 (n° 3196)

L'EXPULSION DES PRINCES

Il semble que ce qui a dominé, depuis 1878, le gouvernement de la République, c'est de ne rien faire à propos.

Au lendemain de la grande victoire qui suivit le Seize-Mai, la République triomphante devait s'affirmer par des actes. Elle devait, d'une part, frapper les conspirateurs, et de l'autre réaliser en quelques jours les grandes réformes libérales qui la distingueraient des monarchies. La liberté de réunion et la liberté de la presse auraient dû être décrétées en un mois par l'accord du gouvernement et des Chambres, et sans discussion, au moins sur le principe. L'amnistie intégrale aurait dû, elle aussi, être un fait accompli quelques jours après la victoire ; et si l'on devait jamais expulser les princes, c'est à ce moment-là qu'il aurait fallu le faire, en même temps qu'on aurait rappelé les proscrits républicains. Il aurait également fallu faire une large épuration du personnel administratif et judiciaire, une épuration sur laquelle on n'aurait plus jamais eu à revenir.

Les populations auraient alors compris que l'axe de la politique était vraiment changé, et que d'une politique monarchique on entrait résolument dans une politique républicaine.

Après les années de domination cléricale que le pays venait de subir, et dont il était si profondément irrité, tout le monde aurait applaudi.

De plus, et c'est là le point capital, les divisions violentes qui ont déchiré notre parti n'auraient pas eu de cause et ne se seraient pas produites. Quelles raisons eût-on pu invoquer pour créer une Extrême-Gauche en vue de réclamer avec énergie du gouvernement une politique républicaine, l'amnistie, les libertés que la République comporte, si de toutes ces réformes le gouvernement avait pris lui-même l'initiative?

Quant aux soi-disant modérés, au fond la grande majorité d'entre eux — je ne parle pas du Centre-Gauche — étaient des républicains sincères, qui, plus préoccupés que d'autres de la stabilité ministérielle, ont suivi une politique de résistance; mais qui auraient suivi bien plus volontiers, bien plus naturellement une politique de progrès.

***

Les républicains seraient donc demeurés groupés en une phalange compacte, et c'est tout au plus si, à leur aile droite et à leur aile gauche, on aurait trouvé deux petits groupes chaque jour plus délaissés par l'opinion publique, chaque jour plus faibles : celui du Centre-Gauche et celui des socialistes violents. La République n'aurait pas connu ces luttes intestines qui énervent et fatiguent le pays. Ayant pour l'étude des questions sérieuses le temps précieux que ces luttes lui ont fait perdre, le Parlement nous aurait dotés de lois fécondes, et à cette heure, que les princes fussent ou non demeurés en France, il n'y aurait presque plus un Français qui ne fût républicain.

Au lieu de cela, les gouvernements qui se sont succédé jusqu'aux élections de 1885 n'ont cessé de retenir leur parti, d'enrayer le mouvement, de défendre pied à pied les vieilles institutions monarchiques.

La première Chambre républicaine date de 1876. La République a été définitivement assise dès 1878, et, trois ans après on discutait encore le droit de réunion et la liberté de la presse, et l'on ne se décidait à nous donner l'amnistie que devant un mouvement de l'opinion publique devenu irrésistible.

Et cependant, même alors qu'on se refusait à abroger les lois de la monarchie, on était obligé d'appliquer par anticipation celle de la République. On laissait subsister la loi de 1868 sur les réunions publiques, mais on permettait aux citoyens de se réunir aussi librement qu'aujourd'hui. On conservait la législation impériale de la presse, mais on accordait en fait aux journaux la plénitude de la liberté. On refusait l'amnistie intégrale, mais on décrétait une amnistie partielle qui, sans satisfaire le sentiment public, faisait rentrer en France plus des trois quarts des proscrits. Il en résulta que la France était déjà habituée aux réformes avant qu'elles fussent faites, que les mesures d'apaisement avaient déjà produit la plupart de leurs effets lorsqu'elles parurent à l'*Officiel*, que le pays ne s'aperçut même pas des progrès accomplis, qu'il n'en conçut aucune reconnaissance pour ses gouvernants, et que, par l'effet d'une habitude prise, les divisions persistèrent parmi nous après la solution des problèmes qui nous avaient divisés.

***

Cette doctrine, qui consiste toujours à ne rien faire en temps opportun, prit le nom d'opportunisme, et c'est de là que nous viennent les nombreuses difficultés dont nous souffrons à cette heure. C'est là qu'il faut chercher la cause première, quoique lointaine, des élections regrettables du 4 octobre dernier.

Dans le vote sur l'expulsion des princes qui se prépare, on subit la continuation du même système, ce qui peut être une fatalité; et on le lègue volontiers à l'avenir, en ne faisant qu'une expulsion partielle, ce qui est une faute.

En principe, et me plaçant en dehors de la situation que nous créent des divergences d'opinion auxquelles je ne puis rien, je ne suis pas pour l'expulsion des princes.

Non que je raisonne au point de vue du droit abstrait! — j'admets que tout gouvernement qui repose sur la volonté nationale a le droit de se défendre. Je ne raisonne qu'au point de vue de l'intérêt républicain.

De 1878 à 1882 personne n'a songé aux princes. C'est seulement après la chute de Gambetta, quand la Chambre des députés sembla s'émietter et qu'on put constater dans les départements un certain état de mécontentement et d'inquiétude, qu'on pensa aux Bonaparte et aux d'Orléans, comme si l'éloignement de quelques individus devait être une compensation des fautes que nous avons commises !

Croit-on donc que les gouvernements puissent jamais être renversés par des conspirations ou des émeutes lorsqu'ils ont avec eux l'opinion publique ? Et croit-on que le jour où l'opinion publique se retirerait d'eux, ils puissent conjurer l'orage en mettant quelques kilomètres de plus ou de moins entre eux et leurs adversaires ? On conspire aussi bien de l'étranger qu'au sein de son propre pays, et l'exil n'a empêché le retour ni de Charles II, ni de Louis XVIII, ni d'Alphonse XII.

Le véritable exil salutaire des princes est celui qui consiste à les expulser du cœur de leurs concitoyens en gouvernant mieux qu'ils n'ont jamais gouverné.

***

Mais tout ceci est de l'abstraction pure, et c'est en face de faits concrets que nous nous trouvons placés.

Il aurait mieux valu que la question des princes ne se posât pas. Seulement il ne dépendait d'aucun de nous d'empêcher que, sur ce point comme sur bien d'autres, des divergences n'existassent entre les meilleurs républicains, et que, ces divergences existant, elles ne se manifestassent par des propositions des uns que les autres regrettent.

L'expulsion des princes a été déjà proposée deux fois par l'initiative parlementaire ; elle l'est à cette heure par le Gouvernement, et l'on peut affirmer avec certitude que si elle n'était pas résolue aujourd'hui elle le serait demain. Que cette mesure soit en elle-même bonne ou mauvaise, utile ou nuisible, elle sera prise et, dès l'instant où elle doit être prise, mieux vaut qu'elle le soit de suite que de l'être plus tard. Il est même très regrettable, puisqu'on devait en venir là, qu'elle ne l'ait pas été plus tôt, et il serait déplorable qu'elle fût encore retardée.

Des questions de cet ordre, lorsqu'elles sont ajournées pour renaître sans cesse, agitent indéfiniment le pays, font perdre le temps du Parlement, créent à chaque fois de nouveaux mécontents. Il importe d'en débarrasser au plus vite le turf politique.

Il y a plus : par cela même qu'on les pose, on crée aux prétendants, si on ne les résout pas, la situation même qu'on redoutait : on les dénonce comme conspirateurs et l'on semble n'avoir pas la force de les frapper, on augmente leur prestige.

Quelle que soit mon opinion abstraite sur le fond de la question, et tout en regrettant profondément, au point de vue de l'intérêt bien entendu de la République, que tous les membres de notre parti ne se soient pas mis d'accord pour écarter le dépôt du dernier projet de loi, j'estime donc que le projet de loi étant présenté il faut le voter.

Mais lequel ? ici, comme presque toujours avec le gouvernement parlementaire, la solution est difficile.

***

La commission est incontestablement dans le vrai lorsqu'elle déclare, par la plume de M. Camille Pelletan, que la question doit être fermée.

Il est certain que l'amendement Brousse la laisse ouverte. Cet amendement arme le Gouvernement d'un droit redoutable, et ce droit sera le point de départ d'incessantes interpellations. Le duc d'Aumale et le prince Louis ne feront pas un pas sans qu'un député se lève pour demander au ministère s'il entend tolérer leur séjour en France. Comme jadis l'amnistie partielle finit par aboutir à l'amnistie intégrale, l'expulsion incomplète d'aujourd'hui sera le prélude certain de l'expulsion totale de demain. Pourquoi alors laisser subsister parmi nous des causes de divisions et de luttes; et puisqu'on croit l'expulsion utile, pourquoi n'en pas finir une bonne fois et pour toutes avec cette délicate question?

Malheureusement nous vivons sous un régime parlementaire, sous un régime illogique qui place sans cesse le mandataire du peuple dans cette alternative: ou voter une loi qu'il sait être mauvaise, pour ne pas renverser un ministère qui conserve sa confiance quoiqu'en désaccord avec lui sur un point déterminé; ou renverser le cabinet pour ne pas faire une mauvaise loi.

Si M. de Freycinet persiste à repousser l'expulsion totale, cette alternative va se poser aujourd'hui dans toute sa force.

Les députés se trouveront en présence de deux maux: ou voter une loi bâtarde qui ne résout rien et qui promet pour l'avenir une riche moisson d'irritants débats; ou renverser M. de Freycinet et ses collègues.

De ces deux maux lequel est le moindre?

Il y a un tel intérêt à prouver au pays que la République est susceptible d'engendrer un gouvernement stable, que c'est le renversement du cabinet qui m'apparaît comme la pire solution.

Il serait toutefois bien désirable que l'alternative fût évitée et que, puisque M. de Freycinet a voulu l'expulsion des princes, du moins il se ralliât à la solution radicale et franche de la commission.

Il serait surtout à souhaiter que notre système politique fût mis en harmonie avec les exigences de la démocratie républicaine, et que cette alternative douloureuse, cette obligation de choisir entre deux maux, cessât enfin d'être la règle du Parlement.

Alfred NAQUET

Le Voltaire du 16 juin 1886 (n° 2902)

LE MANIFESTE
DE M. GLADSTONE

Le manifeste que M. Gladstone vient d'adresser aux électeurs du Midlothian est un de ces actes qui grandissent un homme, honorent un pays et reposent le penseur fatigué par le spectacle constant des petitesses de la politique courante.

C'est là le langage d'un homme dont les vues sont nettes, qui s'est donné une tâche à remplir, qui y marche résolument, qui ne s'arrête pas aux broussailles du chemin et qui parle au pays sans faiblesse comme sans réticences.

Qu'il y a loin de cet appel aux électeurs, à la fois si précis et si fort, à nos programmes électoraux, où toutes les idées se hourtent et se mêlent à ce point qu'aucun citoyen, en déposant son bulletin dans l'urne, ne peut se dire chez nous qu'il vote pour le programme complet de son candidat.

M. Gladstone veut affranchir l'Irlande de l'oppression séculaire qui pèse sur elle. Il ne croit pas à la puissance de la coercition pour ramener à l'Angleterre le peuple irlandais; il n'admet pas qu'en plein dix-neuvième siècle un pays européen et civilisé puisse être à jamais gouverné comme un pays conquis. Il cherche la solution du problème dans la liberté, et il invite les électeurs du royaume uni à le suivre sur ce terrain. La question irlandaise, et rien que la question irlandaise, voilà le manifeste; de même que c'était encore exclusivement la question irlandaise, considérée d'un point de vue opposé, qui dictait l'autre jour le discours du marquis de Salisbury.

N'aborder jamais qu'une seule question à la fois, c'a été toujours le principe fondamental des hommes d'Etat anglais. Et ce principe est le seul qui soit susceptible de faire vivre le parlementarisme (je ne dis pas le gouvernement représentatif, mais le gouvernement parlementaire, dans la forme qu'il affecte à cette heure en France, en Angleterre, etc.), si ce régime est susceptible de vivre dans une démocratie. Malheureusement, chez nous, malgré les sages avis que donnait sur ce point Gambetta, c'est d'une manière bien différente qu'on procède. C'est, dans chaque élection, sur des questions nombreuses, complexes et, de plus, mal définies, qu'on appelle le corps électoral à se prononcer. Le résultat d'un tel système est facile à prévoir. C'est l'instabilité du gouvernement, lequel, même s'il dure, n'a jamais qu'une existence précaire; c'est l'impossibilité presque complète de résoudre aucun problème.

Le régime parlementaire, qui admet la fiction de l'irresponsabilité du chef de l'Etat et qui proclame la responsabilité des ministres, veut qu'un ministère repose sur une majorité. Cette majorité est-elle bien assise, compacte, disciplinée, le ministère est solide et peut faire sentir son influence bienfaisante dans le gouvernement du pays. Est-elle, au contraire, ondoyante, le ministère, toujours menacé d'un vote hostile, jamais assuré du lendemain, sans cesse occupé à des combinaisons de couloir destinées à lui procurer des majorités d'occasion, le ministère est incapable de rien aborder, de rien résoudre. Il est même incapable de gouverner, et il en résulte un état anarchique qui ne tarde pas à fatiguer le pays; toutes les défaillances deviennent possibles. Comment en serait-il autrement?

Lorsque, après le grand débat qui a eu lieu à Westminster, M. Gladstone, s'adressant aux électeurs d'Angleterre, vient leur dire :

« Voulez-vous gouverner l'Irlande à l'aide de la coercition, ou voulez-vous laisser l'Irlande s'occuper elle-même de ses affaires ? »

Lorsqu'il ajoute que deux plans sont en présence : celui de lord Salisbury, consistant « à demander au Parlement de nouvelles lois répressives et à les maintenir pendant vingt ans », et celui du gouvernement, qui consiste à « laisser l'Irlande, sous des conditions qui ont été mûrement réfléchies, s'occuper de ses propres affaires», la question est simple; elle laisse difficilement place à l'incertitude; il faut que les électeurs répondent dans un sens ou dans l'autre, et une majorité gouvernementale se constituerait nécessairement si aucun autre facteur n'intervenait.

Il en est tout autrement en France. Voyez un programme de l'Extrême gauche, je suppose, que n'y trouverez-vous pas? A côté de la séparation de l'Eglise et de l'Etat — question immense, qui mériterait à elle seule d'absorber les efforts d'une législature et qui vaut bien en importance le bill du *home rule* — se placent la revision de la constitution, sans même que l'on dise en quoi cette revision consistera; l'autonomie communale, sans qu'on en indique les limites autrement que par des phrases vagues que tout le monde peut signer; l'élection de la magistrature; la réforme de l'impôt, sans qu'on précise l'assiette nouvelle sur laquelle les contributions publiques devront être établies désormais; le remaniement de nos lois militaires... que sais-je encore?

Comment, dans ces conditions, une majorité se constituerait-elle.

Tel électeur, qui est très partisan de la séparation de l'Eglise et de l'Etat, croit une revision constitutionnelle inutile; tel autre, qui tient pour une revision de la constitution, ne veut pas de l'autonomie des communes. Chaque citoyen qui porte son bulletin dans l'urne vote ainsi à la fois pour des idées qui lui sont chères et pour des idées qui lui déplaisent, et, quelque recensement que l'on fasse ensuite des programmes électoraux, il est matériellement impossible de dégager la volonté du pays.

Et comme, d'ailleurs, les programmes varient avec les candidats, leur multiplicité concourt avec leur complexité pour engendrer le gâchis.

La Chambre qui résulte d'élections ainsi faites renferme les nuances les plus diverses. Elle ne présente aucun point d'appui pour un gouvernement. Privée d'ailleurs d'un gouvernement solide, base de toute action sérieuse dans le régime parlementaire, elle devient impuissante. Abandonnée à ses propres forces, elle se perd en discussions oiseuses, et, soit qu'elle renverse chaque jour un ministère, soit qu'elle le conserve, mais en ne perdant pas une occasion de le menacer et de faire douter de sa durée, elle se déconsidère et déconsidère avec elle non seulement le régime parlementaire, mais jusqu'au régime représentatif.

Tout autre est l'attitude des hommes politiques anglais, et c'est pourquoi le parlementarisme de l'autre côté du détroit a eu une force et un lustre que nulle part on ne lui a connus sur le continent.

Certes! je ne voudrais pas en conclure qu'en Angleterre même il ne rencontre dans l'avenir des difficultés qu'il n'y a pas rencontrées jusqu'ici.

Il ne suffit pas, pour que le parlementarisme vive, que les questions posées au pays soient simples; il faut qu'elles ne comportent que deux réponses. Et, malheureusement pour nos voisins, il n'en est déjà plus ainsi chez eux.

Si M. Gladstone et lord Salisbury étaient seuls en présence, l'un avec son régime de *self-government* pour l'Irlande, l'autre avec son système de coercition, il faudrait bien que la majorité appartînt à l'un ou à l'autre, et dans les deux cas une solution serait obtenue.

Mais c'est le propre de la démocratie, c'est-à-dire de l'accession d'un plus grand nombre d'hommes à la vie politique, de multiplier les solutions. Le problème de l'Irlande est posé. C'est une question simple, et l'on pourrait envisager l'avenir avec calme si elle ne comportait que deux réponses : ou elle serait résolue dans le sens de M. Gladstone ou elle le serait dans le sens de lord Salisbury.

Mais il existe une troisième réponse, celle de M. Chamberlain. M. Chamberlain ne veut pas plus de coercition que M. Gladstone, mais, pas plus que le marquis de Salisbury, il ne veut de ce que les adversaires actuels du premier ministre appellent le démembrement de l'empire. A la conception unitaire de lord Salisbury, à la conception séparatiste à la manière autrichienne de M. Gladstone, il oppose la conception américaine ou suisse de la fédération. Il propose un Parlement irlandais, un Parlement écossais, un Parlement anglais, un Parlement pour le pays de Galles; mais il entend limiter l'autorité de tous ces Parlements et les subordonner à celle du Parlement impérial de Westminster.

J'ignore comment les électeurs du royaume uni voteront. Mais il est certain que, s'ils répondaient en nombre à peu près égal aux trois leaders qui dirigent la campagne électorale, la Chambre des communes nouvelle serait incapable de rien résoudre.

C'est là l'écueil du système parlementaire dans tous les pays de suffrage universel ou même de suffrage très étendu.

Il n'en reste pas moins certain qu'on atténue ce péril, qu'on le restreint, en n'ajoutant pas celui qui résulte de la multiplicité des questions à celui qui résulte de la multiplicité des réponses. C'est ce que comprennent admirablement nos voisins. Et cette simplicité des programmes, cette concentration de toutes les forces sur l'idée unique qui préoccupe les esprits, sur l'idée du jour, est ce que j'admire le plus dans la politique anglaise et ce que je désirerais le plus voir transporter chez nous.

Non seulement, en effet, on retire de ces mœurs politiques les avantages que je viens de signaler, mais on en retire cet autre avantage, autrement considérable encore, d'éviter toute lassitude dans le pays.

Les électeurs se fatiguent et votent avec dégoût ou cessent de voter lorsqu'ils sont appelés à faire connaître leurs sentiments sur cent points divers, dont un très petit nombre les passionnent, et dont ceux-là mêmes qui les passionneraient dans d'autres conditions les laissent froids, parce qu'ils n'en entrouvent pas la solution au milieu du dédale de questions dans lequel ils sont perdus.

Les électeurs, au contraire, lorsqu'ils sont en présence d'une question simple et précise, prennent résolûment parti. La lutte devien vive, virile, et le pays s'élève en force, en dignité, en conscience de lui-même à chaque nouvelle élection.

Nous n'avons fait depuis quinze ans qu'une seule élection générale à l'anglaise, qu'une seule élection générale sur une question simple; c'est celle du 14 octobre 1877, qui suivit le coup de force du 16 Mai.

Ce jour là on ne s'attarda pas aux programmes complexes. On plébiscita sur la République et la monarchie, comme on va plebisciter en Angleterre pour ou contre le *home rule*.

Aussi, comme cette élection fut belle, et que la France apparut grande et majestueuse à ceux qui nous observaient de l'étranger!

Reverrons-nous une élection pareille? Je l'ignore. En attendant, je trouve un exemple semblable de l'autre côté du détroit et je salue l'homme qui nous le donne. Je le salue, désireux tout à la fois de voir dans le royaume uni le triomphe d'une grande cause libérale, et de voir ce triomphe et la manière dont il aura été obtenu porter ses fruits en France même, en montrant la voie à suivre aux hommes d'État français.

Naquet.

L'Estafette du 19 juin 1886 (n° 3204)

LES PRINCES AU SÉNAT

S'il pouvait y avoir quelque chose de plus inopportun que l'action exercée par quelques leaders de la Chambre sur le gouvernement pour l'amener à proposer l'expulsion des princes, c'est assurément la résistance que fait le Sénat à la mesure que la Chambre a déjà votée.

On peut, comme l'ont fait à la Chambre la plupart des députés qui ont combattu l'expulsion, comme l'ont fait dans les bureaux du Sénat tous les sénateurs qui se sont opposés au projet de loi, comme je l'ai fait moi-même dans les colonnes de ce journal il y a huit jours, contester que l'exil des princes soit en soi une de ces nécessités politiques qui s'imposent. On peut penser — c'est mon opinion — que la République n'était pas en péril; que si malheureusement elle venait jamais à l'être, les causes en seraient autrement profondes qu'on ne se l'imagine, et ne résideraient pas dans le fait que le comte de Paris et le prince Jérôme habiteraient Paris au lieu d'habiter l'Angleterre ou la Suisse. On peut disserter à perte de vue sur ce thème, rappeler que la présence du duc d'Aumale et du prince de Joinville à l'Assemblée nationale, et celle du premier de ces princes à la tête d'un corps d'armée, n'ont empêché ni les élections du 20 février 1876, ni celles du 14 octobre 1877, ni la démission du maréchal de Mac-Mahon, ni aucun des écrasements successifs de la réaction dont nous avons été les témoins de 1875 à 1881.

Si le pays a voté avec un tel entrain pour la République malgré les princes, alors que leurs propres amis étaient au pouvoir, c'est que les princes ne pèsent pas d'un grand poids dans la balance nationale, que leur présence ou leur absence influence peu les votes du pays, et que si jamais ces votes devaient se retourner contre nous, ce serait parce que nous n'aurions pas répondu aux espérances que l'on avait mises en nous, et non à cause des conspirations ou des intrigues impuissantes des d'Orléans ou des Bonaparte. On irait peut-être alors les chercher là où ils seraient, à Paris ou à Londres, parce qu'on serait mécontent de nous ; mais c'est uniquement à cause de cet état d'esprit que l'on se tournerait vers eux, et ce n'est point parce qu'ils seraient rapprochés ou éloignés que le mécontentement acquerrait ou n'acquerrait pas de puissance.

On peut dire tout cela. Tout cela est profondément vrai. Mais tout cela est de l'abstraction pure et l'on ne fait pas de la politique avec des abstractions.

***

Il eût bien mieux valu que personne ne songeât à poser la question des princes. Mais la question est posée, et dès l'instant où elle est posée ce qui pourrait arriver de pire c'est qu'elle ne fût pas résolue.

Déjà, à la Chambre, un vote hostile à l'expulsion eût été fâcheux ; au Sénat il serait désastreux.

Les princes ne sont pas dangereux en eux-mêmes. Mais il n'est pas douteux qu'on ne puisse augmenter leur influence, et par cela même le danger qu'ils recèlent, en élargissant leur prestige.

Or, si, chaque mois, on vient rouvrir au Palais-Bourbon ou au Sénat des débats comme ceux auxquels nous assistons en ce moment; si l'on vient déclarer que les princes se posent en prétendants et opposent gouvernement à gouvernement ; si l'on affirme indirectement, et quelque formule habile que l'on adopte, la précarité de la République, par la nature des précautions que l'on juge aujourd'hui indispensables à sa sécurité, alors qu'on n'y songeait même pas hier, il est clair que l'on créera un péril. Les populations se demanderont si le gouvernement dont nous jouissons est bien réellement le gouvernement de l'avenir, s'il doit durer, s'il n'y en a pas un autre qui se prépare, et s'il ne faut pas dès aujourd'hui se tourner du côté du soleil levant.

Elles se demanderont cela, et les fonctionnaires, qui veulent avant tout conserver les positions qu'ils ont acquises, craignant de se compromettre, se retireront dans une abstention voisine de l'hostilité. Ce sera en vain qu'on exigera et qu'on pratiquera l'épuration, car si un gouvernement est toujours certain d'être fidèlement servi par l'immense majorité de ses employés lorsque ceux-ci ont la conviction que ses lendemains sont assurés ; il est toujours non moins certain d'être trahi par eux, quelque épuration qu'il fasse, lorsqu'ils commencent à douter de sa solidité.

Il n'est pas possible que des hommes qui aiment sincèrement, et quelques-uns passionnément, la République, veuillent voir se reproduire à intervalles rapprochés des discussions aussi périlleuses pour le bon renom de notre gouvernement dans le pays.

***

On dira, je le sais, que le mal a été fait le jour où M. de Freycinet a déposé son projet de loi, que le rejet du projet n'y changera rien, et qu'il suffira, pour que le danger que je redoute ne se manifeste pas, que les expulseurs demeurent tranquilles dans l'avenir.

Je le veux bien. Mais croit-on sincèrement que cela soit possible ? Parmi ceux qui expulsent, il en est un grand nombre qui croient que les princes en France menacent la République. Ils ont tort de le croire, soit ; mais ils le croient, et cela suffit pour leur donner le droit — et je dirai même le devoir — de reproduire leur proposition toutes les fois que la procédure parlementaire le leur perment.

J'ajoute que s'ils hésitaient, ils y seraient poussés par les princes eux-mêmes. Après l'insuccès de la proposition Duché, les princes se sont crus à l'abri, ils se sont dit que la République était impuissante à les frapper, et ils ont fait les frasques que l'on connaît, appelant ainsi le projet dont on se plaint aujourd'hui. Que ce projet eût été repoussé par la Chambre, qu'il le soit par le Sénat et que le gouvernement s'incline devant ce vote, ces messieurs, plus assurés que jamais de l'impunité, puisque cette fois l'influence gouvernementale aura été mise en échec pour les sauver, pousseront plus loin qu'ils ne l'ont fait jusqu'ici l'étalage de leurs prétentions monarchiques. Les républicains n'en seront que plus excités et les propositions d'exil se renouvelleront périodiquement. Elles finiront même fatalement par aboutir un jour ou l'autre. Mais en attendant elles auront fatigué le pays; elles auront écarté, fait ajourner les lois d'affaires; elles auront donné aux monarchistes un admirable thème contre nous. La question ne peut donc pas être enterrée par le rejet de la loi d'exil; elle ne peut l'être que par son adoption; il faut que la loi d'exil soit adoptée.

***

Ces arguments s'imposaient à la Chambre; ils s'imposent bien plus au Sénat, où la loi arrive portée par une formidable majorité républicaine. Si le Sénat repoussait le projet de loi; une des deux conséquences suivantes se produirait : ou le ministère céderait devant le Sénat, et alors il courrait le plus grand risque de tomber devant la Chambre; ou, imitant ce qui a été fait lors du rejet du fameux article 7, il se passerait du Sénat, et, fort de l'appui de la Chambre, expulserait les princes par décret en vertu de ce prétendu droit de haute police que, pour ma part, je ne vois dans aucun texte depuis l'abrogation de l'article 14 de la charte de 1814, et qu'il n'est peut-être pas prudent de trop affirmer.

Les deux hypothèses sont presque également fâcheuses. La première, la chute du ministère, l'est au plus haut degré parce qu'elle ne conjurerait pas la seconde. Si le cabinet Freycinet tombait pour ne pas vouloir résister au Sénat, il ne pourrait se former qu'un cabinet de résistance ou un cabinet de dissolution. Comme personne ne peut sérieusement songer à la dissolution, c'est donc un cabinet de résistance qui se formerait. On aurait à la fois le conflit aigu entre les deux Chambres et une crise ministérielle, et cela à la veille du renouvellement des Conseils généraux. Le moyen paraît-il bien choisi pour ramener à nous les fractions du corps électoral qui nous ont échappé? Pour employer un mot de M. Ferry, trouverait-on que la posture fût bonne?

Si le ministère actuel prenait la résolution de résister lui-même et, en expulsant les princes, de faire faire au pays l'économie d'une crise, il n'en resterait pas moins le conflit entre les deux Chambres, que nos adversaires exploiteraient au moment des élections.

De plus, le Sénat serait déconsidéré et décrié dans l'opinion républicaine.

***

Je n'ai jamais été partisan de deux assemblées. Mais je ne crois pas que l'on puisse passer du régime de deux assemblées au régime d'une assemblée unique par suppression pure et simple de l'une d'elles. Le régime d'une assemblée unique exige tout un système de garanties qui ne saurait être organisé là où il y a deux Chambres. Aussi longtemps que notre Constitution fonctionnera — et quel que puisse être mon désir, je ne la crois pas près d'être révisée sur ce point — il importe à la bonne marche des affaires, que les deux moitiés du Parlement conservent la plénitude de leur autorité, de leur influence. Tant qu'il y aura deux Chambres, ces deux Chambres seront des organes de la République, et la République ne pourrait pas ne pas être atteinte si l'une d'elles perdait la confiance du pays.

***

La question des princes ne peut donc être fermée que par l'expulsion. Refuser l'expulsion, de la part du Sénat, ce serait laisser cette question indéfiniment ouverte, ce serait jeter le pays dans les aventures d'un conflit ou d'une crise, probablement des deux. Les princes ne valent pas de notre part un tel sacrifice.

***

Certes! s'il s'agissait d'une question de justice, d'une de ces lois républicaines dont le respect s'impose à la conscience des hommes envers et contre tous, la raison politique devrait plier.

Mais nous n'en sommes pas là. Il ne s'agit pas pour nous, malgré toutes les insinuations de M. Jules Simon, de proscriptions qui puissent jamais se généraliser; il ne s'agit pas de loi de suspects menaçant après les princes tous les citoyens qui, suivant une expression malheureuse, « pourraient nous gêner; » il s'agit d'une loi très simple, très nette, très limitée, et non susceptible d'être jamais étendue.

Ici je ne veux pas redire ce qui a été si bien dit par M. de Freycinet et par les divers orateurs qui ont soutenu sa thèse. Les princes ne sont pas assimilables aux autres citoyens. Ils sont au-dessus ou en dehors de la loi. Ils ne pourraient rentrer dans le droit commun qu'en s'effaçant et en reconnaissant la légalité commune. Messieurs d'Orléans ont eu quatorze ans pour adopter cette ligne de conduite; ils le pouvaient encore il y a deux mois. Ils ne l'ont pas fait, c'est leur affaire et non la mienne. Mais, par cela même, ils sont demeurés princes, prétendants, et ils n'ont pas à se plaindre si nous leur appliquons aujourd'hui la loi qu'ils appliquèrent jadis au comte de Chambord et aux Bonaparte. Nous avons le droit de leur rappeler le vieil adage *Patere legem quam ipse fecisti* « Subis la loi que tu as faite toi-même. » Nous avons ce droit là d'autant mieux que si jamais le malheur des temps les ramenait au pouvoir, ils ne se borneraient pas contre nous à des moyens de défense aussi anodins. L'histoire de 1814, de 1815 et de 1851 n'est pas à ce point effacée de nos mémoires que nous ayons oublié comment traitent la liberté, lorsque le pouvoir leur échoit, ceux qui se réclament le plus de la liberté à cette heure.

***

Aucun droit supérieur ne s'oppose donc à l'expulsion. Il eût été de meilleure politique certainement de ne pas la faire à la condition que personne n'en eût parlé. Mais l'expulsion a été proposée par le gouvernement et votée par une grande majorité à la Chambre des députés, son rejet au Sénat serait funeste.

Je ne saurais trop engager tous ceux de mes collègues à qui cette mesure déplaît — elle ne leur déplaît certainement pas plus qu'à moi — à réfléchir aux graves conséquences d'un vote négatif et à ne pas céder à un mouvement de répugnance ou de dépit.

Que le projet ait été primitivement utile ou nuisible, qu'on doive le déplorer ou s'en réjouir, il n'y a plus à cette heure qu'un moyen, s'il est nuisible, d'en atténuer les mauvais effets, c'est de le voter promptement et, promptement aussi, de le reléguer aussi dans l'oubli.

Alfred NAQUET.

Le Voltaire du 23 juin 1886 (n° 2909)

LES

GAIETÉS DE LA MONARCHIE

Ne trouvez-vous pas que ce qui se passe en Bavière est bien fait pour rendre aux peuples l'amour de la monarchie? Voilà une nation qui a été gouvernée pendant un quart de siècle par un aliéné, — car ce n'est pas d'hier que date l'aliénation du roi Louis, — et cela ne lui suffit pas. Elle a subi pendant des années le gouvernement — gouvernement réel et sans régence, s'il vous plaît — d'un roi fou. Cela peut, à l'extrême rigueur, se concevoir quand la folie est postérieure à l'avènement et n'est pas dès l'abord très manifeste. Mais voilà que, ce roi mourant, c'est à un second roi fou, officiellement fou, séquestré, qu'elle s'adresse pour remplacer le monarque défunt. Si bien que le même acte qui décerne la couronne à Othon en vertu du principe de l'hérédité monarchique le déclare incapable d'exercer le pouvoir et confère l'autorité effective à un régent, le prince Luitpold.

Est-ce que ce ne sont pas là des archaïsmes qui, à force d'être archaïques, deviennent plaisants? Comprend-on, en plein dix-neuvième siècle, au milieu de l'éclosion scientifique qui a renouvelé le monde, alors que la liberté pour chaque homme d'exprimer sa pensée a eu pour conséquence de porter en tous lieux un coup terrible aux préjugés d'un autre âge, comprend-on qu'il se trouve en pleine Europe un coin de terre sur lequel pareilles joyeusetés soient possibles? Il est difficile certainement de faire pénétrer cette idée dans un esprit quelque peu philosophiquement organisé, et même, sans organisation philosophique, un être humain des plus ordinaires, mais qui, par hypothèse, ne connaîtrait rien du gouvernement des hommes, se refuserait à y croire.

Cependant cela est, et non seulement cela a pu se passer en Bavière, mais cela se passerait dans tous les pays qui sont régis par des institutions monarchiques, depuis la Russie jusqu'à l'Angleterre, depuis la Norwège jusqu'à l'Italie, si le même fait d'une maladie mentale venant frapper le titulaire ou l'héritier du trône s'y produisait.

La Bavière, assure-t-on, n'a pas précisément trouvé la chose de son goût. Elle se serait sentie humiliée lorsqu'elle a appris qu'elle ne se débarrassait d'un roi fou que pour en acquérir un plus sûrement aliéné encore, lorsqu'elle a vu que la justice serait rendue désormais au nom d'un pauvre insensé séquestré, lequel, devenu majesté, allait avoir droit néanmoins au respect profond — sinon à l'obéissance, réservée au régent — de tout le peuple bavarois. Nous le comprenons. On se trouverait humilié à moins. Mais ce qui nous étonne davantage, c'est qu'on puisse associer ce sentiment d'humiliation avec un loyalisme monarchique comme celui qui paraît régner dans toute l'Allemagne. Ce qui se passe en Bavière est certainement grotesque. Mais ce grotesque-là est de l'essence même de la monarchie, et l'on ne saurait faire disparaître l'un qu'en détruisant l'autre.

La monarchie, en effet, la monarchie vraie, fonde le gouvernement, fonde le droit, non pas, comme le césarisme, sur l'homme, mais sur la fonction. Dans le césarisme, c'est César qu'on admire bien plus que l'empereur. César est empereur par surcroît. Il porte l'empire comme un chevalier de la Légion d'honneur porte un ruban rouge à sa boutonnière. Mais, sous tout autre titre, il serait également encensé, respecté, obéi, jusqu'au jour où la faveur populaire se détournerait de lui. Napoléon n'était pas moins puissant premier consul qu'empereur, et — justement d'ailleurs — il était autrement admiré en 1801 ou en 1802 qu'en 1813.

Dans une monarchie réglée, au contraire, ce que l'on entoure d'une espèce de crainte respectueuse, ce devant quoi l'on s'incline, c'est la majesté qui s'attache à la fonction, la majesté royale, quel que soit celui ou celle qui en est investi. Supérieur par l'intelligence ou relégué par la maladie aux derniers degrés de l'abjection intellectuelle, grand par le cœur et le caractère ou bas et vil, peu importe, la fonction sacre l'homme. Vous êtes roi, vous êtes auguste.

Et dire qu'en pleine France, dans le pays de Voltaire et de Rabelais, dans ce pays du bon sens par excellence, au milieu de ce peuple sur lequel les fictions ont si peu de prise, et qui par instinct va si directement et si vite au juste et au vrai, dire qu'en pleine France il se trouve encore un parti — et un parti qui possède un reste de puissance, quoique définitivement abattu — pour défendre dans ses journaux, dans ses livres et jusqu'à la tribune nationale, les grandeurs de la monarchie !

Pauvres gens, qui ne voient pas que la monarchie a disparu de chez nous pour n'y plus jamais revenir ! Supposer que la population française puisse accepter ce qui vient de se passer en Bavière, c'est méconnaître la France ; et là où de tels faits successoraux sont impossibles la monarchie a vécu.

Du reste, malgré les apparences de restaurations diverses qui se sont produites dans notre pays depuis 1789, le principe monarchique, descendu dans la tombe avec Louis XVI, y est demeuré enseveli avec lui. Les gouvernements qui ont suivi la tempête révolutionnaire ont été plus ou moins libéraux, plus ou moins autoritaires ; ils se sont rapprochés plus ou moins de la dictature ou du régime représentatif. Mais aucun n'a vu se rétablir véritablement à son profit la fiction de l'irresponsabilité royale et du respect dû au monarque. On a pu décréter ce respect ou cette irresponsabilité dans les chartes constitutionnelles. On ne les a pas inscrits, on ne pouvait plus les inscrire dans les cœurs.

Certes, jamais homme n'a été adoré comme Bonaparte dans les premières années qui ont suivi le 18 Brumaire. Il était à ce moment-là comme un dieu, devant qui presque tous s'inclinaient, — y compris l'Église, qui, suivant M. de Ségur, avait pu se tromper et le croire suscité par Dieu pour fonder une quatrième dynastie.

Mais cette adoration était bien personnelle, et lorsque, en 1812, le général Mallet imagina de faire passer Napoléon pour mort, et de lire aux commandants militaires un simulacre de sénatus-consulte qui organisait un gouvernement provisoire et le convoquait à l'Hôtel de Ville, pas un des chefs auxquels il s'adressa n'eut l'idée de résister au nom de l'hérédité impériale. Napoléon mort, tout le monde trouvait très naturel qu'il ne fût plus question de l'empire, et le préfet de la Seine, Frochot, avait déjà fait tout aménager pour l'installation du nouveau gouvernement bien avant de prononcer, sous l'influence de la peur, quand il apprit la vérité, cette phrase demeurée fameuse par ce qu'elle a de ridicule :

« Je savais bien qu'un pareil guerrier ne pouvait pas mourir. »

Ce que je dis de Napoléon Ier est, d'ailleurs, bien plus vrai encore de Napoléon III et de Louis-Philippe. Autour de ceux-ci des intérêts ont pu se grouper, mais l'un et l'autre ont été trop connus de leurs partisans eux-mêmes pour n'avoir pas été profondément méprisés dès le jour de leur avènement.

La Restauration seule, de 1815 à 1830, a été une tentative véritablement monarchique. Mais elle n'a jamais poussé de racines dans le sol. Elle a soulevé la France entière contre elle et, au bout de quinze ans de luttes, elle s'est effondrée devant les barricades de Juillet.

Grandlieu disait il y a quelques jours, dans le *Figaro*, que la République n'est pas parvenue à s'implanter en France, qu'elle y campe comme en pays conquis.

Si jamais un gouvernement a pu mériter cette comparaison militaire, c'est assurément celui de la Restauration. Exécré de toutes les classes productrices, laborieuses et intelligentes, de tout ce qui fait la force de la nation, entouré de conspirations civiles et militaires permanentes, ne se maintenant que par la terreur, ce gouvernement n'a pu réussir, malgré une compression sans exemple, malgré un cens électoral élevé, malgré une pression officielle dans les élections que l'empire lui-même n'a jamais égalée, à empêcher la victoire de l'opposition, prélude de la chute, acclamée partout avec des cris de joie, de la dynastie.

La vérité, c'est que depuis 1789 la République règne chez nous.

La République, en effet, peut être libérale ou oppressive, ultramontaine ou anticléricale; elle peut être organisée pour la prééminence du législatif ou pour la prééminence de l'exécutif. Rien de tout cela ne la caractérise et ne la détermine. Ce qui la caractérise et la détermine, c'est la responsabilité effective de tous les pouvoirs devant le pays et par conséquent la suppression de l'hérédité. Là où le chef du pouvoir exécutif change quand l'orientation de la politique change, il n'y a plus de monarchie. Quelque nom que porte le chef de l'Etat, il y a une République, bien ou mal constituée, susceptible de doter un pays d'institutions ordonnées et progressives ou grosse de désordres et de révolutions, mais une République dans le sens négatif de ce mot, indiquant que la monarchie n'est plus.

Eh bien! la monarchie n'est plus en France, puisque tous les chefs d'Etat qui s'y sont succédé depuis 1792 ont été, malgré les textes constitutionnels, jugés responsables et traités comme tels. Elle est bien morte, et ce n'est ni le comte de Paris qui la fera revivre, ni le prince Victor Bonaparte. Si même — ce qui n'arrivera pas — l'un ou l'autre arrivait au pouvoir, ce pouvoir serait précaire, et le prétendu roi ne serait qu'un président déguisé, qu'une révolution aurait consacré comme les présidents des Républiques de l'Amérique du Sud, et qu'une révolution nouvelle renverserait comme eux.

La monarchie est un cadavre, et le Christ n'est pas né qui doit renouveler pour elle le miracle de la résurrection de Lazare.

Naquet.

L'Estafette du 25 juin 1886 (n° 3211)

ATTITUDE DES MONARCHISTES

Les ennemis du régime actuel ne se contiennent plus — il est vrai d'ajouter qu'ils ne se sont jamais beaucoup contenus. Lorsque de toute éternité on a eu le pouvoir, qu'on ne l'a jamais perdu que pendant des tourmentes, de courte durée comme toutes les tourmentes, il est dur de se dire que la roue de la fortune a décidément tourné et qu'on en est précipité pour toujours. Le parti légitimiste ne s'en est jamais consolé, et, depuis 1830, il n'a cessé de prédire son triomphe prochain et éclatant. Cinquante-six ans se sont cependant écoulés depuis son effondrement, et jusqu'à la mort du comte de Chambord il n'avait rien perdu de sa foi et de ses espérances.

***

Du moins, y avait-il de la grandeur dans cette persistance d'une foi peu commune au retour d'un passé à jamais disparu.

Depuis 1883 la foi s'est effacée; les convoitises et les espérances sont demeurées seules. Le parti légitimiste n'est plus, et, à part quelques vieux fidèles réfugiés dans une protestation muette et pleine de dignité, le vieux royalisme s'est fondu dans l'orléanisme. Il s'est affublé de la défroque de Louis-Philippe ; il a mis sa main dans celle des fils de Philippe-Egalité, et il a jeté loin de lui tout ce qu'il avait de majesté et de noblesse.

Mais par contre il a conservé toute son ardeur à ressaisir le pouvoir. Cette ardeur s'est peut-être même accrue. Seulement, au lieu d'avoir comme autrefois pour mobile le triomphe d'idées grandes malgré leur anachronisme et leur vétusté, elle n'est plus qu'une des formes de l'ambition personnelle.

***

Quant aux moyens, ils n'ont pas varié. Autrefois les royalistes, qui se vantent volontiers d'avoir fait la France, et qui oublient un peu trop qu'ils l'ont défaite en ameutant l'Europe entière contre les armées de la Révolution et de l'Empire, affectaient de ne voir leur pays que là où était leur roi, et combattaient volontiers dans les rangs ennemis. Aujourd'hui, ils ne vont plus jusque-là, et — il faut leur rendre cette justice — ils ont combattu dans les armées impériales et républicaines en 1870 et 1871. Ils se rappellent la réprobation que leur avait value leur ancienne conduite, réprobation devant laquelle, plus que devant toute autre cause, la Restauration a sombré, et ils n'ont garde de recommencer. Ils n'écriraient plus, comme Louis-Philippe au comte de Provence, « qu'ils espèrent le prochain anéantissement des armées françaises », et ils se targuent, au contraire, volontiers de la vaillance de Robert Lefort. Mais on se tromperait grandement si l'on attribuait à un réel amour de la France le changement qui s'est opéré en eux. Au fond, la différence est surtout dictée par une perception plus nette des véritables intérêts du parti. Pour les royalistes — il va sans dire qu'il y a des exceptions, et que ce que nous disons-là ne s'applique qu'à l'esprit général de la secte — la France n'occupe que la seconde place, le roi occupe la première. Rien ne pourrait leur être plus désagréable que de voir notre pays grand, fort et respecté sous la République. S'en rendent-ils compte eux-mêmes ? Peut-être non ! On se fait volontiers illusion, on attribue volontiers à l'amour de la justice ce qui n'est que le résultat de la haine. Mais, qu'ils se l'avouent ou ne se l'avouent pas, c'est là le sentiment réel qui les anime. Il suffit de les lire pour s'en convaincre.

***

Quelle joie se manifeste dans leurs écrits lorsqu'ils peuvent prétendre que la France est humiliée, que l'armée est détruite ! Récemment, lorsque, grâce au succès des démarches diplomatiques de M. de Freycinet, la paix sembla assurée en Grèce, quel triomphe fut le leur en voyant les gouvernements européens tout remettre en question et envoyer quand même l'ultimatum au ministère hellène ! Comme ils crièrent sur tous les tons que la France ne comptait plus en Europe !

Y a-t-il donc si loin qu'on voudrait le faire croire entre le fait de combattre résolument dans les armées étrangères, et celui qui consiste à se réjouir ostensiblement de tout ce qui peut paraître un abaissement de son pays ? Si j'avais à choisir, peut être choisirais-je la première de ces attitudes. Elle avait au moins le mérite de la franchise. L'autre se double d'hypocrisie, et il n'y a rien d'aussi répugnant que l'hypocrisie.

*

* *

A l'intérieur le parti royaliste se conduit de la même manière qu'à l'extérieur. La France, comme tous les pays civilisés du reste, traverse une crise économique due à la transformation universelle de l'industrie. Cette crise, comme on l'accentue volontiers, et qu'on est heureux de pouvoir s'en faire une arme auprès des ignorants contre la République! Comme on serait désolé de voir les affaires prospères, le commerce florissant, les budgets en excédent, l'industrie chargée de commandes!

Je me rappelle encore le jour où M. de Goulard vint, au nom du gouvernement de M. Thiers, annoncer à l'Assemblée nationale la libération anticipée du territoire. Une voix s'écria : « C'est un coup monté contre l'Assemblée! » La droite fut atterrée d'entendre l'un des siens exprimer ainsi publiquement ses sentiments, mais le mot était lâché et le pays l'avait recueilli.

A cette heure, ce qui désole les monarchistes, c'est que l'industrie ne soit pas plus écrasée qu'elle ne l'est, c'est que la misère ne soit pas plus grande, c'est qu'on ne meure pas de faim à Paris. Qui sait? Ceux qui souffrent essayent volontiers de se retourner sur leur lit de douleurs. Si la souffrance était générale, universelle, bien que le gouvernement n'en fût pas la cause, dans un de ces mouvements irréfléchis dont tous les peuples ont donné des exemples, peut-être jetterait-on les yeux vers la monarchie.

On le regretterait le lendemain, mais qu'importe? Une fois le pouvoir ressaisi, les monarchistes connaissent les moyens de le garder. Ils ne se borneraient pas à expulser quatre de leurs adversaires; ils reprendraient les grandes traditions de 1815 : toutes les libertés seraient supprimées et, pendant des années, le pays vivrait sous la terreur. Ces mesures de proscription générale dont ils feignent de nous prêter l'intention, ils auraient tôt fait de les produire en actes : la fin justifie les moyens, et si tous les moyens sont condamnables qui visent la consolidation de la République, tous les moyens sont bons qui tendent au rétablissement et à la conservation de la monarchie.

* *

Et comme le peuple français ne se hâte pas assez vite de tomber dans le panneau, que malgré toutes les calomnies répandues chaque jour par des centaines de bouches contre le parti républicain, il demeure néanmoins fermement attaché à la République, que « ce bloc enfariné de la monarchie ne lui dit rien qui vaille », on en conclut qu'il ne souffre point assez, qu'il serait plus malléable si sa souffrance était plus grande, et l'on fait appel à la grève générale des gens riches, on les invite à fermer leurs salons et à affamer la classe ouvrière et le petit commerce.

M. Cornély, dans le *Matin* de lundi dernier, proposait ouvertement cette ligne de conduite à ses coréligionnaires. C'est là un morceau de littérature politique dont le principal passage mérite d'être cité.

En Espagne, disait-il, avant la restauration d'Alphonse XII, il n'y avait pas un salon ouvert, on ne donnait pas un seul dîner, pas une réception. La société espagnole voulait un roi et était décidée à faire la morte jusqu'à ce qu'elle en eût un. Et il arriva que le commerce, qui tirait la langue et savait pourquoi, se mit lui aussi à désirer un roi qui ramenât les clients autour des comptoirs abandonnés. Voilà pourquoi Alphonse XII était populaire avant même que le peuple l'eût vu.

Il y a quelque chose d'analogue à faire en France. Il est trop bête en vérité de voir des gens faire vivre par leur luxe d'autres gens qui n'ont pour but que de molester et de supprimer les premiers par leur vote.

En d'autres termes, que les gens riches se coalisent pour ruiner le pays : la monarchie s'élèvera peut-être un jour sur les ruines qu'on aura faites.

***

Ces paroles ne sont pas bien dangereuses, ces conseils ne sont pas bien périlleux. Nous ne sommes plus en 1848, les monarchistes n'ont plus le monopole de la richesse. Il y a d'aussi grandes fortunes parmi les républicains que parmi eux, et, fussent-ils tous unis il leur serait difficile de généraliser la grève du capital.

D'ailleurs, je ne crois pas que M. Cornély se fasse de grandes illusions sur le résultat de son appel aux personnes riches de son parti. Ceux-là peuvent se sevrer de plaisirs et de fêtes qui obéissent à une croyance profonde. Mais ce n'est plus depuis longtemps le cas des réactionnaires. La grève qu'on leur conseille pourrait durer ; elle serait désagréable pour eux autant que pour ceux contre lesquels elle serait dirigée, et il y a peu à craindre qu'elle soit jamais mise en pratique. Il n'y aura là, il ne peut y avoir qu'une boutade, et j'ajoute que cette boutade est utile en ce sens qu'elle éclaire le for intérieur de nos ennemis, et nous livre le secret de leurs sentiments intimes.

A ceux qui font de pareils appels à la guerre, je me permettrai cependant de présenter une modeste observation. Minorité infime, ils voudraient s'imposer à la majorité, à la masse, par la faim. Ils ne le peuvent pas. Mais si, en dehors d'eux, la crise s'aggravait ; si, l'industrie souffrant de plus en plus de la concurrence étrangère, des milliers de travailleurs étaient jetés sur le pavé ; si, alors, des cohortes d'ouvriers sans ouvrage, ignorants des véritables causes de leur misère, poussés par quelques violents, et ayant conservé dans la mémoire le souvenir de l'article — ou plutôt des articles — de M. de Cornély et de ses amis, criaient comme autrefois contre un nouveau pacte de famine ; si, ne voulant ni se laisser faire la loi par quelques-uns ni mourir de faim, ils se levaient en masse, se précipitaient vers les hôtels du noble faubourg et en exterminaient les propriétaires, que dirait M. Cornély ? Assurément il protesterait contre la brutalité des masses, contre les crimes des nouveaux barbares qui mettraient la société à sac, et ce jour-là je protesterais avec lui. Mais ne devrait-il pas faire un retour sur lui-même et se dire que ces violences, ce seraient lui et les siens qui les auraient provoquées ?

***

J'espère que de tels malheurs sont loin de nous. Il n'en reste pas moins avéré qu'on ne saurait trop énergiquement s'élever contre de pareilles provocations : l'amour que l'on peut avoir pour un régime politique, et la haine que l'on peut professer pour un autre régime ne sauraient en rien les justifier.

On crie volontiers contre les crimes de 1793, contre la guillotine, contre les journées de Septembre, contre la Terreur ; et M. Jules Simon écrit sur ce sujet de fort remarquables articles. Je les lis toujours avec le plaisir d'artiste que l'on apporte à lire un beau morceau de littérature quelles que soient les idées qu'il exprime. Mais M. Jules Simon oublie peut-être un peu trop que les violences de 1793 avaient été précédées par l'émigration, par la trahison du roi, par l'invasion du sol français, par les conspirations intérieures, et aussi par des machinations analogues à celles que l'on prêche à nos monarchistes modernes. La Révolution fut menacée par tant d'ennemis à la fois que, forcée de frapper, elle ne vit pas toujours suffisamment, dans la lutte, où et sur qui elle frappait. Du moins eut elle la gloire — que Berryer reconnaissait un jour à la tribune nationale — de sauver la patrie ; et si elle commit des actes regrettables, ceux-là doivent en porter la responsabilité qui la condamnèrent à les commettre.

Il est facile de critiquer à cent ans de distance, et dans le calme où nous vivons, cette grande époque et les acteurs immortels qui y jouèrent un rôle ; mais avec quelque impartialité on ne peut méconnaître qu'il y a identité entre 1789 et 1793, que si 1789 a été la pensée, 1793 a été l'effort, que la Convention a fait vivre l'œuvre de la Constituante, et que ce ne fut pas la faute de nos pères si, attaqués par tous les moyens, ils durent recourir à tous les moyens pour se protéger et se défendre.

Quant à comparer les jacobins de 1793 aux républicains de 1886, ainsi que le fait volontiers M. Jules Simon, ce peut-être un thème de composition pour les élèves des Jésuites, ce ne sera jamais qu'une plaisanterie indigne du grand talent de celui qui se la permet.

Alfred NAQUET.

Le Voltaire du 26 juin 1886 (nº 2912)

L'ARTICLE 310 DU CODE CIVIL

Plusieurs personnes me demandent où en est ma proposition de loi modificative de l'article 310 du Code civil et me prient de leur faire connaître par le *Voltaire* si la discussion au Sénat viendra avant les vacances parlementaires.

Il m'est assez difficile de leur répondre. La commission qui a été chargée par les bureaux d'examiner la proposition s'y est montrée en grande majorité favorable et m'a fait l'honneur de me confier le rapport.

Mais un rapport sur une matière de cet ordre, qui touche à de si délicates questions de morale et de droit, ne saurait être fait en vingt quatre heures, alors surtout que la vie parlementaire est très active et que, dès lors, on ne peut lui consacrer tout son temps. Il est commencé, avancé même, mais n'est pas terminé. Il me faut cinq ou six jours encore pour le parachever.

Puis il faudra le lire à la commission, le déposer sur le bureau du Sénat, le faire imprimer et distribuer. Tout cela prendra bien quatre ou cinq jours encore.

Nous sommes au 25 juin ; la première délibération, à supposer que tout marchât au plus vite, ne pourrait guère venir avant le 4 ou le 5 juillet ; mais les vacances parlementaires sont très proches, l'ordre du jour est très chargé, et je doute de pouvoir obtenir un tour de faveur.

Au surplus, je n'y attache aucune importance. Si même nous le votions en première délibération, nous ne pourrions pas le voter en deuxième délibération avant les vacances. Dès lors, forcément remis au mois d'octobre pour cette seconde délibération, que gagnerions-nous ? Cinq jours ou six, les cinq jours réglementaires qui séparent les deux délibérations et celui qui sera consacré à la discussion.

Il est donc probable que nous ne viendrons qu'en octobre. Je ne ferais des efforts pour venir avant que si j'entrevoyais la possibilité de tout terminer au Sénat en juillet.

Quoi qu'il en soit, si nous l'emportons, ainsi que j'en ai le ferme espoir, je pense que la loi pourra être promulguée avant la fin de l'année, car la Chambre des députés ira très vite en besogne, la cause y étant gagnée d'avance.

Naquet.

Le journal officiel de la R.F. du 27 juin 1886 (18e année nº 171)
Séance du Sénat du 26 juin 1886
Rapport sur les tarifs télégraphiques arrêtés à la Conférence de Berlin

M. Alfred Naquet. J'ai l'honneur de déposer sur le bureau du Sénat un rapport fait au nom de la commission chargée d'examiner le projet de loi, adopté par la Chambre des députés, portant approbation des règlements et tarifs télégraphiques arrêtés dans la conférence internationale de Berlin, le 17 septembre 1885.

M. le président. Je dois faire remarquer au Sénat que ce projet est extrêmement urgent : car il faut que la convention intervenue entre la Grande-Bretagne et la France soit ratifiée avant le 30 juin.

M. le rapporteur demande la permission de donner lecture de son rapport.

Il n'y a pas d'opposition ?... (Non ! non ! — Lisez !)

La parole est à M. Naquet.

M. Alfred Naquet, *rapporteur.* Messieurs, la Chambre des députés a adopté, dans sa séance du 17 juin courant, le projet de loi présenté par le Gouvernement, portant approbation des règlements et tarifs télégraphiques arrêtés dans la conférence internationale de Berlin, le 17 septembre 1885.

En présentant ce projet à l'approbation du Sénat, il nous paraît inutile de refaire l'historique des conférences internationales tenues depuis 1865 à Paris, Vienne, Rome, Saint-Pétersbourg et Londres.

Il nous semble suffisant de rappeler en quelques mots la situation résultant des décisions prises en 1879 par la conférence de Londres, et d'indiquer quelles ont été les améliorations et modifications réalisées par la conférence de Berlin, en 1885, surtout en ce qui concerne la question importante de la revision des tarifs.

En 1879, à Londres, le principe de la tarification par mot a été adopté, mais, malgré l'insistance des délégués français, le système préconisé par notre administration n'a pas été intégralement admis.

L'Allemagne et quelques autres pays ont fait prévaloir le maintien d'une surtaxe additionnelle appliquée à chaque télégramme en sus de la taxe par mot. Depuis cette époque, l'administration française, profitant de la faculté réservée par la convention de Saint-Pétersbourg, s'est mise à l'œuvre pour généraliser le tarif par mot pur et simple, en concluant avec un certain nombre d'États des traités particuliers.

A Berlin, les deux systèmes se sont trouvés de nouveau en présence. Le principe que l'administration française s'était appliquée depuis de longues années à faire pénétrer dans ses conventions particulières a été adopté pour toutes les relations. Ce n'est pas d'ailleurs sans difficulté que ce résultat a pu être atteint, car on avait à lutter contre une proposition émanant de l'administration allemande et soutenue par les délégations d'un assez grand nombre d'États qui étaient en parfaite communauté d'idées avec l'Allemagne. Si l'on se reporte aux procès-verbaux de la conférence, on voit que la discussion a été vive, et que la proposition allemande n'a été rejetée que par quatre voix de majorité. L'adoption du système soutenu par l'administration française constitue donc un réel succès.

Ce succès, il n'est pas inutile d'insister à cet égard, ne consiste pas seulement dans l'adoption d'un mode de tarification plus simple, ce qui serait déjà un résultat important, en raison du caractère de rapidité inhérent aux opérations télégraphiques, mais il contenait en lui, comme conséquence immédiate, au profit du public, une réduction de 25 p. 100 par la suppression de la surtaxe, au maintien de laquelle l'office allemand attachait une si grande importance.

Les avantages obtenus pour le public ne se sont pas arrêtés là. Outre cette suppression de la surtaxe, la conférence de Berlin a réduit les taxes d'une manière générale.

Voici les bases qui ont été adoptées :

Au lieu de taxes très compliquées et variant d'État à État, le tarif nouveau ne comprend que deux chiffres de taxe terminale et deux chiffres de taxe de transit : pour les grands États, 10 centimes de taxe terminale et 8 centimes de taxe de transit ; pour les États à petit territoire ces taxes sont respectivement de 6, 5 et 4 centimes.

Aucun avantage ne peut être accordé au public, sans que, cela est évident, les trésors des différents États s'en ressentent dans une certaine mesure au moins dans les débuts. C'est de ce résultat pour le Trésor qu'on s'est servi à la Chambre des députés, pour critiquer le projet, et c'est un point important sur lequel il y a lieu d'appeler l'attention du Sénat.

En appliquant les nouvelles taxes au trafic de 1884, c'est-à-dire au trafic de l'année qui a précédé la conférence, on constate, en effet, un écart en moins de 700,000 fr. Dans la discussion à la Chambre des députés, un chiffre de 1,400,000 fr. a été produit ; ce chiffre est absolument erroné, il provient de cette supposition que des modifications de taxes arrêtées à Berlin s'appliquent à toutes nos relations, tandis que malgré la conférence de Berlin il résulte d'arrangements particuliers que, pour les pays avec lesquels nous avions des conventions spéciales, nos taxes ne sont pas modifiées.

Les tarifs fixés par nos conventions spéciales sont toutes maintenues, notamment avec l'Angleterre et la Belgique, quoique pour ces dernières une clause particulière des traités leur assignât pour terme d'expiration la date d'application des nouveaux tarifs de Berlin.

Le Sénat va être saisi de l'examen de ces deux arrangements, dont le premier est déjà voté par la Chambre et dont le second y est pendant.

La question des tarifs a été la préoccupation essentielle de la conférence de Berlin. Elle a toutefois aussi procédé à la revision du règlement international en s'inspirant d'un réel désir de simplification. Elle a unifié sur certains points les règles du service européen et du service extra-européen, simplifié diverses formalités administratives, et réalisé ainsi un assez grand nombre d'améliorations utiles.

Nous avons enfin à vous rappeler que la conférence a pris, en terminant ses travaux, une résolution flatteuse pour l'administration française. Elle a désigné Paris comme siège de la prochaine conférence qui se tiendra en 1890, alors que la première réunion s'y est tenue en 1865 et qu'il y a encore en Europe plusieurs capitales auxquelles cet honneur doit revenir.

Ces différentes considérations nous paraissent de nature à faire ratifier sans hésitation, par le Sénat, le vote de la Chambre des députés.

Cette ratification, que les intérêts généraux du pays réclament, est d'autant plus nécessaire, qu'il serait impossible de négocier à nouveau, et que la non-ratification équivaudrait à la sortie immédiate de la France de l'Union télégraphique.

Nous avons donc l'honneur de vous proposer d'adopter le projet de loi suivant :

PROJET DE LOI

Article unique. — Le Président de la République française est autorisé à fixer et à faire appliquer, s'il y a lieu, les taxes télégraphiques internationales telles qu'elles résultent des dispositions du règlement de service arrêté à Berlin, le 17 septembre 1885, des tableaux de taxes qui ont été annexés à la présente loi, arrêtés à la même date entre les administrations de l'Allemagne, de l'Australie du sud, de l'Autriche, de la Hongrie, de la Belgique, de la Bosnie-Herzégovine, du Brésil, de la Bulgarie, de la Cochinchine, du Danemark, de l'Egypte, de l'Espagne, de la France, de la Grande-Bretagne, de la Grèce, des Indes britanniques, de l'Italie, du Japon, du Luxembourg, du Monténégro, de la Norvège, de la Nouvelle-Galles-du-Sud, des Pays-Bas et des Indes néerlandaises, de la Perse, du Portugal, de la Roumanie, de la Russie, du Sénégal, de la Serbie, du Siam, de la Suède, de la Tasmanie, de la Tunisie, de la Turquie et de Victoria. »

Ainsi que M. le président a bien voulu le dire tout à l'heure, il faut que la ratification intervienne avant le 1er juillet. Dans ces conditions et d'accord avec le Gouvernement, je demande au Sénat de vouloir bien déclarer l'urgence.

M. le président. Je consulte le Sénat sur l'urgence, qui est demandée par la commission, d'accord avec le Gouvernement.

Il n'y a pas d'opposition ?...

L'urgence est déclarée.

Le rapport sera imprimé et distribué.

Le Voltaire du 30 juin 1885 (n° 2916)

L'AFFICHAGE

DES ÉCRITS SÉDITIEUX

Samedi dernier, le garde des sceaux a présenté, on le sait, à la Chambre, un projet de loi relatif à l'affichage et à l'apposition publique des écrits séditieux.

MM. Camille Dreyfus et Clémenceau ont aussitôt déposé un amendement qui modifie le projet et en limite l'action à « l'affichage des placards émanant des personnes visées par les articles 1 et 2 de la loi sur les prétendants ».

Le gouvernement s'est rallié à cette nouvelle rédaction, à laquelle, pour ma part, j'adhère sans réserve.

Il m'aurait été, par contre, impossible, quelle que puisse être ma confiance dans les hommes qui nous gouvernent, de leur accorder une restriction si étroite, si modeste qu'elle fût, du droit de réunion ou de la liberté de la presse.

Les lois de 1881 sur la presse et sur les réunions publiques, lois auxquelles j'ai quelque peu contribué, ayant été l'initiateur des deux et le rapporteur de l'une d'elles, sont et demeureront l'honneur de la République. Hommes de liberté, les républicains ont institué un régime de liberté. Ils n'ont pas dit, comme les monarchies déchues, qu'ils nous rendraient libres quand les partis auraient désarmé, — ce qui est à la portée de tous et ce qui, d'ailleurs, ne se réalise jamais; — ils ont fait tomber tout de suite toutes les entraves qui empêchaient les citoyens d'exprimer leur pensée, ou tout au moins qui entouraient cette expression de difficultés innombrables. Ils ont convié tous les partis, depuis les royalistes cléricaux jusqu'aux anarchistes, à les attaquer dans leur manière de gouverner. Ils leur ont permis — ce que n'avait jamais osé aucun gouvernement avant eux — de contester jusqu'à la légitimité même de leur principe. C'est là, je le répète, ce qui fait leur grandeur.

Notre parti, depuis 1879, a commis certainement des fautes — quels sont les hommes qui n'en commettent pas? — Mais il a eu la gloire d'appliquer ses idées au pouvoir, d'y demeurer partisan de toutes les libertés qu'il avait réclamées dans l'opposition, et l'histoire lui en tiendra compte.

C'est pourquoi nous ne pourrions consentir, en temps calme, alors que nos institutions fonctionnent normalement, à porter la main sur cette œuvre qui nous honore.

On nous a accusés à la Chambre des députés et au Sénat, pendant la discussion de la loi d'exil, d'entrer dans la voie des violences, de commencer aujourd'hui par les princes, pour atteindre plus tard les autres citoyens. Cette pensée n'a jamais été celle ni du gouvernement ni de ceux qui l'ont suivi; mais il ne faudrait pas, sur ce point, justifier le dire de nos adversaires, même en apparence.

D'autres prétendent que le gouvernement, par voie d'équilibre, après avoir expulsé les princes, puisera un prétexte dans cette expulsion pour combattre les nuances avancées du parti républicain, et surtout les socialistes.

Je suis certain qu'il n'y a pas pensé davantage; mais ici encore il ne faut même pas qu'il puisse être soupçonné de nourrir des arrière-pensées de cette nature.

Le projet de loi, tel que le garde des sceaux l'avait présenté, aurait certainement prêté à ces interprétations malveillantes.

De plus, nul n'est certain du lendemain. J'espère que le cabinet actuel, appuyé sur l'union compacte de tous les républicains de la Chambre et du Sénat, présidera longtemps aux destinées de la République et concourra à réparer les fautes dont la journée du 4 octobre 1885 a été la conséquence. M. Clamageran disait l'autre jour qu'il y a deux périls pour tout gouvernement : celui qui naît des conspirations, des intrigues, et que l'on combat par des mesures politiques, et celui qui naît de la désaffection générale, et contre lequel il n'y a d'autre remède que de bien gouverner.

J'espère que M. de Freycinet et ses collaborateurs gouverneront bien, et qu'après avoir pris les mesures que les intrigues des prétendants leur paraissaient justifier, ils combattront, par une politique ferme, énergique et libérale tout à la fois, le mécontentement qui s'est produit sur quelques points du territoire.

Et comme on ne peut faire de la bonne politique qu'à la condition d'avoir le temps pour allié, je compte qu'ils fourniront une longue carrière.

Mais enfin, l'avenir n'est à personne, comme dit le poète. Et le ministère de M. de Freycinet pourrait sombrer comme tant d'autres ont sombré avant lui.

Si cela arrivait, et que nous eussions voté une loi restrictive de la liberté de la presse ou du droit de réunion, parce que nous aurions eu confiance dans les hommes chargés de son application, quelle garantie aurions-nous vis à vis de leurs successeurs? La garantie suprême est dans la liberté légale, et c'est ce qui fait que jamais je ne pourrais me résoudre à porter atteinte à cette liberté.

Le projet, réduit aux termes de l'amendement Dreyfus-Clémenceau, ne prête plus à aucune équivoque, n'engendre plus aucun danger. Il est le corollaire nécessaire et logique de la loi d'expulsion, et ceux qui ont consenti à voter celle-ci ne peuvent se dispenser de voter celle-là.

Je n'ai pas voté la loi des princes avec enthousiasme, et je ne me suis pas fait faute de dire mon sentiment là-dessus. Je la croyais inutile, et je n'aime pas les mesures de cet ordre quand leur utilité n'est pas nettement démontrée.

Peut-être aurais-je été plus ardent si le comte de Paris avait bien voulu me communiquer avant le vote le manifeste qu'il se proposait de lancer une fois hors du pays. Mais il n'avait point encore publiquement justifié par cet acte les mesures proposées, et, je le répète, je ne m'y ralliais que pour fermer une question ouverte, en regrettant qu'on l'eût soulevée.

Il est un point, néanmoins, sur lequel je ne me suis pas séparé une seule minute du gouvernement : c'est la question de principe, la question de droit. Le droit pour le gouvernement issu de la volonté du pays de se défendre contre les intrigues et les menées factieuses des prétendants ne m'a jamais paru douteux. L'efficacité seule de la mesure me paraissait faire doute.

Et si je craignais qu'elle ne fût inefficace, c'est parce que je ne voyais pas la République armée des moyens de défense qui pourraient la compléter.

Je me disais que, sous l'empire, on chassait les prétendants, mais qu'on leur interdisait en même temps de répandre d ns le pays des proclamations et des manifestes, et que, la loi de 1881 ne permettant plus cette interdiction, il servirait de peu que les princes fussent dedans ou dehors.

Il n'en sera plus de même quand l'amendement Dreyfus-Clémenceau aura reçu la consécration des deux Chambres. Alors, nous nous trouverons vis-à-vis des princes — et vis-à-vis d'eux seuls — dans une situation analogue à celle dans laquelle se sont trouvés les régimes qui nous ont précédés.

Les princes appartenant aux familles qui ont régné sur la France seront hors du territoire de la République et hors du droit commun de la République. Il leur sera interdit de communiquer publiquement, par la voie de l'affichage, avec les populations de France.

Les princes ne sont pas des citoyens. C'est là une doctrine qui, vraie pour tous et en tout temps, l'est surtout vis-à-vis de ces princes de la famille d'Orléans qui n'ont profité des faveurs de la République que pour conspirer contre elle, se conformant en cela à l'héritage de trahison et de crimes qu'ils ont trouvé dans les successions de Philippe-Egalité et de Louis-Philippe. Les princes n'étant pas des citoyens, on a pu les expulser, et dès lors il fallait compléter la mesure en les empêchant d'afficher et d'écrire. C'est ce que le gouvernement nous convie à faire aujourd'hui, et c'est ce que nous ferons sans hésiter.

Les monarchistes conserveront tous les droits qu'ils tiennent de nous et que — soit dit en passant — ils ne nous laisseraient pas longtemps si jamais ils ressaisissaient le pouvoir. Ils pourront demain, comme dans le passé, déverser leurs injures sur la République et sur les républicains. Les populations n'ont encore oublié ni les infamies de la Restauration, ni les turpitudes de la monarchie de Juillet, et leur propagande ne nous effraye guère ; nous avons pour sauvegarde contre elle la mémoire et le bon sens du suffrage universel.

Il n'en serait pas de même — surtout au lendemain de la loi d'exil — si nous laissions les princes publier et afficher des proclamations et des manifestes. Le suffrage universel ne comprendrait pas qu'après avoir dénoncé comme un danger la présence à Eu de quelques personnes on laissât cependant ces personnes agir, quoique de loin, avec cynisme et impunité. Il verrait dans cette impunité une preuve de notre faiblesse, et, ayant horreur des gouvernements faibles, il se détournerait de nous.

Une des raisons pour lesquelles je ne voyais pas avec faveur, bien que la votant dès qu'elle était présentée, la loi des princes, c'est que je craignais qu'on ne se bornât à cette seule mesure de vigueur, et qu'une mesure de vigueur isolée est plus nuisible qu'utile.

Le gouvernement l'a compris et il a proposé le projet sur l'affichage des écrits séditieux. Ce projet, restreint aux princes, est absolument salutaire, et, si je lui adressais un reproche, le seul, ce serait celui d'être incomplet et de ne pas interdire non seulement l'affichage, mais encore la publication, sous quelque forme que ce soit, d'écrits signés par les princes ou émanés d'eux.

Telle qu'elle est, cependant, la loi est bonne ; elle répond à une nécessité ; elle est urgente, et je pense bien qu'aucune voix républicaine ne lui fera défaut.

Les monarchistes pourront ensuite prétendre tout à leur aise que nous avons peur. Nous leur répondrons qu'ils devaient donc, lorsqu'ils étaient aux affaires, être bien éperdus et bien affolés, puisqu'ils n'ont cessé de faire des lois d'oppression, et d'oppression générale. C'est grâce à ces lois qu'ils ont pu se maintenir, malgré la volonté du pays, qui les exécrait. Nous, nous ne les imiterons pas. Nous n'en avons nul besoin. La République est la vérité, et plus on la discute, plus elle grandit.

Mais nous ne permettrons pas que, lorsque nous sommes au pouvoir, nos adversaires fassent de la terreur contre nous ; nous entendons rassurer nos amis et nos fonctionnaires, en leur montrant que nous avons pour nous non seulement le droit, mais aussi la force de le faire respecter. Que les monarchistes se le tiennent pour dit !

Naquet.

L'Estafette du 3 juillet 1886 (n° 3218)

LE DROIT SUPÉRIEUR DE LA RÉPUBLIQUE

Dans le numéro de l'*Estafette* d'avant-hier mon collègue Damoclés s'exprimait ainsi :

> Le gouvernement actuel n'est pas d'institution divine, pas plus que la République, d'ailleurs. L'une et l'autre n'ont d'existence et de légitimité que par le consentement universel, ou, tout au moins, celui de la très-grande majorité des Français.

Laissons de côté le gouvernement actuel, c'est-à-dire les hommes qui sont chargés de gérer en ce moment les affaires de la République et qui n'ont d'autre droit à les gérer que le mandat qu'ils en ont reçu de la nation. Il est clair qu'en ce qui les concerne, Damoclés a raison : la seule légitimité de leurs pouvoirs est le consentement de la grande majorité des Français.

Mais il n'en est plus de même lorsqu'il s'agit de la France républicaine, et mon collègue me permettra de lui dire qu'il commet ici une des plus grosses hérésies que l'on puisse commettre en politique.

Je suis d'accord avec lui sur un point : La République n'est pas de droit divin. Nous ne reconnaissons aucun droit extérieur à l'humanité, et c'est pour cela que nous avons renversé la monarchie qui se réclamait d'un droit de cet ordre. Mais elle est la conséquence nécessaire du droit humain démocratique, sa légitimité ne résulte pas du consentement actuel des électeurs, mais bien de ce fait que la souveraineté réside dans la nation et ne réside qu'en elle. En un mot la République est supérieure au suffrage universel, ou — si l'on préfère — tellement adéquate au suffrage universel, que l'un ne peut pas être compris sans l'autre, que l'un sans l'autre ne peut être qu'un trompe-l'œil et une mystification.

Que signifie en effet ce mot de souveraineté nationale, sinon que la nation est la dépositaire suprême de toute autorité ?

Ce principe est-il susceptible de s'allier à une délégation perpétuelle ? Comprend-on un citoyen nommant un mandataire irresponsable, irrévocable, entre les mains duquel il remet tous ses pouvoirs?

L'idée de droit individuel, et celle d'un mandataire général irresponsable et irrévocable sont deux idées qui répugnent de se voir associées, deux idées contradictoires, deux idées qui sont la négation l'une de l'autre.

Un peuple peut changer de sentiment et de volonté. Il peut vouloir une chose aujourd'hui, la vouloir fermement, et demain, soit par caprice — il a le droit d'être capricieux — soit sous l'influence des enseignements que les faits lui apportent, vouloir tout autre chose.

Comment fera-t-il triompher sa volonté d'aujourd'hui s'il s'est donné un maître par sa volonté de la veille, s'il a abdiqué la faculté de vouloir?

Le peuple français, en mai 1870, répondait par 7 millions de suffrages à une consultation impériale qu'il déléguait à perpétuité le pouvoir de le gouverner à Napoléon III et à sa famille.

Moins d'un ans après, une assemblée nationale qui venait d'être élue, et qui représentait sur ce point le sentiment national, affirmé depuis dans quarante élections de tous ordres, déclarait Napoléon III responsable de tous les malheurs de la France, et proclamait sa déchéance et celle de sa famille.

Le suffrage universel pouvait se déjuger, parce que, dans l'intervalle du plébiscite au décret de l'Assemblée nationale, il y avait eu la guerre et une révolution.

Mais, même avec la guerre et l'invasion, supposons que la révolution du Quatre-Septembre eût échoué, que les quelques troupes demeurées à Paris fussent restées fidèles, que l'insurrection eût été comprimée; comment le peuple lié par le plébiscite de 1870 aurait-il pu faire prévaloir sa volonté de 1871? Et s'il l'avait pu, si sa volonté avait brisé tous les obstacles, comme elle les a brisés en fait au Quatre-Septembre, que signifiait le plébiscite de 1870?

Et, qu'on le remarque, je n'ai envisagé jusqu'ici que le cas d'un corps électoral qui se déjuge et qui doit en conserver la faculté; j'ai raisonné pour cela, comme si le corps électoral était un être fixe, toujours identique à lui-même dans sa composition, et susceptible d'être comparé à un homme individuel.

Mais ce n'est même pas le cas et c'est ce qui fortifie encore ma thèse. Le corps électoral est formé par un ensemble de citoyens, et il se modifie à chaque heure par l'annexion d'un certain nombre d'électeurs nouveaux et par la mort d'un certain nombre d'électeurs anciens. Où sont les Français qui acceptaient en 1800 les Constitutions impériales? Où sont ceux qui donnaient un bill d'indemnité au coup d'Etat de Décembre?

(Je ne parle pas de ceux qui acclamaient Louis-Philippe en 1830, parce que ceux-là n'ont pas existé. Les d'Orléans n'ont jamais pu se réclamer même de la volonté actuelle du pays. Leur pouvoir a toujours été basé sur la seule perfidie, sur le seul mensonge).

S'il en reste, il n'en reste guère, et l'on peut dire que le suffrage universel, depuis lors, s'est intégralement renouvelé non seulement dans son esprit, mais encore dans ses éléments constitutifs.

Comment concevrait-on que les électeurs d'hier usurpassent les droits des électeurs de demain, qu'outrepassant la faculté très-légitime qu'ils ont de choisir la Constitution qui leur convient le mieux, de confier le soin de les gouverner aux hommes qui ont leur confiance, ils voulussent interdire à leurs successeurs d'apporter des changements à cette Constitution, et leur imposer d'avance des gouvernants qu'ils n'auraient pas choisis, qu'ils n'auraient peut-être pas voulus, dont la plupart ne sont pas même nés ?

C'est là évidemment une violation du principe de la souveraineté nationale, violation absolue qui ne peut être défendue par aucun argument.

Je comprends le droit divin qui cherche en dehors du pays des titres à son gouvernement. Mais je ne conçois pas un pays s'enchaînant lui-même, se servant de sa liberté pour la détruire, usant de ses droits actuels pour frapper d'interdit les droits de ceux qui viendront plus tard.

***

Or, toutes les fois qu'un pays n'est régi que par des magistratures temporaires, révocables, responsables, il a la forme républicaine. Toutes les fois qu'au contraire il confie le gouvernement à une famille dans laquelle il établit l'irresponsabilité et l'hérédité, il est en monarchie. La monarchie est donc la négation du suffrage universel et de la volonté nationale. Et la République, qui est la négation de cette négation devient par cela même l'affirmation du droit.

***

Comment donc Damoclés peut-il prétendre que la République puise sa légitimité dans la volonté du suffrage universel, c'est-à-dire dans la volonté des hommes d'aujourd'hui ?

Ces hommes ne pourraient la détruire qu'en créant la monarchie, en liant les mains à leurs successeurs, en commettant un monstrueux abus de pouvoir.

Il est bien évident en effet qu'une royauté qui laisserait subsister le suffrage universel, qui laisserait la Constitution révisable, et qui ne porterait atteinte à aucune liberté serait une forme de République. Le nom ne fait rien à l'affaire.

La vraie monarchie est celle qui admet pour le prince des droits que la nation ne peut plus lui retirer. La monarchie ainsi comprise ne peut être que l'usurpation.

***

J'entends bien que je fais là de la théorie, presque de la métaphysique politique. Je reconnais bien que tous les textes que l'on inscrit dans des Constitutions sont impuissants à prévaloir contre la volonté d'un pays. Je sais bien que les plus vieux parchemins ne sauvent pas une dynastie condamnée, et que, quel que soit son droit, une République ne résiste pas lorsqu'elle a contre elle toute une nation. Les révolutions sont là pour renverser les monarchies dont on ne veut plus; les élections seraient là pour renverser une République dont les électeurs seraient fatigués. J'en conviens; mais ceci n'est que le fait brutal qui prévaut quelquefois contre le droit, qui quelquefois assure son triomphe, mais qui ne change rien à son essence.

***

A quoi bon, me dira-t-on peut-être, deviser sur un droit absolu qui n'a pas d'existence réelle, qui est sans cesse obligé de céder devant les faits, qui n'est garanti par aucune sanction ? Ne vaudrait-il pas mieux, par de sages lois, par une sage politique, assurer à la République l'appui des populations, que de contester à ces populations la faculté de changer la forme du gouvernement, alors qu'elles en ont le pouvoir ?

Je suis d'accord sur ce point qu'il faut avant tout bien gouverner, qu'il faut faire aimer la forme politique républicaine par l'excellence de ses fruits, qu'il faut veiller aussi à sa conservation et créer de la sorte, en sa faveur, une force de l'habitude qui est la plus grande sauvegarde des Constitutions. Mais je crois en même temps qu'il est mauvais d'égarer le suffrage universel sur l'étendue de ses droits, et que l'on fait une mauvaise besogne en lui disant qu'il peut légitimement renverser la République.

Sans doute, lui dire le contraire ne l'empêcherait pas d'en avoir raison s'il y était fermement résolu. Mais il faudrait qu'il y fût fermement résolu, et cette résolution elle-même est faite d'éléments divers. La conviction que possède un citoyen qu'il peut sans violer aucun principe établir la monarchie est susceptible de jouer un rôle dans la détermination de sa volonté, et l'idée contraire en jouerait certainement un en sens inverse.

Je ne puis donc pas laisser dire à Damoclès que la République se fonde sur le consentement du pays. La République résulte de ce qu'on n'admet plus de pouvoir étranger à la nation. Elle se confond avec la souveraineté nationale elle-même. On ne peut la supprimer sans tuer cette souveraineté.

Voilà la vérité. Voilà ce qu'il faut dire au peuple si l'on tient à l'éclairer sur ses devoirs.

Le peuple peut voter pour des monarchistes et renverser le gouvernement républicain. Soit! — Mais en le faisant il commettrait un abus de pouvoir, et il rendrait légitimes toutes les revendications révolutionnaires.

Le peuple français, du reste, n'a aucune tendance au suicide, et les expériences du passé lui suffisent. Mais la science a ses droits qui ne sont pas sans importance dans l'ordre politique et moral. Et c'est eux que nous devons faire prévaloir dans l'éducation des masses.

Alfred NAQUET.

Le Voltaire du 7 juillet 1886 (n° 2923)

LE

CAS DU GÉNÉRAL BOULANGER

Quelques journaux républicains d'un côté, les journaux réactionnaires de l'autre ont été ou ont paru être fort émus, pendant la semaine qui vient de s'écouler, des actes du général Boulanger. Le général Boulanger voyage pour visiter les garnisons, et, comme il n'oublie pas qu'il est ministre de la République, dans les banquets qu'on lui offre il prononce, comme ses collègues Lockroy, Granet, Goblet, des paroles républicaines; quel peut bien être le but qu'il poursuit? Le général Boulanger déplace les officiers qui témoignent ouvertement leur hostilité contre le régime que s'est donné le pays; quelle idée secrète peut bien le guider? Et les imaginations se donnent carrière, et le *Figaro* de faire des entrefilets pleins de réticences, et la *République française* de rappeler sur un ton solennel les faits militaires qui précédèrent le coup d'Etat du 2 Décembre. Il y a quelque temps, à la suite de quelques paroles humaines qu'il avait prononcées à la tribune de la Chambre des députés sur la grève de Decazeville, on avait prétendu que le général voulait pactiser avec l'émeute. Aujourd'hui, on l'accuse de vouloir mettre la France dans sa poche. Les deux accusations sont contradictoires, mais on n'y regarde pas de si près.

Je comprends ces accusations de la part des organes monarchistes; je dirais presque que je les approuve. Elles sont ici de bonne guerre. Les monarchistes s'étaient habitués à considérer le ministère de la guerre comme un centre de réaction où la République n'avait pas pénétré et où ils espéraient qu'elle ne pénétrerait jamais. Non qu'il n'y eût eu avant le général Boulanger des titulaires républicains de ce département. Personne ne conteste que le général Campenon, le général Billot, le général Farre, le général Gresley, le général Thibaudin ne soient dévoués aux institutions républicaines. Mais, jusqu'ici, les ministres qui s'étaient succédé avaient, dans une certaine mesure, subi l'influence de leurs bureaux, où l'amour de la République n'était pas le sentiment dominant. Cette forteresse échappe à la réaction; les monarchistes voient le général Boulanger y introduire fermement la République, et ils se disent que si, en calomniant quelque peu ce militaire gênant, ils pouvaient amener la Gauche à le remplacer par un général plus accommodant, ce serait pour eux tout bénéfice. Je le répète, de leur part c'est bien joué : les partis politiques, dans les temps de luttes comme ceux que traversent les sociétés contemporaines, ne sont pas tenus à être justes vis-à-vis les uns des autres, et, s'ils servent habilement les intérêts dont ils ont la garde, il n'y a rien à redire. Donc, nous ne dirons rien de leurs attaques contre le général Boulanger; elles sont de circonstance, elles sont dans la note, et personne n'a lieu de s'en étonner.

Mais que les républicains donnent dans le panneau et qu'eux aussi parlent de *projets criminels*, de *coups d'Etat* à propos de quelques voyages du ministre de la guerre et à la suite du déplacement du général Boussenard, c'est vraiment à se demander — si ceux qui parlent ainsi sont de bonne foi — quel affolement s'est emparé d'eux.

Jusqu'à ce jour, nous avions été habitués à d'autres récriminations autrement sérieuses. On se plaignait de l'influence que les réactionnaires exerçaient dans l'armée. Il suffisait, nous disait-on, de se dire républicain pour être enrayé dans son avancement; il suffisait de se proclamer ouvertement hostile à la République pour obtenir toutes les faveurs gouvernementales. On prétendait que cet état de choses décourageait l'armée et que peut-être, s'il se produisait une nouvelle tentative comme celle du 16 Mai, on ne trouverait plus dans ses rangs la résistance légale qui sauva alors la République et la France.

Et ce n'étaient pas là paroles vaines. Un capitaine de mes amis, républicain de vieille date, qui demeurera probablement toujours capitaine et qui n'a point encore la croix, peut-être parce qu'en toute circonstance il a trop ouvertement manifesté ses sentiments républicains, m'a souvent porté, à cet égard, les doléances des officiers qui sont dévoués à la forme actuelle du gouvernement. Il ne parlait pas pour lui; il est sans ambition, et jamais son intérêt ne l'a poussé à masquer ou même à taire ses opinions. Mais que de fois ne m'a-t-il pas déclaré que les officiers n'osaient plus se dire républicains, de crainte de se nuire! Et il n'est pas le seul qui m'ait dépeint cette situation anormale. Ce n'était pas la neutralité, c'était la réaction dans l'armée.

Les journaux, les députés, les sénateurs républicains gémissaient de cet état de choses, et ils avaient raison d'en gémir. Un jour arrive enfin où la République s'installe non plus nominalement, mais effectivement, activement, rue Saint-Dominique. M. de Freycinet a l'heureuse inspiration de confier le portefeuille de la guerre au commandant en chef de l'armée de Tunisie. Celui-ci, jeune, intelligent, travailleur, résolu, se dit que les choses changeront, et elles changent en effet. Il commence par modifier profondément, dès le premier jour, l'administration centrale. Puis, il apprend qu'à Tours on s'est permis une attitude peu correcte au point de vue politique, et il punit par un changement de garnison le régiment où les faits se sont passés; le général Schmidt proteste sous une forme qui ne saurait être tolérée, il est mis en retrait d'emploi. Plus tard, le général Boulanger entreprend des voyages; il inspecte les différents corps d'armée et, en même temps qu'il s'y occupe de ce qui constitue spécialement sa fonction, il fait entendre de bons et salutaires conseils aux officiers de tout grade. Il leur dit, comme on le leur a toujours dit avant lui, que l'armée ne doit pas s'occuper de politique, qu'elle doit être neutre ; mais, à l'inverse de ses prédécesseurs, qui toléraient par trop qu'aux yeux des officiers ne pas faire de politique signifiât faire de la politique antirépublicaine, que rester neutre eût ce sens caché : combattre le gouvernement établi, il a déclaré, lui, que la neutralité qu'il entendait maintenir dans l'armée était la neutralité légale ; que l'armée devait respect et obéissance à la loi, à la constitution, par conséquent à la République, et qu'il réprimerait, de la part de quiconque se le permettrait, l'oubli de ce devoir primordial.

Enfin, le général Saussier, dont personne ne met en doute le patriotisme et le dévouement aux institutions républicaines, le général Saussier, que nous avons vu défendre ces institutions au milieu de nous à l'Assemblée nationale et que nous aurions tous regretté de voir quitter le poste qu'il occupe, le général Saussier, par une de ces faiblesses que nous voulons d'autant moins lui imputer à crime que nous les avons souvent rencontrées chez des hommes politiques chez qui elles sont infiniment moins excusables, conservait auprès de lui le général Boussenard, homme de mérite peut-être, mais clérical endurci, avec lequel la réaction était installée en souveraine au gouvernement de Paris. Le ministre de la guerre a déplacé le général Boussenard.

On aurait pu croire que ces actes répétés, tous parfaitement corrects, tous résultant non de coups de tête, mais d'une résolution ferme, fermement exécutée et exécutée avec suite, produiraient le meilleur effet, que le parti républicain respirerait en voyant enfin le département de la guerre administré comme il a toujours voulu qu'il le fût.

Pas du tout. On est si peu habitué à une attitude énergiquement républicaine de la part du ministre de la guerre que lorsqu'elle se produit elle effraye.

Lorsque le nouveau cabinet est arrivé aux affaires, il a promis d'exiger que son personnel servît fidèlement la République, ajoutant qu'il saurait frapper quiconque oublierait ce devoir. Récemment les bureaux des trois groupes de gauche de la Chambre des députés sont même allés rappeler au président du conseil le passage de la déclaration ministérielle qui avait trait aux fonctionnaires et que les Chambres avaient particulièrement bien accueilli. Il ne leur paraissait pas qu'on s'y fût encore suffisamment conformé dans toutes les administrations de l'Etat.

Le ministre de la guerre, lui, a exécuté les engagements assumés par la déclaration ministérielle. En prendra-t-on acte pour le féliciter ? Nullement ! on se demandera s'il ne recherche pas une popularité malsaine et s'il ne vise pas à la dictature.

Le général Boulanger laisse passer les terreurs, réelles ou feintes, et il a raison. Qu'il poursuive l'œuvre salutaire qu'il a entreprise, qu'il fasse régner dans l'armée française ce respect de la loi, ce respect du gouvernement sans lesquels il n'y a pas de discipline réelle, et il pourra vraiment négliger les attaques dont il est l'objet à cette heure, car il aura bien mérité de la République et de la France.

Naquet.

L'Estafette du 7 juillet 1886 (n° 3222)

RÉPLIQUE A DAMOCLÈS

Mon collaborateur Damoclès répond à l'article que je lui ai consacré vendredi dernier et, malgré ce que pourrait avoir de fastidieux, à la longue, une polémique suivie entre rédacteurs d'un même journal, je veux répliquer à mon tour. J'en demande pardon à mes lecteurs. Après les quelques mots que je leur demande encore la permission de dire, je leur promets de considérer, en ce qui me concerne, la discussion sur ce point comme close.

Damoclès tient à ce que la République ne soit pas de droit supérieur. Il ne sait pas ce que c'est « qu'un droit sans le pouvoir, qu'une vérité qui ne se traduit pas par des faits ou que des faits démentent. »

Avec ce principe on peut aller loin. Le 2 décembre 1851, la souveraineté nationale n'eut pas la force de se défendre contre l'attentat de Louis Napoléon. Le droit de la République fut en cette journée néfaste « un droit qui ne se produisit pas par des faits, et même que les faits démentirent. » Huit jours plus tard, huit millions de suffrage acclamèrent le dictateur. Faut-il en conclure que Louis Napoléon fut un saint et que Baudin fut un drôle? Ce serait là la conséquence à tirer de la morale de Damoclès.

Et je pourrais sans difficulté multiplier les exemples dans l'ordre de la vie publique comme dans l'ordre de la vie privée.

En fait, les principes de la justice découlent des conditions d'existence de l'humanité, et, sans qu'il y ait rien en eux de divin, d'extra-humain, il n'en est pas moins vrai que ces principes sont au dessus des faits particuliers et des atteintes qui peuvent leur être portées par les individus ou les peuples.

Les trois Empires du Nord se partageant la Pologne; les monarchies européennes envahissant la France en 1792 pour l'empêcher d'établir chez elle le gouvernement de son choix; l'action de quelques bourgeois sans mandat confisquant à leur profit l'admirable mouvement de 1830, ce sont autant de faits qui sont autant de violations du droit.

Damoclès est-il pour la Russie contre la Pologne, pour la Prusse en 1792 contre la France, pour Louis-Philippe en 1830 contre les républicains? Certainement non! Mais alors il se condamne lui même; il donne un démenti à son raisonnement; tout l'échafaudage de sa discussion s'écroule, car il admet dans ces trois cas que le droit a été indépendant du pouvoir et opposé au pouvoir.

***

Damoclès m'accuse de n'avoir pas nettement défini ce que c'est que la République. C'est possible. Je croyais cependant m'être clairement exprimé. La République est la négation de la monarchie, et la monarchie c'est l'irresponsabilité, l'irrévocabilité, l'hérédité.

Une nation a-t-elle le droit de confier le pouvoir à qui bon lui semble et de le lui retirer quand elle le juge utile? Quelle que soit la forme de sa Constitution, de quelque nom que s'appelle le dépositaire de la puissance publique, elle possède un gouvernement républicain.

Le gouvernement, au contraire, est-il confié à un citoyen que la loi ne permet pas de révoquer, et dont les descendants régneront par droit de naissance? Elle est en monarchie.

Je dis qu'établir la monarchie, c'est-à-dire décréter aujourd'hui qu'on met à la tête du pays un homme qu'on s'interdit de révoquer et dont on interdit aux générations futures de révoquer les successeurs, c'est absorber, confisquer la souveraineté de demain au profit de la souveraineté d'aujourd'hui, c'est commettre un monstrueux abus.

Mais, me répond mon collègue, décréter qu'une monarchie est éternelle ne l'empêche pas de tomber.

Je le sais bien; seulement la révolution devient ici nécessaire. Faire la monarchie, si ce n'est pas, en fait, condamner les générations de l'avenir à subir malgré elles un pouvoir abhorré, c'est à tout le moins les condamner à ne s'en débarrasser que par la violence.

C'est là une alternative dans laquelle nous ne pouvons pas légitimement les placer.

***

Je sais que les violations du droit sont possibles comme sont possibles les crimes individuels. S'en suit-il qu'il ne faille pas les dénoncer à la conscience publique? Victor Hugo a-t-il donc eu tort d'écrire *Napoléon le Petit* et les *Châtiments*! Et croit-on que cette flagellation du coupable n'ait été pour rien dans le réveil de 1860 et dans la flétrissure de 1871?

Je crois, moi, que cette défense magistrale du droit a été, pendant dix-huit ans, la consolation du juste outragé, et qu'elle a préparé la République.

Dire avec Damoclès que le peuple peut légitimement faire tout ce qu'il lui plaît, parce qu'il n'y a pas de puissance qui prévaille contre la sienne, c'est comme si l'on disait à la Cour de cassation qu'elle peut impunément violer la loi, sous le prétexte qu'aucun tribunal n'est placé au-dessus d'elle pour redresser ses arrêts.

C'est une mauvaise doctrine qui ne peut introduire dans les âmes qu'un scepticisme funeste.

Sans doute, les nations peuvent agir — tout comme les individus — contrairement aux principes de l'équité et du droit; et comme il n'y a pas pour elles de gendarmes le crime n'est pas toujours immédiatement puni.

Sans doute, il est puéril d'écrire la pérennité de la République dans un texte constitutionnel, alors que le texte demeure dénué de sanction; mais il n'est pas puéril — loin de là — de l'inscrire dans le cœur des citoyens, car enseigner à la majorité des hommes la voie du devoir, c'est le meilleur et le plus sûr des moyens de sauvegarder l'avenir contre les usurpations.

***

Damoclès prétend que sa théorie est supérieure à la mienne. « La mienne, dit-il, porte les gouvernants à se reposer sur leur droit supérieur et les éloigne de l'effort fait en vue de mériter l'estime générale. La sienne, au contraire, les incite à cet effort. »

Damoclès fait erreur. Il confond le parti qui domine la République à un moment donné avec la République elle-même. Or, si une nation ne peut pas légitimement supprimer la République, c'est justement parce qu'elle ne peut pas s'interdire de renverser le parti dominant lorsqu'il a démérité.

Le parti qui est aux affaires a d'autant plus d'intérêt à bien gouverner que la République fournit aux électeurs un moyen plus sûr, s'il se montre indigne de la confiance du pays, de le renverser et de le frapper.

Il ne pourrait se croire désintéressé de l'opinion publique que s'il procédait d'un pouvoir monarchique, ou s'il se croyait en situation d'établir un tel pouvoir.

***

Damoclès prétend encore que j'invoque il ne sait quelle théologie politique. Je n'ai jamais invoqué nulle part de théologie d'aucune sorte. Mais il n'est pas besoin de théologie pour professer que les principes engendrent leurs conséquences et qu'on est inconséquent si, partant de l'idée de la souveraineté populaire, on se refuse d'admettre que cette souveraineté ne peut ni s'aliéner pour un temps indéterminé, ni se prescrire. Pour conduire à de telles conclusions, la science humaine suffit.

Alfred NAQUET.

L'Estafette du 10 juillet 1885 (n° 3228)

QUI PERD GAGNE

Les lecteurs de l'*Estafette* savent que je n'ai manifesté aucun enthousiasme pour la loi d'expulsion des princes, que je l'ai votée comme un moindre mal, lorsqu'elle a été présentée, mais que je ne la considérais pas comme un bien que j'eusse proposé moi-même. Ils savent que, tout en les craignant beaucoup moins que ceux du rejet du projet gouvernemental, j'en redoutais cependant dans une certaine mesure les effets.

Je comptais sans les princes eux-mêmes, et sans leur entourage.

***

Depuis quelques années, l'on dirait que le parti républicain et le parti monarchiste jouent à qui perd gagne. Dès que l'un de ces partis commet une faute, le parti adversaire en commet bien vite une plus lourde pour la réparer et au-delà.

C'est ce qui est arrivé au lendemain de l'expulsion avec le manifeste des princes et avec l'attitude nouvelle de leurs partisans.

Si la ligne de conduite des groupes monarchistes était demeurée la même ; s'ils s'étaient bornés à protester contre la loi d'exil en se plaçant sur le terrain où s'étaient placés leurs amis à la Chambre et au Sénat ; s'ils avaient continué à déclarer que les princes étaient des citoyens et non des prétendants, qu'ils ne conspiraient pas, qu'ils n'avaient pas conspiré, qu'ils ne conspireraient jamais, la mesure prise eût été mauvaise pour nous. Elle aurait apparu au pays comme une mesure ou de peur ou de taquinerie inutile, et elle aurait grossi le nombre des mécontents. C'était là ce qui me faisait regretter qu'on eût soulevé la question.

Mais, à peine la loi d'exil votée, nos adversaires font fièrement flotter le drapeau monarchique qu'ils n'osaient déployer la veille. Le comte de Paris, *une fois en sûreté sur la terre étrangère*, se hâte de découvrir sa vraie politique, celle que l'on désavouait en son nom deux jours avant au Sénat. Il se proclame roi, et les comités royalistes d'acclamer, et M. Lambert Sainte-Croix de lancer son cri de guerre, et M. de de Cassagnac d'exulter. Voilà qui n'était pas prévu, et voilà qui justifie notre gouvernement. Si M. de Freycinet a été renseigné, s'il a su que l'expulsion dût avoir une telle conséquence, M. de Freycinet a fait un acte éminemment judicieux en la proposant. La République a tout intérêt à ce que les monarchistes disent nettement où ils vont et ce qu'ils veulent, à ce qu'ils sortent toutes voiles dehors.

Jusqu'ici ils n'ont jamais été dangereux qu'en cachant leur jeu. Alors que ç'a été de tout temps l'honneur du parti républicain de se montrer à visage découvert ; alors que ce parti, sous les régimes déchus, s'est toujours présenté aux populations tel qu'il était, sans rien cacher de ses désirs et de ses espérances ; les monarchistes, jusqu'à ce jour, ont procédé inversement, et c'est par là qu'ils ont été redoutables.

Sachant qu'en soi, leur idéal n'était pas pour plaire au peuple, que si les masses sont toujours hostiles aux révolutions dont elles prévoient difficilement les résultats, elles le sont d'autant plus que ces révolutions sont dirigées contre elles, contre leur souveraineté, contre leur liberté, ils avaient bien soin de n'arborer que le drapeau conservateur et catholique, et de cacher aussi profondément que possible le drapeau royaliste.

Certes ! à les entendre, ils n'en voulaient pas à la République ; ils se bornaient à combattre les mesures prises par le gouvernement républicain. Ils cherchaient seulement à changer l'orientation de la politique. Leurs prétentions n'allaient pas plus loin.

Les électeurs qui souffrent de la crise économique, que l'expédition du Tonkin et les fautes sans nombre de M. Jules Ferry avait fatigués, se laissaient surprendre et votaient pour des conservateurs dans un grand nombre de départements.

***

Ce n'était pas la première fois, du reste, que les défenseurs du trône et de l'autel suivaient ainsi la ligne courbe. Au lendemain de la guerre n'avait-on pas vu les Castellane, les Broët, les Chesnelong, se faire élire avec un programme nettement républicain ? N'en avait-on pas vu d'autres déclarer dans leurs journaux, dans leurs professions de foi, que l'Assemblée nationale ne devait avoir aucun mandat constituant ? Et tous, le lendemain de la victoire du 8 février, ne s'étaient-ils pas unis — sauf à se désunir après sur le choix du prince — pour décréter que l'Assemblée était constituante et souveraine et pour confesser leur foi monarchique ?

De même en 1848. Au 4 mai 1848, sous le péristyle du palais Bourbon, nos monarchistes les plus fougueux crièrent dix-sept fois : « Vive la République ! » Jules Favre, à quelque temps de là, dans un procès qu'il plaidait à Bordeaux, pouvait s'écrier en rappelant cette journée célèbre et en la rapprochant de ce qui s'était passé depuis : « Pour crier avec une telle passion Vive la République ! il faut être ou bien convaincu ou bien lâche. »

Jules Favre se trompait, il ne fallait être ni convaincu ni lâche; il fallait être dissimulé : le chasseur qui guette une proie a bien soin de ne pas lui donner d'alarmes; la proie ici c'était le peuple, et il fallait le rassurer.

***

En 1848 on n'a réussi qu'à demi, on est parvenu à faire nommer une Assemblée royaliste et cléricale; mais lorsqu'il s'est agi de mettre la main sur le gâteau, on a trouvé plus fin que soi. Le peuple a été le dindon quand même; la République a été escamotée; mais les monarchistes avaient tiré les marrons du feu pour un autre qu'ils n'aimaient pas, et dont ils ont, dans une large mesure, contribué à assurer le succès, cependant, par la répulsion qu'ils inspirent eux-mêmes. La France alors n'était pas encore républicaine. Elle ne connaissait de la République que la Terreur de 1793 et les journées de Juin. Elle avait en horreur, d'autre part, la royauté traditionnelle.

Elle trouva sur son chemin un Bonaparte qui n'était ni la République ni la Royauté; qui la rassurait contre l'une et l'autre; qui, de plus, bénéficiait de la gloire incomparable de celui dont il revendiquait la succession. Elle le prit. Les républicains furent fusillés, massacrés, déportés : mais les royalistes perdirent la plus grande partie de leur influence et de leurs sinécures. La journée du Deux-Décembre, détestable pour nous, était loin d'être bonne pour eux.

***

En 1871 ils furent plus près du succès. Ils n'y avait plus de Bonaparte, il s'était effondré à Sedan. Ils se présentèrent aux élections comme des républicains qui voulaient la paix, et ils arrivèrent en nombre. Nul doute que, dans les premiers jours qui suivirent l'écrasement de la Commune, ils n'eussent eu, s'ils s'étaient entendus sur la désignation du monarque, le pouvoir de restaurer la monarchie. Elle aurait duré ce qu'elle aurait pu, mais elle aurait été restaurée.

Malheureusement pour eux, ils étaient, suivant l'expression de Thiers, trois prétendants pour un seul trône, et ils ne parvinrent pas à s'unir. Cependant leurs tentatives de restauration n'étaient un mystère pour personne; n'ayant plus à tromper le peuple mais à se servir, pour lui voler ses droits, de la puissance qu'il avait mise entre leurs mains, ils agissaient au grand jour. La population s'alarma, et le moment propice n'ayant pas été saisi, l'Assemblée nationale dut se résigner à constituer la République.

***

Au Seize-Mai la manœuvre fut la

même qu'en 1848 et en 1871. Tous candidats du maréchal, pas un seul monarchiste. Mais le règne de l'Assemblée nationale était encore trop récent pour être oublié. Le peuple ne se laissa pas prendre au piége; la manœuvre échoua.

Elle a mieux réussi au 4 octobre dernier, parce que déjà les souvenirs de 1876 sont un peu effacés. Peut-être même le demi-succès aurait-il été plus considérable encore si, attendant au moins le second tour de scrutin pour découvrir leurs batteries, les vainqueurs du 4 ne s'étaient pas, dans l'ivresse du triomphe, dévoilés dès le premier jour.

Quand les populations virent de quoi il retournait, elles firent bien vite volte-face. Le 18 octobre fut une revanche éclatante du 4, et deux mois plus tard, sur quatre départements dont les élus avaient été invalidés, trois envoyaient à la Chambre des députations républicaines.

***

L'expérience est d'hier, et elle aurait dû montrer aux royalistes qu'il ne fait pas bon pour eux marcher bannières déployées. L'ombre, le mystère, la trahison pour s'emparer du pouvoir, et un acte de violence, quand ils y sont, pour parachever la victoire, voilà le seul moyen qui puisse leur permettre d'arriver.

***

M. Chesnelong l'a compris. Aussi critiquait-il, il y a quelques jours, la ligne de conduite que, contrairement à ses plus vieilles traditions, semble vouloir suivre en ce moment son parti. M. Chesnelong n'approuve pas que dès à présent, se plaçant nettement sur le terrain royaliste, ses amis se condamnent à la défensive. Il préfère l'attaque sur le terrain purement conservateur. Il y voit l'avantage de ne pas éloigner de lui le parti bonapartiste, et celui autrement important, qu'il ne dit pas, de ne pas épouvanter le peuple en lui montrant les couleurs royales.

Il pense, et il le déclare, que si l'on avait été plus prudent après le 4 octobre on n'aurait pas vu à quinze jours d'intervalle l'éclatant triomphe des républicains et il ne veut pas qu'on commette les mêmes imprudences à la veille du renouvellement triennal des conseils généraux. Quand on aura pipé les suffrages, il sera temps de lever les masques.

***

Au point de vue des principes, la tactique conseillée par M. Chesnelong peut être discutée; au point de vue pratique, il n'y a pas de doute qu'elle ne soit la meilleure pour les monarchistes, et je comprends que mon collègue le sénateur des Basses-Pyrénées voie avec dépit ses amis et son prince adopter une tactique opposée qui ne peut que leur être funeste.

***

Mais il est si doux de se croire populaire, de se croire aimé. Le comte de Paris s'est imaginé que son expulsion impressionnait les masses et que le moment était opportun pour relever le prestige perdu de la monarchie. Il a lancé son manifeste, et M. Lambert Sainte-Croix a entonné sa trompette guerrière. Pleurez, M. Chesnelong! Vos amis avaient eu, en octobre dernier, une veine heureuse. Ils pouvaient continuer de l'exploiter, et, au lieu de cela, ils perdent purement et simplement la tête. Vos bons conseils ne sont pas entendus. Les populations commencent à dresser l'oreille. Voilà une bonne occasion qu'on laisse échapper et qui ne reviendra plus, sans doute. M. Chesnelong, pleurez?

* * *

Et nous, consolons-nous que nos gouvernants aient commis un acte qui, abstraitement envisagé, semblait devoir être une faute. C'est cet acte qui a amené le revirement que nous observons dans la politique conservatrice, qui a brisé l'union entre bonapartistes et royalistes, qui a montré clairement à la France le but révolutionnaire vers lequel marchaient les prétendus conservateurs. La République s'en trouve plus solide. Ce qui semblait de nature à l'affaiblir la fortifie. Ce qui paraissait devoir lui faire perdre du terrain lui en fait gagner. Comme je le disais en commençant, les conservateurs ont joué avec elle à qui perd gagne. Conservateurs, merci!

Alfred NAQUET.

Journal officiel de la R.F. du 13 juillet 1886 (18e année n° 188) séance du Sénat du 12 juillet 1886

DÉPÔT DE RAPPORTS

M. Alfred Naquet. J'ai l'honneur de déposer sur le bureau du Sénat un rapport fait au nom de la commission chargée d'examiner le projet de loi portant approbation des tarifs télégraphiques établis pour la convention conclue, le 22 juin 1886, entre la France et la Belgique.

Voix diverses. Lisez! lisez!

M. le président. On demande la lecture du rapport.

Il n'y a pas d'opposition?...

La parole est à M. le rapporteur.

M. Naquet, *rapporteur.* Messieurs, il y a quelques jours à peine le Sénat ratifiait un projet de loi portant approbation des règlements et tarifs télégraphiques arrêtés dans la conférence internationale de Berlin.

Ces tarifs nouveaux que vous avez acceptés, auraient présenté pour nous certains désavantages, s'ils s'étaient substitués aux conventions particulières qui liaient antérieurement un grand nombre d'États envers nous.

Mais les tarifs fixés par des conventions particulières ont été maintenus, notamment en ce qui concerne l'Angleterre et la Belgique, bien que, pour ces dernières, une clause particulière des traités leur assignât pour terme d'expiration la date d'application des tarifs de Berlin.

Le rapport relatif à ces tarifs annonçait même les deux arrangements nouveaux dont le Sénat allait être saisi.

Il l'était, en effet, immédiatement de la convention avec la Grande-Bretagne, et cette convention était approuvée par vous dans la séance même où vous aviez ratifié les tarifs de Berlin.

Depuis, le Gouvernement nous a saisis d'un projet de loi tendant à ratifier la seconde de ces conventions annoncées par lui, celle qui déclare maintenus les tarifs réglant, avant la conférence de Berlin, la correspondance télégraphique entre la France et la Belgique.

Ce projet de loi est la conséquence, le complément nécessaire de ceux que vous avez votés dans la séance du 5 juillet 1886. Votre commission vous propose de l'adopter.

« *Article unique.* — Le Président de la République française est autorisé à faire appliquer, s'il y a lieu, les taxes télégraphiques telles qu'elles résultent de la convention conclue, le 22 juin 1886, entre la France et la Belgique. »

M. le président. Le rapport sera imprimé et distribué.

J'ai reçu pour ce projet une demande de discussion immédiate, signée de MM. Scheurer-Kestner, Mathey, Peyrat, Alcide Dusolier, le général Campenon, le colonel Meinadier, Clamageran, Guinot, Georges Martin, Célestin Lagache, Nioblot, Jobard, Chaumontel, Griffe, Roger-Marvaise, Morellet, Salneuve, Combescure, Barne, Gustave Humbert, Michaux.

Je consulte le Sénat.

(La discussion immédiate est prononcée.)

M. le président. La discussion aura lieu à la suite de l'ordre du jour.

L'Estafette du 14 juillet 1886 (n° 3229)

LA LOI SUR LES CÉRÉALES

La Chambre des députés, dans sa séance de samedi, a renvoyé à la commission le projet de loi sur les céréales. Cette décision a été un soulagement véritable pour tous ceux qui voient avec terreur les tendances protectionnistes du Parlement. Acceptée à la Chambre, la loi serait arrivée aussitôt au Sénat, et rien ne prouve que la majorité protectionniste n'aurait pas voulu, étranglant toute discussion, la voter d'urgence avant les vacances parlementaires.

Certes! le renvoi qui vient d'être prononcé ne nous est pas un sûr garant que le danger auquel nous échappons aujourd'hui ne se représentera pas dans trois mois. Mais c'est quelque chose que d'échapper à un péril immédiat : à chaque jour suffit sa tâche.

Je parle de péril, et je le trouve grand en effet. Je comprends à la rigueur la protection, et même la prohibition pour un pays comme les Etats-Unis ou la Chine. Lorsqu'on possède un territoire immense, qu'on jouit de tous les climats, qu'on a des territoires confinant à l'équateur, et d'autres territoires aussi froids que ceux de la Russie; lorsqu'on a toutes les variétés de sols, et que l'on peut produire à la fois le blé, le vin, le sucre, le café, le coton et les bois précieux; lorsqu'on possède chez soi des mines de tous les métaux et des gisements carbonifères importants, on peut se suffire à soi-même. Sans doute, il est contraire aux lois générales qui entraînent l'humanité de s'isoler même dans ces conditions. Mais si l'on veut réagir contre ces lois, aller à contre-sens du progrès, s'entourer d'une barrière infranchissable, on le peut sans périr.

Les Etats-Unis et la Chine sont dans ce cas.

Mais ce n'est le cas ni de la France ni d'aucune nation européenne.

***

Le territoire de ces nations est restreint. Certaines productions agricoles y sont seules possibles. Leur mines sont loin de leur fournir tous les métaux dont elles ont besoin. Elles ne peuvent se procurer chez elles ni les bois rares des tropiques, ni le coton, ni aucune des productions équatoriales, ni — à l'exception de la Russie et de la Suède — les sapins qui ne poussent que dans les régions polaires.

Or, la France — pour ne parler que de nous — peut-elle se priver de coton, de productions équatoriales, de sapins, de cuivre, d'or, d'argent... que sais-je encore?

Elle ne le peut pas; et si elle ne le peut pas et qu'elle n'ait pas chez elle ces matières indispensables à sa vie, il faut bien qu'elle aille les chercher là où elles sont : le coton, aux Etats-Unis ou dans l'Inde; l'acajou, l'ébène, le palissandre, au Mexique ou dans les Iles; le quinquina, dans l'Inde ou dans la Colombie; l'argent, dans les montagnes de la Nevada ou au Mexique : l'or, en Californie ou en Australie; les sapins, en Suède ou en Russie; le cuivre, en Espagne; le mercure, en Espagne ou en Transylvanie...

Comme, d'ailleurs, l'Espagne, la Transylvanie, l'Inde, le Mexique, les Etats-Unis, la Bulgarie, la Suède et la Norwège ne donnent pas gratuitement leurs produits, nous sommes bien obligés de les payer. Avec quoi les payerons-nous sinon avec nos produits à nous? Avec quoi couvrirons-nous nos importations, sinon avec nos exportations?

Mais si nous frappons de droits d'entrée considérables, presque prohibitifs, les produits que l'étranger nous apporte, l'étranger, par de justes représailles, frappera de droits prohibitifs ceux que nous lui vendons. Ne pouvant dès lors soutenir chez lui la concurrence de nos rivaux, nous verrons notre exportation baisser chaque jour et finir par se supprimer complètement. A ce moment-là comment payerons-nous, nos achats à l'étranger? Nous ne le pourrons plus. Ce sera la ruine, l'arrêt de la vie nationale.

***

Il est un autre point qui ne saurait échapper à aucun esprit sagace. On peut protéger une industrie, on ne peut pas les protéger toutes à la fois sans détruire du même coup ce que l'on se propose d'édifier.

Une nation peut avoir un intérêt majeur à posséder chez elle une industrie pour laquelle elle est moins bien adaptée que ses voisines. L'état d'insolidarité qui existe entre les peuples peut rendre cela nécessaire. Les exigences militaires, le souci de la défense nationale, peuvent faire fléchir les vérités économiques et nous obliger à maintenir chez nous, même si les conditions leur sont défavorables, une industrie métallurgique, une industrie de construction des navires, une industrie des explosifs.

La loi intervient alors, et, par des droits de douane modérés, mais suffisants, elle leur procure le moyen de subsister.

Mais il faut pour cela, je le répète, que leur nombre soit limité. C'est en somme, dans ce cas, un impôt que l'on prélève sur le pays pour y faire vivre une industrie qui, sans cet impôt, disparaîtrait.

Est-ce là ce que l'on fait aujourd'hui? Nullement! Toutes les industries veulent être protégées à la fois. Vous avez protégé le fer, disent les fabricants de tissus, protégez le coton et la laine; vous avez protégé les tissus, reprennent les agriculteurs, protégez la production agricole, qui est la première, la plus importante de toutes pour une nation.

Comment ne voit-on pas que tout produit protégé devenant par cela même plus cher, la protection accordée aux uns équivaut à une infériorité pour les autres? Protéger tout le monde, c'est en réalité à l'intérieur ne protéger personne, puisque les frais généraux de chacun se trouvent grevés du fait de la protection accordée à autrui. Une fraction ne change pas de valeur lorsqu'on multiplie ses deux termes par le même nombre, et c'est ce que l'on fait lorsque, faussant tous les rapports économiques, on élève arbitrairement tous les prix.

Si encore on les élevait définitivement! La fortune publique n'en serait pas accrue, sans doute; elle serait même profondément diminuée par suite des représailles dont nous ne manquerions pas d'être les victimes; mais au moins les populations auraient-elles la satisfaction de vendre leurs marchandises plus cher — sauf à payer plus cher aussi celles qu'elles achètent. — A défaut de réalité, elles seraient l'objet d'un mirage, et peut-être qu'elles s'en contenteraient. Cette satisfaction même ne leur est pas permise. Dès qu'un produit est protégé et que, par suite, les prix s'en élèvent, il y a intérêt à le produire. Aussitôt des champs s'ensemencent, des usines s'élèvent, et la production intérieure s'accroît. Mais comme l'abondance a pour conséquence l'avilissement des prix, et que cette loi s'applique aussi bien dans le cas où l'excès de production provient de l'intérieur que dans ceux où il provient de l'extérieur, on voit bientôt les prix baisser aussi bas, et quelquefois plus bas qu'avant les lois protectrices.

Les intérêts alarmés, loin de reconnaître la cause du mal, s'écrient alors que la protection n'est pas suffisante; ils réclament des surélévations de droits, sans s'apercevoir que plus les droits se surélèvent, et plus grand devient le mal dont ils souffrent.

***

Telle est la situation. Mais il faut bien le dire, il n'est pas facile de faire pénétrer ces vérités économiques dans l'esprit des masses.

Lorsqu'un homme souffre et que, cet homme étant inculte, on vient lui demander: « Veux-tu que l'Etat te protège? Veux-tu vendre ton blé plus cher? » Il n'est pas possible qu'il hésite à répondre : « Je le veux. »

C'est ce qui se passe à cette heure. Les partis hostiles à la République, dans le but de nous retirer la faveur populaire, une fraction du parti républicain pour conserver sa clientèle, font au paysan le redoutable discours que je viens d'analyser, et ils créent ainsi le courant d'opinion le plus désastreux que l'on puisse rêver.

Quant à nous, nous ne saurions suivre ni les uns ni les autres. Les monarchistes sont certainement bien coupables ,qui sacrifient ainsi les intérêts vitaux du pays à leurs passions politiques; mais nous serions coupables comme eux si, même pour notre défense, nous nous servions des mêmes moyens. Notre devoir est d'éclairer les populations sur leurs intérêts véritables et de ne pas suivre nos adversaires dans la voie où ils entraînent un certain nombre des nôtres, nous y péririons tous.

Ajoutons que ces armes déloyales peuvent favoriser quelquefois momentanément les oppositions, mais jamais les majorités gouvernementales. Une opposition peut toujours proposer plus qu'un gouvernement ne peut accorder, puisqu'elle n'a pas la responsabilité de l'application ; et le jour où le gouvernement enraye, il a, de ce chef, une situation d'infériorité sur ses adversaires, puisqu'il a jusque-là reconnu le bien fondé de leurs revendications. Mieux vaut donc enrayer tout de suite et se maintenir sur le terrain de la science et des vrais intérêts du peuple. C'est à la fois de l'honnêteté et de la saine politique.

A. NAQUET.

Le Voltaire du 14 juillet 1886 (n° 2330)

HÉRÉDITÉ INTELLECTUELLE

Mon collaborateur et ami M. Magen s'élevait avant hier contre l'idée de l'hérédité intellectuelle et, sans vouloir nier d'une manière complète les faits de transmission des facultés psychologiques, dont il fournissait même des exemples, prétendait que ces faits doivent être considérés comme exceptionnels.

« On me présentait l'autre jour, disait-il, un jeune imbécile, un fat dénué de toute valeur morale, et qui est le fils d'un homme supérieur et d'une femme fort distinguée. Il a tout l'extérieur de son père, mais, au point de vue intellectuel, le contraste est si complet que la plupart des personnes présentes en furent pour ainsi dire consternées. »

Si mon ami M. Magen veut me permettre, faisant trêve aujourd'hui à la politique, de lui indiquer ma manière de voir sur cette intéressante question, je lui dirai qu'à mon sens des faits comme celui qu'il cite, fussent-ils multipliés à l'infini, ne prouveraient pas le moins du monde que l'organisation cérébrale échappe aux lois de la transmission héréditaire que l'on constate ailleurs.

Il y a quelque temps, je lisais un mémoire très curieux, dont j'ai oublié le nom de l'auteur, sur la taille. Il y était constaté que la taille des enfants dépend de plusieurs facteurs, dont l'un est la taille des parents et l'autre la moyenne de taille de la race exerçant son influence par la voie de l'atavisme, et entrant dans le résultat final pour un tiers. Il n'y a pas de doute que la même loi ne doive être appliquée aux fonctions de l'intelligence. Seulement, si l'on considère ici la distance qui sépare les sommités les plus hautes de la moyenne générale, on la trouve infiniment plus grande que dans le domaine de la taille.

L'action atavique, par laquelle la moyenne de la race intervient et se combine avec l'influence physiologique des parents pour déterminer la qualité des produits, doit donc abaisser beaucoup plus le niveau que cela n'a lieu lorsqu'il s'agit de la stature.

Les hommes de génie ou d'un talent supérieur sont, comme les géants, des exceptions engendrées par des causes indéterminées. Ce sont des espèces de monstruosités heureuses qui ne se perpétuent pas plus que les monstruosités ordinaires. Elles tendent à disparaître dans la moyenne commune de l'humanité, mais non sans avoir relevé cette moyenne d'une fraction infinitésimale, laquelle, ajoutée à d'autres fractions du même ordre, amène, à travers les siècles, un relèvement général.

M. Magen me dira peut-être que, dans l'ordre purement physique, on peut annuler dans une large mesure l'influence atavique par un choix approprié des sujets reproducteurs. Il me fera remarquer qu'on arrive à transformer la race par la voie de la sélection artificielle; et il ajoutera qu'il ne serait pas possible de la transformer de même au point de vue des facultés mentales.

D'abord, que mon collègue me permette de lui dire que je n'en sais rien. La sélection serait ici beaucoup plus difficile à faire, mais rien ne me prouve qu'elle soit impossible, et la domestication des animaux me démontrerait même le contraire.

Je reconnais toutefois que sur l'homme la chose présenterait de très grandes difficultés. Mais ces difficultés s'expliquent sans qu'on soit le moins du monde obligé d'admettre une loi différente dans l'hérédité physique, et dans l'hérédité intellectuelle et morale.

On oublie trop souvent que les parents sont au nombre de deux et que les enfants héritent de l'un comme de l'autre, que la mère intervient comme le père dans les qualités du produit.

Il y a là deux forces auxquelles on peut appliquer les lois générales qui régissent les forces. Lorsqu'elles agissent dans le même sens, elles s'ajoutent; lorsqu'elles agissent dans un sens opposé, elles se retranchent.

Voici un homme d'une taille élevée, et une femme très petite. Il y a de grandes chances pour que les enfants ne s'élèvent guère au-dessus de la moyenne et ne s'abaissent guère au-dessous l'exès dans un sens sera compensé par l'excès en sens inverse, et l'action dominante restera ici à l'atavisme, qui sera sans contrepoids.

Les choses doivent se passer de même lorsqu'il s'agit de l'intelligence et des qualités morales. L'action de la mère et l'action du père doivent s'ajouter ou se détruire, et l'on ne saurait arriver à aucune conclusion scientifique si l'on ne tient compte des deux.

M. Magen l'a bien compris. Aussi a-t-il pris soin de noter que le fat imbécile dont il parle est non seulement le fils d'un homme supérieur, mais encore le fils d'une femme très distinguée.

Toutefois, et c'est par là que son raisonnement pèche, il oublie un point capital. S'il n'existe dans la taille et la vigueur que des différences de plus ou de moins, dans l'ordre intellectuel et moral il existe à la fois des différences quantitatives et des différences qualitatives.

Il n'y a pas plusieurs manières d'être grand et petit; on mesure un nombre plus ou moins considérable de centimètrès, et voilà tout. Il n'y a pas davantage plusieurs manières d'être gros ou mince, d'être fort ou faible, de posséder une bonne poitrine ou d'être enclin à la phtisie.

Il en résulte qu'il est facile de mettre en parallèle les qualités du père et celles de la mère lorsqu'il s'agit de taille, de vigueur, de santé, d'obésité ou de maigreur. Dès lors, l'action de chacun des parents pouvant être exactement mesurée, il est naturel qu'on n'ait pas ou qu'on ait peu de mécomptes sur les prévisions.

Il n'en est plus de même avec l'intelligence. Un grand mathématicien est certainement un homme supérieur, et supérieurs aussi sont les grands musiciens, les grands peintres, les grands poètes, les grands généraux.

Mais les facultés qui rendent grands le mathématicien et le général sont peut-être d'un ordre très différent de celles qui font le musicien, le peintre ou le poète. Les unes et les autres font un grand homme de celui qui les possède à un degré élevé, mais il existe entre elles des différences fondamentales.

Je connais des hommes fort éminents dans les sciences qui n'ont jamais pu distinguer un Raphaël d'un tableau du dernier des rapins, et je connais des artistes et des littérateurs qui n'ont jamais pu s'élever à la compréhension d'une formule chimique ou d'une équation algébrique du premier degré.

Dans la génération, la qualité des facultés doit jouer un rôle tout aussi important que leur quantité, et c'est là un élément dont il est extrêmement difficile de tenir compte. Cet élément ne peut cependant pas être négligé, si l'on veut avoir des observations véritablement probantes et scientifiques.

La mère, dit M. Magen, est une femme très distinguée, et le père est un homme supérieur. Je le veux bien. Mais ceci est absolument vague. Quelles sont les qualités intellectuelles du père? Quelles sont celles de la mère? Voilà ce qu'il faudrait savoir. Rien ne me dit, en effet, que si des facultés différentes peuvent, dans certains cas, ne pas se contrarier et s'ajouter les unes aux autres, dans bien des circonstances ces facultés, incompatibles entre elles, n'ont pas pour résultat de s'annuler réciproquement.

Il faut évidemment qu'il en soit ainsi pour expliquer, en dehors des influences accidentelles et extérieures, des faits comme ceux que cite M. Magen, et qui sont certainement très fréquents.

Dans l'ordre moral, les écarts sont beaucoup moins apparents que dans le domaine de l'intelligence. Il est bien rare, quoique cela se voie, que des enfants nés de parents honnêtes et élevés par eux soient des misérables, et par contre l'hérédité du crime n'en est plus à être constatée. C'est que, dans l'ordre moral, les différences quantitatives sont presque tout, comme dans l'ordre physique, et que les différences qualitatives, si importantes dans l'ordre intellectuel, y font, au contraire, à peu près complètement défaut.

En réalité, la loi est une qui règle la transmission aux enfants, par la voie de la génération, des facultés des parents. Les facultés intellectuelles et morales sont la conséquence de notre organisation cérébrale, comme notre force musculaire est le résultat du développement de nos muscles, et les règles qui s'appliquent aux unes doivent nécessairement s'appliquer aux autres. Seulement, quand les fonctions deviennent plus compliquées, les observations deviennent plus difficiles et les résultats moins comparables. Voilà tout. Il ne faudrait pas tomber dans cette erreur qui consiste à mettre sur le compte de la nature ce qui n'est que la preuve de l'imperfection de nos méthodes d'analyse, et c'est certainement ce que nous ferions dans l'espèce que nous discutons ici, si nous nous rangions aux conclusions de notre ami M. Magen.

Naquet.

L'Estafette du 17 juillet 1886 (n° 3231)

INTERPELLATION CHESNELONG

M. Chesnelong a renouvelé hier au Sénat l'interpellation à laquelle l'expulsion de M. le duc d'Aumale avait donné lieu, il y a quatre jours, à la Chambre des députés.

Epiloguant sur les mots au lieu de considérer l'acte; feignant d'oublier que rien n'est plus facile, pour qui sait écrire, que de renfermer l'outrage le plus violent dans des phrases qui, prises isolément, paraissent chacune anodine, le sénateur des Basses-Pyrénées a critiqué avec véhémence et l'arrêté d'expulsion et la mesure qui, par application de la loi d'exil, raye le duc d'Aumale des cadres de l'armée française.

Les ministres ont répondu. M. le ministre de l'intérieur a montré la conspiration dont la lettre à M. Grévy n'est que l'un des épisodes.

M. le ministre de la guerre a rappelé, ainsi qu'il l'avait déjà fait à la Chambre, que la propriété du grade de l'officier, consacrée par la loi de 1834, ne peut s'appliquer à qui a conquis tous ses grades en dehors des règles établies par cette loi.

Les princes sont arrivés aux plus hautes fonctions militaires en vertu de leur situation de princes, et non en vertu de leur ancienneté ou des services rendus : le duc d'Aumale, nommé lieutenant sans avoir passé ni par les rangs ni par les écoles militaires, a été promu d'année en année aux échelons supérieurs de la hiérarchie ; le duc de Nemours a été fait colonel d'emblée à l'âge de douze ans. Comment invoquerait-on, au profit de pareilles nominations, les lois protectrices qui garantissent la propriété du grade à qui l'a conquis lentement, par la durée ou par la grandeur des services rendus au pays?

Les princes ont toujours été hors la loi. Ils s'y sont placés eux-mêmes lorsqu'ils étaient au pouvoir, ils y demeurent après en être tombés. Lorsqu'on est devenu général de division par un acte de faveur alors que l'on était le gouvernement, on ne doit pas s'étonner si on cesse de l'être par un acte de disgrâce, alors que le gouvernement est passé en d'autres mains et que l'on conspire ouvertement contre l'ordre de choses établi.

Tout ceci a été fort bien dit, en excellents termes, et par M. le ministre de l'intérieur et par M. le ministre de la guerre. Mais il est une partie du discours de M. Chesnelong que personne n'a relevée et qui mérite cependant une réponse.

Le sénateur catholique a exalté la maison royale de France, cette maison dont la vie a été à ce point confondue avec celle du pays qu'on peut la considérer comme ayant fait la France, cette maison qui a été associée à toutes les grandeurs, à toutes les gloires de la nation française. Ce ne sont peut-être pas là les phrases textuelles du discours. Je ne les ai pas sous les yeux. Mais c'en est bien l'esprit; c'en est bien la pensée.

Or, pour parler de la sorte, il faut ou avoir oublié l'Histoire, ou croire que ceux qui vous écoutent l'ont oubliée, ou vouloir en imposer au pays.

Sans remonter bien loin dans le passé, sans revenir aux crimes intérieurs comme la Saint-Barthélemy et la Révocation de l'édit de Nantes; sans parler des hontes extérieures comme celles qui ont marqué tout le règne de Louis XV, il suffit cependant d'avoir présents à l'esprit les faits contemporains, les faits du commencement de ce siècle, ces faits que l'on voudrait oublier, car on ne peut y songer sans se sentir monter la rougeur au visage; il suffit de se souvenir de ce qui s'est passé de 1792 à 1815 pour ne pouvoir pas laisser sans une protestation énergique les paroles de M. Chesnelong.

A-t-on donc oublié cette famille royale, — qui, à entendre nos opposants de droite, aurait le patrimoine du patriotisme — courant les chemins de l'Europe pour mendier le secours des armes étrangères contre la France?

A-t-on oublié l'émigration? A-t-on oublié Quiberon? A-t-on oublié Coblenz?

A-t-on oublié les lettres abominables dans lesquelles celui qui devait être un jour Louis-Philippe déclarait à Louis XVIII, alors exilé en Angleterre, qu'il faisait les vœux les plus ardents pour l'écrasement des armées de Napoléon en Espagne? Ces lettres exécrables ne datent cependant que de 1809, et elles ont été assez souvent publiées pour que personne n'en ignore.

Et en 1814! et en 1815! A-t-on oublié toutes les hontes qui ont accompagné l'invasion et qui, à quinze ans de date, arrachaient encore des cris d'indignation et de douleur au poète Barbier? A-t-on oublié le parti royaliste faisant entendre, en plein théâtre de l'Opéra, des vers en l'honneur d'Alexandre et de Guillaume de Prusse? Jamais peut-être, à aucune autre époque de l'histoire du monde, la patrie n'avait été foulée aux pieds comme elle le fut à cette époque néfaste par les royalistes, et l'on peut dire que l'explosion de 1830 fut la revanche du patriotisme outragé plus encore que la revendication de la liberté détruite.

Quant à Louis-Philippe, personne n'a oublié Charles X trahi, la duchesse de Berri déshonorée, la fidélité des manifestants de Belgrade-Square flétrie, si bien que cet aïeul du comte de Paris, ce père du noble duc d'Aumale, avait trouvé le moyen de réunir en lui toutes les déloyautés et toutes les trahisons à la fois: déloyauté et trahison envers la France, dont il avait guetté la défaite avec les princes de la branche aînée; déloyauté et trahison envers les mêmes princes de la branche aînée, auxquels il devait la restitution de ses apanages et le titre d'altesse royale. Lorsque tels sont les princes que l'on a pour chefs de file, on devrait être modeste en parlant d'honneur et de dignité. C'est parce que nos monarchistes l'oublient trop souvent qu'il est bon de le leur rappeler quelquefois.

NAQUET.

Pages

Alfred Naquet. — Le Divorce au Sénat. — Le projet Eymard-Duvernay. Critique de ce projet et défense de la Commission. — rappel des faits. — Le Voltaire du 27 février 1884 — numéro 2063 ....

Alfred Naquet. — La loi des instituteurs et le budget. — Critique de la proposition de Paul Bert d'élever le traitement des instituteurs. — Le Voltaire du 5 mars 1884 — N° 2070 ..

Alfred Naquet. — Le Divorce. — réfutation du livre de l'abbé Vidieu dont la 5ème édition vient d'être distribuée au Sénat. — Le Voltaire du 12 mars 1884. — N° 2077 ..

Alfred Naquet. — Le Divorce [illegible] de J[illegible]. Ferry veut soutenir le divorce moins le consentement mutuel. C'est absurde. — Le Voltaire du 19 mars 1884 — N° 2084.

Alfred Naquet. — Le vote du Conseil municipal. — en refusant de s'associer aux obsèques religieuses d'un Catholique, le Conseil viole tout autant la liberté de conscience que le bureau de l'Assemblée nationale refusant de suivre le convoi civil du représentant Brousse, ainsi que l'a remarqué Paul Strauss. — Le Voltaire du 25 mars 1884 — N° 2090 ..

Alfred Naquet. — L'œuvre de M. Benjamin Raspail. — Nous aurions vaincu à Castres au lieu d'y être battus par M. Abrial si M. Benjamin Raspail n'avait pas fait décréter l'inéligibilité d'Eugène Péreire qui y aurait été élu avec le drapeau républicain. — Le Voltaire du 2 avril 1884 — numéro 2098 ......

Alfred Naquet. — Le Droit de révision et la République. — réponse à J. J. Weiss qui regrette l'article 8 permettant la révision intégrale, même monarchiste de la Constitution. C'en est la disposition la plus républicaine. — Le Voltaire du 9 avril 1884 — N° 2104 ....

Alfred Naquet. — Les mariés à [illegible]. — défense de la loi dont la chambe a refusé à M. Peulevey la mise à l'ordre du jour. Le Voltaire du 15 avril 1884 — N° 2110 ...

pages

5 et 7 juin 1884 — Journal officiel de la République Française 16ème année, numéros des 27-28-30 mai et 1er, 6 et 8 juin 1884 — nos 145-146-148-150-154-156 ....

Alfred Naquet. — Le Divorce au Sénat — Le vote honore le Sénat — Il a une signification laïque. mais nous devons nous mettre en garde contre les manœuvres dictées, par l'amélioration de la loi, d'en faire rejeter l'ensemble. — rappel aux amendements de Raoul Duval et à celui de Pascal Duprat qui en 1875, faillirent faire avorter le vote de la Constitution Wallon. — Le Voltaire du 4 juin 1884 — no 2160 ....

Alfred Naquet. — Trop d'amour pour le Code Civil. — Condamnation du fétichisme du Code Civil qui empêche les modifications les plus nécessaires! (Divorce) — Le Voltaire du 11 juin 1884 — no 2167 .....

Alfred Naquet, un enseignement de fait. — en Norwège on veut instaurer le régime de Cabinet tandis qu'ici nous voudrions en sortir. Cela prouve la supériorité de la République qui a deux cordes à son arc sur la monarchie qui n'en a qu'une — article à consulter pour la question de révision Constitutionnelle. — Le Voltaire du 18 juin 1884 — numéro 2174 ....

Alfred Naquet. — Discours prononcés au Sénat au cours de la deuxième délibération de la loi du Divorce — Séances 20 et 23 juin 1884 — Journal officiel de la République française des 21 et 24 juin 1884 — 16ème année — numéros 169 et 172...

Alfred Naquet — La Victoire — Chant de Victoire — Historique du rétablissement du Divorce. — Le Voltaire du 27 juin 1884 — numéro 2183 ....

Alfred Naquet — Lettre sur la révision — défense de la séparation des pouvoirs — Le petit Républicain de la Haute-Garonne du 25 juin 1884 numéro 173 ....

Alfred Naquet. — La Chine jugée par un Chinois — résumé d'une conversation avec le général Tcheng-Ki-Tong. — Le Voltaire du deux juillet 1884. — numéro 2188 ....

pages

Alfred Naquet — discours prononcés au Sénat dans la discussion de la loi sur l'organisation du Sénat et l'élection des sénateurs — reprise de l'amendement Floquet donnant pour base à l'élection des sénateurs le suffrage universel. — Séance du Sénat du 4 novembre 1884. — Journal officiel de la R.F. du 5 9bre 1884 - 16e année numéro — 304 et séance du 8 novembre 1884 — officiel du 9 9bre n° 308 — enfin séance du 6 décembre 1884 — officiel du 7 Xbre numéro 336 ....

Alfred Naquet — discours prononcés au Sénat — dans la première délibération de la loi sur les marchés à terme. — Séances des 3 et 13 février 1885 — Journal officiel de la R.F. des 4 et 14 février 1885 1

Alfred Naquet — lettre expliquant une prétendue démarche en faveur du préfet Amiot que vraie il avouerait hautement. — Réveil du Midi du 6 mai 1885 - n° 1203.. 157

Alfred Naquet — discours prononcé au Sénat sur le projet de loi modificatif du régime de la séparation de corps et de biens — Séance du 18 juin 1885. Journal officiel de la R.F. du 19 juin 1885 — 17me année — n° 165 157

Alfred Naquet. Les mystères de Tunis — réponse aux attaques du Figaro émanées de Cambon contre Floquet et Naquet à propos de la question des procès de Mustapha ben Ismaïl. — La paix du 17 juillet 1885 - n° 2242 16

A. Naquet rectification de vote au Sénat, relatif aux crédits de l'expédition de Madagascar. — Séance du 5 août 1885 — Journal officiel de la R.F. du 6 août 1885 — 17me année — n° 212 15

Alfred Naquet. — La séparation des églises et de l'État. — Comme Louis Napoléon à Louis Blanc sur la République et l'Empire, le temps s'en remet au suffrage universel. C'est trop commode. — Le Républicain de Seine et Oise du 22 août 1885 — n° 485 1

Pages

Alfred Naquet — lecture au Sénat de son rapport sur les tarifs télégraphiques arrêtés à la Conférence de Berlin — Séance du 26 juin 1886 — Journal officiel de la R. F. du 27 juin 1886 18e année N° 172 9

Alfred Naquet — [illegible] des écrits séditieux — Grâce à un amendement de Camille Dreyfus & de Clémenceau il ne s'appliquera qu'aux placards émanés des anciennes familles régnantes. Le Voltaire du 30 juin 1886 — N° 2916 24

Alfred Naquet — Le Droit supérieur de la République — La république est supérieure au suffrage universel avec lequel elle se confond. — L'Estafette du 3 juillet 1886 — N° 3218 24

Alfred Naquet — Le cas du Général Boulanger — Sa défense lors des fameuses lettres au Duc d'Aumale. — Le Voltaire du 7 juillet 1886 — N° 2928 2

Alfred Naquet — Réplique à Dauvellé — Sur le droit supérieur de la République — L'Estafette du 7 juillet 1886 — N° 3222 ....

Alfred Naquet — Qui perd gagne. — Sottises réciproques des monarchistes et des Républicains. — L'Estafette du 10 juillet 1886 — N° 3225 2

Alfred Naquet — rapport au Sénat sur une Convention télégraphique avec la Belgique — Séance du 12 juillet 1886 — Journal officiel de la R. F. du 13 juillet 1886 — 18me année — N° 188 2

Alfred Naquet — La loi sur les céréales. — antiprotectionnisme. — L'Estafette du 14 juillet 1886 — N° 3229 7

page

www.ingramcontent.com/pod-product-compliance
Lightning Source LLC
LaVergne TN
LVHW021945030726
842523LV00001B/292

* 9 7 8 2 0 1 6 1 1 8 2 5 2 *